현대 법사회학의 흐름

이 도서의 국립중앙도서관 출판예정도서목록(CIP)은 서지정보유통지원시스템 홈페이지(http://seoji.nl.go.kr)와
국가자료공동목록시스템(http://www.nl.go.kr/kolisnet)에서 이용하실 수 있습니다.
(CIP제어번호: CIP2017019850)

현대 법사회학의 흐름

한국법사회학회 편

세창출판사

발간사

1970년대 중반부터 우리나라에서 법사회학 강좌가 개설되기 시작한 이래 대부분의 대학에서 법사회학이 가르쳐지게 되었고, 이를 통해 그동안 젊은 법사회학자들이 성장하고 법사회학적 연구들이 축적되어 왔다. 2009년 로스쿨이 문을 열게 되면서 많은 법학자들이 법과 사회 강의에 대한 수요와 법사회학적 연구에 대한 사회적 요구가 늘어날 것으로 기대하였지만 현재 법학전문대학원에서 법사회학 강의에 대한 열망은 주춤한 상태이다. 우리나라 변호사 시험제도의 모순으로 법사회학 강의에 대한 요구는 로스쿨 도입초기만큼 강하지는 않지만 법현상을 사회적 맥락 속에서 연구하는 법사회학적 연구의 필요성은 그 어느 때보다 강해졌다고 볼 수 있겠다. 법사회학의 교재로서 한국법사회학회에서 총서발간을 목표로 이 책을 구상한 것은 2013년의 일이니 이 책이 나오기까지 4년여의 긴 시간이 걸린 셈이다. 기획 당시에는 법사회학 강의에 필요한 더 많은 주제들이 포함되었지만 집필자들의 사정으로 법사회학의 현대 이론들과 방법론을 적용한 연구들을 중심으로 책이 엮어지게 되었다.

'법전 속의 법'을 연구하는 것이 아니라 '사회 속에서 작동하는 법'(Law in action)을 연구하기 위한 욕구로 자신들의 연구에 법사회학의 이론이나 방법론을 적용하고, 나아가 법학과의 학생들에게 사회적인 맥락 속에서 법을 이해할 수 있도록 해 주는 법학을 가르치고 싶어 했던 젊고 진취적인 법학도들과 몇몇 사회과학자들이 자신들의 연구결과를 묶어 학부 법사회학 교재를 발간했던 것은 1995년 『법사회학의 이론과 방법』(최대권 외 10인)이었다. 이 책은 법사회학 강좌에서 쓸 교과서가 마땅히 없었던 당시의 상황에서 법사회학의 기초, 나아가서는 사회과학적 법학의 기초를 다지는 데 기여하였다. 이 책에 집필자로 참여하였던 당시의 진취적인 소장학자들은 여러 대학에서 법사회학 강좌를 개발하여 가르치고 그 이후 한국사회의 주목을 받는 법사회학적 연구들을 꾸준히 생산하면서 이제는 중견학자로 역할을 하고 있다.

공동의 노력으로 또 한 권의 법사회학교재가 집필되었던 것은 2009년의 일이었다. 한국연구재단이 법학전문대학원에서 사용할 교재개발사업을 실시하였고, 이상수 교수를 중심으로 한국법사회학회의 몇몇 회원들이 참여하여 〈법사회학〉 교재를 집필하게 되었다. 집필된 내용을 가제본하여 법학전문대학원에서 교재로 사용하던 중에 한국사회학회에서 사회학총서를 발간하면서 사회학 총서로 발간하자는 제안이 왔고 2013년 사회학 총서 제3권으로 『법사회학: 법과 사회의 대화』로 출간되었다. 이 책은 법사회학 총서 혹은 법학총서의 하나로 발간되지는 못하였지만, 사회학 총서로 발간되는 과정에서 당시 한국법사회학회의 회장이었던 이철우 교수를 비롯하여 몇몇 회원들이 꼼꼼하게 내용을 검토해 주는 등 사실상 법사회학회 회원들의 공동작업의 산물이 되었다. 이 책은 로스쿨의 학생들을 대상으로 집필되었기 때문에 집필자들은 법학도를 위한 법사회학 개론서의 성격을 가져야 한다고 생각하였고 따라서 사회학적 전문지식이나 법에 관한 사회이론에 대한 소개를 최소화하였다.

한국법사회학회의 총서로 이번에 발간하게 되는 『현대 법사회학의 흐름』은 독자층을 굳이 법학전문대학원 학생들로 맞추려 애쓰지 않고 법학도들에게는 다소 난해할 수도 있는 현대 법사회학 이론들을 소개하였다. 이 책을 1995년에 법사회학 기본교재로서 처음으로 세상에 나온 『법사회학의 이론과 방법』과 비교한다면 '현대'라는 제목에 방점을 찍을 수 있을 것이다. 이 책의 집필에는 『법사회학의 이론과 방법』에 소장학자로 참여하였던 소장학자가 이제는 중견 집필자로서 다시 참여하기도 했지만, 많은 신진학자들이 법사회학의 '현대이론'을 집필하는 데 참여하였다. 이 책은 기존에 출간된 두 권의 책으로 채워 주기 힘들었던 현대 법사회학 이론에 대한 이해를 충족해 줄 수 있을 것이다.

우리 주변의 새로운 법현상들은 기존의 법사회학이론으로는 포착되지 않는 신종변동 요인들과 연관되어 있고, 따라서 새로운 이론과 분석방법을 요구하고 있다. 모쪼록 이 한 권의 책이 서구의 기존 이론을 소개하는 데 그치지 않고 우리 사회의 법현상을 설명할 수 있는 이론과 방법론을 개발하는 데 지적 자원이 될 수 있기를 기대한다. 한국법사회학회의 총서의 하나로 이 책을 발간하게 된 것을 매우 뜻 깊게 생각하며 집필자들의 노고에 깊은 경의를 표한다. 마지막으로 이 책이 출간될 수 있도록 노력해 주신 영남대학교 법학전문대학원의 양천수 교수님과 세창출판사의 강윤경 대리님에게 감사인사를 드린다.

2017년 8월
빛고을 용봉캠퍼스에서 한국법사회학회 회원을 대표하여
한국법사회학회 회장 안진 씀

해 설

Ⅰ. 들어가며

이 책은 "현대 법사회학의 흐름"이라는 이름 아래 현대 법사회학의 이론과 방법론, 흐름 및 쟁점을 다룬 12편의 글을 담고 있는 연구서이다. 이 책이 처음 기획된 것은 지난 2013년이었다. 1995년에 출간된 최대권 외 저, 『법사회학의 이론과 방법』(일신사, 1995)을 지금 시점까지 새롭게 축적된 법사회학의 학문적 성과를 반영하여 개정한다는 취지에서 이 책이 기획되었다. 애초에는 현대 법사회학의 '이론'과 '쟁점'을 각각 별도로 다루는 단행본을 두 권으로 출간하는 것으로 기획되었지만, 여러 사정으로 이렇게 한 권으로 그리고 처음 기획된 시점에서 4년이 지난 후에야 출간할 수 있게 되었다. 처음에 기획했던 것보다는 연구범위가 축소되기는 했지만, 이 책은 현대 법사회학에서 어떤 학문적 논의가 이루어지고 있는지를 보여 주고자 하였다. 이 책이 담고 있는 내용은 크게 '이론'과 '쟁점'으로 구분할 수 있다. 제1장부터 제9장까지 수록된 글이 주로 현대 법사회학의 '이론'을 다루고 있다면, 제10장부터 제12장까지 수록된 글이 주로 현대 법사회학의 '쟁점'을 다루고 있다.[1] 아래에서는 "해설"이라는 이름 아래 각 글들이 전하는 내용을 간략하게 요약 및 소개하고자 한다.

Ⅱ. 현대 법사회학의 이론

'이론'을 다루는 글은 다시 '이론', '방법론', '흐름'에 관한 글로 구분할 수 있

1_ 물론 각 글들을 '이론'에 관한 것과 '쟁점'에 관한 것으로 엄격하게 구분하는 것은 타당하지 않을 수 있다. 왜냐하면 대부분의 글들이 일정 정도 현대 법사회학의 이론과 쟁점을 모두 포함하고 있기 때문이다. 다만 이 '해설'에서는 그 비중을 고려하여 '이론'에 관한 것과 '쟁점'에 관한 것으로 편의적으로 구분하고자 한다.

다. 이 중에서 제2장, 제3장, 제4장, 제5장이 현대 법사회학의 '이론'을 다루고 있으며, 제1장, 제6장, 제7장, 제8장이 현대 법사회학의 '방법론'을 다룬다. 마지막으로 제9장이 현대 법사회학, 그중에서도 미국 법사회학의 '흐름'을 다룬다.

1. 이 론

먼저 제2장 "하버마스의 법사회학: 복지국가 법제화 문제를 중심으로"는 현대 독일 법사회학에서 중요한 비중을 차지하는 하버마스(J. Habermas)의 법사회학을 다룬다. 특히 하버마스의 법사회학에 따르면, 현대 복지국가의 법제화에 어떤 문제가 있는지, 이러한 문제를 어떻게 해결할 수 있는지를 규명한다. 하버마스에 따르면, 현대 복지국가에서 진행되는 법제화는 한편으로는 자유를 보장하지만, 다른 한편으로는 자유를 박탈하는 양면성을 지닌다. '생활세계'(Lebenswelt)를 보장하기 위해 마련된 복지국가의 법제화가 오히려 생활세계의 자율성을 파괴하는 "생활세계의 식민지화"(Kolonialisierung der Lebenswelt)를 유발한다는 것이다. 이러한 문제를 해결하기 위해 하버마스가 내놓은 해법은 절차주의적 법이해이다. 이 글은 이러한 절차주의적 법이해가 어떻게 구체화될 수 있는지를 명확한 문장으로 상세하게 규명한다. 이 글은 하버마스의 법사회학에 관한 좋은 길잡이가 될 것이다.

제3장 "니클라스 루만의 법이론"은 '체계이론'(Systemtheorie)을 통해 현대사회를 관찰하고자 했던 독일의 사회학자 루만(N. Luhmann)이 법을 어떻게 관찰하고 있는지를 다룬다.[2] 그중에서도 '법의 역설'에 초점을 맞춘다. 루만에 따르면 역설은 법의 기초인데, 이 글은 루만이 볼 때 법이 어떻게 이러한 역설을 탈역설화하는지를 보여 준다. 루만에 따르면, 법은 역설을 근원적으로 해결할 수 없다. 단지 "역설 돌려막기"를 통해 이를 은폐할 수 있을 뿐이다. 역설은 법이 피하고 해결해야 하는 문제로 인식해 왔던 전통적인 법학의 시각에서 볼 때, 역설은 오히려 법의 기초라는 루만의 주장은 상당히 충격적일 수 있다. 그 점에서 법의 역

2_ 다만 제3장을 집필한 정성훈 선생은 이 글에서 "법사회학적 관찰자에만 머물지 않은 루만의 법이론이 법사회학의 다른 이론들과 어떤 지점에서 차별화되는지를 드러내고자 한다."는 점에서, 루만이 현대 법체계를 관찰하기만 했다고 평가하는 것은 적절하지 않을 수 있다.

설 문제를 정면에서 다루는 이 글은 우리 법사회학에서 중요한 의미를 갖게 될 것이다. 이외에도 이 글은 체계이론에서 볼 때 법이 어떤 특징을 지니고 있고, 또 어떤 기능을 수행하는지를 알기 쉬운 문장으로 규명한다. 또한 현대사회에서 법이 어떤 위기에 직면하고 있는지도 설득력 있게 보여 준다.

제4장 "토이브너의 법사회학"은 루만의 체계이론을 독자적으로 수용하여 발전시킨 독일의 법사회학자 토이브너(G. Teubner)의 법사회학이 어떻게 발전해 갔는지를 분석한다. 이 글에 따르면, 토이브너는 이미 일찍부터 루만의 체계이론에 관심을 갖고 그의 이론을 수용하여 독자적인 체계이론적 법사회학을 발전시켰다. 그러나 토이브너는 여기에 머물지 않고, 이후 초국가주의와 법다원주의, 탈국가적 헌법이론, 새로운 법진화론을 수용함으로써 체계이론적 법사회학을 넘어서는 새로운 초국가적 법사회학을 정립한다.

제5장 "피에르 부르디외: 법률의 장과 권력의 해부"는 그동안 우리 법학에서 본격적으로 연구되지 않은 프랑스의 사회학자 부르디외(P. Bourdieu)의 법사회학을 다루고 있다는 점에서 주목할 만하다. 이 글은 난해하기로 유명한 부르디외의 이론을 간명하게 소개 및 분석한다. 특히 부르디외 사회학에서 핵심적인 개념인 '장'(champ)이란 무엇인지, 이러한 '장'에서 '자본'(capital)과 '아비투스'(habitus)가 어떤 역할을 하는지를 설득력 있게 보여 준다. 이러한 기본 개념을 바탕으로 하여 부르디외의 사회학에 의할 때 '법률의 장'과 '권력'이란 무엇인지를 상세하게 규명한다. 마지막으로 오늘날 전 세계적으로 진행되는 법의 국제화를 "법률의 장의 국제화"로 파악하면서, 이를 흥미롭게도 현대적인 "궁정전투"로 묘사한다. 이 글은 그동안 접근하기 힘들었던 부르디외 법사회학의 핵심 개념을 알기 쉽게 소개하고 있다는 점에서 앞으로 부르디외 법사회학을 연구하고자 하는 이들이 반드시 읽어야 할 기본자료가 될 것이다.

2. 방법론

제1장 "사회과학으로서 법사회학: 방법론의 지도그리기"는 이 책의 '총론'에 해당하는 글로서 법학과 사회과학이 독자적인 학문영역으로 분화되고 있는 현대 학문체계에서 법사회학을 사회과학으로 근거 지을 수 있는지를 문제 삼는다. 이

글은 방대한 문헌을 소화하면서 법사회학이 전통적인 법철학이나 사회학적 법리학, 법정책학과 어떤 점에서 구별되는지를 논증한다. 또한 법사회학 연구에서 가치문제를 어떻게 취급해야 하는지, 구조를 중시하는 뒤르켐(E. Durkheim) 전통과 행위를 중시하는 베버(M. Weber) 전통이 법사회학 안에서 어떻게 발전해 왔는지를 규명한다. 현대 법사회학에서 축적된 거의 모든 이론을 망라하고 있다는 점에서 이 글은 현대 법사회학의 흐름을 조감하는 데 필수적인 자료가 될 것이다.

제6장 "합리적 선택론과 법사회학: 사회규범 연구를 중심으로"는 '합리적 선택론'(rational choice theory)이 사회규범 및 법을 어떻게 파악하는지를 상당히 수준 높게 규명한다. 이 글은 합리적 선택론이란 무엇인지, 어떤 특징을 지니고 있는지를 개관한 후, 이러한 합리적 선택론을 통해 사회규범을 분석한다. 이를 통해 사회규범이 실정법이나 관례와 어떤 점에서 차이가 있는지 규명한다. 이 글에서 특히 주목할 만한 부분은, 이 글에서 원용하는 합리적 선택론은 법경제학에서 사용되는 합리적 선택론과 상당 부분 중복되면서도 중요한 점에서 차이가 있다는 점이다. 이 글은 법경제학의 핵심이론인 '코즈 공리'를 사회규범의 맥락에서 다시 해석함으로써 법경제학에서 논의되는 합리적 선택론과 법사회학의 합리적 선택론이 어떤 점에서 다른지를 보여 준다.

제7장 "민속방법론과 법"은 사회과학의 대표적인 방법론인 양적 방법론의 한계를 극복하기 위해 등장한 질적 방법론의 대표적인 예에 해당하는 '민속방법론'(ethnomethodology)을 치밀하게 분석한다. 민속방법론이 후설(E. Husserl) 및 슈츠(A. Schütz)로 거슬러 올라가는 현상학적 사회이론에 바탕을 두고 있음을 보여 주고 민속방법론에서 중심이 되는 개념들, 이를테면 "전형론", "해석의 서지적 방법과 수행적 현실", "민속방법론적 규범관념", "의미구성에서 상호간 행위조율과 탈지표화", "퍼스낼리티와 법 외적 합리성", "구성적 규칙", "공유된 일상지식"을 명쾌하게 해명한다. 특히 이 글에서 주목할 만한 부분은 민속방법론을 통해 법실무, 무엇보다도 법적 추론과정 및 법도그마틱 그 자체가 법사회학의 직접적인 대상이 되었다는 점을 밝히고 있다는 것이다. 이 글에 따르면, 민속방법론은 "사법판단 과정 자체를 민속방법론적 방식으로 재구성함으로써 실제의 법적 추론과정에 대한 '현실근접적 이해'를 시도"한다. 다시 말해, 민속방법론은 "기존 사회학적 법이론이 전제했던 '현실 속의 법과 법전 속의 법의 분리'가 아니라, '법

전 속의 법의 내용이 실제 현실 속에서 어떻게 창발하는지'를 분석함으로써, 법이론의 규범성과 현실성을 동일한 과정 속에서 이해"하게 되었다는 것이다.

제8장 "사회과학의 실증적 조사와 법적 판단"은 "사회과학의 무기라고도 할 수 있는 실증적 조사가 법적 판단에 가지는 의미의 일단을 논의"한다. 특히 젠더관련 법적 분쟁을 실증적으로 분석함으로써 이러한 젠더관련 법적 분쟁을 판단하는 데 사회과학적 실증적 조사가 어떤 역할을 하는지 그리고 어떤 한계를 지니고 있는지를 보여 준다. 이를 위해 실증적 조사방법론이 어떤 방법론적 배경에서 등장했는지를 조감하고, 젠더문제를 다루는 여성주의 법학이 어떤 방법론적 특징을 지니고 있는지, 특히 여성주의 법학에서 "입장성"(positionality)이 어떤 의미를 지니는지 분석한다. 이를 통해 이 글은 실증적 조사에 대한 법학의 태도를 "법실증주의", "사회과학적 법학", "여성주의 법학"으로 분류하는데, 이는 아주 눈여겨보아야 할 유형화라고 말할 수 있다. 이러한 방법론적 기반 위에서 이 글은 실제 미국과 우리의 젠더분쟁 관련 판례에서 실증적 조사가 어떤 역할을 수행했는지, 여기에 어떤 한계가 있는지를 설득력 있게 실증한다.

3. 흐 름

제9장 "미국의 사회적 법연구의 흐름과 쟁점"은 미국에서 법사회학, 더 나아가 "사회적 법연구"(socio-legal studies)가 어떤 흐름으로 발전해 왔는지를 "법과 사회학회"(Law and Society Association)를 중심으로 하여 치밀하게 규명한다.[3] 우선 이 글은 법과 사회학회가 어떻게 형성되어 발전해 왔는지를 밝히고 사회적 법연구의 기본적인 전제와 방향을 분석한다. 이어서 법과 사회학회가 그동안 어떤 성과를 냈는지, 여기에서 어떤 쟁점이 다루어졌는지를 1960-1970년대, 1980년대, 1990년대, 2000년대로 구분하여 살펴본다. 마지막으로 법과 사회학회가 여전히 가장 성공적인 학회로 자리매김하고 있는 이유를 제시한다. 이에 따르면, 법과 사회학회가 학회라는 제도적 장치를 갖고 있다는 점, 법과 사회학회를 주도한 학자들의 열정과 헌신이 남달랐다는 점, 법과 사회학회가 개방적이고 포용적

3_ "Socio-legal Studies"는 "사회적 법학"으로 번역되기도 한다. 이는 이 책 제1장 참고.

인 태도를 갖고 있다는 점, 사회참여적인 성격을 갖고 있다는 점이 그 이유로 언급된다. 이러한 분석은 법과 사회연구에 관심을 갖고 있는 우리들에게도 유익한 참고가 된다. 이 글은 사회적 법연구를 중심으로 하여 미국의 지적 흐름이 어떻게 전개되었는지를 다룬 이론사적 연구로서 앞으로 이에 관한 연구를 할 때 중요한 참고자료가 될 것이다.

Ⅲ. 현대 법사회학의 쟁점

제10장과 제11장 그리고 제12장에 수록된 글이 현대 법사회학의 쟁점을 다룬다.

1. 법의 가부장성 비판

먼저 제10장 "법의 가부장성에 관한 고찰: 미국의 페미니스트 법이론을 중심으로"는 "페미니스트 법이론의 전개와 그 의미를 알아보고, 특히 그 과정에서 주요한 문제점으로 지적된 법의 가부장성과 지금도 남아 있는 법의 가부장적 정치성을 비판적으로 고찰"한다. 먼저 이 글은 미국에서 페미니스트 법이론이 어떤 단계를 거쳐 발전해 왔는지를 분석한다. 이어서 페미니스트 법이론의 토대 위에서 법의 가부장성을 비판적으로 규명한다. 이 글에 따르면, 법은 가부장적 체계이다. 법은 여성에 대한 남성의 지배를 강화하는 데 기여한다. 이는 공적 영역과 사적 영역 모두에서 진행된다. 법은 공적 영역에서 여성을 배제하고, 사적 영역에서도 "불개입"을 통해 여성에 대한 남성의 지배, 즉 가부장성을 강화한다. 다만 이러한 법의 가부장성은 페미니스트 법이론에 의해 완화된다. "지속적인 페미니스트 운동을 통해 성취한 법적 개혁"으로 "정치적, 경제적 권리, 낙태에 대한 권리, 폭력에 대한 보호 등에 관한 권리"가 가능해졌다. 그러나 이 글은 "사회에서의 여성의 실제적 지위와 사회 속의 내재적 권력의 힘을 간과한다면, 입법을 통한 권리와 보호도 일정한 한계가 있음"을 지적한다. 따라서 법을 통해 자유와 평등을 추구할 때는 "법과 국가 및 사회에 내재해 있는 권력의 실제, 사회경제적 차별의 실제를 고려”해야 한다고 조언한다.

2. 사회체계의 기능적 분화와 복지체계

제11장 “‘사회체계의 기능적 분화’와 ‘기능적 특화로서 복지체계’”는 현대사회의 중요한 문제로서 “자본주의의 총체성”을 거론하면서 이를 어떻게 해결할 수 있는지를 모색한다. 이 글은 한편으로는 루만의 체계이론을 수용하면서도, 다른 한편으로는 이를 새롭게 해석하고 발전시킨다. 이를테면 루만이 제시한 ‘사회체계의 기능적 분화’ 테제를 규범적으로 새롭게 파악한다. 루만이 현대사회를 관찰하면서 내놓은 현대사회의 기능적 분화 테제가 자본주의의 총체성 때문에 제대로 실현되지 못하고 있기에 이를 규범적인 테제로서, 즉 현대사회가 도달해야 하는 목표로서 설정하고 있는 것이다. 이를 통해 자본주의의 총체성 문제를 극복하고자 한다. 나아가 자본주의의 총체성 문제를 해결하기 위한 또 다른 방안으로서 “복지체계”를 제안한다. 복지체계는 복지국가의 대안으로 제시된 것이다. 이 지점에서 이 글의 독자성이 발휘된다. 왜냐하면 루만은 복지체계를 독자적인 사회의 기능체계로서 명확하게 언급하지 않았지만, 이 글은 체계이론에 힘입어 이를 독자적인 기능체계로서 근거 짓고 있기 때문이다. 그 점에서 이 글은 체계이론이 어떻게 응용될 수 있는지를 보여 주는 좋은 예가 된다. 이렇게 이 글은 ‘사회체계의 기능적 분화’를 규범적으로 재해석하고, 복지체계를 독자적인 기능체계로 정립함으로써 자본주의의 총체성 문제를 극복하고자 한다. 그렇지만 여기에도 일정한 한계가 있음을 지적하면서, 마지막으로 “인정투쟁”을 대안으로 제안한다.

3. 법을 통한 사회적 기억의 구성

제12장 “법이 부착한 ‘부랑인’ 기표와 사회적 기억의 구성: 형제복지원 사건의 예에서”는 법이 사회적 기억을 구성하는 데 어떤 역할을 하는지를 ‘부랑인’ 기표와 ‘형제복지원 사건’을 예로 하여 규명한다. 먼저 이 글은 법이 기억에 개입한다는 점, 사회적 기억을 재현하는 데 일정한 역할을 한다는 점을 보여 준다. 다음으로 부랑인 강제수용정책에 대한 법적 근거가 되었던 내무부훈령 제410호가 어

떻게 부랑인에 대한 당대의 지배적 재현을 구성하는 데 관여했는지, 이렇게 구성된 부랑인에 대한 지배적 재현이 어떻게 피해자의 목소리와 사회적 기억에 각인되었는지를 그 당시의 언론보도, 사설 · 논평 · 독자투고, 사건조사 보고서, 대법원 판결문, 관련자들의 증언 등과 같은 풍부한 사료를 통해 실증한다. 그 점에서 이 글은 법사회학 연구인 동시에 법사회사 연구의 좋은 예가 된다고 말할 수 있다. 이 글은 내무부훈령 제410호를 통해 구성된 부랑인에 대한 이미지가 형제복지원 관련 피해자들의 기억에 어떻게 각인되어 있는지, 이를 통해 "무엇을 말하지 않게 또는 못하게 하는지"를 설득력 있게 보여 준다. 그 점에서 이 글은 "법을 통한 과거청산" 작업을 수행할 때 반드시 고려해야 하는 시사점을 제공한다.

IV. 나가며

지금까지 이 책에 실려 있는 12편의 옥고를 '현대 사회학의 이론과 쟁점'이라는 '구별'에 따라 해설해 보았다. 그러나 해설자의 능력이 부족하여 각각의 글이 담고 있는 본래 의미를 제대로 전달했는지 두려움이 앞선다. 따라서 이 책의 독자는 여러모로 부족한 '해설'에 의지하기보다는 직접 원문을 읽음으로써 글의 저자가 현대 법사회학에 관해 말하고자 하는 바를 직접 체득할 수 있기를 권한다. 다른 한편, 앞에서도 언급한 것처럼, 이 책은 여러 사정으로 미완의 기획으로 그치고 말았다. 머지않은 장래에 좀 더 완전한 형태로 현대 법사회학의 흐름을 관찰하는 연구서가 나올 수 있기를 희망하면서 이 부족한 해설을 마치고자 한다. 이 책이 성공적으로 출간될 수 있도록 힘써 주신 저자 선생님들과 세창출판사 관계자 여러분들에게 다시 한 번 감사인사를 드린다.

2017년 여름에
모든 저자 선생님들을 대신하여
양천수 배상

차 례

제1장

사회과학으로서 법사회학:*
방법론의 지도그리기

이철우**

Ⅰ. 들어가는 말: 법학과 사회과학의 분화

법사회학 이론의 흐름과 쟁점을 소개하는 이 책의 첫 글로서, 여기에서는 사회과학으로서 법사회학을 자리매김하는 담론의 특징을 적시하고 사회과학 방법론의 발전에 조응하는 법사회학 방법론의 전개를 살핀다. 법사회학이 사회과학이어야 한다는 점은 얼핏 생각하면 당연하지만 법사회학이 주로 법학과에서 법학자들에 의해 교육 및 연구되고 있다는 점을 고려하면 법사회학의 '실천'이 엄격한 사회과학의 요건을 갖추고 있는지는 점검할 필요가 있다. 한편 한국연구재단 등 연구 행정을 담당하는 기관의 분류에서는 종종 법학도 사회과학의 일부로 취

---

* 이 글은 『법철학연구』 제9권 제1호(2006)에 게재된 "사회과학으로서의 법학인가, 법에 대한 사회과학적 분석인가"에 다소의 수정 및 보완을 가한 결과물이다. 제목을 바꾸었고, 2006년 이후에 출간된 번역본을 인용하는 한편 일부 주제에 대한 국내 연구 문헌 중 2006년 이후의 출간물을 각주에서 부가적으로 언급했다. 이 글에서는 법사회학의 바탕을 이루는 사회과학방법론의 조류를 개관하는 데 그치며, 각 방법론에 입각한 법현실 분석에 대해서는 본격적으로 언급하지 않는다. 후자에 대해서는 본서의 각 장을 참조하라.

** 연세대학교 법학전문대학원 교수.

급된다. 그러한 사정 속에서 법학과 사회과학의 관계가 무엇인지를 분명히 하는 것이 법사회학의 방법론을 살피는 데 선행하는 작업이 된다. 그렇게 시작하는 이 글은 다음의 주제를 다룬다. 법을 사회과학적으로 분석하는 작업은 학문의 지도 위 어디에 위치하는가? 그것은 법학의 영역에 속하는가? 그것은 어떤 방법론적 계보를 가지고 있는가? 그것은 어떤 관점과 이론적 쟁점을 수반하는가?

법학을 실정법적 규칙의 해석과 적용에 관한 학문으로 좁게 정의하면 법학과 사회과학은 별개의 학문임이 분명하다. 인간 사회의 경험을 담고 있는 법적 규칙의 해석, 그리고 사회에서 일어나는 사건에 대한 규칙의 적용은 당연히 사실세계에 대한 인지(認知)를 수반하며, 사회과학적 지식은 그러한 작업을 효과적으로 수행하는 데 많은 도움을 줄 수 있다. 그러나 이는 법학과 사회과학 사이에 존재하는 계보와 담론방식상의 차이를 중요하지 않다고 말하는 데 충분치 않다. 머피(W. T. Murphy)는 사회과학을 사회과학으로 만드는 것을 "실정성(positivity)"이라 보고 법(학)은 이를 결여하고 있다는 점에서 사회과학과 구별된다는 점을 강조하면서 다음과 같이 말한다. "법이 사회과학이라고 주장하는 것은 현저히 다른 에피스테메적(epistemic) 스타일을 혼동하는 것이며, '실정성'이 사회에 대한 지식의 성격에 가져오는 중대한 차이를 간과하는 것이다."[1] 즉 법은 축적된 경험을 소재로 하지만, 사회과학은 그러한 경험(experience)을 경험적(empirical) 탐구의 대상이라는 별개의 진실로 재구성하는 것이다.[2]

법학 전체가 사회과학의 일부 또는 하위 분과가 될 수 없음이 분명한 데 비해 사회과학적 성격을 갖는 법학의 분야를 인정할 것인지의 문제는 복잡하다. 실정법적 규칙의 해석을 위해 법적 규칙의 의미와 관계를 논리적으로 규명하는 '분석적(analytical)' 차원의 법인식, 즉 법도그마틱(legal dogmatics)과 사회적 실재로

1_ 머피가 말하는 실정성이 해석법학의 조건인 법규범의 실정성과 구별되는, 사회현상의 실정적 사실성을 뜻함은 물론이다. 머피의 주장은 법에 대한 근대 이전의 실천과학(practical science)이 아리스토텔레스적 철학 전통과의 대립 속에 등장하여, 계보학적으로 근대 사회과학의 선조가 되었다는 켈리(Donald R. Kelley)의 주장에 대한 반론이다. W. T. Murphy, "The Oldest Social Science? The Epistemic Properties of the Common Law Tradition," *Modern Law Review*, Vol. 54, No. 2 (1991), 183, 213면.

2_ 머피는 경제학과 통계학의 등장과 함께 사회가 그 자체의 법칙성을 가지는 총체로 인식되고, 규범적 판단의 대상이었던 것들이 뒤르켐(Emile Durkheim)이 말하는 객관적인 도덕적 사실(moral facts)로 취급되게 된 점에 주목한다. 위의 글, 185-194면.

서의 법에 대한 '경험적' 연구가 뚜렷이 구별된다는 점에 동의한다면, 법에 대한 '규범적' 접근을 주로 하는 법철학과 이들의 관계는 무엇인가? 법철학계 일각에서는 법철학(legal philosophy)을 법학이 아닌 철학의 일부로 분류한다. 즉 법학(Rechtswissenschaft) 또는 '법과학(science of law)'을 법도그마틱(legal dogmatics)으로 협소하게 정의하고, 법의 본질과 법인식의 방법, 정법(正法)에의 탐구를 목적으로 하는 법철학을 이로부터 구별한다.[3] 법철학은 바람직한 법을 추구함에 있어 종종 경험적 사실에 대한 인식을 수반한다. 법의 사회적 효능(social efficacy)을 바람직한 것의 기준으로 삼는다면 특히 그러하다. 그러나 법철학이 궁극적 당위에 대한 의무론적(deontological) 탐구를 본질적 과제로 삼는다면 법철학과 사회과학은 전혀 다른 성격의 담론이 된다.[4]

법철학이 법학의 일부가 아니라고 한다면, 법학이 사회과학적 탐구를 포함하는지의 여부를 논하기 위해 법철학과 사회과학의 관계를 논할 실익은 없다. 반면 일부 법철학자는 "직접적인 청중이 누구인가"를 기준으로 법철학을 법학에 포함시킨다.[5] 모든 개념은 사회적 삶에 참여하는 사람들의 의미 부여에 의해 구성되는 것이라면 그러한 실용주의적 정의에 만족할 수밖에 없을지도 모른다. 그러나 학자들의 의사소통적 상호작용을 통해 형성된 학문 분야들이 어느 정도 구조화된 언어의 틀을 가지게 되었다면 그것들의 구분은 누구를 청중으로 하는가의 문제보다 더 근본적이다. 법과대학이 제공하는 교육을 강학상의 법학이라 한다면 여기에는 법철학, 그리고 사회과학적 성격의 학문도 포함되지만, 강학상의 법학에 속하는 분야들 사이에 담론방식상의 분화가 이루어져 있음을 간과해서는 안 된다.

그러나 법에 대한 지적 접근의 분석적, 규범적, 경험적 차원을 각각 법도그

3_ 심헌섭, 『법철학 I』(법문사, 1982), 9-20면; 최종고, 『법철학』(박영사, 2002), 2-5, 11면. 강희원은 법도그마틱(그의 번역에 따르면 "법말씀론")을 "일반적으로 말하는 법학," "좁은 의미의 법학"으로 묘사하고 법철학을 이와 구별해 철학의 일부로 분류하지만, 다른 한편에서는 도그마틱을 응용법철학과 동일시한다. 강희원, "수입법학, 외제법철학, 죽은 법학교육, 그러나 … —우리 법철학 교육의 갱신을 위한 자기반성," 『법철학연구』 제4권 제1호(2001), 293-296면.

4_ "법에 내재하는 필수적인 의무론적 구조에 대한 논의는 법철학의 본질에 속한다." Robert Alexy, "The Nature of Legal Philosophy," *Ratio Juris*, Vol. 17, No. 2 (2004), 164면.

5_ 최봉철, "법철학교육," 연세대학교 『법학연구』 제12권 제2호(2002), 145-146면.

마티, 법철학, 법에 대한 사회과학적 연구에 대응시키고 이들을 전혀 다른 학문 분야로서 준별하는 것에 대해서는 의문이 있을 수 있다. 앞에서 법철학을 바람직한 법을 추구하는 규범적 접근으로 특징지었지만, 개념의 의미와 개념들의 논리적 관계를 규명하려는 분석법학(analytical jurisprudence)의 경우 법의 도덕적 의미를 추구하지 않고 법을 묘사(description)의 대상으로 삼기 때문에 경험적 연구와 어떤 점에서 구별되는지 의문시된다. 예컨대 오스틴(John Austin)은 "독립된 정치사회," "주권," "명령" 등 경험적으로 그 내용을 확정할 수 있는 용어를 사용하여 근대 국가의 실정법질서를 개념화했다.[6] 오스틴의 법개념이 수범자의 동기를 묻지 않음을 비판한 하트(H. L. A. Hart)는 규칙(rule)을 단순한 규칙성(regularity)과 구별하게 하는 요소로서 사람들의 내면적 관점(internal points of view)을 중시함으로써 오스틴에 비해 강한 '주관주의적' 색채를 보이지만 여전히 자기의 기획을 "묘사적 사회학(descriptive sociology)"으로 명명했다.[7] 분석법학은 개념의 의미와 관계를 논리적으로 규명한다는 점에서 법도그마틱과는 다른 의미에서 '분석적'이다.[8] 이렇게 본다면, 법에 대한 탐구의 세 차원을 구분하여 이들을 각각 별개의 학문 분야로 정의하려는 시도는 지나치게 도식적이라는 비판을 받기 쉽다.

그런 시도는 세 차원을 통합하려는 법리학(jurisprudence) 또는 법이론(legal theory, Rechtstheorie)의 프로젝트 앞에서 무색해진다. 우리나라에서는 jurisprudence를 legal philosophy와 마찬가지로 '법철학'으로 번역하고 있고, 실제로 양자는 내용상 상당한 중첩을 보인다. 그러나 오늘날 jurisprudence는 넓게 정의된 법철학보다도 더 넓은 영역을 포괄하는 것으로 간주되는 경향이 있다. 이를 법철학과 구별하여 '법리학'으로 번역한다면, 법리학과 법이론은 법에 대한 접근의 분석적,

---

6_ John Austin, *The Province of Jurisprudence Determined* (Cambridge: Cambridge University Press, 1995).

7_ 허버트 하트(오병선 옮김), 『법의 개념』(아카넷, 2001), x면. 이 번역본과 기타 국내 연구물에서는 하트가 표방하는 descriptive sociology를 "기술사회학"으로 번역하고 있으나 한자를 병기하지 않는 경우 기술(記述)이 무엇인지 크게 오해할 가능성이 있으며 description의 번역어로서 "묘사"가 가지는 강점이 있으므로 "묘사적 사회학"으로 번역할 것을 제안한다.

8_ 개념의 논리적, 개념적 분석에 주력한다는 뜻에서 '분석적'이다. '분석적'의 의미는 경우에 따라 매우 넓어져 "자연계와 사회세계의 근본적 구조를 식별하고 드러내는" 시도를 뜻하기도 한다. 이 상이한 용어 사용의 예로는 Alexy, 위의 글(주 4), 158면; Robert Alexy and Ralf Dreier, "The Concept of Jurisprudence," *Ratio Juris*, Vol. 3, No. 1 (1990), 9면.

경험적, 규범적 차원을 포괄하는 통합(integrative) 또는 종합(comprehensive) 이론 또는 법을 이해하는 여러 방법을 아우르는 학제적 법학방법론으로 자리매김된다.[9] 그리고 이들을 법학의 일부로 취급한다면 법학은 사회과학적 연구를 포함하게 된다.

그러나 서로 다른 차원의 탐구 사이에서 활발한 정보의 교환이 이루어진다고 해서, 그리고 심지어는 동일한 학자가 실정법의 해석, 법에 대한 규범적 평가, 사회적 실재로서의 법에 대한 경험적 연구를 동시에 행한다고 해서 그것들 사이에 존재하는 계보와 담론방식상의 차이가 사상될 수는 없다. 법리학에 속한다고 간주되는 여러 작업들 사이에 활발한 교류가 있다고 해서 그것들이 각각 터 잡은 사고와 개념의 틀 사이의 차이가 없어지는 것은 아니다. 하트의 '묘사적 사회학'은 법의 도덕적 함의를 배제하면서 법의 개념적 요소들을 관찰하고 분석한다는 점에서, 개념적 현실을 대상으로 하는 경험적 연구를 수행한다고 할 수도 있고, 다른 한편으로는 사회적 실재에 대한 경험적 연구에 사용될 수 있는 개념들을 제공해주지만, 사회관계들을 직접 탐구하지 않음은 물론 그에 대한 아무런 지식에 기초하지 않고 있을 뿐만 아니라 암묵적 그리고 궁극적으로는 법이 가지는 규범력의 근거를 밝히는 것을 목표로 하고 있다는 점에서 법에 대한 사회과학적 탐구와는 거리가 멀다.[10]

법에 대한 탐구의 세 차원, 즉 분석적, 규범적, 경험적 차원 전반에 대한 폭넓은 시야를 확보하고자 하는 법리학이 강학상의 분야 및 학제적 협력의 공간으로 중요성을 인정받는 것은 고무적인 일이지만, 법리학이 이 세 차원을 종합하는 학문 분야로서의 통일성을 가지고 있는지는 의문이다. 법에 대한 사회과학적 연구와 법철학을 엄격히 구별하면서도 법리학은 전자를 포함한다고 보는 코터렐

9_ 이상돈, 『법철학』(법문사, 2003), 3-43, 126-149면; Alexy and Dreier, 위의 글, 1-13면; Roger Cotterrell, *The Politics of Jurisprudence: A Critical Introduction to Legal Philosophy*, 2nd ed. (London: LexisNexis UK, 2003), 1-3면. 타마나하는 모든 법제에 공통되는 보편적 개념과 원리를 개발하고자 하는 기존의 일반법리학(general jurisprudence)과 달리, 법에 대한 평가적(evaluative) 접근을 중심으로 하는 법이론과 묘사적(descriptive) 접근을 주로 하는 사회과학적 연구를 통합하는 일반법리학을 제창한다. Brian Z. Tamanaha, *A General Jurisprudence of Law and Society* (Oxford: Oxford University Press, 2001).

10_ 코터렐은 하트의 방법을 언어학적 경험주의(linguistic empiricism)로 규정하고 그것이 사변적 철학의 영역에 머물러 있음을 지적한다. Cotterrell, 위의 책, 83-92면.

(Roger Cotterrell)도 법리학은 "법원칙의 해석이나 기술적 처방에 국한되지 않는, 법에 대한 모든 종류의 일반적 지적 탐구를 포괄하는 것으로 소극적으로 정의"된다고 보았다.[11] 법리학이 이렇게 많은 것들을 망라하면서도 학문 분야로서의 정체성을 가지기 위해서는 법의 개념 분석과 정법에의 탐구를 주된 과제로 삼는 법철학의 확대된 모습을 벗어나기 힘들다. 뒤에서 보듯이, 법에 대한 사회과학적 연구의 초기 단계에서 사회적 실재에 대한 경험적 연구를 법리학으로부터 분리하는 것은 중요한 과제였고, 그 단계의 연구자를 평가함에 있어서도 그가 둘 중 어떤 분야에 속하는가가 연구사의 관심사로 논의되어 왔다.[12]

개념과 제도로서의 사회과학의 성립은 사회를 대상으로 하는 담론의 분화라는 현실의 일부이다. 그러한 분화는 점진적으로 이루어졌지만 '사회학'이라는 용어의 창시자로 알려진 콩트(Auguste Comte)가 인간의 지식체계의 최종 단계로 본 실증주의에 이르러 완연한 모습을 드러냈다.[13] 그러한 지식은 탈중심적이고 탈주체화된 규율의 메커니즘 속에 스며들었고, 그것은 동시에 국가에 의해 전유되어 새로운 형태의 통치합리성을 가져왔다.[14] 이렇게 말하면 사회과학을 지나치

11_ 위의 책, 2면.

12_ 티마셰프는 다음과 같이 말한다. "법에 대한 사회학적 연구는 법규범에 대한 분석적, 역사적, 비교학적 또는 이론적 연구에 부속될 수 없다. 규범에 대한 형식적 연구와 인간 행태에 대한 인과적 연구를 확실히 결합시킬 수 있는 지식체계를 구축하는 것은 불가능하기 때문이다. 후자는 법리학의 옆 자리를 필요로 할지언정 법리학 속에 위치할 수는 없다." Nicholas S. Timasheff, *An Introduction to the Sociology of Law* (Westport, Conn.: Greenwood Press, 1974, 원판은 1939년 발간), 26-27면.

13_ 콩트에 따르면 인간의 지식은 신학적 단계에서 형이상학적 단계를 거쳐 실증적 단계로 이행해 왔다. 그는 실증주의적 사고의 틀을 "실증철학(positive philosophy)"이라 표현하고, 그에 기초한 실증과학(positive sciences)의 여러 형태의 특질을 제시했다. 콩트의 저서 *Cours de philosophie positive* (1830~42)를 발췌 번역한 Stanislav Andreski (ed.), *The Essential Comte* (London: Croom Helm, 1974) 참조.

14_ 실증적 지식이 사회통제에 활용됨으로써 "법률적 장치에 의해 요청된 진실 속에 별종의 진실이 침투"해 들어갔다. 미셸 푸코(오생근 옮김), 『감시와 처벌』(나남, 1994), 47면. 사회과학의 대상으로서의 '사회적인 것(the social)'의 발견은 인구를 하나의 법칙성을 갖는 총체로 보면서 그 법칙성에 대한 과학적 인식에 바탕을 두고 인구의 관리, 통제, 개선을 꾀하는 권력의 관심, 즉 푸코가 말하는 통치성(governmentality)의 양상이다. Michel Foucault, "Governmentality," in Graham Burchell, Colin Gordon and Peter Miller (eds.), *The Foucault Effect: Studies in Governmentality* (London: Harvester Wheatsheaf, 1991). 국가가 이러한 관심과 지식을 체득하는 것, 즉 푸코가 말하는 "국가의 통치화(governmentalisation

게 실증주의와 동일시하는 것처럼 들릴 수 있다. 실증주의는 객관성이라는 이름 아래 사회과학의 왕위를 주장해 왔고, 적지 않은 사람들이 그에 동조해 왔다. 그러나 실증주의가 등장한 같은 시기에 이미 인간과학(human science)의 다른 조류들이 왕성하게 대두했고, 이들은 현상에 대한 관찰을 통한 법칙성의 발견과 일반화를 추구하는 실증주의와는 달리 경험에 담긴 의미의 해석을 과제로 삼는 해석학적(hermeneutical) 사회과학을 태동시켰다.[15] 트루벡(David Trubek)은 실증주의가 경험적 연구의 전부인 것처럼 인식되는 데 대하여, 경험주의(empiricism)는 실증주의뿐만 아니라 실용주의(pragmatism)와 해석학적 방법까지를 포함하는 사회인식의 폭넓은 태도임을 역설한다. 그는 실제의 경험적 연구는 실증주의의 대표적인 모습인 행태주의적(behaviorist) 접근과 해석학적(interpretivist) 접근의 두 이념형 사이에 어딘가에 위치한다고 본다.[16] '경험주의'를 트루벡처럼 넓게 정의하는 것이 타당한지는 의문이나, 외면적 관찰과 법칙성의 발견만이 경험적 연구이고 사회성원들이 자아내는 의미의 해석은 그렇지 않다고 볼 수는 없다.[17] 실증주

---

of the state)"는 국가에 의해 규율권력이 전유된 모습이다.

15_ 비코(Giambattista Vico)의 역사주의, 독일 낭만주의, 딜타이(Wilhelm Dilthey)의 '삶의 철학(philosophy of life)', 후설(Edmund Husserl)의 현상학, 제임스(William James)의 실용주의 등이 반실증주의적 조류의 중요한 원천을 이루었다. 도날드 폴킹혼(Donald Polkinghorne)(김승현 외 옮김), 『사회과학방법론』(일신사, 2001), 40-79면 참조.

16_ 트루벡의 지적은 법을 둘러싼 사회현상들을 대상으로 하는 법사회학 연구와 법에 대한 내적 비판(immanent critique)에 주력하는 비판법학(critical legal studies) 사이의 불협화를 해소하고 양자를 경험적 연구의 큰 틀 속에서 화해시키려는 동기에서 비롯된 것이다. David Trubek, "Where the Action Is: Critical Legal Studies and Empiricism," *Stanford Law Review*, Vol. 36 (1984), 575-622면.

17_ 사회과학방법론을 논할 때 흔히 언급하는 '경험주의'의 의미는, 연역적 사고를 강조하는 데카르트적 합리론(rationalism)과 대별되는, 귀납적 사고를 지식의 기초로 삼는 베이컨식 경험론(empiricism)을 뜻하는 것은 아니다. Murphy, 위의 글(주 1), 192-193면 참조. 기든스는 경험주의를 객관주의(objectivism)와 동일시하고 현상학과 대립시키는 듯이 말하면서도, "경험적 연구(empirical research)"는 여러 다양한 사회인식 방법에 기초한 양적(quantitative), 질적(qualitative) 연구를 포함하는 뜻으로 사용한다. Anthony Giddens, *New Rules of Sociological Method: A Positive Critique of Interpretive Sociologies* (New York: Basic Books, 1976), 134면; *The Constitution of Society: Outline of the Theory of Structuration* (Cambridge: Polity Press, 1984), chap. 6. 반면 하버마스는 경험적-분석적 과학과 역사적-해석학적 과학을 각각 기술적-인지적(technical-cognitive) 관심과 실천적(practical) 관심에 기초한 상이한 지식체계로 본다. Thomas McCarthy, *The Critical*

의에 기초하든 해석학적 접근을 취하든 법현상에 대한 사회과학적 연구는 법도그마틱이나 법철학과는 구별되는 과제와 언어수단을 가지고 있다.[18] 이는 현상에 대한 묘사와 설명, 그리고 이를 매개하는 이론과 개념의 개발을 주업으로 삼는 지식체계이다.

II. 사회학적 법리학, 법정책학, 법사회학

법에 대한 사회과학적 분석의 영역 경계와 방법을 논함에 있어 나는 법사회학을 법을 대상으로 하는 사회과학을 대표하는 분야로 가정하고자 한다. 그렇게 하는 것은 사회학이 인류학, 경제학, 심리학 등 여러 다른 사회과학 분야에 비해 연구의 대상이 넓고 방법론도 다양할 뿐만 아니라 지식의 인식론적 조건과 사회적 맥락에 대한 자기성찰적 논의를 보다 많이 포함하고 있기 때문이다.[19]

법사회학의 범위와 특질을 논할 때 부딪히는 어려운 문제의 하나는 사회학적 법리학(sociological jurisprudence)과의 관계이다. 사회학적 법리학을 생각할 때 가장 먼저 떠오르는 학자는 로스코 파운드(Roscoe Pound)이다. 사회학적 관점에서 법을 바라보고자 한 사람들은 19세기 후반부터 적지 않았으나 "사회학적 법리학"이라는 용어를 사용하면서 이를 표방한 사람은 많지 않았다. 따라서 사회학적 법리학을 직접 주창하면서 그 계보를 밝히려고 노력한 파운드를 중심으로 사회학적 법리학을 이해하는 것은 자연스럽다.[20] 파운드는 사회학적 법리학의 특

Theory of Jürgen Habermas (Cambridge: Polity Press, 1984), chap. 2.

18_ 물론 다양한 사회과학방법론 가운데 법도그마틱 및 법철학과 공유하는 부분이 많고 적음의 차이는 존재한다. 해석학적 사회과학에 대한 뒤의 언급을 참조.

19_ 현시점을 기준으로 보면, 연구의 주체와 대상의 관계 및 지식의 타당성 근거에 대해 문화인류학만큼 심각하게 논의하는 사회과학 분야는 드물다. 대상 세계의 변화로 말미암아 인류학도 전통적인 현지조사 방법만을 고수할 수 없게 되었다. 그러나 인류학은 질적 연구를 벗어나 정체성을 찾기 어렵다는 점에서 사회학에 비해 제한적이다.

20_ "사회학적 법리학"이라는 용어를 사용한 파운드의 최초의 저술은 "The Scope and Purpose of Sociological Jurisprudence," *Harvard Law Review*, Vol. 24, No. 8 (1911), pp.591-619. 이 논문은 1912년 같은 저널에 이어져 완성되며, 파운드의 만년에 편집, 출간된 *Jurisprudence* 제1권에 수정, 가필되어 실렸다. 뒤에서 언급하듯이, 에얼리히(Eugen Ehrlich)도 "법리학

징을 다음과 같이 제시한다. 첫째, 사회학적 법리학은 권위 있는 원리의 추상적 내용이 아닌, 법의 작용에 주목한다. 둘째, 법을 경험에 의한 발견과 의식적 제정을 수반하는 사회제도로 취급한다. 셋째, 제재(sanctions)보다는 법이 봉사하는 사회적 목적을 강조한다. 넷째, 법제도와 법원리를 기능적인 견지에서 바라보며, 법원리의 형식을 단지 수단으로 본다. 다섯째, 사회학적 법리학은 처음에는 실증주의적 경향을 보였으나, 급진경험주의, 신리얼리즘(neo-realism) 등 여러 관점을 포함하게 되었으며, 실용주의적 방법을 사용한다.[21] 이를 보면 사회학적 법리학은 경험적 연구의 틀에서 벗어나지 않는 것 같은 인상을 준다. 그러나 파운드는 사회학적 법리학을 법사회학과 명시적으로 구별한다. 파운드에 의하면,

> 법사회학과 사회학적 법리학은 밀접히 연관되어 있을지언정 동일하지 않다. 전자는 이론적이며, 후자는 응용과학이다 …[중략]… 사회학적 법리학은 특수한 사회통제의 형태, 즉 정치적으로 조직화된 사회의 압력을 통한 사회통제를 전제한다. 그리고 법제도와 원리가 그러한 의미에서 사회통제의 도구로서, 그 목적에 비추어 의식적이고 명석한 노력에 의해 개선될 수 있다는 점을 전제한다. 이는 법질서, 법원리의 총체, 또는 사법과정의 윤리적 측면을 배제하지 않는다 … 철학이 가치의 궁극적 척도를 찾는 것에 비해, 법리학은 즉각적인 척도를 찾아야 한다 … 이 실천적 척도는 사회공학(social engineering)이라는 관념에서 찾아진다.[22]

파운드는 사회학적 법리학의 프로그램으로서 다음과 같은 과제를 제시한다. 1) 법제도와 법원리의 실제적인 사회적 효과에 대한 연구, 2) 법제정을 위한 준비에 대한 사회학적 연구, 3) 법원리가 실제에 있어 효과적이 되도록 하기 위한 수단의 연구, 4) 사법, 행정, 입법과정에 대한 심리학적 연구와 이상(ideals)에 대한 철학적 연구, 5) 법사(法史)에 대한 사회학적 연구, 6) 법원리의 개별적 적

의 사회학파(sociological school of jurisprudence)," "법학의 사회학파(sociological school of legal science)" 등의 용어를 간간이 사용했다.

21_ Roscoe Pound, *Jurisprudence*, Vol. 1 (St. Paul, Minn.: West Publishing Co., 1959), pp.291-294.

22_ 위의 책, 344-346면.

용, 즉 개별 사건에 대한 합당하고 올바른(reasonable and just) 해결의 중요성 인식, 7) 코먼로 국가의 경우 법무행정론, 8) 법질서의 목적을 달성하기 위한 효과적인 노력의 경주.[23] 이처럼 파운드는 법에 대한 사회학적 연구를 제안하되 이를 법의 목적을 달성하기 위한 수단으로 간주하며, 사회학적 법리학은 목적을 효과적으로 달성하기 위한 올바른 수단을 강구하는 실천적 학문이라 정의한다. 그는 법사회학이 사회에 대한 일반과학(general science of society)을 지향하는 데 비해, 사회학적 법리학은 법에 대한 특수과학(special science of law)을 모색한다고 말한다.[24]

이처럼 파운드 스스로 자기의 작업을 법사회학과 구별하고 있음을 젖혀 둔다면, 그의 방법은 어느 정도로 법사회학적인가? 예링(Rudolf von Jhering) 등 대륙의 공리주의 법학의 영향을 받은 그의 사회학적 법리학은 여러 이익의 효과적인 조정자이자 사회의 총체적 이익을 극대화하는 수단으로서 법을 자리매김한다. '이익'에 대한 논의는 법과 사회를 보는 그의 기능주의적 관점의 핵심으로서 그의 사회학적 안목을 평가하는 가장 중요한 소재가 된다. 그는 이익들을 분류한 후, 그것들의 추구를 정당화하는 사상적 관점을 살펴보고, 과거와 현재의 법질서가 어떻게 이익들을 보장하고 어떤 제약을 가하는지를 논한다. 그렇게 함에 있어 비교법사적 지식을 동원할 뿐 현실에 대한 경험적 분석은 행하지 않을 뿐만 아니라 이익들을 경험적으로 식별하는 기준과 형량을 위한 수단을 제시하고 있지 않다.[25] 파운드의 논의가 사회과학적 의의를 갖는다면 그것은 법이 사회적 성격을 갖는다는 점을 강조했다는 정도이다.[26] 그의 저술에서 비평가들이 발견하는 '사

23_ 위의 책, 350-358면; 양건, 『법사회학』 제2판(아르케, 2000), 101면.

24_ Roscoe Pound, "Preface," in Georges Gurvitch, *Sociology of Law* (London: Routledge and Kegan Paul, 1953), ix면.

25_ 이 주제에 대한 파운드의 논의는 *Jurisprudence*, Vol. 3, 5-373면. 파운드의 '이익론'에 대한 비판적 평가로는 양건, 위의 책(주 23), 102-103면. 파운드에 가해지는 비판의 하나는 그가 분류한 개인적 이익, 공익, 사회적 이익이 같은 평면에서 병행하는 이익들로 취급될 수 있는가라는 의문이다. Alan Hunt, *The Sociological Movement in Law* (London: Macmillan, 1978), 22-29면. 이렇게 논리적 결함을 가진 논의를 통해 그가 강조하려 한 것은 현대 사회에서는 여러 이익, 특히 개인적 이익이 사회적 이익으로 표상됨으로써 보장되며 개인적 이익의 보호가 곧 사회적 이익의 중요한 내용이라는 점이다.

26_ Hunt, 위의 책, 34면. 귀르비치는 파운드가 제시한 사회학적 법리학의 과제들 중 법의 사회

회학의 결핍'은 스스로를 법사회학과 구별하는 그의 작업으로부터 굳이 법사회학적 의의를 찾으려는 시도가 과연 필요한지에 대해 자문하게 한다.

파운드 외에 어떤 논의가 사회학적 법리학에 포함되는가에 대해서는 법사상사 연구자들 사이에 완전히 일치되어 있지 않은 듯하다. 넓은 정의에 따르면, 콜러(Joseph Kohler)의 신헤겔주의 역사법학에서 헤크(Philip Heck)와 제니(François Gény)의 이익법학, 칸토로비츠(Hermann Kantorowicz)로 대표되는 자유법운동(free-law movement)도 사회학적 법리학의 대열에 포함된다.[27] 이들의 저작을 직접 읽지 않은 입장에서는 판단하기 힘들지만, 파운드의 전사(前史)를 이루는 이들의 논의가 파운드 이상으로 사회학적 요소를 지녔는지에 대해서는 회의적이다. 그러나 사회학적 법리학의 대표적 저술가로 분류되는 인물 중 몇 사람은 어느 정도 엄격한 의미의 법사회학을 실천했다고 평가할 수 있다. 레온 페트라지츠키(Leon Petrażycki)와 오이겐 에얼리히(Eugen Ehrlich)가 대표적이다.[28] 법을 외적인 명령이 아닌, 권리와 의무라는 양방향의 충동을 수반하는 심리현상으로 본 페트라지츠키의 학문적 시도는 국제사회학회(International Sociological Association)

적 효과에 대한 연구와 법사에 대한 사회학적 연구만이 "법의 사회적 실재성(social reality of law)에 대한 이론적 판단"과 관련이 있고 나머지는 모두 "판사와 입법자가 행하는 기술에 법사회학의 결과를 적용한 것"에 불과하다고 보았다. Gurvitch, 위의 책(주 24), 125면. 한편 법을 통한 사회공학을 지향하는 파운드의 문제의식이 당시 미국의 기존 질서를 옹호하는 보수적 함의를 지닌다는 비판도 있다. Hunt, 위의 책, 33-35면. 그러나 이데올로기적 성향이 사회학적 함량을 평가하는 척도가 될 수는 없다.

27_ Edgar Bodenheimer, *Jurisprudence*, revised ed. (Cambridge, Mass.: Harvard University Press, 1974), 111-117면.

28_ 두 사람 모두 일반적으로 사회학적 법리학의 주된 인물로 언급된다. 위의 책, 114-115면; Klaus A. Ziegert, "Sociological Jurisprudence," in Christopher Berry Gray, *The Philosophy of Law: An Encyclopedia*, Vol. 2 (New York and London: Garland Publishing, 1999), 814-817면; Reza Banakar, "Sociological Jurisprudence," in Reza Banakar and Max Travers (eds.), *An Introduction to Law and Social Theory* (Oxford: Hart Publishing, 2002). 파운드는 그의 저작 중 사회학적 법리학과 법사회학의 관계를 논하는 대목에서 에얼리히와 페트라지츠키를 소개하고 있는데, 이들을 법리학자로 분류하고 있는지 법사회학자로 분류하고 있는지는 확실치 않다. Pound, 위의 책(주 21), 334-337, 343-344. 다만 지나치기 쉬운 한 대목에서 에얼리히를 역사법학에 기초한 사회학적 법리학자로 묘사한 바 있다. Roscoe Pound, "Preface," in Eugen Ehrlich, *Fundamental Principles of the Sociology of Law* (New York: Russell and Russell, 1962), xxxii면.

법사회학연구위원회(Research Committee on Sociology of Law)의 창립 멤버인 포드고레츠키(Adam Podgórecki)에 의해 "법의 사회적 영향과 기능에 대한 가장 발전된 이론"으로 평가되었다.[29] 페트라지츠키의 논의는 한 세기가 지난 오늘날의 기준으로 보면 초보적으로 생각되지만 당시의 심리학 이론을 반영하여 법에 대한 사회과학적 연구의 지평을 확대했으며, 오늘날에도 법의식 연구와의 관련 속에서 천착될 만한 중요한 쟁점들을 직간접적으로 제기했다.[30] 여러 사회단체들의 내부 질서로부터 "살아 있는 법(living law)"의 개념을 이끌어낸 에얼리히의 공헌은 새삼 강조할 필요가 없다.[31] 페트라지츠키와 에얼리히에 이어 국가의 공식적 법규범과 병존하는 복수의 법적 층위의 존재, 즉 법다원성(legal pluralism)에 대한 논의의 기초를 제공한 귀르비치(Georges Gurvitch)는 에얼리히를 "근대 법사회학의 대표적 창시자"의 한 사람으로 추앙했다.[32]

페트라지츠키와 에얼리히가 법사회학의 발전사에서 가지는 의의에도 불구하고 그들을 사회학적 법리학의 대표적 인물로 분류하는 이유는 그들이 사회과학적 지식을 활용한 것이 궁극적으로는 법학을 발전시키려는 목적에 따른 것이었다는 점이다.[33] 에얼리히는 스스로를 그렇게 규정했는지도 모른다. 자기가 표방하는 사조를 "법리학의 사회학파(Sociological School of jurisprudence)" 또는 "법학의 사회학파(Sociological School of legal science)"로 표현한 것이 이를 시사한다.[34] 그러나 그는 파운드처럼 법철학자 또는 법리학자로서의 정체성을 특별히

29_ Adam Podgórecki, *Law and Society* (London: Routledge and Kegan Paul, 1974), 223면.

30_ Banakar, 위의 글(주 28), 37-42면. 세계 법사회학계에 대한 그의 공헌이 지대했다고는 할 수 없는데, 이는 대부분 폴란드어로 집필된 그의 연구에 서유럽 학자들이 접근하는 데 한계가 있었기 때문이다. 영미권의 학자들이 그를 이해하는 거의 유일한 통로는 영어로 번역된 *Law and Morality: Leon Petrażycki* (Cambridge: Harvard University Press, 1955)이다. 이 글을 준비하는 과정에서는 이 저술을 충분히 참조하지 못했다.

31_ Ehrlich, 위의 책(주 28) 참조.

32_ Gurvitch, 위의 책(주 24), 77면.

33_ Banakar, 위의 글(주 28), 33-37면. 티마셰프는 지적 조류를 표현하는 용어로서 '사회학적 법리학'은 애매한 내용을 담고 있다고 비판하고 이를 "법리학에 있어서 기능적 방법"으로 고쳐 부를 것을 제안한다. Timasheff, 위의 책(주 12), 28면.

34_ Ehrlich, 위의 책(주 28), 470, 498면. 귀르비치는 에얼리히가 사회학적 법이론(sociological theory of law)과 법사회학을 혼동했다고 비판한다. Gurvitch, 위의 책(주 24), 52면. 티마셰프는 다른 각도에서 에얼리히의 작업이 법사회학이라기보다는 "묘사적 사회학적 법리학

강조하지 않았다. 법사와 법사상사에 대한 에얼리히의 장황한 논의는 역사적 사실 및 법학적 텍스트에 대한 경험적 분석을 통해 국가법과 '살아 있는 법'의 상호 관계를 검출하려는 시도로 보인다.

페트라지츠키는 인간의 심리상태나 에토스를 변화시키는 사회공학에 대한 믿음을 바탕으로 법정책학을 제창했다. 그는 법정책학의 과제를 다음과 같이 정의했다. "법정책의 문제의 본질은 어떤 입법이 도입되면 어떤 효과가 발생할지에 대해 과학적으로 정당화되는 예측, 그리고 바람직한 효과를 가져올 원칙의 개발에 있다."[35] 사회학적 법리학이 실천과학 또는 응용과학이라는 점에서 법사회학과 구별된다는 파운드의 정의를 받아들인다면, 페트라지츠키가 제안하는 정책과학은 법사회학이라기보다는 법리학의 영역에 속한다.[36]

그동안 많은 법사회학자들은 법에 대한 정책적 연구를 천시하는 경향을 보여 왔다.[37] 1962년 창립된 국제사회학회 법사회학연구위원회를 통해 세계 법사회학계에서 선도적 영향력을 수행한 포드고레츠키는 법사회학의 사회공학적 역할을 적극 인정하면서도 개별적인 법적 장치의 정책적 수단으로서의 기능을 도구적 관점에서 탐구하는 작업은 법의 기능의 "일반적 규칙성"을 탐구하는 법사회학의 본령에 속하지 않는 것으로 보았다.[38] 사회과학을 정책 개발의 수단으로 사

(descriptive sociological jurisprudence)"이라 불리기에 적합하다고 평가했다. 법의 지형에 대한 구체적 묘사에 그쳤고 현상의 배후에 있는 법칙성에 대한 추상적 체계화에 이르지 못했다는 이유였다. 반면 페트라지츠키에 대해서는 그러한 체계화의 첫 발을 내디딘 것으로 후히 평가하면서 그의 저서 영문 번역판에 서론을 헌정했다. Timasheff, 위의 책(주 12), 53면; "Introduction," in Leon Petrażycki, *Law and Morality* (위의 책, 주 30).

35_ Podgórecki, 위의 책(주 29), 241면에서 재인용.

36_ 귀르비치는 법사회학을 주어진 세계에서의 법의 사회적 실재성을 객관적으로 묘사하는 학문으로, 법리학을 법체계의 특수한 필요에 부응하는 사회공학의 기술로 정의한다. Gurvitch, 위의 책(주 24), 9면.

37_ "경험주의적이고 정책지향적인 연구가 스스로를 법사회학이라고 내세우는 경향이 커지고 있다. 그러나 그런 연구에는 사회학적인 것이 없다. 사회에서 법이 차지하는 역할에 대한 폭넓은 과학적 문제들을 다루지 않기 때문이다." Reza Banakar and Max Travers, "Conclusion: Law and Sociology," in Banakar and Travers (eds.), 위의 책(주 28), 346면.

38_ 이 지적은 사회주의 국가의 전통적 법학 분야인 '국가와 법(state and law)' 연구로부터 법사회학의 순수성을 확보하고자 한 포드고레츠키의 문제의식을 배경으로 하여 이해되어야 한다. Podgórecki, 위의 책(주 29), 6-11면. 포드고레츠키를 중심으로 한 폴란드의 법사회학에 대해서는 양건, 위의 책(주 23), 138-140면 참조.

용하는 것에 대한 법사회학자들의 거부감은 1970년대 법사회학이 이론적으로 심화되고 특히 기존 법질서에 대한 비판적 전망과 해방적 관심을 반영하면서 더욱 두드러지게 표출되었다. 영국에서 이러한 풍조는 '사회적 법학(socio-legal studies)'에 대해 법사회학자들이 가졌던 부정적 시각에서 드러난다. 1972년 '사회적 법학 그룹(Socio-Legal Group)'이 결성되고 같은 해 옥스포드대학 안에 '사회적 법학 센터(Centre for Socio-Legal Studies)'가 설립되면서 제도적인 모습을 갖춘 '사회적 법학'은 정책적 고려가 필요한 주제들에 대한 경험적 연구를 지원하는 전후 복지국가적 학술지원 체제에 힘입어 등장한 사조로서, 법질서 전체에 대한 이론적이고 비판적인 성찰보다는 구체적인 법적 조치의 정책적 효과를 분석하는 데 치중하고 연구의 대상도 법률서비스, 사법절차 등에 치우치는 경향이 있었다. 마르크시즘으로부터 상당한 영향을 받고 있던 당시의 비판적 법사회학자들은 '사회적 법학'이 이론적 토대가 취약한 가운데 조야한 실증주의적 방법에 빠져 있고 기존 법질서를 무비판적으로 수용하면서 단지 효과적인 수단을 사용하면 사회적으로 좋은 결과를 가져올 것이라는 단순한 믿음을 가지고 있음을 비웃었다. 사회변동을 거시적으로 조망하고자 하는 비판적 법사회학자들은 '사회적 법학' 연구가 사회과학자를 단지 목적을 달성하기 위한 최적의 수단을 제공하는 "지적 하청업자"로 전락케 한다고 질타했다.[39]

정책 연구와 '사회적 법학'의 한계에 대한 법사회학자들의 지적은 이해가 되지만, 이론적 토대가 취약하다는 점, 더욱이 기존 질서에 대한 비판적 관점을 결여하고 있다는 이유로 법사회학의 영역에 속하지 않는다고 말할 수는 없다. 주된 기준은 그러한 연구가 가치의 문제에 대한 논의에 비중을 두고 있는지 실재에 대한 경험적 고찰에 두고 있는지가 되어야 한다. 법이 추구해야 할 목표를 규범적으로 정립하는 법철학적 판단을 앞세우지 않고, 전제된 목표를 성취하기 위한 효과적 수단을 경험적 지식에 바탕을 두고 모색하는 작업은 당연히 사회과학의 일부이며 법사회학에 포함되는 연구 방식이다.

사회과학에 있어 마르크시즘의 퇴조는 '사회적 법학'과 법사회학을 구분하

39_ C. M. Campbell and Paul Wiles, "The Study of Law in Society," in William M. Evan (ed.), *The Sociology of Law: A Social-Structural Perspective* (New York: Free Press, 1980), pp.13-16; 양건, 위의 책(주 23), 19면.

려는 사람들의 논리 기반을 약화시켰다. '사회적 법학' 내부에서도 도구적 차원에서 경험적 연구를 수행하는 것을 넘어 이론적 논의와 사회변동에 대한 거시적 전망을 얻고자 하는 노력이 활발히 이루어졌다. 1990년 '사회적 법학 연구회(Socio-Legal Studies Association)'가 공식 출범했을 때 '사회적 법학'은 더 이상 정책 개발을 보조하는 협소한 경험적 연구에 국한되지 않았다.[40] 그것은 1964년 미국에서 결성된 '법과 사회 학회(Law and Society Association)'와 비슷하게, 법의 사회적 맥락을 강조하는 여러 분야의 연구, 그리고 법리학과 사회과학이 만나는 장으로 변모해 가고 있다.[41] 반면 '법과 사회 연구'와 '사회적 법학'이 보이는 외연의 확대는 그러한 학제적 연구가 하나의 독자성을 갖는 분야로 자리를 잡는 것을 어렵게 한다.[42] '법과 사회 연구'와 '사회적 법학'은 사회과학적 지식을 활용하여 법을 연구하는 많은 사조를 망라하게 되었지만 법 연구의 여러 차원들 사이에 분화된 담론체계를 재통합하는 것이라고는 할 수 없다.

40_ 옥스포드 '사회적 법학 센터'의 책임자 갤리건(Denis Galligan)은 효용 추구의 수단으로서의 법의 자율성과 무흠결성을 가정하는 벤담적(Bentham) 사고에서 벗어났다는 말로써 옥스포드 센터의 발전사를 회고한다. Denis J. Galligan, "Introduction," in D. J. Galligan (ed.), *Socio-Legal Studies in Context: The Oxford Centre Past and Present* (Oxford: Blackwell, 1995), 1-16면.

41_ 보다 면밀한 분석이 필요하지만, 영국의 '사회적 법학 연구회'보다 미국의 '법과 사회 학회'에 참여하는 사회과학자의 비율이 더 높다는 인상을 받았다. 갤리건은 영국의 '사회적 법학'이 주로 법학자에 의존해 온 까닭에 깊이 있는 사회과학적 분석과 이론적 일반화를 결여했음을 지적한다. 위의 글 및 Denis J. Galligan, "Public Law," in Philip A. Thomas (ed.), *Socio-Legal Studies* (Aldershot: Dartmouth, 1997). 사회적 법학에 대해서는 홍성수, "영국의 법사회학," 『법과 사회』 제34호(2008), 298-304면 참조. 본서 제9장에서 김정오는 미국의 '법과 사회 연구'를 특수한 제도적 틀을 갖춘 지적 운동으로 보고 그것이 수행하는 연구의 내용을 '사회적 법연구'로 규정하고 있다. 미국의 '법과 사회 운동'의 진로에 대해서는 이국운, "미국 법사회과학의 최근 동향—'법과 사회' 운동의 진로설정에 관한 시사," 『법과 사회』 제16 · 17합본호(1999), 389-409면.

42_ Howard S. Erlanger, "Organizations, Institutions, and the Story of Shmuel: Reflections on the 40th Anniversary of the Law and Society Association," *Law and Society Review*, Vol. 39, No. 1 (2005), 8면.

Ⅲ. 사회과학적 연구에 있어서 가치의 문제

법에 대한 경험적 연구와 규범적 연구를 구별하고 법에 대한 사회과학적 분석을 전자에 제한하는 것은 사회과학적 논의로부터 가치를 배제해야 한다는 뜻인가? 이 문제를 둘러싼 셀즈닉(Philip Selznick)과 블랙(Donald Black)의 논쟁은 법사회학을 처음 공부할 때 읽어야 할 교과서적 텍스트가 되었다.[43] 미국의 '법과 사회 연구'에서 중요한 지위를 차지하는 셀즈닉은 사회를 연구함에 있어 가치와 사실의 엄격한 준별이 가능한지에 대해 의문을 제기한다.[44] 그는 부성(父性), 시민권, 컨센서스, 여론, 민주주의 등 사회를 연구함에 있어 대상으로 삼는 현상들은 이상(ideal)을 품고 있는 규범체계들로서, 그런 이상에 대한 이해가 없이는 이해될 수 없다고 말한다. 물론 연구 대상인 규범체계가 담고 있는 가치들을 연구자가 수용해야 한다고 주장하는 것은 아니다. 그러나 셀즈닉은 규범체계가 존재하기 위해서는 어느 정도 일반적인 도덕적 타당성이 요구되며, 이는 연구자도 공유하는 보편적 인간 본성에 기초한 것이라고 본다. 이 점에서는 그는 가치상대주의적 관점을 버린다. 그에 따르면, 법은 그 개념상 법치(legality)를 포함한다. 법치는 "시민적(civic) 질서의 합리적 원칙에 의해 공권력을 다스리는 것"을 본질적 요소로 하며, 권력의 제한을 가져오는 여러 기준, 이상, 원칙들을 수반하고, 진리 탐구에 대한 의무감 및 논리적이고 일관된 사고를 요구한다. 셀즈닉은 법에 내재하는 이러한 최소한의 원칙들을 규범적 요소로 하는 자연법의 존재를 인정하면서, 자연법의 추구를 사회과학적 지식의 목적이자 평가의 준거로 삼는다.[45]

43_ 이에 대한 해설로는 최대권, 『법사회학』(서울대출판부, 1983), 41-44면; 양건, 위의 책(주 23), 33-45면.

44_ 셀즈닉은 캘리포니아주립대학 버클리 캠퍼스에 '법과 사회 연구 센터(Center for the Study of Law and Society)'를 개설하고, 버클리를 한때 '법과 사회 연구'의 중심 기관으로 자리 잡게 한 '법리학 및 사회정책(jurisprudence and social policy)' 프로그램의 책임자를 역임하였으며, '법과 사회 학회'가 수여하는 캘븐 상(Kalven prize)을 2003년에 수상했다.

45_ 양자의 관계에 대해 셀즈닉은 다음과 같이 말한다.

자연법의 권위와 그 발전이 사회과학의 진보에 달려 있음은 분명하다. 사회적 지식이 취약하면 … 자연법도 그 권위를 제한받게 된다. 그렇기 때문에 자연법학파는 사회과학을 비판하고 그것이 더 생산적이고 세련되게 되도록 도울 권리와 의무를 갖는다.

예일대 사회학 교수를 역임한 블랙은 가치와 사실의 이러한 혼융에 극력 반대한다. 그는 법사회학자들이 무엇이 옳고 정당한가에 대한 규범적 고려를 앞세우면서 자기들의 연구가 가지는 정책적 타당성에 집착하고 있음을 비판하고, 법정책에 대한 정치적, 도덕적 평가가 아닌, "순수하게 사회학적인" 접근을 주창한다. "순수하게 사회학적"인 접근은 무엇을 어떻게 하자는 것인가? 그가 제안하는 것은 철저한 실증주의이다. 그것은 다음을 전제로 한다. 첫째, 과학은 현상만을 알 수 있을 뿐 본질을 알아내지는 못한다. 법의 본질은 법리학의 탐구 대상일 뿐 사회과학의 논의 대상이 아니다. 둘째, 모든 사회과학적 개념은 관찰가능한, 구체적인 경험적 지시대상(referent)을 가져야 한다. 셋째, 가치판단은 경험적 세계에서 아무런 인지적 의미(cognitive meaning)를 가지지 않는다. 따라서 사회과학은 법의 효과(effectiveness)가 어떠한지도 판단할 수 없다.[46]

블랙은 사회과학이 전혀 가치와 무관하다고 주장한 것은 아니다. 베버(Max Weber)가 지적하는 것처럼, 연구자가 연구의 주제를 선택할 때 가치의 작용을 배제할 수 없다. 또 연구의 결과는 연구자가 의도했건 아니했건 사회에 영향을 미친다. 블랙은 연구자의 계급성과 당파성이 연구를 좌우한다는 비판적 사회과학자들의 지적마저도 반박하지 않는다. 블랙이 강조하는 것은, 그러한 지적들이 연구가 사실을 발견함에 있어 미진하거나 잘못될 수 있음을 환기시킬 뿐 실증적 지식의 타당성 자체를 부정하지 않으며, 오히려 그들도 사실을 제대로 발견했는지 여부를 비판의 기준으로 삼고 있다는 것이다. 결국 실증적 연구는 실증적 연구에 의해서만 반박될 수 있다는 것이다.[47]

법사회학이 자연법을 추구하는 데에서 제기된 문제들에 대한 연구로부터 엄청나게 귀중한 가르침을 얻을 수 있음에 대해서는 의문이 없다. 자연법 철학도 그 담론의 과학적 구성부분들을 증대하기 위한 배가된 노력으로부터 도움을 얻을 것이라 믿는다. 자연법의 원칙을 형성하고 시험하기 위한 왕성한 연구 프로그램은 정의의 뜻과 사회학적 진리의 진전에 크게 기여할 것이다.

Philip Selznick, "Sociology and Natural Law," in Donald Black and Maureen Mileski (eds.), *The Social Organization of Law* (New York: Seminar Press, 1973), 16-40면 [인용된 부분은 34, 39면].

46_ Donald Black, "The Boundaries of Legal Sociology," in Black and Mileski (eds.), 위의 책, 41-47면.

47_ 위의 글, 47-50면.

사회과학자의 연구가 가치와 무관하지 않음을 블랙이 인정한 것은 다행스럽다. 사회과학의 가치자유성을 종교처럼 신봉하는 실증주의 계열의 대표적 학자인 그도 인정하듯이, 연구 주제를 선택할 때 이미 가치가 반영되고, 연구자의 사회적 위치에 따라 연구의 내용과 결과가 달라질 수 있으며, 연구 결과가 역으로 사회에 작용한다는 점에서, 사회과학적 연구는 그 자체가 정치적 실천임을 부정할 수 없다. 그러나 사회과학적 연구의 정치적 성격을 인정하는 것이 여과 없는 가치지향적 언술을 허용할 수 있다는 것은 아니다. 사회과학은 여전히 경험과학이며, 무엇이 옳고 그른가를 직접적인 논의의 대상으로 하지 않는다. 그 점에서 법인식의 규범적 차원과 경험적 차원을 착종시키는 셀즈닉의 입장은 법사회학의 사회과학적 정체성을 확보하려는 학자들에게 만족을 주지 못한다. 파운드의 분류 기준에 따르면 셀즈닉이 표방하는 방법은 법사회학이 아니라 사회학적 법리학에 속한다.

그렇다면 경험적 인식과 규범적 논의를 구분하면서도 연구의 가치관련성과 실천적 성격을 부인하지 않으려는 사람에게 블랙은 해답을 제공하는가? 사회과학적 연구에 가치가 침투함을 인정하면서 블랙이 강조한 것은 경험적 세계가 다르게 보일 수는 있을지언정 모든 연구자들이 찾는 객관적 진리는 존재한다는 것이다. 즉 사회과학자가 가치로부터 벗어날 수 없는 것은 인정하지만 이는 연구에 대한 장애 요인일 뿐이며, 엄격한 실증의 방법을 통해 그런 한계를 최소화함으로써 진리에 가까이 갈 수 있다는 것이다. 블랙의 관점에 대한 평가는 사회과학에 있어서 가치관련적 서술의 타당성을 판단하는 것을 넘어, 사회인식의 가능성과 방법이라는 근본적 문제에 대한 논의를 요구한다.

IV. 뒤르켐 전통과 베버 전통

앞에서 보았듯이, 블랙은 관찰가능하고 외적으로 식별이 가능한 지시대상을 가지는 개념만이 사회학에서 통용될 수 있다고 믿는다. 법의 지배, 법치, 정당절차와 같은 개념은 그러한 요건에 합치하지 않는다. 블랙은 법을 정의할 때 내용적 측면에 주목하는 태도는 물론 그것을 규칙의 체계라는 형식적 견지에서 바라

보는 관점조차 거부한다. 그는 모든 역사시대와 사회를 가로질러 통용될 수 있는 개념을 사용한다는 취지를 내세우면서 법을 "정부에 의한 사회통제(governmental social control)"로 정의했다. 이는 인간의 주관적 심리 혹은 정신상태를 전혀 반영하지 않는 객관적 사실이다. 블랙에 의하면,

> 순수하게 사회학적인 견지에서 보면, 경찰이 '인간적인지,' 그들의 마음이 어떻게 작용하는지를 아는 것은 중요하지 않다. 순수한 법사회학은 통상의 의미의 인간을 연구하지 않는다. 그것은 법을 행태의 체계로 연구한다. 이런 뜻으로 보면, 법은 아무것도 느낄 수 없다. 그것은 아무 기쁨도 슬픔도 경이감도 갖지 않는다. 과학적으로 그 자체로서 하나의 사회적 실재로 생각되는 법은 분자구조가 인간적이지 않은 것처럼 인간적이지 않다. 그것은 국적도, 마음도, 그 본성에 부합하는 목적도 가지고 있지 않다.48

블랙은 법을 양적으로 측정이 가능한, 규칙성을 가지는 변수로 취급한다. 그는 고소, 고발, 기소, 제소, 체포, 구속, 심리, 판결, 치료감호와 갱생절차 등 정부에 의한 사회통제 및 그것을 야기하는 행위가 법의 양을 증대시킨다고 본다. 유죄판결은 무죄판결보다, 원고승소 판결은 원고패소 판결보다, 다액의 손해배상 판결은 소액의 배상 판결보다 더 많은 양의 법을 담고 있다. 법의 양은 다른 방식의 사회통제에 반비례하며, 사회의 계서화, 수평적 분화의 정도와 인간관계의 거리, 조직화의 정도, 문화의 양과의 상관관계 속에서 증감한다.49

블랙의 실증주의는 사회과학방법론의 양대 조류 중 하나의 발원지인 에밀 뒤르켐(Emile Durkheim)의 과학관을 '극단적으로 순수하게' 적용한 것이다. 주지하다시피, 뒤르켐은 사회현상을 자연과학에서와 마찬가지로 사물 또는 객관적 사실로 취급할 것을 주장했다. 다만 "사회적 사실(social fact)"은 표상(representations)과 행위로 구성되어 있다는 점에서 자연과학의 탐구 대상과는 구별된다. 동시에 그것은 개인의 주관적 관념이나 심리상태를 넘어 개인들에게 이미 주어진 것으로서 그들을 외적으로 강제한다는 점에서 "사회적"이다. 사회적인 것을 연구하

48_ 위의 글, 50-53면 [인용된 문단은 52면].

49_ Donald Black, *The Behavior of Law* (New York: Academic Press, 1976).

는 사회학은 주관적 정신상태를 탐구하는 심리학과 대상을 달리한다.[50] 뒤르켐의 사회학에서 법은 중요한 의의를 지닌다. 개인에게 지속적으로 외적 강제력을 행사한다는 점에서 '사회적'인 것의 극치이고, 표상들로 구성된 사회적 사실들을 관찰가능하게 하는 효과적인 외적 지표가 되기 때문이다.[51] 그렇기에 뒤르켐은 한 사회의 법의 성격을 관찰함으로써 사회적 연대의 성격을 파악할 수 있다고 믿었다.[52]

뒤르켐의 방법론은 연구 대상인 행위자의 주관점 관점을 고찰의 대상으로부터 배제하는 소위 객관주의적(objectivist) 사회과학의 전통을 형성하는 기틀이 되었다. 연구방법상으로는 실증주의에 토대를 제공하는 한편, 사회를 설명하는 이론적 틀로서 구조주의, 기능주의, 구조기능주의를 태동케 했다. 객관주의 사회과학의 여러 사조들이 방법에 있어 일치하는 것은 아니지만, 대상 세계의 객관적 법칙성을 가정하거나 찾으려고 하는 점에서는 공통적이다. 그런데 뒤르켐이 지적한 바와 같이 그 세계는 정신적 표상으로 구성되어 있다는 점에서 자연과학의 대상과 다르다. 이 점은 뒤르켐이 무시한 한 가지 중대한 사실을 수반한다. 대상 세계가 연구자와 마찬가지로 의식을 가지고 있는 사람으로 이루어졌다는 사실은 대상 세계를 단순히 사물로만 취급하는 것이 불충분하거나 부적절할 수 있음을 시사한다. 다음의 말을 들어보자.

> 어떤 의미에서 … 사회과학은 자연과학에 비해 훨씬 큰 방법론적 강점을 가진다. 사회과학에서는 관찰자가 다른 인간을 관찰한다. 관찰자와 관찰대상, 주체와 객체 사이에 공감적 내성(empathy)이 가능하기 때문에 관찰자는 행태와 태도를 기록

50_ "사회적 사실은 고정되어 있든 아니든 개인에게 외적인 강제력을 행사할 수 있는 모든 행위방식이다. 또는 주어진 사회 전체에 걸쳐 일반성을 가지면서 동시에 개인적인 표출형태로부터 독립되어 자체적으로 존재하는 모든 행위방식이다." Emile Durkheim, *The Rules of Sociological Method* (New York: Free Press, 1964), 13면.

51_ 위의 책, 10-13, 30면.

52_ 기계적 연대와 억압적 법, 유기적 연대와 보상적 법의 조응관계를 상정한 Emile Durkheim, *The Division of Labour in Society* (London: Macmillan, 1984), Book 1. 뒤르켐의 법사회학에 대해서는 김도현, "법의 도덕성: 에밀 뒤르켐의 법사회학," 『법과 사회』 제43호(2012), 243-270면; 양현아, "에밀 뒤르켐(Emile Durkheim)의 사회학과 법의 접점," 양현아 외 5인, 『법사회학, 법과 사회의 대화』(다산출판사, 2013) 참조.

할 뿐만 아니라 연구의 대상이 되는 사회적 행위자들의 동기를 이해할 수 있게 된다. 즉 사회적 행위를 행위자에게 '의미 있는(meaningful)' 것으로 이해할 수 있는 것이다. 관찰자와 관찰대상의 이러한 공통성 때문에 관찰자가 단순한 관찰을 넘어 해석에로 나아가는 것이 정당성을 갖는다.[53]

관찰과 발견이 아닌 이해 또는 해석을 본령으로 삼는 해석학적 사회과학은 사회를 구성원이 각자 및 서로의 행위에 부여하는 의미(meaning)에 의해 이루어진 상호주관적(intersubjective) 구성물로 보는 것에서 출발한다. 실증주의가 태동하던 시기에 이미 그와 별개의 과정을 통해 생성된 이 사조는 이해사회학(Verstehen sociology)으로 불리는 막스 베버의 방법론적 기획을 거치면서 일층 체계화되었다. 해석학적 연구의 핵심은 행위의 탐구이다. 행위는 반사적 동작과는 달리 의미를 담고 있다. 베버는 '의미'가 뜻하는 바를 몇 가지 층위로 분류했다. 첫째는 "한 특수한 행위자의 주어진 구체적인 경우에 있어서 실제로 존재하는 의미"이다. 두 번째는 "주어진 복수의 행위자들에게서 찾을 수 있는 평균적인(average) 또는 근사치의(approximate) 의미"이다. 세 번째의 의미는 "주어진 유형의 행위에 있어서 가정된 행위자(들)에게 인정된, 이론적으로 상정된 주관적 의미의 순수형(pure type)"이다. 첫 번째와 두 번째의 의미가 실제의 행위자들이 그들의 관념 속에서 부여하는 의미인데 반해 세 번째의 의미는 사회과학자가 분석을 위해 이론적으로 상정한 것이라는 점에서 차이가 있다.[54] 베버에게 있어 사회학은 이 세 번째의 의미, 즉 이념형(ideal type)을 도구로 하여 대상 세계의 성원들의 행위를 해석하는 학문이다.

이러한 해석의 작업은 사회과학자만의 일거리가 아니다. 세상의 모든 사람들은 타인의 행위와 주위에서 일어나는 일을 해석하면서 살아간다. 사회과학자 말고도 해석을 전문 직업으로 하는 사람들이 있다. 법학과 법률실무는 해석으로

53_ Roger Cotterrell, *The Sociology of Law: An Introduction*, 2nd ed. (London: Butterworths, 1992), 12면.

54_ 막스 베버(전성우 옮김), "사회학 기초개념," 『막스 베버 사회과학방법론 선집』(나남, 2011), 205-206, 213면. 베버는 첫 번째와 두 번째의 의미를 구별하면서도 이들을 하나의 범주로 묶어 세 번째의 의미와 대비시킨다.

가득 차 있다. 법관이 법을 해석하는 것은 법에 담긴 축적된 경험을 해석하는 것이며, 법의 적용은 법과 사실의 "해석학적 순환"의 과정이다.[55] 법률행위의 해석도 해석학적 사회과학자의 작업과 별 차이가 없다.[56] 그러나 사회과학자의 해석은 이러한 일반인의 해석을 재해석하는 것이다. 법률가가 법규 및 법적으로 의미 있는 행위를 해석하는 것이 사회과학자의 해석과 중복된다고 해서 그것이 곧 사회과학이 되는 것은 아니다. 때때로 그것은 그 자체가 사회과학적 분석의 대상이 된다.[57] 사회과학은 사회성원들이 일삼고 있는 일차적 해석을 다시 해석하는 작업으로서, 성원들이 의사소통을 영위하는 의미의 틀(frame of meaning)과 사회과학적 언어체계라는 또 다른 의미의 틀이 교차하는 이중적 해석(double hermeneutic)의 계기를 갖는다.[58]

그렇다면 사회과학자의 이차적 해석은 어떤 의미에서 사회과학적인가? 베버에게 있어 사회학은 실증주의자들이 생각하는 것과는 매우 다른 종류의 과학이지만 여전히 경험과학이다. 즉 그것은 형이상학적 진리를 추구하는 것이 아니라는 점에서 법리학이나 윤리학과는 구별된다.[59] 우선 그것은 가치자유적(value-free) 과학이다. 연구자는 사회성원들의 주관적 세계에 자기를 이입시켜 그들의 세계관, 가치표상, 동기와 정서를 해석하지만, 그들이 신봉하는 가치를 수용해야 하는

55_ "사안을 통한 규범구체화"와 "규범을 통한 사안구성"의 동시적, 단계적 진행이라는 의미에서의 순환이다. 이상돈, 『법이론: 법인식의 사회적 지평과 근대성』(박영사, 1996), 196-199면.

56_ 개별 당사자의 의사가 무엇인지를 판단하는 것은 베버가 말하는 첫 번째의 의미를 탐구하는 작업이며, 불분명한 그의 의사를 해석하는 기준으로 관습을 도입한다면 이는 두 번째의 의미를 파악하여 첫 번째의 의미를 추정하는 것이다.

57_ 법과정에서 작용하는 선이해(Vorverständnis)에 대한 성찰을 수반하는 해석학적 법학방법론이나 해석학적 법도그마틱은 그 자체가 법과정의 일부임과 동시에 법을 해석하는 행위를 재해석하는 계기를 포함하며, 사회과학과의 소통가능성도 그만큼 높다. 해석학적 법학방법론에 관해서는 이상돈, 위의 책(주 55) 참조. 해석학적 법도그마틱에 대해서는 김영환, "법도그마틱의 개념과 그 실천적 기능," 심경 정성근교수 회갑기념논문집간행위원회 엮음, 『공범론과 형사법의 제 문제』 하권(삼영사, 1997) 참조. 귀르비치도 해석학적 방법이 법사회학과 법철학의 화해와 상호협력에 이바지할 수 있음을 지적했다. Gurvitch, 위의 책(주 24), 116면.

58_ Giddens, *New Rules of Sociological Method* (위의 책, 주 17), chap. 4; *The Constitution of Society* (위의 책, 주 17), chap. 6.

59_ 막스 베버, 위의 글(주 54), 206면.

것은 아니다. 연구자가 연구의 주제를 선정함에 있어서는 가치가 작용한다. 그러나 선정된 사회현상을 해석함에 있어서는 가치로부터 스스로를 절연해야 한다.[60] 둘째, 베버는 의미 해석의 검증가능성, 그리고 인과적 설명(causal explanation)의 가능성을 믿었다. 설명이라 함은 왜 그런 일이 벌어졌는지를 풀이하는 작업이다. 객관주의 사회과학에서는 일반화된 법칙을 적용하여 현상의 발생을 설명한다. 베버는 행위의 동기 또는 "의도된 의미(intended meaning)"에 입각하여 왜 그런 행위를 하였는지를 이해가능하게 하는 작업을 설명이라 보았으며, 그러한 작업의 타당성은 상대적인 것이기는 하지만 검증되어야 한다고 믿었다. 검증(verification)은 통계적 확률에 기초할 수 있으나, 경우에 따라서는 단지 "상상 속의 실험"에 의할 수밖에 없다. 베버는 행동의 연쇄를 해석된 동기에 비추어 인과적으로 설명하는 것이 가능하다고 보았고, 그러한 설명의 준거를 "우리의 습관적 사고방식과 느낌," 그리고 "경험에 의해 확립된 일반화"에서 찾았다.[61] 그는 인과적 설명이 법칙의 문제, 즉 "어떤 공식에 그 현상을 하나의 예로서 종속시킬 것인가 하는 문제"가 아니라 "현상을 어떤 개성적 상태에서 나온 결과로 돌릴 것인가 하는" "귀속문제"임을 강조함으로써 자연과학적 방법이나 그것을 차용한 실증주의와의 차별성을 부각시키고자 했지만, 어쨌든 검증, 설명, 인과관계 등 우리가 흔히 과학이라는 지식체계를 생각할 때 떠올리는 요소들을 수용했다.[62]

60_ 베버는 지(智, knowledge)와 덕(德, virtue)의 소크라테스적 합일을 거부하고 가치를 지식의 문제가 아닌 의지의 문제로 보았다. Anthony T. Kronman, *Max Weber* (Stanford: Stanford University Press, 1983), 14-22면. 앞에서 보았듯이, 셀즈닉도 연구 대상인 규범체계를 이루는 이상에 대한 이해가 법사회학 연구의 조건이지만 연구자가 그러한 이상을 신봉해야 할 필요는 없다고 보았다. 그러나 그는 연구자와 연구 대상에 공통적인 인간의 본성에 기초한 자연법적 원리를 메타이론적 전제로 삼고 있다는 점에서 가치실증주의(value positivism)의 태도를 취하는 베버와 구별된다.

61_ 막스 베버, 위의 글(주 54), 212-218면.

62_ 막스 베버, "사회과학적 및 사회정책적 인식의 '객관성'," 위의 책(주 54). 이 글에서 베버는 "과학적 객관성"의 의미를 해석학적 또는 "문화과학적"인 견지에서 재정의하고자 했는데, 과학을 객관적이라 묘사하는 것 자체는 거부하지 않았다. 막스 베버의 법사회학에 대한 개괄적 연구로는 김명숙, 『막스 베버의 법사회학』(한울, 2003); "막스 베버(Max Weber)의 법사회학: 서구 합리적 근대법과 근대문화 이해," 양현아 외, 위의 책(주 52); 이근관, "Max Weber의 법사회학에 관한 일고," 최대권외 10인, 『법사회학의 이론과 방법』(일신사, 1995); 이상돈 · 홍성수, 『법사회학』(박영사, 2000), 제2장.

사회과학의 과학으로서의 이미지는 형이상학에 대한 실증주의의 혁명이라는 19세기의 배경 속에서 구축되었다. 실증주의와 철학적 토대를 달리하는 베버도 19세기적 과학주의의 분위기를 겪으면서, 그런 이미지에 비추어 해석학적 방법의 과학성을 강조해야 할 필요를 느꼈을지 모른다. 그러나 그러한 베버의 태도는 해석학의 논리 그 자체로부터 도전을 받는다. 서로 다른 언어게임(language-game)을 초월하여 보편적 확실성을 가지는 지식의 가능성을 부정하는 비트겐슈타인(Ludwig Wittgenstein)의 문제의식을 수용하여 사회과학방법론을 비판적으로 논의한 윈치(Peter Winch)는 확률적 개연성에 입각해 인과적 설명의 타당성을 주장하고 검증할 수 있다고 보는 베버의 생각이 이해사회학의 취지에 반하고, 외면적 관찰에 의한 일반화를 추구하는 방법과 다를 바가 없다고 비판한다.[63] 해석학적 기획에 충실하다 보면, 과연 '설명'이 사회과학의 본질적 과제인지 의문을 가지게 된다. 해석학적 연구들 가운데에는 굳이 설명을 본업으로 삼지 않는 부류가 적지 않다. 그런 연구들은 묘사(description)를 주된 업무로 삼는다. 이들에게 있어 묘사는 단순히 가시적인 현상을 관찰한 결과를 나열하는 것에 그치지 않는다. 그러한 수준의 묘사를 '엷은 묘사(thin description)'라 한다면, 연구자는 가시적인 행동의 배후에 담긴 의미를, 그것이 처한 문화적 맥락에 비추어 해석하고 드러내는 '짙은 묘사(thick description)'를 실천한다.[64]

그런데 비트겐슈타인과 윈치가 제기하는 문제는 설명과 묘사의 구분을 넘어서는, 보다 근본적인 의문에 닿아 있다. 해석학적 사회과학이 가능한 이유, 그리고 그것의 강점은 연구 대상인 사람들도 연구자와 마찬가지로 인간이기 때문에 연구자가 그들의 주관적 의미세계를 이해할 수 있다는 점이다. 이때, 연구 대상인 사람들이 연구자와 전혀 다른 문화권에 살면서 고유한 언어게임을 영위하고 있다면 무엇을 준거로 그들의 삶을 해석할 것인가라는 문제가 제기된다.[65] 이 문

63_ Peter Winch, *The Idea of a Social Science and Its Relation to Philosophy* (London: Routledge and Kegan Paul, 1958), 111-120면.

64_ 클리포드 기어츠(문옥표 옮김),『문화의 해석』(까치, 1998)에서는 thick description을 "중층기술"로, thin description을 "현상 기술"로 번역했다. 나는 '짙은 묘사'와 '엷은 묘사'로 번역하는 것이 일상어를 사용하여 뜻을 전달하고자 했던 이 용어의 개발자[철학자 길버트 라일(Gilbert Ryle)]의 취지를 살리면서 용어의 의미를 더 생생하게 전달할 수 있다고 생각한다.

65_ 이러한 의문이 제기된 바탕에는 인류학적 지식의 축적과 관점의 전환이 있다. 19세기 인류

제는 나라와 민족을 달리하는 사람들 사이에서만 일어나는 것은 아니다. 일반인과 사회과학자의 서로 다른 언어게임 사이에서도 같은 의문이 제기된다. 이중적 해석의 계기를 지니는 사회과학은 일상 언어와 다른 이론적 메타언어를 필연적으로 수반한다. 연구자와 대상 집단, 그리고 두 언어체계 사이의 관계를 중심으로 해석학적 사회과학의 과학으로서의 원리와 특질을 다음과 같이 제시해 볼 수 있다.

첫째, 사회과학자는 대상 집단의 의미세계를 최대한 이해하려고 노력해야 한다. 이 단계에서 사회과학자가 얻는 지식은 대상 집단의 성원과 공유하는 지식으로서 그것의 타당성은 대상 집단이 가지고 있는 의미의 틀에 비추어 판단될 뿐 사회과학자가 속한 문화세계나 지식체계에 입각한 비판적 분석의 대상이 되지 않는다.[66]

둘째, 위의 단계를 넘어서게 되면 사회과학자는 대상 집단의 성원들과 다른 관점에서 그들의 관점을 비판적으로 분석할 수 있다. 사회과학자는 대상 집단의 일부가 아니며, 그가 수행하는 '이해'는 거리를 둔(detached) 이해이다.[67]

셋째, 사회과학자는 대상 집단의 일차적 언어와 자기의 이론적 메타언어 사이를 넘나들면서 대상 세계를 묘사하고 설명한다. 여기에서의 설명은 한 의미의 틀 속에서 이해되지 않는 관찰 결과나 사건을 이해되도록 돕는 작업으로서 묘사와의 차이는 상대적이다.[68] 묘사와 설명을 행하는 사회과학자의 관점은 가치를

학의 서구중심적, 자문화중심적(ethnocentric) 편견은 해석학적 기획에 대한 비판적 성찰을 방해했다. 베버는 발전 수준이 낮은 사회에서는 의식적, 합리적 행위보다 본능적, 기계적인 변수들의 비중이 높으므로 주관적 동기에 대한 이해보다는 생물학적 원인을 따지는 것이 필요한 경우가 더 많을 것이라 말했다. 막스 베버, 위의 글(주 54), 223-224면.

66_ 기든스는 그러한 지식을 상호지식(mutual knowledge)이라 명명했다. Anthony Giddens, *Central Problems in Social Theory: Action, Structure and Contradiction in Social Analysis* (London: Macmillan, 1979), 248-253면; *The Constitution of Society* (위의 책, 주 17), 334-343면.

67_ 문화기술지적(ethnographic) 현지조사에서는 조사자와 현지인의 관계가 늘 문제시된다. 부르디외는 현지 사회에 끼지 못하고 실천의 장으로부터 배제되어 있는 조사자의 신세야말로 과학의 현실적 조건임을 지적한다. 그런 점에서 참여관찰(participant observation)은 용어상 모순이다. Pierre Bourdieu, *The Logic of Practice* (Cambridge: Polity Press, 1990), 33-34면.

68_ Giddens, *Central Problems in Social Theory* (위의 책, 주 66), 258면.

반영하지만, 그가 의존하는 언어체계는 직접적으로 가치를 지향하지 않는다.

대상으로부터의 일정한 분리 및 사실과 가치의 구별은 해석학적 사회과학과 객관주의적 사회과학이 공유하는 과학으로서의 특성이다. 그 외의 인식론적 문제와 관련해서는 양자가 상당한 차이를 보이는데, 과학이라는 용어를 사용하는 방식에 따라서는 해석학적 사회과학이 더 과학적이라 할 수 있다. 해석학적 사회과학은 관찰과 가설의 정립, 입증과 반증에 의해 객관적 진리에 도달할 수 있다는 믿음을 버리고, 의미에 대한 해석이 가지는 설득력에 만족하며, 지식의 상대적이고 잠정적(provisional) 성격을 인정한다는 점에서 더 열려 있다. 따지고 보면 모든 사회과학 연구는 해석적 계기를 내포한다.[69] 그러나 객관주의적 사회과학이 행하는 해석은 연구자의 관점을 연구 대상인 실천에 대입하는 방식으로 이루어진다. 부르디외(Pierre Bourdieu)의 말을 빌면, "실재에 대한 모델로부터 모델의 실재성에로 미끄러지는 것"이다.[70] 해석학적 사회과학은 사회를 주어진 실재가 아니라 성원들의 상징적 상호작용에 의해 구성된 것으로 본다. 그리고 구성된 실재를 탐구하는 지적 작업이 역으로 그 구성의 과정을 이룬다는 점, 즉 사회과학의 재귀성(再歸性, reflexivity)을 인식하는 데 있어서도 더 자기성찰적(self-reflective)이다.[71] 사회과학을 사회과학으로 만드는 것이 실정성이라면, 해석학적 사회과학은 자기가 생산하는 지식도 실정화한다는 점에서 고도의 과학성을 갖는다.

69_ Giddens, *The Constitution of Society* (위의 책, 주 17), 328면.

70_ Bourdieu, 위의 책(주 67), 39면. 본서 제6장에서 이재혁이 해설하는 합리적 선택 이론이 주관주의적 방법론에 속하는지 객관주의적 방법론에 속하는지를 논하는 것은 흥미로운 일이다. 제6장 또는 이재혁, "합리적 선택론 법사회학과 사회규범," 『법과 사회』 제48호(2015), 1-34면을 읽은 후 부르디외의 저서(*The Logic of Practice*) 46면을 보라.

71_ Reflexivity는 많은 사회이론가들에 의해 다른 의미로 사용되고 있는데, 여기에서는 지식이 그 지식의 객체를 변화시키고 지식의 주체와 객체의 관계를 재구성하는 것, 그리고 연구자의 존재가 대상 세계의 일부가 되고 연구자의 지식의 조건을 구성하는 것을 뜻하는 것으로 사용하면서 이를 "재귀성"으로 옮기는 번역례를 따른다. 어떤 경우에도 reflexivity를 "성찰성"이라고 번역하는 것은 적절치 않다. 자기를 돌아본다는 의미에서 성찰적이라는 용어는 "reflective"의 번역으로 적합하다. 나는 reflexivity를 의도적으로 "반사성"으로 번역한 적도 있는데, 여기에서는 그러한 시도를 유보한다.

V. 행위 v. 구조 / 과정 v. 구조

뒤르켐을 계승하여 객관주의적 사회과학의 전통이 만들어졌듯이, 베버는 주관주의적 사회과학의 전통을 형성하는 중요한 분기점이 되었다. 베버의 해석학적 기획은 미국으로 건너가 실용주의 철학 및 미드(George Herbert Mead)의 사회심리학과 결합하여 상징적 상호작용론(symbolic interactionism)으로 이어졌다. 이는 사회과학적으로 재해석된 후설(Edmund Husserl)의 현상학과도 결합했다. 실용주의 철학에서는 정신을 틀지어진 구조로서가 아니라 적응의 과정으로 본다. 미드는 실용주의 철학에서 중심적 지위를 차지하게 된 자아의 개념을 발전시켜, 자기를 대상화하고 일반화된 타자(generalised other)에 스스로를 대입시키는 자아의 과정으로서 사회질서를 취급했다.[72] 상징적 상호작용론이라는 용어를 처음 사용한 블루머(Herbert Blumer)는 자아를 유동적인 과정으로 보는 관점을 더욱 철저히 밀고나갔다. 행위를 구조적으로 결정되는 것이 아니라 상황에 따라 개별적으로 촉발되고 조정되는 것으로 보아야 함을 강조한 그는 객관주의적 사회과학의 잔영으로부터 상징적 상호작용론의 순수성을 확보하기 위해 골몰했다.[73] 현상학적 사회과학자들은 세계에 대한 지식은 외부에 있는 실재의 직접적 투영이 아니라 의식 속에서 구성된 것으로 보는 후설의 관점을 받아들이면서도 외부세계를 “괄호 안에 넣어 버리는” 후설의 방법 대신 실재를 세계를 살아가는 성원들에 의한 상호주관적 구성물로 보고, 구성된 실재의 내용이자 재료인 지식의 재고(stock of knowledge)가 전승, 분배, 원용되는 모습에 주목한다.[74] 사회성원들이 만들어내는 생활세계를 연구자의 모델로써 대체하는 것에 대한 주관주의 사회과학의 거부감은 민속방법론(ethnomethodology)에 이르러 극치를 이루었다. 민속방법론은 연구 대상인 사람들과 연구자 사이에 서로 다른 언어체계가 존재한다는

72_ George Herbert Mead, *Mind, Self, & Society* (Chicago: The University of Chicago Press, 1934).

73_ 허버트 블루머(박영신 옮김), 『사회과학의 상징적 교섭론』(민영사, 1990), 113-153면.

74_ Peter L. Berger and Thomas Luckmann, *The Social Construction of Reality: A Treatise in the Sociology of Knowledge* (Harmondsworth: Penguin, 1966); Giddens, *New Rules of Sociological Method* (위의 책, 주 17), 24-33면.

것 자체를 전제하지 않고, 개별화된 맥락에서 이루어지는 지표적 표현(indexical expressions)을 미시적으로 관찰하고 묘사한다. 묘사되는 사람들의 대화의 내용에 대해서는 아무런 과학적 평가의 기준도 적용하지 않는다. 상호주관적으로 구성된 질서의 내용을 해석하려는 다른 주관주의 사회과학의 조류들과는 달리, 민속방법론은 합의된 질서가 있다는 믿음을 만들어내는 사람들의 방식을 드러내려 한다.[75]

주관주의적 사회과학 사이에서도 많은 변이가 있지만, 인간의 실천이 구조적 요인에 의해 틀지어지는 측면을 강조하기보다는 인간의 행위주체성(agency)을 인정하는 데 적극적인 경향이 있다. 이들의 초점은 구조와 체계보다는 행위와 과정에 있다. 이들은 규범질서가 확고하게 짜여져 있어 개인의 행위를 빈틈없이 규율하는 데 초점을 두지 않고, 질서가 사람들의 의사소통적 상호작용 속에서 끊임없이 협상되는 점에 관심을 둔다. 이와 같은 문제의식은 법을 구조가 아닌 과정의 견지에서, 법의 체계성보다는 유동적 성격과 협상가능성에 주목하는 과정중심적(processual) 법사회학과 연대할 수 있는 잠재력을 지닌다.

과정중심적 패러다임은 일군의 법인류학 연구를 통해 모습을 드러냈다.[76]

75_ 민속방법론이라는 용어는 가핑클이 1950년대에 시카고 배심프로젝트(Chicago Jury Project)에 참여하는 동안 개발한 것으로 알려져 있다. J. Maxwell Atkinson, "Ethnomethological Approaches to Socio-Legal Studies," in Adam Podgórecki and Christopher J. Whelan (eds.), *Sociological Approaches to Law* (New York: St. Martin's Press, 1981), 201면. 가핑클은 이 프로젝트에 참여하면서 배심 과정을 분석했는데, 여기에서는 배심원들이 그들에게 주어진 공식 규칙을 그대로 관철시키지 못하고 원칙을 수정했음에도 불구하고 마치 공식 규칙에 의거한 것처럼 스스로를 표상하고 있음을 보여 주었다. Harold Garfinkel, "Some Rules of Correct Decision Making That Jurors Respect," in *Studies in Ethnomethodology* (Cambridge: Polity Press, 1984). 이 연구는 12면에 불과한 짧은 분량에 그쳤는데, 배심원들에게 그들이 연구를 위해 관찰되고 있다는 사실을 통보하지 않음으로써 연구윤리 문제가 발생할 수 있었기 때문에 더 상세한 언급을 하지 않았다고 한다. 민속방법론에 의거한 법사회학의 특질과 법실무에의 적용가능성에 대해서는 이계일이 집필한 본서 제7장 및 이계일, "해석사회학의 관점에서 본 법실무의 구조," 『법철학연구』 제12권 제2호(2009), 277-330면 참조.

76_ 이철우, "인류학과 사회사의 접점에서 본 법," 최대권 외 10인, 『법사회학의 이론과 방법』(일신사, 1995); 황승흠, "법과 사회질서를 보는 사회과학적 시각—과정이론의 제기를 중심으로," 『법과 사회』 제16 · 17호(1999), 227-250면; 황승흠, 『분쟁과 질서의 법사회학』(성신여자대학교 출판부, 2005).

법인류학이 법의 개념과 법적 사유의 형식을 검출하는 작업으로부터 실제의 분쟁과 분쟁해결의 과정으로 관심을 옮김에 따라 그러한 관점이 등장하기에 적합한 배경이 조성되었다. 탄자니아의 아루샤(Arusha)족을 대상으로 한 걸리버(P. H. Gulliver)의 연구는 전통적으로 중립적 재판관을 가지고 있지 않았던 아루샤족이 규칙을 원용하면서도 그것을 결정의 준칙으로 삼지 않고 정치적 힘겨루기에 의해 분쟁을 해결하는 모습을 묘사했다. 걸리버는 이를 통해 사법적 분쟁해결과 구별되는 정치적 분쟁해결의 양상을 제시하고, 두 분쟁해결 양태를 대극적인 이념형으로 설정했다.[77] 차가(Chagga)족을 연구한 무어(Sally Falk Moore)는 걸리버가 두 양태를 이분법적으로 구분한 것을 비판하고 사법적 분쟁해결도 규칙이 협상되는 유동적인 과정임을 지적했다. 무어는 법, 관습, 의식(儀式) 등 모든 문화적 양식이 하나의 고정된 내용을 가지고 있는 것이 아니라 불확실한 상황 속에서 당사자들이 스스로의 행위를 조정해 나가기 위해 끊임없이 재해석하는 과정임을 역설했다.[78] 보츠와나의 츠와나(Tswana)족을 탐구한 코마로프(John L. Comaroff)와 로버츠(Simon Roberts)도 상세한 사례 연구를 통해 법과정이 합의된 규범을 확인하는 절차가 아니라 충돌하는 목표를 성취하기 위해 상충하는 규칙을 원용하고 관철시키는 과정임을 보여주었다. 법은 원용할 수 있는 자원의 "느슨하게 구성된 레퍼토리"라는 그들의 언설은 한국에서도 고전이 되었다.[79]

그런데 이러한 법인류학 연구가 상징적 상호작용론 및 현상학적 사회학 연구들과 깊이 제휴하지는 못한 것으로 보인다. 무어가 질서의 협상적 계기를 강조하면서 고프먼(Erving Goffman)이나 민속방법론자들의 관점을 간략히 언급한 것 외에는 두 조류가 교호했음을 명시적으로 보여 주는 대목은 찾기 어렵다.[80] 이는 위의 연구들이 이루어질 당시 인류학과 사회학의 영역 구분이 비교적 뚜렷했기

77_ P. H. Gulliver, *Social Control in an African Society: A Study of Arusha—Agricultural Masai of Northern Tanganyika* (London: Routledge and Kegan Paul, 1963). 황승흠, 위의 책, 60-66면.

78_ Sally Falk Moore, *Law as Process: An Anthropological Approach* (London: Routledge and Kegan Paul, 1978), chaps. 1 and 6.

79_ John L. Comaroff and Simon Roberts, *Rules and Processes: The Cultural Logic of Dispute in an African Context* (Chicago: University of Chicago Press, 1981); 이철우, 위의 글(주 76), 98면.

80_ Moore, 위의 글(주 78), 40면.

때문이 아닌가 한다. 양자 사이에는 연구 주제와 관련해서도 차이가 있었다. 과정중심적 법인류학에서는 비서구사회의 분쟁해결 과정과 규칙의 원용과 조작을 분석하는 데 치중한 반면, 주관주의적 사회학 연구에서는 일탈행위에 대한 낙인과 행위자들의 자아 변동과 같이, 미시적인 사례를 연구하더라도 사회적 규범질서 전반에 걸친 주제를 서구사회와 산업사회를 배경으로 다루는 경향이 있었다. 물론 향후 양자가 결합할 전망은 밝다. 인류학의 연구 대상이 더 이상 비서구사회에 치우치지 않고 다지점적(multi-sited) 문화기술지 서술이 활성화되면서 현장을 기준으로 한 인류학과 사회학의 구별이 상대화되는 한편, 사회학에서도 법정(courtroom)에서의 의사소통에 대한 대화분석(conversational analysis) 등 협의의 법과정에 대한 세밀한 연구에 노력을 기울이고 있기 때문이다.[81]

법과정의 유동적 성격과 협상적 계기들을 적극적으로 인정하는 또 하나의 중요한 조류는 법현실주의(legal realism)이다. 사법을 확정된 규범을 단일한 방식으로 적용하는 과정으로 보지 않는 법현실주의의 관심은 "법의 생명은 논리가 아니라 경험"이며 법 공부의 목표는 "법원을 통해 공권력이 발동될 경우에 대한 예측"이라는 홈스(Oliver Wendell Holmes) 대법관의 말에 함축적으로 표현되어 있다.[82] "시대의 절실한 요청, 지배적인 도덕이론과 정치이론, 공공정책으로부터 오는 직관, 공언되었건 무의식적이건 법관이 주위 사람들과 공유하는 편견조차도 사람을 다스리는 규칙을 결정하는 데 논리보다 훨씬 크게 작용한다"는 홈스의 언급은 법과정에서 이루어지는 상징적 자원의 원용에 대한 사회학적 탐구 및 법적 결정에서 작용하는 선이해(Vorverständnis)에 대한 해석학적 분석을 기대하게 만든다.[83] 그러나 아쉽게도 법현실주의자들은 그러한 이론적 감수성을 가지지

81_ 민속방법론과 대화분석을 중심으로 하는 미시사회학적 법현상 분석의 과거와 현재를 충실히 보여 주는 저작으로서 Max Travers and John F. Manzo (eds.), *Law in Action: Ethnomethological and Conversation Analytic Approaches to Law* (Aldershot: Dartmouth, 1997). 법정에서 벌어지는 언어 공방에 대한 국내 연구로는 이재협, "법정언어에 관한 인류학적 연구—국민참여재판의 문화적 · 상호교섭적 측면을 중심으로," 『서울대학교 법학』 제52권 제2호(2011), 121-171면; 서대승, "법정에 초대된 '사회적 상식': 한국사회에서 국민참여재판의 도입과 실천," 서울대학교 대학원 인류학과 석사학위논문(2011).

82_ Oliver Wendell Holmes, *The Common Law* (Boston: Little, Brown and Co., 1963), 5면; *The Path of Law*를 번역하고 해설한 최봉철의 "홈스 대법관의 법사상과 〈법의 길〉," 『서강법학연구』 제7권(2005) 중 205면.

못했다. 그들은 실용주의의 영향을 받아 "실제로 작동하는 법(law in action)"을 탐색했지만, 해석학적 사회과학으로부터 자양분을 섭취하지 못했다. 그들은 법관의 결정을 설명할 때에는 행태주의에 빠졌고, 법과정 전체에 대해서는 기능주의적 관점에서 벗어나지 못했으며, 법의 정책적 의의를 강조하면서는 도구주의적 경향을 보였다.[84] 그들은 사회인식에 있어서 실증주의에 함몰되었다. 트루벡은 이를 법현실주의가 전성을 구가하던 당시 사회과학의 경향이 그러했기 때문이라고 설명한다.[85] 법현실주의는 그 자체로서 하나의 이론체계로 발전하지 못했고, 경험적 연구의 축적을 가져오지도 못했다. 그러나 법현실주의가 자극한, 과정으로서의 법에 대한 관심은 위에서 언급한 사회과학 연구들과 합류할 수 있으며, 그러한 견지에서 법현실주의를 재음미할 필요가 있다.[86]

법이 전략적 행위를 합리화하는 도구로 사용되고 규칙이 행위자들에 의해 융통성 있게 협상되는 점을 강조하다 보면 일면적인 그림으로 귀결되기 쉽다. 법관의 해석이건 일반인들의 해석이건 법은 일정한 논리적 구조를 가지고 있어 자유자재로 그 의미가 바뀔 수는 없다. 법의 이와 같은 상대적 고정성을 포착하기 위해서는 어떤 이론화가 필요할까? 행위가 일정한 틀에 의해 규율되는 면모에 주목하는 사회학과 인류학의 일반적 논의를 곧바로 법의 의미에 가해지는 제약을 설명하는 데 활용하기는 어렵다. 법은 사회구조나 문화적 상징체계 일반으로 용해될 수 없는 특별한 형식의 항(抗)사실적(counterfactual) 규범의 결정체이기 때문이다.[87] 이 점에서 법을 자율적인 담론체계로 접근하는 루만(Niklas Luhmann)의 체계이론(systems theory)에 주목하게 된다.

루만은 사회학의 각 분야가 독자적인 학문으로 정립될 수 있는 것은 스스로

83_ Holmes, 위의 책, 5면.

84_ 이는 주로 르웰린(Karl Llewellyn)을 중심으로 한 평가이다. Hunt, 위의 책(주 25), chap. 3.

85_ Trubek, 위의 글(주 16), 584면.

86_ 법현실주의에 대한 개괄적 소개로는 최봉철, "법현실주의의 이해를 위하여," 한국법철학회 편, 『현대법철학의 흐름』(법문사, 1996); 이상수, "법형식주의에 대한 비판과 극복: 법현실주의, 법과사회운동, 비판법학," 양현아 외, 위의 책(주 52) 중 제2절.

87_ 무어는 문화가 상황조정(situational adjustment)의 과정과 정규화(regularisation)의 과정을 모두 포함하고 있으며 양자가 착종되고 상호전화함을 상기시켰다. Moore, 위의 글(주 78), 50-51면. 법을 보는 무어의 시각은 문화 일반에 대한 그의 논의의 연장선상에 있지만 후자를 무매개적으로 법의 논리를 설명하는 데 연장할 수 있는지는 의문이다.

의 경계를 설정하는 사회적 체계들(social systems)을 그 대상으로 삼기 때문이라고 본다. 그는 법사회학이 그처럼 분화된 체계로서 법을 접근하지 않고 법에 관련된 여러 현상을 개별적으로 탐구한 결과 법이 사라져 버린 법사회학이 되고 말았음을 비판한다. 그가 보기에 법률가집단에 대한 연구, 사법기구에 대한 연구, 법의식조사, 그리고 법의 각 분야에 대한 경험적 연구들은 서로 간에 연관성을 갖지 못하고 수행되어 왔다. 이러한 경험적 연구들이 통합되기 위해서는 체계의 복잡성(complexity)을 규제하는 기능을 가지는 사회적 체계의 구조로서의 법의 지위를 정확히 이해해야 한다는 것이 루만의 주장이다.[88]

루만은 상징적 상호작용론을 비롯해 행위 분석에 중심을 둔 해석학적 방법론이 사회를 단순히 개인들로 환원하고 있음을 비판한다. 그에 의하면, 상징적 상호작용론은 상호작용하는 자아와 타자를 상정하고 타자를 자아 속에 편입시키되 타자를 고정된 것으로 가정함으로써 양자의 관계를 자아 속의 개인적 정체성과 사회적 정체성의 대립으로 축소한다. 즉 이중적 우연성(double contingency), 즉 복수의 커뮤니케이션 참여자들이 각각 자기가 기대하는 상대방의 의미 선택에 자기의 행위를 의존시켜야 하는 상황을 포착하지 못하고 한 사람의 주관성만을 고려에 넣음으로써 사회적 체계가 아니라 심리체계(psychic system) 차원의 논의로 제한한다는 것이다.[89] 루만은 이러한 견지에서 행위의 체계적 맥락을 개념화하고자 한 파슨스(Talcott Parsons)를 높이 평가한다. 그러나 루만의 체계이론은 파슨스의 구조기능주의적 체계이론과는 차별화된다.[90] 파슨스는 베버를 계승하여 행위를 분석의 기본단위로 삼되, 질서가 어떻게 가능한가에 대한 홉스적 관심과 사회의 도덕적 통합에 대한 뒤르켐의 문제의식을 가지고 행위의 체계성을 설명하는 이론을 개발하고자 했다. 파슨스는 행위체계를 구성하는 하위체계들을 상정하고, 그것들을 행위체계가 충족해야 하는 기능들과 연결시키며, 그러한 기능들을 다시 행위체계의 하위체계인 사회체계의 구조적 구성요소들 및 사회체계

88_ 니클라스 루만(강희원 옮김), 『법사회학』(한길사, 2015), 서론.

89_ Niklas Luhmann, *Social Systems* (Stanford: Stanford University Press, 1995), 108, 405-406면.

90_ 루만은 구조기능주의에 대한 파슨스의 기여에도 불구하고 그를 구조기능주의자라고 단정하는 것이 적절치 못함을 지적한다. Niklas Luhmann, *Introduction to Systems Theory* (Cambridge: Polity, 2013), 6-8면.

의 하위체계들과 짝짓는 거대하고도 조밀한 분석틀을 구축했다.[91] 파슨스의 체계이론은 행위에 담긴 주관적 의미나 동기를 사상한다. 여기에서 행위는 베버에 있어서처럼 존재론적 개념이 아닌 분석적 개념이다. 그러나 파슨스는 여전히 일정한 행태적 지향성을 갖는 개인들의 집단적 상호작용에 기초한 "경험적 체계"를 염두에 두고 있다.[92] 파슨스에게 법은 사회체계가 수행하는 통합(integration)의 기능을 담당하는, 사회체계의 구조적 구성요소인 규범의 일부로서, 사회체계의 하위체계인 사회공동체(societal community)의 기제이다. 파슨스는 그러한 법의 기능을 말함에 있어 법률가집단의 역할을 강조했는데, 이는 그의 체계이론이 그와 같은 종류의 경험적 사실을 준거로 삼았기 때문이 아닌가 한다.[93] 루만은 체계를 행위의 유형 또는 측면으로 보거나 행위를 주체와 체계의 연결고리로 보는 것을 배격하고, 체계를 철저히 커뮤니케이션의 체계로 본다. 행위가 체계에 개념적으로 선행하는 것이 아니라, 역으로 행위가 "커뮤니케이션을 통해 사회적 체계에 의해 구성되는 것"으로 본다.[94] 커뮤니케이션은 수많은 의미들 중 일부를 선택하는 과

91_ 루만은 사회적 체계들(Sozialsysteme, social systems)을 모든 것을 포함하는 사회적 체계인 사회(Gesellschaft, society) 또는 사회체계(societal system)와 용어상 구별하지만 파슨스는 사회체계(social system)와 사회적 체계들(social systems)을 개념상으로는 구별하더라도 social system이라는 같은 용어로 표현하므로 여기에서는 파슨스의 social system(s)을 그 개념적 맥락과 무관하게, 그리고 한국에서 일반화된 번역례에 따라 사회체계로 표기한다. 파슨스의 초기 저작과 후기 저작 사이에 존재하는 강조점의 차이를 사상하고 그의 이론도식을 설명하면, 그는 행위체계를 구성하는 하위체계로서 사회체계, 문화체계, 인성체계(personality system)의 세 가지, 그리고 때로는 유기체를 추가하여 네 가지를 상정한 후 하위체계들이 충족시켜야 하는 네 가지 필수적 기능으로서 유형유지(pattern-maintenance), 통합(integration), 목적달성(goal attainment), 적응(adaption)을 구분했으며, 상호침투하는 행위의 하위체계 중 사회체계의 구조적 구성요소로서 가치, 규범, 집합체(collectivities), 역할을 제시하고, 이들을 제도화된 문화패턴의 유지, 사회공동체, 정치체(polity), 경제라는 사회의 하위체계들과 연결시켰다. 여기에서 법은 통합-규범-사회공동체의 조합에 속하는 것으로 취급된다. Talcott Parsons, *The Social System* (New York: Free Press, 1951), chap. 1; *Societies: Evolutionary and Comparative Perspectives* (Englewood Cliffs: Prentice-Hall, 1966), chap. 2; 탈코트 파슨스(윤원근 옮김), 『현대사회들의 체계』(새물결, 1999), 제2장.

92_ Michael King and Chris Thornhill, *Niklas Luhmann's Theory of Politics and Law* (Basingstoke: Palgrave, 2003), 161-163면.

93_ Talcott Parsons, "The Law and Social Control," in William M. Evan (ed.), *Law and Sociology* (New York: Free Press of Glencoe, 1962).

정으로서, 사회적 체계들은 고유한 선택의 논리를 가지고 있다. 그러한 커뮤니케이션 체계의 하나인 법은 "행태에 대한 규범적 기대들의 정합적 일반화(congruent generalisation)에 의존하는 사회적 체계의 구조"로 정의된다.[95] 법은 자기준거적(self-referential), 자기생산적(autopoietic) 체계로서 다른 체계에 대해 인지적으로는 열려 있으나 규범적으로는 닫혀 있다. 즉 법은 그것의 환경을 이루는 다른 체계로부터 도래하는 자극과 메시지가 법체계의 고유한 작동(operations)에 따라 변환되지 않는 한 그에 반응하지 않는다. 반면 다른 사회적 체계가 산출하는 메시지가 법체계의 고유한 커뮤니케이션 규칙에 따라 변환되고 역으로 법체계의 산출이 다른 체계에 고유한 언어를 통해 수용됨으로써 두 체계의 동시 진화가 이루어진다.[96]

94_ Luhmann, 위의 책(주 89), 137면.

95_ 니클라스 루만, 위의 책(주 88), 210-227면. 강희원은 "정합적 범례화"로 번역했다.

96_ 위의 책, 591-604면. 루만은 이를 작동적 폐쇄성(operative Geschlossenheit, operative closure)과 구조적 결합(structurelle Kopplung, structural coupling)으로 개념화한다. 니클라스 루만(윤재왕 옮김), 『사회의 법』(새물결, 2014), 제2장 및 제10장; Niklas Luhmann, "Operational Closure and Structural Coupling: The Differentiation of the Legal System," *Cardozo Law Review*, Vol. 13 (1992), 1419-1441면. 『사회의 법』을 번역한 윤재왕은 루만의 structurelle Kopplung을 "구조적 연결"로 번역한다. 게오르그 크네어와 아민 낫세이의 해설서 『니클라스 루만에의 초대』(갈무리, 2008)를 번역한 정성훈은 "구조적 접속"으로 번역했지만 본서 제3장에서는 『사회의 사회』(새물결, 2012)를 번역한 장춘익과 마찬가지로 "구조적 결합"으로 번역하고 있다. 여기에서는 이 번역례를 따른다. 루만의 체계이론에 대해서는 정성훈이 집필한 본서 제3장 및 정성훈, "루만의 법이론의 위상과 법의 역설 전개 고찰," 『법과 사회』 제48호(2015), 35-59면; "법의 침식과 현대성의 위기—루만의 체계이론을 통한 진단," 『법철학연구』 제12권 제2호(2009), 331-356면; 이상돈 · 홍성수, 위의 책(주 62), 제4장을 참고. 법제의 변화에 대한 체계이론적 설명의 예로는 양천수, "인권법체계의 자기생산적 구조—법사회학의 측면에서 접근한 시론," 부산대학교 『법학연구』 제48권 제2호(2008), 33-58면; 은승표, "루만의 시스템이론적 관점에서 본 법원의 헌법상 지위," 『법철학연구』 제3권 제1호(2000), 211-234면; 홍성수, "인간이 없는 인권이론?—루만의 체계이론과 인권," 『법철학연구』 제13권 제3호(2010), 251-280면 등이 있다. 고봉진이 집필한 본서 제11장 및 고봉진, "'자본주의의 총체성'과 '사회체계의 기능적 분화'," 『법철학연구』 제17권 제1호(2014), 7-34면은 사회분화와 체계 자율성에 대한 루만의 인식으로부터 규범적 함의를 도출하여 이를 현실 비판의 근거로 삼는 대담한 시도를 보여준다. 루만을 수정하여 독자적인 체계이론을 개발한 토이브너(Gunther Teubner)에 대해서는 양천수가 집필한 본서 제4장 및 김연식, "사회적 체계로서 법에 대한 토이브너의 이해—루만과의 차이점을 중심으로," (발간예정) 참조.

행위 및 과정과 구조 중 어디에 무게를 두느냐라는 기준으로 두 진영을 구분한다면 루만은 파슨스와 함께 구조에 무게를 두는 사회과학방법론의 진영에 포함시킬 수 있을 것이다. 그러나 루만은 베버의 사회적 행위 개념을 커뮤니케이션으로 대체함으로써 행위-구조 이분법으로부터 벗어나려 한다.97 전술했듯이, 행위는 커뮤니케이션에 의해 구성되며 커뮤니케이션 체계가 행위에 선행한다. 구조는 커뮤니케이션들을 결합시키기 위해 사용될 때만 실재하며 체계는 체계의 작동 속에서만 현재성을 가진다. 루만이 커뮤니케이션이 구조의 생산요소이자 구조의 보존지(preserve)라 말하는 한편 구조는 가능한 의미를 현재화하는 '작동'과 본질적 차이가 없다고 갈파할 때에는 행위와 구조, 과정과 구조라는 사회의 두 측면을 통일적으로 파악하려는 사회과학방법론의 숙원사업을 대표하는 이론적 시도들을 연상케 한다.98 기든스(Anthony Giddens)의 구조화이론(structuration theory)과 구성주의적 구조주의로 분류되기도 하는 부르디외의 실천이론(theory of practice)이 그러한 시도들이다. 기든스는 구조를 '구조화(structuration)'로 이해한다. 구조는 행위가 근거하고 불러일으키는 규칙과 자원으로서 끊임없이 행위에 의해서 활성화되고 재생산되는 가운데에서만 존재한다. 그는 구조의 이러한 면모를 구조의 이중성(duality of structure)이라 부르며 이로써 구조중심적 접근과 행위중심적 접근의 이원론(dualism)을 극복하고자 한다.99 부르디외는 구조를 행위의 외부에서 행위에 가해지는 구속으로 보지 않고 실천 속에서 촉발되는 "구조화하는 구조(structuring structure)"로 본다.100 그러나 여전히 행위의 존재론적 통

97_ 이철, "구조/행위 대립 극복으로서 루만의 커뮤니케이션 체계,"『한국사회학』제45집 제5호(2011), 143-167면.

98_ 니클라스 루만,『사회의 법』(위의 책 주 96), 68-84면.

99_ Giddens, 위의 책(주 66); *The Constitution of Society* (위의 책 주 17).

100_ Bourdieu, 위의 책(주 67). 부르디외의 이론에 바탕을 둔 법사회학 연구들은 부르디외의 장(場, champs, field) 개념을 활용한다. 이에 대해서는 김성현이 집필한 본서 제5장 참조. 중요한 단초로서 Pierre Bourdieu, "The Force of Law," *Hastings Law Journal*, Vol. 38 (1987), 814-853면 및 부르디외의 이론을 활용하여 법조(legal profession)의 세계적 재편성을 탐구하는 드잘레이(Yves Dezalay)와 가스(Bryant G. Garth)의 연구 중(김성현 옮김)『궁정전투의 국제화: 국가권력을 둘러싼 엘리트들의 경쟁과 지식 네트워크』(그린비, 2007)와 이를 해설하는 이철우, "법은 짱이다: 場으로서의 법학지식과 법률서비스의 지구적 전환—드잘레이/가스,「궁정전투의 국제화」에 대한 서평,"『법과 사회』제36호(2009), 495-513면 참조. 글로벌 법조 재편성의 한국적 양상에 대해서는 Kim Seong-Hyun, "The

일성을 전제하는 이러한 이론적 시도들과 루만의 체계이론이 어떻게 융합될 수 있는지는 미지수이다. 이론도 그 '작동에 있어서 닫혀 있는(operatively closed)' 하나의 자기준거적 체계이기 때문이다.

VI. 맺음말

이 글의 첫머리에서 법에 대한 사회과학적 연구를 법학의 주된 담론체계들과 구별하는 데 주력한 것은 읽는 사람에게 의아하게 받아들여질 수 있다. 그것은 마치 법학의 내용을 풍부히 하고 영역을 넓히려는 시도에 찬물을 끼얹는 것처럼 들릴 수 있다. 그러나 이 글은 법학교육기관이 사회과학적 성격의 교과목을 확대하는 것에 반대하는 것이 아니고, 법학자가 사회과학적 안목을 갖추는 것이 불필요하다고 말하는 것도 아니다. 오히려 법에 대한 교육과 연구가 보다 학제적 성격을 띠었으면 하는 희망을 배경에 깔고 있다. 이 글에서 강조한 것은 법에 대한 사회과학적 연구는 법도그마틱 및 법철학으로부터 분화된 자율적인 담론체계를 이루고 있다는 점이며, 법에 대한 사회과학적 연구는 규범적 평가가 아닌, 묘사와 설명 및 그것을 가능케 하는 이론의 개발을 본분으로 한다는 점이다. 사회과학적 서술에서 어느 정도 가치의 함유를 인정할 것인가, 행위와 구조 중 어디에 주안점을 둘 것인가 등의 쟁점을 둘러싼 차이에도 불구하고 사회과학적 연구사조들은 분화된 담론으로서의 속성을 공유한다. 담론의 분화는 연구자에게 부착된 속성이 아니어서, 한 사람의 연구자가 분석적, 규범적, 경험적 차원의 연구에 모두 참여한다고 해서 문제가 될 것은 전혀 없다. 다만 그처럼 폭넓은 연구를 수행하기 위해서는 서로 다른 언어체계를 넘나들면서 각각의 체계가 생산하는 정보를 다른 체계가 수용할 수 있게 하는 방법을 습득하는 것이 필요하다.

이 점을 강조한 것은 법에 대한 사회과학적 연구가 오늘날 한국에서 보이고 있는 모습에 대한 비판적 성찰과 무관하지 않다. 물론 한국의 현실에서 발견하는

Democratization and Internationalization of the Korean Legal Field," in Yves Dezalay and Bryant G. Garth (eds.), *Lawyers and the Rule of Law in an Era of Globalization* (Abingdon: Routledge, 2011).

문제는 단순히 분석적, 규범적, 경험적 접근 사이의 분화와 통합의 문제와 반드시 같은 것은 아니다. 1980년대에 급속히 성장한 오늘날의 한국 법사회학은 80년대의 시대상황을 반영하여 현실참여적 성격을 농후하게 가지게 되었다. 굳건히 잠긴 법적 언어체계의 배후에서 작용하는 억압적 이데올로기와 권력의 베일을 벗기고 이를 해체하는 작업에 실천적으로 참여하는 것이 법사회학의 과제로 인식되었다. 시대상황에서 비롯되는 실천적 문제의식이 그 자체로서 의미 있을 뿐만 아니라 경험적 연구를 자극하여 학문을 풍요롭게 했음을 부정할 수는 없다. 그러나 그것이 가져온 결과의 하나는 정치적 관점에 기초한 규범적 평가가 경험적 관찰이나 이론적 분석을 압도하는 경향이다.[101] 법에 대한 사회과학적 분석이 민주주의, 평등, 법의 지배 등 가치를 담고 있는 개념을 도구로 사용할 수 없다는 블랙의 주장에는 동의하지 않는다. 그러나 연구가 사회과학적이 되고자 한다면, 현실을 살아가는 사람들이 그런 개념에 어떤 의미를 부여하고 있는가를 현상학적, 해석학적으로 탐구하든지, 그에 대한 사람들의 믿음이 어떤 사회적 동력에 의해 실현되거나 저지되는가를 관찰하든지, 또는 그런 개념들이 법체계와 기타 사회적 체계들 속에서 어떻게 자리 잡고 있는지를 분석하는 등등의 작업을 수행해야 하지, 그런 이상을 성취하겠다는 연구자의 실천적 의지를 명시적으로 선언하는 것이 되어서는 안 된다. 오늘날 한국에서 법에 대한 사회과학적 연구의 당면한 과제는 법에 대한 경험적 분석과 그것을 매개하는 이론적 논의의 자율성과 체계성을 확보하는 것이다.

101_ Chulwoo Lee, "Hegemony, Contestation, and Empowerment: The Politics of Law and Society Studies in South Korea," *Asian Journal of Law and Society*, Vol. 1, Issue 2 (2014), pp.275-304. 이상돈은 한국 학계가 그렇다고 단정하기에는 아직 이르다는 전제 위에 "법을 과도하게 정책의 도구로 편입시킬 위험" 또는 "정책에 대해서 가져야 하는 비판적 거리가 정책적 앙가쥬망으로 인해 지나치게 좁혀지기 쉽다는 것"을 우려한다. 이상돈, 위의 책(주 9), 139-140면. 내가 지적하는 것과 상당 부분 같은 문제점을 지적하는 것으로 이해된다. 그것을 넘어 기결정 또는 구상 중인 정책의 목표 달성을 위해 사회과학적 지식을 수단으로만 사용하는 태도를 우려하는 것인지는 분명치 않다. 후자는 영국의 법사회학자들이 법정책학에 대해 가져온 경멸감과 유사한 것이다. 그러나 한국 학계에서는 법의 정책적 목표 달성을 위한 경험적 연구 자체가 드물며, 이념과 가치를 전면에 내세워 정책적 방향의 옳고 그름을 말하는 논의가 지배적이다. 법에 대한 사회과학적 연구가 처한 작금의 현실에 비추어 볼 때, 정책의 실현이나 타당성 평가를 위한 경험적 연구라면 고무될 필요가 있다.

제2장

하버마스의 법사회학*

—복지국가 법제화 문제를 중심으로—

홍성수**

Ⅰ. 들어가며

하버마스(Jürgen Habermas)는 세계적으로 가장 영향력 있는 사회학자이자 사회철학자로 손꼽힌다. 호르크하이머(Max Horkheimer), 아도르노(Theodor W. Adorno), 마르쿠제(Herbert Marcuse) 등 프랑크푸르트학파의 비판이론의 계승자로서, 근대적 이성을 현대적으로 재구성한 학자로 평가된다.[1] 하버마스는 철학, 정치학, 사회학 등 다양한 학문분과를 넘나들며 지적 성취를 남겼지만, 법학에 미친 영향도 상당하다. 특히 1992년 『사실성과 타당성』(Faktizität und Geltung)에서는 본인의 의사소통행위이론을 응용하여 현대 민주적 법치국가의 규범이론을 제시하여, 법학계의 관심을 이끌어 냈다.[2] 그의 논의 중 '법사회학' 연구분야와 관련되

* 이 글은 『법철학연구』 18권 1호(2015)에 실린 홍성수의 "복지국가에서 법에 의한 자유의 보장과 박탈: 하버마스의 비판과 대안"을 수정 · 보완한 것임.

** 숙명여자대학교 법학부 교수.

1_ 하버마스의 생애와 저술활동에 대해서는 M. G. Specter, *Habermas: an Intellectual Biography*, Cambridge University Press, 2010; 김원식, 『하버마스 읽기』, 세창출판사, 2015, 1장 참조.

어 있는 것은 1981년 『의사소통행위이론』(Theorie des Kommunikativen Handelns) 에서 복지국가 법제화에 대한 비판적 분석을 전개하는 부분과 『사실성과 타당성』 에서 그 후속 논의로 이해될 수 있는 '절차주의적 법이해'에 관한 논의다. 여기서 하버마스는 현대 국가에서의 법의 기능과 역할의 변화 등 법발전의 문제를 다루고 있는데, 그는 스스로 이 주제가 뒤르켐과 베버부터 시작된 고전적 사회학 연구에 속한다는 설명을 덧붙이기도 한다.[3] 이에 대한 하버마스의 논의는 법체계의 발전경로와 미래 법발전에 대한 예측과 대안 제시 등을 논한다는 점에서, 법사회학의 세부분야 중 하나인 '법진화론'(legal evolution)[4]으로 분류될 수도 있을 것이다.[5]

복지국가 위기에 관한 하버마스의 논의는 '법'의 문제를 독자적인 의제로 다뤘다는 점에서 중요한 의미를 갖는다. 복지국가의 위기와 발전을 다룬 무수한 논의가 있지만, 법에 초점을 맞춘 경우는 거의 없기 때문이다. 공법에서 급부행정법으로의 전환이나, 사법에서 민법 기본원리의 수정에 관한 논의가 있긴 했지만, 복지국가와 법의 상호관계에 관한 문제를 일반적이고 포괄적인 수준에서 접근했던 것은 아니었다. 복지국가와 법의 문제를 다루는 것이 중요한 이유는, 이것이 단순히 법의 문제 또는 (좁은 의미의) 법학의 문제로 한정될 수 없기 때문이다. 복

2_ 대표적으로, M. Rosenfeld and A. Arato (ed.), *Habermas on Law and Democracy: Critical Exchanges*, Berkeley: University of California Press, 1998; R. Von Schomberg and K. Baynes (ed.), *Discourse and Democracy: Essays on Habermas's between Facts and Norms*, Albany: State University of New York Press, 2002; H. Baxter, *Habermas: The Discourse Theory of Law and Democracy*, Stanford: Stanford University Press, 2011 등 참조.

3_ J. Habermas, *Theorie des kommunkativen Handelns, Bd. 2: Zur Kritik der funktionalistischen Vernunft*, Frankfurt/M: Suhrkamp, 1981, 523면; 『의사소통행위이론: 2권』, 장춘익 역, 나남, 2006, 548면. (이하에서는 본문에서 "TKH2 원본 면수/번역서 면수"로 인용했으며, 번역은 필자가 적절히 수정한 경우도 있음.)

4_ 법진화론에 대한 설명은 양건, 『법사회학』, 민음사, 1995, 182~186면 참조.

5_ 하버마스, 루만, 노넷/셀즈닉 등의 논의를 수용하여 성찰적 법(reflexive law)을 새로운 법발전 단계로 제시하는 토이브너도 자신의 이론이 법진화론에 속한다고 밝히고 있다. G. Teubner, "Substantive and Reflexive Elements in Modern Law," *Law & Society Review*, 17(2), 1983, 242, 245면; "After Legal Instrumentalism? Strategic Models of Post-regulatory Law," in Teubner (ed.), *Dilemmas of law in the Welfare State*, Berlin: Walter de Gruyter, 1986, 300면 등 참조.

지국가의 확대는 곧 국가의 관할영역이 늘어난다는 것이고, 국가의 행위는 법을 도구로 삼아 수행된다. 이때 법의 변화가 시민의 삶에 어떤 영향을 미치는지를 살펴보는 것은 법의 정당성 문제, 더 나아가 정치의 정당성 문제를 검토하는 데 있어서도 유의미하다.

하버마스가 지적하는 복지국가 법제화 문제의 핵심은 '법'과 '법치'의 정당성이 시민의 자유를 보장하는 것에 있음에도 불구하고, 복지국가의 법제화가 자유를 오히려 제한하는 경향이 있다는 것이다.[6] 그렇다면 복지국가(법)의 발전 방향은 시민의 자유를 복원하는 것에 있어야 할 것이고, 이를 위해 무엇이 필요한지를 검토해야 할 것이다. 하버마스의 논의는 이 쟁점들에 대한 포괄적이면서도 실행가능한 구체적인 대안을 모색하고 있다는 점에서 중요한 의미가 있다.

이러한 문제들을 살펴보기 위해 먼저, 근대의 사회병리현상으로서 하버마스가 제시한 '생활세계의 식민지화'의 문제를 검토하고, 이것이 '복지국가 법제화'를 통해 자유의 보장과 박탈이라는 양면성을 초래한다는 점을 살펴본 후(II), 그 대안으로 제시된 '절차주의적 법이해'의 개요를 살펴본다(III). 그리고 이러한 하버마스의 이론구상이 현실에서 어떻게 응용될 수 있는지를 알아보기 위해, 입법/사법/행정에서의 절차주의적 법이해의 적용가능성을 검토해 본 후(IV), 마지막으로 이러한 논의가 복지국가의 전망에 대해 어떤 함의를 제공하는지를 제시해 보도록 하겠다(V).

6_ 사회복지학계에서는 하버마스의 이론의 영향은 사회복지실천의 문제, 예컨대 사회복지사와 수급권자의 관계 문제 등에 집중되어 있는 듯하다. M. Gray & A. Webb(편), 『사회복지학의 새로운 접근: 철학적 토대와 대안적 연구방법』, 김기덕 외 역, 시그마프레스, 2012, 1장; 김기덕, "하버마스 비판이론의 사회복지 실천에의 적용가능성에 관한 탐색적 연구: 의사소통행위이론을 중심으로," 『한국사회복지학』 58권 4호, 2006, 119-139면; 성준모, "정신보건영역에서의 임파워먼트 실천에 관한 고찰: 하버마스와 푸코의 사상을 중심으로," 『정신보건과 사회사업』 33권, 2009, 291-301면 참조.

II. 복지국가의 법제화: 자유의 보장과 박탈[7]

1. 근대의 사회병리현상: 생활세계의 식민지화

하버마스는 행위를 특정목적을 달성하기 위한 "목적합리적 행위"와 상호이해를 지향하는 행위인 "의사소통적 행위"(kommunikatives Handelns)로 구분한다.[8] 의사소통적 행위를 통해 청자와 화자가 상호이해(Verständigung)를 추구하게 되는데, 그 배후에는 "생활세계"(Lebenswelt)가 있다(TKH2 173ff/187ff). 생활세계는 "문화적으로 전승되고 언어적으로 조직된 해석유형들의 비축분"(TKH2 189/204)으로서, 청자와 화자에게 공통적인 문화적 맥락을 제공함으로써 청자와 화자가 상호이해에 도달할 수 있게 하는 배후 역할을 한다.

그런데 사회적 통합을 생활세계에 배후를 둔 의사소통적 행위에만 의존할 경우 기능적 한계에 봉착하게 되고, 이것이 근대사회에서 체계가 생활세계로부터 분리되는 계기가 된다(TKH2 229ff/244ff).[9] 비판이론의 전통에서는 근대사회에서 생활세계로부터 체계가 분리되는 현상을 비관적으로 바라보지만, 하버마스는 체계의 분리가 생활세계의 부담을 덜어주고 생활세계의 합리화를 촉진할 수 있다는 점에서 부정적으로만 보지 않는다. 언어를 통해 타당성주장을 검증하면서 상호이해를 추구하는 의사소통적 행위의 조정메커니즘은 효율성이 떨어지기 때문에 또 다른 행위조정매체인 화폐와 권력이 필요하다. 실제로 생활세계에서 의사소통적으로 구조화된 행위조정메커니즘은 일정한 시간과 비용이 소요되고 의견 불일치의 위험이 수반되는데, 체계의 화폐매체와 권력매체는 그러한 시간·

7_ 이 장의 논의에 대한 자세한 고찰은 이상돈·홍성수, 『법사회학: M. Weber, J. Habermas, N. Luhmann의 사회학이론과 법패러다임』, 박영사, 2000, 3장의 II 참조.

8_ J. Habermas, *Theorie des kommunikativen Handelns, Bd. 1: Handlungsrationalität und gesellschaftliche Rationalisierung*, Frankfurt/M: Suhrkamp, 1981, 114면 이하; 『의사소통행위이론: 1권』, 장춘익 역, 나남, 2006, 139면 이하 참조.

9_ J. Habermas, *Der philosophische Diskurs der Moderne: Zwölf Vorlesungen*, Frankfurt/M: Suhrkamp, 1985, 405면; 『현대성의 철학적 담론』, 이진우 역, 문예출판사, 1994, 404-405면.

비용이나 위험의 부담을 덜어준다는 것이다(TKH2 269ff/284ff). 그래서 의사소통적 행위를 위한 "비공식적, 관습적이고, 규범적으로 충만한 영역"으로서의 '생활세계'로부터, "전략적, 계산적, 형식적이며, 규범적으로 공허한" 권력과 화폐의 세계인 '체계'가 분리되는 것이다.[10] 이로써 생활세계의 부담이 줄고 전체 사회의 통합이 한결 효율적으로 달성될 수 있게 된다. 결국 화폐와 권력이라는 새로운 조종매체가 등장하면서 현대사회는 사회통합을 위한 자원으로 "화폐", "권력", "연대성"(Solidarität)을 보유하게 되는 것이다.[11]

그런데 체계와 생활세계가 분화되었다고 해서 서로 관계가 단절되는 것은 아니다. 경제체계는 (화폐를 매개로) 생활세계와 관계를 맺고 정치체계는 (권력을 매개로) 생활세계에 연관되기 때문에, 바로 이 지점에서 체계가 생활세계에 관여할 수 있는 계기가 마련된다(TKH2 471ff/495ff). 그리고 근대화 과정에서 자립한 정치체계와 경제체계가 그 기능적 우위를 바탕으로 화폐매체와 권력매체를 통해 생활세계의 영역에 침투한다(TKH2 489ff/513ff, 565ff/589ff). 이것이 하버마스가 제국이 식민지에 침범하여 제국의 이익에 동화시키는 것에 비유하여 "생활세계의 식민지화"(Kolonialisierung der Lebenswelt)라고 이름 붙인 문제이다(TKH2 476/499, 522/546). 생활세계에서 의사소통적으로 수행되던 문화적 재생산, 사회적 통합, 사회화 등이 화폐와 권력이라는 체계의 매체를 통해서 대체될 수 없음에도 불구하고 체계가 생활세계를 침범한다면 사회병리현상이 발생할 수밖에 없다는 것이 하버마스의 진단이다(TKH2 476f/499f).

2. 복지국가의 법제화: 형식법의 실질화

하버마스는 "생활세계의 식민지화"로 요약되는 사회병리현상이 복지국가[12]

10_ H. Baxter, "System and Lifeworld in Habermas's Theory of Law," *Cardozo Law Review*, 23(2), 2002, 552면.

11_ J. Habermas, *Die neue Unübersichtlichkeit: kleine politische Schriften V*, Frankfurt/M: Suhrkamp, 1985, 158면; 『새로운 불투명성』, 이진우 · 박미애 역, 문예출판사, 1995, 181면.

12_ 하버마스는 줄곧 '사회국가'(Sozialstaat)라고 쓰고 있고, 『사실성과 타당성』의 영역본에서는 이를 '사회-복지국가'(social-welfare state)로, 국역본에서는 '복지국가'로 번역하고 있다.

의 법제화[13]를 통해 발생한다는 점에 주목한다. 복지국가의 법제화 이전에 근대 법치국가의 전형적인 법형태는 '형식법'(Formalrecht)이었다. 이것은 최소한의 금지된 행위와 허용된 행위만을 규정할 뿐, 특정한 목표의 실현을 위해 법규율의 결과를 인위적으로 조정하려는 목적이 없다는 점에서 '형식적'이다. 하지만 형식법은 시민의 자유를 극대화하려고 했던 근대 자유주의 국가에 최적화된 것일 뿐, 실질적 평등을 실현하기 위하여 시민들의 삶의 영역에 실질적으로 개입하는 복지국가에서는 그 유효성이 제한적일 수밖에 없다. 적의 침입으로부터의 보호, 시민의 자유 보장 등 기존의 근대국가의 존립목적으로 환원되지 않는 복지국가의 독자적인 정당화 요청, 즉 "모든 국민들의 기본욕구를 최소한으로 보장하여 삶의 안전을 증진시키"[14]는 것이 새로운 목표로 대두되기 때문이다. 실제로 기존에는 시민 스스로 해결하거나 가족이나 종교가 떠맡고 있던 각종 사회문제들이 국가 간섭의 영역에 편입되면서 시민의 삶에 대한 광범위한 국가개입이 감행된다. 이것이 삶에 대한 '간섭'이라는 부정적인 뉘앙스로 표현되건, 삶의 질 향상에 대한 '기여'라는 긍정적인 뉘앙스로 표현되건, 복지국가가 시민의 삶에 깊숙이 개입한다는 것은 분명하다.[15] 실제로 복지국가의 발전과 함께 국가재정이나 국가기구가 비약적으로 성장하는데,[16] 이는 곧 삶에 대한 국가의 간섭이 전방위적으로 이루어진다는 것을 의미하는 것이다.

이러한 국가의 복지정책은 법치국가의 원칙상 반드시 '법'을 경유해야 한다. 국가가 추진하는 사회복지정책은 법을 통해 '제도화'되는 것이며, 따라서 이를 "제도로서의 복지국가"로의 전환이라고 부르기도 한다.[17] 이때 복지국가의 목적

복지국가와 사회국가가 의미상의 차이가 있기는 하지만, 아래에서는 편의상 '복지국가'라는 표현으로 통일했다.

13_ 법제화(verrechtlichung, juridification)란 법으로 규제받지 않던 영역에 대한 새로운 법적 규제를 뜻하는 '법의 확장'과 기존에 규제받던 영역이 더욱 밀도 있게 규제되는 '법의 밀도 증대'를 뜻한다. 전자가 수평적 측면의 법제화라면 후자를 수직적 측면의 법제화라고 할 수 있다. S. Veitch 외, *Jurisprudence: Themes and Concepts*, Abingdon: Routledge-Cavendish, 2007, 216-217면 참조.

14_ 김태성 · 성경륭, 『복지국가론』, 2판, 나남, 2000, 38-39면, 50면.

15_ 정원오, 『복지국가』, 책세상, 2010, 11-12면.

16_ 김태성 · 성경륭, 위의 책, 34-41면.

17_ 정원오, 위의 책, 33면.

을 실현하기 위해 법의 변화, 즉 형식법의 '실질화'(Materialisierung)가 수반된다.[18] 복지국가의 역사적 기원이 빈민법과 노령연금법, 국민보험법, 질병보호법, 산업재해보험법 등의 새로운 입법과 함께 서술되는 이유도 이런 맥락이다.[19] 복지국가에서 실질화된 법은 복지국가의 새로운 정책을 실현하기 위한 '도구'로 기능하며, 그 의도된 정책을 수행하는 결과를 산출함으로써만 정당화된다는 특징을 갖는다.[20]

이때 노동법이나 경제법처럼 새로운 법이 제정되기도 하지만, 기존 법의 기본원리에도 변화가 생긴다.[21] 복지국가에서는 시장의 실패와 경제적 불평등의 문제를 해결하기 위해 사회적 약자를 보호하기 위한 적극적인 법 개입이 요구되고, 이에 따라 시민의 자율적 결정을 소극적이고 보충적으로 보호하는 역할에 한정되었던 사법의 목적이 수정되는 것이다. 즉, 계약자유의 원칙, 소유권불가침의 원칙, 과실책임의 원칙 등의 민법의 기본원리가 수정되는데, 계약의 내용·방식이 일부 제한되거나, 소유권 행사에 일정한 한계가 생기거나, 무과실책임제도가 도입되는 등의 변화가 대표적이다.[22]

공법적 차원에서는 '침해행정'(Eingriffverwaltung) 또는 '질서행정'(Ordnungsverwaltung)이 '급부행정'(Leistungsverwaltung)으로 이행되는 현상이 나타난다(FuG 520ff/568ff).[23] 침해·질서행정은 공익이나 위험의 예방·제거를 위해 시민의 자

18_ 베버(Max Weber)는 형식법의 실질화를 근대법의 내재적 문제로 인한 필연적인 결과이며, 법의 형식성과 실질성의 대립을 이율배반이자 갈등이라고 지적한다. 김명숙, 『막스 베버의 법사회학』, 한울아카데미, 2003, 5장; A. T. Kronman, *Max Weber*, Stanford: Stanford University, 1983, 92-95면 참조.

19_ 윤찬영, 『사회복지법제론』, 나남, 개정5판, 2010, 1장; 김태성·성경륭, 위의 책, 3장.

20_ '실질화된 법'의 특징은 G. Teubner, "Verrechtlichung: Begriffe, Merkmale, Grenzen, Auswege," in F. Kübler (ed.), *Verrechtlichung von Wirtschaft, Arbeit und sozialer Solidarität*, Baden-Baden: Nomos, 1985, 304-313면 참조.

21_ J. Habermas, *Faktizität und Geltung: Beiträge zur Diskurstheorie des Rechts und des demokratischen Rechtsstaats*, Frankfurt/M: Suhrkamp, 1992, 479면 이하; 『사실성과 타당성』(한상진·박영도 역, 나남, 재판, 2007, 525면 이하). (이하에서는 본문에서 "FuG 원본 면수/번역서 면수"로 인용했으며, 번역은 필자가 적절히 수정한 경우도 있음.)

22_ 윤찬영, 위의 책, 59면 이하.

23_ 현대 행정법의 변화에 대해서는 홍준형, 『행정법』, 법문사, 2011, 1334-1335면; 홍정선, 『행정법특강』, 박영사, 12판, 2013, 10-11면; 김동희, 『행정법1』, 18판, 박영사, 2012, 17-19면 참조.

유를 제한하는 것인 반면, 급부행정은 국가가 공공복리를 위해 적극적으로 사회구성원의 삶에 개입하여 일정한 사회적 지위를 확보해주는 등 "광의의 정치적 조절의 과제"를 떠맡는다(FuG 520/568). 구체적으로는 국가가 금전이나 서비스를 공급하거나 시설을 제공하는 식으로 급부행정이 수행된다. 한국에서도 최근 급부행정법에 해당하는 한국의 사회보장법체계가 크게 발달했다. 사회복지에 관한 기본법이라고 할 수 있는 사회보장기본법을 비롯하여, 국민연금법, 국민건강보험법, 고용보험법, 국민기초생활보장법, 사회복지사업법, 장애인복지법, 노인복지법, 아동복지법 등 다양한 사회복지분야의 문제들이 법제화되어 사회복지법체계를 구축하고 있다.

3. 복지국가의 양면성: 자유의 보장과 박탈

문제는 형식법의 실질화가 '생활세계의 식민지화'로 표현되는 사회병리현상을 초래한다는 것이다. 하버마스는 복지국가의 법제화가 애초부터 "자유의 보장(Freiheitsverbürgung)과 자유의 박탈(Freiheitsentzug)이라는 양면성"을 갖고 있다고 지적한다(TKH2 531/555, FuG 502/549). 복지국가 역시 근대국가의 이념적 목표인 자유와 평등의 보장을 지향하지만,[24] 자유와 평등의 '실질적' 보장을 위해, 시민의 삶에 적극적인 개입을 한다는 점에서 차이가 있을 뿐이다. 하지만 이러한 복지국가의 본래 의도가 무색하게도, 복지국가 법제화가 "개인의 자율성을 침해할 위험"을 증대시키는 결과를 초래했다는 것이 하버마스의 진단이다(FuG 490/537). 즉, 복지국가의 법제화는 복지국가의 "수혜자의 개인적 자기결정을 제약"한다는 점에 둔감하다는 문제, 즉 "후견주의"(Paternalismus)의 문제를 안고 있다는 것이다(FuG 470/516, 503/550f). 복지국가에서는 실업, 질병, 교육, 주거, 노령 등 생활세계에서 벌어지는 문제들이 입법과 법집행에 의해 다뤄지는데, 이때 복지의 수혜자들이 자신의 권리를 충분히 주장함으로써 그에 합당한 대우를 받는 것이 아니라, 법에 의해 규정되고 관료에 의해 집행되는 복지를 수동적이고 시혜

24_ 같은 맥락에서 복지국가가 보장하려고 하는 '사회적 기본권'의 기본적인 근거가 인간존엄이며, 그 인간존엄을 구체화되는 조건으로서 자유와 평등을 제시하는 이준일, 『헌법과 사회복지법제』, 세창출판사, 2010, 3-5면 참조.

적으로 제공받게 됨으로써, 일상적 생활세계가 타율적으로 구조화되는 결과를 낳게 된다는 지적이다.

또한 복지국가의 관료적 법집행은 사회적 약자들에게 "과도하게 일반화시킨 분류"(überverallgemeinernde Klaassifikation)에 의거하여 복지서비스를 제공하게 된다는 문제가 있다(FuG 510/557).[25] 시민들이 국가적 부조를 필요로 한 상황은 그들이 처해 있는 특정한 삶의 역사와 구체적인 생활형식의 맥락을 떼어 놓고 생각할 수 없을 것이다. 그런데 이러한 역사와 맥락에 충분히 민감하지 못한 채 복지국가의 법집행이 감행된다면, "폭력적인 추상화"(gewalttätige Abstraktion)의 위험을 피하기 어렵게 된다(TKH2 532/557). 예컨대, 개인은 자신의 삶을 주체적으로 설계하고 영위하기보다는 복지국가제도가 제시하는 기준에 따라 기초생활수급권자, 1등급 장애인 등 새롭게 규정된 정체성을 부여받게 되거나, 수급권자가 되기 위해 가족형태나 소유형태와 같은 사적 생활관계를 의도적으로 변형하는 일이 벌어질 수 있다는 것이다.[26]

하버마스는 이러한 복지국가법의 양면성을 설명하기 위해 여성평등정책을 예로 든다(FuG 504ff/553ff).[27] 그는 여성의 실질적 평등을 보장하기 위한 법제화가 다른 범주의 사람들을 오히려 불평등하게 만드는 결과를 초래할 수 있다고 지적한다. 성차별로 인한 불평등이 다른 종류의 불평등과 서로 복잡하게 연관되어 있는 상황에서, 여성이라는 특정한 범주에 속한 사람에게만 적극적인 조치를 취할 때 생기는 부작용이다. 또한 여성이라는 범주 내에서도 서로 다른 처지와 조건을 가진 사람들이 존재하는데, 집단으로서의 여성에게 일률적인 혜택이 주어진다면, '차이의 정의'에 대한 설득력 있고 일관된 기준이 흔들릴 수 있다. 이것은 여성뿐만 아니라 특정한 범주에 속하는 사회적 약자에게 일률적으로 적극적인

25_ 이와 관련해서 사회복지법이 보호하는 상황의 포괄성과 개별성의 문제 등 사회복지의 법제화에서의 규범적 난점에 대한 다음의 분석 참조. 전광석, "사회복지법의 규범체계와 과제," 『법제연구』 41권, 2011, 19면 이하.

26_ 이를 개인의 "제도 의존"의 문제로 설명하는 한동우 · 최혜지, "복지국가는 사적 공간을 어떻게 조절하는가?," 비판과 대안을 위한 사회복지학회 학술대회 발표논문집, 2014, 14면 이하 참조.

27_ 또한 J. Habermas, *Die Einbeziehung des Anderen*, Frankfurt/M: Suhrkamp, 1996, 303면 이하; 『이질성의 포용』, 황태연, 나남출판, 2000, 304면 이하 참조.

조치를 취할 때 생길 수 있는 보편적인 문제다. 그렇기 때문에 사회적 약자의 권리 보장은 필요하지만, 그것이 가져올 부작용에 대해서도 충분히 민감하게 생각할 필요가 있다는 것이다.[28]

Ⅲ. 성찰적 복지국가와 절차주의적 법이해

1. 성찰적 복지국가

복지국가의 문제에 관한 전통적인 논쟁은, 복지가 경제성장에 오히려 순기능하며 삶의 질을 높이는 역할을 하기 때문에 복지의 확대나 현상 유지를 주장하는 좌파의 입장과 복지의 팽창이 경제성장을 위축시키고 근로의욕을 떨어뜨린다는 점을 비판하는 우파의 입장을 중심으로 진행되어 왔다.[29] 하지만 오페(Claus Offe)를 비롯한 비판이론 진영처럼 복지국가의 정당성 위기에 주목하는 견해도 있었고,[30] 제3의 길을 주창한 기든스처럼 복지의 확대/축소에 관한 논쟁보다는 복지가 삶에 미치는 영향에 대한 숙고가 필요하다는 지적도 있었음을 상기할 필요가 있다.[31] 하버마스 역시 복지국가의 문제가 경제나 정치영역에서가 아니라 체계와 생활세계의 '경계'에서 발생하며, 따라서, "물질적 재생산"이나 "분배"의 문제보다는 "생활형식들의 문법들"에 관한 문제로 등장한다는 점에 주목한다(TKH2 576/600f).

복지국가의 법제화는 개인의 자율적 삶의 영역을 침해할 가능성에 충분히 민감하지 못했고, 이것이 바로 복지국가의 새로운 위기로 대두된다. 자유주의적

28_ 뒤에서 자세히 다루게 되겠지만 이에 대한 대안은 모든 시민 당사자들이 스스로 평등과 차별에 대해 목소리를 내고 그것이 법제화되는 과정에 참여하는 것이다.

29_ 김태성 · 성경륭, 위의 책, 8장; 정원오, 위의 책, 114-119면; A. Giddens, 『제3의 길』, 한상진 · 박찬욱 역, 생각의 나무, 1998, 94, 179면 이하.

30_ 신진욱, "클라우스 오페: 복지국가와 시민사회의 제동능력과 딜레마," 김호기 편, 『현대 비판사회이론의 흐름』, 한울, 2001; 김경필, "오페의 복지국가이론과 복지국가 성격 논쟁," 『경제와 사회』 93호, 2012, 167면 이하.

31_ Giddens, 위의 책, 94-95면.

근대 형식법이 법적 규율의 결과에 대한 "사회적 맹목성"이라는 문제를 안고 있었다면, 복지국가 법은 "둔감성"(Unempfindlichkeit)의 문제를 가지고 있다는 것이다(FuG 470/516). 생활세계에 대한 '법적 개입'이 어떠한 부작용을 가져올지, 특히 —복지국가가 실질적으로 보장하려고 했던 바로 그 문제인—시민의 자유와 자율성에 어떠한 영향을 주는지를 충분히 민감하게 인식하지 못했다는 지적이다.[32]

그렇다고 하버마스가 시장 영역을 다시 확대하고 복지를 축소하려는 우파의 입장을 옹호하는 것은 결코 아니다.[33] 그는 복지국가가 "정치제도의 획기적 발전"이며, 현재 시점에서 복지국가 외에 다른 대안은 없다는 점을 분명히 한다.[34] 사회보장제도가 없다면 시민사회의 자율성을 확보하기 어려워지기 때문에 복지국가의 목표 자체는 정당하다는 것이다.[35] 문제는 그 정당한 목표를 실현하는 '방법'이다.

> "(사회국가적 법제화를 통해) 규제되고, 해부되며, 통제당하고, 보호받는 생활세계의 변형은 물질적 착취와 빈곤보다는 분명 승화되었다고 할 수 있다. 그러나 인간의 심리와 육체로 전이되어 내면화된 사회적 갈등들이 그보다 덜 파괴적이지는 않다. 요컨대 사회국가의 기획 그 자체에 이미 목표와 방법 사이의 모순이 내재해 있다는 것이다. 그 기획의 목표는 개인의 자기실현과 자발성을 위한 영역을 열기 위해 평등하게 짜여진 생활양식들을 촉진하는 것이다. 그러나 이 목표가 정치적 프로그램을 법과 행정에 옮겨 놓는 직접적인 방법으로는 달성될 수 없다는 점은 명백하다. 삶의 양식을 창출하는 것은 권력매체에게는 과중한 것이다."[36]

32_ 성범죄나 성희롱 관련 법제화에서 이러한 문제를 고찰하는 이상돈, 『기초법학』, 법문사, 2판, 2010, [21] 여성과 법, 806면 이하; 홍성수, "성희롱에 대한 법적 규제와 여성주체의 문제: 하버마스와 포스트모더니즘의 비판," 『법철학연구』 12권 2호, 2009, 203-226면 참조.

33_ 하버마스가 신보수주의의 대표적인 예로 시장의 자율성을 신봉하는 신자유주의와 반근대적인 문학 · 철학자를 거론한다. 각각 Habermas, 위의 책(*Der philosophische Diskurs der Moderne*), 153면 이하(번역서: 175면 이하), 11-58면(번역서: 11-64면) 참조.

34_ 위의 책, 152면(번역서: 174면).

35_ 하버마스, "나는 왜 시민사회론을 주창하는가?," 한상진 편, 『현대성의 새로운 지평: 하버마스 한국방문 7강의』, 나남, 1996, 39면.

36_ Habermas, 위의 책(*Die neue Unübersichtlichkeit*), 151-152면(번역서: 173-174면). 번역은 필자가 일부 수정했음.

이러한 복지국가 법제화에 대한 진단은 근대법의 실질화에 대한 비관적인 전망을 제시했던 베버(Max Weber)나 계몽의 변증을 비판적으로 지적했던 호르크하이머(Max Horkheimer)와 아도르노(Theodor Adorno) 등의 비판이론 진영, 그리고 근대이성의 좌초를 날카롭게 지적했던 포스트모더니즘의 시선과 궤를 같이 한다.[37] 하지만 하버마스는 이러한 비관주의에 빠지지 않고 비판의 준거점과 대안, 특히 법/제도적 대안을 제시하는 데 주력한다. 그 준거점은 앞서 논했던 생활세계에 배후를 둔 의사소통적 합리성이다.[38] 그리고 이를 위해 생활세계가 체계의 침범을 막을 수 있도록 "저지선"을 만들고, 생활세계에 기반을 둔 "연대성의 사회통합적 힘"이 화폐와 권력에 맞서도록 하는 "새로운 권력분립"의 정립을 시도한다.[39]

결국 하버마스의 복지국가에 대한 입장은 복지국가의 "중단"이 아니라 "한 차원 높은 성찰단계에서(의) 계승"이다(FuG 470/516, 494/540).[40] 그리고 이러한 문제의식은 복지국가가 개인의 자율적 삶에 민감할 수 있도록, 민주적 법치국가를 혁신하자는 제안으로 이어지게 된다.

37_ 푸코의 권력이론을 복지국가에서 근대규율권력이 확장되는 형태로 분석한 연구로는 이혁구, "권력의 장치로서의 사회복지: 푸코의 권력이론에 입각한 권한부여 비판," 『한국사회복지학』 43권, 2000, 328-357면; 이혁구, "푸코의 권력학으로 본 사회복지학의 새로운 지평 모색," 『상황과 복지』 15호, 2003, 81-110면; 김기덕, "푸코와 사회복지: 인본주의에 대한 미완의 기획," 『사회복지연구』 24권, 45-72면; 최원규, "생명권력의 작동과 사회복지: 강제불임 담론을 중심으로," 『상황과복지』 12호, 2002, 143-181면 참조.

38_ 하버마스가 의사소통적 합리성을 '사회비판의 규범적 토대'로서 제시한다는 점에 주목하는 의사소통적 합리성에 대해서는 선우현, 『사회비판과 정치적 실천: 하버마스의 비판적 사회이론』, 백의, 1999, 3장; 정철희, "위르겐 하버마스: 생활세계와 현대성의 비판이론," 김호기 편, 『현대 비판사회이론의 흐름』, 한울, 2001, 328면 이하 참조. 반면, 하버마스의 생활세계가 그러한 규범적 토대로서 정초될 수 있는지에 대한 의문으로는 김정오, 『현대 사회사상과 법』, 나남, 2007, 4장 참조.

39_ Habermas, 위의 책(*Der philosophische Diskurs der Moderne*), 422면(번역서: 420면).

40_ 그래서 그의 대안을 '반성적(성찰적) 사회복지국가의 기획'이라고 부르기도 한다. 박영도, "현대사회이론에서의 비판패러다임의 구조변동. Kant/Hegel/Marx/Habermas를 중심으로," 서울대학교 박사학위논문, 1994, 346-353면 참조.

2. '매체로서의 법'과 '제도로서의 법'

1992년 『사실성과 타당성』에서 본격적인 정치이론을 제시하기 이전까지의 하버마스의 대안은 여전히 소극적이다. 경제체계와 정치체계를 극복하거나 급진적으로 전복하기보다는, "체계명령이 생활세계영역을 식민화하는 **침해를** 민주적으로 저지하는 것"라는 수세적인 전략에 머물러 있다는 인상을 주기 때문이다.[41] 실제로 1981년 『의사소통행위이론』에서 전개된 그의 이론적 입장은 생활세계가 경제체계와 행정체계의 명령에 귀속되지 않도록 생활세계의 영역을 "지키라"는 것이며, 그가 주목한 새로운 사회운동 역시 의사소통적으로 구조화된 행위영역을 "저지"(Eindämmung)하는 방어적인 성격을 갖는다(TKH2 547/571, 578/ 547).

"매체(Medium)로서의 법"과 "제도(Institution)로서의 법"의 이분법도 그런 맥락에서 이해될 수 있다(이하는 TKH2 536ff/561ff). '매체로서의 법'은 화폐매체와 권력매체가 생활세계를 체계의 명령에 복속되도록 하는 조종을 매개하는 역할을 하며, 경제법, 상법, 행정법 등이 대표적이다. 반면, '제도로서의 법'은 생활세계의 질서 자체의 요소로서 생활세계의 "외적 체제"(äußere Verfassung)를 형성함으로써, 생활세계를 체계의 침범으로부터 보호하는 역할을 한다. 헌법이나 형법, 형사소송법이 대표적이다. 이때 법은 체계가 생활세계를 식민지화하는 것을 저지한다는 점에서 여전히 소극적인 역할에 제한되는 것으로 보이지만, 동시에 생활세계의 내적 성찰을 촉진시키는 역할을 수행하게 된다는 점에 주목해 볼 필요가 있다.[42] 이것을 좀 더 적극적으로 해석한다면, 법이 "이해지향적 행위의 구조

41_ J. Habermas, *Strukturwandel der Öffentlichkeit*, Frankfurt/M: Suhrkamp, 1990, p.36; 『공론장의 구조변동』, 한승완 옮김, 나남출판, 2004, 41면.

42_ Teubner, 위의 글("After Legal Instrumentalism?"), 315면 참조. 하지만 제도로서의 법과 매체로서의 법은 구분이 갖는 설명력은 제한적이다. 무엇보다 법을 단순히 생활세계의 배후조건, 체계의 조종매체라는 식으로 이분화할 수 없다는 것이 문제다(K. Touri, 변종필 역, "근대법의 정당성," 『형사정책연구』 38호, 1999, 270-271면 참조). 예컨대, 형법은 원래 윤리적 비난가능성이 높은 사회적 일탈에 대한 사회공동체의 징벌로서 생활세계의 외적 체제를 형성한다고 볼 수 있지만, 현대사회의 형법은 체계의 절대명령을 수행하는 조종매체로서도 기능하는 것이 현실이다. 이에 대해서는 이상돈, 『형법학: 형법이론과 형법정책』, 법문사, 1999, 33면 이하, 332면 이하 참조. 이러한 문제로 인해 '제도로서의 법'과 '체계로서의 법'이라는 기계적인 이분법은 후속 논의에서는 찾아볼 수 없다(FuG 502/550, 각주 47

에 적합한 갈등조절의 절차, 즉 대화적인 의사형성과정과 합의지향적 협의 및 결정절차"로서 기능해야 한다는 것을 뜻하는 것인데(TKH2 544/569), 이는 나중에 대안적 정치적 전략의 차원에서 법의 역할이 무엇이어야 하는지를 고찰할 때 중요한 기초가 된다.

3. 절차주의적 법이해

(1) 시민사회와 공론영역의 재봉건화

지금까지 살펴본 하버마스의 대안은 체계와 생활세계의 경계선의 불균형을 해소하는 것이고, 이를 위해 생활세계의 규범적 잠재력을 고양시켜, "사회의 규범적 방향이 좀 더 많이 생활세계적 관점에 의해 조정되게끔 해야 된다는 것"이라고 요약할 수 있다.[43] 하버마스는 이를 구체적으로 실현하기 위한 정치적 전략의 차원에서 인격, 문화와 함께 생활세계를 구성하는 한 요소인 '시민사회'와 '공론영역'에 주목한다(이하는 FuG 435ff/478ff). 시민사회는 자발적인 단체나 조직, 운동들로 구성된 비공식적 비제도적인 공간이며, 여기서 문제화된 것들이 좀 더 공식화되고 조직화되고 증폭되어 정치적 공론영역을 형성한다.

하지만 후기자본주의에서는 자본과 권력이 시민의 자율영역을 잠식하고 언론은 대중조작의 도구로 전락하면서 시민들의 공론영역은 점차 황폐해진다. 이른바 "공론영역의 재봉건화"의 문제이다.[44] 이때 시민들은 적극적인 참여의 주체가 아니라 국가동원과 대중조작의 객체로 전락하고 시민사회와 공론영역은 활력을 잃게 된다.

(2) 공적 자율성과 사적 자율성의 내적 연관

이러한 재봉건화를 저지하고 시민사회와 공론영역을 재활성화하기 위해 하

번); H. Baxter, 위의 책, 149면 참조.

43_ 장은주, 『생존에서 존엄으로: 비판이론의 민주주의이론적 전개와 우리 현실』, 나남, 2007, 219면.

44_ Habermas, 위의 책(*Strukturwandel der Öffentlichkeit*), 6장. 공론영역의 문제에 대해서는 김호기, "공공영역과 민주주의의 구조적 변동: 하버마스의 정치이론에 대한 비판적 고찰," 『현대 자본주의와 한국사회』, 사회비평사, 1995 참조.

버마스는 다시금 '자유'의 문제로 돌아간다. 이것은 복지국가법의 '자유보장-자유박탈 테제'를 극복하기 위한 하버마스의 정치이론의 출발점이기도 하다. 시민들은 자신의 의지에 따라 자신의 삶을 영위할 수 있는 권리의 주체로서 사적 자율성을 갖는다. 사적 자율성은 공적인 자율성을 행사함으로써, 다시 말해 민주적 절차에 자유롭고 평등하게 참여함으로써 보장받을 수 있다. 여기서 공적 자율성은 사적 자율성의 보장을 전제로 한다는 점을 상기한다면, 자연스럽게 "사적 자율성과 공적 자율성"이 내적으로 연관되어 있음을 알 수 있다. 문제는 복지국가가 이러한 내적 연관 고리를 끊어 놓고 있다는 것이다.[45] 복지국가가 보장하는 다양한 권리가 승인되고 구체화되는 과정에서 시민들의 민주적 참여가 충분히 보장되지 않은 채 시혜적이고 하향식으로 권리가 주어진다면 이러한 내적 연관이 깨지게 된다. 즉, 복지정책의 방향을 결정하는 평등과 불평등의 근거와 기준은 시민스스로에 의해 결정되어야 하며, 행정관료나 법관, 전문가들은 물론 시민의 대표인 입법자에게도 위임될 수 없다(FuG 514/562). 복지정책이 위임자들에 의해 대신 주도되는 "식민화된 종속"을 극복하지 못하는 한, 복지정책은 아무리 좋은 의도를 가지고 있다고 해도 오도된 것일 수밖에 없다는 것이다(FuG 507/ 554).

(3) 의사소통적 권력과 법

사적 자율성과 공적 자율성의 내적 연관을 복구하고 시민사회와 공론영역이 재활성화되기 위한 법적, 정치적 조건을 마련하고자 하는 하버마스의 구상은 "절차주의적 법이해"로 귀결된다(FuG 516ff/564ff).[46] 절차주의적 법이해는 사실 기존의 헌정질서와 정치 · 헌법이론에 내재된 것이다. 그의 이론적 독창성은 획기적인 제도적 대안의 제시라기보다는, 기존의 헌정 제도들의 의미를 재해석하고 강조점을 선별해 내는 것에 있다. 문제는 "법치국가적 원리들의 불충분한 제도화"일 뿐이다(FuG 527/575). 이를 위해 하버마스는 그가 정초했던 규범적 척도가 실제 정치 · 사회현실에서 어떻게 구현될 수 있는지를 제시한다.[47]

이제 법은 이전의 수세적이고 방어적인 역할에서 좀 더 공세적이고 적극적

45_ Haberams, 위의 책(*Die Einbeziehung des Anderen*), 303면.

46_ 절차주의적 법이해에 관하여 자세한 것은 이상돈 · 홍성수, 위의 책, 3장의 IV 참조.

47_ 이러한 관점에서 하버마스의 정치이론을 검토하는 선우현, 위의 책, 특히 4장 참조.

인 역할을 부여받는다. 사적 자율성과 공적 자율성의 선순환을 위해 법은 "전송벨트"(Transmissionriemen)(FuG 102/123) 또는 "변압기"(Transformator)(FuG 78/96)의 역할을 한다. 생활세계에 뿌리를 두고 의사소통적으로 형성된 의사-의지는, '법'을 경유함으로써 행정체계와 경제체계에서 맞설 수 있게 된다. 법을 생활세계의 일상언어가 법에 의해 변환되어 체계의 특수언어가 이해할 수 있게 되기 때문이다.[48]

여기서 하버마스는 '권력'의 개념을 활용해서 그 설명력을 높인다. 즉, 공론영역으로부터 나오는 의사소통이 "의사소통적 권력"(kommunikative Macht)을 형성하며, 그 영향력이 민주적 법절차를 경유하여 "행정적 권력"(administrative Macht)으로 변환된다고 말한다(FuG 209/236, 398/439).[49] 법이 이러한 변환을 가능하게 하는 "매체"로서의 기능을 한다고 보는 것이다.[50] 여기서 하버마스는 한편으로 의회와 같은 공식적인 기구가 법적으로 제도화된 절차에 따라 의견을 형성하고 결정을 내리는 의사결정메커니즘에 의존하지만, 다른 한편으로는 공론영역 · 시민사회에서 다양한 방식으로 형성되는 비공식적인 여론에 의존하게 된다고 설명하고, 이를 "이원적 토론정치"(zweigleisige deliberative Politik)라고 부른다(FuG 367ff/406ff).[51] 공식적 의사결정 기구는 효율적이고 구속력 있는 결정을 내릴 수 있는 장점이 있는 반면 민주성이 약하고, 비공식적 영역은 민주성이 강한 반면 구속력과 효율성 면에서는 약점이 있기 때문이다. 생활세계, 시민사회, 공론영역(비공식적 영역)에서 자유로운 의견 · 의사형성과정을 통해 여론이 형성되고, 이것이 제도적 절차와 법(공식적인 영역)을 통해 행정적 권력의 형태로 변환된다. 여기서 행정적 권력의 정당성은 시민들의 의견 · 의사형성 과정이 얼마나 자

48_ 결국 하버마스에게서 법은 세 가지 측면으로 등장한다: 첫째, 행정체계와 경제체계의 절대명령을 제도화하여 생활세계에 닻을 내리는 "매체로서의 법", 둘째, 생활세계의 외적 체제이자 사회적 통합의 자원 역할을 하는 "제도로서의 법", 셋째, 생활세계의 일상언어를 변환하여 체계의 특수언어가 이해할 수 있게 하는 "변환기로서의 법"; Baxter, 위의 책, 152-153면 참조.

49_ 하버마스는 권력의 변환을 위한 절차를, 페터스(Bernhard Peters)가 발전시킨 모델을 응용하여 "수문"에 비유한다(FuG 209/236, 398/439, 430/472, 432/474, 434/476).

50_ Baxter, 위의 책, 149면.

51_ 이원적 토론정치에 대해서는 황태연, "하버마스의 소통적 주권론과 쌍선적 토론정치 이념," 정호근 외, 『하버마스: 이성적 사회의 기획, 그 논리와 윤리』, 나남, 1997, 202면 이하 참조.

유롭고 평등한 절차로 진행되었는지에 따라 확보되는 것이며, 따라서 행정적 권력이 의사소통적 의견-의사의 통제 하에 놓여 있는지 여부가 중요한 문제로 대두된다.

하지만 이러한 주장은 비공식적 영역에서 형성된 의사결정이 경제체계나 행정체계를 정복하거나 대체해야 한다는 것은 아니라는 점에서 "포위"(Belagerung) 모델이라고 할 수 있다.[52] 즉, 의사소통적 권력은 오직 간접적으로만, 즉 행정적인 권력의 수행에 영향을 미치고 한계를 지우는 방식으로만 효력을 발휘하는 것이며, 고유한 작동방식으로 작동하는 체계의 조직화된 영역을 손상시켜서는 안 된다는 것이다(FuG 450/493).[53] 즉, 시민사회와 공론영역의 과제는 체계에 대한 전면적인 민주적 조직화가 아니라 법매체를 통하여 간접적으로 영향을 주는 것에 있는 것이다.[54] 체계 자체를 급진적으로 변혁하는 전략을 택하지 않는다면, 결국 선택지는 생활세계에 기반하여 행위가 조정되는 영역을 확대하고, "한 사회의 정치문화 전체를 나아가 비민주적으로 구조화된 **일상문화 전체**를 민주적이고 연대적인 방향으로 재조직하자는 것"[55]에 놓이게 된다.

Ⅳ. 절차주의적 법이해의 구체화

하버마스의 정치적 구상은 결국 생활세계, 시민사회, 공론영역이 갖고 있는 의사소통적 잠재력을 극대화하고 그렇게 형성된 의사소통적 권력이 공식적인 행정적 권력을 제어할 수 있도록 영향력을 갖게 하는 것이다. 그리고 이를 민주적

52_ Habermas, 위의 책(*Strukturwandel der Öffentlichkeit)*, 44면.

53_ Habermas, "Volkssouveränität als Verfahren(1988)," in *Faktizität und Geltung*, 1992, 626면. 그런 점에서 하버마스의 이론은 "반-시장"(anti-market)나 "반-체계"(anti-system)적이라기보다는 시장과 체계를 포함한 사회이론을 구상하는 것이고 할 수 있다. J. G. Finlayson, *Habermas: A Very Short Introduction*, Oxford: Oxford University Press, 2005, 57-58면 참조.

54_ K. Baynes, "Democracy and the Rechtsstaat: Habermas's *Faktizität und Geltung*," in K. White (ed.), *The Cambridge Companion to Habermas*, Cambridge: University of Cambridge Press, 1995, 217면.

55_ 장은주, 위의 책, 233면; 강조는 원저자.

법치국가의 이념을 통해 재구성하고 재해석한 것이 바로 '절차주의적 법이해'이다.[56] 복지국가가 자유박탈이라는 모순에 빠지지 않고 평등과 차이에 민감하기 위해서는 시민들이 민주적 절차의 모든 과정에 적극 참여하는 민주주의가 필요하다.[57] 모든 시민이 자유롭고 평등하게 존엄한 삶을 영위할 수 있도록 하는 데 있어서 복지국가체제가 필수적이지만, 모든 시민이 정치공동체의 모든 것들을 만들어가는 과정에서 참여할 수 있도록 하는 것이 중요하다는 것이다.[58]

그런데 하버마스는 이를 설명할 때, 국가권력에 대한 고전적인 분류인 입법부, 행정부, 사법부로 나누어서 문제를 검토하는 것은 "너무 구체적"이라면서 배제한다(FuG 236/264). 절차주의적 법이해에서의 정치의 역동적 순환을 오해 없이 전달하기 위해서는 추상적인 수준에서 설명하는 것이 더 유리하다고 판단했기 때문일 것이다. 하지만 그의 이론을 입법, 행정, 사법, 구체적인 법형식 등에 잠시 고정시켜 놓고 재검토해 보는 것은 이론의 응용가능성과 전망을 살피는 데 오히려 유용할 수 있다.[59]

1. 의회와 민주적 입법절차

민주적 의사소통 조건의 제도화를 위해서는 우선 입법의 민주적 절차를 실질화하는 것이 중요하다. 공론영역에서 형성된 의사소통적 권력의 영향력이 의회의 입법절차에 충분히 발휘되도록 하는 것이다. 정치적 공론영역이 의회라는

56_ 장춘익, "법과 실천적 합리성: 하버마스의 법 대화이론," 정호근 외, 『하버마스: 이성적 사회의 기획, 그 논리와 윤리』, 나남, 1997, 240면 참조.

57_ 같은 맥락에서, 인권과 복지가 상호 발전하기 위한 대안으로 "차이에 민감한 민주적 공론장의 최대화"를 제안하는 박구용, "인권과 복지의 경계와 상호제약적 해명," 『동서철학연구』 64호, 2012, 59-87면. 이러한 구상을 "절차주의적 복지"로 설명하는 박구용, "민주적 법치국가의 권리로서의 복지," 『사회와 철학』 22집, 2011, 181면 이하 참조.

58_ 이러한 맥락에서, "민주공화국이 곧 복지국가"이며, 복지국가나 "하나의 시민적 기획"이라는 점을 지적하는 장은주, "복지국가, 하나의 '시민적 기획': 분배 정의를 넘어서는 한국 복지국가의 도덕적 기초," 조홍식 편, 『대한민국, 복지국가의 길을 묻다』, 이매진, 2013, 178면 이하 참조.

59_ 이러한 구분으로 논의를 전개한 홍성수, "절차주의적 법모델에 대한 연구: 하버마스(J. Habermas)와 루만(N. Luhmann)의 이론을 중심으로," 고려대학교 석사학위논문, 1999, 5장의 II 참조.

"정치적 중심을 **둘러싸고서** 자극과 충격을 제공하는 주변부"의 역할을 해야 한다는 것이다(FuG 533/582, 강조는 원저자). 이를 위해서는 공론영역의 보호와 활성화, 시민 참여의 확대, 미디어 권력에 대한 적절한 통제, 정당의 매개적 기능의 강화 등이 필요하다(FuG 533f/582f). 예컨대 직접적인 시민참여를 확대하기 위한 국민투표나 국민청원 제도의 도입, 정당에서의 공직후보자 선출이나 당내 의견형성 과정에서의 민주성 강화 등이 구체적인 과제로 도출될 수 있다. 이러한 제안들은 흔히 정치학에서 '민주주의의 공고화'를 위한 과제로 제시되는 것과 그 맥을 같이한다고 봐도 무방할 것이다.[60]

2. 행정과 민주적 참여

복지국가의 법제화과정에서 일반조항 등 불확정적인 법률언어가 법률에 대거 편입됨에 따라 '법의 결정성'(determinacy)이 약화되기 때문에 입법의 정당성의 상당부분을 행정이나 사법의 영역에 의존해야 하는 상황이 발생한다(FuG 530f/579f). 행정이 법에 정해진 대로 집행하는 기술적인 소극적인 속성을 갖는다는 전제는 이미 낡은 것이 되어 버렸으며, 행정법제가 아무리 구체화되어 있어도, 그 집행과정에서 광범위한 재량이 불가피한 것이 복지국가 법체계의 현실이다. 따라서 행정의 집행 과정에서의 광범위한 재량 역시 민주적으로 통제되어야 할 필요성이 커진다. 즉, "행정적 결정과정 속에 절차법의 도움으로 **정당성의 필터**를 설치"하는 것이 새로운 과제로 떠오르는 것이다(FuG 530/579, 강조는 원저자). 복지국가법은 인간다운 삶을 보장하기 위해 삶의 영역에 개입하지만, 시민의 자율성 훼손이라는 부작용을 피하기 위해서는 시민의 민주적 참여가 더욱 강조되어야 할 것이다.[61]

이러한 '행정의 민주화'의 과제는 당사자 참여 강화, 옴부즈맨 제도 활성화, 청문회제도 등 이미 법치국가 제도로 정착된 것들을 어떻게 잘 활용하는가의 문제로 귀결된다(FuG 531/580). 예컨대, 이른바 행정청이 결정을 내리는 과정을 규율하는 '행정절차법'은 행정의 민주화를 위한 핵심적인 제도 중 하나다. 여기서

60_ 대표적으로는 최장집 외, 『어떤 민주주의인가』, 후마니타스, 2007 참조.

61_ 박정훈, 『행정법의 체계와 방법론』, 박영사, 2005, 259-260면 참조.

행정절차란 행정청이 행정결정을 내릴 때의 "외부와의 일련의 교섭과정", 다시 말해 시민과 소통하는 절차를 말하는 것이며, 행정절차법은 이러한 과정을 법제화한 것이다.[62] 행정절차법상의 사전통지, 청문, 기록열람, 결정 이유 제시, 처분기준의 설정/공포, 국민/주민 참가 등의 절차가 바로 이러한 소통 · 교섭절차를 구체화한 것이라고 할 수 있다.[63] 이러한 행정절차를 둔 이유는 시민이 주권자로서 행정의 절차에서 자신의 목소리를 반영하고 스스로 권리를 보호받기 위한 것이며, 행정의 민주화를 위한 제도라고 할 수 있다.[64]

3. 사법의 민주화와 당사자의 권리성 강화

현대국가에서는 입법부가 법을 만들고 사법부는 사법관료가 기계적이고 중립적으로 법률을 해석한다는 식의 권력분립이론이 더 이상 유효하지 않다. 법률적용의 과정에서도 법률해석이 공론영역에서 얼마나 합리적으로 근거지어졌는지에 따라 그 정당성 여부가 판가름 나게 되는 것이다.[65] 판결이 공적 토론의 대상이 되기 위해서는 이른바 "법적 공론장(Rechtsöffentlichkeit)의 제도화"가 필요하며(FuG 530/579), 이를 위해서는 시민의 직접적인 사법참여를 확대하는 것(예컨대, 국민참여재판 또는 법관선거제)뿐만 아니라, 법조인양성제도의 개혁, 법관 직업문화 및 실무의 개선, 소송에서 민주적 의사소통구조를 구성하는 요소인, 구술

62_ 광의의 행정절차는 행정작용이 거쳐야 하는 모든 절차를 말하지만, 협의의 행정절차는 행정결정에 있어서 필요한 "외부와의 일련의 교섭과정"을 말한다. 자세한 것은 김동희, 위의 책, 374면 참조.

63_ 홍준형 · 김성수 · 김유환, 『행정절차법 제정연구』, 법문사, 1996, 12-13면; 김동희, 위의 책, 370-374면 참조.

64_ 홍준형, 위의 책, 353-354면; 김동희, 위의 책, 369면 참조; 한편, 하버마스의 의사소통이론을 정책결정과정에 적용한 시도로 문태현, "정책분석과 비판이론," 『한국행정학보』, 26권 2호, 1992 참조.

65_ 이러한 '사법적 담론이론'에 대해서는 FuG 272ff/305ff; 이상돈, 『법이론』, 박영사, 2판, 1997; 이상돈, 위의 책(『기초법학』), [12] 법과 해석학; 김영환, "법적 논증이론의 전개과정과 그 실천적 의의," 『현대법철학의 흐름』, 법문사, 1996, 126-133면; U. Neumann, 『법과 논증이론』, 윤재왕 역, 세창출판사, 2009; R. Alexy, 『법적 논증 이론: 법적 근거제시 이론으로서의 합리적 논증대화 이론』, 변종필 · 최희수 · 박달현 역, 고려대학교 출판부, 2007 등 참조.

주의, 직접주의 법적 청문권의 확대 등의 구체적인 과제로 떠오르게 된다.[66]

이 외에도 하버마스는 복지국가적 후견주의에서 벗어나 시민의 권리를 실질적으로 보장하기 위해 "주관적 권리의 소송가능성"을 향상시켜야 한다고 본다(이하는 FuG 494ff/541ff). 실제로 복지국가의 실질화된 법에서는 여러 복잡한 생활관계들이 법제화되어 있기 때문에, 이를 권리로서 주장하기 위해서는 당사자들이 충분한 정보를 제공받고, 적절히 그 권리를 이해하고, 관련된 법적 보호의 절차를 실질적으로 이용할 수 있어야 한다. 하버마스는 법률보험, 법률구조 등 당사자에 대한 직접적인 지원과 함께, 옴부즈만, 중재위원회 등 비사법적 권리구제방법 등의 대안을 구체적으로 제시하고 있으며,[67] 이 외에도 개인의 권리를 집단적 방식으로 주장할 수 있게 하는 집단소송 등의 방식도 대안이 될 수 있을 것이다. 이를 통해 복지국가에서 시민의 목소리가 억압되는 것을 막고, 시민들이 자신의 권리해석의 과정에 적극 참여할 수 있게 되고, 사적 자율성과 공적 자율성의 내적 연관의 복구도 기대할 수 있다.[68]

66_ 이러한 구상에 대한 포괄적인 논의로는 이상돈, 위의 책(『법이론』) 참조. 또한, 하버마스의 이론을 법적 판단의 차원에서 논의하는 엄순영, "법적 판단의 합리성에 관한 연구," 『민주법학』 14호, 1998, 특히 120면 이하 참조.

67_ 같은 관점에서 국가인권기구의 비사법적 권리구제가 갖는 의미와 중요성에 대해서는 홍성수, "법에 의한 인권 보호의 한계와 국가인권기구의 존립근거: '정규 국가기구'로서의 인권위의 기능과 위상," 『고려법학』 58호, 2010, 151-194면; 홍성수, "국가인권위원회 조사·구제기능에 대한 평가와 과제: 출범 이후 10년간의 통계를 중심으로," 『법학연구(전북대)』 34집, 2011, 79-120면 참조.

68_ 하지만 소송절차가 "법적 공론장"으로 기능할 수 있는지에 대해서는 논란의 여지가 있다. 사법절차가 "심의(토론)를 위한 포럼"이고, "진정한 의미의 사회적 대화를 촉진"할 수 있다는 주장(S. Fredman, 『인권의 대전환: 인권 공화국을 위한 법과 국가의 역할』, 조효제 역, 교양인, 2009, 2부)과 이에 비판적인 입장(홍성수, "인권실현을 위한 국가의 적극적 의무와 사법부의 역할 [서평: 인권의 대전환]," 『시민과 세계』 17호, 2010, 397-400면) 참조. 비슷한 맥락에서 소송을 통한 사회변동의 여러 가지 문제점을 지적하는 홍성수, "소송을 통한 사회변동전략의 한계: 미국의 성희롱 소송을 중심으로," 『법과 사회』 38호, 2010, 220-222면; 홍성수, "법과 사회변동(9장)," 김명숙 외, 『법사회학, 법과 사회의 대화』, 다산출판사, 2013, 276면 이하 참조. 하버마스 역시 이른바 "사법화(司法化)"의 위험을 경고하면서 후견재판관들의 재판과정에서 청소년 복지의 문제가 왜곡될 수 있다는 점을 지적한 바 있다(TKH2 543/567f).

4. 대안적 규제법으로서의 '성찰적 법'

'성찰적 법'(reflexives Recht)은 하버마스의 절차주의적 법이해에 영향을 받아 제안된 대안적 법제화 형태 중 하나이다. 하버마스는 절차주의적 법패러다임이 성찰적 법과 같은 특정 법률의 법률형식을 입법화하는 것으로 제한적으로 이해되어서는 곤란하다고 지적하지만(FuG 494/541), 그런 법률형식이 무의미하다는 의미라기보다는 협소하게 이해되는 것을 경계해야 한다는 의미일 것이다. 성찰적 법은 절차주의 패러다임의 핵심적인 이념적 목표인, 생활세계가 체계에 종속되는 것을 저지하고 의사소통적 권력의 영향력을 보장하는 법형태의 대안이라는 점에서 충분한 검토가치가 있다.[69]

성찰적 법은 자유주의 형식법과 복지국가의 실질화된 법, 또는 규제와 탈규제를 넘어서는 제3의 대안으로서, 1980년대 초반 토이브너(Gunther Teubner)에 의해 그 원형이 제시된 바 있다.[70] 성찰적 법은 규제대상을 오로지 '간접적으로'만 조정한다. 특정한 결과를 지향하는 직접적인 규제 대신에, "자기조정과정의 조종", "협상체계의 구축"에만 집중하며,[71] 이를 위해 법은 "사회적 행위를 직접 규율하지 않고, 조직, 절차, 그리고 조종권한의 새로운 분배를 규제하는 것"[72]에 머무른다. 이때 사회적 약자에게 유리한 결과를 제공하는 것 대신 자유롭고 평등하게 자신의

69_ 그런 점에서, 하버마스의 『사실성과 타당성』에 이미 자신의 이론에 근거하여 발전을 거듭하고 있는 '성찰적 법'에 관한 논평이 빠져 있는 것은 다소 이해하기 어려운 대목이다.

70_ '성찰적 법'에 대해서는 G. Teubner, "Reflexives Recht: Entwicklungsmodelle des Rechts in vergleichender Perspektive," *Archiv für Rechts- und Sozialphilosophie*, 68(1), 1982, 13-59면; G. Teubner, 위의 글("Substantive and Reflexive Elements in Modern Law"), 239-285면 참조. 이에 대한 소개와 평가는 G. Calliess, "Lex Mercatoria: A Reflexive Law Guide To An Autonomous Legal System," *German Law Journal*, 2-7, 2001; W. E. Scheuerman, "Reflexive Law and the Challenges of Globalization," *Journal of Political Philosophy*, 9(1), 2001, 81-102면; 이상돈 · 홍성수, 위의 책, 223면 이하; 양천수, "1980년대 이후 전개된 독일 법사회학의 현황: 토이브너의 이론을 중심으로 하여," 『법과 사회』 30권, 2006, 126면 이하 참조. 규제학(regulatory studies)의 차원에서 대안적 규제로서의 성찰적 법에 관한 고찰은 홍성수, "규제학: 개념, 역사, 전망," 『안암법학』, 26호, 2008, 10면 이하 참조.

71_ Teubner, 위의 글("Verrechtlichung"), 336면.

72_ Teubner, 위의 글("Reflexives Recht"), 34면.

권리를 주장할 수 있도록 일정한 지위나 자격을 부여하여 평등한 협상력을 보장하는 절차규범이 법제화된다. 특정한 결과를 직접적인 목적으로 삼진 않지만, 비규제나 불간섭이라기보다는 "자기규제"가 성찰적·반성적으로(reflexive) 수행되도록 간접적인 조종을 추구하는 것이다.[73] 즉, 법은 "사회적 행위자와 체계가 스스로를 조직하도록 하는 상호작용의 새로운 패턴을 창출하는 절차"[74]로서 자기 역할을 제한한다. 이러한 제안은, "다원화된 규제"(pluralized regulation),[75] "탈중심적 규제"(decentred regulation),[76] "법의 절차화"(proceduralization of law),[77] "관계적 프로그램"(relational program),[78] "응답적 규제"(responsive regulation)[79] 등으로 다양하게 발전하고 있다.

성찰적 법은 기존의 법이 지향해야 할 방향이기도 하지만,[80] 구체적인 입법 내지 법절차로 응용되기도 한다. '조정제도'가 후자의 대표적인 예다.[81] 조정제도

73_ J. Cohen, *Regulating Intimacy: A New Legal Paradigm*, Princeton: Princeton University Press, 2002, 178면; Teubner, 위의 글("Verrechtlichung"), 334면 이하 참조. 토이브너는 이를 "탈중심적인 맥락조정"(dezentraler Kontextssteuerung)라고 표현하기도 한다. 위의 글("Verrechtlichung"), 343면. 이 대목이 이 법형태가 '성찰적 법'이라고 불리는 이유이다.

74_ J. Black, "Decentring Regulation," *Current Legal Problems*, 54, 2001, 111면.

75_ C. Parker and J. Braithwaite, "Regulation," in P. Cane and M. Tushnet (ed), *The Oxford Handbook of Legal Studies*, Oxford: Oxford University Press, 2005, 136-142면.

76_ J. Black, "Critical Reflection on Regulation," *Australian Journal of Legal Philosophy*, 27, 2002, 3면.

77_ R. Wiethölter, "Materialization and Proceduralization in Modern Law" in G. Teubner (ed.), *Dilemmas of law in the Welfare State*, Berlin: Walter de Gruyter, 1986; J. Black, "Proceduralising Regulation: Part I," *Oxford Journal of Legal Studies*, 20, 2000, 597-614면; J. Black, "Proceduralising Regulation: Part II," *Oxford Journal of Legal Studies*, 21, 2001, 33-58면.

78_ H. Wilke, "Three Types of Legal Structure: the Conditional, the Purposive and the Relational Program," in G. Teubner (ed.), *Dilemmas of law in the Welfare State*, Berlin: Walter de Gruyter, 1986.

79_ J. Braithwaite, *Restorative Justice and Responsive Regulation*, Oxford: Oxford University Press, 2002; I. Ayres and J. Braithwaite, *Responsive Regulation: Transcending the Deregulation Debate*, Oxford: Oxford University Press, 1995.

80_ 공법, 민법, 형법, 경쟁법, 상법, 국제법 등 각 법영역에서 대안적 법제화의 전망을 보여 주는 C. Parker et al.(ed.), *Regulating Law*, Oxford: Oxford University Press, 2004 참조.

81_ 한국에서 이 점을 처음 지적한 이상돈, 『법학입문』, 박영사, 1997, [6] 절차주의적 법모델 참조.

는 당사자들이 자유롭고 평등하게 참여할 수 있는 장을 열어 주는 것일 뿐 어떤 특정한 결과의 도출을 목표로 하지 않는다는 점에서 '성찰적 법'의 이념과 일맥상통한다.[82] 조정제도를 통해 사회적 약자들도 협상력을 보장받을 수 있고 이를 통해 당사자들 사이의 성찰적이고 자율적인 해결이 가능해질 수 있다.

'복지와 거버넌스(governance)' 또는 '복지정책 파트너십'에 관한 논의도 성찰적 법의 문제의식과 유사한 맥락에 놓여 있다. 이것은 복지국가가 복지정책을 실시하는 과정에서 기업, 가족, 소공동체, 시민사회단체(제3섹터) 등을 참여하게 하는 것을 말하는 것인데,[83] 이것은 복지공급의 다원화를 뜻하는 것이기 때문에 "복지다원주의" 또는 "복지믹스"라는 용어도 사용된다.[84] 한국의 사회보장기본법 27조에도 "민간의 참여"를 규정하고 이를 위한 적절한 여건을 조성할 것이 규정되어 있다. 국가가 모든 것을 결정하고 공급하는 대신 민간영역의 자율성에 일정한 몫을 맡기는 것이라고 이해될 수 있다. 따라서 이렇게 사회복지에 민간참여의 요소를 넣어 자율성을 강화하려는 흐름은 '성찰적 법'의 이념과 그 맥을 같이한다고 볼 수 있다. 하지만 민간 참여가 복지에 대한 책임을 기업에게 전가하는 것으로 해석된다면 이는 복지를 다시 사적 영역에 내맡기는 것에 불과한 것이 된다. 시민사회로의 분담 역시 복지가 자선으로 전락할 가능성이 있다. 실제로 민간참여형 복지체제에는 기부 · 자원봉사를 통한 공공재정 부담의 경감 또는 효율성 개선이라는 목적이 있는데,[85] 만약 시민 참여를 통한 자율성의 제고라는 차원이 배제되고 경제적인 관점에 한정된다면 성찰적 법의 이념적 지향과는 거리가 있게 된다.

82_ 이를 의료영역에서 응용하는 이상돈 · 김나경, 『의료법강의』, 법문사, 2013, [9] 의료분쟁조정중재법 참조.

83_ 주성수, 『복지국가와 복지정책』, 한양대학교출판부, 2011, 271면 이하 참조.

84_ 정원오, 위의 책, 149-150면.

85_ 김태성 · 성경륭, 위의 책, 474-475면.

V. 나가며: 복지국가의 미래와 법제화의 문제

지금까지 하버마스의 논의를 통해 현대 복지국가의 병리적 현상으로서의 생활세계의 식민지화와 법제화의 문제를 살펴보고, 그 법패러다임적 대안을 의회, 행정, 사법, 그리고 법형식의 차원에서 살펴보았다. 최근 활발히 논쟁되어왔던 '보편적 복지'와 '선별적 복지'의 문제를 위에서 다룬 주제들과 연결시켜 보면 좀 더 거시적 차원에서 복지국가 법 문제를 조망해볼 수 있다.[86] 보편적 복지가 모든 국민을 대상으로 권리의 차원에서 제공되는 것이라면, 선별적 복지는 생활능력이 부족하거나 생활이 어려운 사회적 약자에게만 차등적으로 제공되는 것이다. 이때 선별적 복지가 복지국가 법제화의 문제를 더욱 심화시킨다는 점에 주목해 볼 필요가 있다. 흔히 선별적 복지의 문제로 수급자를 선별하기 위한 자산조사와 그 과정에서 초래되는 '낙인'과 '수치심'의 문제, 그리고 수급자를 '빈곤의 덫'에 빠뜨리는 문제 등이 거론되는데,[87] 이것은 하버마스가 복지국가 법제화의 문제로 지적했던 것들과 밀접하게 연관되어 있다. 생활세계가 법에 의해 구조화되고 체계의 절대명령에 복속되면서 벌어지는 현상들이기 때문이다. 예컨대, 복지국가에서 제공되는 다양한 형태의 공공부조는 대개 급여 수급자의 가족형태와 소득에 따라 수급 여부에 차등을 둔다. 이때, 이러한 분류기준이 과연 수급권자의 진정한 '필요'와 일치하는가의 문제가 제기될 수 있다. 수급권자의 '필요'에는 다양한 삶의 맥락이 있지만, 복지국가적 법집행은 일반화되고 형식화된 분류기준에 따라 일률적으로 집행되는 경향이 있다. 실제로 수급권자의 자격요건을 소득기준이나 가족형태에 따라 구분하여 일률적으로 급여를 제공할 경우, 더 많은 급여를 받기 위해 시민들이 자신의 삶의 형태를 그 기준에 맞추거나 적절한 수준의 급여를 받기 위한 정도까지 소득수준을 하향 조정하는 인위적인 선택을 감행하는 경우가 생길 수 있다. 장애의 종류와 정도에 따라 장애수당을 차등지급하는

86_ 이 대립은 우리가 어떤 복지체제를 지향할 것인가에 대한 거시적인 논의를 함축하고 있다. 사회복지정책에서 보편주의와 선별주의에 대한 논의는 구인회 · 손병돈 · 안상훈, 『사회복지정책론』, 나남, 2010, 166-173면 참조.

87_ 정원오, 위의 책, 74면; 신정완, 『복지국가의 철학』, 인간과 복지, 2014, 211-214면.

현행 장애인등급제 역시, 과연 그 기준이 장애인의 실질적인 필요를 적절하게 충족시키는 것인가의 문제, 장애인의 삶이 국가 · 법이 정한 등급기준에 따라 재편된다는 문제가 제기된다.

반면, 모든 국민을 대상으로 하여 제공되는 보편적 복지에서는 선별적 복지에서의 이러한 문제들이 거의 발생하지 않는데, 이것은 보편적 복지의 우월성을 보여 주는 하나의 이유가 될 수 있다. 흔히 보편적 복지가 더 바람직하다는 근거로, 인간존엄성과 사회통합에 유리하다거나 비용이 적게 든다는 점, 사회적 낙인 문제 등이 거론되지만,[88] —이 글이 다루고 있는—국가 · 법에 의해 삶이 인위적으로 구조화되는 문제(생활세계의 식민지화)로부터 자유롭다는 점도 보편적 복지의 장점이 될 수 있다는 것이다.[89] 또한 장애인을 등급화하고 그 등급에 따라 획일적인 서비스를 제공하는 것보다는 '직접지불제'가 더 바람직한 이유,[90] 또는 아예 아무런 조건 없이 국가가 모든 시민들에게 일정한 현금을 지급하도록 하는 '기본소득(basic income)' 제도의 의의도 같은 맥락에서 이해될 수 있을 것이다.[91] 더 거시적으로 복지국가의 유형에서 본다면, 자유주의적 복지국가체제보다는 사회민주주의적 복지국가체제를 옹호하는 근거도 될 수 있을 것이다.[92]

88_ 구인회 외, 위의 책, 170-171면; 한국복지행정학회 편, 『사회복지정책론』, 양서원, 2014, 190면 참조.

89_ 한편, 일각에서 보편적 복지의 반대 근거로 책임의식 · 독립심을 약화시키고, 소위 "복지 의존심"을 강화시킨다는 점을 드는 것(민경국, "보편적 복지는 틀렸다," 『한국경제신문』, 2015년 2월 28일자)은 동의하기가 어렵다. 의존적 삶을 강화하는 문제가 복지국가 일반의 문제라고 볼 수는 있겠지만, 그 문제가 극대화되는 것은 보편적 복지체제가 아니라 오히려 선별적 복지체제이기 때문이다.

90_ 이러한 주장으로 이승기, "서비스 전달과정에서의 이용자 권한 강화 방안에 대한 고찰: 장애등급제 폐지 및 직접지불제도를 중심으로," 『사회복지연구』, 45권 2호, 2014, 327-347면 참조.

91_ 기본소득에 대한 개요는 B. Ackerman 외, 『분배의 재구성: 기본소득과 사회적 지분 급여』, 너른복지연구모임 역, 나눔의 집, 2010; D. Raventos, 『기본소득이란 무엇인가』, 이재명 · 이한주 역, 책담, 2016 참조. 특히, 보편적 복지제도로서의 기본소득제도에 대해서는 서정희 · 조광자, "보편적 복지제도로서의 기본소득," 기본소득한국네트워크 기획, 『기본소득의 쟁점과 대안사회』, 박종철출판사, 2014, 126면 이하 참조.

92_ 복지국가의 유형은 흔히 자유주의적 복지국가체제, 보수주의적 · 조합주의적 복지국가체제, 사회민주주의적 복지국가체제로 구분된다. 김영범, "요스타 에스핑 안데르센: 사민주의 정치이론에서 복지국가 사회학으로," 김호기 편, 『현대 비판사회이론의 흐름』, 한울,

하지만 보편적 복지체제에서도 시민들의 삶에 대한 국가·법적 개입이 갖는 근본적인 문제는 여전히 남는다. 예컨대, 아동이나 노인 등에 대한 수당이나 서비스의 지급은 결국 국가가 가족을 대신해서 부양을 책임진다는 것을 의미하는 것인데, 과연 국가 서비스가 이전의 가족관계를 온전히 대체할 수 있는가, 그리고 그것이 바람직하고 정당한가라는 질문이 자연스럽게 제기될 수 있다.[93] 또한 보편적 복지체제를 지향한다고 해도 선별적 복지의 영역을 완전히 배제할 수는 없기 때문에 복지국가적 법개입의 문제가 모두 사라지는 것은 아니다. 요컨대, 어떤 유형의 복지국가인지, 어떤 유형의 사회복지서비스인지에 따라 복지국가의 법제화의 문제양상이 달라지지만, 이것은 복지국가·서비스의 유형과 무관한 복지국가의 일반적이고 고유한 문제이기도 하다는 것이다.

결국 보다 많은 자유와 평등을 보장함으로써 인간존엄이 실현되는 국가·법체제에 대한 고민은 다차원적일 수밖에 없다. 한편으로는, 정치·사회적으로 어떤 이념을 지향할 것인가, 어떤 정치체제를 통해 어떤 정치를 추구할 것인가에 대한 거시적인 고민이 필요하다. 어떤 복지국가를 지향할 것인가의 문제도 이 맥락에 놓여 있다. 다른 한편으로는, 어떤 법을 지향할 것인지의 문제도 여전히 중요하다. 법패러다임의 유형이나 구체적인 입법형태, 행정·사법에서의 법실천 등의 문제들을 고찰하는 것은 그 자체로 의의가 있다. 이렇게 복지국가의 미래와 관한 논의는 구체적인 법제화 문제와 맞물려 있다. 하버마스는 현대사회를 사회이론적, 정치철학적으로 고찰하면서도 '법'과의 긴장관계를 놓치지 않는다. 그의 논의는 법과 사회의 역동적 상호관계, 법체계의 발전경로, 법발전, 법진화 등 법사회학의 전통적 주제와 교차하면서 발전을 거듭해온 것이다.

2001, 385-386면 참조.

93_ 이러한 딜레마에 대한 소묘로는 박승희, "사회복지와 가족 부양 사이의 딜레마," 조효제 외, 『지식의 최전선3: 사회공동체, 열린 세계를 향하여』, 한길사, 2008, 204-211면 참조.

제3장

니클라스 루만의 법이론*

정성훈**

Ⅰ. 서 론

A는 법이란 항상 권력을 가진 자들과 돈 많은 자들에게 봉사할 뿐이라고 말한다. 그는 이 주장을 입증하기 위해 엄청난 불법을 저지른 정권 실세와 대기업 소유자가 가벼운 처벌을 받은 사례들을 열거할 것이다. 그리고 이와 극명하게 대비되는 사례들, 예를 들어 정권에 반대했던 평범한 사람들이 얼마나 가혹한 형량을 선고받았는지를 보여 줄 것이다. "유전무죄 무전유죄(有錢無罪 無錢有罪)"라는 말이 아직도 널리 쓰이는 데서 알 수 있듯이, A의 주장은 나름대로 설득력을 갖는다. A의 논증 외에도 법이 남성 중심적으로 기능한다는 논증이나 법률에 함축된 인종적 편견을 폭로하는 주장도 나름대로 설득력을 갖는다.

B는 법원에서 때때로 편향적인 판결이 내려지는 걸 인정한다. 하지만 대부분의 법관들이 피고의 사회경제적 지위와 무관하게 판결하려고 노력한다는 점,

* 이 글의 Ⅰ에서 Ⅴ는 정성훈, "루만의 법이론의 위상과 법의 역설 전개 고찰," 『법과 사회』 제48호(2015)를 수정하고 보완한 것이며, Ⅵ은 정성훈, "법의 침식과 현대성의 위기," 『법철학연구』 제12권 제2호(2009)의 뒷부분 일부를 수정하고 보완한 것이다.

** 서울대학교 철학과 강사.

그리고 법률과 판례에 따라 결정을 내리기 때문에 상당한 수준의 공정성을 지킨다는 점 등을 근거로 A의 주장을 반박한다. 그는 여러 여당 정치인들이 엄중한 법의 심판을 받게 된 사례, 대기업들의 독과점이나 불공정 거래가 불법으로 판결된 사례, 힘없고 가난한 자들이 민사소송에서 이긴 사례 등등을 증거로 제시할 것이다. 현대 사회의 다른 어떤 영역들보다도 법은 사람들을 평등하게 대하는 편이기 때문에, B의 주장 또한 A의 주장에 못지않게 높은 설득력을 갖는다.

A의 주장과 B의 주장이 각각 나름의 설득력을 갖는다는 것이 니클라스 루만(Niklas Luhmann, 1927-1998)[1]의 법이론의 출발점이다. 그런데 그가 두 가지 주장을 단순하게 절충하는 것은 아니다. 루만은 각 주장이 준거하는 사회적 체계가 다름을 지적하며, 그 자신은 기본적으로 A의 관점에 선다. 사회학자로서 루만은 법의 기초가 역설임을 폭로한다. 하지만 루만은 법체계가 어떻게 자신의 기초인 역설을 탈역설화해왔는지를, 그래서 어떻게 B의 주장이 설득력을 갖게 되었는지를 보여 준다.

이 글은 체계이론가이자 사회학자인 루만이 법이론의 위상을 어떻게 설정하고 있는지를 설명하고자 한다. 그의 법이론을 법사회학으로 분류하는 것이 잘못된 것은 아니다. 하지만 이 글은 법사회학적 관찰자에만 머물지 않는 루만의 법이론이 법사회학의 다른 이론들과 어떤 지점에서 차별화되는지를 드러내고자 한다. 그리고 이를 위한 핵심적인 작업은 법의 역설 전개 혹은 법의 역설 돌려막기에 관한 루만의 고찰을 재구성하는 것이다.

1_ 대표적인 저작들로는 *Liebe als Passion* (Frankfurt am Main: Suhrkamp, 1982); *Soziale Systeme - Grundriβ einer allgemeinen Theorie* (Frankfurt am Main: Suhrkamp, 1984); *Die Wirtschaft der Gesellschaft* (Frankfurt am Main: Suhrkamp, 1988); *Die Wissenschaft der Gesellschaft* (Frankfurt am Main: Suhrkamp, 1990); *Die Gesellschaft der Gesellschaft* (Frankfurt am Main: Suhrkamp, 1997) 등이 있으며, 한국어로 번역된 입문서로는 아민 낫세이 & 게오르크 크네어, 정성훈(옮김), 『니클라스 루만으로의 초대』(갈무리, 2008); 마르고트 베르크하우스, 이철(옮김), 『쉽게 읽는 루만』(한울, 2012) 등이 있다.

II. 법이론의 위상

1. 법 내부의 관점을 고려하는 법 외부의 기술(記述)

사회학자인 루만은 자신의 법이론이 "사회학적 법이론"이며 "결과적으로는 법체계에 대한 외부적 기술(Fremdbeschreibung)"임을 잘 알고 있다.[2] 그리고 "바깥에서의 기술이라는 장점"[3]을 적극 활용하여 "효력(Geltung)이라는 개념을 규범적 의미로 이해하지 않으며",[4] 규범과 사실의 구별을 그 자체로 하나의 사실로서 다룬다. 루만에 따르면, 사회학은 사실들만을 다루는 과학체계에 속하기 때문이다.[5] 그래서 그는 "실무의 지침이 되는 이론이라는 생각 자체를 포기"[6]하면서 자신의 법이론을 구상한다.

그럼에도 루만은 법실무로부터 생겨난 이론을 무시하지 않는다. 그는 법실무 혹은 법학교육에서 생성된 법이론을 법 내부에서 이루어지는 '법의 자기기술(Selbstbeschreibung)'로 간주하며 이 자기기술이 법의 경계를 규정하는 데 기여함을 알고 있다. 그래서 루만은 그저 외부의 관점에서 법을 비판하는 법사회학자에 머물고자 하지 않는다. 그는 법이 어떻게 자기 스스로를 관찰하고 기술하는지에 대해서도 주목한다.

2_ 니클라스 루만, 윤재왕(옮김), 『사회의 법』(새물결, 2014), 34면; N. Luhmann, *Das Recht der Gesellschaft* (Frankfurt am Main: Suhrkamp, 1993), p.17. 이 글의 인용문에서는 경우에 따라 한국어판과 다른 번역어를 사용하였고, 문장들의 경우에도 나에게 익숙한 어감에 따라 바꾸어 옮긴 경우가 많다. 예를 들어 한국어판에서 '자기서술'로 번역한 Selbstbeschreibung을 철학계의 관례에 따라 나는 '자기기술'로 옮겼다. 한국어판에서 '자기준거'로 옮긴 Selbstreferenz를 '자기지시'라고 옮긴 것은 장춘익, ""자기지시적 체계"에서 "자기지시Selbstreferenz"란 무엇을 뜻하는가?: 루만의 이론의 한 핵심어에 대하여," 『철학연구』 107권, 2014의 관점을 지지하기 때문이다. 그럼에도 2010년 겨울 한국사회학대회에서 초고로 발표했던 글을 대폭 보완하여 새로운 글로 완성할 수 있었던 것은 빠른 시간 안에 전체 흐름을 다시 파악할 수 있게 해 준 한국어판 덕분이었음을 밝힌다.

3_ 니클라스 루만, 앞의 책, 34면; N. Luhmann, Ibid., p.18.

4_ 위의 책, 53면; N. Luhmann, Ibid., p.32.

5_ 위의 책, 55면; N. Luhmann, Ibid., p.33.

6_ 위의 책, 43면; N. Luhmann, Ibid., p.24.

이렇게 법의 자기기술을 고려하는 사회학의 타자기술을 위해 적합한 이론은 바로 루만 자신이 포괄적인 사회체계와 그것의 여러 하위체계들을 기술하기 위해 발전시킨 이론, 즉 자기지시적(selbstreferential) 체계이론이다. 이 이론에 따르면, "법의 경계가 어디에 있는지는 법 스스로 규정"[7]한다. 법이라는 대상은 하나의 커뮤니케이션 체계이며, 이 체계는 법적 커뮤니케이션의 연쇄를 통해 그 환경과의 경계를 긋는다. 따라서 무엇이 법에 속하고 무엇이 법에 속하지 않는지를 체계 스스로가 규정하며, 법 외부의 관찰자는 이 경계를 임의로 규정할 수 없다. 그래서 법의 바깥에서 법을 기술하는 사회학자가 자신의 이론이 진리임을 주장하려면 "대상 자체의 자기기술과 자기관찰이라는 사실을 제대로 파악"[8]해야 한다.

이렇듯 루만은 자신의 법이론이 서 있는 관찰자 관점이 과학체계의 사회학임을 뚜렷이 함과 동시에 자기지시적 체계인 법체계의 자기기술을 존중한다. 그래서 한편으로는 법체계의 자기기술이 결코 규범을 단순한 사실로 보는 것을 용납하지 않는다는 점을 인정하고,[9] 다른 한편으로는 이러한 자기기술의 근본적 정당화가 불가능하다는 점을 지적한다. 그래서 루만은 자연법론과 법실증주의라는 현대 법이론의 두 가지 자기기술 모델이 각각 어느 정도 설득력을 갖는다는 점을 인정함과 동시에 그것들이 가진 한계 또한 밝힌다. 다음 절에서는 루만이 법체계의 두 가지 반성이론(Reflexionstheorie)[10]에 대해 어떻게 평가하는지 그 핵심지점을 간략하게 살펴보겠다. 이 작업은 루만의 체계이론에 따른 사회학적 법이론이 갖는 장점을 드러내줄 것이다.

7_ 위의 책, 31면; N. Luhmann, Ibid., p.15.

8_ 위의 책, 35면; N. Luhmann, Ibid., p.18.

9_ 위의 책, 660면; N. Luhmann, Ibid., pp.501-502.

10_ 루만의 체계이론에서 자기지시는 기본 자기지시, 재귀성(Reflexität), 반성의 세 단계가 있다. 기본 자기지시는 요소들의 자기지시이고, 재귀성은 과정들의 자기지시이다. 반성은 자기지시가 "체계와 환경의 구별에 기초해" 이루어지는 것, 즉 "체계가 자기 자신을 환경과 구별해 지칭"하는 것이다. N. Luhmann, *Soziale Systeme*, p.601. 그래서 반성이론이란 체계가 자기 자신을 되비추어 보기 위해 발전시킨 이론이라고 말할 수 있다. 루만은 현대 사회의 기능체계들이 각각에 고유한 반성이론들을 구축했다고 말한다. 기능체계들의 반성이론들에 관한 더 자세한 설명은 니클라스 루만, 장춘익(옮김), 『사회의 사회』(새물결, 2014), 1097면 이하.

2. 자연법론과 법실증주의의 한계

루만은 근대적 자연법을 주장하는 이성주의자들에 대해 "이성에 기초한 결정의 토대라는 희망은 현대 사회가 고도로 발달된 사회적 재귀성을 갖는다는 사실에 정면으로 위배"[11]된다는 점을 지적한다. 현대 사회에서 사람들은 이런 관찰 방식도 있고 저런 관찰 방식도 있음을 잘 알고 있으며 여러 방식들의 장단점을 비교해 볼 수 있다. 이성을 근거로 한 모든 보편주의적 주장은 "나는 네가 못 보는 걸 봐(Ich sehe was, was Du nicht siehst)"[12]라는 비판을 받게 되며, 보편적 합의에 대한 하버마스적 희망은 "동시대에 살면서 행위하는 50억의 인간들을 모아 좋은 근거들에 따라 대화하도록 추진할 수 없다"[13]는 반론에 부딪치게 된다. 흔히 다원주의적이라고 불리는 이런 복잡한 조건에서는 "공통의 확신의 기초가 되는 이성에 대한 희망"[14]은 줄어들게 되며, 이성 이론은 모든 걸 자의에 내맡기는 허무주의, 아나키즘, 결단주의, 기회주의 등에 대한 반박을 통해서만 자신의 정당성을 지탱한다.

루만은 '법원(法源, Rechtsquelle)'이라는 개념을 빌려 효력 문제에 답하는 법이론적 실증주의에 대해서는 "법원이라는 은유는 법의 효력에 관한 한, 이성법이 구사하는 실질적 정의라는 개념과 마찬가지로 우연성 공식으로서 기능"을 가지며, "동어반복을 논증의 연쇄로 전환하며, 체계 외부에서 보면 인공적이고 우연적인 것을 체계 내부에서는 당연하고 필연적인 것으로 보이게 만든다"고 지적한다.[15] 뒤에서 살펴보겠지만 효력의 원천으로 간주되곤 하는 헌법도 초실정적 실정법이라는 역설에 기초한 것이듯이 모든 실정적 법원은 우연적인 것에 불과하다.

루만은 법체계의 두 가지 서로 다른 반성이론인 이성법적 반성이론과 실정법적 반성이론이 각각 법 원칙의 정당화와 법 효력의 정당화에 실패하고 있으며, "체계 속에서 체계의 통일성을 제대로 감안하고 있지 못하다"[16]고 평가한다. 하

11_ 니클라스 루만, 『사회의 법』, 685면; N. Luhmann, *Das Recht der Gesellschaft*, p.522.

12_ N. Luhmann, *Soziologische Aufklärung 5*(VS Verlag für Wissenschaften, 2005(3판)), p.220.

13_ Ibid., p.226.

14_ 니클라스 루만, 『사회의 법』, 685면; N. Luhmann, *Das Recht der Gesellschaft*, p.522.

15_ 위의 책, 690-691면; N. Luhmann, Ibid., p.526.

지만 그는 복잡성이 낮은 이 전통적 이론들이 법체계 내부에서 나름의 기능과 신빙성을 갖는다는 점을 인정한다. 루만에 따르면, 자연법적 이성법에서 '이성'이란 "체계의 자기지시성(Selbstreferentialität)에 대한 상징"이며, '실정성'은 "관찰자의 관찰자들이 동일한 것, 즉 효력을 갖는 법을 관찰한다고 합의할 수 있게 만드는 공식"이다.[17] 실정성 공식이 모든 법이 결정에 기초하고 결정을 결정으로 기억해야 함을 확인한다면, 이성이라는 상징은 그러한 선택의 근거를 제시해야 함을 표현한다. 따라서 이 두 가지는 루만의 법이론이 설명할 법체계의 작동적 폐쇄성과 구조적 결합을 통한 환경 의존성을 법체계 내부적으로 "은폐하는" 자기기술의 의미론 혹은 이념이라고 볼 수 있다.[18]

이데올로기 비판의 전통에 익숙한 독자들은 여기서 '은폐'라는 표현에 대해 오해하기 쉽다. 루만이 체계이론적 법사회학을 참된 법이론으로 간주하고 전통적 반성이론들은 허위 이데올로기로 간주한다고 착각할 수도 있을 것이다. 하지만 루만에게 체계의 자기생산과 체계의 자기기술의 구별 혹은 사회구조와 의미론의 구별은 참과 거짓의 구별 혹은 실재와 관념의 구별이 아니다. 법을 사회의 하위체계이자 작동상 폐쇄된 체계로 보는 이론 또한 하나의 의미론이되, 다만 법체계의 자기기술의 의미론이 아니라 사회체계의 자기기술의 의미론인 사회이론이다. 이 포괄적 사회이론의 틀에서 규정된 사회구조가 다른 의미론들에 대해 높은 실재성 가치를 부여받을 뿐이다. 그런데 이 사회이론 또한 사회의 사회라는 동어반복 혹은 역설을 전개, 유예함으로써만 성립한다.[19] 다만 루만은 자신의 사회이론이 행하는 탈역설화가 개별 기능체계들의 반성이론보다 더 복잡하고 더 설득력 있는 것이라고 볼 뿐이다. 따라서 루만은 이성법론이나 법실증주의를 쓸데없는 이론들로 간주하는 것이 아니라 법체계의 반성에서 나름대로의 기능을 갖는 이론들로 간주한다. 하지만 루만이 볼 때 그 이론들은 스스로에 대한 정당

16_ 위의 책, 695면; N. Luhmann, Ibid., p.529.

17_ 위의 책, 698면; N. Luhmann, Ibid., p.532.

18_ 위의 책, 699면; N. Luhmann, Ibid., p.532.

19_ 루만의 사회이론이 집대성된 저작의 제목인 "사회의 사회(Die Gesellschaft der Gesellschaft)"는 사회의 자기생산에 대한 사회의 자기기술이라는 의미를 갖는다. 이에 관해서는 정성훈, "'사회의 사회'라는 역설과 새로운 사회이론의 촉구,"『개념과 소통』 제11호(2013), 187-200면.

화에 성공하기 어렵고 너무 많은 것을 은폐하며 복잡성이 낮은 이론들이다.

Ⅲ. 작동상 닫혀 있으며 규범적 기대를 안정화하는 법

1. 작동상의 폐쇄와 구조적 결합

이제 루만이 어떻게 법 외부의 관점에서 법 내부의 관점을 고려하는지 구체적으로 살펴보겠다. 그는 법이 법 외부에 어떤 자연적 토대도 초월적 정당화 기제도 갖고 있지 않다고 생각한다는 점에서 법의 '실정성'을 인정하는 입장에 서 있다. 하지만 그는 법실증주의자들과 달리 법이 결정을 통해 효력을 갖는다고 보지는 않는다. 그에게 법 내부의 관점에 대한 고려, 혹은 법의 자율성에 대한 존중은 법을 작동상 닫힌 커뮤니케이션 체계로 간주하는 데 있다. 루만은 무엇이 법에 속하고 무엇이 법에 속하지 않는지를 법 스스로 규정한다고 보지만, 법적 결정에 대한 효력을 주장하거나 법원칙의 정당화를 시도하지는 않는다. 오히려 이러한 규정이 이루어지는 커뮤니케이션들이 어떻게 역설에도 불구하고, 아니 오히려 역설을 전개하기 때문에 계속 이어지는가를 관찰한다. 법의 역설 전개 혹은 역설 돌려막기에 관해서는 다음 장에서 살펴보고 여기서는 우선 법이 작동상 닫혀 있는 체계 혹은 규범적으로 닫혀 있는 체계라는 진술의 의미를 살펴보겠다.

루만 이전에 체계이론 진영에서는 '자기조직(self-organization)'과 '열린 체계'의 모순에 관한 논의가 진행되었다. 예를 들어 세포들이라는 요소들로 이루어진 유기체가 자신의 요소들을 스스로 조직하는데(닫힘) 어떻게 환경의 변화에 반응할 수 있는가(열림)라는 문제가 제기되었다. 루만은 이 모순을 "작동상의 폐쇄(operational closure)"와 "구조적 결합(structural coupling)"이라는 개념을 통해 해소한다. 그는 체계들이 "작동의 층위에서는 어떤 환경 접촉도 없다"[20]는 점과 "체계들은 환경 접촉이라는 환상 아래서 작동"[21]한다는 점을 뚜렷이 밝힌다. 유기체의 세포 증식이 세포들이 세포들을 자기생산하는 것일 뿐 빛, 소리, 영양분 등이

20_ 니클라스 루만, 『사회의 사회』, 118면.
21_ 위의 책, 119면.

그 작동에 끼어들지 못하듯이, 그리고 의식작용들 안에는 생각들의 연쇄만 있을 뿐 붉은 사과도 연인의 얼굴이 직접 들어오지 못하고 표상되는 데 그치듯이, 커뮤니케이션 체계들의 작동에는 커뮤니케이션 이외의 것들이 전혀 들어올 수 없다.

그래서 사회적 체계들에서 "현실로 경험되는 모든 것은 커뮤니케이션에 대한 커뮤니케이션의 저항으로부터 나오는 것"[22]이지 의식에 의해 지각된 현실이 커뮤니케이션 안에 들어오는 것이 아니다. 물론 커뮤니케이션 체계는 자신의 환경을 지시할 수 있다. 예를 들어 "이 사과가 붉다는 진술은 틀렸다"는 커뮤니케이션이 이루어질 수 있다. 이것을 루만은 커뮤니케이션 내부의 구별인 통지(Mitteilung)과 정보(Information)의 구별, 혹은 자기지시와 타자지시의 구별로 파악한다.[23] '사과', '붉다' 등의 통지기호(자기지시)와 그 기호가 담고 있는 정보(타자지시)의 구별을 통해 외부세계를 직접 접촉한다는 환상을 불러일으키는 것이다. 즉 체계와 환경의 구별을 체계 안에 재진입(re-entry)시킴으로써 내부에 갇혀 있으면서도 내부와 외부가 구별되는 상상적 공간을 만들어 내는 것이다. 이렇게 해서 사과의 색깔을 결코 볼 수 없는 커뮤니케이션 체계에서는 사과가 붉은지 파란지 등등에 관한 수많은 논쟁이 진행될 수 있다.

그렇다면 이렇게 작동상 닫힌 체계는 어떻게 자신이 전혀 접촉할 수 없는 환경에 적응할 수 있는가? 루만은 인지생물학자 마투라나의 견해를 따라 자기생산적 체계는 모두 "구조 결정된 체계"이며 "이미 항상 자신의 환경에 적응"해 있다고 말한다.[24] 살아남아 있는, 즉 이미 적응해 있는 체계는 그 환경에 있는 체계들과의 구조적 결합을 통해서만 자기생산을 지속할 수 있다는 것이다. 어떤 지각활동도 하지 못하는 커뮤니케이션 체계들은 인간 의식들과의 구조적 결합을 통해서 자기생산을 지속하며, 심리적 체계인 의식은 유기체와 구조적으로 결합되어 있다.

루만에 따르면, 커뮤니케이션은 정보, 통지, 이해의 세 단계로 이루어진다.

22_ 위의 책, 121면.

23_ 루만에게 커뮤니케이션이라는 하나의 단위를 구성하는 세 번째 선택이자 마지막 선택인 이해(Verstehen)는 첫 번째 선택인 정보와 두 번째 선택인 통지의 구별이다. 즉, 통지기호로부터 정보를 뽑아내는 것이다.

24_ 위의 책, 126면.

그리고 각 단계의 선택은 의식들의 동기유발(Motivation)이 없이는 불가능하다. 따라서 커뮤니케이션은 의식들이 말하고 싶게 하고 듣고 싶게 하지 못하면 자기생산에 실패한다. 물론 매번 모든 의식들의 동기유발에 성공할 필요는 없다. 일정 수의 의식들이 말하거나 쓰고자 하는 의욕을 가지면 되고, 또한 일정 수의 의식들만 듣거나 읽고자 하는 의욕을 가지면 된다.

2. 작동상 닫힌 법체계의 자율성

그러면 이제 포괄적인 커뮤니케이션 체계인 사회의 하위 기능체계인 법이 작동상 닫혀 있다는 것이 무엇을 뜻하는지 살펴보자. 법체계는 사회 내부의 다른 작동들로부터 구별되는 법적 작동들, 즉 법적 커뮤니케이션들이 회귀적(rekurrent) 연결망을 이룰 때 작동상 닫힌 자기생산적 체계가 된다. 루만은 "작동이 체계 자신에 귀속되고, 이를 통해 체계의 작동상의 폐쇄성이 보장되기 위해서는 다른 코드화와 제3, 제4, 제5의 코드 값을 배제하는 이항적 도식의 코드 단 하나만을 필요"[25]로 한다고 말한다.

법체계의 이항 코드는 법(Recht)/불법(Unrecht)의 구별이다. 이 코드는 이차 관찰 차원에서의 구별, 즉 관찰을 관찰할 때 사용되는 구별이다. 이것은 어떤 커뮤니케이션이 법체계에 속하는지의 여부가 그 커뮤니케이션이 실제로 이 코드를 사용하고 있는지의 여부와는 무관하다는 것을 뜻한다. 어떤 커뮤니케이션이건 그것에 대한 이차 관찰에서 합법적 행위 혹은 불법적 행위로의 귀속이 이루어질 때, 그 커뮤니케이션은 법체계에 속하게 된다는 것을 뜻한다. 그리고 작동상의 닫힘이란 이러한 법적 커뮤니케이션들의 그물망 바깥에는, 즉 법체계의 바깥에는 법/불법을 구별하는 체계가 없다는 것을 뜻한다. 여당/야당 구별을 정치가 독점할 때 작동상 닫힌 정치체계가 형성되고, 진리/허위 구별을 과학이 독점할 때 작동상 닫힌 과학체계가 형성되듯이, 법/불법의 구별이 하나의 체계에 의해 독점될 때 작동상 닫힌 법체계가 성립한다.

루만에게 법의 통일성 혹은 법의 자율성이란 이러한 작동상의 폐쇄를 뜻할

25_ 니클라스 루만, 『사회의 법』, 103면; N. Luhmann, *Das Recht der Gesellschaft*, pp.69-70.

뿐이다. 그래서 정치체계에서 입법이 이루어지고 그 입법 과정에 수많은 경제조직들의 로비가 이루어진다는 사실이 법과 정치 혹은 법과 경제의 경계를 모호하게 만들지 않는다. 그리고 입법 과정이 얼마나 쉬웠는지 혹은 어려웠는지와 무관하게 법체계는 어느 것이 법이고 어느 것이 불법인지를 자율적으로 결정한다. 여기서 제기될 수 있는 반론, 예를 들어 법관들은 개인적으로 항상 정치적 압력을 받고 있지 않느냐는 반론은 결코 법체계의 자율성에 대한 반론이 아니다. 자율적인 것은 개인이 아니라 체계이다. 법으로의 귀속과 불법으로의 귀속을 구별하는 커뮤니케이션이 법체계 바깥에서 이루어지지 않는다면 법체계는 자율적이다.

3. 규범적 기대의 안정화 기능과 규범적 폐쇄

그렇다면 정의/불의, 선/악 등이 아니라 법/불법의 이항 코드가 작동상 폐쇄된 체계로 성립한 이유는 무엇일까? 그에 대한 루만의 대답은 기본적으로는 사회진화의 결과라는 것, 즉 달리 될 수도 있었던 '우연성(contingency)'의 산물이라는 것이다. 그런데 이 진화는 법이 사회체계의 한 가지 문제를 전담할 수 있었기 때문에, 즉 사회의 기능체계로 자리 잡을 수 있었기에 가능했다고 우리는 덧붙여 말할 수 있을 것이다.

루만은 '기능(function)'을 "문제와 문제 해결의 연관"[26]으로 규정한다. 따라서 법을 비롯한 여러 기능체계들은 사회의 자기생산에서 생기는 특정 문제들을 전담하는 체계들이다. 루만은 현대 사회에서 법이 전담하는 기능을 "규범적 기대들의 안정화"[27]라고 정식화한다. 이 정식화를 이해하기 위해서는 기대, 시간화된 기대, 그리고 인지적 기대와 규범적 기대의 차이를 차례로 살펴보아야 한다.

루만은 사회의 구조들을 '기대의 구조들'로 본다. 그런데 여기서 루만이 말하는 '기대'란 심리적인 기대가 아니다. 물론 사회적으로 구조화된 기대는 개별 의식들의 기대 구조에 상당한 수준의 영향을 미치겠지만, 사회학적 개념으로서의 기대는 오직 커뮤니케이션들의 연결 가능성과 관련된 것이다. 그래서 기대의 구조란 하나의 커뮤니케이션이 다른 커뮤니케이션들과 연결될 수 있는 수많은

26_ N. Luhmann, *Soziale Systeme*, p.84.

27_ 니클라스 루만, 『사회의 법』, 185면; N. Luhmann, *Das Recht der Gesellschaft*, p.138.

가능성들 중 특정한 연결 가능성들이 높아지고 나머지 연결 가능성들이 낮아지는 '제약'을 뜻한다. 예를 들어, 편의점에서 손님이 4500원을 지불하는 커뮤니케이션은 점원이 담배 한 갑을 주는 커뮤니케이션으로 연결되기 쉽다. 하지만 점원이 고급양주 한 병을 주는 커뮤니케이션이나 점원과의 연애로 연결되기는 어렵다. 손님이 주관적으로 어떤 심리적 기대를 갖는지와 무관하게 그러하다. 따라서 이러한 기대 구조는 의식들의 주관적 의지로부터 독립적인 구조, 즉 사회적으로 형성된 구조이다.

루만은 사회의 기대 구조들을 사태적(sachlich) 차원과 시간적 차원으로 구별한다. 사태적 차원에는 인격, 역할, 프로그램, 가치 등이 있고, 시간적 차원에는 규범(Norm)과 인지(Kognition)가 있다. 규범과 인지의 차이는 "실망할 경우에 어떤 태도를 취할 수 있는가"[28]라는 문제에서의 차이이다. 기대의 시간적 양상화에서의 차이라고도 말할 수 있다. 실망하는 경우에 기대를 포기하거나 변경하려는 태도, 즉 학습하려는 태도는 인지적 기대 구조를 형성한다. 그에 반해 실망했음에도 반사실적으로(counter-factual) 기대를 고수하는 태도는 규범적 기대 구조를 형성한다. 루만은 이 두 가지 기대 양상이 뚜렷이 분화되어 성립하는 사회의 기능체계를 과학과 법이라고 본다.[29] 과학적 진리는 새로운 경험적 증거에 의해 쉽게 바뀌지만, 법적 규범은 그것을 지켜서 손해를 본 경우가 있더라도 쉽게 바뀌지 않는다. 예를 들어, 녹색등이 들어왔을 때 횡단보도를 건넌 사람이 차에 치인 경우가 많다 하더라도 교통법규는 그 사실에 맞서 유지된다.

현대 사회에서 규범적 기대들의 안정화 기능은 법체계가 독점하고 있기 때문에 루만은 법체계의 작동상의 폐쇄를 "규범적 폐쇄"[30]라고도 부른다. 그는 과거의 사회들에서는 법과 도덕의 조화를 위한 시도가 이루어졌지만, 현대 사회에서는 법과 도덕의 분리가 아주 명확한 근거를 갖게 되었다고 본다. 법체계는 "이 체계의 결정이 충분히 일관성을 갖도록 보장"[31]해야 하는 반면, 도덕적 가치 평

28_ N. Luhmann, *Soziale Systeme*, p.436.

29_ N. Luhmann, *Die Wissenschaft der Gesellschaft* (Frankfurt am Main: Suhrkamp, 1990), p.138.

30_ 니클라스 루만, 『사회의 법』, 113면; N. Luhmann, *Das Recht der Gesellschaft*, p.77.

31_ 위의 책, 114면; N. Luhmann, Ibid., p.78.

가는 다원성을 갖기 때문이다. 현대 사회에서는 각 집단별로 다른 도덕적 평가 기준을 통일하는 것이 점점 불가능해지고 오히려 분쟁을 불러일으키는 반면,[32] 법체계는 아무리 논란이 많다 하더라도 일관된 결정을 통해 규범적 기대를 보장해야 한다. 그래서 법에 대한 도덕적 비판은 얼마든지 가능하지만, 법은 "도덕적 커뮤니케이션의 불안정한 조류"[33]에 휩쓸리지 않기 위해 규범적으로 닫혀 있다.

그런데 법은 규범적으로 닫혀 있지만 "인지적으로 열린 채 작동한다."[34] 이 열림은 앞서도 설명했듯이 환경과 직접 접촉한다는 것을 뜻하지 않는다. 인지적 열림은 타자지시를 통한 열림, 즉 체계와 환경의 구별을 재진입시킴으로써 이루어지는 정보 처리이다. 이 열림을 통해 법은 사회의 다른 영역으로부터 제기된 수많은 사건들에 대해 법/불법 코드를 적용할 수 있다. 이러한 인지적 열림의 핵심 경로를 설명하는 개념이 '구조적 결합(structural coupling)'이다. 구조적으로 결합된 두 체계는 결코 상대방의 고유한 작동들을 공유하는 것이 아니다. 예를 들어, 법과 정치는 헌법이라는 텍스트를 공유하긴 하지만, 이 텍스트로부터 이어지는 커뮤니케이션들을 공유하지는 않는다. 헌법에 관한 법적 커뮤니케이션들과 정치적 커뮤니케이션들은 전혀 겹쳐지지 않고 각각의 코드에 따라 폐쇄적으로 연결된다. 뒤에서 살펴보겠지만, 헌법은 법의 역설 전개와 정치의 역설 전개를 위해 각각 다르게 쓰이는 공유 텍스트이다. 루만은 헌법을 통한 법과 정치의 구조적 결합 외에도 소유권과 계약을 통한 법과 경제의 구조적 결합에 대해서도 설명한다.[35]

4. 사회의 면역체계

루만은 사회와 그 법의 관계를 논하면서 법체계를 '면역체계(Immunsystem)'라고도 부른다. 하나의 체계는 그보다 더 복잡한 환경과 일대일로 대응할 수 없다. 그래서 면역이란 환경으로부터 온 방해요소들을 막아내거나 예견하는 일이

32_ 장춘익, "도덕의 반성이론으로서의 윤리학," 『사회와 철학』 제24호(2012), 161-190면.

33_ 니클라스 루만, 앞의 책, 116면; N. Luhmann, Ibid., p.79.

34_ 위의 책, 113면; N. Luhmann, Ibid., p.77.

35_ 위의 책, 598-618면; N. Luhmann, Ibid., pp.452-468.

아니다. 루만은 면역체계가 "내적인 갈등에만 반응하며 경우에 따라 등장하는 갈등에 대해서 일반화 가능한 해결책을 발전시키며, 그래서 미래의 일들에 대한 잉여 능력을 갖게 된다"[36]고 말한다. 법은 이런 잉여 능력을 통해 아직 일어나지 않은 갈등에 대해서도 일반적인 답변을 제공한다. 하지만 정답을 제공하는 것은 아니다. 그럼에도 이러한 일반적 답변을 통해 법은 갈등과 결부될 수 있는 기대들을 안정화시킨다.

루만은 '갈등'을 커뮤니케이션에서 '아니오'라고 말하는 경향의 강화로 규정하며, 갈등은 결코 제거될 수 없는 기생체계라고 말한다. 그래서 면역체계가 갈등에 대한 일반적 해결책을 발전시킨다고 해서 갈등이 사라지는 것은 아니다. 면역체계는 결코 기대 구조에 맞는 커뮤니케이션들만 이루어지도록 만들 수 없다. 갈등의 제거는 오히려 체계의 진화(구조 변동)를 가로막아 자기생산을 중단시킬 수 있다. 오히려 갈등은 면역체계를 통해 전체체계의 구조가 혁신되는 계기를 제공해 자기생산을 진전시킬 수 있다. 그리고 이러한 혁신 또한 방해와 갈등의 제거는 아니다. 따라서 면역체계는 전체체계의 오류를 교정하는 것이 아니라 구조적인 위험부담을 경감시키는 데 기여할 뿐이다. 면역체계인 법은 전체체계인 사회가 "갈등의 지속적 재생산이라는 구조적으로 조건지어진 위험부담을 갖고서도 잘해 나갈 수 있게 한다."[37]

IV. 법의 역설 전개

법이 작동상 닫힌 체계라는 말은 법의 근거 혹은 토대가 법 자신에게 있다는 것, 즉 법적 커뮤니케이션들이 계속 이어지는 것 외에는 법을 뒷받침할 어떤 지지대도 없다는 것을 뜻한다. 법이 정당화될 수 있는 방법은 '법은 법'이라는 동어반복(tautology)밖에 없다. 그래서 법 외부의 관찰자는 법이란 아무 근거도 없는 것이라 말할 수 있고, 법/불법의 구별은 자의적이라는 인상을 가질 수 있다. 누구나 쉽게 '법은 불법'이라고 말할 수 있는 것이다. 이로 인해 법은 역설(paradox)에 빠

36_ 위의 책, 743면; N. Luhmann, Ibid., p.566.
37_ 위의 책, 744면; N. Luhmann, Ibid., p.567.

지게 된다. 역설은 긍정이 부정이 되고 부정이 긍정이 되는 진동 상태를 뜻한다.

그런데 이러한 역설에도 불구하고, 우리는 대체로 현대 사회에서 법이 순전히 자의적으로 굴러간다고는 생각하지 않는다. 그리고 법 내부의 관찰자들은 법적 결정의 일관성이 얼마나 높은지를, 합법적인 것과 불법적인 것의 경계를 뛰어넘기가 얼마나 어려운지를 수많은 사례들을 근거로 삼아 주장할 수 있다.

루만은 법이 자신의 토대인 역설을 어떻게 잘 돌려 막는가를[38] 지시, 코드, 프로그램, 정의, 구조적 결합 등의 개념을 통해 설명함으로써 외부 관찰자 관점에서 내부 관찰자 관점을 포용한다. 그래서 이 설명은 법의 탈역설화가 잘 이루어지지 않을 경우 법의 기능이 약화될 수 있다는 것을 함축한다.

1. 코드화와 프로그램화를 통한 법의 역설 전개

루만은 법이 그것의 환경과의 경계를 스스로 긋는 체계라는 점을 1단계로 하여, 2단계: 자기지시, 3단계: 타자지시, 4단계: 자기지시와 타자지시의 체계 안으로의 재진입, 5단계: 조건화의 차례로 법의 역설이 전개되는 기본 양상을 논리적으로 재구성한다. 이 재구성은 실제 역사의 전개 과정과 어느 정도 맞아떨어지기는 하나 그대로 들어맞지는 않는다는 점에서 '논리적'이다.[39]

1단계: 법.

루만은 체계가 그것을 둘러싼 환경과 경계를 긋는 것을 '작동(Operation)'이

38_ 루만은 역설은 제거될 수 없는 것이고 탈역설화(Entparadoxierung)만 가능하다고 본다. 역설이 드러나지 않게만 할 수 있다는 것이다. 그는 탈역설화를 역설을 다른 방식으로 펼쳐 나간다는 의미에서 "역설의 전개(Entfalten)"라고 표현하기도 하고, 역설을 다른 곳으로 옮겨 놓는다는 의미에서 "역설의 유예(Verschiebung)"라고 표현하기도 하며, 역설을 안 보이게 한다는 의미에서 "역설의 은폐(Verdeckung)"라는 표현도 쓴다. 나는 이런 의미를 잘 살리는 한국어 표현 중 하나가 '역설 돌려 막기'라고 생각한다. 하나의 신용카드가 정지되었을 때 다른 신용카드로 현금서비스를 받아서 갚는 방식으로 돈이 부족한 문제를 계속 전개, 유예, 은폐하는 이른바 '카드 돌려 막기'를 떠올려 보라. 역설 역시 그렇게 돌려 막는 것이지 제거되지 않는다.

39_ 이하의 서술은 위의 책, 234면; N. Luhmann, Ibid., p.169에 나오는 5단계 도표와 그 앞뒤에서 이루어지는 설명을 내 나름대로 재구성한 것이다.

라고 부른다. 매번의 작동에 의해 법은 법을 둘러싼 세계와의 경계를 스스로 긋는 체계가 된다. 그런데 작동들에서 곧바로 문제가 되는 것은 발생 후 곧바로 사라지는 사건들인 수많은 커뮤니케이션들 중에서 어느 것까지 법적 커뮤니케이션들의 그물망에 들어오는가 하는 것이다. 즉 법의 동일성(identity)이 문제가 된다.

2단계: 법 → 법,
법 ← 법.

어떤 커뮤니케이션이 법적 커뮤니케이션인지를 미리 정해주는 신이나 자연적 토대는 없다. 따라서 사라지는 법적 커뮤니케이션들의 그물망(자기)은 새로 생겨나는 다른 커뮤니케이션들에 의해 성립하는 그물망 역시 법이라는 것(자기)을 스스로 지시해야 한다. 그런데 여기서 문제는 '법은 법이다'라는 자기지시가 동어반복이라는 점이다. 이러한 지시는 아무 근거도 갖지 못하기 때문에 쉽게 부정될 수 있다. 즉 법이 아닌 것을 지시하는 타자지시를 막을 수 없다.

3단계: 법 → 불법,
법 ← 불법.

"한 사람에게는 법인 것이 다른 사람에게는 불법이고, 그럼에도 둘 다 사회적 공동체의 구성원"[40]인 경우, 법은 타자(불법)를 지시하게 된다. 따라서 자기지시 단계에서의 동어반복은 타자지시가 추가되는 단계에서 역설로 바뀐다. 루만은 이 3단계에서 드러나는 역설을 법의 체계 형식이 갖는 역설, 즉 체계와 환경의 구별에서 체계의 동일성이 확정될 수 없기 때문에 생기는 역설이라고 말한다.

4단계: 법 ↛ 불법,
법 ↚ 불법.

법의 체계 형식이 갖는 역설을 전개하기 위해 법은 법(자기지시)과 불법(타자지시)의 구별을 법 안에 재진입시켜 '법은 불법이 아니다'라는 새로운 동어반복을 창출해야 한다. 체계 형식인 법(체계)/불법(환경)의 구별로 인한 역설을 법체계

40_ 위의 책, 234; N. Luhmann, Ibid., p.168.

안의 코드 형식인 법/불법 구별을 통해 전개하는 것이다. 이때 법은 코드의 긍정값(positive value)이 되고 불법은 코드의 부정값(negative value)이 된다. 이렇게 재진입된 코드 형식을 통해 생겨난 동어반복은 2단계의 동어반복과 차별성을 갖는다. 끝없이 펼쳐진 놀라움의 지평인 환경의 불법과 달리 체계 안의 불법은 법에 의해 규정된 불법이기 때문이다.[41] 이것을 루만은 "체계 형식의 비대칭성과 코드 형식의 대칭성이 체계 안에서 함께 작용해야 한다"[42]고 표현한다. 체계/환경 관계에서는 체계의 복잡성보다 환경의 복잡성이 훨씬 크기 때문에 탈역설화의 부담이 크다. 반면에 체계의 코드 안에 사로잡힌 불법은 합법과 대칭적이기 때문에 탈역설화의 부담이 줄어든다. 루만이 인용하고 있는 미국의 법해체론자인 볼킨(J. Balkin)은 코드 안의 부정값(예컨대 불법)가 "사로잡힌 반대항(nested oppositions)"임을 폭로한다. 사로잡힌 불법은 법의 타자가 아니라 법 안에서 재현된 법의 타자일 뿐이기 때문에 조건화의 도움을 받을 경우 그 역설의 전개가 쉬워진다.

5단계: 법은 어떤 조건에서 불법이 아니고, 불법은 어떤 조건에서 법이 아니다.

그런데 코드 그 자체는 법과 불법을 확정하기 위한 기준이 될 수 없다. 이를 위해서는 "코드 값인 법과 불법 중 어느 쪽으로 할당할지, 어떻게 그렇게 할지를 알려 주는 또 다른 관점들이 있어야 한다."[43] 그래서 이런 관점들을 제공하는 법률, 명령, 조례 등의 조건프로그램들이 마련된다. if-then 구조를 가진 조건프로그램들은 하나의 사태에 대해 합법과 불법이 동시에 할당되는 일을 막아 줌으로써 법의 역설을 돌려 막는 데 기여한다.

41_ 그래서 루만이 쓰는 독일어 Recht와 Unrecht를 영어권에서는 law/non-law와 legal/illegal (lawful/unlawful)의 두 종류로 구별해 옮기기도 한다. M. King & C. Thornhill, *Niklas Luhmann's Theory of Politics and Law* (Palgrave Macmillan, 2003), p.55.

42_ 니클라스 루만, 앞의 책, 241면; N. Luhmann, Ibid., p.175.

43_ 위의 책, 260면; N. Luhmann, Ibid., p.190.

2. 프로그램들, 효력 코드, 절차화, 적법성 코드 등에 의한 역설의 전개

법체계에 코드와 함께 조건프로그램들이 마련되어 있다고 해도 역설은 결코 제거되지 않는다. 법은 법의 프로그램들을 고정시킬 수 없다. 법률은 입법부에 의해, 즉 정치에 의해 끊임없이 개정되고 추가된다. 그래서 어제의 합법이 오늘의 불법이 되는 역설은 계속 드러난다. 역설은 시간적 차원에서만 드러나는 것이 아니다. 이 법률과 저 법률이 모순되는 경우, 즉 사태적 차원에서도 법은 역설에 빠진다. 두 법률 중 어느 법률을 우선해야 할지 결정할 수 없기 때문이다. 그래서 현대 사회의 진화 과정에서는 이런 종류의 역설들을 돌려막을 수 있는 여러 가지 보완 코드들과 제도들이 마련된다.

우선 조건프로그램인 법률의 효력이 시간의 흐름에 따라 바뀌는 문제부터 살펴보자. 법률은 if-then 구조를 통해 규범의 지위를 갖게 된다. 그리고 규범이란 반사실적(counter-factual) 기대, 즉 그 기대가 충족되지 않아 실망하는 경우에도 고수되는 기대이다. 그래서 잘 변하지 않는 성격을 갖는 기대를 가변적인 것으로 만들기 위해서는 규범의 형식과는 다른 형식이 필요하다. 그 형식을 루만은 효력(Geltung)의 형식, 즉 유효/무효 구별이라고 본다.

효력은 규범이 아니라고 보는 루만은 "법체계 안에서 유효한gilt 것이 타당해야gelten 하는 것은 아니"라고 말한다.[44] 이 역설적인 표현은 법의 효력을 사실성과 대비되는 타당성(Geltung)으로 규정하는 하버마스를 염두에 둔 것이다.[45] 루만은 효력을 변하지 않아야 할 규범이 변할 수 있게 만들어주는 공식이라고 간주함으로써, 효력 개념을 법 바깥에서의 타당성 여부와 거리를 취할 수 있게 한다. 법 외부의 타당성이 법의 효력에 직접 영향을 미친다면, 법규범의 변화 속도와 도덕의식 혹은 문화적 규범의식의 변화 속도 사이의 불일치로 인해 법은 기능하지 못할 것이기 때문이다. 그래서 법은 효력 코드를 이용해 유효/무효를 스스로 결정함으로써 반사실적으로 고수되는 기대의 변화를 정당화한다. 효력 코드

44_ 위의 책, 146-147면; N. Luhmann, Ibid., p.103.

45_ 하버마스의 *Faktizität und Geltung*(국역: 『사실성과 타당성』)의 영역본 제목이 *Between Facts and Norms*라는 것은 흥미롭다. Geltung이 norm으로 번역된다는 점에서 하버마스에게는 효력과 규범의 구별이 없다는 것이 드러난다.

는 때로는 법/불법 코드에서 연결 능력을 갖지 못하는 불법의 효력도 보장한다. 예를 들자면, 불법을 저지른 자를 교도소에 넣어 두는 것을 유효하게 한다. 부정적인 연결 능력을 보장하는 것이다.

그런데 사회의 복잡성이 커짐에 따라 법은 법/불법, 유효/무효 등을 지금 당장 판단하기 어려운 상황에도 처하게 된다. 이때 법은 법적 결정을 시간화시킴으로써 역설을 전개한다. 즉 '절차(Verfahren, 소송)'를 통해 판결을 정당화한다. 재판 당사자들은 시작 시점에는 사태에 대한 합법 결정에도 불법 결정에도 쉽게 동기유발되지 않는다. 그래서 사태에 대한 결정 대신 공정하다고 간주되는 절차에 대한 결정을 통해 사태에 대한 결정을 미래로 유보한다. 그리고 그 절차가 끝나는 미래의 시점에 어떻게든 내려야 하는 결정의 정당화는 공정한 것으로 간주된 절차를 통해 이루어진다. 그래서 "실체법(materielles Recht)과 소송법(Verfahrensrecht)의 구별"[46]은 법의 역설을 시간적으로 유예할 수 있게 해 준다.

절차를 통한 정당화는 사법 절차에 있어서뿐만 아니라 정치의 선거 절차, 입법 절차, 행정 절차 등에도 적용된다. 그래서 여러 가지 절차법들이 생겨나고 헌법에는 모든 절차들이 갖추어야 할 최소 기준이 명기되곤 한다. 특히 입법 절차의 법적 조건화는 의회정치의 다수파가 자의적으로 법률을 개정하는 일을 어렵게 만듦으로써 법규범의 안정화에 기여한다. 그런데 정치의 절차들이 법률로 정해진다고 해서 법이 정치의 기능을 침해하는 것은 아니다. 입법의 목적이 성취될 수 있는가, 입법 내용이 여론의 지지를 얻고 있는가, 입법이 어느 정당 주도로 이루어졌는가, 입법이 만장일치로 이루어졌는가 아니면 절반의 찬성으로 이루어졌는가 등등 정치의 기능을 위해서는 매우 중요한 쟁점들에 대해 법은 무관심하기 때문이다.

법은 "정치체계를 적법(rechtmäßig)/위법(rechtwidrig)이라는 코드 아래서 관찰할 수"[47] 있다. 따라서 법은 정치적 결정이 적법한 절차에 따라 이루어질 것, 그리고 뒤에서 설명하겠지만 위헌이 아닐 것(이 역시 법의 관점에서는 '적법'이다)을 요구할 뿐이다. 반면에 "정치의 기능인 집단적으로 구속하는 결정이라는 기능으로부터 곧바로 결정이 적법하며 위법은 아니라는 점이 도출되지는 않기"[48] 때문

46_ 위의 책, 285면; N. Luhmann, Ibid., p.210.

47_ N. Luhmann, *Die Politik der Gesellschaft* (Frankfurt am Main: Suhrkamp, 2000), p.392.

에 법과 정치는 독립분화된 체계로서의 자율성을 유지한 채로 결합될 수 있다. 법은 그 밖의 여러 기능체계들과의 관계에서도 다른 체계들의 작동들에 대해 적법이라는 법 고유의 기준 충족에만 관여할 뿐 다른 지점들에 대해서는 무관심하다.

3. 우연성 공식으로서의 정의(正義)

법/불법의 코드 형식, 그리고 이 코드를 보완하는 효력 코드를 통한 역설 돌려막기 외에도 체계의 프로그램에서 역설 돌려 막기에 기여하는 공식이 있다. 전통적으로 법과 도덕을 연결하는 가치로 간주되곤 했던 정의(Gerechtigkeit)를 루만은 "자기지시이되, 작동으로서가 아닌 관찰로서의 자기지시, 그리고 코드의 차원이 아닌 프로그램의 차원에서의 자기지시"[49]로 간주한다. 또한 그는 정의를 "법체계의 우연성 공식(Kontingenzformel)"[50]으로 규정한다.

법체계에서 코드 차원의 작동상 자기지시는 당연하게도 법이다. 정의는 이 코드를 건드리지 않으면서 프로그램 차원에서 법에 대한 규범적 관찰을 가능하게 한다. 이 관찰로서의 자기지시는 '법은 정의롭다'라는 진술로 표현될 수 있다. 그런데 작동상의 자기지시와 관찰상의 자기지시는 어긋날 수 있다. 그래서 '정의롭지 않은 법', '다소 정의로운 법' 같은 표현이 가능하다.

루만은 '우연성 공식'이 사회진화에서 변이 가능성의 증대와 더불어 마련된 것이라고 본다. "거부 가능성이 더 많이 허용될수록, 부정할 수 없는 것에 대한 필요"[51]가 더욱 절실해진다. 그래서 기능체계들이 독립분화할 때 각 기능이 단순한 가상이나 단순한 구성물에 불과한 것 아닌가라는 의심을 떨쳐 버릴 수 있게 만드는 공식이 생겨난다. 루만은 법에서는 '정의', 경제에서는 '희소성', 정치에서는 '정통성(Legitimität)', 과학에서는 '한정성(Limitaitonalität)'이 우연성 공식이라고 말한다. 이 우연성 공식 덕분에 아무리 급속한 변화가 일어난다 해도 법은 정의로워야 하고, 정부는 정통성을 가져야 하고, 지불은 희소한 것에 대해 이루어져

48_ 니클라스 루만, 『사회의 법』, 562면; N. Luhmann, *Das Recht der Gesellschaft*, p.424.
49_ 위의 책, 298면; N. Luhmann, Ibid., p.218.
50_ 위의 책, 299면; N. Luhmann, Ibid., p.218.
51_ 니클라스 루만, 『사회의 사회』, 549면.

야 하고, 진리는 한정된 범위와 시간 속에서 주장되어야 하고 등등의 원칙이 고수된다. 우연성 공식이란 이렇게 우연성을 제약하는 방식으로 우연성을 허용하는 공식이다. '정통성 없는 정부', '무제약적이며 공허한 진리' 등과 같은 비판의 여지를 제공하는 동시에, 그러한 비판이 기능 코드까지 무너뜨리지는 않게 해 주는 것이다.

Ⅴ. 법과 정치의 구조적 결합, 특히 헌법을 통한 역설 전개

법의 조건프로그램들의 변화에 의해 드러나는 역설을 감추고 옮겨 놓기 위해 생겨난 효력 공식, 절차화, 적법성 코드 등에 의해서도 법의 역설은 제거되지 않는다, 법의 효력이 어떻게 산출되는지를 규제하고 제약하는 규범들이 필요하지만, 우연성 공식인 정의는 이 효력을 직접 건드리지 못한다. 과거에 이런 규제 기능을 맡는 규범은 '자연법'이었다. 하지만 자연이 무슨 법을 정해 놓았는지가 논란이 되어 버린 현대의 다원주의적 조건 아래서 자연법은 더 이상 불변의 규범으로 기능할 수 없다. 누군가의 자연법적 합법이 다른 누군가의 자연법적 불법임이 폭로되는 시대에 이런 기능을 맡게 된 것이 바로 헌법(Verfassungsrecht)이다. 헌법은 입법부에 의해 변화될 수 없기 때문이다. "모든 법규범은 위헌이 될 수 있기"[52] 때문에, 헌법은 법의 변화하는 프로그램들 간의 효력 충돌을 지휘할 수 있다. 법의 역설을 비교적 안정된 형식인 합헌/위헌의 구별로 돌려 막을 수 있는 것이다.

그런데 헌법 역시 건국이나 국민투표와 같은 정치적 절차에 의해 제정된 것이다. 게다가 개헌도 가능하다. 그래서 헌법 역시 "초실정적 법(überpositives Recht)이 실정법으로서의 효력을 갖게 만든다"[53]는 역설로부터 자유롭지 못하다. 헌법국가 자체가 불법으로 지칭될 수도 있기 때문이다. 이 역설은 법체계 자체의 형식으로는 더 이상 풀어낼 수 없는 것이며 헌법이라는 텍스트가 최고 규범으로서 성공적으로 기능할 때만 은폐될 수 있다.

52_ 니클라스 루만, 『사회의 법』, 625면; N. Luhmann, Ibid., p.475.
53_ 위의 책, 755면; N. Luhmann, Ibid., p.576.

헌법을 고유한 역설 돌려막기 형식으로 삼는 것은 법체계만이 아니다. 고유한 코드와 내적 체계분화를 통해 역설을 전개하는 정치체계 역시 헌법을 탈역설화 형식으로 삼는다. 이는 헌법(Verfassung)이 법의 부분체계가 아닐 뿐더러 하나의 커뮤니케이션 체계 자체가 아니기 때문에 가능하다.

헌법은 법체계와 정치체계가 각각 고유한 자기생산 과정에서 동시에 이용할 수 있는 텍스트이다. 그래서 루만은 자율적인 "법과 정치의 결합은 헌법을 통해 규제"[54]된다고 말한다. 또한 "헌법은 법의 자기지시 문제를 위한 정치적 해결책과 정치의 자기지시 문제를 위한 법적 해결책을 마련해 준다."[55] 이 말은 결코 법과 정치가 헌법을 통해 융합된다는 것을 뜻하지 않는다. 여남 결합(coupling)이 여성과 남성을 하나로 통일하거나 융합하지 않듯이, 법과 정치의 구조적 결합도 마찬가지이다. 헌법국가(Verfassungsstaat)에 의해 두 체계의 결합 기능이 충족될 때 각 체계에서 헌법은 전혀 상이한 의미를 갖는다. 헌법은 법체계에서는 "최고 법률, 기본 법률"이지만, 정치체계에서는 "(상태를 변화시키는) 도구적 정치와 (상태를 변화시키지 않는) 상징적 정치라는 이중의 의미에서 정치의 도구"이다.[56] 이는 의미상 서로 모순되는 듯 보이지만, 각 체계가 작동상 닫혀 있기 때문에 가능하다. 헌법을 통한 구조적 결합은 오히려 각 체계의 역설을 은폐시켜 줌으로써 "자유 수준의 상승"과 "체계들 서로 간의 자극 압력에 채널을 열어 준다(이를 통해 압력을 상승시킨다)."[57]

모든 기능체계들은 법처럼 고유한 체계 형식과 코드 형식에 의해 생기는 역설을 돌려 막음으로써만 기능할 수 있다. 하지만 그 구체적인 양상과 복잡성의 수준에는 큰 차이가 있다. 여기서는 법과 정치의 관계가 중요하기 때문에, 정치체계가 어떻게 그 고유한 코드의 역설을 전개하는지 간단하게 살펴보고 넘어가겠다.

루만은 정치가 전담하는 기능을 "집단적으로 구속하는 결정을 위한 수용력 마련(das Bereithalten der Kapazität zu kollektiv bindendem Entscheiden)"[58]이라고

54_ 니클라스 루만, 『사회의 사회』, 896면.
55_ 니클라스 루만, 『사회의 법』, 629면; Ibid., p.478.
56_ 위의 책, 629면; Ibid., p.478.
57_ N. Luhmann, *Die Politik der Gesellschaft*, p.391.
58_ Ibid., p.84.

본다. 우연적인 '결정'이 후속 결정을 위한 전제가 되어 '구속성'을 갖는 것(구속하는 결정), 그리고 이런 결정을 결정한 자 자신을 포함해 모두를 구속하는 결정으로 만드는 것(집단적 구속), 더 나아가 이러한 결정이 재귀적 과정이 되어 다른 체계들도 정치에서 계속 결정들이 이루어질 것이라 기대하게 하는 것(수용력 마련)이 정치의 기능이다.59

사회의 기능체계인 정치는 권력이라는 매체를 사용한다. 권력을 말뜻 그대로에 비추어 코드화하면, "권력우세(Machtüberlegenheit)와 권력열세(Machtunterlegenheit)"의 차이가 된다.60 근세 이전에 지배적이었던 이러한 '협박권력'은 오직 권력의 행사(물리적 폭력)를 통해서만 코드의 두 개의 값이 뒤바뀌는 것을 막을 수 있었다. 공직자의 발명이라는 진화적 성취에 의해 권력 코드는 "공직 담당자와 공직에 복종하는 자" 혹은 "통치(Regierung)와 인민(Volk)"의 차이로 새롭게 정의된다.61 하지만 이를 통해서도 체계 내부에는 통치자와 피통치자 사이의 갈등이 허락되지 않는다. 따라서 갈등은 권력의 행사에 의해서만 해결될 수 있다. 따라서 권력은 이 단계에서는 아직 상징적으로 일반화된 커뮤니케이션 매체로서의 정치권력이 될 수 없다.

루만은 상징적으로 일반화된 커뮤니케이션 매체들이 신체의 유기체적 과정과 공생하는 메커니즘을 갖고 있다고 말한다. 예를 들어, 권력은 물리적 폭력과, 사랑은 섹슈얼리티와 공생한다. 그런데 루만은 여기서 공생 상징이 기능하기 위해서는 신체성의 부정이 중요하다고 말한다. 성관계를 미루는 것이 사랑을 가능하게 하듯이, 권력은 "법의 집행을 위한 경우를 빼고는 모든 물리적 폭력을 배제하는 것에 기초한다."62 현대의 정치권력은 물리적 폭력을 병영 안에 가두어 중립화하고 이것을 행사하지 않음으로써 상징적 일반성을 획득할 수 있다. 그래서 정치권력은 권력이 행사되는 순간 사라진다. 권력의 행사는 권력의 성공을 뜻하는 것이 아니라 좌절의 표현일 뿐이다.63

59_ Ibid., p.84-85. 루만의 기능 개념과 정치의 기능에 관한 더 상세한 설명은 서영조, "자기생산체계로서의 정치체계,"『사회와 철학』 제25집(2013), 279-286면.

60_ N. Luhmann, Ibid., p.91.

61_ N. Luhmann, Ibid., p.91.

62_ 니클라스 루만, 정성훈 외(옮김),『열정으로서의 사랑』(새물결, 2009), 49면.

63_ 서영조, "니클라스 루만의 정치체계론,"『한국시민윤리학회보』 제21집 1호(2008), 55-56

정치체계의 독립분화를 가능하게 한 민주주의는 정치권력의 재코드화, 즉 체계의 정점에 새로운 코드인 "통치(정당 차원에서는 '여당')/반대(Opposition, 정당 차원에서는 '야당')"가 마련됨으로써 이루어진다.[64] 이것은 반대파가 더 이상 무조건 복종해야 하는 것으로 설정되지 않는다는 것, 그리고 통치세력과 반대세력의 교체가 가능하다는 것을 뜻한다. 또한 갈등이 체계 안에서 허락되므로 갈등이 일어날 때 정치의 타자를 지시할 필요가 없다는 것을 뜻한다. 따라서 정치의 자기지시가 가능해진다. 물론 권력 역설의 이러한 전개는 앞서 법의 코드를 통한 역설 전개에서 보았듯이 야당이 '사로잡힌 반대항'이기 때문에 가능하다.[65]

정치는 선거 프로그램들을 통해 통치(여당)와 반대(야당)라는 두 개의 값을 할당한다. 그런데 이렇게 체계의 정점을 재코드화하는 것만으로는 집단적으로 구속하는 결정을 위한 수용력을 마련하기 어렵다. 첫째, 선거 때가 아니면 반대파에게는 결정의 구속력을 수용할 수 있는 동기유발이 이루어지지 않으며, 둘째, 통치와 반대라는 두 개의 정점으로부터 배제되어 있는 공중의 동기유발도 어렵기 때문이다. 통치가 구속하는 결정을 할 수 없는 역설을 정치는 그 내부에서 전개하기 위해 체계를 내적으로 분화시킨다. 정치는 체계의 "내적 분화를 통해 외부 환경과 독립적으로 결정할 수 있는 가능성"[66]을 마련하는 것이다. 내적 분화는 첫째, 공직 구조의 분화, 즉 정치와 행정의 분화를 통해 이루어진다. 둘째, 공직구조와 국가시민인 공중의 분화를 통해 이루어진다. 그 결과로 정치는 국가행정, 정당정치, 공중이라는 내적 분화를 이루어 '민주주의'라 불리는 형식을 완성한다.

하지만 이러한 내적 분화에 의해서도 결정은 집단적 구속력을 갖지 못할 수 있다. 공중의 여론이 입법부에 그대로 반영되는 것은 아니기 때문이다. 또한 행정부는 입법부의 결정들을 선택적으로 이행할 수 있기 때문이다. 분화된 체계들의 주요 조직들은 각각 그 환경에 대해 선택적으로 반응한다. 그렇다고 해서 말

면.

64_ N. Luhmann, *Die Politik der Gesellschaft*, p.97.

65_ 사회주의 운동의 역사에서 합법정당 건설 문제가 자주 쟁점이 되어 왔던 것도 바로 '사로잡힌 반대파'로 정치 안에서 기능할 것인가라는 선택의 맥락에서 이해할 수 있을 것이다.

66_ N. Luhmann, Ibid., p.114.

뜻 그대로의 민주주의인 인민에 의한 인민의 지배를 시도한다면, 권력의 여당/야당 코드는 무너지고 아무런 정치적 결정도 이루어질 수 없다.[67] 정치는 내적 분화를 통해 역설을 전개하면서도 작동상의 자율성을 유지하기 위해 법과의 구조적 결합을 필요로 한다. 선거, 입법, 행정 등에 관한 절차법과 정부조직법 등을 정치는 "정치적 목표 달성을 위한 도구"[68]로 요구한다. 그리고 이러한 구조적 결합을 가능하게 하는 헌법국가의 텍스트인 헌법을 정치의 도구로 이용한다. 내적 분화에 의해 완결되기 어려운 자기지시의 난점을 정치의 맥락 속에 재진입된 타자인 법과 헌법을 통해 풀어나가는 것이다.

VI. 법의 침식 혹은 법의 기능 약화에 대한 진단

이제까지 살펴보았듯이 법은 역설에도 불구하고, 오히려 역설을 돌려 막음으로써 기능한다. 끊임없이 역설을 탈역설화하는 체계들만이 스스로를 재생산할 수 있다. 그래서 루만은 "역설은 체계의 성전"[69]이라고 말한다. 그는 이 성전을 관리하는 핵심 조직을 '법원(法院)'이라고 본다. 현대화 과정에서 입법과 판결이 분화되면서 법원은 합법과 불법의 코드값 관리를 전담하게 되고, 판결 거부 금지 원칙이 확립되면서 법체계에서 제3의 값은 배제된다. 법원은 "법원에 제기된 모든 소에 대해 오로지 법적 근거에서 결정"을 내려야 하고 필요하다면 "확정 불가능한 것을 확정 가능한 것으로 전환"해야 한다.[70]

근래에 우리는 한국의 법원이 간혹 결정하지 않는 결정을 내리는 경우나 자기모순적으로 보이는 결정을 내리는 경우를 볼 수 있다. 예를 들어, 2009년 10월 29일 헌법재판소는 같은 해 7월 22일 국회의장이 신문법안 및 방송법안의 가결을 선포한 행위에 대해 적법한 절차를 거치지 않았다는 결정과 함께 이에 대한 국회의원들의 무효 확인 청구를 모두 기각하는 결정을 동시에 내렸다. 그리고

67_ 서영조, 앞의 글, 64-65면.

68_ N. Luhmann, *Die Politik der Gesellschaft*, p.392.

69_ 니클라스 루만, 『사회의 법』, 429면; N. Luhmann, *Das Recht der Gesellschaft*, p.320.

70_ 위의 책, 428면; N. Luhmann, Ibid., p.320.

2014년 9월 11일 서울중앙지방법원은 직원들에게 인터넷 댓글 작업을 지시했던 국가정보원장 원세훈에 대한 1심에서 정치 개입은 했지만 선거법 위반은 아니라는 결정을 내렸다. 물론 고등법원에서 이루어진 2심은 이를 뒤집었지만 1심에서 이루어진 결정은 법원에 대한 불신을 불러일으켰다. 이런 결정들은 외부로부터 법체계의 수많은 역설에 대한 폭로가 이루어지는 시대에 법의 역설을 관리해야 하는 조직들이 스스로 법의 역설을 드러낸 것이라고 평가할 수 있을 것이다.

그런데 법의 기능이 약화되는 경향은 한국에만 국한된 것이 아니라 20세기 말 이후 전 세계적 경향인 것으로 보인다. 루만은 『사회의 법』의 마지막 장에서 법의 '침식'[71] 추세를 진단한다. 법의 침식을 낳는 요인들로 그가 지적하는 것을 내 나름대로 요약해 보자면, 첫째, 세계사회가 공고화되는 과정에서 인지적 기대가 우위에 서게 된다는 점, 둘째, 경제와 과학이 주도하는 급속한 변화 추세 속에서 법이 시간화된 기대의 안정화를 더 이상 충족하기 어려워졌고, 그로 인해 법의 급속한 변화가 법에 고유한 위험부담(risk)을 산출한다는 점, 셋째, 개인적 자기결정 주장이 증가하고 있다는 점, 넷째, 인권의 역설이 인권법에 의해 펼쳐지지 못하고 있으며, 그렇게 된 주요한 원인은 포함과 배제라는 메타코드가 법을 침식하기 때문이라는 점 등이다.

이 네 가지 침식 요인들은 현대 사회가 그 진화의 과정에서 스스로 산출한 것으로서 서로 밀접하게 연관되어 있다. 여기서 내가 특히 주목하고자 하는 것은 네 번째 진단이다. 앞의 세 가지는 현대 사회를 하나의 '세계사회'로 보는 관점, 인격적 개인화를 기능적 분화의 귀결로 보는 관점 등 1970년대부터 이미 루만이 말해 왔던 사회진화 추세의 연장선상에서 이루어지는 진단이다. 반면에 네 번째 진단은 현대성 자체를 침식하는 현대성의 귀결, 즉 기능적 분화 형식 자체를 약화시키는 진화 추세에 대한 진단이다. 포괄적인 사회적 체계인 사회의 차원에서 인간에 대한 포함과 배제라는 구별이 뚜렷해지는 추세에 대한 진단은 『사회의 법』을 시작으로 하여 루만 인생의 말년인 1990년대 중반의 여러 저작과 논문에

71_ 루만은 세계사회 차원에서 강화되는 포함과 배제라는 메타코드가 법에 미치는 영향을 Unterminieren(undermine)과 Untergraben(파묻다)이라는 단어를 이용해 표현한다. 내용상으로 볼 때 나는 법의 코드가 미치는 영향력 범위를 메타코드가 잠식해 들어간다는 뜻을 갖는다고 보아서, '붕괴', '매장' 등의 표현 대신 '침식'이라는 번역어를 택했다.

서 본격적으로 다루어지고 있다. 그래서 앞의 세 가지를 상대적으로 간단하게 소개한 후 네 번째 진단을 집중적으로 다루겠다.

1. 세계사회의 공고화와 인지적 기대의 우위

루만은 세계사회가 공고화되면서 "인지적인 기대들, 즉 학습 능력 있는 기대들에 우위가 부여되는"[72] 것으로 보인다고 말한다. 법체계는 여전히 민족국가별 분절의 영향을 크게 받고 있다. 그에 반해 우리는 더 이상 국가별 과학이나 국가별 경제를 떠올리기 어렵다. 이렇게 급속도로 지구화되는 다른 기능체계들의 추세로 인해 기대들은 끊임없이 학습할 수 있는 방향으로 강화된다. 그래서 기업들의 해외 이전, 학문 인력의 해외 이동, 공교육 기피와 해외 유학의 증가 등등과 같은 상황들에 직면해, 민족국가의 법은 사실에 맞선 규범적 기대들을 안정화하는 기능을 수행하기 어렵게 되었다.

물론 국제법이 없는 것은 아니다. 하지만 세계경제나 세계학문이 국가의 경계와 무관하게 작동하는 데 반해, 세계법이 아닌 국제법은 국가들을 거쳐서만 효력을 갖는다. 그래서 법은 다른 기능체계들의 급속한 진화 혹은 복잡성 증가를 따라잡지 못하고 있다.

2. 법의 빠른 변화와 법 고유의 위험부담 증가

세계사회의 급변하는 현실은 규범적 기대들을 약화시키는 동시에 확실성을 요구하는 기대가 법에 더 강하게 의지하도록 만든다. 세계사회는 모든 정당성의 기원이 신, 자연, 우주질서, 섭리 등에 있는 것이 아니라 사회 자체에 있다는 것을 뚜렷하게 만들기 때문에, 사실에 맞서는 모든 기대들을 법으로 향하도록 만든다. 예를 들어, 이웃과의 다툼이 벌어졌을 때 사람들은 이제 목사나 동네 어른을 찾아가는 것이 아니라 고소장을 쓴다.

그런데 세계사회의 조건에서 끊임없이 새롭게 생겨나는 기대들을 안정화시

72_ 위의 책, 730면; N. Luhmann, Ibid., p.555.

키기 위해서는 법 또한 끊임없이 변할 수밖에 없다. 예를 들어, 기업들의 투자를 규제하는 법률은 경제 상황의 변화에 따라 자주 변할 수밖에 없다. 그런데 이런 경우에 역설적이게도 법률의 잦은 변화는 기업들의 장기 투자를 가로막는다. 기업들은 "자신이 신뢰하고 있는 법이 변경되는 경우를 대비하는 예비계산서까지도 작성"[73]해야 하는 상황에 처하기 때문이다. 그래서 갈등에 대비한 일반적 해결책을 제시함으로써 위험부담을 경감시켜야 하는 법이 법 고유의 위험부담을 낳게 된다. 미래가 결정들에 의존하는 위험부담으로 간주되는 사회가 될수록, 즉 위험사회가 될수록, 규범의 구조물이 갖는 시간적 불안정성은 높아진다. 그래서 법은 확실성을 보장할 수 없게 되며, "법체계에서 위험부담들은 법에 특수한 형식만 획득할 뿐"[74]이다.

3. 개인적 자기결정 주장의 증가

분절적 분화 형식이나 계층적 분화 형식은 개별 인간을 하나의 부분체계에만 자리 잡게 한다. 그래서 이런 분화 형식들이 우위에 있었던 사회들에서는 개인이 자기 정체성을 뚜렷이 밝힐 필요가 없었다. 소속 가문, 사는 지역, 종사하는 직업 등을 밝히는 것만으로도 충분하였다.

인간에게 다맥락적 관여를 요구하는 기능적 분화 형식은 개별 인간으로 하여금 특정한 기능체계와 자신의 정체성을 동일시하는 일을 어렵게 만든다. 경제인, 법률인, 학자, 교육자 등은 하나의 역할 규정일 뿐 개인의 정체성을 표현하지 못한다. 이로 인해 인간은 개인적 자기규정이라는 척도에 따라 살게 되며, 이러한 삶은 모든 법률에 대한 위반은 아니지만 어느 정도의 "법 위반을 삶에 필수적인 것"[75]으로 만든다. 탈세나 불법노동(Schwarzarbeit)은 상당히 정상적이라고 할 정도로 폭넓게 이루어진다. 루만은 특히 세계사회의 주변부 지역들에서 법 위반은 개인의 생존을 위한 필수적인 조건임을 지적한다. 그는 태국의 투표 매수, 남부 이탈리아의 밀수 등이 엄격하게 처벌된다면 그 지역사회 자체가 붕괴될 정도

73_ 위의 책, 735면; N. Luhmann, Ibid., p.560.
74_ 위의 책, 738면; N. Luhmann, Ibid., p.561.
75_ 위의 책, 746면; N. Luhmann, Ibid., p.568.

라고 진단하는 경험적 연구 사례들을 제시한다. 그 정도는 아니지만, 한국에서도 자영업자들의 탈세, 택시 운전사들의 과속과 신호위반 등은 생계를 유지하기 위한 정상적인 행위로 간주된다.

4. 인권 역설의 세 번째 탈역설화 형식, 그리고 포함과 배제라는 메타코드에 의한 법코드의 침식

앞서 말한 법의 세 가지 침식 추세는 이 네 번째 추세에 의해 결정적으로 강화된다. 규범적 기대들의 안정성이 더 보장되기 어려운 지역들, 법이 오히려 위험부담을 증가시키는 지역들, 공공연한 법 위반이 개인들의 생존 조건이 되는 지역들은 대체로 총체적으로 배제되는 자들이 급속하게 증가하는 지역들이기 때문이다.

루만에 따르면, 인권은 기능적으로 분화된 현대 사회가 그 구조로 인해 미래에 열려 있어야 한다는 필요에 따른 것, 따라서 "현대 사회의 구조적 명령"이며, "누가 무슨 말을 해야 하는지 또는 누가 어떠한 기여를 해야 하는지에 대해 미리부터 말할 수 없다"는 상황에 따른 명령이다.[76] 그래서 인권은 사회의 환경에 있는 모든 인간들을 사회적 인격들로 포함하라고 명령한다. 그리고 이 명령은 자유와 평등의 이념과 동떨어질 수 없는 것이다.[77] 따라서 인권의 역설을 탈역설화하는 일이 만약 더 이상 법을 통해 이루어지지 않는다면, 그리고 인권 커뮤니케이션이 오히려 갈등을 부추기는 온상이 된다면, 이것은 사회의 면역체계로서의 법의 침식에 대한 강한 징후라고 말할 수 있다.

법과 마찬가지로 인권도 반인권 또는 인권침해와의 구별을 이용하는 커뮤니케이션의 형식이다. 따라서 어떤 일을 인권보장에 할당할지 아니면 인권침해에 할당할지를 인권 스스로 결정할 수 없으며, 인권이 반인권적이라는 주장으로부터 나오는 역설로부터 자유롭지 않다. 그래서 유태인 문제에 관한 글에서 프랑스 혁명의 인권 선언을 이기적인 부르주아들의 권리일 뿐이라고 비판했던 마르크스

76_ 위의 책, 162-163면; N. Luhmann, Ibid., pp.115-116.

77_ 루만의 인권이론에 대한 더 자세한 설명은 정성훈, "형이상학 이후의 인권이론 모색 - 루만과 하버마스로부터,"『고려법학』 제58호(2010), 126-138면.

나 오늘날 문화적 특수성을 강조하면서 등장하고 있는 인권상대주의 담론은 이러한 역설을 부분적으로 드러낸 것이라 볼 수 있다.

루만은 보편적 인권이 16세기에 사회계약론을 통해 등장했다고 말한다. 계약론은 자연법으로부터 자연권이라는 표현을 빌려 오지만, "계약의 효력은 계약 속에서 자연권을 포기한다는 점에 기초"[78]하기에 자연법의 역설을 드러내는 학설이다. 18세기 말의 역사의식 성장을 통해 계약이 전제로 하는 자연 상태의 허구성이 드러나고 계약의 효력에 대한 의문이 제기되면서 계약론은 설득력을 잃는다.

이런 상황에 대한 해결책은 국가에 앞서 미리 주어져 있는 개인의 권리를 미국의 권리장전, 프랑스의 인권 선언과 같은 초실정적 법으로 성문화하는 것이었다. 초실정적 법이 국가의 실정법으로 효력을 갖는다는 역설은 법률과 구별되는 헌법을 통해, 그리고 초국가적 효력을 갖는 것으로 설정된 국제인권법을 통해 은폐된다. 우리가 기본권이라고 부르는 헌법적 권리는 바로 이런 식의 탈역설화를 통해 효력을 갖게 된 것이다.

그런데 이 두 번째 탈역설화 형식은 20세기 말의 세계사회에서 더 이상 유지되지 않는다. 그 이유를 루만은 인권법의 인플레이션으로 인한 기능 상실과 인권법이 세계사회에서 아무런 기능도 발휘하지 못함을 드러내는 사건들의 가시화에서 찾는다. 20세기에 유럽에 있는 복지국가들에서는 인권의 목록이 엄청나게 증가했다. 인권은 방어권에서 부양받을 권리(Versorgungsrechte)로 확장된다. 그런데 너무 많은 일들을 인권침해로 규정하게 되는 이런 "인플레이션은 상징적 매체의 가치를 파괴"[79]하며, 인권법의 효력을 의문스럽게 만든다. 그리고 이런 상황에서 '인간존엄성 훼손'이라 불릴 수 있는 학살, 고문, 인종청소 등 너무도 명백한 인권침해 사건들이 전 지구적 대중매체와 세계학문을 통해 가시화되면서 세 번째 탈역설화 형식이 등장하게 된다.

루만이 20세기 말에 등장하고 있다고 본 인권의 세 번째 탈역설화 형식은 "명백하고 현저한 전 세계적 인권침해들로"[80] 주목지점이 옮겨 가는 것이다. 즉

78_ 니클라스 루만, 『사회의 법』, 754면; N. Luhmann, *Das Recht der Gesellschaft*, p.575.

79_ 위의 책, 758면; N. Luhmann, Ibid., p.578.

80_ 위의 책, 759면; N. Luhmann, Ibid., p.579.

누구라도 경악스러워 할 만한 부정적 사건들을 통해 인권과 반인권의 구별이 유지되는 것이다. 우리는 인권법의 기능에 별로 의존하지 않는 이 탈역설화 형식의 확산을 쉽게 확인할 수 있다. 인권의 정치, 인도주의적 개입, 윤리적 전쟁 등의 등장은 이 세 번째 탈역설화 형식과 깊은 관련이 있다. 명백한 인권침해(인종청소)를 저지하기 위한 개입, 명백한 인권침해 가능성(테러 위협)을 예방하기 위한 전쟁 등은 심지어 국제법을 위반하는 경우에도 이 형식을 통해 정당화되고 있다. 그리고 이 형식에 의해 인권의 정치화뿐 아니라 전 지구적인 인권 사회운동도 활성화되고 있다. 비정부기구들에 의한 전 지구적 인권 감시 활동의 활성화, 저항운동에서 인권운동의 역할 증대, 주변부 지역에 대한 사회적 원조의 증가 등도 역시 이 세 번째 탈역설화 형식의 등장에 대한 반응이라고 볼 수 있다.

루만은 이 세 번째 탈역설화 형식이 주도적인 것이 되어 가면서 인권법의 기능이 쉽게 회복되지 않고 있다고 진단한다. 그는 미국 대법원이 국제법을 위반하는 납치를 허용한 판결 등의 사례를 언급한 후, "헌법을 통한 정치체계와 법체계의 구조적 결합은 세계사회 차원에서는 그에 상응하는 어떤 것도 갖지 못한다"[81]고 평가한다. 그리고 그에 상응하는 것의 발전이 어려운 이유를 세계사회의 현저한 지역적 격차에서 찾는다. 기능적 분화 형식이 지역 차원에서 정착된 곳은 일부일 뿐이며, 주민의 상당수가 대부분의 기능체계들로부터 배제되는 지역들이 많다. 그리고 지역경제, 지역과학 등이 불가능해지면서 이런 지역들에서는 민족적 현대화에 대한 기대 자체도 약화되고 있다.

루만은 세계사회의 현저한 불평등을 낳은 것이 "기능적 분화를 통해 산출되긴 하지만 결과적으로 기능적 분화와 양립할 수 없으며 기능적 분화를 침식하는 차이인 포함과 배제의 첨예한 차이"[82]라고 말한다. 물론 루만은 포함과 배제의 차이가 첨예해지는 상황에서 어떤 법도 없다고 말할 수는 없다고 말한다. 법은 여전히 법과 불법의 코드를 이용하면서 규범적으로 닫힌 채 작동한다. 그래서 루만은 포함과 배제의 차이가 "다른 모든 코드들을 부속화하는 일종의 메타코드로 쓰인다"고 말한다. 『사회의 사회』에서는 '메타코드' 대신 '슈퍼코드'라고 표현하기도 한다. 다른 모든 코드들을 압도하는 코드, 따라서 법 질서도 침식하는 코드

81_ 위의 책, 762-763면; N. Luhmann, Ibid., p.582.

82_ 위의 책, 763면; N. Luhmann, Ibid., p.582.

인 포함/배제 차이는 법의 코드를 없애지는 않으며, 기능적 분화를 철회하지도 않는다. 메타코드는 기본적으로 분화된 코드들의 질서로부터 산출되는 것이기 때문이다. 즉 보편적 포함의 명령을 이행할 중심과 정점이 없는 다맥락적 사회의 산물이기 때문이다.[83]

이러한 법의 침식 상황을 루만은 배제의 영역과 포함의 영역에서 동시에 고찰한다. 주소지가 없는 자는 아이를 학교에 보낼 수 없고, 증명서가 없는 자는 결혼할 수 없고, 어떤 사회적 급부도 신청할 수 없다. 이런 식으로 여러 기능체계들로부터 연쇄적으로 배제된 자는 법을 지킬 동기를 가질 수 없다. "고도로 통합된 배제 영역에서는 자신의 신체에 대한 통제 이외에는 아무것도 잃어버릴 것이 없"기 때문이다.[84]

법을 지킬 동기가 줄어드는 일은 포함 영역의 일부에서도 나타난다. 루만은 배제 영역이 고도로 통합되어 있는 반면, 포함 영역은 느슨하게 통합되어 있다고 본다. 한 기능체계로부터의 완전한 배제가 다른 배제들로 이어지는 반면, 포함의 경우에는 이러한 연쇄 효과가 적기 때문이다. 그래서 포함 영역의 경우에는 돈이 많다고 해서 진리를 바꿀 수 없으며, 많이 안다고 해서 권력을 잡을 수 없다. 이렇듯 느슨하게 통합된 포함 영역에 안정적으로 자리 잡은 인격들의 경우에, 위법행위의 결과가 다른 기능체계들로의 포함에 별 지장을 초래하지 않는다. 예를 들어, 선거법 위반자가 대통령이 되는 일, 횡령죄로 복역한 후 출소한 자가 최고경영자 자리를 유지하는 일 등등이 가능하다. 특히 배제의 위협이 절박한 지역에서는 목적 지향이 강한 정치나 경제에서 다수 인간의 포함을 약속하는 인격들이 저지른 위법에 대해 별 문제를 삼지 않는다. 그리고 목적 지향이 강한 기능체계들이 급속히 지구화되는 반면, 법체계는 국가별로 분할되어 있기에, 포함 영역의 범법자가 해외로 옮겨 국적 없이도 살아가는 일이 가능하다.

이렇듯 법인가 불법인가라는 기준보다 포함인가 배제인가라는 기준을 우위에 두는 커뮤니케이션들의 우세는 법체계를 침식시킨다. 루만은 이런 추세가 쉽게 바뀌기 어렵다는 다소 비관적인 진단을 내린다. 법이 면역체계로 기능하는 사

83_ 포함과 배제의 차이에 관한 더 자세한 설명은 정성훈, "루만의 사회이론에서 포함과 배제," 『도시 인간 인권』(라움, 2013), 83-128면.

84_ 니클라스 루만, 『사회의 법』, 766면; N. Luhmann, *Das Recht der Gesellschaft*, p.585.

회구조인 기능적 분화 형식을 하나의 진화적 성취로 간주하는 루만은 다음과 같이 말하면서 『사회의 법』을 끝맺는다.

"우리는 당대의 기능체계들 중 구조적 비중이 높은 지배적 체계가 오늘날 우리가 보는 것처럼 그렇게 오래 머물러 있으리라 가정할 수 없다 …(중략)… 법체계가 현재 누리고 있는 우월함과 사회 자체 및 사회 내의 대다수 기능체계들이 법 코드의 원활한 기능에 의지한다는 사실마저도 세계사회의 진화 과정에서 얼마든지 약화될 수 있는, 유럽 특유의 비정상성에 불과한 것으로 볼 가능성도 얼마든지 있다."[85]

VII. 결 론

루만의 법이론은 법을 통해 사회 정의를 실현할 수 있다고 믿는 법률가의 신념이나 법이 자연이나 이성과 같이 법 외부에 보편적 토대를 갖고 있다고 여기는 법학자의 견해가 근거 없는 것임을 폭로한다. 그럼에도 루만의 법이론은 법 내부의 관찰자들이 그런 신념이나 견해를 유지하기 위해 어떻게 역설을 관리해야 하는지를 알려준다. 한 명의 법률가는 재판 과정의 커뮤니케이션 맥락과 법에 대해 비평하는 커뮤니케이션 맥락에서 서로 다른 관점을 가질 수 있다. 루만의 법이론은 이 두 관점의 차이를 잘 설명해주는 이론이다. 또한 루만의 법이론은 오늘날 법체계가 처해 있는 상황을 냉철하게 진단한다. 그는 '위기', '비판' 등의 표현을 잘 쓰지 않지만, 그의 법이론에 대한 이차 관찰자는 루만의 진단으로부터 현대성의 위기와 그에 대한 비판의 기획을 구상해볼 수 있다. 최근 독일에서 활발하게 논의되고 있는 '비판적 체계이론(kritische Systemtheorie)'이 이러한 기획에 속한다.

이 글은 루만의 법이론을 소개하면서 그 완성작이라고 간주할 수 있는 『사회의 법』에만 의존했다. 사회학자가 되기 이전에 법률가였던 루만이 초기부터 꾸준히 법사회학 저서들과 논문들을 발표했다는 점을 고려하면, 이 글은 매우 협

85_ 위의 책, 767면; N. Luhmann, Ibid., pp.585-586.

소하게 루만의 법이론을 소개한 셈이다. 이러한 한계는 무엇보다도 법학을 전공하지 않은 나의 실력상의 한계와 절대적 연구량의 부족으로 인한 것이다. 그럼에도 이 글의 이러한 약점은 장점이 될 수도 있다. 루만 사회이론의 완성기 개념들을 기초로 그의 법이론의 핵심을 전달하는 데는 『사회의 사회』와 『사회의 법』에 의존하는 것이 적절하기 때문이다.

이후에 다시 루만의 법이론에 관해 글을 쓸 기회를 갖게 된다면, 그의 법사회학의 변천 과정에 관한 연구, 그리고 비판적 체계이론 진영에서 루만의 법이론이 어떻게 활용되고 재해석되고 있는가에 관한 연구를 시도해 볼 수 있을 것이다. 어쨌거나 지금 내가 루만의 법이론에 관해 잘 소개할 수 있는 것은 여기까지이다.

토이브너의 법사회학*

양천수**

Ⅰ. 서 론

독일의 법사회학자 군터 토이브너(Gunther Teubner)는 루만(Niklas Luhmann)의 체계이론(Systemtheorie)을 본격적으로 법학에 수용한 대표적인 학자로 이름이 나있다. 심지어 토이브너의 주저인 『자기생산적 체계로서 법』(Recht als autopoietisches System)은 루만이 저술한 『사회의 법』(Das Recht der Gesellschaft)보다 먼저 세상에 나오기도 하였다. 그러나 토이브너의 법사회학이 체계이론적 법사회학에만 머문 것은 아니다. 토이브너는 이를 넘어서 초국가적 법다원주의, 레짐이론, 새로운 헌법 및 기본권이론, 새로운 법진화론을 수용하여 자신만의 법사회학 이론을 구축하였다. 이 점에서 토이브너를 현대 독일의 가장 영향력 있는 법사회학자 가운데 한 명으로 꼽아도 손색이 없다고 말할 수 있다. 이러한 이유

* 이 글은 필자가 이미 공간한 논문 "1980년대 이후 전개된 독일 법사회학의 현황: 토이브너의 이론을 중심으로 하여," 『법과 사회』 제30호(2006.6), 117-140면과 "절차주의적 인권구상의 이론적 기초: 하버마스와 토이브너의 이론을 중심으로 하여," 『인권이론과 실천』 제7호(2010.6), 37-73면의 내용을 바탕으로 하여 이를 대폭 수정 및 보완한 것이다.

** 영남대학교 법학전문대학원 교수, 법학박사.

에서 아래에서는 현대 법사회학의 흐름을 보여준다는 측면에서 토이브너의 법사회학이 어떤 모습을 갖고 있는지를 소개하고자 한다.[1]

II. 토이브너 법사회학의 시대적 배경

토이브너의 법사회학을 본격적으로 소개하기에 앞서, 토이브너 법사회학의 시대적 배경이 되었던 1980년 이후의 정치적 · 사회적 · 학문적 상황에 대해 간략하게 살펴보도록 한다.

1. 법제화 논쟁

가장 먼저 '법제화 논쟁'을 거론할 수 있다. 독일 법사회학에서는 1970년대 말부터 1980년대 초 · 중반에 걸쳐, 시기적으로 보면 헬무트 슈미트(H. Schmidt)의 사회민주당 정권을 거쳐 헬무트 콜(H. Kohl)을 수반으로 하는 기민 · 기사련 정권이 출범하던 즈음, 이른바 법제화 논쟁이 격렬하게 전개되었다. 이 논쟁에서

1_ 토이브너의 이론을 소개하는 국내연구로는 양건, 『법사회학』(아르케, 2000); 이상돈 · 홍성수, 『법사회학』(박영사, 2000); 양천수, "1980년대 이후 전개된 독일 법사회학의 현황: 토이브너의 이론을 중심으로 하여," 『법과 사회』 제30호(2006.6), 117-140면; 양천수, "인권법체계의 자기생산적 구조: 법사회학의 측면에서 접근한 시론," 『법학연구』(부산대) 제48권 제2호(2008.2), 33-58면; 양천수, "초국가적 법다원주의: 개념적 차원과 규범적 차원을 중심으로 하여," 『법철학연구』 제11권 제2호(2008.12), 391-426면; 양천수, "현대 사회에서 법적 관할영역의 경쟁과 융합: 민법과 경제법의 경쟁과 융합을 예로 본 법철학적 고찰," 『법철학연구』 제12권 제2호(2009.12), 227-262면; 홍성수, "인간이 없는 인권이론?: 루만의 체계이론과 인권," 『법철학연구』 제13권 제3호(2010.12), 243-272면; 양천수, "새로운 법진화론의 가능성," 『법철학연구』 제15권 제2호(2012.8), 163-202면; 이계일, "주권론의 위협상황과 국민주권론의 재구성가능성에 대한 고찰: 이 시대 주권론은 가능한가? 가능하다면 어떠한 조건하에서?," 『법철학연구』 제16권 제1호(2013.4), 233-290면; 양천수, "인권경영을 둘러싼 이론적 쟁점," 『법철학연구』제17권 제1호(2014.4), 159-188면; 양천수, "오늘날 우리에게 필요한 주권 개념 모색: 결단과 토론 사이에 선 주권 개념," 『법과 사회』 제46호(2014.6), 67-106면; 김연식, "토이브너의 헌법 다원주의의 관점에서 본 경제 영역에서 국가의 역할: 헌법 제119조 제2항의 '경제의 민주화'와 관련하여," 『법과 사회』 제46호(2014.6), 327-372면 등 참고.

가장 중심을 차지했던 주제는, 도대체 법이 사회문제를 해결하고 조종하는 데 긍정적이며 생산적인 역할을 할 수 있는가 하는 점이었다. 이 논쟁은 무엇보다도 사회국가적 법제화를 통해 많은 법률이 제정되었는데,[2] 이러한 다수의 법률들이 제 기능을 수행하지 못하고 있었다는 점에서 기인한다(이른바 '정부의 실패'). 그 당시 독일 정부는 자유주의적 법모델이 안고 있는 문제점을 해결하고 보완하고자 사회국가를 표방하면서 사회국가적 법정책을 추진하였지만, 이러한 사회국가적 법정책 역시 위기에 처하게 된 것이다. 하버마스(J. Habermas)가 언급한 "생활세계의 식민지화"(Kolonialisierung der Lebenswelt)나 토이브너가 주장한 "조종의 트릴레마"(regulatorisches Trilemma)는 사회국가적 법제화가 지닌 구조적인 모순을 잘 예증한다. 이러한 이유에서 각종 사회적 문제를 해결하기 위한 수단으로서 사회국가적 법제화를 계속해서 추진하는 것이 과연 타당한지, 만약 이러한 법제화가 필연적으로 모순에 빠질 수밖에 없다면 그 해결책은 무엇인지 논쟁이 진행되었다.

2. 절차주의

법제화 논쟁과 병행하여 등장한 절차주의는 사회국가적 법제화, 더 나아가 법제화 자체가 안고 있는 구조적인 문제를 해결하기 위한 새로운 법 패러다임으로 등장하였다. 여기서 절차주의, 달리 말해 절차주의적 법모델이란 '절차적 정의론' 혹은 '절차적 합리성'과 관련을 맺는 것으로서, 법의 이념(정의)이나 목적 또는 법적 규제의 방식이 형식적 또는 실질적으로 미리 전제되어 있다고 파악하지 않고, 오히려 이러한 법의 이념이나 목적 혹은 법적 규제방식은 일정한 절차를 통해 비로소 규정되고 구체화된다고 보는 이론들을 총체적으로 지칭한다.[3] 이러한 절차주의적 법모델은 〈형식법 ⇨ 실질법 ⇨ 절차주의적 법〉 또는 〈자유주의적 법모델 ⇨ 사회국가적 법모델 ⇨ 절차주의적 법모델〉이라고 하는 '삼단계 모델'

2_ 이에 관해서는 G. Teubner, 이상돈(옮김), 『법제화 이론』(한국법제연구원, 2004), 14-16면.

3_ 절차주의 법모델을 소개하고 있는 국내 문헌으로 이상돈 · 홍성수, 『법사회학』(박영사, 2000), 39면 아래 참고.

과 깊은 연관을 맺는 것으로서,[4] 흔히 자유주의적 법모델과 사회국가적 법모델 사이에 존재하는 딜레마(또는 패러독스)를 해소하기 위한 대안으로 등장하였다.

이러한 절차주의적 법모델은 독일의 사회학자 루만(N. Luhmann)이 1969년에 출간한 『절차를 통한 정당화』(Legitimation durch Verfahren)에서 촉발된 것으로서,[5] 독일의 민사법학자이자 법사회학자인 비트횔터(R. Wiethölter)가 본격적으로 제시하기 시작하였다.[6] 이후 각기 다양한 이론들이 '법의 절차주의화'라는 범주 아래 등장하였는데, 이는 다음과 같이 유형화할 수 있다. 기본적으로 '참여자 관점'에 바탕을 둔 대화이론적 절차주의와 '관찰자 관점'에 바탕을 둔 체계이론적 절차주의 그리고 이러한 두 절차주의의 중간에 놓인 절차주의적 법이론이 바로 그것이다.[7] 첫 번째 유형으로서 하버마스가 제안한 법의 대화이론(Diskurstheorie des Rechts)을, 두 번째 유형으로서 루만의 체계이론을 그리고 마지막 유형으로서 비트횔터의 절차주의적 법이론과 토이브너의 '반성적 법이론' 및 클라우스 에더(K. Eder)의 '절차적 합리성' 이론을 꼽을 수 있다.[8] 그런데 마지막 유형에 대해서는 다시 구별해야 할 점이 없지 않다. 가령 비트횔터의 절차주의적 법이론은 비

4_ 클라우스 귄터(K. Günther)의 이해에 따르면, 이 '삼단계 모델'은 막스 베버(M. Weber)로 거슬러 올라간다. K. Günther, "Der Wandel der Staatsaufgaben und die Krise des regulativen Rechts," in: D. Grimm (Hrsg.), *Wachsende Staatsaufgaben - sinkende Steuerungsfähigkeit des Rechts* (Baden-Baden, 1990), 51면.

5_ 그러나 루만 자신은 1993년에 출간한 법이론서 『사회의 법』(Das Recht der Gesellschaft)에서 자신의 저서인 『절차를 통한 정당화』는 '법의 절차주의화 테제'를 다룬 것이 아니었다고 분명하게 말하기도 하였다. N. Luhmann, *Das Recht der Gesellschaft* (Frankfurt/M., 1993), 332면 각주 (73) 참고.

6_ 이에 관해서는 무엇보다도 A. Fischer-Lescano/G. Teubner, "Prozedurale Rechtstheorie: Wiethölter," in: Buckel/Christensen/Fischer-Lescano (Hrsg.), *Neue Theorien des Rechts* (Stuttgart, 2006), 79면 아래 참고.

7_ '참여자 관점'과 '관찰자 관점'에 관해서는 양천수, "법 영역에서 바라본 참여자 관점과 관찰자 관점," 『안암법학』 제23호(2006.11), 89-120면 참고.

8_ 물론 이는 학자에 따라서는 달리 유형화될 수 있다. 가령 독일의 형법학자 프랑크 잘리거(F. Saliger)는 절차주의를 '법사회학적-법이론적 절차주의'와 '도덕철학적-법철학적 절차주의'로 구분하면서, 전자의 경우로 비트횔터와 토이브너, 에더 그리고 칼 하인츠 라되(K. H. Ladeur)를, 후자의 경우로서 하버마스를 언급한다. F. Saliger, "Grundrechtsschutz durch Verfahren und Sterbehilfe," in: L. Schulz (Hrsg.), *Verantwortung zwischen materialer und prozeduraler Zurechnung* (Stuttgart, 2000), 107-121면 참고.

판이론(kritische Theorie)의 관점에서 등장한 것이고, 토이브너의 반성적 법이론은 기본적으로 루만의 체계이론(Systemtheorie)에 바탕을 둔 것이면서도 다른 한편으로는 하버마스의 대화이론을 부분적으로 수용한 것이기도 하다.[9] 마지막으로 에더의 절차적 합리성 이론도 토이브너의 이론과 마찬가지로 하버마스와 루만의 관점을 절충적으로 지향하고자 한 시도로 이해할 수 있다.[10]

3. 위험사회

법제화 논쟁과 절차주의의 흐름이 절정에 이른 시점과 맞물려 새로운 화두가 독일 지성계에 등장한다. '위험사회'(Risikogesellschaft) 테제가 바로 그것이다. 독일의 사회학자 울리히 벡(U. Beck)이 1986년에 공간한 『위험사회』에서 기원하는 위험사회 논의는 이후 법영역에 스며들어 풍성한 성과를 낳는다. 물론 위험사회 테제는 필자의 시각에서 보면 법사회학과 같은 기초법학의 영역보다는 형법(정책)의 영역에서 더욱 많은 논의와 성과를 불러일으켰다. 1990년대 초반에 출간된 두 편의 교수자격 취득논문(Habilitationsschrift), 즉 형법학자인 프리트비츠(C. Prittwitz)의 『형법과 위험』(Strafrecht und Risiko)(1993) 그리고 펠릭스 헤어촉(Felix Herzog)의 『사회적 불안과 형법을 통한 생존배려』(Gesellschaftliche Unsicherheit und strafrechtliche Daseinsvorsorge)(1991)가 이를 잘 보여준다. 전통적인 '위해'(Gefahr)와 구별되는 현대적인 '위험'(Risiko)은 현대사회가 구조적으로 낳은 필연적인 산물이라는 점을 핵심테제로 하는 위험사회론은, 형법학에서 새롭게 '위험형법'(Risikostrafrecht)이라는 영역이 등장하는 데 기여하였다. 물론 이러한 위험형법이 과연 바람직한 것인지, 달리 말해 거대 위험을 과연 형법으로써 조종하고 규율할 수 있는지에 대해서는 형법학에서 많은 논란이 전개되었다.[11] 이 외에 위

9_ 아마도 이러한 근거에서 독일의 법철학자 노이만(U. Neumann)은 토이브너의 이론이 한편으로는 루만의 체계이론을 그리고 다른 한편으로 하버마스의 대화이론적인 요소를 담고 있다고 이해한다. U. Neumann, "Rechtsphilosophie in Deutschland seit 1945," in: D. Simon (Hrsg.), *Rechtswissenschaft in der Bonner Republik* (Frankfurt/M., 1994), 187면.

10_ 이 점을 분명하게 보여주는 K. Eder, "Prozedurale Rationalität. Moderne Rechtsentwicklung jenseits von formaler Rationalisierung," in: *Zeitschrift für die Rechtssoziologie* (1986), 22면 아래.

험사회론은 다른 법영역, 무엇보다도 공법학에 많은 영향을 미치기도 하였다.

4. 독일의 재통일

1980년대 말과 90년대 초반을 전후로 하여 동구 유럽과 러시아는 대격변을 마주하였다. 그 이전까지 국가와 사회의 총체적 틀을 제공해 왔던 공산주의가 몰락하고, 대신 자본주의가 새로운 이념적 기반으로 자리 잡게 된 것이다("역사의 종언"). 이는 동독지역에서도 마찬가지로 이루어졌고, 그 결과 독일은 1990년 10월 3일에 역사적인 '재통일'을 성취할 수 있었다. 그런데 이 '재통일'이라는 사건은 독일 법학계에 중대한 연구 과제를 던져주었는데, 이는 기초법학에서도 마찬가지였다. 독일 통일을 맞아, 동독지역을 새롭게 재건하기 위해 가령 법사회학과 같은 기초법학도 동독지역 연구에 몰두하게 된 것이다.[12] 다만 이때 진행된 연구는 필자의 시각에서 보면 이론적인 것이라기보다는 경험적이고 지역적인 성격을 보이는 경우가 많았다.

5. 법의 세계화와 다원화

마지막으로 언급할 수 있는 현상으로 최근까지 유효하게 진행되고 있는 법의 세계화와 다원화에 대한 연구를 꼽을 수 있다. 1990년대 이후 점차 본격화되고 있는 세계화 현상 그리고 이에 부응하여 적극적으로 진행되고 있는 유럽 통합에 발맞추어, 독일 학계에서도 새롭게 '유럽법의 통일화', '법의 세계화'에 관한 논의가 활발하게 전개되기 시작하였다.[13] 무엇보다도 법의 세계화와 통일화를 이론적으로 뒷받침할 수 있는 이론적 기초를 찾으려는 논의가 진행되었다. 그러나

11_ 이에 대한 대표적인 논의로서 W. Hassemer, 배종대 · 이상돈(편역), 『형법정책』(세창출판사, 1998) 참고.

12_ 이를 지적하는 G. Bender, "Rechtssoziologie in der alten Bundesrepublik. Prozesse, Kontexte, Zäsuren," in: D. Simon (Hrsg.), *Rechtswissenschaft in der Bonner Republik* (Frankfurt/M., 1994), 101면.

13_ 이 점은 단순히 법사회학과 같은 기초법학에서만 진행되는 것이 아니라 민사법, 형사법, 공법 영역에서도 활발하게 이루어지고 있다.

이와 동시에 법의 세계화는 이와 모순되는 '다원주의화' 현상을 낳기도 하였다. 특히 군터 토이브너는 국가가 주도한 국가실정법의 테두리를 넘어서는 독자적인 다원주의적 법이론, 즉 '초국가적 법다원주의'(transnationaler Rechtspluralismus)를 제창하고,[14] 이에 발맞추어 심지어는 국가를 전제로 하지 않는 '민사헌법구상'(Konzeption der Zivilverfassung ohne Staat)을 제시하기도 하였다.

Ⅲ. 토이브너의 체계이론적 법사회학

1. 개 관

1980년대 이후 전개된 독일 법사회학을 논하기 위해서는 필연적으로 토이브너의 법사회학을 언급해야 할 필요가 있다. 왜냐하면 1980년대 이후 토이브너는 비록 독일 대학이 아닌 다른 대학에 적을 담고 있었지만 독일 법사회학의 중심적인 자리에, 특히 법제화 논쟁의 중심적인 자리에 서 있었기 때문이다.[15]

토이브너는 니클라스 루만의 체계이론을 법학에 수용한 학자로 이름이 높다. 토이브너는 그의 학문 활동 초기부터 루만에 관심을 기울이고 있었다. 예를 들어, 토이브너는 1975년 『법이론』(Rechtstheorie) 잡지에 루만의 초기 체계이론적 법이론을 법도그마틱에 수용하는 작업을 모색하였다.[16] 그러나 토이브너가 본격적으로 루만의 체계이론을 법학에 수용하여 성과를 내기 시작한 것은, 루만이 패러다임 전환을 한 1980년대 이후부터였다. 1982년 『법철학 사회철학 논총』(ARSP)에 "반성적 법"(reflexives Recht)을, 1984년 법제화의 문제를 다룬 "조종의

14_ 이를 소개하는 양천수, "초국가적 법다원주의: 개념적 차원과 규범적 차원을 중심으로 하여," 『법철학연구』 제11권 제2호(2008.12), 391-426면 참고.

15_ 토이브너는 1980년대의 대부분을 이탈리아 피렌체에 자리한 유럽통합대학에서 그리고 1990년대 초·중반을 영국 런던에 있는 런던 정경대(LSE)에서 교수 생활을 하였다. 토이브너가 다시 독일 대학으로 돌아온 것은, 1998년 독일 프랑크푸르트대학교 법과대학에 루돌프 비트횔터의 후임으로 취임한 이후부터이다.

16_ 이를 보여 주는 G. Teubner, "Folgenkontrolle und responsive Dogmatik," in: *Rechtstheorie* (1975), 179면 아래 참고.

트릴레마"(regulatorisches Trilemma)를 또한 같은 해 사회학자인 헬무트 빌케(H. Willke)와 함께 『법사회학 잡지』(Zeitschrift für die Rechtssoziologie)에 "반성적 법을 통한 사회조종" 구상을 내놓음으로써 그리고 마지막으로 토이브너 자신의 구상을 정리한 저서 『자기생산적 체계로서 법』(Recht als autopoietisches System)을 1989년에 출간함으로써 토이브너는 격렬한 논쟁의 한가운데에 서게 되었다. 이후 토이브너는 1990년대 중반 이후 세계화의 물결이 거세게 전 세계를 휩쓸게 되면서, 새롭게 한 국가의 영역을 넘어서는 그러면서 법의 통일화가 아닌 다원화를 추구하는 '초국가적 법다원주의'(transnationaler Rechtspluralismus)을 구상함으로써 공법과 사법의 관계에 대한 새로운 논쟁을 불러일으키기도 하였다.[17]

이러한 토이브너의 구상, 특히 반성적 법을 중심으로 한 그의 전반기 구상은 이미 1980년대 헌법학자인 양건 교수를 통해 국내에 소개되었다.[18] 또한 이상돈 교수는 토이브너의 구상, 그중에서도 '조종의 트릴레마'를 다양한 법영역에 원용하여 생산적인 성과를 내기도 하였다.[19] 토이브너의 법사회학을 비교적 상세하게 다룬 연구도 없지 않다.[20] 이러한 점에서 볼 때, 지난 1980년대 이후 전개된 독일의 법사회학을 파악하려면, 토이브너의 체계이론적 법사회학을 반드시 짚고 넘어가야 한다. 더군다나 토이브너의 이론은 필자가 볼 때 법학 영역에서는 하버마스(J. Habermas)의 법적 대화이론(Diskurstheorie des Rechts)보다 더욱 생산적일 수 있다는 점에서 결코 소홀하게 취급할 수 없다. 뿐만 아니라, 토이브너 자신이 독자적인 체계이론적 인권이론을 제시하고 있다는 점에서도 토이브너의 이론을 검토하는 것은 독일의 현대 법사회학을 살펴보는 데 도움을 준다.[21]

17_ 이 점을 본격적으로 시도하고 있는 문헌으로 G. Teubner, "Globale Bukowina. Zur Emergenz eines transnationalen Rechtspluralismus," in: *Rechtshistorisches Journal* 15 (1996), 255면 아래 참고.

18_ 가령 양건, 『법사회학』 제2판(아르케, 2000), 242면 아래; 이 책의 제1판은 1986년에 출간되었다.

19_ 예를 들어, 이상돈, 『의료형법』(법문사, 1993), 단락번호 [1] "의료분쟁해결의 법제화와 형법의 임무"; 이상돈, 『부실감사법』(법문사, 2004), 단락번호 [5] "부실감사책임의 합리성" 등 참고.

20_ 가령 이상돈 · 홍성수, 『법사회학』(법문사, 2000), 223면 아래 참고.

21_ G. Teubner, 홍성수(옮김), "익명의 매트릭스: '사적' 초국적 행위자들에 의한 인권 침해," 『인권이론과 실천』 제6호(2009.12), 45면 아래.

2. 법제화의 위기로서 조종의 트릴레마

하버마스와 마찬가지로, 토이브너의 법사회학은 사회국가적 법제화가 처한 위기 상황을 분석하는 데서 출발한다. 이미 1970년대 중반부터 토이브너는 당시 법학을 휩쓸고 있던 '결과지향'(Folgenorientierung) 법도그마틱을 비판적으로 분석하면서 루만이 그의 초기작인 『법체계와 법도그마틱』(Rechtssystem und Rechtsdogmatik)에서 내놓은 제안을 원용하여,[22] 사회적 요구에 반응할 수 있는 법도그마틱을 구상하기도 하였다.[23] 그만큼 토이브너는 점증하고 있던 법제화 그리고 이를 도그마틱적으로 뒷받침하고 있던 결과지향이 과연 실제 현실을 '사회에 적합하게' 조종할 수 있는지 관심을 갖고 있었다. 그러나 토이브너는 이러한 사회국가적 법제화가 그 목적을 달성할 수 없다는 결론에 다다른다. 이를 토이브너는 '조종의 트릴레마'라는 공식으로 논증한다.

'조종의 트릴레마'는 딜레마가 아닌 '트릴레마'라는 용어가 암시하듯이, 사회국가적 법제화를 통해 정치체계와 법체계 그리고 사회체계 사이에서 발생할 수밖에 없는 혼란상황을 보여준다. 토이브너는 이를 "법과 정치(정책)의 상호 무관심", "법에 의한 사회적 통합의 와해", "사회에 의한 법적 통합의 와해"라는 과정으로 정리한다.[24] 법과 정치의 상호 무관심은 법체계와 정치체계가 각기 독자적인 사회의 부분체계로 분화되고, 이에 따라 각 체계들이 자신의 독자적인 논리와 합리성을 기준으로 하여 작동함으로써 필연적으로 서로 무관심해질 수밖에 없음을 보여 준다. 가령 정치체계는 정치적 논리에 입각하여 법을 통해 사회를 규제하려고 하지만, 법체계는 자신이 축적한 법적 합리성과 도그마틱에 의해 사회의 문제를 해석하고 규제하려 한다. 이러한 무관심은 법체계와 사회체계에서도 마찬가지로 등장한다. 한편으로 법체계는 자신의 관점에 따라 사회를 파악하고 규제하고자 한다. 그러나 서로를 지탱하는 합리성과 논리가 다른 관계로, 법체계가 투입하는 법적 수단은 사회를 조종하기보다는 오히려 사회의 자율성을 억압하거

22_ 이에 대한 분석으로는 양천수, "개념법학과 이익법학을 넘어선 법도그마틱 구상: 루만의 법도그마틱 구상을 중심으로 하여," 『성균관법학』 제18권 제1호(2006.6), 575-601면 참고.

23_ G. Teubner, 앞의 논문(주16), 179면 아래 참고.

24_ 이에 대한 상세한 설명은 이상돈 · 홍성수, 앞의 책(주20), 227면 아래 참고.

나 파괴한다.[25] 하버마스가 정리한 "생활세계의 식민지화"는 "법에 의한 사회적 통합의 와해"를 달리 표현한 것이라고 말할 수 있다. 다른 한편으로 사회체계는 자신들이 담고 있는 논리, 즉 사회적 · 현실적 논리를 법체계 안에서 관철시키려 함으로써, 법체계가 축적해 왔던 법적 통일성이나 개념의 체계성은 '현실의 요청'이라는 미명 아래 파괴된다("사회에 의한 법적 통합의 와해").

이처럼 사회국가에서 진행되는 (과도한) 법제화는 조종의 트릴레마 현상 때문에 필연적으로 본연의 임무를 수행하는 데 실패할 수밖에 없다. 이는 아래에서 살펴볼 '자기준거'(Selbstreferenz) 혹은 '자기생산'(Autopoiesis)의 관점에서 볼 때, 당연하게 도출되는 결과라고 볼 수 있다. 그렇다면 이 문제를 해결할 수 있는 방안은 무엇일까? 이에 대해 토이브너는 '반성적 법'을, 더 나아가 '자기생산적 체계로서 법'을 그 해답으로 제안한다.

3. 자기생산적 체계로서 법

법을 자기생산적 체계로 이해하는 토이브너의 구상은 1989년에 출간한 토이브너의 주저 『자기생산적 체계로서 법』(Recht als autopoietisches System)에 잘 드러나 있다.[26] 물론 이미 그전에 토이브너는 "반성적 법"(reflexives Recht) 모델을 제안한 적이 있다. 그런데 이 반성적 법 모델에 대해서는 격렬한 논쟁이 이루어졌고, 이후 토이브너는 자신의 반성적 법모델에 제기된 비판이나 문제의식을 고려하여 『자기생산적 체계로서 법』에서 자신의 구상을 보완한다. 이처럼 『자기생산적 체계로서 법』에서 토이브너는 반성적 법이론을 포함하여 자신의 체계이론적 법사회학을 종합적으로 체계화하고 있으므로, 아래에서는 이 책에서 펼쳐진 토이브너의 법사회학을 주된 분석대상으로 삼고자 한다.

(1) 이론적 기초로서 자기생산

먼저 토이브너가 자기 법사회학의 토대로 삼고 있는 이론적 기초를 다룰 필

25_ 이와 같은 합리성의 분화에 관해서는 양천수, "합리성 개념의 분화와 충돌: 독일의 논의를 중심으로 하여," 『법과 사회』 제31호(2006.12), 211-234면 참고.

26_ G. Teubner, *Recht als autopoietisches System* (Frankfurt/M., 1989).

요가 있다. 토이브너는, 루만이 사회적 체계들을 분석하고 해명하기 위해 생물학에서 끌고 온 '자기생산'(Autopoiesis) 개념을 법체계를 분석하는 데 도입한다. 물론 그 이전에 이미 토이브너는 '자기준거'(Selbstreferenz) 개념을 언급함으로써, 자신의 반성적 법이론이 자기생산 개념에 근거를 두고 있음을 암시하기도 하였다.[27] 그러나 그 당시 토이브너는 아직 법체계가 과연 자기생산적 체계가 될 수 있는지를 본격적으로 다루지는 않았다. 이러한 이유에서 루만은 토이브너가 빌케와 함께 반성적 법모델을 제시했을 때, 이를 '용기 있는 제안'(mutiger Vorschlag)이라고 하면서 과연 이 구상이 성공할 수 있을지 의문을 제기하기도 하였다.[28] 그 이유는 루만의 관점에서 볼 때 사회적 체계들은 자기생산적 체계, 다시 말해 '작동'(Operation)이라는 측면에서 각기 닫힌 체계이고, 따라서 법체계가 사회적 체계들을 '직접' 조종하는 것은 불가능한 일이기 때문이다. 따라서 반성적 법모델을 통해 사회를 조종하는(gesellschaftliche Steuerung) 문제를 해결하려면, 바로 이러한 사회적 체계의 자기생산성을 고려할 수 있어야 한다고 지적한다. 후에 토이브너는 바로 이러한 문제제기를 수용하여, 자기생산이라는 개념을 본격적으로 받아들임으로써 과연 법체계가 자기생산적 체계가 될 수 있는지 논증한다.

그렇다면 자기생산이란 도대체 무엇을 뜻하는가? 토이브너는 『자기생산적 체계로서 법』 제2장에서 '자기준거', '자기관찰'(Selbstbeobachtung), '자기서술'(Selbstbeschreibung), '자기조직화'(Selbstorganisation), '자기조종'(Selbststeuerung), '자기반성'(Selbstreflexion), '자기생산'(Selbstproduktion)과 같은 기초 개념들을 분석한다. 이의 연장선상에서 토이브너는 'Autopoiesis' 역시 분석하는데, 여기서 토이브너는 생물학자인 마투라나(U. Maturana)가 제시한 개념정의를 기본적으로 수용한다.[29] 이에 따르면 자기생산(Autopoiesis)은 다음과 같이 정의할 수 있다.

27_ 독일어 'Selbstreferenz'를 어떻게 우리말로 번역해야 하는지에 관해서는 논란이 없지 않다. 이는 '자기준거'가 아닌 '자기지시'로 번역해야 한다는 주장으로는 장춘익, "'자기지시적 체계'에서 '자기지시Selbstreferenz'란 무엇을 뜻하는가?: 루만의 이론의 한 핵심어에 대하여," 『철학연구』 제107집(2014. 겨울), 141-172면 참고; 그러나 필자는 이 글에서는 일단 '자기준거'라는 번역어를 사용하고자 한다. 'Selbstreferenz'를 '자기준거'로 번역하는 경우로는 니클라스 루만, 윤재왕(옮김), 『사회의 법』(새물결, 2014) 참고.

28_ N. Luhmann, "Einige Probleme mit 'reflexivem Recht'," in: *Zeitschrift für die Rechtssoziologie* 6 (1985), 1면.

29_ 여기서 'Autopoiesis'를 어떻게 번역해야 하는지 문제될 수 있다. 토이브너가 『자기생산적

> "자기생산적 조직화(autopoietische Organisation)란 일정한 구성요소들(Bestandteile)의 네트워크를 통해 구성되는 통일체(Einheit)라고 정의내릴 수 있다. 여기서 통일체를 구성하는 요소들이란 1. 이 구성요소들의 네트워크로서 이 구성요소들 자체를 생산하는 네트워크에 재귀적으로(rekursiv)로 협력하고, 2. 이러한 구성요소들이 자리 잡고 있는 공간 속에서 이 생산의 네트워크를 일정한 통일체로서 실현하는 것을 말한다."[30]

이렇게 복잡한 의미를 갖는 자기생산 개념을 법체계에 적용하면, 우리는 크게 두 가지 특성을 도출할 수 있다. "인지적 개방성"(kognitive Offenheit)과 "작동적 폐쇄성"(operative Geschlossenheit)이 바로 그것이다. 법을 자기생산적 체계로 바라보면, 한편으로 법체계는 '환경'(Umwelt)에 대해 인지적으로는 개방되어 있으면서, 다른 한편으로 작동이라는 측면에서는 닫혀 있다. 이를 바꿔 말하면, 인지적인 측면에서 법체계는 다른 사회적 체계들을 포함하는 환경과 소통을 할 수는 있지만, 그렇다고 해서 법체계가 환경을 직접 조종할 수는 없다는 것이다. 결론적으로 말해, 우리가 법체계를 다른 사회적 체계들과 마찬가지로 자기준거적 · 자기생산적 체계로 파악하면, 법체계는 다른 사회적 체계를 포함하는 환경을 '직접' 조종할 수 없다는 결론이 도출된다. 토이브너가 정식화한 '조종의 트릴레마'는 이러한 법체계의 작동적 폐쇄성을 구체적으로 표현한 것이라고 말할 수 있다.

한편 법체계를 자기준거적 · 자기생산적 체계라고 정의하면, 우리는 인식론적으로 곤혹스러운 문제와 마주해야 한다. '역설'(Paradox)이 곧 그것이다. 좀 거칠게 말하면, 법체계가 자기생산적 체계가 된다고 하는 것은, 곧 법체계가 원인

체계로서 법』에서 지적하고 있듯이(30면), 이 개념은 '자기생산'(Selbstproduktion)이라는 개념과는 다소 다른 뉘앙스를 갖는다. 왜냐하면 자기생산 개념은 일정한 목적 개념과 결부되어 이해될 가능성이 있기 때문이다. 이와 달리 'Autopoiesis'는 일정한 목적성을 전제로 하지 않는다. 오히려 자기생산을 통한 변화나 진화 가능성을 염두에 둔다. 한편 이러한 연관성 때문인지 국내에서는 'Autopoiesis'를 '자기복제' 또는 '자동생산'으로 번역하기도 한다. 한편 루만 자신은 이를 '자기재생산'이라고 번역하기도 하였다. 그러나 'Autopoiesis'는 본질적으로 자기생산과 큰 차이가 없다고 생각한다. 따라서 여기서는 이를 일단 '자기생산'으로 번역해서 사용하기로 한다.

30_ G. Teubner, *Recht als autopoietisches System* (Frankfurt/M., 1989), 32면.

(근거)인 동시에 결과가 된다는 점을 함의한다. 이것은 분명 역설이다. 그런데 이미 오래전부터 역설은 논리일관성을 생명으로 여기는 법학이 피해야 할 그 무엇으로 취급되었다. 그러면 이러한 역설적인 자기생산성을 법체계를 해명하는 데 도입하는 것은 잘못된 시도인가? 이에 대해 토이브너는 『자기생산적 체계로서 법』 제1장에서 역설적인 구조는 이미 법 자체에 내재된 것으로서, 우리가 피할 수 없는 그 무엇이라고 한다.[31] 오히려 토이브너는 이러한 역설을 법체계가 정면에서 수용하는 길만이 역설을 '탈역설화'(Entparadoxierung)할 수 있는 길이라고 말한다. 토이브너가 자기생산적 법체계에 기반을 두어 발전시킨 반성적 법모델은, 바로 어떻게 우리가 역설을 탈역설화할 수 있는지에 대해 토이브너가 내놓은 대답이라고 말할 수 있다.

(2) 재귀적 순환과정으로서 법

그렇다면 법체계는 과연 자기준거적 · 자기생산적 체계가 된다고 말할 수 있는가? 이러한 의문에 대해 토이브너는 '그렇다'고 대답한다. 『자기생산적 체계로서 법』 제3장 첫 머리에서 토이브너는 다음과 같이 말한다.

> "법은 자기생산적 체계인가? 그러니까 체계의 요소들을 이러한 요소들의 네트워크로부터 생산하는 그런 체계인가? '그렇다'가 이에 대한 대답인데, 이 대답은 근거를 갖고 있다. **법은 자기생산적 사회체계의 제2단계 질서이다. 다음과 같은 이유에서 제2단계의 질서이다. 왜냐하면 법은 자신의 체계구성요소들을 자기준거적으로 구성하고 또한 이러한 요소들이 재귀적 순환과정(Hyperzyklus) 속에서 서로 연결되는데 이러한 한에서 법은, 제1단계 질서이자 자기생산적 체계인 사회에 대해 독자적인 작동적 폐쇄성을 획득하기 때문이다.**"(강조는 원문에 따름)[32]

31_ G. Teubner, 위의 책(주30), 18면: "법의 실재 그 자체는 순환적으로 축조되었다. 법 그 자체 그리고 법에 대한 사고—물론 이뿐만 아니라 법에 대한 다른 그 무엇도—는 자기준거적으로 구성되어 있다. 이러한 사고를 실천에 옮길 때 도출되는 가장 중요한 결론은, 우리는 더 이상 자기준거로부터 귀납되는 역설을 저지하는 데 서 있을 필요는 없다고 하는 점이다."

32_ G. Teubner, 앞의 책(주30), 36면.

이처럼 토이브너에 따르면, 법체계는 자기생산적 체계이자 "재귀적 순환과정"(Hyperzyklus)이라고 할 수 있다.[33] 그런데 여기서 독일어 'Hyperzyklus'(영어로는 Hypercycle, 즉 '초순환')에 대해서는 조금 해명할 필요가 있다.[34] 이 개념은 자기생산 개념과 마찬가지로 생물학에서 등장한 개념이다. 이 개념은 RNA와 단백질 분자의 상호작용을 설명하기 위해 아이겐(Manfred Eigen)과 슈스터(Peter Schuster)가 제시한 개념이다. 이에 따르면, 'Hyperzyklus'란 자기 자신을 재생산하는 개별 순환과정 또는 이 순환과정이 낳은 순환적 결과물을 뜻한다.[35] 바로 이러한 분자생물학적인 개념을 법 개념에 원용하여, 토이브너는 법을 자기생산적·자기준거적 성격을 갖는 재귀적 순환의 결과물로 파악하는 것이다. 이를 토이브너는 아래와 같이 정리해서 말한다.

"사회는 자기생산적 소통체계로 이해할 수 있다. 이 사회는 다른 소통들을 생산하는 속성을 지닌 소통으로 구성된다. 사회에서 진행되는 일반적인 소통의 순환과정으로부터 전문적인 소통의 순환과정이 독립분화되는데, 이러한 전문적인 소통의 순환과정은 이들이 제2단계의 자기생산적 사회적 체계로 인정됨으로써 독자성을 획득한다. 이러한 제2단계의 자기생산적 사회적 체계는 사회에서 이루어지는 소통에 대해 독자적인 소통 통일체를 자기 자신의 요소로서 생산하는데, 이 소통 통일체는 그 자신이 종류와 재화 면에서 동일한 소통 통일체를 생산하는 자기생산적인 것이다. 이러한 소통적 통일체의 전체 체계를 구성하는 부분들(Systemkomponente)은 자기생산을 통해 생산된다. 즉 요소가 되는 개별소통(Sonderkommunikationen als Elemente), 구조로서 스스로 작동하는 기대(selbstgenerierte Erwartungen als Strukturen), 독자적인 절차(eigenständige Prozesse), 테마별로 정의되는 한계(thematisch definierte Grenzen), 스스로 구성되는 체계환경(selbstkonstruierte Systemumwelten), 자기규정적인 정체성(selbstdefinierte Identität) 등이 자기생

33_ 이어 토이브너는 이러한 구상에 대해 제기될 수 있는 네 가지 반론을 다루는데, 이 글에서는 이 문제를 다루지 않기로 한다.

34_ 'Hyperzyklus'를 그대로 번역하면 '초순환'이라고 해야 하지만, 이 글에서는 그 의미를 살려 '재귀적 순환과정'이라고 번역하고자 한다.

35_ 이에 관해서는 http://de.wikipedia.org/wiki/Hyperzyklus 참조.

산을 통해 생산된다. 이렇게 자기준거적으로 만들어지는 체계의 구성부분들은 그 자체가 재귀적 순환과정(Hyperzyklus)을 통해 서로 연결된다. 이러한 사회의 하부체계들은 작동 면에서는 닫혀있지만, 정보 면에서는 각자의 환경에 대해 열려 있다."[36]

(3) 반성적 법을 통한 사회조종

이러한 기본전제에 입각하여 토이브너는 반성적 법을 구상하고, 이를 통해 사회를 조종하려고 시도한다. 그런데 법체계와 법체계의 환경이 되는 사회적 체계들이 작동의 면에서 서로 닫힌 체계라면, 과연 어떻게 법체계가 사회적 체계들을 조종할 수 있는지 문제된다. 왜냐하면 법체계가 사회적 체계들을 조종할 수 있으려면, 법체계와 사회적 체계들이 서로에 대해 작동의 측면에서 열려 있어야 하기 때문이다. 그렇지만 이미 언급한 것처럼, 법체계와 사회적 체계들은 각자 자기생산적 체계로서 서로 닫혀 있다. 그럼 토이브너는 어떻게 이 문제를 해결하는가?

1) 상호간섭을 통한 구조적 결합 가능성

이 문제는 토이브너가 1982년에 법의 발전모델에 입각하여 '반성적 법' 구상을 제안했을 때부터 제기되었다.[37] 무엇보다도 '패러다임 전환'을 통해 사회적 체계들을 기본적으로 열린 체계가 아닌 닫힌 체계로 이해한 루만은, 토이브너의 반성적 법 구상이 성공하려면 이러한 이중적인 폐쇄성 문제를 해결해야 한다고 지적하였다.[38] 그러나 이 문제는 이미 토이브너 역시 인식하고 있었다. 토이브너가 분석한 '조종의 트릴레마'는 이러한 문제의식을 잘 반영한다. 그렇다면 토이브너가 제시하는 해결책은 무엇인가? 과연 어떻게 '반성적 법' 구상은 자신의 기획을 성공시킬 수 있는가?

일단 주의해야 할 점은, 비록 토이브너가 반성적 법을 통해 사회를 조종한다고 해서 그것이 곧 '직접적 조종'(direkte Steuerung)을 뜻하는 것은 아니라는 점이다.

36_ G. Teubner, 앞의 책(주30), 87-88면.

37_ 이에 대한 설명은 이상돈 · 홍성수, 앞의 책(주20), 223면 아래 참고.

38_ 이에 관해서는 N. Luhmann, 앞의 글(주28), 1면 아래.

만약 법체계가 사회를 직접 조종할 수 있다고 하면, 그것은 법체계와 이 법체계가 속한 사회체계의 자기생산성을 포기한다는 점을 함의하기 때문이다. 토이브너는 분명하게 법체계와 사회적 체계들은 닫힌 체계이고, 따라서 법체계와 사회적 체계들의 관계에서 볼 때 "이중적인 순환"이 발생할 수밖에 없다는 점을 인정한다.[39] 그러면서도 토이브너는 법체계와 사회적 체계들이 "구조적으로 결합할"(strukturelle Kopplung) 가능성이 있다는 점도 시사한다. 왜냐하면 비록 법체계가 자기생산적 체계라 할지라도, 이것은 인지적으로, 달리 말해 정보적으로는 환경에 대해 열려 있기 때문이다. 이는 환경에 속하는 다른 사회적 체계들도 마찬가지이다. 따라서 법체계와 사회적 체계들은 '서로가 서로를 관찰할 수 있는 가능성'(wechselseitige Systembeobachtung)을 갖게 된다. 이를 통해 '상호간섭'(Interferenz)할 가능성도 생긴다고 말한다. 이를 토이브너는 다음과 같이 요약해서 말한다.

> "법을 통해 사회를 조종한다는 것은, 법의 작동적 폐쇄성과 환경에 대한 (정보적) 개방성을 매개하는 서로 완전히 상이한 두 메커니즘을 통해 이루어진다. **정보**와 **상호간섭**이 곧 그것이다. 한편으로 법은 엄격한 체계내재적인 정보생산을 통해 '독자적인 법현실'(autonomie Rechtswirklichkeit)을 생산한다. 법은 실제 환경과 접촉하지 않으면서 이렇게 독자적으로 생산한 법현실을 대상으로 하여 자신을 작동시킨다. 다른 한편으로 법은 체계를 넘어서는 상호간섭 메커니즘을 통해 사회적 환경과 실제로 연결된다. 즉 법의 내부와 외부에서 볼 수 있는 결과(Ereignisse), 구조 그리고 절차를 (환경으로) 확장시킴으로써, 법체계와 실제 환경 사이에서 '결합'(Kopplung)이라는 상호적인 제한을 낳는다."[40]

2) 상호간섭을 구체화하는 세 가지 전략

그러나 이러한 답변은 어떻게 법이 사회를 조종할 수 있는지를 아직 구체적으로 보여 주지는 못하고 있다. 토이브너는 『자기생산적 체계로서 법』 제5장에서 비로소 법체계와 환경 사이에서 볼 수 있는 이중적인 순환성 문제를 상세하게 논한 후, 결론적으로 어떻게 이러한 문제를 해결할 수 있는지 구체적인 전략을

39_ G. Teubner, 앞의 책(주30), 89면 아래.

40_ G. Teubner, 앞의 책(주30), 82면.

제시한다. 토이브너는 이를 세 가지로 나누어 설명한다.

첫 번째 전략은 법체계와 환경이 서로를 관찰하는 방안이다. 이 방안은 위에서 언급한 상호간섭의 첫 번째 단계에 해당한다. 그러나 토이브너에 따르면, 이 방안은 자칫 목적을 잃은 "맹목적인 상호진화"(blinde Ko-Evolution)로 이끌 가능성이 높다. 그 이유는 법체계와 환경이 상호관찰과 상호간섭을 통해 구조적으로 결합할 수 있다 하더라도, 이 결합에는 어떤 직접성이나 목적성이 없다는 점에 기인한다. 오히려 각 체계들이 서로 구조적으로 결합되었을 때 그 결과가 어떻게 발생할 것인가 하는 점은 우연적인 요소에 좌우된다. 이 때문에 이러한 구조적인 결합은 각 체계들을 진화시킬 가능성은 갖고 있지만, 이 진화는 우연적인 진화에 불과할 수밖에 없다.[41] 이와 같은 이유에서 법체계와 환경 사이에서 상호관찰이 이루어진다 하더라도, 그 결과는 맹목적인 상호진화에 그칠 가능성이 높은 것이다. 이러한 맥락에서 토이브너는 이러한 상호관찰 전략은 법체계 내부에 존재하는 메커니즘에 일종의 의도적인 영향을 미칠 수 있도록 해야 한다고 말한다.[42]

두 번째 전략은 체계간섭을 통해 소통의 연결성을 확보하는 것이다. 즉 법체계와 환경에 속하는 사회적 체계들이 체계간섭을 통해 소통적으로 서로 연결될 수 있도록 하는 것이다.[43] 그러나 토이브너는 서로가 연결되도록 하는 데 동인이 될 수 있는 정보와 동기부여가 부족한 경우가 많아 대부분의 경우 이렇게 소통적으로 연결시키려는 시도는 실패할 가능성이 높다고 한다.[44] 이는 법체계와 사회적 체계들이 서로 닫힌 체계이고, 따라서 서로에 대해 무관심하기 때문에 발생하는 당연한 결과일지 모른다. 그러나 토이브너는 법적인 "대안정책"(Optionspolitik)을 통해 이 문제를 어느 정도 극복할 수 있다고 한다. 즉 법정책을 펼칠 때, 어느 일방적인 해결책만을 제시하는 법정책을 내놓는 것이 아니라, 선택가능한 다양한 정책을 제시함으로써 법체계와 사회적 체계들이 서로 소통할 수 있도록 동기부여를 할 수 있다고 한다.[45]

41_ 이를 설명하는 G. Teubner, 앞의 책(주30), 61면 아래.
42_ G. Teubner, 앞의 책(주30), 116면.
43_ G. Teubner, 앞의 책(주30), 116면.
44_ G. Teubner, 앞의 책(주30), 117면.
45_ G. Teubner, 앞의 책(주30), 116, 118면; 한편 토이브너에 따르면, 여기서 소통은 주로 계약과 주관적 권리의 형식으로 이루어진다. G. Teubner, 앞의 책(주30), 113면 아래.

세 번째 전략은 조직화를 통해 체계 사이를 서로 연결하고자 하는 것이다(조직화를 통한 체계연결).[46] 이는 달리 말해, 법체계와 사회적 체계들이 서로 구조적으로 결합되는 데 필요한 조직화 · 절차 · 권한 등을 절차주의적으로 재해석된 법을 통해 제도화하자는 것을 말한다.[47] 토이브너가 반성적 법을 통해 강조하는 '간접적 조종'이나 '콘텍스트 조종' 또는 '자기규제의 조종'은 바로 이를 달리 표현한 것이라고 할 수 있다. 이러한 전략에 의하면, 법은 법체계와 사회적 체계들이 구조적으로 결합될 수 있도록 '직접' 규율하거나 조종하는 역할을 수행하지는 않는다. 그 대신 법은 법체계와 사회적 체계들이 자발적으로 결합하는 데 필요한 조직 · 절차 · 권한 등에 관한 외적(형식적) 테두리를 마련하는 데 만족해야 한다. 이를 통해 법체계와 사회적 체계들은 자발적으로 그리고 각 콘텍스트에 적합하게 소통함으로써 서로 구조적으로 결합될 수 있다. 토이브너는 이러한 예로서 집단적 노사관계법이나 공동결정법에서 진행되고 있는 일종의 법적 개혁을 거론한다.[48]

3) 반성적 법 구상에 대한 비판과 반론

이와 같은 반성적 법 구상은 한편으로는 획기적이면서도, 다른 한편으로는 외형적 · 법정책적으로 볼 때 신자유주의가 기획하는 것과 큰 차이가 없어 보인다. 그 때문에 1982년 토이브너가 반성적 법 구상을 제시한 이래, 이에 대해서는 여러 가지 비판이 이루어졌는데 그 중에서도 법정책적인 비판이 중심적으로 가해졌다. 그러나 토이브너는 자신의 구상에 쏟아진 이러한 비판을 '오해'라고 하면서, 이러한 오해를 법기술적 · 법정책적 · 법이론적 오해라는 세 가지 유형으로 구분한 후, 각각에 대해 다음과 같은 반론을 펼친다.

토이브너에 따르면, 먼저 반성적 법 구상에 대해 법기술적인 오해가 제기되었다.[49] 이에 따르면, 반성적 법 혹은 이를 포괄하는 법의 절차주의화는 종래에 존재했던 절차법을 법기술적으로 강조하는 것으로 오해된다고 한다. 그러나 토

46_ G. Teubner, 앞의 책(주30), 118-119면.
47_ G. Teubner, 앞의 책(주30), 119면.
48_ G. Teubner, 앞의 책(주30), 119면.
49_ 아래의 서술에 대해서는 G. Teubner, 앞의 책(주30), 83-84면.

이브너는 이러한 오해에 대해, 법의 절차주의화는 법기술적인 제안과는 그리 큰 관계가 없다고 한다. 오히려 법의 절차주의화는 복합적으로 전개된 두 가지 이론 유형을 종합하고자 하는 시도라고 할 수 있다고 한다. 즉 법의 절차주의화는 하버마스 등에 의해 발전한 법의 대화이론과, 루만 등에 의해 그 기초가 마련된 절차주의적 체계이론을 종합하고자 하는 시도라고 할 수 있다는 것이다. 그러한 점에서 법의 절차주의화란 "실체법규범은 포기할 수 없는 것으로 머물러 있으면서, 다만 이러한 실체법규범을 제정하고 근거 짓는 절차가 이와는 다른 '사회에 적합한' 절차주의화를 따라야만 한다."는 것을 뜻한다.[50]

나아가 토이브너는 자신의 반성적 법 구상을 가령 신자유주의적인 시도로 이해하는 법정책적인 오해가 있다고 한다.[51] 그러나 토이브너는 반성적 법 구상에서 강조하는 사회적 자율은 법의 측면에서 볼 때 법정책적인 문제가 아니라 인식론적인 문제라고 한다. 달리 말해, 반성적 법에서 강조하는 법체계 또는 사회적 체계들의 자율성은, 법정책이 추구해야 하는 어떤 당위적인 요청이라기보다는 오히려 우선적으로는 법체계가 처할 수밖에 없는 인식론적인 요청을 드러낸 것이라고 할 수 있다. 실제로 토이브너 자신은 이미 반성적 법 구상을 제시할 때부터, 신자유주의처럼 시장의 논리에 따라 법정책을 추진하고자 하는 것을 거부하였다.[52] 이러한 점에서 볼 때, 토이브너의 반성적 법 구상을 신자유주의적 모델로 이해하는 것은 그리 타당한 것이라고 말할 수는 없다.

세 번째 오해는 반성적 법의 법이론적인 위상과 관련된 오해라고 한다.[53] 즉 반성적 법이 실제로 진행된 법발전을 전제로 한 분석적인 것인가, 아니면 그것은 단지 당위적인 것을 목표로 하는 규범적인 것인지가 문제가 되었다고 한다. 이에 대해 토이브너는 반성적 법 구상은 이 두 가지의 성격, 즉 분석적인 차원과 규범적인 차원을 모두 담는 이중적인 성격을 갖는다고 한다. 토이브너는 말한다.

50_ G. Teubner, 앞의 책(주30), 84면.

51_ 아래의 서술은 G. Teubner, 앞의 책(주30), 85-86면.

52_ 이에 관해서는 G. Teubner, 이상돈(옮김), 『법제화 이론』(한국법제연구원, 2004), 51면 아래.

53_ 이하에 관해서는 G. Teubner, 앞의 책(주30), 86면.

"법에서 반성이라고 하는 점은 두 가지를 의미한다. 즉 사회 안에서 법이 처한 역사적 상황을 실제로 분석한다는 것과 **이에 더하여** 이를 규범적으로 평가하고 전략적으로 선택한다는 것이 그것이다."[54]

(4) 체계충돌 문제와 그 해결방안

사회가 점점 복잡해지면서 사회적 하부체계들이 독립적으로 분화되고, 더불어 각각의 사회적 체계들이 자기생산적 체계로서 작동 면에서 서로 닫혀 있다면, 결국 각각의 사회적 체계들은 서로가 서로에 대해 무관심해질 수밖에 없다. 상호간섭과 구조적 결합을 통해 각각의 체계들을 서로 연결할 수 있다면 이러한 문제는 어느 정도 해소할 수 있지만, 그 반대로 각 체계들은 서로에 대한 무관심을 넘어 서로 충돌할 수도 있다. 각각의 사회적 체계들을 지탱하는 체계합리성이 분화되면서, 각각의 체계 혹은 체계가 작동하는 영역이 서로 충돌할 수 있는 것이다. 이는 다원화가 점차 진행되면서, 이에 비례하여 갈등이나 충돌 가능성이 높아지는 것을 보더라도 알 수 있다. 토이브너 역시 이 문제를 알고 있었고, 이 문제를 『자기생산적 체계로서 법』 제6장에서 다룬다. 그렇다면 토이브너가 제안하는 해결책은 무엇인가?

일단 우리가 생각할 수 있는 방안으로, 이렇게 각 체계의 합리성 사이에 충돌이 발생한 경우 어느 한 가지 확고한 기준을 설정함으로써 문제를 해결하는 방안을 생각할 수 있다. 가령 기본권 도그마틱에서 기본권 충돌이 발생했을 경우, 이익형량 논증을 통해 문제를 해결하고자 하는 시도를 떠올릴 수 있다.[55] 이익형량 논증은 기본권들을 어느 정도 서열화함으로써 충돌 문제를 해결하려 한다. 그러나 토이브너는 비트횔터의 작업을 원용하여 이렇게 충돌 문제를 해결하기 위

54_ G. Teubner, 앞의 책(주30), 86면.

55_ 이러한 문제에 관해서는 김도균, "법적 이익형량의 구조와 정당화문제," 『서울대학교 법학』 제48권 제2호(2007.6), 31-115면; N. Jansen, "Die normativen Grundlagen rationalen Abwägens im Recht," in: Jan-R. Sieckmann, (Hrsg.), *Die Prinzipientheorie der Grundrechte* (Baden-Baden, 2006), 39-57면; R. Alexy, "Die Gewichtsformel," in: J. Jickeli/P. Kreutz/D. Reuter (Hrsg.), *Gedächtnisschrift für Jürgen Sonnenschein* (Berlin, 2003); R. Alexy, "Zur Struktur der Grundrechte auf Schutz," in: Jan-R. Sieckmann, (Hrsg.), *Die Prinzipientheorie der Grundrechte* (Baden-Baden, 2006), 105-121면.

한 방안으로 어떤 확고한 기준을 제시하는 것은 피한다.[56] 그 이유는 이러한 경우에는 다시 그 기준에 대한 기준을 마련해야 하고, 결국 이는 끊임없이 반복되거나 또는 역설에 빠질 염려가 있기 때문이다. 켈젠이 법의 효력을 궁극적으로 근거 짓기 위해 제시한 근본규범이 어떤 난점에 처했는지를 생각한다면, 이러한 비판에 쉽게 수긍할 수 있다고 생각한다. 그래서 토이브너가 제안하는 해결책은, 비트휠터가 그랬던 것처럼, 이러한 경우에 어떤 확고한 해결책을 내놓지 않는 것이다. 오히려 각각의 콘텍스트에 따라 관련 체계 혹은 체계 안의 관련자들이 자율적으로 문제를 해결할 수 있도록 이에 대한 법적 테두리를 짜는 것이 토이브너가 제안하는 해결책이다. 토이브너는 이를 가능하게 하는 법적 제도의 한 예로서 '일반조항'(Generalklausel)을 든다.[57] 일찍이 독일의 민사법학자이자 법사학자인 헤데만(J.W. Hedemann)이 "일반조항으로 도피"라고 비판적으로 언급한 것처럼, 일반조항은 불명확한 법률언어를 담고 있어서 명확성이나 예견가능성을 해치고, 따라서 특히 형법 영역에서 가능한 한 이러한 일반조항을 피해야 한다는 견해가 설득력을 얻고 있었다. 그러나 토이브너는 오히려 일반조항이 지닌 이와 같은 성격 때문에, 일반조항을 통해 우리는 체계 또는 레짐충돌(Regimekollisionen) 문제를 해결할 수 있다고 한다. 그런데 사실 이러한 토이브너의 관점은 그 이전부터 형성되어 있었다. 토이브너는 이미 자신의 박사학위 논문에서 일반조항의 기능을 '수용기능', '전환기능', '위임기능'으로 분석하면서, 이러한 일반조항의 기능을 통해 법체계는 사회현실과 구조적으로 결합될 수 있음을 시사하였다.[58] 그러나 이와 같은 토이브너의 답변은 실질적이고 확고한 답변을 원하는 진영에서 볼 때, 문제를 회피하는 것으로 비칠 수도 있다.[59]

56_ 이에 대해서는 R. Wiethölter, "Begriffs- und Interessenjurisprudenz - falsche Fronten im IPR und Wirtschaftsverfassungsrecht, Bemerkungen zur selbstgerechten Kollisionsnorm," in: *Festschrift für Gerhard Kegel* (Frankfurt/M., 1977), 213면 아래 참고.

57_ 이에 관해서는 G. Teubner, 앞의 책(주30), 140면 아래.

58_ 이를 설명하는 K. Seelmann, 윤재왕(옮김), 『법철학』(지산, 2000), 154-155면 참고.

59_ 대표적으로 P. Nahamowitz, "'Reflexives Recht'. Das unmögliche Ideal eines postinterventionistischen Steuerungskonzepts," *Zeitschrift für die Rechtssoziologie* (1985) 참고.

Ⅳ. 초국가적 법다원주의

1. 개 관

"반성적 법" 혹은 "자기생산적 체계로서 법"으로 대변되는 토이브너의 법사회학은 1990년대 중반기에 접어들면서 새로운 전환기를 맞는다. 세계화가 진척되고, 유럽통합이 가속화되면서 법적 통일에 대한 요청이 점증하자, 이에 대응하여 토이브너 역시 자신의 법사회학을 새롭게 발전시키게 된 것이다. 그러나 세계화에 대해 토이브너가 대응하는 방식은 어떤 통일된 법사회학을 구축하는 것이 아니었다. 오히려 국가 주도로 진행되는 국제법(international Law; Völkerrecht) 중심의 법 통일화에 반대하여, 토이브너는 국가를 넘어서고 다원화된 '초국가적 법다원주의'(transnationaler Rechtspluralismus)를 구상하는 것으로 이에 대응하였다. 이러한 작업은 우선 토이브너가 1995년 요제프 에써(Josef Esser)의 제85회 생일을 기념하기 위해 발간한 기념논문집에 발표한 논문 "두 얼굴의 야누스: 후기 근대에서 본 법다원주의"(Die zwei Gesichter des Janus: Rechtspluralismus in der Spätmoderne)에서 발견할 수 있고,[60] 무엇보다도 토이브너가 1996년에 『법사학잡지』(Rechtshistorisches Journal)에 발표한 논문 "세계적인 부코비나. 초국가적 법다원주의의 출현에 관해"(Globale Bukowina. Zur Emergenz eines transnationalen Rechtspluralismus)에서 찾아볼 수 있다.[61] 이후 토이브너는 국가를 전제로 하지 않는 법다원주의를 다양한 영역에서, 특히 사법영역에서 추구하는데, 이러한 성과는 2003년에 공간한 논문 "세계적인 민사헌법: 국가중심적인 헌법이론에 대한 대안"(Globale Zivilverfassung: Alternativen zur staatszentrierten Verfassungstheorie)에서 절정에 이른다.[62] 그러나 여기서 그동안 토이브너가 내놓은 이론적 성과를

60_ G. Teubner, "Die zwei Gesichter des Janus: Rechtspluralismus in der Spätmoderne," in: *Festschrift für J. Esser zum 85. Geburtstag* (Heidelberg, 1995), 192면 아래.

61_ G. Teubner, "Globale Bukowina. Zur Emergenz eines transnationalen Rechtspluralismus," in: *Rechtshistorisches Journal* 15 (1996), 225면 아래.

62_ G. Teubner, "Globale Zivilverfassungen: Alternativen zur staatszentrierten Verfassungstheorie," in: *ZaöRV* 63 (2003), 1-28면 참고.

모두 다룰 수는 없다. 따라서 아래에서는 초국가적 법다원주의의 기초가 되는 이론들을 간단하게 검토한 후, 토이브너가 제시한 '국가를 넘어선 민사헌법 구상'을 집중적으로 다루고자 한다.

2. 이론적 기초

(1) 다원주의

초국가적 법다원주의가 기초로 삼는 이념은 개념 자체가 보여 주는 것처럼 다원주의다. 이데올로기 대립이 종언을 고한 후, 미국을 비롯한 서구 유럽을 중심으로 하여 전개된 세계화 현상은 그 자신과 모순되는 다원화를 불러일으켰다. 한편으로는 경제 · 법 · 문화 등의 통일화를 기치로 삼는 세계화가, 다른 한편으로는 각 영역의 독자성을 강조하는 지역화 및 다원화가 동시에 진행되고 있는 것이다. 이러한 상황에 직면하여, 토이브너는 세계화가 아닌 다원화를 자신의 법사회학에 수용한다. 이는 이미 토이브너가 구축한 반성적 법의 이념에 합치하는 것이기도 하다. 왜냐하면 반성적 법 구상에서는 각 사회적 부분체계들의 자율성을 강조하면서, 절차주의적으로 해석된 간접적 조종이라는 방식을 통해 체계들 사이의 상호간섭을 추구하기 때문이다. 국가에 의해 주도되는, 통일된 법으로써 사회를 규율하는 방식은 이미 토이브너의 반성적 법이념에 합치하지 않는 것이다.

그렇다면 토이브너는 어떻게 자신의 법다원주의를 구축하는가? 이에 대한 중요한 이론적 기초로서 우리는 독일 법사회학의 선구자 오이겐 에를리히(E. Ehrlich)의 법사회학 이론을 거론할 수 있다.[63] 국가가 제정한 실정법(Gesetz)만을 법학의 대상으로 하려 한 한스 켈젠과는 달리, 에를리히는 국가 영역이 아닌 사회 영역에도 국가와는 무관하게 작동하는 법이 있음을 인식하고 이를 "살아 있는 법"(lebendes Recht)이라고 명명하였다. 이는 곧 법 개념을 국가 영역에서 해방시키는 것을 의미하며, 동시에 법 개념이 다원화된다는 점을 함의한다. 물론 이러한 에를리히의 시도는 법학의 순수성을 추구하고자 했던 켈젠으로부터 격렬한 비판을 받았고, 이 때문에 켈젠과 에를리히 사이에 논쟁이 펼쳐지기도 하였다.[64]

63_ 토이브너가 자신의 논문 제목으로 인용하는 '부코비나'(Bukowina)는 바로 에를리히가 태어난 곳이다.

그러나 토이브너는 이 논쟁에서 에를리히의 손을 들어 준다. 에를리히의 다원주의적 법 개념을 자신의 이론에 수용하여 토이브너는 국가 영역, 더 넓게 말해 공법 영역에서 자율적이면서 다원화된 초국가적 민사법을 근거 짓는다. 이러한 토이브너의 시도는 국가 영역과 사회 영역을 분리한 후(국가-사회 이분론), '공적 자율'(öffentliche Autonomie)에 대비되는 '사적 자율'(Privatautonomie)에 토대를 둔 민사법을 "사회의 기본법"으로 파악하고자 했던 전통적인 민사법학자들의 시각을 새롭게 표현한 것이라고 볼 수 있다.[65]

(2) 체계이론적 초국가주의

이와 같은 다원주의 이외에도 토이브너의 '초국가적 법다원주의'에 대한 이론적 기반을 형성하는 것으로서 '초국가주의'(Transnationalismus)를 거론할 수 있다.[66] 무엇보다도 토이브너는 루만의 체계이론에 기반을 두어 초국가주의를 새롭게 이해한다. 국가가 중심적인 지위를 차지했던 국제화 시대에서는 세계 질서 및 구조가 국가를 중심으로 형성되었다. 그렇지만 세계화가 진행되면서, 세계는 국가가 아닌 각기 상이한 기능적 하부체계로 재편되고 있다.[67] 경제를 비롯한 학

64_ 이 논쟁에 관해서는 H. Kelsen, "Eine Grundlegung der Rechtssoziologie," in: *Archiv für Sozialwissenschaft und Sozialpolitik* 39 (1915), 839면 아래 참고.

65_ 이러한 경향을 보여주는 대표적인 문헌으로 양창수, "헌법과 민법," 『민법연구』제5권(박영사, 1999), 20-22면.

66_ '초국가주의'에 대한 간단한 설명은 비오티 · 카우피, 이기택(옮김), 『국제관계이론』(일신사, 1996), 140면 아래; 한편 법철학자인 김도균 교수가 2005년에 수행한 연구에 따르면[김도균, "세계화와 법: 초국가적 법의 등장과 전지구적 법치주의," 성낙인 · 김재형(편), 『한국법과 세계화』(법문사, 2006), 256-267면], 미국의 국제법학자인 제섭(Ph. Jessup)은 이러한 초국가주의에 바탕을 두어 '초국가적 법' 개념을 제안하였다. Ph. Jessup, *Transnational Law* (New Haven, 1956), 2면; 이외에 '초국가적 법' 개념에 관해서는 H. P. Glenn, "A Transnational Concept of Law," in: P. Cane/M. Tushnet (ed.), *The Oxford Handbook of Legal Studies* (Oxford, 2003) 등 참고; 한편 '초국가주의'에 바탕을 두어 법다원주의를 분석하는 K. v. Benda-Beckmann, "Transnational Dimensions of Legal Pluralism," MS. (2000); 법인류학과 초국가주의를 연결하는 S. E. Merry, "Anthropology, Law and Transnational Processes," in: *Annual Review of Anthropology* (1992); 이를 요약해서 설명하는 이상돈 · 이소영 · 민윤영 · 정채연, 『포스트모더니즘과 법』(세창출판사, 2006), 108-116면 등도 참고.

67_ N. Luhmann, *Das Recht der Gesellschaft* (Frankfurt/M., 1993), 571면 아래.

문, 문화, 과학기술, 건강, 사회부조, 운동, 군사, 미디어 및 여행 등이 독자적인 체계로 분화되면서,[68] 전 세계는 이러한 기능적 하부체계를 중심으로 하여 분화되고 재편되고 있다. 이에 따라 각국의 국경선이 세계의 부분영역을 구획하는 것이 아니라, 오히려 각각의 기능체계가 세계를 새롭게 구획하고 있다. 나아가 세계가 이렇게 기능적 하부체계를 중심으로 하여 분화되고 재편되면서, 세계법(Weltrecht) 역시 국가가 아닌 사회적 기능체계를 기준으로 하여 형성되고 있다. 이를 토이브너는 다음과 같이 말한다. "세계법은 사회의 주변부에서, 다른 사회적 체계들과 접촉하는 영역에서 형성되고 있지, 국민국가의 중심부나 국제적인 제도들의 중심부에서 형성되고 있는 것은 아니"라는 것이다.[69] 이렇게 국가 사이의 경계가 중요성을 잃어가고, 이에 반비례하여 사회적 기능체계들 사이의 기능적 경계가 더욱 중요해지면서, 이에 발맞추어 새로운 형태의 법이 출현하고 있다. 각각의 사회적 기능체계들은 그들에게 적합한 법을 형성하고 있는 것이다.[70] 예를 들어, 세계적인 경제체계는 세계적인 경제법을, 세계적인 학문체계는 세계적인 학문법을, 세계적인 인권체계는 세계적인 인권법체계를 형성하고 있다.[71]

68_ 정확하게 말하면, 이는 토이브너가 지적하고 있듯이 루만(N. Luhmann)식의 체계(System)가 아니라 월러스틴(I. Wallerstein)식의 체계이다. G. Teubner, "Globale Bukowina. Zur Emergenz eines transnationalen Rechtspluralismus," MS. (1996), 5면; I. Wallerstein, *The Capitalist World Economy* (Cambrige University Press, 1979).

69_ G. Teubner, 위의 글(주68), 6-7면.

70_ G. Teubner, 앞의 글(주68), 7면; A. Fischer-Lescano/G. Teubner, *Regime-Kollisionen: Zur Fragmentierung des globalen Rechts* (Frankfurt/M., 2006), 54-55면; 이는 이상돈 교수가 언급한 '전문법 구상'에 상응하는 것이라고 말할 수 있다. 이상돈 교수의 전문법 구상에 관해서는 이상돈, "전문법: 이성의 지역화된 실천," 『고려법학』 제39호(2002.11), 113-151면; 이를 재록하고 있는 이상돈, 『법철학』(박영사, 2003), 단락번호 [6] "전문법"(200-247면) 등 참고.

71_ 인권체계가 법체계인가, 아니면 독자적인 체계인가에 관해 논란이 있을 수 있지만, 필자는 인권체계와 인권법체계를 구별할 수 있다는 전제 아래, 인권법체계를 법체계의 일종으로 이해하고자 한다. 이에 관해서는 양천수, "인권법체계의 자기생산적 구조: 법사회학의 측면에서 접근한 試論," 『법학연구』(부산대) 제48권 제2호(2008.2), 33-58면; 한편 법체계는 정치체계하고만 구조적으로 결합할 수 있는지, 아니면 다른 사회적 기능체계와도 구조적으로 결합할 수 있는지에 관해서는 논란이 있다. 이 문제는 독자적으로 다루어야 할 어려운 문제이므로, 여기서는 상세하게 다룰 수 없다. 다만 여기서 필자는 법체계는 정치체계뿐만 아니라 다른 사회적 부분체계와 구조적으로 결합할 수 있다는 토이브너의 테제를 따르고자 한다. 루만의 체계이론을 수용하여 법체계를 독자적인 자기생산체계로 파악한 토이브

여기서 '세계적인'이라는 수식어는 한 국가 차원을 넘어서는 것이면서, 그렇다고 국가 상호간이라는 의미를 갖는 것도 아니므로, '초국가적'이라는 의미로 다시 이해할 수 있다. 그렇다면 오늘날에는 새로운 형태의 법다원주의, 즉 '초국가적 법다원주의'가 등장하고 있다고 진단할 수 있다. 각각의 세계적인 기능체계는 한 국가의 국경선을 넘어가는 것이므로 이를 '초국가적인 것'이라고 말할 수 있고, 또 각각의 체계는 각기 자신에게 적합한 법형식을 자율적으로 생산하고 있으므로, 이를 통해 다원적인 법들이 공존할 수 있는 것이다. 이러한 맥락에서 토이브너는 다음과 같이 말한다. "법다원주의는 그룹들과 공동체들로부터 담론들과 소통적 네트워크로 이동해야 한다."는 것이다.[72] 사회적 기능체계는 담론(Diskurs)과 소통적 네트워크를 포함하는 사회적 소통으로 구성되므로,[73] 법다원주의가 "담론들과 소통적 네트워크로 이동"해야 한다는 토이브너의 언명은 법다원주의의 강조점이 국가나 공동체에서 사회적 기능체계로 이동해야 한다는 점을 시사한다. 이를 통해 토이브너는 세계화가 지배하고 있는 오늘날 전통적인 법다원주의를 대신하여 초국가적 법다원주의가 새로운 패러다임으로 등장하고 있다고 주장한다.

(3) 하트의 법 개념

그런데 이렇게 에를리히의 '살아 있는 법' 개념과 초국가주의 및 체계이론을 원용하여 초국가적 법다원주의를 구축한다 하더라도, 여기서 다음과 같은 문제를 피해 갈 수는 없다. 즉 국가를 넘어선 초국가적 영역에서 자율적으로 작동하는 살아 있는 법을 과연 법 개념에 포함시킬 수 있는가 하는 점이다. 비록 그것이

너는 1990년대 중반 초국가적 법다원주의를 수용하면서, 각 사회적 기능체계는 각기 독자적으로 법체계와 구조적으로 결합할 수 있다는 주장을 편다. 이러한 생각은 지난 2006년 토이브너가 자신의 제자 피셔-레스카노(A. Fischer-Lescano)와 함께 저술한 연구서 『레짐충돌: 세계적 법의 단편화에 관해』에서 "자기규범생산 레짐"(autokonstitutionelle Regimes)으로 발전한다. 토이브너와 피셔-레스카노에 따르면, 자기규범생산 레짐이란 스스로 독자적이고 반성적인 법형성 메커니즘을 갖추고 있는 레짐을 말한다. 이에 따르면, 비국가적 · 비정치적인 레짐이라도 자기규범생산 레짐으로서 독자적으로 법을 형성할 수 있다. A. Fischer-Lescano/G. Teubner, 위의 책(주70), 55면.

72_ G. Teubner, 앞의 글(주68), 7면.

73_ 이에 관해서는 G. Teubner, 앞의 책(주30), 87-88면 참고.

법과 같은 역할을 수행한다 하더라도, 이는 아직 '사실인 관습'(Gewohnheit)에 불과한 것은 아닐까? 아니면 그것은 실정법을 보충하는 '관습법'(Gewohnheitsrecht)에 지나지 않는 것이 아닐까? 이 문제를 해결하기 위해 토이브너는 영국의 법철학자 하트(H.L.A. Hart)가 『법의 개념』에서 정립한 규범이론을 수용한다. 이미 널리 알려진 것처럼, 하트는 법을 '규칙'(rule)들의 체계로 파악하고, 이러한 규칙을 '일차규칙'과 '이차규칙'으로 구분한다.[74] 일차규칙은 인간의 행위를 직접 규율하는 규칙을 뜻하고, 이차규칙은 이러한 일차규칙을 규율하는 규칙을 말한다. 가장 대표적인 이차규칙으로서, 어떤 규범을 법의 일차규칙으로 승인할 것인가를 규율하는 승인규칙(rule of recognition)을 들 수 있다. 이러한 하트의 규범이론은 법개념의 외연을 확장하는 데 도움이 된다. 만약 일정한 사회적 규범질서가 하트가 말한 일차규칙과 이차규칙을 담고 있다면, 그것은 하트의 관점에서 볼 때 '법'이라고 말할 수 있다. 바로 이러한 논증을 수용하여, 토이브너는 비록 국가가 제정하지 않은 규범, 더 나아가 한 국가를 넘어서는 초국가적 규범의 경우에도 이 규범 안에서 이차규칙의 요소를 찾을 수 있을 때에는 이를 독자적인 법규범으로 인정한다. 이에 대한 대표적인 경우로 토이브너는 FIFA가 제정한 규약이나 '초국가적 상법'(Lex Mercatoria)을 언급한다.[75]

3. 규범의 정당화 문제와 기본권의 역할

그런데 이렇게 국가를 넘어서 다원화된 법 개념을 인정할 때, 다시 한 가지 문제를 해결해야 한다. 비록 어떤 사회적 규범이 일차규칙과 이차규칙을 모두 담고 있다 하더라도, 이 법규범이 과연 '정당한 규범'인가 하는 점은 별개의 문제이다. 다시 말해, 어떻게 이 법규범을 정당한 규범으로 승인할 수 있을지 문제될 수 있다. 이 문제를 해결하기 위해, 토이브너는 하버마스가 정립한 토론 민주주의의 관점을 받아들인다. 토이브너는 사회의 어느 부분체계 또는 한 국가를 넘어서는 세계사회의 부분체계에서 독자적인 법규범을 제정할 때 관련자들이 이 과정에

74_ 허버트 하트, 오병선(옮김), 『법의 개념』(아카넷, 2001), 105면 아래.
75_ FIFA 규약을 포함한 스포츠법의 초국가적 법다원주의 성격에 관해서는 양천수, "스포츠법에 대한 법이론적 접근," 『스포츠와 법』 제11권 제4호(2008.11), 335-355면 참고.

자율적으로 참여할 수 있도록 보장함으로써 법규범의 정당성을 확보하려 한다.

이러한 맥락에서 토이브너는 기본권이 어떤 역할을 수행해야 하는지 논한다. 비록 토이브너는 국가를 넘어서는 다원주의적 법 개념을 근거 짓고자 하지만, 그렇다고 해서 토이브너가 국가 또는 기본권의 의미를 완전히 무시하는 것은 아니다. 토이브너는 여전히 국가 또는 기본권이 수행해야 할 여지를 남겨 둔다. 물론 그렇다고 해서 토이브너가 전통적인 공법학자들처럼 기본권을 주관적 공권으로만 이해하는 것은 아니다. 오히려 토이브너는 루만이 1965년에 제안했던 제도적 기본권 이론을 원용하여, 기본권의 임무는 곧 사회의 부분체계에서 이루어지는 '소통에 대한 참여기회'를 보장하는 것이라고 이해한다. 이러한 점에서 토이브너가 받아들이는 기본권 이론은 '소통적 · 대화적 기본권 이론'이라고 말할 수 있다. 그리고 바로 이러한 점에서 토이브너의 기본권 이론은 하버마스의 기본권 이론과 유사한 측면을 갖고 있다.[76] 다만 양자 사이에는 몇 가지 근본적인 차이가 존재한다. 하버마스는 의사소통적 합리성에 기반을 두어 기본권을 대화이론적으로 파악하지만, 토이브너는 합리성 자체를 다원적으로 이해한다는 점이다. 나아가 하버마스에게는 합리적 논증과 이를 통한 합의가 부각되지만, 토이브너는 합리적 논증이나 합의를 강조하지는 않는다는 점이다. 오히려 토이브너가 주장하는 소통적 참여는 소통적 불일치 역시 예정하고 있다.

4. 초국가적 헌법의 가능성

(1) 세계적 민사헌법 구상

초국가적 법다원주의는 토이브너가 2001년에 기획한 "국가를 넘어선 민사헌법 구상"에서 절정에 이른다.[77] 여기서 토이브너는 전 세계적으로 뻗어 있는 인터넷 영역에서 일종의 디지털헌법(Digitalverfassung)을 인정할 수 있는가, 라는 문제

76_ 지난 2005년 필자가 독일 프랑크푸르트대학교에서 토이브너와 개인적으로 행한 대화에서, 이러한 필자의 질문에 토이브너는 긍정적으로 대답을 한 적이 있다.

77_ 이 구상은 2001년에 처음 기획되었고, 2003년에 공간되었다. G. Teubner, "Globale Zivilverfassungen: Alternativen zur staatszentrierten Verfassungstheorie," in: *Zeitschrift für ausländisches öffentliches Recht und Völkerrecht* 63 (2003). 여기서는 필자가 갖고 있는 논문 초고에 따라 인용하기로 한다.

와 결부하여 이러한 민사헌법 구상을 제기한다. 즉 과연 인터넷(디지털) 영역에서 국가를 넘어선 독자적인 민사헌법을 인정할 수 있는지가 곧 토이브너가 제기하는 문제의식이다. 이는 무엇보다도 최근 등장하고 있는 "디지털화"(Digitalisierung), "민영화"(Privatisierung), "전 세계적인 네트워크화"(globale Vernetzung) 현상을 고려해 볼 때 그 의미를 갖는다.[78]

그런데 토이브너는 이미 이러한 세계화 시대에 즈음하여, 이에 적합한 「세계헌법」(Globalverfassung)을 만들려는 구상이 여러 측면에서 시도되고 있음을 지적한다.[79] 우선 미국의 헌법을 세계의 헌법으로 만들려는 시도가 있었고, 나아가 독일의 법철학자이자 정치철학자인 회페(O. Höffe)처럼, 칸트(I. Kant)의 철학에 바탕을 두어 세계국가와 세계헌법을 만들려는 시도가 이루어지기도 하였다고 한다. 또한 세계국가와 세계헌법을 분리하여 세계국가를 전제하지 않는 세계헌법을 구상하는 시도가 있었고, 마지막으로 국가 상호 간에 형성된 단편적이면서 다원적인 정치질서에 바탕을 두어 다원적인 세계헌법으로 만들려는 시도가 전개되기도 하였다고 한다. 그러나 토이브너는 지금까지 이루어진 시도가 세계화 현상에 그리 부합하지 않다는 판단을 내린다. 그러면서 그 대안으로 국가를 넘어서는 그리고 각 사회적 부분체계가 각기 자율적으로 고유하게 정립할 수 있는 「민사헌법」(Zivilverfassung)을 구상한다.[80] 「디지털헌법」이 이에 대한 한 가지 예가 된다고 한다.

물론 토이브너는 이러한 국가 없는 헌법이라는 구상이 공법학자에게는 꿈이나 유토피아로 들릴 것이라고 말한다. 그렇지만 이런 구상은 이미 다음과 같은 이유 때문에 현실이 되고 있다고 한다. 첫 번째 근거로서 토이브너는 "합리화 과정이 겪는 딜레마 현상"(Dilemma der Rationalisierung)을 지적한다.[81] 즉 전 세계적으로 통일된 세계국가를 전제로 하고, 세계헌법을 구상하려고 하는 것은 합리화 과정에 내재된 모순, 구체적으로 말해 세계화와 동시에 등장하고 있는 다원주의화를 간과하고 있는 것이다. 두 번째 근거로서 토이브너는 "탈중심화된 세계

78_ G. Teubner, 위의 글(주77), 2면.
79_ G. Teubner, 앞의 글(주77), 2-4면.
80_ G. Teubner, 앞의 글(주77), 4-6면.
81_ G. Teubner, 앞의 글(주77), 6-9면.

화”(polyzentrische Globalisierung)를 제시한다.[82] 마지막 근거로서 토이브너는 “점진적인 헌법주의”(creeping constitutionalism)를 말한다.[83] 앞에서 언급한 첫 번째와 두 번째 근거가 전 세계적으로 통일된 헌법을 거부하는 데 기초가 된다면, 마지막 근거는 오히려 각 부분체계에서 독자적인 헌법이 점진적으로 형성될 수 있는 가능성을 시사한다. 특히 토이브너는 “사회가 있는 곳에 법이 있다”(ubi societas ibi ius)라는 그로티우스(H. Grotius)의 유명한 언명을 인용하면서, 이러한 점진적인 헌법주의가 인터넷 영역에서도 진행될 수 있다고 주장한다.

이와 같은 경향에 근거를 두어, 토이브너는 다음과 같이 민사헌법을 구상한다.[84] 우선 민사헌법은 각 부분체계와 법이 ‘구조적으로 결합’(strukturelle Kopplung)될 수 있도록 짜야 한다. 나아가 이 민사헌법이 헌법규범으로 인정받기 위해서는, 이 민사헌법 안에서 일종의 ‘규범서열화’(Normhierarchie)가 이루어져야 한다. 민사헌법은 무엇보다도 ‘일차규범’과 ‘이차규범’이라는 ‘규범서열화’를 담고 있어야 한다고 한다.[85] 즉 한편으로 민사헌법은 민사영역을 규율하기 위한 ‘일차규범’을 생산하면서, 다른 한편으로는 이 ‘일차규범’에 관한 ‘이차규범’, 달리 말해 ‘승인규범’을 갖추고 있어야 한다고 한다. 세 번째로 민사헌법에서는 기본권이 내용적인 규범통제를 담당한다. 이러한 점에서 민사헌법은 한편으로는 국가를 전제로 하지 않는 헌법이면서도, 다른 한편으로는 기본권이라는 국가적인 통제수단을 끌어온다. 마지막으로 토이브너는 민사헌법이 ‘조직화된 영역’과 ‘자발적인 영역’으로 이원화된다고 한다(Dualverfassung von organisiertem und spontanem Bereich). 여기서 우리는 토이브너가 하버마스의 ‘대화적 토론 민주주의 이론’을 받아들이고 있음을 알 수 있다. 그 이유는 조직화된 영역은 하버마스가 말한 ‘제도화된 공론장’(institutionalisierte Öffentlichkeit)에 상응하고, ‘자발적인 영역’은 ‘제도화되지 않은 공론장’(nicht institutionalisierte Öffentlichkeit)에 상응한다고 말할 수 있기 때문이다. 이러한 이원적인 구조를 통해 토이브너는 민사헌법의 정당성을 확보하

82_ G. Teubner, 앞의 글(주77), 9-11면.

83_ G. Teubner, 앞의 글(주77), 11-14면.

84_ G. Teubner, 앞의 글(주77), 15면 아래.

85_ 이러한 “규범서열화”는 영국의 법철학자 하트(H.L.A. Hart)에게서 비롯한다. 이에 관해서는 허버트 하트, 앞의 책(주74), 105면 아래.

고자 한다.

(2) 초국가적 헌법의 가능성

위에서 살펴본 것처럼, 토이브너가 제시한 세계적인 민사헌법 구상은 그가 이전부터 추구해 왔던 초국가적 법다원주의를 법의 법, 즉 모든 법의 기본법에 해당하는 헌법영역에 관철하고 있는 것이다. 국가법을 넘어서는 초국가적 법이 가능한 것처럼, 국가헌법을 넘어서는 초국가적 헌법 역시 가능할 수 있다고 보는 것이다. 물론 토이브너 자신도 인정하고 있듯이, 국가를 전제로 하지 않는 헌법 개념이 과연 가능할 수 있을지 의문이 없지 않다. 특히 국가법만을 법으로 파악한 켈젠의 관점에서 볼 때, 국가법이 아닌 법은 가능할 수 없기에 초국가적 헌법이라는 개념은 성립할 수 없다. 그러나 이미 오래 전부터 국가법질서에 대응하는 민사법질서가 고유하게 존재해 왔고, 민법이야말로 이러한 민사법질서의 기본법이라고 파악하는 민사법학자의 시각에서 볼 때, '초국가적 헌법' 또는 '사회적 헌법'(soziale Verfassung)이 전혀 불가능한 것만은 아닐지 모른다. 이를 암시하듯, 독일어에서는 법인의 기본법에 해당하는 '정관'과 국가의 기본법인 '헌법'이 모두 'Verfassung'으로 표기된다는 점을 고려할 필요가 있다. 어쩌면 우리는 너무 국가중심주의에 사로잡혀 있는지도 모른다. 국가를 전제로 하지 않는 민주주의가 가능한 것처럼, 국가를 전제로 하지 않는 헌법 역시 가능할지 모른다.[86] 여하간 토이브너는 이러한 초국가적 헌법이 가능하다고 보는데, 이러한 구상은 '새로운 법진화론'으로 이어진다.

5. 새로운 법진화론

(1) 레짐충돌

이렇게 토이브너가 기획한 초국가적 법다원주의는 민사헌법 구상을 통해 완성단계에 이른다. 이후 토이브너가 몰두한 문제는 "레짐충돌"(Regime-Kollisionen) 문제이다.[87] 이 문제는 이미 토이브너가 『자기생산적 체계로서 법』에서 다룬 바

86_ 필자는 이 문제를 별도로 다룰 계획을 갖고 있다.

87_ 이에 관해서는 A. Fischer-Lescano/G. Teubner, 앞의 책(주70) 참고.

있는 것으로서, 이미 비트휠터가 이 문제를 선구적으로 지적하기도 하였다. 그런데 최근 들어 유럽에서 기독교 문명과 이슬람 문명 사이의 충돌 가능성이 점점 늘어나면서, 이 레짐충돌 문제는 최소한 유럽의 시각에서 보면 아주 현재적인 문제가 되고 있다. 그러나 토이브너가 제안하는 해결책은 어떤 통일된 객관적 기준을 통해 문제를 해결하는 것이 아니다. 토이브너는 여기서도 다원화된 해결책을 찾는다. 즉 통일이 아닌 단편화 및 레짐 간의 상호경쟁을 통해 이 레짐충돌 문제를 해결하고자 한다.

(2) 새로운 법진화론

이러한 레짐충돌과 관련하여 더욱 중요한 점은 토이브너가 새로운 법진화론을 제시하고 있다는 것이다.[88] 토이브너의 법사회학에서 볼 때 법진화론은 전혀 생소한 것은 아니다. 왜냐하면 이미 토이브너는 '반성적 법' 구상을 제시하면서 법진화론의 견지에서 이른바 '삼단계 법모델'을 발전시켰기 때문이다.[89] 〈형식법 ⇨ 실질법 ⇨ 반성적 법〉으로 이어지는 토이브너의 삼단계 법진화론은 이후 다양한 법영역에서 수용되고 발전하였다. 특히 절차주의적 법모델이 발전하는 데 기여하였다.

그런데 이후 다원주의와 초국가주의를 수용하면서 토이브너는 이러한 삼단계 법진화론에 만족하지 않고, 초국가적 법다원주의를 반영한 새로운 법진화론을 제안하고 있는 것이다. 새로운 법진화론에 따르면, 법체계는 〈판덱텐법 ⇨ 전문법 ⇨ 자기규범생산 레짐〉으로 진화한다. 이 중에서 〈판덱텐법 ⇨ 전문법〉은 주로 국내법적 차원에서 그리고 〈전문법 ⇨ 자기규범생산 레짐〉은 주로 초국가적 법 차원에서 발견할 수 있다.

여기서 주목해야 하는 것은 바로 자기규범생산 레짐이다. 자기규범생산 레짐은 달리 '자기헌법생산 레짐'(autokonstitutionelles Regime)으로 말할 수 있는데,

---

88_ 새로운 법진화론에 관해서는 A. Fischer-Lescano/G. Teubner, 앞의 책(주70); 이를 분석하는 양천수, "새로운 법진화론의 가능성,"『법철학연구』제15권 제2호(2012.8), 163-202면 참고.

89_ G. Teubner, "Reflexives Recht: Entwicklungsmodell des Rechts in vergleichender Perspektive," in: *ARSP* (1982), 18면 아래 참고.

이 개념에서 알 수 있듯이 자기헌법생산 레짐은 독자적인 헌법을 스스로 만들어낼 수 있는 레짐을 말한다. 이러한 레짐은 초국가적 레짐을 전제로 한다. 한 국가의 경계를 넘어 존재하면서 스스로 독자적인 헌법을 생산할 수 있는 레짐이 바로 자기헌법생산 레짐인 것이다. 그런데 이렇게 자기헌법생산 레짐이 개념적으로 가능할 수 있으려면, 초국가적이면서 동시에 다원적인 헌법 개념이 가능할 수 있어야 한다. 만약 국가헌법만을 헌법으로 고수하는 경우에는 자기헌법생산 레짐이라는 개념 자체가 성립할 수 없다. 이 점에서 자기헌법생산 레짐을 대표로 하는 새로운 법진화론은 초국가적 헌법이 세계사회에서 어떤 방식으로 가능할 수 있는지를 보여주는 대표적인 예라고 말할 수 있다.

Ⅴ. 글을 맺으며

지금까지 토이브너의 법사회학, 그중에서도 체계이론적 법사회학과 초국가적 법다원주의를 중심적으로 살펴보았다. 앞에서 살펴본 것처럼, 토이브너는 현존하는 독일의 법사회학자 가운데서 가장 이론적인 창의성과 생산성을 보여준 학자 중 한 사람이라고 말할 수 있다. 특히 이론적인 성실함과 창의성을 동시에 보여 주는 토이브너의 학문적 태도는 법사회학을 지향하는 학자들이 본받아야 할 점이라고 생각한다. 그렇지만 토이브너가 내놓은 학문적 성과에 대해 긍정적인 평가만 할 수는 없을 것이다. 모든 이론이 그렇듯이, 토이브너에 법사회학에 대한 비판 역시 분명히 존재한다. 토이브너의 법사회학에 대해서는 크게 두 가지 측면에서 비판이 이루어진다. 첫째는 토이브너의 루만 이해가 과연 정확한 것인가 하는 점이다. 토이브너의 법사회학에서 루만의 체계이론이 차지하는 비중은 그 어느 것보다 적지 않다. 토이브너는 루만의 체계이론을 독자적으로 수용함으로써 여러 측면에서 생산적인 성과를 거두었다. 그렇지만 이러한 토이브너의 루만 응용이 과연 루만 체계이론의 정확한 이해에 바탕을 둔 것인지에 관해서는 거센 비판 역시 존재한다. 둘째는 토이브너가 내놓은 법사회학은 이론 그 자체로는 상당히 근사해 보이지만, 법에 직접 적용하기에는 공허하다는 것이다. 특히 국가를 전제로 하지 않는 민사헌법 구상은 비현실적인 무정부주의의 현대적 버전이라고 말할 수 있을 것이다. 이론적으로는 아름답지만, 실제로 써먹기에는 너무 이상적이라는 것이다. 그렇다 하더라도 토이브너의 법사회학은 우리의 이론 법사회학이 나아가야 할 방향에 대해 유익한 시사점을 제공한다고 생각한다.

한편 이 글은 토이브너의 법사회학을 소개하고 있기는 하지만, 토이브너가 제시한 법사회학의 모든 것을 그려 내지는 못하고 있다. 토이브너가 제시한 새로운 법진화론이나 새로운 헌법이론 등은 이 글에서 제대로 분석하지 못하고 있다.[90] 이를 분석하는 작업은 다른 연구에 맡기고자 한다.[91]

90_ 새로운 법진화론에 관해서는 A. Fischer-Lescano/G. Teubner, 앞의 책(주70); 새로운 헌법이론에 관해서는 G. Teubner, *Verfassungsfragmente: Gesellschaftlicher Konstitutionalismus in der Globalisierung* (Berlin, 2012) 참고.

91_ 토이브너의 새로운 법진화론을 소개하는 연구로는 김혜경 · 안성조 · 양천수 · 윤진수 · 한상훈, 『법과 진화론』(법문사, 2016), 279면 아래; 토이브너의 헌법이론에 관해서는 김연식, "토이브너의 헌법 다원주의의 관점에서 본 경제 영역에서 국가의 역할: 헌법 제119조 제2항의 '경제의 민주화'와 관련하여," 『법과 사회』 제46호(2014.6), 327-372면 참고.

제5장

피에르 부르디외:*
법률의 장과 권력의 해부

김성현**

Ⅰ. 글을 시작하며

법에 관한 부르디외의 이론에 대해 많은 연구가 출판되었지만 정작 부르디외 자신의 법에 관한 체계적 서술은 그다지 많지 않다. 법과 법률가들에 대한 피에르 부르디외의 설명은 대개 국가권력의 장을 다루는 여러 저작들에 흩어져 있으며, 법 자체를 주제로 한 저작은 "법의 힘"[1] 같은 단편이 있을 뿐이다. 최근 출판된 그의 강연록 『국가에 대하여』[2]에는 다행스럽게도 법에 대한 이야기들이 제법 들어 있지만 책 제목이 보여 주듯이 이번에도 그의 관심은 법 자체에 대한 고민으로 한정된 것이 아니라 국가권력의 장이라는 보다 큰 실천의 영역에서 법이 차지하는 지위와 역할에 대한 설명이 주를 이루고 있다. 이 점 때문에 그의 '법사회학'을 비판적으로 독해하는 연구자들 중에는 그의 연구에서 법이 너무 폄하되

---

* 이 글은 『법학논총』 33집 1호, 2016년에 게재된 글입니다.

** 한양대학교 제3섹터 연구소 연구교수.

1_ Pierre Bourdieu, "La force du droit: élements pour une sociologie du champ juridique," *Acte de Recherche en Science Sociale*, 64, 1986, pp.3-19.

2_ Pierre Bourdieu, *Sur l'Etat: Cours au Collège de France 1989-1992,* Paris: Seuil, 2012.

고 있다거나 그다지 얻을 것이 없다는 주장을 제기하는 사람들도 있다. 그럼에도 불구하고 부르디외의 사회학이 법과 법률가들의 사회적 실천에 대한 분석에서 꾸준히 언급되는 이유는 그의 사회학을 통해 연구자들이 중요한 시사점을 얻을 수 있기 때문일 것이다. 이 글은 한 평생 권력의 구성과 행사를 비판적으로 해부해 온 이 학자의 분석이 권력구조와 사회질서를 안정적으로 유지하는 기능을 가진 법을 연구하는 데 어떠한 시사점을 줄 수 있는가를 중심으로 설명하고자 한다. 부르디외와 몇몇 비판자들의 충돌은 이처럼 다소 모순적이라 할 수 있는 비판 사회학과 법의 기능 사이에서 비롯된 시각의 차이에서 발생하기도 한다.

법에 대한 부르디외 자신의 설명은 이론적인 설명과 경험적인 설명으로 구분해 볼 수 있는데, 경험적 설명은 주로 물리적 폭력과 상징폭력의 독점을 정당한 것으로 부과하는 근대국민국가의 탄생에 있어서 법률가들이 수행한 역할에 집중되어 있다. 그의 저작에 나타나는 법률가들의 실천에 관한 경험적 사례들은 역사적인 연구들을 소개하는 것으로 가득 채워져 있다. 그러나 유럽의 근대 역사에 대한 정보가 부족한 우리들이 그가 제시하는 사례들을 이해하는 데는 적지 않은 어려움이 있으며, 더욱이 그 사례들이 현대를 살아가는 우리에게 어떠한 의미가 있는지 이해하기는 더욱 어려운 일이다. 따라서 이 글에서는 부르디외의 성찰 사회학을 현재 진행 중인 글로벌한 법률의 규칙의 재구성과 각국 법률의 장의 변화를 분석하는 데 활용하고 있는 이브 드잘레이(Yves Dezalay)와 브라이언트 가스(Bryant Garth)의 연구들을 소개함으로써 그의 법사회학이 경험적 연구에 어떤 기여를 할 수 있는지 살펴보고자 한다. 끝으로 필자는 부르디외 법사회학과 경험적 연구들에 대한 몇 가지 비판들을 소개하고 여기에 대한 답변을 통해 최근 법률전문성의 국제적 순환을 다루는 이론적 쟁점에 보다 명확하게 접근하고자 한다.

II. 성찰 사회학과 주요개념

부르디외의 저작은 매우 난해하다. 그의 모국인 프랑스에서 프랑스어로 부르디외를 읽는 독자들도 그의 저작이 매우 난해하다고 평가하는 마당에 프랑스 사회에 대한 정보가 매우 부족한 한국의 독자들이 그의 텍스트를 이해하기란 더욱 어려울 수밖에 없다. 그의 저작은 우리들이 알지 못하는 제도들과 프랑스 대중들이 즐겨 소비하는 술, 음악, 의복 등에 대한 이야기로 가득하다. 그가 인용하는 학자들과 배우들, 언론인들도 우리에게는 낯선 인물들이 너무나 많다. 이처럼 낯선 기호와 정보를 통해 그의 사회학에 다가가기 보다는 주요 개념들을 중심으로 그 개념이 사회의 어떤 현상에 대답을 하기 위한 것인가 생각해 보는 것이 우리에게는 더 바람직할 것이다.

1. 법은 객관적이고 보편적이고 중립적인가?

우리들이 함께 생각해 볼 첫 번째 질문은 이것이다. 객관적이라 함은 사회적 행위자의 주관과 의지로부터 독립되어 그 스스로 존재하고 있음을 말하며, 보편적이라 함은 법이 시간과 공간의 제약을 덜 받으면서 모든 사람들에게 적용된다는 것을 의미한다. 중립적이라 함은 법이 특정한 사회계급이나 세력에 치우치지 않고 공정하다는 것을 의미한다. 이 질문은 보다 직설적이고 쉬운 다른 질문으로 대체될 수 있을 것이다. 법은 사회로부터 영향을 받는가, 사회로부터 독립되어 있는가? 이 기본적인 질문은 대답하는 사람을 혼란에 빠뜨릴 수 있다. 우리들은 이 질문에 답하면서 무엇인가 모순이 존재한다는 것을 바로 느끼게 되기 때문이다. 상식적으로 법은 사회의 산물이라는 것을 부정하기 어렵다. 법을 발의하고 제정하고 집행하고 폐지하는 모든 과정에 사회기관인 입법, 행정, 사법부라는 권력의 기관들이 관여하고 있으며, 무엇을 위해 어떤 법을 만들 것인가에 대해 문제의식을 갖는 순간부터 사회적인 영향력이 법에 작용하기 때문이다. 입법과정에 수많은 로비가 존재하고 있으며, 사회적 저항으로 법안이 취소되는 일들이 우리가 자주 목격하고 있는 현상이다. 그런데 이처럼 상식적인 것을 실무와 연관지어 생각해 보면 우리들의 자신감은 크게 줄어든다. 만약에 법이 사회적 힘에 의해 좌우된다면 사법부의 판결을 어떻게 신뢰할 것이며, 법을 제정, 집행, 판단하는 기관들의 규칙과 결정에 우리들이 왜 복종을 해야 하는가라는 비판이 제기될 수 있기 때문이다. 사회적 행위자들에게 법을 적용하기 위해서는 적어도 그 법이 객관적이고 보편적이며 중립적이라는 것을 모두에게 납득시켜야 한다. 즉 이론적으로 법은 사회로부터 독립되어 있다는 전제가 있어야 한다는 것이다.

"법의 힘"에서 부르디외는 법에 대한 사회중심적 설명과 법률 중심적 설명의 양 극단에 위치한 두 명의 이론가를 비판적으로 검토하는 것에서 법에 대한 논의를 시작한다. 이 글에 루이 알튀세르(Louis Althusser)와 한스 켈젠(Hans Kelsen)이 등장인물로 선택된 것은 다분히 의도적이라고 할 수 있다. 구조주의 마르크시스트로서 알튀세르는 명백하게 법을 부르주아계급의 지배도구로 설명한다. 그럼에도 불구하고 이 법이 저항에 의해 폐지되지 않는 것은 행위자의 선택과 판단을 결정하는 또 다른 구조적 심급이자 부르주아계급의 지배 도구인 이데올로기적 통제 때문이다. 자본주의 사회에서의 계급지배를 비판하는 많은 사람들에게 이 설명은 그럴듯하게 다가온다. 그런데 문제는 계급의 지배가 계속되고 있음에도 왜 법이 변천을 거듭하고 심지어 지배계급의 이익을 제한하는 법이 만들어지기도 하냐는 것이다. 그리고 법의 제정을 둘러싸고 지배계급 내부에서 벌어지는 논쟁과 갈등을 단순히 경제권력을 보유한 사람들의 합리적이고 이기적인 싸움으로 환원하는 것에는 큰 무리가 따른다고 할 수 있다. 법에 복종하는 사람들 역시 지배계급의 이데올로기를 기계적으로 수용하는 로봇처럼 간주하는 것도 다소 억지스러운 주장일 수 있을 것이다. 설사 이 모든 것을 다 인정한다고 하더라도, 사회결정론적인 시각에서는 법을 만들고 서로 투쟁하고 또 법을 수용하는 사람들에 대한 상세하고 구체적인 분석틀이 결여되어 있다. 풀란차스(Nicos Poulantzas)와 그람시(Antonio Gramsci)가 파악한 바와 같이 지배가 정당성을 확보하기 위해서는 국가는 지배계급으로부터 상대적인 자율성을 확보하고 있거나 지배계급의 이익에 반할 수도 있는 정당성의 영역을 확보해야 하는 것이다. 이와 마찬가지로 법의 영역은 사회적 이익의 침투에 대해 폐쇄되어 있고 사회로부터 독립된 스스로의 규칙과 정당성을 확보해야 지배를 안정적으로 보장한다는 점을 부인하기는 어렵다.

반대의 극단에 서 있는 한스 켈젠은 법의 공정성과 객관성을 유지하기 위해 법에 대한 모든 사회적 힘의 침투를 거부하는 학자로 묘사된다. 이러한 설명에서 법은 순수하게 고유한 영역으로서 어떤 이익이나 압력으로부터도 초연한 것으로 등장하게 된다. 법은 법전에 의해서만 다루어져야 하고 법의 본질은 경험적인 사회적 힘들에 의해 결정되는 것이 아니라 추상적인 원리들에 의해 결정되는 것이다. 사법부가 여론에 의한 재판, 외압에 의한 재판을 의식적으로 부인하고 법의 중립성과 객관성을 강조하는 것은 이러한 법의 성격에서 비롯되는 것이다. 이 설명은 법이 정당성을 가지는 근거에 대해 설명을 하고 있지만 현실에서 일어나는 사회권력과 법의 관계에 대해서는 어떠한 대화도 거부할 수 있다는 문제가 있다.

정리해 보면 법은 사회적인 영향에 의해 제정, 집행, 해석된다는 점을 부정할 수 없지만 법의 세계는 다른 사회적 실천의 영역과 구분되는 고유한 규칙과 행동, 사유의 방식, 문화적 패턴을 보유하고 있다. 이 규칙과 실천의 방식들이 법을 다른 영역과 가르는 경계가 된다.[3]

2. 사회구조와 권력

이제 위의 논의를 염두에 두고 부르디외가 사용하는 개념들을 살펴보기로 한다. 법을 비롯해 현실을 구성하고 있는 제도들, 조직들, 여러 지위들은 우리의 주관으로부터 독립되어 '객관적'으로 존재하고 있다. 개인은 태어날 때부터 그물망처럼 연결되어 있는 (즉 각각의 제도는 따로따로 독자적으로 존재하는 것이 아니라 타자와의 관계 속에서 형성되어 있다) 사회구조(가치, 규범, 제도 등)에 속하게 된다. 이 구조들은 일정한 규칙을 가지고 사회적 행위자들을 정향시킨다.

그런데 이러한 주장을 강하게 적용할 경우 우리들은 이른바 '(구조)결정론'이라는 문제에 직면하게 된다. 의지로부터 독립하여 법, 제도, 조직, 가치 등이 존재하고 그것들의 명령과 요구에 따라 기계적으로 반응하는 것으로서 사회적 행위자를 설명하게 되는 것이다. 따라서 개인 행위자의 자유와 구조를 바꾸려는 전략적 행위의 여지가 구조중심적 시각에는 결여되어 있다는 비판이 제기된다. 이 문제는 나아가 사회구조의 변동에 대해서도 설득력 있는 설명을 제공하지 못하게 된다. 사회구조의 논리를 기계적으로 습득하는 행위자들이 어떻게 사회변동

3_ 이에 대해 드잘레이, 트루베크, 뷰캐넌, 데이비스(이하 드잘레이와 트루베크로 표기)는 다음과 같이 설명한다. "우선 실천에 있어서 법률의 장의 행위자들은 법률의 장의 통일성과 자율성을 강조하면서도 사회조직의 다양성을 수용해야 한다. 게다가 법률의 장이 위계적으로 구성된 사회, 정치, 경제적 장들과 밀접하게 연결되어 있기 때문에 법률의 장은 그것이 거리를 두어야만 하는 권력과 지위들에 의해 영향을 받는다. 따라서 법률의 장에 있는 모든 행위자들은 (그리고 그들이 점유한 조직들은) 권력의 영향을 의식적으로 부정하면서도 권력에 봉사하는 모순에 빠지게 된다"(Dezalay, Trubek, Buchanan, Davis, 1994: 421).

을 주도할 수 있겠는가. 이러한 결정론에 대한 비판이 마르크시즘, 구조기능주의 등 거시사회학 이론에 대해 자주 제기되는 것들이다. 정반대로 개인주의적 접근이라 불리는 사회이론들은 개인들의 합리적인 선택과 전략적 실천에 의해 조직이 결성되고 제도가 만들어진다고 주장한다. 즉 어떤 제도와 조직은 개인들의 필요와 동기에 의해, 합리적 계산에 의해 욕구의 충족 혹은 행위수단의 부족을 만회하려는 의도로 만들어지는 것으로 간주한다. 이러한 접근은 사회적 행위자들에 초점을 맞추어 이들의 전략적인 판단과 실천에 대해 구조적 시각보다 구체적인 설명을 제시할 수 있을지 모르지만 특정한 전략과 선택을 정당한 것으로 혹은 부당한 것으로 간주하게 만드는 사회구조적 힘을 도외시하게 된다. 무엇이 '합리적'인 것인가에 대해 질문할 때, 합리적인 것의 기준은 사회적으로 형성된 것일 수 있다. 이 기준과 규칙에 의해 어떤 행위는 정상적인 것으로 다른 행위는 비정상적인 것으로 간주될 수도 있다.

부르디외가 사회적 영역(espace social)이라고 개념화하는 사회세계는 객관적인 지위들의 관계의 망이지만 이 지위들은 일정한 배열의 규칙을 가지고 있다. 즉 제도적으로나 법률적으로 어떤 지위들이 명확하게 규정되어 있을지라도 현실에서 그 제도들은 행위자들에 의해 원칙에 입각해서만 인식되지 않는다. 법조를 예로 들어 보면 판사와 검사, 변호사의 지위는 각각 수행해야 하는 기능과 명확한 업무의 범위가 규정되어 있으며 대등한 것으로 간주되지만, 현실에 있어서 사람들은 이 지위들을 동등하지 않은 것으로 간주하곤 한다. 즉, 객관적으로 존재하는 여러 지위들은 어떤 원칙이나 논리에 따라서 배열되어 있는 것이다. 다른 한편으로 사회적 행위자들은 특정한 인식의 틀을 통해 사회적 지위와 현상을 지각하고 어떠한 행위를 할 것인지 판단을 내린다. 개인의 의지로부터 독립되어 개인의 판단과 행위를 구속하는 사회구조가 존재하지만 그 구조는 특정한 의미의 틀을 통해 인식된다. 행위자가 객관적 세계에 부여하는 어떤 의미들이나 인식을 하는 내용들은 대상의 본질과 늘 부합하지는 않는다. 바로 이러한 불일치가 객관의 세계를 자신의 인식과 의지에 따라 바꾸거나, 적응을 통해 자신을 객관적 대상에 정렬시키는 실천을 낳게 되는 것이다. 부르디외의 말을 들어보자.

"사회공간(또는 장들)의 구조들은 이 공간 속에서의 위치와 연관된 심리적 조건의 조절을 통해서, 그리고 이 조건의 조절들이 육체들에게 적용하는 인식구조들을 통해서 육체들을 만들어 낸다. 보다 분명히 말한다면, 사회세계는 그 속에 포함된 사람들에게 인식의 대상이기 때문에 그것은 부분적으로 그것을 대상으로 하는 여러 가지 다양한(그리고 경쟁적인) 인식행위들의 사물화되거나 합체된 산물인 것이다."[4]

특히 우리가 전문적으로 혹은 일상적으로 사용하는 개념은 객관적인 대상에 대한 다양한 성찰의 가능성을 제한하는 효과를 가지고 있다. 개념은 무한하게 연장하는 대상에 대한 관념을 일정한 틀에 고정시킴으로써 세계를 이해할 수 있게 해 준다. 여기에서 언어는 개념의 정립을 통해 대상을 한정시키는 가장 중요한 수단이다.[5] 행위자는 또한 특정한 기호와 감각들, 즉 색이나 냄새, 태도, 말투, 취향을 통해 객관적 대상을 파악한다. 따라서 언어와 더불어 육체는 사회세계와 개인을 통일하는 가장 중요한 요소로 간주된다.

인식의 틀과 구조가 배열되는 원칙들은 어디에서 유래하는가? 권력의 문제를 탐구하는 사회학자로서 부르디외의 관심은 이 문제에 집중된다. 당연한 이야기지만 그것들은 선험적으로 주어지는 것이 아니라 '사회적으로 구성'된다. 사회적인 구성이라 함은 교육이나 경험, 이익의 추구, 갈등과 대립, 직업적, 정치적 실천 등 사회적으로 위치지어진 개인들의 상호작용을 통해 형성된다는 것이다. 법과 관련해 예를 들어보면 법의 정신의 근간을 이루는 인권과 민주주의라는 개념은 그 자체로서 보편타당한 것도, 자연적으로 주어져 있는 것도 아니라 그 내용과 적용과 해석을 둘러싼 끊임없는 대립의 산물이라고 할 수 있다. 누군가는 자신이 보유한 물질적인 힘을 통해, 누군가는 상징적인 힘을 통해 이 개념을 구성하고 해체하고 재구성하는 게임에 참여하고 있다. 문제는 이 게임에 참여하는 모든 사람들의 권력이 평등하지 않다는 것이다. 물질적이고 상징적인 불평등은 어떤 사람이 특정 현상에 대해 더 영향력 있게 개입할 수 있는 권리와 직결된다. 그리고 행위자들은 그러한 권리와 자격을 획득하기 위한 경쟁을 벌인다. 사회적 행위자들은 각각의 지위를 가지고 어떤 개념에 대한 해석을 자신의 방식으로 장악하거나 특정한 문화적 취향을 보다 우월하고 정통한 것으로 자리매김한다거나

4_ Pierre Bourdieu, 1997, *Méditations pascaliennes,* Paris: Seuil(김웅권 옮김, 파스칼적 명상, 동문선, 2001. p.263).

5_ Pierre Bourdieu, 1995, *Ce que Parler veut dire*, Paris: Fayard, p.27.

배열의 원칙들을 자신에게 유리한 방향으로 만들어 내는 경쟁을 벌인다.

이 점에서 법은 매우 특수한 사회적 영역이라 할 수 있다. 법의 세계는 이 글의 서두에서 설명한 바와 같이 가장 보편적이고 객관화된 형식을 통해 사회관계들을 정의하고 있다. 이에 대해 부르디외는 다음과 같이 설명한다.

"사회적으로 확립되고 공식적으로 인정된 상징적 구축 역량의 뛰어난 형태는 법률적 권위이다. 왜냐하면 법은 정당한 것으로 인정된 지배적인 비전의 객관화이자 정통의 객관화이기 때문이다. 기존질서를 인정하는 이 국가적 역량의 모범적 예시는 판결이다. 판결은 존재하는 것을 말하는 권력의 합법적 행사이고, 판결이 진술하는 것을 보편적으로 인정된 수행적 확인속에 존재케 하는 권력의 합법적 행사이다."[6]

법은 다양한 사회관계들을 최대한 배제하고 단순화한다. 법이 객관성과 보편성 그리고 독립성이 존재하지 않는다고 가정하는 순간 법의 정당성은 사라지고 법실무는 마비될 것이다. 따라서 법의 세계에 속한 사람들은 다른 직업이나 실천의 세계에 속한 사람들보다 더욱 엄격하게 사회적 관계들의 침투를 차단하고 법의 언어와 해석을 독점하며, 타 세계와 구분되는 문화적인 취향들을 발전시키게 된다. 그로 인해 법률의 세계와 다른 세계 간에는 강한 경계가 유지된다. 또한 법률세계의 행위자들은 자신들이 법의 해석과 적용을 독점해야 하는 '정당한' 이유들을 사회에 납득시키기 위해 많은 정성을 기울여야 한다.

3. 경험적 분석을 위한 도구들

앞에서 설명한 인식론에 입각해 사회를 체계적이고 경험적으로 분석하기 위해 부르디외는 다양한 개념들을 개발해 냈다. 가장 많이 활용되고 중요한 개념은 장(champ)이라는 개념이다. 장이란 일정한 규칙에 의해 집합으로 묶인 사회적 영역을 의미한다. 사회적 영역에 분포되어 있는 여러 지위들은 일정한 규칙들에 의해 다른 것들과 구분되는 세계를 형성한다. 규칙이라 함은 문서화되고 공식적으로 형성되어 있는 것일 뿐만 아니라 정상적인 것과 비정상적인 것, 마땅히 갖

6_ Pierre Bourdieu, "La force du droit: élements pour une sociologie du champ juridique," *Acte de Recherche en Science Sociale*, 64, 1986, p.13.

추어야 할 태도와 그렇지 않은 태도 등 다양한 행위와 판단의 수칙도 포함하는 추상적인 개념이기도 하다. 여기에서 중요한 점은 한 장의 사회적 행위자나 그룹 혹은 지위는 동시에 다른 장에 속할 수도 있다는 점이다. 어떤 변호사는 법 실무의 세계에서 활동하는 동시에 특정한 사회운동이나 기업에 속한 일원일 수 있다. 어떤 문화부 언론인은 문화의 장에 영향을 미치는 지위를 보유할 수도 있으며, 대학교수는 사외이사로서 혹은 국가기구의 자문위원으로서 활동하기도 한다. 이들은 각각 그 장에 존재하는 규칙에 영향을 받기도 하고 또 그 규칙을 변경하는데 영향을 미치기도 한다. 어떤 행위자들은 장과 장을 넘나들면서 각 장의 규칙들과 행위의 수단들을 연결하기도 하는데, 부르디외는 이러한 사람들을 '(장을) 넘나드는 자(파쇠르, passeur)'라 부른다. 또한 하나의 장 안에는 그 장의 전반적인 규칙을 따르지만 행위자들이 보다 특수한 규칙을 중심으로 형성하는 하위의 장(sous-champ)들이 존재한다. 예술계에 존재하는 여러 분파들이나 학계의 학파들이 사례가 될 수 있을 것이다. 하위의 장에 속한 사람들은 자신들과 다른 집단을 구분하기 위한 규칙들과 문화적 취향들을 구성하고 실천한다.

장에 속한 행위자들은 각자가 행위의 수단들을 보유하고 있는데, 부르디외는 이것을 자본(capital)이라 부른다. 사회과학에서 널리 쓰이는 자원(ressource)이라는 개념보다 자본이라는 개념을 선호하는 이유는 이 수단들이 기계적으로 분포되어 있다기보다는 전략적으로 활용(투자)되는 것임을 강조하기 위한 것이다. 자본들은 장에서 자신들의 목표를 달성하기 위한 수단으로 활용된다. 그런데 이 자본의 가치는 그 장에 존재하는 규칙에 따라서 높게 평가되거나 낮게 평가된다. 예를 들어 법률의 장에서는 그 장의 규칙이 높게 평가하는 행위의 자본이 있다. 과거에 우리나라의 사법고시합격의 경력은 이 장, 즉 한국 법률의 장에서 가장 기본적으로 평가하는 자본이라 할 수 있었다. 그런데 법률의 장의 하위의 장인 법학대학의 세계에서는 사법고시에 합격한 경력보다 박사학위증이 더 중요한 자본으로 간주될 수 있다. 물론 로스쿨체제로 바뀌면서 실무경력이 있는 법대교수 충원이 늘어남으로써 장의 독립성과 자율성은 변화를 겪고 있다.

장의 규칙과 질적, 양적 자본의 보유에 따라서 장에는 높은 지위와 낮은 지위가 생겨난다. 장의 규칙에 의해 높게 평가되는(질적) 자본을 많이 보유한(양적) 행위자는 그만큼 장의 규칙에 영향을 미치거나 통제할 권력을 보유하게 된다. 장에서 상대적으로 우위를 점유한 행위자들은 자신들의 지배를 정당화시켜 주는 규칙을 유지하려는 성향을 보이게 되는 반면에 열세에 처한 행위자들은 규칙의 전복을 시도한다. 그러나 열세에 처한 행위자들의 도전은 대개 장의 규칙을 완전히 해체하는 것을 의도하지는 않는데, 규칙 자체를 완전히 해체하는 순간 장은 존재할 수 없게 되기 때문이다. 즉 지배자와 도전자는 다른 사회적 장들과 자신들을 구분하는 규칙과 자본을 유지하면서 규칙을 각자에게 유리한 방식으로 정의하고 정당화하는 경쟁을 벌인다. 전 세계에서 벌어지고 있는 사법개혁의 예를 들어보면 유럽식 법률(여기에 대해서는 아래에서 설명한다) 제도를 갖춘 국가들에서, 즉 법률의 장이 국가권력과 보다 밀접한 관계를 맺고 있는 국가들에서 주류 법률가들은 여전히 국가우위의 기존 질서나 사회의 안정성을 옹호하며 시민사회와 개인중심의 개혁에 반대하거나 범위를 제한하고자 한다. 그러나 사법개혁을 적극적으로 요구하는 도전자들은 기존에 법률의 장에서 높게 평가받지 못했던 자본들(예를 들어 시민운동의 경력, 경제 이론과 실무에 관한 전문성, 해외에서 획득한 경력 등)을 동원하여 민주화, 세계화의 규칙을 내세운다. 이 과정에서 기존의 주류 법률가들을 궁지에 몰아넣는 다양한 전술이 활용되는데, 주류들의 독재정권과의 유착이나 식민권력으로부터 물려받은 유산들이 법률의 장의 중요한 규칙, 즉 객관성과 독립성을 위반한 사례로 제시된다. 혹은 경제실무에 관한 국가법률가들(판, 검사)의 무지, 세계화에 대한 더딘 적응 등이 중요한 공격의 지점으로 활용된다(Dezalay and Garth, 2002; Kim Seong-Hyun, 2011).

이러한 논의는 곧바로 장의 경계에 대한 논의로 이어지게 된다. 장을 지배하기 위한 싸움에서 그 장의 행위자들은 다양한 외부 행위자들로부터 자본을 빌려오거나 이 행위자들과 직접적인 동맹관계를 맺는 경우가 빈번하기 때문이다. 다른 장의 행위자들이 관여하는 경우 장의 경계는 어떻게 결정되는가? 당연한 이야기지만 부르디외가 여러 번 강조했듯이 선험적으로 정해진 장의 경계는 없다. 장의 경계는 행위자들의 경쟁과정에서 끊임없이 재정의되기 때문이다. 즉 장의 행위자들은 경쟁과정에서 자신의 동맹을 그 장의 행위자로 포함시키거나 경쟁자들을 밀어냄으로써 장의 경계를 넓히거나 좁힌다. 이때 자주 사용되는 전략은 바로 장의 규칙과 행위자가 보유한 자본을 상기시키는 것이다. 법실무의 경력이 없는 사람이 사법개혁에 참여할 자격을 부여받는 것에 대해 문제를 제기하거나(자본에 대한 문제제기) 법관으로서의 자질(규칙에 대한 상기)에 대해 문제를 제기하는 것들이 자주 사용되는 전술이다.

어떤 장은 외부의 행위자나 규칙이 좀처럼 침투하기 어려운 특성을 가지고 있는가 하면 다른 장은 이것이 상대적으로 수월하다. 부르디외는 이것을 장의 자율성과 경직성과 연관지어 설명한다. 자율성이 높은 장이라 함은 그 장의 규칙이 엄격하게 적용되고 그 장에서 통용되는 자본이 특수하여 외부로부터의 침투가 어려운 장을 의미한다. 주로 전문성이나 도덕성에 기초해 장의 규칙이 형성되고 이 규칙에 맞추어 자본이 평가되는 장은 다른 장에 비해 높은 자율성을 보유하고 있다. 법률의 장은 어떠할까? "법의 힘"에서 부르디외는 법률의 장이 자율성이 낮다고 설명하는데, 이것은 우리들의 상식과는 많이 다르다. 법은 늘 엄격하고 외압으로부터의 중립성을 지속적으로 천명하고 있으며 법의 언어는 일상의 언어와 다르기 때문이다. 부르디외가 법률의 장이 자율성이 낮다고 한 것은 바로 그 뒤에 나오는 설명과 연관지어 이해해야 한다. 전통적으로 법률의 장은 국가권력의 장을 구성하는 중요한 영역이었다. 행정권력과 사법부의 관계가 매우 긴밀하게 형성되어 있고 두 세계의 행위자들 간에 지위의 교환이 적지 않게 일어난다. 또한 자본주의 사회에서 재계의 권력이 법에 침투하는 경우도 발견할 수 있다. 평범한 시민들의 입장에서 법은 매우 경직되고 자율적인 영역이지만 정치, 경제 권력자의 입장에서는 법의 세계에 대한 그들의 영향력의 행사가 상대적으로 수월할 수 있다. 학계의 경우 과거에는 학자로서의 도덕성, 현실세계에 대한 초연함, 과학성 등을 규칙으로 내세우면서 장의 경계를 엄격하게 유지했다면, 최근에는 연구비의 유치, 학생들의 취업, 산학협력의 실적 등이 학문의 장의 새로운 규칙이 됨으로써 장의 자율성이 크게 약화되었다고 할 수 있을 것이다.

장과 장을 가로지르는 동맹에 있어서 위에서 설명한 '파쇠르(passeur)'의 역할은 매우 중요하다고 할 수 있다. 이 행위자들은 복수의 장의 행위자로서 여러 장을 연결하는 전략적 지위를 점유하고 있다. 파쇠르들은 한 장의 규칙을 다른 장으로 이식하고 어떤 장에서 획득한 자본을 다른 장에서 활용하면서 장의 변화를 가져오기도 한다. 재계와 법조의 사이에 위치한 상업법률가들, 민주화 운동에 헌신하는 인권변호사들, 국가권력과 사법부를 매개하는 법률가들은 따라서 장들을 가로지르는 동맹과 갈등에 있어서 중요한 전략적 행위자가 된다. 법률가로서의 자본은 사회의 여러 장에 참여할 수 있는 유연한 자본이며, 그로 인해 법률가들이 동시에 여러 장의 행위자로 활동하는 경우가 빈번하다. 국가권력과 법조의 관계가 밀접한 유럽국가들의 경우 법률가들의 사회적 실천의 범위는 상대적으로 제한되곤 한다. 반면에 법률가들이 자본과 사회운동에 보다 연결되어 있는 미국의 경우 법률가들은 훨씬 더 다양한 활동을 수행한다(Dezalay, Trubek et al. 1994).

다음으로 장을 가로지르는 동맹을 분석하기 위한 개념적 도구로서 부르디외는 '오몰로지(homologie)'라는 개념을 활용한다. 이 개념을 우리말로 옮기기는 애매하지만, 여기에서는 정수복의 번역을 차용하여[7] '구조적 상동성'이라고 풀이하기로 한다. 오몰로지는 서로 다른 장의 행위자들이 처한 유사한 상태를 의미하는 것이다. 예를 들어 법조의 상대적 우위를 점유한 자와 열세에 처해 있는 자들과 학계에서 그러한 상태에 처해 있는 행위자들은 구조적 상동성의 관계에 있다고 할 수 있다. "법의 힘"에서 '오몰로지의 효과들'을 설명하면서 부르디외는 다음과 같이 서술했다.

"우리들은 의식적인 거래보다는 상이한 생산자 범주들이나 법률 서비스의 판매자들과 상이한 범주의 고객들 간의 오몰로지 같이, 구조적인 메커니즘에 기인하는 법률수요에 법의 공급이 적응하는 효과를 고려하지 않고서 법의 상징적인 효율성을 생각할 수 없다: [사회법(전공자) 같이] 법률의 장에서 열세의 지위를 점유한 사람들은 그 지위들의 열세를 더욱 크게 확대하는 데 기여하는 열세에 처한 행위자들에 헌신하는 경향이 있다(…) 모든 장들에서 관찰되는 논리에 따라, 열세에 처한 자들은 고유한 방법론을 보유하고 역사적 현실에 토대를 둔 '과학'으로서 법을 만들고자 하는 비판논리의 원칙들을 외부의 과학적 정치적 장에서 발견할 수밖에 없다"(Bourdieu, 1986: 18).

즉 장을 가로지르는 동맹은 각 장에서 구조적으로 비슷한 지위에 처한 행위자들 간에 형성될 가능성이 높고, 특히 열세에 처한 행위자들은 주류의 규칙을 전복하기 위해 외부의 동맹에 더욱 의지하게 된다는 것이다. 이 개념을 통해 연구자는 법률적인 사회현상을 연구함에 있어서 여러 가지 이슈들을 중심으로 동

7_ Pierre Ansart, 1990, Les sociologies contemporaines. Paris: Seuil(피에르 앙사르 지음, 정수복 번역, 1994, 현대 프랑스 사회학, 서울: 문학과 지성사).

원되는 여러 장의 행위자들과 법률의 장의 행위자들의 전략적 상호관계까지 연구의 범위를 확대할 수 있다.

이러한 사회적 실천에 있어서 각각의 사회그룹과 행위자들은 타자와 자신을 구분짓는 여러 가지 상징자본들을 동원하게 된다. 특정한 취향, 이념, 이론, 행동방식 등을 통해 타자와 자신을 구분하는 동시에 내부적인 결속을 강화하게 된다. 문화적 취향은 따라서 사회적 실천을 구성하는 중요한 요소이다. 부르디외의 아비투스 개념은 문화적 장에서의 생산, 소비, 중개 등의 실천을 분석하는 도구일 뿐만 아니라 법률의 장을 포함한 다른 장의 실천을 설명하는 개념이기도 하다. 예를 들어 우리들은 "검사"라는 직업범주가 순수하게 사회적 기능에 의해서만 지각되는 것이 아니라 독특한 상징들에 의해 개념화되어 있음을 쉽게 알 수 있다. 검사를 대표하는 색이 무엇인가? 대부분의 독자들은 검은색을 떠올린다. 검사의 말투는 사무적이고 딱딱한 것으로, 검사들의 머리 모양, 즐겨 마시는 술 등 사회 내에서 검사라는 집단을 대표하는 다양한 기호들이 머릿속에 떠오른다. 이와 마찬가지로 변호사를 대표하는 여러 가지 이미지들이 존재하고, 인권변호사라는 말은 일반적인 변호사의 이미지와도 사뭇 다른 이미지들을 연상시킨다. 특히 주류에 도전하는 행위자들은 사회적 비판과 관련된 여러 가지 취향들(젊음, 혁신, 은어와 속어, 전위적인 취향 등)을 동원하여 주류에 도전한다. 이처럼 아비투스란 사회적 행위자들이 보유하고 있는 성향의 체계를 의미하는데, 그것은 첫째, 사회구조의 규칙에 관여하고 있는 가치와 규범 등을 기계적으로 습득함으로써 형성되기기도 하지만('외적인 것의 내면화') 행위자의 전략적 판단에 의해 의식적으로 획득되기도 한다. 후자의 경우는 보다 의식적인 적응의 과정이라고 할 수 있을 것이다. 둘째, 행위자들은 자신의 취향을 표출함으로써 타자와 자신을 구분짓는다('내적인 것의 외연화'). 장의 지배자들은 보다 절제되고 보수적인 취향들을 강조하는 반면에(예를 들어 신중한 말투, 조심스러운 몸짓) 도전자들은 각양각색의 전위문화들을 통해 주류에 도전함과 동시에 내적인 결속을 다지게 된다. 따라서 부르디외는 아비투스를 '실천감각(sens pratique)'이라고 부르기도 한다.[8]

사회적으로 구성된 규칙은 특정한 자본과 아비투스를 정통하거나 저속한 것

8_ Pierre Bourdieu, *Choses Dites*, Paris: Edition de Minuit, 1987, p.79.

으로 자리매김한다. 규칙은 보편적인 형식으로 천명되며 따라서 정상과 비정상의 구분이 자리 잡게 된다. 어떻게 사회를 인식해야 하는지, 어떤 장소와 상황에서 어떠한 행동을 취해야 하는지, 어떤 사람들이 모인 자리에서는 어떤 태도와 반응을 보여야 하는지 사회에는 수많은 규칙들이 존재하고 있다. 대상을 어떻게 인식하고 해석해야 하는지 결정하는 권력이 바로 상징권력이다.[9] 상징권력은 보편성과 객관성을 주장하고 있기 때문에 이 기준을 충족시키지 못하는 것들에 대해 혹은 다른 기준을 제시하는 것들에 대해서는 억압과 폭력(상징폭력)이 될 수 있다. 상징권력은 그것이 강요하는 기준들이 하나의 상식으로서 (혹은 자연적인 것으로서) 사회행위자들에게 수용될 때 가장 큰 효과를 거두게 된다. 상징권력은 주로 사회를 바라보는 개념적 틀을 생산하고, 혁신하고, 비판하는 능력을 보유한 사람들에 의해 행사된다. 그렇기 때문에 부르디외 사회학에서는 전문가 집단에 대한 연구가 매우 중요한 자리를 차지하게 된다.[10]

이렇게 볼 때, 법을 포함해 사회를 연구하는 사람들은 두 가지 난관에 봉착하게 된다. 첫째는 자신이 연구하려는 대상에 붙어 있는 특정한 해석과 의미들을 통해 그 대상을 바라보게 될 위험이라고 할 수 있다. 복잡한 사회현상을 특정한 이론이나 이념의 틀 속에 용해시켜 버릴 위험을 사회연구자들은 늘 안고 있다. 이 경우 연구자는 그 이론을 만든 사람들의 게임에 빠져들 수 있다. 둘째는 연구자 자신이 속한 장에서의 지위, 장에서 습득한 취향에 의해 연구자와 연구대상이 '공모관계'를 맺는 경우이다. 자신의 사회계급, 직업, 실천, 경험 등에서 유래한 성향에 의해 연구자는 특정한 대상에 이끌리게 된다. 이 경우 연구자는 자신이 이끌린 대상이 들려주는 이야기들을 자기 방식대로 쉽게 수용한다. 이 두 가지 난관은 사회를 올바르게 이해하지 못하게 할 뿐만 아니라 연구자 자신도 모르게 특정한 정치적 견해와 이데올로기를 수용하고 확산시키는 결과를 가져오기도 한다. 연구자를 혼란에 빠뜨리는 이 암초들은 여러 가지 범주화된 것들을 무비판적으로 수용함으로써 배가될 수 있다.

복잡한 사회속에는 자신을 박애주의 운동가로 주장하는 투기자본과, 서민

9_ Pierre Bourdieu, "Devoiler les ressorts du pouvoir" in *Interventions-Science Sociale et Action Politique*, Paris: Agone, 2002, pp.173-176.

10_ Pierre Bourdieu, *Science de la science et la reflexivite, Raison d'Agir*, 2001, p.221.

금융을 주창하는 고리대금업자, 환경을 파괴하는 다국적 기업에 봉사하면서 환경운동에 투자하는 변호사 등 여러 장을 넘나들며 모순적인 실천을 수행하는 행위자들이 존재한다. 이들은 각양각색의 새로운 개념들과 그 개념을 대표하는 범주들을 만들어 내고 자신들을 그 범주에 위치시킨다. 이 함정에 빠지지 않기 위해서 연구자는 이 범주들이 누구에 의해 무엇을 통해 형성되고 보편화되는가, 그로 인해 어떤 사람들이 배제되는가, 그 결과는 무엇인가 늘 성찰해야 하며, 연구대상에 붙어 있는 다양한 입장들을 사회적으로 구성하는 사람들과 구성의 과정들을 파악해야 한다. 바로 여기에 부르디외 사회학이 법의 연구에 기여할 수 있는 지점이 있다.

예를 들어 '법의 지배(rule of law)'를 연구하는 어떤 사람은 법의 지배를 곧 민주주의와 연결시켜 자신도 모르는 사이에 '바람직한 것', 혹은 '추구해야 할 것'으로 전제한 상태에서 연구를 수행할 수 있다. 그러나 법의 지배에 대해 상이한 입장이 존재하고 있으며, 민주주의에 대해서도 매우 다른 입장들이 존재하고 있다. 따라서 누구의 누구를 위한 민주주의와 법의 지배인지 파악하는 것이 필요하며, 왜 그 법의 지배와 민주주의가 어떠한 과정을 거쳐서 보편적인 것으로 천명되는지, 왜 특정한 시점에서 법의 지배 개념이 각광을 받게 되었는지, 연구자들은 왜 그 개념을 수용하는지가 부르디외의 사회학을 통해 다루어 질 수 있다. 이것은 아래에서 설명할 드잘레이와 가스의 연구의 핵심 주제이기도 하다.

Ⅲ. 궁정전투와 법률의 장의 국제화

우리들이 법에 대해 가지고 있는 상식 중에는 법은 한 사회의 장기적인 발전과정에서 생겨난 자연적인 규범이라는 생각이 있다. 과연 그러할까? 한 문화권에서 만들어진 법이 다른 문화권에 이식되는 경우도 얼마든지 생각할 수 있을 것이다. 그렇다면 법의 이식과 전파는 왜 일어나는 것일까? 당장에 사회의 보편적 변화에 따라 유사한 사회관계를 규율하는 다른 나라의 '선진적'인 제도를 도입함으로써 법의 이식이 일어날 수 있다는 주장을 제시할 수 있을 것이다. 보다 비판적인 시각에서는 강대국에 의한 정복이나 강요에 의해 법이 강제로 이식된다는 주장을 제시할 수도 있다. 두 주장은 모두 진실일 수 있다. 그런데 위에서 설명한 부르디외 사회학에 입각해 법의 이식을 생각해 보면 새로운 관점이 제기되는데, 그것은 법률의 장을 지배하기 위해 경쟁하는 행위자들의 전략적 상호작용의 결과로서 법의 수출과 수입, 나아가 글로벌한 보편화 등이 일어날 수 있다는 것이다.

한때 법 인류학자들과 비교법학 혹은 국제관계에 각별한 관심이 있던 몇몇 학자들에게 맡겨졌던 법의 이식과 전파에 관한 연구들은 냉전이 종식된 후 법률가들이 주축이 된 (보편적) 인권주창운동과 1980년대 워싱턴 컨센서스의 프로그램에 의한 보편적 정책규범의 수출등과 관련해 새로운 연구 영역으로 부각되고 있다.[11] 특히 신자유주의 시대에 여러 학자들은 민영화와 개발을 위한 프로그램들, 민주주의와 자유화를 위한 운동들, 인권의 급속한 국제적 확산, 그리고 법과 권리에 대한 국제적 담론의 증가를 포함한 글로벌 운동의 결과를 검토하고 있다.

법의 글로벌한 영향의 대부분은 수출과 원조, 제재와 보상을 주도하는 선진국의 공공 및 민간기관의 행위자에 의해 촉발되었다. 법의 세계화 연구들은 대개 법, 인권, 민주주의, 시장의 가치를 수용한 상태에서 워싱턴 컨센서스 정책들, 인권의 전파, 그리고 다른 법률적 이식의 동기와 과정에 관한 연구에 집중한다. 보다 미시적인 관점(행위자 중심의 관점)에서 법 세계화의 중심인 미국의 법률조직과 법률가들과 그들의 제3세계 협력자들에 의한 법의 수출입도 학자들에 의해 연구되었다.[12]

법의 국제화(이식, 수출, 수입, 중개)는 그러나 여러 연구들이 보여 주는 바와 같이 법의 영역으로만 한정되어 다루어지지 않는다. 어떤 나라의 법을 다른 나라에 이식하는 과정은 정치, 경제, 사회운동 등 다양한 사회영역과의 관계를 통해 이루어지기 때문이다. 논의를 더욱 진행하기에 앞서서 법의 국제화가 어떠한 방향을 향해서, 어떠한 양상으로 진행되는지 보다 명확하게 정리해 보기 위해 근대 이후 세계를 양분하고 있는 두 개의 법률의 장(유럽대륙과 미국)의 이념형(ideal type)을 간략하게 정리해 보기로 한다.

11_ 법의 국제화 연구동향에 대한 아래의 정리는 Munger(2012)를 참고.

12_ 특히 '법과 발전(Law and Development)' 운동의 계획, 전개과정, 실패 그리고 최근의 부활은 흥미로운 연구주제이다. 이 주제에 대해서는 D. Trubek and A. Santos et al. (2006)을 참고.

우선 앞에서 언급한 바와 같이 부르디외는 국가권력의 장이라는 더 넓은 장과 관련하여 법률의 장에 대해 설명하고 있다. 부르디외는 "권력의 장은 권력의 형식들이나 상이한 형태의 자본들 간 권력관계의 상태에 의해 구조적으로 결정되는 세력의 장이다. 그것은 또한 그리고 불가분하게 상이한 형태의 권력을 보유한 사람들 사이의 권력투쟁, 그들 각각의 장 내부에서 지배적인 지위를 점유할 수 있게 해 줄 만큼 충분히 특수한 자본(특히 경제적, 문화적 자본)을 보유한 행위자들이 이러한 권력관계를 유지하거나 변화시키기 위해 전략을 활용하면서 상호 대립하는 게임의 공간이기도 하다"[13]라고 주장했다.

제도적으로 근대 유럽국가는 소수의 정부기관들(경찰, 사법시스템, 재무부 등)을 중심으로 발달했다. 대학에서는 '국가학(science d'Etat)'이 형성되고, 행정기관에서 업무를 담당할 전문가들이 양성되었다. 국가의 제도화와 정당화를 위해 근대법이 발달하였고 (법관보다는) 행정가로서 법률전문가 그룹의 출현은 근대국민국가의 형성에서 매우 중요한 변화였다.[14] 국가의 발달과정에서 객관화되고 보편화된 상징자본의 특수한 형태로서, 법률자본은 권력의 장을 지배하기 위한 중요한 자본이었다. 사회로부터 독립적이고 전문화된 관료제의 형성은 국가권력의 중앙화과정에 연계되었고, 분권화된 행정부문을 통제하기 위해 명확하고 합리적인 법률적 규칙들이 제정되었다. 행정권력이 점차 강화됨에 따라 '국가학'은 제도를 운용하기 위한 단순 기술이나 국가권력을 정당화하고 확장하는 수단으로 간주되었다. 즉 근대 초창기 법률 자본은 정치권력을 뒷받침하는 상징적 수단으로서, 군사력과 같은 물리적 폭력수단에 비해 열세에 놓여 있었다.

그 후 법학의 생산과 확산에 기반하여 갈수록 자율적으로 변해간 법학부는 근대 국가의 변화, 상징적 폭력이 보다 중시된 변화에서 핵심적인 기관이 되었다. 법대는 국가엘리트를 재생산하고 훈련하는 역할뿐만 아니라 중요한 공직으

13_ Pierre Bourdieu, *La Noblesse d'Etat: Grandes Ecoles et esprit de corps*, Paris: Editions de Minuit. 1989. pp.264-265.

14_ 부르디외는 『국가에 대하여』에서 역사가들의 연구들을 인용하여 봉건시대로부터 근대로의 이행과정에서 법률가집단이 수행한 이중행위자 혹은 파쇠르(passeurs)의 역할에 대해 설명했다. 요약하면 르네상스 이탈리아의 볼로냐 대학 같은 초국적 엘리트 교육기관을 통해 양성된 귀족의 후예들은 종교권력에 봉사하는 동시에 근대국민국가의 건설을 이끈 핵심적 행위자였다(Bourdieu, 2012: 508-512; Dezalay et Garth, 2006).

로 가는 증명서(학위증)를 발급하는 권한을 위임받음으로써 국가에 밀접하게 연결되는 한편으로 과학의 중립성과 교육의 가치 등을 주장하며 국가권력의 장 안에서 독립적인 하위의 장을 형성해 갔다. 특히 법학은 실무와 학문을 명확하게 구분하고 실무의 권력이 침해하지 못하는 신성한 영역으로 구성되었다. 이에 대해 이브 드잘레이는 다음과 같이 설명한다.

"학계와 궁정의 최상위에 자리 잡은 이러한 '법의 신탁자(oracles of law)'들은 법의 실무세계로부터 보호된, 법률의 장의 서열의 최상층까지 올라갈 수 있었다. 특히 법의 보편성과 밀접하게 관련된 학문적 형식주의는 법대와 국가 간에 밀접한 관계를 형성하는 수단이었을 뿐만 아니라 법률의 장의 신참자들에게 법률직업의 가치에 순응하는 것이 얼마나 중요한지를 가르치는 데 있어서 중심역할을 수행했다"(Dezalay et Garth, 2006).[15]

이러한 유럽 법률의 장과는 달리 미국에서 법과 국가의 제도적 경계는 훨씬 덜 명확하다. 미국 법률의 장은 형성과정에서 스스로를 국가와 구분할 필요가 없었다. 그리고 이 장의 행위자들은 정치인, 사업가, 혹은 시민도덕과 박애주의의 옹호자로서 활동할 수 있었다. 미국 국가의 형성에 있어서 법률의 장은 유럽에서처럼 국가로부터 정당성을 이끌어 내기보다는 오히려 국가가 법률의 장으로부터 정당성을 이끌어 내는 특징을 가지고 있었다. 유럽 법률의 장이 언제나 국가의 업무에 초점을 맞추었다면 근대 미국 법률의 장은 월스트리트 로펌과 아이비리그 로스쿨 간의 제도적 동맹이었으며 시민사회 중심이라 할 수 있었다. 이 동맹은 효과적으로 법률 위계서열의 상층부를 통제했고, 행위자들이 경제, 사회, 학문 자본을 혼합할 수 있게 해 주었다. 그 결과 미국 모델의 주요 특징은 보다 유

15_ 근대국민국가의 형성기에 법대는 국가권력으로부터 뿐만 아니라 사회의 다른 장과의 경쟁에서 자율성을 확보해야 했다. 법을 다룬 것은 아니지만, 피에르 파브르의 프랑스 정치학의 탄생에 관한 연구는 법대가 자신의 장의 경계를 유지하기 위해 경쟁적 학문을 어떻게 정의하는지 보여 주는 내용이 담겨 있다(Favre, 1996). 1871년 경제적으로는 신흥 부르주아, 정치적으로는 공화주의를 표방한 사회세력이 실용적인 정치의 과학을 표방하며 정치학 사립학교를 설립하였다[세계 최초로 정치과학(science politique)이라는 학문의 탄생]. 오랫동안 이 학교는 정치현상을 법으로 환원하는 법대 교수들의 반발에 부딪혀 제도권 대학에 진입하지 못했다. 법학과의 차별성을 명확하게 하기 위해(즉 장의 경계를 형성하기 위해) 이 학교는 정치학을 규범적이고 당위적인 법학과 구분되는 경험의 과학으로 정의하였다(장의 규칙의 형성).

연한 분업, 보다 유동적이고 개방된 위계질서에서 경제적 이익의 추구였으며, 이것은 수많은 학식 있는 법률 자본의 상속자가 될 수 있게 해 주었다.

1. 대립하는 두 개의 법률의 장

드잘레이, 트루베크(Dezalay, Trubek et al., 1993)는 역사가들이 수행한 연구에 입각해 유럽과 미국의 법률의 장의 이념형(ideal type)을 작성했다. 저자들은 이념형에 입각한 설명이 현실을 단순화하는 위험이 있지만 막스 베버의 이념형이 지향하는 바와 같이 인위적으로 순수한 모델을 구성하여 이를 척도로 현실의 변화를 측정하고 국가 간 비교를 시도한다.

(1) '구유럽(Old European)' 법률의 장의 이념형

역사적으로 유럽대륙의 국가들의 법률 시스템은 법학의 권위에서 정당성을 발견했다. 법률의 권위는 '과학적'으로 작성된 법전으로부터 유래했고, 학계의 정상에 위치한 사람들이 수호하고 있는 권위적 독트린을 통해 구체화되었다. 법률의 장은 가장 높은 지위를 점유한 저명한 학자들과 상급법원 판사 등에 의해 엄격하게 서열화되었다. 법률의 장은 또한 상호 분리되어 있는 각각의 실무영역에 의해 분절화되었다. 법을 집행하는 사람들과 법을 만들고 해석하는 사람들 간의 분업과 지위는 명확하게 정의되었다. 언제나 현실을 대면하는 법실무자들은 저명한 학자들에 비해 열등한 것으로 간주되었다. 법학자들은 '성역의 수호자'인 자신들을 사회생활로부터 독립된 '순수한 법의 영역'을 탐구하고 현실 사회의 분열과 갈등으로부터 거리를 둔 것으로 주장했다.

이와 동시에, 유럽법률의 장은 다른 사회적 장들과 관련을 맺고 영향을 받았다. 법조계 서열의 정상에 위치한 사람들은 사실상 경제적, 정치적, 문화적 엘리트였으며 이 분야에 종사하는 동료들과 친분을 유지했다. 아주 소수의 저명인사들만이(대부분 교수들) 법의 본질과 당위성에 대해 말할 수 있는 권리를 보유한 상징권력자들이었다. 그들은 형식적으로 고객들로부터 독립되어 있고 상업적 이익과 거리를 유지했지만, 현실적으로 이 법률의 수탁자들은 그들이 제공하는 권위적 견해에 기꺼이 막대한 돈을 지불하는 고객들에 의해 충분한 보상을 받았다.

소수만이 법률적 권위를 통제한 상황은 다른 한편으로 법의 규칙을 정의할 수 있었던 사람들이 법률의 장 외부의 권력자들과도 세력의 균형을 이룰 수 있었음을 의미하기도 한다.

변호사들은 단독으로 법실무를 담당하거나 특수한 법률 분야로 전문화된 작은 법률사무소에서 근무했다. 법실무는 주로 송무를 중심으로 수행되었고 변호사들은 기업들의 일반업무에 있어서는 상대적으로 제한된 역할만을 수행했다. 사업 컨설턴트로서 변호사나 여러 전문분야의 활동을 집중시킨 로펌의 발달은 더디게 진행되었다.[16] 법학교육은 직업교육이라기보다는 순수학문처럼 다루어졌고 그로 인해 법현상에 대한 분석적 기법을 발전시키기보다는 추상적 원리와 독트린의 교육을 지향했다. 그 결과 법학대학은 법률직업에 곧바로 진입하는 경로가 되지 못했으며 법대를 졸업한 후 사법연수와 같은 부수적 실무교육이 마련되었다. 또한 법률직업에서의 경력은 사실상 법대에서의 학업능력뿐만 아니라 인맥의 영향을 받았다.

구유럽모델은 무엇보다 법률의 장의 엄격한 구획과 외형적 자율성과 법을 해석할 권리의 제한을 통해 정당성을 생산했다. 이것은 법률의 장과 국가 간 긴밀한 관계에 의해 지탱되었는데, 국가는 법의 정당성의 원천이었다. 유럽 법률의 장은 다른 권력의 장들과 맺고 있던 현실적인 관계 때문에 비공식적이고 비가시적인 방법들을 통해 기존의 권력과 부의 질서에 이바지 했다. 유럽법률의 장은 아래 소개할 미국 법률의 장과 대조적으로 공익활동(pro bono)을 그다지 강조하지 않는다. 공익은 국가의 업무로 간주되기 때문이다. 또한 대중의 운동을 주도하거나 소외계층의 이익을 대변하는 법률가들에게 그다지 큰 가치를 부여하지 않았다.[17]

16_ 이러한 변화는 유럽통합과 더불어 본격화되었다. 국경을 가로지르는 무역과 상업의 폭주 그리고 유럽연합 기구에 대한 로비의 증가는 법의 상업화를 촉진했으며, 유럽의 법률가들이 뒤에 소개할 미국식 법률모델을 적극적으로 도입하는 결과를 가져왔다. 그로 인해 등장한 유럽식 법률 모델과 미국식 모델의 혼합을 드잘레이와 트루베크는 '복합모델(hybrid model)'이라 부르는데, 이 글에서는 지면 관계상 자세하게 논의하지 않는다. 이 글에서 소개하는 유럽식 모델을 드잘레이와 트루베크가 구유럽모델('old' european model)이라 부르는 것은 복합모델과 구분하기 위한 것이다.

17_ 사실 부르디외와 드잘레이는 근대에 프랑스에서 발명된 인권운동 법률가들에 대해 흥미로운 설명을 제시했다. 18세기에 얀세니즘 교도들을 옹호하고 정부의 탄압에 맞선 일군의 인

(2) 크래버티즘(Cravatism): 미국 법률의 장의 이념형

법실무가 중앙집권적인 근대국민국가를 만드는 작업보다는 분권화되고 상업화된 민간영역의 업무들을 중심으로 발달한 미국 법률의 장은 유럽의 장과 뚜렷하게 구분된다. 드잘레이와 트루베크는 19세기 미국 상업로펌모델의 선구자였던 폴 크래버스(Paul Cravath)의 설명에 기초해 미국의 장을 "크래버티즘"이라 명명하였다. 미국법률의 장과 유럽법률의 장의 가장 뚜렷한 대조는 사업에 대한 법률서비스 제공에서 발견된다. 상업서비스는 미국 법률의 장의 일반적 특징을 반영할 뿐만 아니라 상법의 영역을 넘어서는 영역에 까지 영향을 미치며, 그 결과 "대형 로펌은 미국 법률의 장의 상징이자 엔진이다"(Dezalay, Trubek et al., 1993: 423)."

대형 로펌은 여러 분야의 법률 전문성을 집중하고 순수한 법률자문, 소송, 자료의 준비를 크게 뛰어넘는 자문을 제공하며 전국적, 지방적 차원에서 활동한다. 대형 로펌들이 제공하는 법률 서비스는 법안과 행정법령의 준비와 로비, 기타 비법률적 컨설팅을 포함한다. 큰 자율성와 다양성을 가진 주법(state laws) 때문에 대형로펌들은 상이한 내용을 가지고 경쟁하는 법체계를 분석하고 비교하는 능력을 갖추고 연방법체계에 내재한 복잡성과 다양성을 이용해 자신의 고객들을 보호하는 전략을 발전시켰다.

로펌들은 법률문화에 중요한 영향을 미친다. 최종 법원의 소수 판사들과 더불어 대기업과 로펌의 상업법률가들이 미국 법률의 장의 상층부를 지배하고 있다. 법인 고문변호사들은 고객을 위한 전략의 마련과 자문제공 활동을 하며, 거의 무제한적으로 자원과 온갖 유형의 전문성을 동원하고 각양각색의 법률적, 준법률적 영역에서 활동한다. 이러한 법률활동은 법률의 장의 다른 부문에도 영향을 미쳐 정부기관들과 기업의 법무조직에 의해서도 채택되며 (자원이 허용하는 한) 공익변호사들과 사회운동부문의 변호사들에 의해서도 모방되기도 한다.

법학계에 대한 상업법률부문의 영향은 직접적이고 막대하다. 미국 법률의 장의 엘리트인 상업법률가들은 최고 명문 로스쿨을 졸업한 사람들이다. 미국의 로스쿨의 서열은 법률의 장에 진출하는 직접적인 창구이며 법률의 장의 서열을 결정하는 데 있어서 중요한 기준이다. 유럽에서와 마찬가지로 미국에서도 출신

권변호사들은 법률의 장에서 열세에 처해 있었다. 이들은 인권운동을 통해 획득한 명성과 도덕적인 자본을 활용해 국가권력의 장에 침투하는 경로를 개척했다.

계급과 상징자본이 법조의 높은 지위를 획득하기 위한 조건이지만, 로스쿨에서의 학업능력과 능력주의적인 기준들이 유럽에 비해 더 중요하게 다루어진다. 로스쿨의 지위는 졸업생들의 임금과 명성과도 밀접하게 관련되어 있으며, 역으로 대학들은 졸업생들의 연봉과 진로에 직접적인 영향을 미치는 학교의 순위를 유지하거나 높이기 위해 치열한 경쟁을 벌인다. 랭킹을 높이고 최상위권 학생들을 유치하기 위한 경쟁은 교수의 충원과 교과과정의 결정에도 영향을 미친다. 법학교육에 대한 상업법률 부문의 재정적인 영향력도 중요한 요소이다. 대부분의 로스쿨은, 특히 최고 명문 로스쿨은 졸업생들의 재정적 지원에 직접 의존하고 있다.

미국의 법률생산방식은 유럽과 매우 다른 방법으로 정당성을 획득한다. 상업로펌이 미국 법률의 장에서 핵심행위자이기 때문에 법률의 장은 다른 사회영역에 유럽에 비해 직접적으로 개방되어 있다. 유럽의 법률가들이 위선적으로 무욕을 가장한다면 미국의 법률가는 노골적으로 높은 수임료를 받는다. 게다가 유럽의 법률귀족들이 물질적 이익으로부터의 거리두기와 법의 공공성을 강조하는 반면에 미국 로펌들은 본질적으로 물질적 이익을 추구하고 사적인 영역에서 명예를 구축한다. 미국 법률조직의 기업가적 성격, 사업기법과 실무의 방식, 고객을 위한 봉사라는 직업윤리, 그리고 자율적인 법학 전통의 부족 등은 유럽과는 다른 정당성의 토대를 정착시켰다. 추상적 법학과 국가를 중심으로 한 공공성의 보장을 정당화의 근거로 내세우는 유럽법률의 장과는 달리 미국 법률의 장은 법 자체에 대한 헌신과 사회 및 경제적 장의 대항마로서 형식적 정당성을 구축했다. 따라서 법률시스템이 중립적 '개혁'이나 사회의 다른 권력의 독점적 지위를 견제함으로써 모든 사람들에게 봉사한다는 점을 강조한다. 국가기관에 대한 자문이나 진입은 유럽의 전통과는 달리 그 자체가 중요한 목적이라기보다는 전문성을 활용한 공적인 봉사로서 중요한 도덕적 자본으로 간주된다. 즉 정부에서의 경력은 로펌에서 획득할 수 있는 재정적 이익을 희생하고 국민에게 봉사하는 숭고한 행위가 된다. 사회에 대한 봉사 역시 이러한 맥락에서 강조된다. 변호사들은 소외된 계급에 대한 무료변론이나 각종 사회운동에 참여하여 국가와 시장을 견제하는 힘으로써 공익법의 전통을 발전시켰다. 미국에서 발달한 박애주의 엘리트의 전통은 포드, 록펠러, 카네기 등 거대자본과 거대 로펌의 저명한 법률가들을 주축으로 설립되었고 국가에 대한 정책 자문제공과 국가업무에의 직접적인 참여,[18] 빈곤퇴치와 환경보존을 위한 시민단체의 후원, 학술활동의 지원(외국 장학생의 유치, 특정한 이론과 연구방법의 지원, 이렇게 형성된 학문적 결과물의 국제적인 수출, 교육기관의 설립 등)의 활동이 국가와 사회에 대한 통제라기보다는 봉사와 헌신으로서 강조된다.

2. 법률의 장의 국제화와 궁정전투

위에서 소개한 이념형의 비교를 통해 우리는 현재 세계 곳곳에서 일어나는 사법개혁의 지향점을 명확하게 이해할 수 있다. 결국 현재 진행되는 법의 국제화의 본질은 식민화를 통해 전세계에 이식된 유럽식 법과 국가의 모델이 미국식 모델을 향해 급격히 이동하는 과정이라 할 수 있다. 그런데 사법'개혁'이라는 용어는 유럽형에서 미국형으로의 이행의 현실들에 긍정적인 가치를 부여한다. 사실 이 변화는 긍정적일 수도 부정적일 수도 있기에 이 글에서는 거기에 대한 시비를 논하지 않는다. 우리에게 중요한 문제는 사법개혁이 가져오는 권력관계의 변동에 관한 것이다. 즉 기존의 유럽식 모델에 기반하여 권력을 보유했던 사람들은 현재 사법개혁에 의해 새로운 모델을 대표하는 법률의 장의 행위자들에 의해 강력한 도전을 받게 된다. 그로인해 법률의 장에서 지위를 점유한 각각의 행위자들은 이 장의 규칙을 방어하거나 전복하기 위해 격렬한 경쟁을 벌이고 있다.

이러한 변화는 왜 일어나는 것일까? 그리고 누구에 의해 어떻게 전개되는가? 여기에는 몇 가지 경계해야 할 설명이 있다. 첫째는 기능주의적 설명으로서 환경의 변화에 대해 법의 적응으로서 변화를 설명하는 것이다. 예를 들어 경제관계의 변화(경제의 세계화), 정치질서의 변화(민주화와 권위주의의 청산), 기술의 발달과 그로 인한 사회적 이익의 다원화 등이 법실무와 법관양성제도의 변화와 적응을 촉구하고 있다는 식의 설명으로서, 우리들이 가장 많이 접하고 있는 것이다. 이러한 설명은 법의 변화와 개혁을 지극히 자연적인 현상으로 간주하게 이끌며, 변하는 환경에 적응할 것인가 혹은 도태할 것인가 선택의 논리를 강요하게

18_ 특히 외교정책에 관여하여 인권외교와 국제정치를 이끈 변호사 출신의 "외교정책엘리트(Foreign Policy Establishemnt)"에 대한 드잘레이와 가스의 연구는 흥미롭다(Dezalay, Garth, 2012).

된다. 다음으로 (문화적) 제국주의 확산으로서 이러한 변화를 설명하는 것인데, 강대국이나 자본의 권력이 법의 변화를 강요하고 있다는 주장이다. 이 설명은 첫 번째 설명보다 현상의 배후에 놓인 구조적 권력문제를 제기하지만, 기능주의적 설명과 마찬가지로 법의 변화를 수용하는 행위자들의 다양한 동기와 전략을 단순화하는 문제가 있다. 심지어 미국식 법(상업법률과 공익법)의 도입을 주장하는 행위자들을 모두 매판법률가로 간주할 위험도 안고 있다.

부르디외 사회학에 입각해 보면, 법률의 장의 변화는 무엇보다 외부의 환경을 특수한 방식으로 정의하고 정당화하는 행위자들과 그들이 보유한 자본, 그리고 장의 규칙을 장악하기 위한 경쟁과정을 통해 설명된다. 『궁정전투의 국제화』에서[19] 드잘레이와 가스는 라틴아메리카 국가들에서 기존의 유럽법률의 장을 수호하려는 엘리트 법률가들과 미국법률의 장을 현지에 도입하려는 법률가들의 경쟁을 '궁정전투'로 개념화했다. 이 경쟁은 현지 권력의 장의 구조와 엘리트들의 배열(즉 장에서의 지위)에 따라 상이한 양상으로 전개된다. 구유럽법률의 장과 보다 유사한 브라질과 칠레의 경우 법대는 국가관료를 양성하는 기관이었으며 법률의 장은 강력한 행정권력의 하위에 놓여 있었다. 상업법률가들의 지위는 상대적으로 낮게 평가되었고 상층 엘리트가 보유한 법률자본은 사법부와 재계에 투자되기보다는 통치권력으로 가기 위한 자본이었다. 국가권력을 점유한 법률전문가들은 관료기구를 통해 행정, 외교, 경제관료로서 활동했다. 법대는 자율적인 장을 형성하지 못하였으며 행정부의 법률가들이 파트타임 교수로서 수업을 담당하였다. 냉전시기 라틴아메리카의 공산화와 군사독재를 억제하기 위해 미국식 법률제도를 이식하려 했던 미국의 시도는(법과 발전 운동) 실패로 끝나게 되는데, 그것은 현지의 엘리트 법률가들이 미국의 법률 자본에 의지하지 않고서 국가권력에 진입할 수 있었기 때문이었다. 법과 발전운동이 보장한 유학기회와 기타 지원의 혜택은 오히려 법률의 장에서 상대적으로 열세에 놓여 있던 상업법률가들에 의해 활용되었다.

19_ Yves Dezalay and Brtand Garth, *The Internationalization of Palace Wars: Lawyers, Economists, and the Contest to Transform Latin American States*, Chicago: University of Chicago press, 2002(드잘레이, 가스 지음, 김성현 번역, 『궁정전투의 국제화: 국가권력을 둘러싼 엘리트들의 경쟁과 지식 네트워크』, 서울: 그린비출판사, 2007).

아르헨티나의 경우 브라질과 대조적으로 “약한 국가”가 특징이었다. 아르헨티나의 엘리트들은 지역적으로나 직업적으로 분열되어 있었으며, 식민시기 중개무역의 영향으로 상업활동에 종사하는 변호사들이 주축을 이루었다. 빈번한 쿠데타는 안정적인 행정부의 구축을 가로 막았고, 그로 인해 엘리트들은 국가권력에 대한 투자보다는 국외에서의 경력이나 재계의 활동에 법률자본을 투자했다. 그로 인해 아르헨티나의 법률의 장은 구유럽법률의 장보다 미국법률의 장과 유사한 구조를 가지고 있었다. 미국의 법과 발전운동이 아르헨티나에서 이루어 낼 것은 없었으며 실제로 아르헨티나에 대한 미국의 법률적 투자는 다른 나라에 비해 적었다.

법률의 장의 변화를 이끌고 궁정전투를 가열한 두 가지 중요한 요소는 신자유주의 경제의 확산과 냉전 이후 군사독재의 청산, 즉 민주화였다. 신자유주의는 국가를 경영하는 지식에 있어서 법률전문성보다 경제적 전문성을 우선시하였다. 사실 신자유주의가 지배하기 이전부터 여러 나라에서는 경제관료를 담당했던 법률전문가들이 경제학이라는 새로운 학문을 전공한 전문가들로 교체되고 있었다. 냉전시기 케인즈 경제학을 전공한 (즉 여전히 시장에 대한 국가의 역할을 중시한) 경제학자들이 법률가들을 대체했다면, 1980년대 이후에는 금융위기를 기점으로 케인즈 경제학이 정당성을 상실하고 통화주의 경제학자들이 권력의 장을 점령한다. 미국에서 벌어졌던 경제학의 궁정전투, 즉 케인즈학파 대 시카고학파의 경쟁은 라틴아메리카에 그대로 도입되는데, 드잘레이와 가스는 개발도상국의 궁정전투는 중심부로부터 전문성의 수입만을 가져오는 것이 아니라 이 전투를 치루기 위한 전술의 수입을 가져오기도 한다고 주장했다. 세계은행과 IMF 등 채무국가에 대해 영향력을 행사한 국제기구들의 정책기준이 신자유주의로 바뀌면서 라틴아메리카의 국가전문가들은 시장의 전문가들에 비해 더욱 열세에 놓이게 되었다. 신자유주의는 공적 영역에 비해 사적 영역을 크게 확대했으며, 공적 영역을 중심으로 형성된 법률의 장도 위기를 맞이하게 되었다. 각종 국가규제의 철폐와 시장의 개방과 자유무역협정은 경제행위자들의 영향력을 확대시켰으며 오랫동안 열세에 놓여 있던 상업법률가들의 지위가 상승하는 결과를 가져온다. 따라서 기존의 법률의 장의 규칙을 지키려는 주류와 이 규칙을 새것으로 바꾸려는 도전자의 경쟁이 사법개혁의 중요한 양상을 이루게 된다. 법학교육은 이제 국가의 전문가보다 시장의 전문가를 양성하도록 요구받고 있다. 도전자들은 장에서의 지위와 자신들이 보유한 자본을 높이기 위해 더욱더 미국의 법률자본을 정당화하고 투자를 하게 된다.

인권과 민주화 운동의 장에서도 유사한 변화들이 관찰된다. 냉전시기 미국의 후원을 받던 군사독재가 청산되고 이념적 통제가 완화됨으로써 여러 개발도상국에서 민주화 운동이 전개되고 있다. 그로 인해 군사독재에 의해 배제되었던 법조계의 저명인사들과 사회적 자본이 부족한 상황에서 진보운동에 보다 많은 투자를 하던 변호사들이 주류에 도전하기 위한 작전의 지형이 크게 확대되었다. 민주화 이후 이들은 국가권력의 장에 진입하여 진실규명위원회나 과거사 청산위원회 등을 통해 군사독재에 타협한 주류를 비판하고 국가권력의 그늘에 있던 형식적 인권기구들을 해체하였다. 외국의 인권단체와 이들이 맺고 있는 관계도 과거의 주류법률가들을 압박하는 전략적 자본이다. 독재자의 인치를 대신한 "법의 지배"운동이 곳곳에서 벌어지고 있다. 권력을 비판하는 과정에서 사회과학이 동원되기도 한다. 국가를 대신하여 경제적 빈곤을 해결하기 위한 시민사회의 노력이 강조되고 환경, 소수자의 관리와 연계된 공익법 운동에 대한 요구가 높아지고 있다. 흥미로운 점은 민주화 이후 브라질과 칠레 같이 법률가들이 국가경력을 선호하는 나라들에서는 민주화운동에 기여했던 법률가들이 국가기관에 흡수된다는 것이다(이 글의 주석 10의 내용과 비교). 드잘레이와 가스는 시민운동에서 일종의 두뇌유출(brain drain)이 일어나고 있다고 지적했다.

'글로벌 스탠더드'로 불리는 자연화된 규칙들은 여러 나라의 궁정전투에 영향을 미친다. 굿거버넌스(그리고 여기에 시민운동의 차원을 보다 강화시킨 민주적 거버넌스)와 법의 지배는 2000년대 이후 국제적인 표준이 되었다. 한 예로 2008년 7월 비엔나에서 개최된 사법포럼은 전 · 현직 국가원수, 국제기구의 대표자, 다국적기업의 CEO, 노동조합의 지도자, 그리고 112개 국가에서 온 NGO 대표들로 구성되었다. 이 포럼은 전 세계에 걸쳐 법의 지배(Rule of Law)를 확산시키는 것을 목표로 세계사법프로젝트(World Justice Project)를 전개하였다. 이 프로젝트에는 또한 미국 상공회의소, 국제투명성기구, 미국시민공학협회, 휴먼라이트워치, 국제고용자기구, 국제노동조합총연맹 등 언뜻 보기에 매우 이질적일 것 같은 단체들이 참여하였다. 세계사법프로젝트만이 법의 지배를 국제적으로 확산시키는 운동을 전개하는 것은 아니다. 미국변호사재단, 프리덤 하우스, 유럽연합이사회, 세계은행 역시 각자의 기준에 따라 법의 지배의 확산을 촉진하고 국가별로 감시하기 위한 다양한 척도들을 제시하며, 이에 입각해 매년 국가별 서열을 발표하고 있다. USAID, 조지 소로스의 열린사회연구소, 포드재단 등 정부나 투기자본, 거대산업체들도 법의 지배의 확산에 막대한 자금을 지출하고 있다(김성현 2007; 2010). 거버넌스와 법의 지배를 확산하려는 운동은 개인의 권리, 국가권력의 억제, 시민사회의 다양성을 주장하면서 결국 사적인 영역을 크게 확대한다. 이 과정에서 독재정권과 자본의 권력에 맞서 저항하는 사회적인 힘들이 오히려 이 권력에 흡수되기도 한다. 글로벌 스탠더드는 모든 국가가 준수해야 하는 객관화된 규칙으로 소개되면서 국내의 궁정전투에 큰 영향을 미치게 된다.

Ⅳ. 부르디외 법사회학에 대한 비판적 논의와 답변

이제 결론을 대신하여 부르디외의 사회이론이 법과 관련된 사회현상을 이해하는 데 어떻게 기여할 수 있으며 또 어떠한 쟁점을 남겼는지 정리해 보자.

첫째, 부르디외의 이론은 법을 연구함에 있어서 과도한 '법률중심주의'(이는 유럽식 법률의 장의 유산이기도 하다)로부터 벗어나 복잡한 사회적 관계를 고려하도록 촉구한다. 법이 사회현상임에도 불구하고 객관적 형식을 갖춰야 하는 이유와 이 형식을 갖추기 위해 그리고 정당화하기 위해 어떠한 전략들이 수행되는지 성찰하도록 이끈다. 그런데 이러한 접근은 반대로 법을 폄하하거나 해체하고 있다거나 심지어 법을 이야기하면서도 법을 다루지 않고 있다는 비판을 받기도 한다(Caillosse, 2004: 23-33). 부르디외 저술에 나타난 법에 대한 매우 냉소적인 표현도 이러한 비판을 불러일으킨다. 이 비판에 대해서는 법이 다른 권력의 장과 맺고 있는 현실적 관계를 추적하는 것이 그의 연구의 목표라는 것을 다시 한 번 상기하는 것으로 충분할 것이다. 이와 관련해 부르디외 사회학을 활용하는 여러 연구들의 한 가지 공통점은 연구의 대상이 되는 행위자가 명확하게 그려지지 않는다는 것이다. 사실 이 점이 그들의 연구를 이해하기 어렵게 만드는 요인이기도 하다. 법률가, 경제전문가, 정치인, 사회운동가 등이 다른 연구들처럼 명확하게 서술되지 않는 이유는 바로 이들의 직업적 범주가 복잡한 사회관계에 의해 구성되기 때문이다. 이 행위자들은 복수의 정체성을 가지고 있다. 그리고 부르디외는 이 복잡한 관계를 단순한 범주로 환원하는 것을 비판한다.

둘째, 과도한 엘리트중심의 연구에 대한 연구주제와 방법에 대한 비판이 있다. 뭉거는 드잘레이와 가스의 법의 국제화 연구가 바로 이러한 문제를 안고 있다고 비판했다(Munger, 2012). 엘리트들의 궁정전투에 초점을 맞추다 보니 민주화과정에서 비엘리트 법률가들과 사회운동가들이 수행한 중요한 역할들이 연구에 빠져 있다는 것이다. 그러면서 태국의 민주화에 법률가들이 수행한 역할을 연구하기 위해 자신은 드잘레이와 가스와는 다른 진입지점, 즉 엘리트가 아닌 행위자들을 대상으로 인터뷰를 진행했으며 이들은 전혀 다른 민주화의 스토리를 들려주었다고 주장했다. 실제로 독자들은 그들의 저작을 읽으면서 장의 행위자들이 모두 장에서의 유리한 지위를 차지하기 위해 (개인의 이익을 실현하기 위해) 행위하는 것으로 생각하기 쉽다. 그럼으로써 민주화 운동이나 인권운동에 헌신하는 사람들의 노력이 폄하된다는 결론을 내릴 수도 있다. 그러나 부르디외의 평생의 연구주제는 권력의 문제를 분석하는 것이었다. 행위의 규칙과 사고의 범주들을 장악하는 경쟁은 사실상 우월한 엘리트와 열세에 처한 엘리트 간의 경쟁일 수밖에 없다. 또한 민주화운동 내부에도 운동을 이끄는 주류와 도전하는 비주류가 존재한다. 부르디외는 오히려 사회운동을 대표하는 행위자들과 권력의 관계를 조명함으로써 운동의 세계에 존재하는 권력 불균형의 문제를 성찰하도록 이끈다.

끝으로 법률 전문성을 포함한 전문성의 국제적 확산에 관한 몇몇 연구들과 부르디외 사회학 간에 쟁점이 있다. 뭉거는 민주화운동에 헌신한 '비엘리트적' 법률가들을 연구할 필요성을 제기하면서 다음과 같이 권고한다.

"드잘레이와 가스가 그들의 영향을 설명하기 위해 더 넓은 정치적 제도적 틀에 대한 법률적 이식을 설명하려 한 유일한 학자는 아니다. (…) 다른 이론들, 특히 신제도주의, 초국가적 주창네트워크, 그리고 인식공동체의 영향등이 법률의 이전과정을 설명하기 위해 다른 학자들에 의해 활용되었다. 글로벌한 법의 이전에 관한 최근 연구 각각은 서로 다른 진입지점을 활용하고 있으며, 드잘레이와 가스가 도달한 결론 중 많은 부분을 보완하고 있다. 국제인권운동에 관한 비교연구를 통해 리스, 롭, 시킨크(1999)는 개발도상국의 국내정치와 법을 재정향시키는 데 성공한 국제적 압력과 국내사회운동의 장기적이고 상호작용적인 효과의 '나선형모델'을 발전시켰다. 그들의 모델은 그것에 의해 법의 이전이 정치에 들어가는 사회적 엘리트와 비엘리트의 진입지점을 고려한다. 부분적으로 인권운동에 의해 영향을 받는 지역운동을 연구한 다른 많은 학자들처럼 리스, 롭, 시킨크는 현지에 기반을 둔 행위자들이 잠재적으로 그들 자신의 사회에서 엘리트 정치행위자로부터 독립된 것으로서, 그리고 권력보유자들의 반응에 영향을 미칠 수 있는 것으로 간주한다. 이는 몇몇 신생국에서 다양한 조건하에서 사실일 수 있다."

한 가지 흥미로운 점은 전문행위자들이 형성하는 네트워크 분석을 활용해 전문성의 국제적 순환을 연구하라는 충고는 최근 부르디외 사회학을 활용하는 학자들에게 공통적으로 제시되고 있다(필자 역시 예외는 아니다). 그런데 이 충고를 받아들일 경우 부르디외가 기여하는 많은 것(특히 권력문제의 성찰)을 잃게 된다. 우선 뭉거가 권고하는 인식공동체(epistemic community)와 초국가적 주창네트워크(transnational advocacy network)의 정의부터 살펴보면 다음과 같다.

"인식공동체는 특정한 영역이나 이슈영역에서 인정받은 전문성과 능력을 가진 전문가들의 네트워크이며 (… 이 네트워크의 전문가들은) 공동체 구성원의 사회적 행위에 대해 가치에 입각한 추론을 제공하는 일련의 규범적이고 원칙적인 믿음을 공유한다"(Haas, 1992: 8).

"초국가적 주창네트워크는 어떤 이슈에 대해 작업하는 행위자들을 포함하는데, 이 행위자들은 공유된 가치, 공통의 담론, 밀접한 정보와 서비스의 교환으로 묶여 있다. 이러한 네트워크는 고도의 가치내용과 정보의 불확실성으로 특징지어지는 이슈영역에서 주로 활동한다."[20]

이러한 정의가 부르디외 사회학의 주제에 얼마나 배치되는지 쉽게 이해할 수 있을 것이다. 부르디외는 특정한 전문성과 가치를 보편적이고 객관적인 것으로 인정받으려는 행위자들을 분석할 것을 요구한다. 전문지식과 가치 자체가 사회적 구성의 대상이다. 그런데 위의 개념들은 전문성과 가치의 구성과정에 대한(즉 어떤 계급이, 어떠한 권력 자원을 활용하여 특정한 가치를 보편화, 객관화하는가) 언급이 없이 이미 존재하는 지식과 가치를 수용한 전문가 집단이(이들이 전문성이

20_ M. Keck and K. Sikkink, "Transnational advocacy networks in international and regional politics," International Social Science Journal. v.51, 1999, p.89.

어떻게 결정되는지도 위의 연구들에서는 다루어지지 않는다) 그것들을 동원하여 어떠한 결과를 거두었는지 설명한다. 이 네트워크들은 부르디외 사회학에서는 상징권력자로서 분석의 대상이 되어야 한다. 니콜라 기요(Nicholas Guilhot)는 인식공동체, 주창네트워크 개념을 활용하는 접근에 대해 다음과 같이 비판한다. "이 연구의 초점은 내부행위자의 관점과 참여적인 접근으로 편향되어 있다. 고려가 되는 구조 내부의 관점과 입장은 정확하게 분석되지 않고 있다. 이상주의의 윤리적 책임감이 이 네트워크들과 그것을 중심으로 조직되는 갈등의 출현에 대한 사회과학적 설명을 대신한다"(Gulihot, 2005: 49).[21]

부르디외 사회학을 활용하는 연구자는 아니지만, 데보라 야사르도 이 접근방법에 대해 다음과 같이 비판한다. "이 저자들(Dani Rodrick, Nuhuoglu Soysal, Kecj and Sikkink) 중 그 누구도 언제 그리고 왜 특수한 정체성이 다른 것보다 정치적으로 분명한 것이 되었는지 설명하는 도구를 제공하지 않는다. 어떤 그룹은 왜 특정한 축을 중심으로 조직되기를 선택하는가? 이 질문은 운동의 출현에 대한 모든 설명에서 중요한 질문이다"(Yashar, 2002: 372).

즉 부르디외 사회학은 인식공동체와 주창네크워크를 형성하고 있는 행위자들이 들려주는 민주화운동의 경험을 학문적 언어로 옮기기보다는 이 행위자들이 어떠한 권력의 지위와 자원을 가지고 네트워크에 참여하는지(그리고 배제되는 사람들의 정체는 무엇인지), 이들이 표방하는 전문성과 가치는 사회권력과 어떠한 관계가 있는지, 나아가 다른 영역의 행위자들과의 동맹과 경쟁은 어떠한 사회구조 속에서 형성되어 네트워크의 활동에 영향을 미치는지 분석할 것을 요구하는 것이다.

이상으로 법에 관한 부르디외의 사회이론을 개괄적으로 정리해 보았다. 부르디외의 이론은 현대 사회학의 중요한 화두가 되고 있는 '미시적 분석'과 '거시적 분석'의 격차를 해소할 수 있는 접근방법이며, 현실권력과 상징들에 의해 상식화, 범주화된 인식들로부터 연구자를 해방시키고자 한다. 또한 그의 사회학은 법연구자들을 과도하게 법에만 매몰되거나 편향되는 위험으로부터 보호한다. 나아가 저항하는 사람들에게 그들의 실천영역까지 포함하여 사회의 구석구석에 포진해 있는 권력의 지형도를 제공해 주는 것이다.

21_ 이 이론의 등장과 성공에 대해서는 니콜라 기요, 2014, 259-290을 참고.

참고문헌

Ansart, Pierre, 1990, *Les sociologies contemporaines*. Paris: Seuil(피에르 앙사르 지음, 정수복 번역, 1994, 현대 프랑스 사회학, 서울: 문학과지성사).

Bourdieu, Pierre, 1979, La Distinction: Critique sociale du jugement, Paris: Les Editions de Minuit(피에르 부르디외 지음, 최종철 번역, 『구별짓기: 문화와 취향의 사회학』, 서울: 동문선).

Bourdieu, Pierre, 1986, "La force du droit: élements pour une sociologie du champ juridique," Acte de Recherche en Science Sociale. 64, pp.3-19.

Bourdieu, Pierre, 1987, *Choses Dites*, Paris: Edition de Minuit.

Bourdieu, Pierre, 1989, La noblesse d'Etat: Grandes écoles et esprit de corps, Paris: Les Editions de Minuit.

Bourdieu, Pierre, 1995, *Ce que Parler veut dire*, Paris: Fayard.

Bourdieu, Pierre, 1997, Méditations pascaliennes, Paris: Seuil(피에르 부르디외 지음, 김웅권 번역, 『파스칼적 명상』, 서울: 동문선).

Bourdieu, Pierre, 2001, *Science de la science et la reflexivite*, Raison d'Agir.

Bourdieu, Pierre, 2002, "Devoiler les ressorts du pouvoir" in *Interventions-Science Sociale et Action Politique*, Paris: Agone.

Bourdieu, Pierre, 2012, Sur l'Etat: Cours au Collège de France 1989-1992. Paris: Seuil.

Dezalay, Yves and Garth, Bryant, 1996, *Dealing in Virtue: International Commercial Arbitration and the Construction of A transnational Legal Order*. Chicago: University of Chicago Press.

Dezalay, Yves and Garth, Bryant, 2002, *The Internationalization of Palace Wars: Lawyers, Economists, and the Contest to Transform Latin American States*. Chicago: University of Chicago Press(드잘레이, 가스 지음, 김성현 번역, 2007, 『궁정전투의 국제화: 극가권력을 둘러싼 엘리트들의 경쟁과 지식 네트워크』, 서울: 그린비출판사).

Dezalay, Yves and Garth, Bryant, 2010, *Asian Legal Revivals: Lawyers in the Shadow of Empire*. Chicago: University of Chicago Press, 2010.

Dezálay, Yves and Garth, Bryant. 2012, "Corporate Law Firms, NGOs, and Issues of Legitimacy for a Global Legal Order," Fordham Law Review. 80(6), 2309-2345.

Dezalay, Yves et Garth, Bryant, 2006, "Les usages nationaux d'une science «globale»: La diffusion de nouveaux paradigmes économiques comme stratégie hégémonique et enjeu domestique dans les champs nationaux de reproduction des élites d'État," Sociologie du Travail. 48(3), 308-329.

Dezalay, Yves, Trubek, David M., Buchanan, Ruth, Davis, John R., 1994, "Global Restructuring and the Law: Studies of the Internationalization of Legal Fields and the Creation of Transnational Arenas," Case Western Reserve Law Review. 44(2), 407-498.

Favre, Pierre, 1996, La Naissances de la science politique en France, 1870-1913, 1996, Paris: Presse de Science Po.

Guilhot, Nicholas, 2005, The Democracy Makers: Human Rights and the Politics of Global Order. New York: Columbia University Press(니콜라 기요 지음, 김성현 번역, 2014, 『민주주의를 만드는 사람들: 인권과 국제질서』, 서울: 한울아카데미).

Caillosse. Jacques, 2004, Pierre Bourdieu, juris lector: anti-juridisme et science du droit. Droit et Société, vol. 56-57.

Kim, Seong-Hyun, 2011, "The Democratization and internationalization of the Korean Legal Field." in Yves Dezalay and Bryans Garth eds. 2011. Lawyers and the Rule of Law in an Era of Globalization. London: Routledge.

Munger, Frank, 2012, "Globalization Through the Lens of Palace Wars: What elite lawyers' careers can and cannot tell us about globalization of law," Law & Social Inquiry. 37(2), 476-499.

Trubek, D. and A. Santos et al, 2006, *The New Law and Economic Development: A Critical Appraisal*, Cambridge University Press.

김성현, "국제관계에서 상징적 장의 구성과 지식의 순환," 홍성민 편저, 2008, 『지식과 국제정치: 학문속에 스며있는 정치권력』, 서울: 한울출판사, 97-130.

김성현, 2007, "USAID와 개발도상국의 민주적 거버넌스," 『사회과학연구』 18, 83-116.

김성현, 2010, "국제투기자본과 시민사회: 조지 소로스와 열린사회 연구소를 중심으로 본 정책지식의 확산과 국제시민운동," 『시민사회와 NGO』 8(2), 169-193.

제6장

합리적 선택론과 법사회학:*
사회규범 연구를 중심으로

이재혁**

인간이 본성상 '사회적 동물'로서 존재하는 한, 개인들 간의 집단적 협력과 행위의 상호조정은 어느 정도 불가피하고 자연스러운 현상이다. 우리가 '사회'를 구성하며 사는 한, 아담 스미스[1]도 지적하듯이, 지극히 자기중심적이고 이기적인 행위는 무제한적으로 이루어지지 않으며, 어느 사회에서나 행위에 대한 규범적 룰이 있기 마련이다. 사회를 구성하는 데 필요한 행위의 룰 혹은 그것의 일반 원칙을 우리가 만일 '노모스(nomos)'라고 지칭한다면 하이에크의 말대로 이 노모스는 어느 면에서 '사회'에 선재한다고도 말할 수 있다. "인간이 일반 행위원칙을 따르는 것의 결과로서 우리가 사회라고 부르는 타인과의 질서 있는 관계가 비로소

---

* 본고의 II절 이하의 내용은 『법과 사회』 통권 제48호(2015)에 게재된 바 있다.

** 서강대학교 사회학과 교수, 사회학박사.

1_ "아무리 인간이 이기적이라 할지라도 타인의 행·불행에 관심을 가지게 하는 원리들이 인간의 본성 속에 명백히 내재하여 있는데, 비록 타인의 행운이 단지 그를 바라보는 것 말고는 아무것도 실제로 자신에게 가져다 주지 않더라도 타인의 행복을 자신의 삶에 필수적인 것으로 여기게 만드는 것이다. … 타인의 슬픔을 보고 슬픔을 함께 느끼는 감정의 존재는 증명을 요하지 않는 하나의 명백한 사실이고, 사람이 얼마나 선하냐 유덕하냐에 따라 달라지지 않는, 인간 모두가 가진 본원적 감정의 하나이다." Smith, Adam, *The Theory of Moral Sentiments* (Oxford, UK: Clarenden press, 1976), 9면.

가능한 것이다”(Hayek, 1973: 95).

이 글에서 우리는 사회의 법 · 규범 현상에 대한 합리적 선택론의 연구입장을 살펴보려고 한다. 먼저, 합리적 선택론의 연구전략이 갖는 몇 가지 특징들에 대한 간략한 소개로부터 시작한다. 합리적 선택론의 분석개념과 틀이 신고전경제학에서 상당부분 차용된 것이므로, 법현상에 대한 합리적 선택론의 적용은 자연스럽게 법경제학(소위 ‘new law and economics’)의 영역과 중복되게 된다. 따라서 본고에서 말하고자 하는 합리적 선택론의 법사회학이 기존의 법경제학적 접근과 어떤 면에서 차이가 나는지에 대해서도 언급이 필요하다. 다음으로, 이 글에서는 법사회학적 합리적 선택론의 주요 영역이자 적용사례로서 사회규범에 대해 분석해 보기로 한다. 합리적 선택론의 관점에서 사회규범의 여러 특성들을 해석하며, 행위준칙이라는 차원에서 사회규범(social norm)이 어떻게 공식법(legal norm)과 관례(convention) 등과 다른지에 대해 논의한다. 특히 법경제학의 핵심이론의 하나인 코즈 공리(Coase theorem)를 사회규범의 맥락에서 다시 해석함으로써, 기존의 법경제학과 법사회학적 합리적 선택론의 차이점을 비교해 본다. 마지막으로, 법현상에 대한 합리적 선택론의 접근에 관련된 몇 가지 일반이론적 이슈들을 간략하게 언급해 본다.

먼저, 법사회학에 대한 합리적 선택론(rational choice theory: 이하 RCT로 약칭) 접근법의 기본전제에 대해 말해 둘 필요가 있다. 법사회학도에게는 어느 정도 상식이겠지만, 크론만(Kronman, 1983: 7-14)의 분류틀을 빌어 말하자면 RCT 법사회학은 법현상을 접근하는 세 가지 방법론적 입장, 즉 ‘도덕-평가적 관점(moral attitude toward law)’, ‘법-내재적 관점(dogmatic jurisprudence)’, 그리고 ‘사회학적’ 관점 중 마지막의 ‘사회학적’ 접근법을 취한다는 점을 미리 밝혀 둔다. 이는 RCT 법사회학이 법률체계 자체의 형식논리적 분석이나 혹은 법률에 대한 법조인의 여러 공리적 이용 내지 정책적 판단의 측면 등에 관심이 있는 것이 아니며, 법-규범 현상을 여느 다른 사회현상들과 다를 바 없이 하나의 ‘객관적 사실’로서(Durkheim, 1993) 가치중립적으로 접근하려 한다는 것이다.[2]

2_ 이런 면에서 몽테스키외의 『법의 정신』은 [Montesquieu, Charles de Secondat. *The Spirit of the Laws*, translated by A. Cohler, B. Miller, and H. Stone(Cambridge, UK:

Ⅰ. 합리적 선택론의 소개

1. 합리적 선택론 모델

먼저 합리적 선택론(RCT)의 연구전략에 대한 간략한 정리를 소개한다.[3] 합리적 선택론은 어떤 실질적인 주장을 담은 이론이기보다는 하나의 연구 전략이다. 합리적 선택론이 무엇이냐를 말하는 것은 그리 간단치 않은 일인데, 심지어 합리적 선택론에 친화적이라고 생각하는 학자들 사이에도 상당한 불일치가 있기 때문이다(예를 들어, Hogarth and Reder eds., 1986; Friedman ed., 1996). 합리적 선택론의 주요 개념틀에 대한 간결하면서 전형적인 소개는 사회학자 콜만(Coleman, 1994)이 소위 '신고전경제학으로부터의 4가지 중심요소들'이라고 부른 것들로 대신하기로 한다.

a) 방법론적 개체주의(methodological individualism)
b) 극대화로서의 행위 원칙(principle of actor maximization)
c) 사회적 최적의 개념(concept of social optimum)
d) 사회적 균형의 개념(concept of system equilibrium)

이 4가지 요소에 더하여 콜만은 '사회학으로부터의 4가지 요소들'을 들고 있다. 즉 '자발적 권위 구조(gaining utility by giving up control)', '사회적 자본(social capital)', '권리의 사회적 연원(the social origin of rights)' 그리고 '제도적 효과의 중시'이다.

먼저, 위의 a)~d) 요소들을 '경제학적'이라고 부르는 것은 엄밀히 말해서 조

Cambridge University press, 1989)] 법현상에 대한 사회학적 접근법의 고전적 예라고도 볼 수 있는데, 몽테스키외가 말하는 법의 '정신(esprit)'이란 바로 공식 법체계를 둘러싼 여러 사회환경적 요인들을 지칭하기 때문이다.

3_ 본절의 일부 내용은 이재혁, "합리적 선택론의 연구 전략: 행위 의도와 인과적 설명의 문제," 『사회와 이론』(2003년 1호), 13-77면에서 발췌된 것으로, 본고의 소개를 넘어서는 수준의 논의는 이 논문을 참고하기 바란다. 또한 각주 4)의 소개 연구서들 참조.

금 잘못된 명칭이라는 점을 지적할 필요가 있다. 신고전경제학 방법론 자체를 포함해서 위의 RCT 개념틀의 특성들은, 머피(Murphy, 1996)가 지적하듯이 소위 '물리학 선망(physics envy)'이라는, 19세기 메커닉스(mechanics) 물리학의 모형을 따라 나온 것이기 때문이다. 이러한 물리학적 메커닉스의 모형은 '균형론적' 설명을 핵심으로 하고 있다. 이 '균형론적' 설명틀은 19세기 말~20세기 초를 전후하여 기존의 정치경제학적 전통에서 '한계학파 혁명(marginalist revolution)'이라는 패러다임 변환을 통해 수용되었고, 다시 경제학을 통해 여타 사회과학 분야로 파급된 것이다. 따라서 위의 a)~d) 4요소에서 실제 내용상 "경제적"이라 부를 만한 특성은 찾아볼 수 없다. 다음으로, 이들 메커닉스 모형의 요소들 외에 콜만이 사회학적 요소라 부른 것들은, 분명히 RCT의 사회학적 적용에 있어 중요한 화두들이긴 하지만, RCT 전략에 있어 공통되거나 핵심적인 요인들이라고 보기는 어렵고, 마지막 요소인 '제도에 대한 모형 내적(endogenous) 이해' 부분을 제외하고는 모든 RCT 연구자들이 콜만의 견해에 동의하는 것은 아니다. 즉 이 요소들은 RCT의 '설명하는 도구(explanan)'가 아니라 RCT를 통해 '설명되어야 하는 대상(explanadum)'에 보다 가깝다. 따라서 앞서 열거된 a)~d)의 요인들만을 RCT 모형의 기본으로 간주하고 간략히 언급하고자 한다.

a) RCT 전략의 개요는, 방법론적 개체주의의 틀 안에서 행위자에 대한 가정을 단순화함으로써 가급적 개인적 변인을 줄이는 대신 보다 객관적인 환경적 변인을 통해 현상을 설명해 보자는 것이다. 여기서 RCT가 주로 설명해 내고자 하는 초점은 개별 구성인자(개인)의 행태 그 자체가 아니라 그들이 상호작용을 통해 만들어 내는 '집합적'(집단적) 현상에 있다. 여기서, 단순히 개체주의가 아니라 "방법론적" 개체주의임에 유의할 필요가 있다. 즉 개체(개인) 수준의 다양한 변인들의 추적과 정확한 묘사 및 측정 등은 심리학이나 혹은 미시적 연구 분야의 몫이고, (사회학 일반이론과 마찬가지로) RCT의 관심은 아니다. 그러나 집단적 현상의 설명이 단지 집합적 수준의 변수들만을 이용해서 이루어지는 게 아니라 반드시 그 구성 인자(개인)의 행위에 대한 모형 및 개인행위들의 집성(aggregation) 과정의 설명을 통해서 이루어져야 한다는 면에서 (소위 '미시-거시 연계') RCT는 전체론적(holistic) 접근법과 대조되며, 또한 단순한 기능주의적 설명과도 뚜렷이 구

분된다. 이를 RCT에서는, 이론적 관심의 우위(theoretical primacy)는 집합 현상에, 그러나 그를 설명하는 분석적 우위(analytic primacy)는 그 구성 개체에 놓여 있다고 표현해 볼 수 있다(Wippler and Lindenberg, 1987).

b) 행위자 혹은 개체에 대한 단순화 가정은 원칙적으로는 여러 형태를 띨 수가 있다. RCT는 그중에서 '합리적 개인' 혹은 콜만의 표현에 따르면 '목표 지향적 행위자(purposive actor)'를 상정한다. 그것이 일관된 행위 가정이라는 면이 충족된다는 조건하에서, 도구 합리성 이외에 다른 종류의 것도 원칙적으로는 가능하다. 일례로, 경제학자 애로우(Arrow, 1986)는 '습관'을 그런 대안적 행위 가정의 하나로 들고 있다. 여기서 우리는 RCT가 갖는 '모형을 통한 설명'이라는 특성에 주목할 필요가 있다. 즉 행위 가정에 있어 그것이 갖는 모형 내의 내적 일관성이 보다 중요한 것이고, 그 단순화 가정의 내용이 결정적으로 중요한 것이 아니라는 점이다. 여러 종류의 가능한 대안들 중에서 RCT는 합리적 행동을 행위 가정으로 택하는데, 이 합리적 개인의 가정은 상식적인 수준에서 비교적 타당하다고 할 수 있다. 우리는 어떤 집합 현상에 대한 설명에 있어 행위자가, 비록 실제에서 수많은 실패의 사례에도 불구하고, '일관되게 합리적이라고(consistently rational)' 가정하는 것이 '일관되게 비합리적이라고(consistently irrational)' 가정하는 것보다는 설명력의 차원에서 나을 것이라고 판단할 수 있기 때문이다.

합리적 개인의 가정에 대해 많은 논란이 있어왔고, RCT 학자 군 내부에서도 미묘한 차이가 존재한다.[4] 이에 대해서는 곧 부연하기로 하고, 일단 여기서는 소위 'homo economicus'로 대변되는, 이기적이고 합리적인 개인에 대한 "존재론적" 믿음은 단순한 "방법론적" 차원의 가정에서 조금 더 나아간 강한 가정이라는 점을 지적해 두기로 한다(예를 들어, 행태경제학적 틀을 적극 수용하는 탈러와 선스타

4_ 합리성에 대한 논의는 그야말로 철학을 비롯해 사회과학 전 분야에 걸쳐 있는 근본적인 문제인데, 가능한 수많은 참조거리 중에서도 비교적 비중 있는 논문들을 모아 놓고 있다고 판단되는 편집본들로는 Wilson, Bryan (ed). *Rationality* (London: Basil Blackwell, 1984); Elster, Jon (ed). *Rational Choice*, (New York: New York University Press, 1986); Cook, Karen and Margaret Levi (eds), *The Limits of Rationality*, (Chicago: University of Chicago press, 1990) 등을 추천할 수 있다. 한편, 합리적 선택론에 대한 여러 차원에서의 비판적 논의로는 Green, Donald and Ian Shapiro, *Pathologies of Rational Choice Theory: A Critique of Applications in Political Science* (New Haven: Yale University press, 1994)를 참고할 수 있다.

인(Thaler and Sunstein, 2009)). 다음의 두 개념인 최적과 균형은 설명의 편의상 순서를 바꾸어 논의한다.

d) RCT의 가장 핵심적인 가정은 사회적 결과를 하나의 균형(equilibrium) 상태로 파악하거나 이해하고자 하는 데에 있다. 간단한 예를 들면 수요와 공급이 만나서 만들어지는 시장 균형가격(market clearing price)으로 이해될 수도 있고, 게임이론의 용어를 빌려 표현하자면 주어진 구조적 상태에서 각 행위자의 최선의 전략들이 만나는 상태, 즉 아무도 상대가 행위 전략을 바꾸지 않는 한 자신도 행위를 바꿀 동인(incentive)이 없는 상태를 말하기도 한다('Nash 균형'). 요점은, 집합적 수준에서의 균형은 모든 구성원들의 동인(incentive)이 부합하는 상태, 혹은 각 개인들의 극대화(무엇의 극대화이건)의 결과로서 표현되고 이해된다는 시각이다.

c) 최적성의 개념은 특정한 균형상태에 대한 평가적 기준으로, 경제학과 RCT에서는 보통 사회 내 자원의 효율성이나 복지(welfare)의 충족 정도 등을 의미한다[참고로, 법경제학에서는 '복지' 개념이 갖는 측정상의 문제로 대신 '재화의 극대화(Hicks-Kaldo wealth maximization)'를 주로 기준으로 쓴다; Coleman, 1988, ch.4 참조]. 균형은 '보이지 않는 손'과 같이 최적(optimum)의 특성을 지닐 수도 있고, 혹은 공공재와 관련된 올슨(Olson, 1965)의 '집합행동의 논리'가 보여 주듯이 하부최적(suboptimal)의 특성을 지닐 수도 있다. 즉 모든 균형이 다 최적은 아닌데, 아래 논의에서 자세히 다루겠지만, 잘 알려진 죄수의 딜레마(one-shot Prisoner's Dilemma) 게임의 결과가 그러한 '비최적 균형'의 전형적인 예이다. 종종 기능주의적 설명(functionalism)과 RCT가 유사하다는 오해가 있지만, 균형과 최적성의 개념적 분리 그리고 여러 '비최적 균형'들의 명시적인 이론화는 사회현상을 기능적 측면에서 설명하려는 기능주의적 이론관과 RCT가 어떻게 구별되는지 잘 나타내고 있다.

2. 개인합리성 가정과 '합리적 집성 가설'

RCT가 '모형' 구성을 통한 현실 이해라는 연구 전략을 취한다는 면에서 그간 집중적으로 논란이 되어온 개인 합리성 가정의 문제에 대한 비판은 다소 그 방향이 빗나간 측면이 있다. 신고전경제학이나 RCT 혹은 개체 합리성을 가정하는 진화생물학 이론들(Dawkins, 1976; 특히 evolutionary game theory; Maynard Smith, 1982)이 만일 성공적인 설명력을 갖고 있다면, 그 이유가 반드시 개체 혹은 개인이 "실제적으로" 합리적이기 때문도 아니고, 나아가 개인이 실제로 얼마나 합리적이냐의 정도에 따라 그들 이론의 타당성이나 설명력이 비례하는 것도 아니다. 단적으로 말하자면 방법론적 가정으로서가 아니라 '존재론적인' 차원에서 개인이 얼마나 합리적이냐의 여부는 RCT 모형의 설명력에 있어 결정적인 요인은 아니라고 말할 수 있다. 잘 알려진 카네만과 트벌스키(Kahenman and Tversky, 1974; Tversky and Kahneman, 1986 등)의 다양하고 설득력 있는 여러 사회심리학적 실험들을 위시하여 사이몬(Simon, 1982), 그린과 샤피로(Green and Shapiro eds., 1994), 혹은 아리엘리(Ariely, 2009) 등이 제기하는 다양한 형태의 '합리성 실패'(Elster, 1990a)는 그 자체로 충분히 타당하고도 중요한 이슈임에 틀림없다[법경제학 연구에서 행태경제학적 관점이 제기하는 비판과 반박에 대해서는 졸스 외(Jolls, Sunstein, and Thaler, 1998)와 포스너(Posner, 1998) 간의 논전이 참고될 수 있다]. 하지만 연구 전략상 '방법론적'으로 가정되는 합리성이라는 측면을 고려할 때, 그러한 인간 합리성의 실패 사례들을 강조하는 것은 다소 초점을 벗어난 논란이라 할 수 있다 사이먼(Simon, 1982)이 주장하는 '제한된 합리성(bounded rationality)'은 아이러니하게도 RCT 전략의 매우 적절한 측면을 지적하고 있다. 즉 "합리적이고자 하나, 단지 제한적으로만 그러하다(intendedly rational, but only limited so; Simon, 1976: xxvii)"는 것인데, 본고의 관점에서 보다 중요한 점은 보통 사람들이 강조하는 것과는 반대로 위 언명의 뒷부분("limited so")보다 앞부분("intendedly rational")에 있다. 왜냐하면 앞서 언급한 대로 RCT에서 개인에 대한 '일관성 있는' 가정으로서 가능한 많은 대안들 중 왜 하필 '합리성'을 택하는 것이 유력한가에 대한 이유를 말해 주고 있기 때문이다.

어떤 종류의 이론이건, 좋은 이론의 요건의 하나가 바로 효율적 단순성(parsimony)이라는 점에 대해서는 대부분 동의하고 있다. 간단히 말하면, 최소한의 이론내적 변수 혹은 파라미터를 갖고 최대한의 현상을 설명해 낼 수 있다면 좋은 이론이라는 말이다. '과학' 이론의 전범으로 종종 인용되는 많은 물리학 모형의 예들이 이런 파시모니의 측면을 잘 나타내고 있다(예를 들면 맥스웰의 전자기력 공식, 혹은 아인슈타인의 유명한 E=mc2). 이런 기준점에서 볼 때, 방법론적 개체주의를 받아들이는 이론에서는 어떤 현상을 설명하고자 할 때 그에 대한 설명에 있어 이론 내부에서의 복잡성을 취할 수 있는 곳이 두 군데로 나누어진다. 하나는 미시 수준에서, 현실에 가깝게 행위모형을 복잡하게 만드는 것이고, 다른 하나는 거시적 변인의 측면에서 복잡성을 허용하되 대신 미시적 행위가정은 가급적 단순하게 만드는 것이다. RCT 연구전략에서 볼 때 미시수준에서 각종 심리학적 변인들의 수를 늘려서 개인행위 측면을 현실에 가깝게 만드는 것은 결국 거시적 수준에서의 변인의 정도를 제한하며 이론의 분석적 파워를 떨어뜨리는 게 된다. 물론 양 수준에서 모두 복잡성을 늘리는 것은, 비록 그것이 해당 현상에 대한 실제적 묘사는 될지 모르지만, 일단 파시모니하지도 않고 나아가 온갖 임시변통적(ad hoc) 요인들을 끌어들이는 것이어서 이론의 보편적 설명력 측면에서도 실패하는 것이다. 미시경제학이나 많은 RCT의 연구에서 내세우는 설명전략은 미시적 가정은 가급적 단순화하고, 그러한 현실 왜곡의 대가로서 대신 거시 수준에서의 구조적 측면의 변인(variation)을 늘리자는 것이다. 이러한 RCT의 설명전략은 베버의 '이념형(Idealtypus; Weber, 1949)' 방법론과 유사하다고 볼 수 있는데, 설명의 초점은 행위에 대한 사실적 묘사가 목적에 있는 것이 아니라 대신 현실에 대한 일정한 이상화(idealization)와 추상을 통해 분석적 명료성을 얻자는 것이다.

RCT에서 다소 과장된 합리성의 가정을 사용하는 것에 대한 또 다른 옹호논리가 있다. 개체 수준의 무작위성 혹은 그에 가까운 운동들이 어떻게 종종 집합적 수준에서의 체계적인 패턴을 만들어 내는가에 대해서는 오랫동안 다양한 형태로 알려져 왔다. 비록 비유에 가깝지만, 추론 통계의 핵심 공리인 '중심극한정리(central limit theorem)'는 그 대표적인 예의 하나이다.[5] 정치경제학의 근본적인 차원에서 언급하자면 하이에크(Hayek, 1973; Hayek, 1976)가 말하고 있는 '즉발적 질서(spontaneous order)'로서의 시장질서도 비슷한 맥락에서 이해될 수 있다. 본

5_ 비슷하게, 우리는 굳이 만델브로트(Mandelbrodt)의 '프랙탈(fractal)' 같은 근사한 스토리까지 안 가더라도 양자역학이나 기초적인 화학반응 등에서 유사한 비유는 얼마든지 생각해 볼 수 있다; Kauffman, Stuart, *Reinventing the Sacred* (New York: Basic Books, 2008); Roughlin, Robert, *A Different Universe: Reinventing Physics from the Bottom Up* (New York: Basic Books, 2005) 등 참조.

고의 취지에서 매우 적합한 예는 스미스(Smith, 1991)나 플롯(Plott, 1990) 등이 행한 모의 시장 실험이다. 단지 '제한적으로 합리적인' 그리고 단지 국부적인(local) 정보만을 갖춘 피실험자들이 그들 간의 자발적 교환과 거래를 거듭함에 따라, 그 교환비율이 초기의 시행착오를 재빨리 넘어서 점차 연구자가 이론적으로 예측한 시장 균형가격으로 수렴한다는 것이 이들 실험의 주요 결과이다. 개체 수준에서의 다양한 (합리성의) 실패에도 불구하고, '합리적이고자 하는(intendedly rational)' 개체들의 상호 작용이 만들어내는 집합 수준에서의 보다 견고한(robust) 합리적 결과의 경향을 우리는 '합리적 집성 가설'(rational aggregation conjecture; 이재혁, 2003)이라 부를 수 있다. 만일 '합리적 집성 가설'이 타당하다면, 미시 수준에서 인간이 실제로 얼마나 합리적일 수 있는가 여부에 대한 논란들은 집합 수준의 현상에 대해 설명의 초점이 놓여 있는 RCT에 있어서 크게 보아 그다지 적절한 문제 제기라 할 수는 없다.

II. 사회규범의 합리적 이해

사회규범은 여러 사회과학 분야 중에서도 특히 사회학의 중심적인 연구 이슈이다. 규범에 대한 사회학적 연구는 뒤르켐(Durkheim, 1984)의 고전적 연구로부터 시작하여 특히 기능주의적 사회이론(대표적으로 Parsons, 1951)에서 절정을 이루기도 했다. 기실 사회규범이 사회학내에서 차지하는 비중을 생각하면 관련된 연구사례들을 일일이 열거하는 것조차 부적절할 정도이다. 그런데 1970년대를 고비로 사회학계에서 기능주의 이론관이 쇠퇴하면서 규범에 대한 명시적인 논의가 잦아들기 시작할 때, 아이러니하게도 여타 학문분야에서 규범에 대한 관심이 촉발되었다. 규범연구에 대한 이 새로운 관심은 무엇보다 게임이론과 합리적 선택론이 제시하는 새로운 분석도구들과 방법론적 관점이 중요하게 기여한 것이었다(Hechtor and Opp, 2000). 사회학 전통에서 그간 규범에 대한 상당한 연구들이 집적되었음에도 불구하고, 법학자 엘릭슨이 꼬집는 대로, "여타 학문분야들에 대한 영향력은 상대적으로 미미했다"고 볼 수 있는데 그 중요한 이유가 바로 "사회학자 본인들이 어떤 중심적인 이론관을 제시하지 못했기 때문"(Ellickson,

1998: 542)이라는 지적에는 일리가 있다. 사회규범에 대한 합리적 선택론적 접근은 이런 측면에서 중요한 기여를 할 수 있으리라 기대된다.

합리적 선택론의 관점에서, 규범은 기본적으로 합리적인 성격을 지닌 것으로 이해된다. 나아가 본고에서는 규범적 사회규준을 일종의 특정한 균형적 결과(equilibrium state)로 해석하려고 한다. 그런데 곧 설명되겠지만, 행위자들의 동인이 체계적으로 제약된다는(incentive binding) 측면에서, 규범적 규준은 본질적으로 하부최적적인(suboptimal) 성격을 갖게 된다. 규범이 '합리적'이지만 동시에 '하부최적'이라는 점은 RCT 법사회학 관점이 어떻게 다른 연구들과 다른지를 보이는 핵심적인 주장이 된다.

1. 세 가지 방법론적 오류들

규범에 대한 합리적 분석에 들어가기에 앞서 우리는 먼저 규범연구에 있어서 방법론적으로 주의해야 할 오류 세 가지를 간략히 검토하기로 한다. 첫 번째, 판글로시안 오류(Panglossian fallacy).[6] 이것은 규범현상에 대한 다소 순진한 기능주의적 접근의 오류를 말한다. 법과 규범은 인류사회 자체와 그 역사를 함께할 만큼 오래된 것이다. 그렇기 때문에 우리는 쉽게 어떤 규범적 규준이 존재한다는 것은 무언가 합당한 존재 이유(Raison d'être)나 필연적인 기능성이 있을 것이라고 추측하게 된다. 법경제학[7]의 접근에서는 법이나 규범현상을 기본적으로 효율성의 논리에 따라 해석하고 있다("to promote efficient allocation of resources"; Posner, 2007: 24). 법 중심적 시각('law-centered view'; Cotterrell, 1998)에서의 접근들이나 쿠터('normative failure theory of law'; Cooter, 2007), 맥아담('esteem theory';

6_ 'Dr. Pangloss'는 볼테르의 소설 *Candid*에 나오는 캐릭터이다. 그는 세상의 모든 것들이 최선의 상태로 만들어졌다고 말한다: "in this best of all possible worlds … everything is for the best" Voltaire, *Candid* (New York: W. W. Norton and Company, 1996), 2면.

7_ 참고로, 본고에서 지칭하는 '법경제학'은 1960년대 이후의 소위 'new law and economics'를 말한다. 신법경제학의 대표적인 텍스트로서는 Richard Posner, *Economic Analysis of Law*, 7th edition(New York: Aspen Publishers, 2007)을 꼽을 수 있으며, '구'법경제학과의 차이점 등에 대한 학사적 정리로는 박세일, 『法經濟學』(박영사, 1994), 제1장을 참고할 수 있다.

McAdam, 1997) 그리고 '법과 사회(law and society)' 분야를 선도한 엘릭슨(Ellickson, 1991)의 '효율적 규범 테제(efficient-norm thesis)' 등도 크게 다르지 않은 입장을 견지한다. 여기에 판글로시안 오류의 여지가 있다. 아래에서 상술되겠지만, 비록 규범적 규준은 크게 보아 '합리적'이지만, 매우 제한적인 의미에서 즉, 근본적으로 하부최적적 성격을 지닌다는 의미에서 그러하다는 점이 간과되고 있다. 비록 규범현상의 합리적 이해라는 면에서는 비슷하지만, 왜 규범적 규준들이 본질적으로 하부최적적인가라는 점에서 본고의 RCT 접근과 기존의 법경제학 혹은 '법과 사회' 이론들이 차이가 난다.

두 번째, 잘못 방향잡힌 심리학주의(misplaced psychologism). 분명 규범은 개인들에게 내면화되는 것이 맞고 또한 개인의 특정한 인지적/정서적 기제를 통해 규범준수 행위가 유도되는 것도 부인할 수 없는 일이다. 그리고 이들 개인심리적 기제를 연구하는 것은 그 자체로 매우 중요한 지식이라는 점은 분명하다. 그러나 규범에 대해 논의할 때 가장 중요하게 염두에 두어야 하는 점은, 규범은 본질적으로(quintessentially) "사회적" 혹은 집합적 현상이라는 것이다. 규범적 규준들의 이해는 그것의 집합적 수준에서의 성격을 이해하는 것이 되어야 한다. 사회행위의 규준이라는 면에서 법, 사회규범, 관례 등은 모두, 비록 개인들의 준수동기와 심리기제를 통해 구성되긴 하지만, 그러한 개별 구성요인이 발현적으로 만들어 내는 특정한 '사회적 패턴'(Coleman, 1990; Pettit, 1990)의 종류에 속한다. 엘스터(Elster 1991, 1990b)의 연구에서와 같이 규범현상의 이해를 위해 우선적으로 수치심이나 죄의식 등 개인심리적 기제에 초점을 맞추는 것은 처음부터 잘못 방향지어진 접근이라 할 수 있다. 엘스터류의 심리적 접근법에서는 기본적으로 규범이 개인의 내면에서 작동하는 심리적 압박의 일종으로 환원되면서, 결국 맹목적 성격의 규범과 개인적 합리성이 서로 상충되는 듯이 취급되고 있다.[8] 하지만 인류학의 고전적 연구를 통해 말리노프스키가 일찍이 지적했듯이 "사회규범은 단지 심리적 요인들이 아니라 개인들을 구속하는 명확한 사회적 기제의 작동

8_ "나는 사회규범과 합리성이 동일한 차원에 놓여야 한다고 믿는다. 따라서 합리성이 개인적 수준의 현상이라는 점을 누구도 부인하지 않듯이 사회규범 역시 똑같이 취급될 수 있다." Jon Elster, "Rationality and Social Norms," *Archives Europeennes de Sociologie* (1991, 32), 114면.

을 통해 유지되는 것이다”(Malinowski, 1926: 55). 그렇기에 규범이 개인의 합리성과 상충되어야 할 이유도 없거니와, 나아가 규범현상에 대한 최선의 전략은 바로 “가능한 한 합리적으로 해석되게 하는(make as much norm-following as possible come out as rational; Lukes, 1991: 147)”것이라 할 수 있다.

마지막으로 우리는 ‘구성주의적 혼동의 오류(constructivist error)’를 생각할 수 있다. 비록 ‘구성주의의 오류’는 하이에크(Hayek, 1973)를 통해 널리 알려져 있지만, 본고에서 말하는 것은 정치경제학적인 것이 아니라 방법론적인 측면의 오류를 말한다. 이것은 ‘집합 수준의 속성이 반드시 그 구성인자들의 속성과 일치하지는 않는다는 점을 간과하는 데서 오는 설명 방법상의 오류이다. 이것의 가장 쉬운 예로서, 우리가 앞서 논의했던 바, ‘존재론적 개체주의’와 ‘방법론적 개체주의’를 혼동하는 것을 들 수 있다. 규범적 룰이나 혹은 어떤 사회문화적 관행이 유지된다고 할 때, 그리고 그것들이 일정한 정도의 합리적인 속성을 갖는다고 할 때, 그것은 집합적 수준의 ‘시스템’으로서 그러하다는 말이지 그를 따르는 사회 구성원들 대부분이 합리적이어서 그러하다는 말은 아니다(혹은 비유적으로 말하자면, ‘전체는 부분들의 합과 다르다’는 것이다). 앞서 언급한대로, 개인들이 합리성의 캐논에서 종종 어긋나고 실패한다고 해서, 그것이 꼭 그러한 개인들의 상호작용으로 나타나는 어떤 집합적 결과 역시 비합리적이라는 것을 함의하지는 않는다. 규범을 설명할 때 우리는, 특히 엘스터에서와 같이, 이런저런 국부적인 사례들에서 개인들이 종종 비합리적으로 규범적 룰에 반응하는 것을 들어 사회규범 자체가 합리성과는 거리가 먼 것으로 설명하는 오류를 발견하게 된다. 규범이 어떻게 그리고 얼마나 합리적인 성격을 갖느냐는 아래에서 논의될 이슈이지만, 여기서 초점은, 만일 규범이 어느 정도 합리적인 성격을 지닌 것이라고 말할 수 있다면, 그러한 ‘시스템’으로서의 합리적 성격에 대한 분석적인 이해는 여러 실례들에서 보이는 개인들의 다양한 합리성의 실패들에 대해 상당한 정도 견고(robust)하다는 것이다.

2. 기본모형: 행위외부성의 내부화 기제

이상의 방법론상의 고찰을 토대로 RCT의 시각에서 사회규범이 어떻게 접근될 수 있는지 논의해 본다. 우선 상식적으로 동의될 수 있는 사회규범의 일반적인 특성 두 가지를 미리 언급해 두기로 한다. 첫째, 거의 동어반복이지만, 행위규준으로서 규범은 '규범적(normative)'이다. 즉 규범은 행위들의 단순한 상호조정(coordination)의 차원을 넘어서서 구성원에게 '~을 하라' 혹은 '~을 하지 마라' 식의 어떤 "강제적인" 압박 내지 구속력을 갖는다. 둘째, 규범의 처벌기제는 '자체집행적(self-enforcing)'이다. 규범적 성격의 규준으로서, 사회규범은 당연히 일탈에 대한 처벌기제가 필요한데, 이 처벌기제는 공식 법에서와 같이 정부 등의 '제3자'가 아닌 관련 당사자들 간의 '자체집행'을 통해 이루어진다. 이 두 가지 특성을 얼마나 합리적인 틀에서 설명해 낼 수 있느냐가 RCT 접근법의 관건이 된다.

규범의 합리적 분석을 위해 우리는 기존의 대표적인 RCT 모형의 하나인 콜만(Coleman, 1990: chs. 10, 11)의 규범이론을 검토하는 것으로서 논의를 시작해 본다. 콜만의 규범이론은 간단히 말하여 행위 외부성에 대한 반응으로서 규범이 생성된다는 것으로 요약할 수 있다. 규범의 역할은 외부성, 특히 부정적 외부성(negative externality)의 내부화(internalization)를 통해 사회균형의 효율성을 증대시키는 데에 있는 것으로 해석된다. "규범에 대한 개인들의 이해관계와 나아가 규범에 대한 수요가 생기는 조건은 어떤 행위가 다른 구성원들에게 유사한 외부성을 갖게 될 때, 그 행위를 통제할 권리에 대한 시장이 쉽게 성립하지 못하여 개인들 간에 행위통제권을 교환하는 것이 어려운 경우에서이다"(Coleman, 1990: 251).

사회규범의 발생에 있어 주목할 것은 단순히 어떤 행위가 타인들에게 부정적 외부성을 갖는다는 점만이 아니다. 콜만이 잘 지적하고 있듯이, 어떤 외부효과에 대해 그를 내부화시킬 시장이나 법적 소유권 등 다른 제도적 방안이 없거나 미흡할 때 사회규범이 작동하게 된다는 것이다. 공해배출 등 수많은 외부효과들의 사례에 있어 만일 소유권이 명확하게 설정될 수 있다면 외부성 문제는 당사자 간의 사적 거래나 혹은 정부의 법적 개입으로 해결될 수 있다. 잘 알려진 대로, 법경제학의 초석을 마련한 코즈 정리는(Coase, 1960) 이 경우 굳이 정부의 강제적 개입 없이도 당사자 간의 자발적 거래를 통해 외부성이 해결될 수 있다는 점을 말하고 있는데, 그 전제는 (자주 언급되는 무거래비용 조건 말고도) 소유권 자체가 이미 명확하게 규정되어 있어야 하는 것임을 상기할 필요가 있다. 사회적 행위들은 많은 경우, 그 "사회적"이라는 단어가 뜻하듯이 어떤 의미에서건 제3자에 대한 행위 외부성을 갖게 마련인데, 동시에 이들 행위에 대한 소유권을 언급하는 것은 분명 가능하지 않은 일이다. 명예, 예의나 에티켓, 혹은 효도 등과 관련된 수많은 규범적 예들에서 우리는 관련된 행위들에 대해 시장적 계약이나 법적 강제 등이 애초에 어렵다는 사실을 쉽게 확인할 수 있다. 그렇다면 일단 우리는 규범의 발생문제를 잠정적으로 소유권 부재(missing property right)의 문제와 연결시켜 생각해 볼 수 있다.

시장이나 정부 기제가 개입하기 어려운 상황에서 외부성을 내부화하는 기제로서 사회규범을 이해한다면 우리는 그러한 규범적 효과를 행위에 대한 일종의 '암묵적 가격화'(implicit pricing)로도 말할 수 있다. 이러한 해석의 간단한 예로서 우리는 흡연에 대한 규범을 생각해 보기로 한다. 먼저 간접흡연의 해악은 흡연자의 행위에 있어 명백한 부정적 외부성이 있음을 나타낸다. 즉 사회적으로 볼 때, 흡연 행위는 흡연자 자신이 얻는 효용과 비용의 고려를 넘어서서, 흡연자의 계산이나 고려에서 벗어나는 어떤 효과가 초래되고 있다는 말이 된다. 효율성의 측면에서 말할 때, 흡연의 부정적 외부성이 있다는 말은 흡연이 사회적 최적수준에서 벗어난 상태로 소비되고 있음을 의미한다. 이는 (좁은 의미의) 시장가격 체계의 실패를 의미하기도 한다. 이런 상태에서의 금연 규범은 흡연의 '잠재가격' 즉, 담배의 시장가격에 더하여 사회-심리적 가격의 총계를 높임으로써 흡연의 효율적 소비를 가능케 한다고 해석할 수 있다. 즉, 금연 규범 하에서, 이제 흡연자는 담뱃값 외에 자신의 흡연행위의 외부효과에 대한 비용까지 모두 지불해야 한다는 것이다. 여기서 금연으로 인한 잠재가격의 상승부분은 흡연자가 느끼는 비흡연자들로부터의 압박이나 눈총 등을 의미한다. 이와 관련하여, 규범의 효과를 일종의 "세금"으로 이해할 수 있다고 말하는 법학자 선스타인(Sunstein, 1996: 939)'의 언명은 적절하다: "개인 입장에서 규범은 개인의 비용과 이득을 계상해야 하는 항목의 일부분을 부과하는 셈이다. 좀 더 구체적으로 말하면, 규범은 개인이 자기 행위에 따르는 비용과 이득을 보다 명확하게 보게 만드는 것이다. 규범을 고려하여 행동한다는 것은 개인 입장에서 볼 때 전혀 비합리적인 것도 아니며 자기 이해와 불일치하는 것도 아니다"(Sunstein, 1996: 935).

콜만의 규범이론의 해석틀을 따르자면, 암묵적 가격기제로서의 사회규범은 시장적 거래가 어려운 영역에서의 외부성 문제를 해결함으로써 공동체내의 보다 최적인 자원분배를 유도하는 효과를 가지며, 기본적으로 효율성의 논리에서 이해될 수 있다. 이점과 관련하여, 경제학자 애로우(Arrow, 1971)도 사회규범의 작동을 일종의 '시장실패'에 대한 사회적 보완기제로서 언급하고 있다.[9] 관습법 혹은 영미의 판례법('common law')이 만일 전통적으로 전래되어 온 국지적 사회규범들의 공식화(codification)로서 이해될 수 있다면, 이들 판례법 또한 유사한 효율성의 논리에서 분석될 수 있다. 포스너(Posner, 2007, ch.8)는 보다 명시적으로, 영미의 판례법 전통을 시장이 제도적으로 미비한 상황에서 (판사의 역할을 통해) 행위자들 간에 "시장적 거래를 흉내" 내도록 하는 일종의 준시장적 기능을 하는 것으로 파악하고 있다.[10] 문제는, 그렇다면 어떻게 규범(social norm)과 법(legal norm)이 다른가, 혹은 왜, 어떤 경우에, 규범과 법 사이의 전환이 일어나는가 등의 질문이 뒤따른다는 것이다. 이 문제는 아래에서 논의하기로 한다.

3. 규범의 '규범적' 속성과 처벌기제

설명의 명쾌성에서 오는 많은 장점에도 불구하고, 콜만의 규범이론은 기본적으로 규범의 '수요'(demand)와 그 '실현'(realization)을 각기 독자적인 것으로 취급하고 있다는 것이 미흡한 점이다. 콜만 이론에서 외부성의 존재는 규범의 '수요'를 낳는 반면, 이와는 별개로 규범의 실효적 '생성'은 행위자들 간의 연결망적 완결도('social closure')와 그에 비례하는 사회적 처벌체계(sanctioning system)의

9_ "하나의 가능한 해석으로서 나는 사회적 행위규범을 시장실패에 대한 사회의 대응으로 보기를 제안한다. … 가격시스템이 적용되기 어려운 재화들을 제공한다는 측면에서, 다양한 관행이나 규범 부류들은 모두 (개인 가치들의 성취라는 넓은 의미에서의) 경제시스템의 효율성을 제고하기 위한 협약들(agreements)로서 유사하게 해석될 수 있을 것이다" Kenneth Arrow, "Political and Economic Evaluation of Social Effects and Externalities," pp.3-25 in M. Intriligator(ed), *Frontiers of quantitative economics* (Amsterdam: North-Holland, 1971) 22면.

10_ "자발적 거래를 통한 자원배분의 비용이 지극히 높은 상황, 즉 시장이 자원배분의 방법으로 가용하지 않는 상황에서, 판례법은 개인행위에 대해 마치 시장에서의 거래를 흉내 내도록 가격을 매기는 것이다"(Posner, 앞의 책, pp. 249-250). 포스너를 위시한 소위 '시카고 법경제학파'가 이러한 효율성에 기초한 법해석의 전통을 강하게 추구하고 있다. 'New Chicago school'에 관한 Lawrence Lessig, "The New Chicago School," *Journal of Legal Studies* 27 (1998) 661-691면 참조.

가능성이 어느 정도 주어져 있다는 조건에서만이 가능한 것으로 그려지고 있다. 규범이 자체집행적이라는 점에서, 처벌기제가 구성원들의 연결망의 정도에 달려 있다는 점은 일단 타당한 지적이다. 일견 당연해 보이는 이러한 설명은 그러나 규범생성에 관한 분석에 있어 일정한 한계를 노정하고 있다. 먼저, 규범 위반에 대한 자체집행적 처벌은 그 자체가 일종의 공공재라는 점을 이해할 필요가 있다. 규범위반에 대한 처벌은 주로 공동체 내에서 직접적 비난이나 가십을 통한 조롱에서부터 가장 일반적으로는 사회적 관계맺음의 제한이나(따돌림이나 '왕따') 공동체로부터의 추방(ostracism) 등을 통해 이루어진다. 그런데 규범 위반자에 대한 이러한 사회적 처벌은 그 처벌을 가하는 처벌자 개인에게도 일정한 부담(비용)이 되며, 따라서 가능하다면 다른 이에게 처벌을 떠넘기고 자신은 무임승차할 동인이 생기게 된다.[11] 규범에 대한 합리적 설명에는 따라서 처벌기제가 어떻게 효과적으로 마련될 수 있는지, 혹은 처벌기제의 효과적 동원을 위한 전제로서 사회적 연결망은 어떻게 가능한지에 대한 설명이 있어야 하는데, 콜만의 이론틀에서 이 문제는 외재적으로 주어진 것으로 처리되고 있고 그런 만큼 불완전한 설명이 되고 있는 것이다. 규범의 수요와 그 실현은 별개의 문제가 아닌 동시적 문제로 보는 것이 보다 바람직하다.

콜만 이론의 단점을 극복하기 위해서 우리는 처벌기제의 구비 자체를 이론-내재적으로(endogenous) 포함시킬 필요가 있다.[12] 이를 위해서는 먼저 외부성과 처벌기제에 대한 재해석이 필요하다. 우리는 앞서 사회규범의 특성 두 가지 중 규범이 갖는 강한 '규범적' 구속력을 언급했는데 그 의미를 다시 한 번 생각해 보

11_ 이 점과 관련해서 물질적인 측면보다는 개인들의 평판이나 사회적 위치(status) 등이 실제로 사회규범을 효과적으로 발생/유지시킨다는 점을 강조하는 견해로는 법학자 맥아담의 'esteem theory of norm'을 참조할 수 있다. Richard McAdam, "The Origin, Development, and Regulation of Norms," *Michigan Law Review* 96 (1997). 338-433면. 또한 철학자 페티도 비슷한 관점에서 평판을 통한 처벌은 공공재 문제를 심하게 야기하지 않으며, 이것이 규범의 효력을 설명한다고 주장한다. Philip Pettit, "*Virtus Normativa*: Rational Choice Perspectives," *Ethics* 100 (1990), 725-887면.

12_ 콜만의 규범이론에 대한 보다 상세한 논의는 Jaehyuck Lee, "How Social Norms Matter?: Critical Reassessment of Coleman's Account," *Korean Journal of Sociology* 42(8), (2008), 77-103면 참조. 본장의 내용은 이 논문의 분석적 틀을 빌어 법사회학적 내용들을 보강한 것이다.

자. 개인에 대한 규범의 '강제적' 속성은 뒤집어 말하면, 만일 특례가 허용된다면 개인은 언제나 규범이 지시하는 행위유형에서 벗어나고자 할 개인적 동인을 지닌다는 것을 뜻한다. 이 점은 또 다른 행위규준인 '관례(convention)'의 경우와 비교해 보면 보다 잘 알 수 있다. 교통신호 지키기와 같은 순수한 상호조정의 상황에서 개인들은 약속된 행위에서 벗어나고자 할 동인상의 갈등이 거의 없으며, 따라서 개인들의 이해는 자연스럽게 관례가 지시하는 행위규준에 모아지게 된다. 이러한 종류의 규준들을 우리는 조정 균형(coordination equilibrium)이라고 지칭할 수 있다(Lewis, 1969; Sugden, 1989). 개인적 동인상의 '제약'을 수반하는 규범은 그러한 제약이 (거의) 없는 조정균형과는 다른 종류의 것이라는 점을 쉽게 짐작할 수 있다. 콜만을 비롯하여 규범에 관한 많은 합리적 모형들(Axelrod, 1984; Taylor, 1987; Posner, 2000; Young, 2008 등)은 이 '구속적' 특성을 간과하고 있는데, 이는 규범과 관례의 차이를 구별하는 데에 실패한다고도 말할 수 있다.

규범이 '구속적'이라는 점과 '자체집행적'이라는 특성을 염두에 두고 규범의 생성에 관해 분석적으로 설명해 조명해 보기로 한다. 출발점은 널리 알려진 일회적(one-shot) "죄수의 딜레마" 게임이다. 여기서 'player'들은 물론 이념형적으로 가정된 지극히 합리적이고 계산적인 행위자들이다. 잘 알려진 대로, 〈그림 1〉에서 보듯이 상호비협조의 {dD}가 내시균형이며, 이 결과는 상호협조의 {cC}를 통한 사회 최적점을 성취하는 데에 실패하고 있다. (즉, 둘에게 모두 바람직한 보상의 조합 (2, 2)가 가능함에도, (1, 1)의 보상에서 전략적 균형이 이루어지고 있다.)

그림 1. Prisoner's Dilemma

		player 2	
		cooperate (C)	defect (D)
player 1	cooperate (c)	(2, 2)	(0, 3)
	defect (d)	(3, 0)	(1, 1)

여기서 균형점(equilibrium strategy set)과 최적점(optimum strategy set)의 어긋남이 갖는 함의에 대해 잠시 생각해 볼 필요가 있다. PD게임의 상황에서는 개

인적으로 합리적인 행위들이 집단적으로 합리적인 결과를 이루어내는 데에 실패하고 있음을 나타낸다.[13] 이런 면에서, PD게임 상황은 개인합리성과 사회합리성의 자연적 일치라는 시장균형과 극적으로 대비된다. (완전경쟁시장의 최적상태는 '제1 후생공리'로서 정리되어 있다.) 우리는 여기서 PD게임에서 균형점과 최적점의 불일치에 대해 다음과 같이 해석해 볼 수 있다. 이 불일치는 PD게임의 세팅이 행위의 외부성을 지니고 있기 때문에 초래된 측면이 있다. PD게임에서 각 행위자의 개인합리적인 행동은, 즉 〈비협조〉는, 무조건적으로 [왜냐하면 그것이 우월전략(dominant strategy)이므로] 상대방에게 부정적 외부성을 끼치고 있는데, 이는 player 1이 〈협조〉에서 〈비협조〉로 행위를 바꿈에 따라 player 2에게 가능한 보상(payoff)이 일방적으로(unilaterally) 감축되고 있음에서 알 수 있다(즉 2에서 0, 그리고 3에서 1로, 각각).[14] 따라서 이러한 외부성의 존재를 고려한다면, 균형점과 최적점의 관계에 있어 시장기제를 통한 균형론의 결과와 PD게임의 결과 간의 차이는 논리적으로 모순되는 것은 아니다. 그렇다면 문제는 행위자들이 이러한 행위 외부성을 어떻게 내부화할 수 있는가에 모아진다. 결론적으로 말하자면, PD게임이 일회적 게임인 한 합리적 행위자들이 최적점을 성취할 가능성, 즉 상호협조는 없다.[15]

상호협조의 유일한 가능성은 PD게임이 반복될 때 찾아진다. 게임이 반복된다는 사실은 이제 행위자들에게 각 하부게임(stage game)의 균형점인 {dD}를 반

13_ 홉스의 '자연상태(state of Nature)'는 이러한 PD게임 상황을 나타낸 것이다. 물론 이러한 딜레마를 벗어나기 위해 홉스는 제3자 해법, 즉 국가라는 '리바이어던(Leviathan)'의 강제적 해법을 연역해 낸다. Thomas Hobbes, *Leviathan* (Cambridge, UK: Cambridge University press, 1991).

14_ 게임이론이 행위자 간의 전략적 선택의 세트로서 보상을 결정한다는 면에서 이러한 행위의 외부효과는 정의상 어느 형태의 게임에서도 나타난다. 단 일회 PD게임이 다른 점은 외부효과가 부정적 외부성으로 무조건적으로—즉 상대방의 선택과 상관없이—성립한다는 데에 있다.

15_ 일부에서는 일회적 PD게임에서도 플레이어 간에 상호협조가 가능함을 보이고 있으나 이들 결과는 '합리적' 개인이라는 행위가정을 일부 바꾸거나, 외생적 변인을 첨가하거나, 혹은 암묵적으로 반복 게임을 가정하는 등 게임의 구조 자체를 변경함으로써 이루어지며, 따라서 일회성 PD게임과는 다른 종류의 게임을 말하고 있다. 이러한 오류들에 대해서는 Binmore, Ken, *Game Theory and the Social Contract: Volume 1: Playing Fair* (Cambridge: MIT press, 1994)가 좋은 참조가 된다.

복하는 것보다는 나은 결과를 새로운 균형점으로 가능하게 한다. 아주 단순화해서 예를 들자면, 설령 이기적인 플레이어라도 1라운드에서 상대를 속여서 '3'의 보상을 얻고 그 이후 계속 '1'의 보상을 얻는 것은(3 + 1 + 1 + …) 서로 협조해서 '2'의 보상을 계속 얻는 것보다(2 + 2 + 2 + …) 손해이며, 따라서 〈협조〉의 전략이 그의 이기적 계산에도 부합한다는 것이다. '민습공리(Folk theorem)'로서 널리 알려진 대로, 반복(iterated) PD게임에서는 여러 형태의 상호〈협조〉가 개인합리적인 선택으로 가능해짐으로써 균형점이 사회최적점에 접근할 수 있다. 요체는 각 하부게임에서 〈비협조〉가 우월 전략임에도 불구하고 그들이 반복되는 상태에서는 〈협조〉가 "개인합리적인" 선택으로 가능하다는 점이다.[16] 여기에서 상호협조 즉 {cC}의 반복을 통한 최적점의 성취는 사회규범으로 나타난다. 즉 구성원 간에 '호혜성의 규범(norm of reciprocity; Gouldner, 1960)'이 생성되는 것이다. 이때 외부성의 내부화는 {cC}가 일방적이 아닌 '조건적 협조', 즉 상대방이 협조를 선택한다는 전제하에서의 협조라는 점에 반영되어 있다. 악셀로드(Axerlord, 1984)의 시뮬레이션 연구를 통해 유명해진 이른바 '따라하기 전략(tit-for-tat)'도 이러한 조건부 협조 전략의 일종이다.

4. '하부게임 포괄적 균형(SPN)'으로서의 규범

그렇다면 일종의 사회균형으로서의 이러한 규범은 왜 '규범적'(구속적) 속성을 갖는다고 말할 수 있는가? 우리는 여기서 상호협조라는 암묵적 동의에도 불구하고 각 행위 시점에서 (즉, 각 하부게임 상태에서) 행위자는 여전히 〈비협조〉를 선택할 동인을 갖는다는 점은 변하지 않는다는 사실에 주목할 필요가 있다. 왜냐하면 각 개인에게 있어 가장 '바람직한' (즉, 보상이 높은) 상태는, 상대방은 항상

16_ 여기에서 게임의 반복이 무한적인지 혹은 제한적이지만 종료시점이 불확실한지(finite with uncertain termination point) 등에 따라 다소 논의가 달라질 수 있다. 그러나 전체적인 결론은 질적으로 같다. 또한 민습공리는, 정확히 말하면, 최적성의 개선(Pareto improving)이 가능함을 말할 뿐이지 균형점이 자동적으로 {cC}의 반복을 통해 최적점을 성취한다고 말하는 것은 아니다. 즉, 다수 균형(multiple equilibria)이 가능하다; 한 예로, 만일 서로 간에 동의가 가능하다면, {(cD), (dC)}의 교차적 착취는 (dD)의 반복보다 높은 보상을 양 플레이어 모두에게 가져다준다는 면에서 파레토 개선이지만 파레토 최적에는 못 미친다.

규범을 따르고 (즉, 〈c〉를 택하고) 자신은 규범에서 벗어나는 (즉, 〈D〉의 선택) 것이기 때문이다. 이러한 (근시안적으로) 합리적인 〈비협조〉의 동인을 억제한다는 면에서 {cC}를 규정하는 사회규범의 균형은 구성원들에게 "구속적"인 성격을 갖게 된다. 이 점은 우리가 '관례'의 경우와 비교해 보면 잘 알 수 있다. 규범이 PD게임의 상황이라면 관례는 아래의 "Battle of sexes"와 같은 조정 게임의 상황에 가깝다(〈그림 2〉). 이 게임에서 균형은 {무용, 무용} 혹은 {권투, 권투}이고, 비록 '남자'는 기왕이면 〈권투〉를 그리고 '여자'는 〈무용〉 전략을 더 선호하지만, 그런 사적 선호의 이득보다 앞서는 관건은 (즉, 가장 큰 보상은) 상대방의 선택(전략)에 자신의 선택을 매칭하느냐의 여부에 놓여 있다. PD게임과는 달리 여기서는 상호행위의 조정이 우선 과제이며 각 개인의 이익은 본질적으로 서로 상충하지 않거나 지엽적이다. 구성원들은 강제적인 압박 없이도 자발적으로 약속된 준칙을 지킬 이유가 있는 것이다. 따라서 일회적이건 반복게임이건 상관없이 조정게임 균형으로서의 관례는 그것의 준수가 동시에 개인합리적인 선택이라는 면에서 "강제적" 성격은 거의 없어지게 된다. 관례 형태의 사회균형에 대비하여 볼 때, 우리가 규범 형태의 사회균형을 일컬어 "규범적"이라 함은 그것이 암묵적으로 행위자에게 비동조의 동인이 내재한다는 사실을 의미하고 있다. 앞서 언급했듯이, 합리적 설명틀을 취하는 많은 기존 연구들에서는 규범과 관례를 질적으로 동일한 선상에서 취급하고 있다. 즉, 두 경우 모두 행위자들 간에 자발적으로 형성된, 사회최적점을 지향하는 사회균형이라는 면에서 같다는 것이다. 그러나 규범이라는 사회균형은 왜 '규범적'이어야 하는지, 즉 왜 강제력을 지녀야 하는지에 대한 부분은 설명이 안 되고 있다.

그림 2. Battle of Sexes

		여자	
		무용 발표회	권투 경기
남자	무용 발표회	(5, 6)	(0, 0)
	권투 경기	(0, 0)	(6, 5)

다음으로 우리는 규범이 왜 자체통제(self-regulation)를 통해 유지되는지 살펴보자. 규범에서 한 행위자가 벗어났을 때—즉 d를 택했을 때—상대방이 취할 수 있는 처벌은 다음번 하부게임부터 〈비협조〉의 행위를 하는 것이다. 여기에서 우리는 왜 상호협조{cC} 국면에서 상호비협조{dD} 국면으로의 전환이 효과적인 '처벌'로서 가능한지 쉽게 알 수 있다. 만일 계속 규범을 지켰을 때의 보상 누계가 [즉, {(cC), (cC), … }의 보상 합이] 현시점에서 규범을 어기면서 얻는 이익 더하기 이후의 상호비협조의 보상 누계보다[즉, {(dC), (dD), (dD), … }의 보상 합보다] 크다면, 행위자는 상대방이 규범에 따르는 한 나도 규범을 지킬 충분한 이유가 있는 것이다(처벌이 몇 라운드까지의 〈비협조〉를 선택하는 것인지는 중요치 않다, 단 그 비협조의 기간이 효과적으로 위반자의 보상 누계를 감축시킬 수 있을 만큼이어야 한다는 조건만 충족된다면). 이에서 보듯이, 규범위반의 처벌은 위반자에게 장래의 비협조관계에서 오는 불이익을 감수하게 만드는 것으로 구성되어 있으며, 이런 면에서 규범은 행위당사자들 간의 자체통제에 기반을 둔다고 말할 수 있다. 이러한 자체통제의 적절한 예로는 지속되던 사회관계의 소원 내지는 단절, 혹은 사회적 추방 등을 들 수 있고, 이런 것들은 공통적으로 호혜적 협조관계의 단절이라고 말할 수 있다.

규범이 성립하려면 무엇보다 위반자에 대한 사회적 처벌기제가 효과적으로 뒷받침되어야 하는 점은 자명하다. 그런데 여기서 조금 더 눈여겨볼 점이 있다. 규범의 준수를 가능케 하는 것은 보다 정확하게 말하자면, 그러한 처벌 자체의 실행이 아니라 처벌의 '위협'이라는 점이다. 규범이 '살아 있다'는 것은 실제로 위반사례 없이 즉 처벌기제가 작동할 필요 없이 지켜지고 있는 상태를 말하기 때문이다. 여기서, 처벌의 위협은 '믿기울 만한(credible)' 것이어야 하는데, 왜냐하면 규범위반의 처벌을 위해선 위반자뿐만 아니라 처벌자 자신도 불이익을 감수해야 하며 따라서 그러한 자기 불이익에도 불구하고 처벌을 시행한다는 확신을 상대방에게 심어 주어야 하기 때문이다.

규범이 '믿기울 만한 처벌(credible threat)'의 요소를 포함하고 있어야 한다는 말은, 규범이 내시균형 중에서도 특정한 성격의 것임을 의미한다. 이 특정한 성격이란 바로, 규범이 내시균형에서 조금 더 강화된 '하부게임 포괄적 균형(subgame perfection, SPN)'이라는 것을 지칭한다. 이에 대해 간략히 살펴보기로 한다.[17] 시점 0에서 행위자들은 향후의 시점들에서 상호〈협조〉를 하기로 동의했다고 가정해보자. 물론 상호협조를 통한 향후의 누적 보상이 각자에게 이득이기 때문에 이 약속이 성립한 것이다. 그런데, 시점 1에서 만일 한 행위자가 규범을 위반했다고 가정해 보자(즉 약속한 {C} 대신, {D}의 플레이). 원래의 사회적 동의, 즉 상호〈협조〉의 규범에 따르면, 시점 2부터 상대 행위자는 그 '처벌'로서 자신도 〈비협조〉의 국면으로 전환해야 한다. 그러나 이 처벌은 위반자에 대한 처벌 외에 처벌자 자신에 대한 불이익이기도 하다. 만일 최초의 위반자가 동의한다면—물론 그는 동의할 충분한 이유가 있는데—시점 2에서 쌍방에게 최선의 선택은 규범의 처벌을 유기하는 것, 즉 그냥 상호협조의 국면을 유지하는 것이다. 위반은 처벌을 고려하는 시점에서 볼 때 이미 지나간 일이며, 처벌의 시행은 처벌자에게 비용을 가중시킬 뿐이기 때문에 처벌의 비시행이 시점 2에서 합리적인 것이 된다("Let the by-gone be by-gone"). 그럼에도 불구하고, 실례들에서 보듯이, 처벌은 왜 실행되는가? 그것은 처벌의 미래효과에 있다. 만일 처벌이 위의, 다소 근시안적 합리성의 이유에서 시행되지 않는다면 애초에 규범의 존재이유였던 구속적 효과, 즉 각 개인이 갖는 위반의 동인을 억제한다는 효과가 사라짐으로써 상호협조를 통한 지속적 사회최적점의 유지에 근본적인 하자가 생기게 된다. 처벌자는 처벌의 비용뿐 아니라 그것의 미래이익까지를 계산하여 처벌의 실행여부를 결정하게 된다. 이런 의미에서 처벌의 위협을 통해 규범이 준수되기 위해서는 처벌이 믿기울 만할 때만이, 즉 막상 위반이 일어났을 때 (게임이론 용어로는 'off-the-equilibrium path'에서도) 그 비용에도 불구하고 처벌이 실행될 수 있다는 확신이 있을 때만이 가능한 것이다. 이것이 바로 애초에(ex ante) 균형 상태로 성립한 규범적 약속, 즉 상호협조 {cC}의 전략을 지속한다는 약속이 향후 모든 하부게임들에서도 동인부합적으로 ("믿기울 만하게") 적용되어야 한다는 말이고, 이런 면에서 규범준칙은 '하부게임 포괄적' 균형이라고 말할 수 있다. 이 분석을 통해 우리는 왜 콜만이 규범현상을 설명함에 있어 '수요'와 '실현'의 두 측면을 별개로

17_ 'subgame perfect Nash(SPN)' 개념은 Selten이 처음 제시한 것으로, 이 공로를 인정받아 Selten은 1994년 노벨 경제학상을 수상하였다. Reinhard Selten, "Re-examination of the perfectness concept for equilibrium points in extensive games," *International Journal of Game Theory* 4 (1975), 25-55면. SPN에 대한 자세한 논의는 어느 게임이론서 참조.

취급한 것이 바람직하지 않은 것인지 알 수 있다. 합리적 행위자에게 있어 처벌 기제의 효과적 작동은 규범의 형성 여부가 결정될 때 '이미' 내생적으로 고려가 되어 있다는 것이다.

어떤 규준 위반사례에 대해 집단 구성원들이 당장의 부담에도 불구하고 정해진 처벌을 실행해야 하는 이유는 (본고의 분석적인 관점에서 볼 때) 지극히 미래지향적(forward-looking)인 이유에서이다. 이와 관련하여 한 가지 예를 생각해 보자. 엘스터(Elster, 1990a)나 많은 학자들이 여러 문화들에서 발견되는 '복수의 규범(norm of vendetta)'에 대해 종종 '눈먼(blind) 감정의 폭발'이라는 전혀 비합리적인 측면에서 해석하고 있다. 그 해석에 따르면, 내 동료가 상한 것은 "이미 지나간 일"임에도 지금 와서 '피의 복수'를 한다는 것은 합리적이지 않은 일이다. 그럼에도 이런 복수의 규범이 인간사회에서 강력하게 존재해 왔다는 것은, 이들 연구에 따르자면, 규범이 합리성과는 거리가 멀다는 것을 함의하게 된다. 하지만 본고의 분석에 비추어 보면 '복수의 규범'은, 만일 그것이 어떤 규범적 예방(deterrence)의 효과를 가지려면 '처벌이 믿기울 만해야' 비로소 가능한 것이 된다. 즉, 그 규범이 애초에 하부게임 포괄적 균형(SPN)으로 성립하기 위해서는, 동료에 대한 복수는 이루어져야 한다는 것이다. 본고의 해석을 따르자면 복수의 규범은 '과거지향적'인 비합리성의 표출이 아니라 반대로 연장된 시간축에서 나타나는 '미래지향적' 행위, 즉 합리적인 성격의 것으로서 이해될 수 있다.[18]

불법행위법(tort law)과 관련하여 한 가지 생각해 볼 점이 있다. 하부게임 포괄적 균형(SPN)으로서 규범은 믿기울 만한 처벌의 요소를 가져야 한다고 했는데, 그렇다면 가장 '믿기울 만한 처벌'은 무엇일까? 만일 위반사례가 의도적이 아니라 단순한 실수이거나 혹은 행위자가 통제하기 힘든 어떤 우연에 의한 것이라면? 가장 '믿기울 만한' 처벌은 바로 이런 실수나 우연의 경우라 할지라도 무조건적으로 처벌이 가해지는 것이다. 이것은 불법행위법의 범주에서 '무과실책임원리(strict liability)'에 해당한다. 우리는 역사적으로 전근대 시기나 단순사회에서는 '무과실책임원리'가 보다 편만했고(Posner, 1983: 192-203; 2007, ch.8; Durkheim, 1984 등), '과실책임원리(negligence rule)'나 '기여과실(contributory negligence)'을

18_ 포스너(Posner, 앞의 책, 260-262면) 또한 복수의 규범에 대해 본고와 거의 흡사한 해석을 보여준다.

인정하는 원리 등 보다 체계적인 불법행위법은 산업화와 도시화가 본격화되던 19세기 후반에서야 본격적으로 구비되기 시작했다는 점(Scheppele, 1991)을 주목할 필요가 있다. 사적인 소유권이 아직 미분화했고[19] 정부라는 공식적인 제3의 처벌전담기구가 부재하는 상황에서, 그리고 비교적 작고 폐쇄적인 공동체의 맥락에서 규범은 거의 유일한 상호협조 및 질서 기제였다. 규범의 '자체집행적' 성격을 감안한다면, 처벌의 실행부담을 줄이는 길은 바로 실제로 처벌을 가할 필요성이 없어야 하는 것이었다, 즉 위반 사례를 최대한 줄여야 한다는 것이고, 실제의 위반사례를 최소화하는 방책은 처벌이 매우 "믿기울 만해야" 한다는 것, 즉 엄격한 '무과실책임원리'가 보다 효과적이었다는 것으로 해석해 볼 수 있다. 비록 부주의나 우연에 의한 위반사례가 있음에도 위반자들에 대해 예외 없이 처벌을 가한다는 것은 규범의 비효율적 측면을 담고 있다. 하지만 작고 폐쇄적인 사회맥락에서, 즉 서로가 서로를 친숙하게 아는 관계에서, 규범 위반사례에 있어서 개인의 의도성 외에 과실(negligence)나 기여과실 등이 차지하는 몫은 상대적으로 작았고, 무엇보다 그러한 세세한 판별과 계산에서 오는 이득보다는 무조건적 처벌이 갖는 규범유지의 이득이 보다 컸을 것으로 생각할 수 있다.[20] (이 점은 '타인' 들끼리의 관계가 주를 이루는 산업화된 대도시 맥락에서의 불법행위 처리와 비교해 보면 쉽게 유추할 수 있다.) '복수의 규범' 예에서와 비슷하게, 우리는 단순사회의 맥락에서 왜 규범이 매우 "규범적"이었는지를, 즉 왜 처벌이 매우 "믿기울 만한" 것이어야 했고 따라서 '무과실책임원리'가 편만했는지를 이해할 수 있다.

19_ 전근대사회의 맥락에서 왜 사적 소유권이 미분화할 수밖에 없는지는 매우 복잡한 이슈이고 본고의 논의한계를 벗어나는 일이다. 하지만 이 점에 대해서도 합리적인 이유가 있다는 점만을 부기해 두기로 한다; 이재혁, "선물의 *hau*: 증답경제의 정치경제학과 관계자본," 『한국사회학』 제45집 제1호(2011), 37-72면 참조.

20_ 단순사회에서는 보통 주술적 믿음체계(magic)가 법-규범적 사안의 처리에 크게 관여하고 있다. 오늘날의 기준에서 우발적 사고나 질병으로 볼 수 있는 것들과 심지어 자연사까지 포함해서, 부락민에 대한 어떤 재앙도 반드시 "누군가의 주술"이 관여된 것으로 간주하는 '과잉 의도추론'의 경향이 나타난다. 많은 인류학 연구 예들 중에서도, Evans-Pritchard의 'Benge magic'을 참조할 수 있다. E. E. Evans-Pritchard, *Witchcraft, Oracles, and Magic among the Azande* (Oxford, UK: Oxford University press, 1976).

5. 규범의 차선성과 시간적 동인부합의 문제

이상에서 우리는 합리적 선택론을 통한 규범해석이 앞에서 언급한 규범의 두 가지의 특성을 모두 만족스럽게 설명할 수 있다는 점을 보았다. 나아가 이 분석은 두 가지의 함의를 갖고 있다. 먼저, 규범의 준수는 개인의 이익이 부합될 때만이 가능하다는 면에서, 많은 기존의 해석과는 달리, 근본적으로 "합리적인" 현상이라 말할 수 있다. 다음으로, 보다 중요하게, 규범은 오직 '사전적(ex ante) 의미'에서만 최적이라는 점이다. 위의 자체처벌기제에서 보듯이, 행위자 간에 미래에 대한 이해관계(future stake)가 걸려 있을 때만이 규범을 통한 행위규제와 최적점의 성취가 가능하게 된다. 이 점은 규범의 자체통제적 속성이 행위자들 간의 미래의 이해관계의 조절을 통하여 이루어짐을 의미하는 한편, 규범이 시간축을 통해 나타나는 외부성에 대한 반응임을 의미하기도 한다. 그리고 곧 논의하겠지만, 규범이 연장된 시간축에서 나타나는 '역동적(dynamic)' 균형이라는 점은 코즈 공리에 대해서도 중요한 함의를 갖게 된다.

규범의 준수와 처벌의 시행이 모두 미래의 효과라는 측면에서 고려되고 있다는 언명의 의미를 다시 한 번 생각해 보자. 이는 기본적으로 규범으로 관장되는 행위가 공시적인 차원에서뿐만 아니라 통시적으로도, 즉 시간적 차원에서도 외부효과를 지닌다는 것을 의미한다. 다시 말하면, 처벌이 그 비용에도 불구하고 시행되는 이유는 위반의 행위가 갖는 부정적 시간 외부성을 차단하려는 데에 있다고 해석할 수 있다. 그런데 여기서 우리가 중요하게 주목해야 하는 것은, 시간축에 따른 개인동인의 구속이라는 규범의 강제성은, 그 대가로서 반드시 일정한 정도로 최적성의 감소를 내포하게 된다는 점이다. 이 논점은, 어떤 사회적인 효과를 겨냥해서 특정 정책을 실행하고자 할 때 고려해야 하는 두 가지의 기준, '준칙 대 재량(Rule vs. Discretion)' 간의 대차관계(tradeoff)로서 표현해 볼 수 있다. 우선, '준칙성'과 '재량성' 간의 대차관계에 대하여 특허법의 예를 들어 설명하기로 한다. 어떤 부락에서 생산력 기술의 수준이 구성원들의 이노베이션 노력에 따라 결정된다고 가정해 보자. 개인의 이노베이션에는 개인적 비용이 들기 때문에 그 대가를 특허법을 통해 보상해 줌으로써 개인들의 이노베이션 노력에 대한 동인을 효과적으로 유도하게 된다. 특허법이 설정되고, 막상 어떤 이노베이션이 특정 개인의 노력으로 이루어졌다고 가정해 보자. 기술은 공공재인 관계로 부락민 전체가 이제 그 기술을 사용할 수 있게 되었는데, 단 특허법이 규정하는 일정한 사용비를 고안자에게 낸다는 조건에서 가능하다. 그런데 이미 이노베이션은 이루어졌고 이제 부락민들이 자유롭게 그것을 사용할 수 있는 상태에서, 과연 그러한 사용비를 별도로 부과하는 것이 부락의 '사회적' 관점에서 볼 때 최적인가? '현재' 상태에서만 따지자면, 이미 이루어진 이노베이션을 부락민에게 무상으로 나누어주는 것이 부락 전체로서는 보다 효율적인 것이 된다. 이것이 특정한 이노베이션 결과에 대한 '사후적(ex post)' 관점에서의 최적상태라 할 수 있는데, 이러한 사후적 최적성의 획득은 결국 정책적 '준칙성'을 포기하고 '재량'에 의거하여 자원분배를 결정하는 것이라 할 수 있다. 그러나 이러한 '재량'의 발동은 그 이후부터 더 이상 특허법을 통해 개인들의 이노베이션 노력을 끌어내는 데에 실패한다는 점에서 문제를 야기한다. 구성원들은 더 이상 특허법이라는 규칙을 신뢰치 않기 때문이다. 결국 이노베이션의 동인을 지속적으로 유지하기 위해선, 비록 현재는 사회최적성에서 손실이 있더라도, 특허법의 '준칙'을 시행하게 되는 것이다.[21] 당장의 손실에도 불구하고, '*pacta sunt servanda* (약속은 지켜져야 한다).' 바꾸어 말하자면, '준칙'의 시행은 시간축에 걸쳐있는 개인 동인의 문제를 해결하는 대신, 그 대가로, 어느 정도의 사회최적성의 손실을 내포하고 있는 것이다. 이러한 개인 동인의 시간적 외부성 문제의 해결을 둘러싼 득과 실이 사회규범의 '규범적' 속성에도 동일하게 반영되어 있다. 규범이 '규범적'인 만큼, 즉 주어진 규범적 '준칙'을 벗어나려는 동인이 구성원에게 강하게 내재하는 만큼, 규범의 균형상태는 최적성에서 멀어지게 된다는 것이다. 우리는 이 상태를 일컬어 '차선적(second best) 균형'이라 부를 수 있다. 개인동인상의 문제가 없는 규준인 관례에 비해, 동인구속(incentive-binding)의 문제가 개재되는 규준인 규범은 본질적으로 차선적일 수밖에 없다. 따라서 규범이 관례와 구별되는 또 하나의 특성은, 관례가 '최선'(first best)의 사회균형인 반면 규범은 '차선'의 사회균형에 가깝다는 점이다.

21_ 이는 거시경제학에서 일명 '시간 일관성(time consistency)' 문제로 알려져 있다. 정부의 적극적 재정정책('재량')을 통한 시장개입에 반대하여 통화주의(monetarism)에서 강조하는 것이 정책의 '준칙성'이다. 거시경제학계의 논쟁에 대해서는 Brian Hiller, *The Macroeconomic Debate* (Oxford, UK: Basil Blackwell, 1991) 참조.

정리를 하자면, 사회규범은 '사전적으로 차선인 내시균형(subgame perfect Nash equilibrium with an ex ante second best optimum)'으로서 요약될 수 있다. 규범이 차선의 최적성을 지닌다는 말은 규범이 순진하게(naive) 효율적이지는 않음을 의미한다. 현실세계에서 종종 보이는 규범의 비생산적, 비효율적 작용은 이 차선의 특성을 반영하고 있다. 이는 근본적으로 '재량'적 측면을 희생하는 '준칙'적 측면의 속성에서 비롯된다. 즉 사회규범이나 법규범 등 '규범적' 규준들이 갖는 차선성이라는 한계는 근본적으로 개인 동인의 문제에서 야기되는 것으로 이해될 수 있다. 그러나, 비록 '차선'의 수준이지만, 규범이 연장된 시간선상에서 개인합리적으로 선택되어진다는 의미에서 규범은 크게 보아 효율성의 논리를 따르고 있다고 볼 수 있다.

Ⅲ. 사회규범과 코즈 공리

본고에서 규범은 기본적으로 행위외부성에 대한 해결책으로 해석되고 있다. 이것은 콜만의 규범이론의 틀을 따르는 것이다. 외부성 내부화 문제라는 측면에서 콜만의 규범이론과 코즈 공리는 공통된 틀 안에서 비교될 수 있다. 잘 알려져 있듯이 코즈 공리는 거래비용(transaction costs)이 없거나 무시될 만하다는 가정 하에서, 그러한 외부성이 행위자들 간의 사적 협상을 통하여 내부화되며, 사회적 관점에서 볼 때 자원의 효율적 사용이라는 궁극적 결과는 소유권의 배분 양상에 영향을 받지 않는다는 것이다. "권리의 최초의 경계획정이 확립되지 않고서는 권리를 교환하고 재결합하기 위한 시장거래는 존재할 수 없으므로, 가해자 측이 원인을 야기한 손해에 책임이 있는지 또는 그렇지 않은지를 알 필요가 있다. 그러나 (생산물의 가치를 최대화하는) 최종적인 결과는 만약 가격시스템이 비용이 들지 않고 작동된다고 가정한다면, 법적 상황(legal position)에 대해서는 독립적이다"(Coase, 1960: 8). 행위자들 간의 시장적 거래나 혹은 규범적 약속을 통해 외부효과를 내부화함으로써, 그것이 자원의 효율적 이용이건 혹은 상호협조를 통한 호혜적 결과의 증대이건, 사회적으로 보다 효율적인 결과를 만들어 낸다는 점에서 코즈 공리와 콜만의 규범이론은 일치하고 있다. 이러한 일치점을 전제하면서 우리는 둘 사이의 차이점에 대해 검토해 볼 수 있다. 먼저, 앞서 언급했듯이, 외부효과와 관련된 행위나 물건에 대해 소유권이 우선 설정되어야 한다는 코즈 공리의 전제는 규범을 야기시키는 일반적인 사회적 행위에서의 외부성 상황에 잘 들어맞지 않는다는 점을 들 수 있다. 어찌 보면 앞서 애로우의 언급대로, 소유권 부재로 인해 시장적 계약이 어려운 상황에서, 그 대안으로 규범이 내부화의 기능을 수행하는 것이라고 볼 수도 있다. 다른 한편, 코즈의 주장은 콜만이나 경제법 일반에 대해 다소 역설적인 난점을 던지고 있다. 코즈의 주장대로, 만일 사적 거래를 통해 사회 최적성이 보장된다면 이는 결과적으로 소유권의 배분이나 행위 권리를 규제하는 법과 규범이 피상적인 게 된다는 함의를 갖는다. 물론 권리가 누구에게 부여되느냐에 따라 개인들 간에 분배적 결과는 달라지지만 어쨌건 거래의 최종 결과가 사회적으로 효율적인 방향으로 간다는 점은 변함이 없고, 코즈는 배분적 측면에 대해 말하는 게 아니라 후자의 결과만을 말하고 있기 때문이다. 콜만은 이 난점에 관하여, 코즈 공리에서의 '무거래비용' 가정의 비현실성을 들어, 사회규범이 거래비용을 줄임으로써 사회적 최적상태의 달성에 기여를 한다는 쪽으로 해결을 모색하고 있다(Coleman, 1990: 261). 이와 유사하게, 대부분의 법경제학 이론에서도 주로 거래비용의 측면을 들어 소유권 법의 필요성을 옹호한다는 면에서는 마찬가지이다.

무거래비용의 가정은 물론 매우 비현실적인 것이다. 그리고 일반적인 사적 거래나 계약에 있어 거래비용의 중요성은 부인할 수 없다.[22] 거래비용이 높다면 아무리 바람직하고 효율적인 거래나 계약도 애초에 성립할 수 없기 때문이다. 따라서, 만일 법적 개입이 필요한 경우 거래비용이 상대적으로 낮은 당사자 측에 소유권을 설정하는 것이 보다 바람직(효율적)하다는 것이 법경제학의 자연스러운 정책 제안이 된다.[23] 하지만, 무거래비용의 가정이 비현실적이라는 점은 다소

22_ 거래비용의 최적화라는 측면에서 '시장'과 '위계' 등으로 제도의 분화를 설명하는 대표적인 이론으로는 Oliver Williamson, *The Economic Institutions of Capitalism* (New York: Free Press, 1985)을 들 수 있다.

23_ 포스너(Posner, 앞의 책, 250면)가 말하는 대로 법경제학의 분석틀에서는 재산법, 계약법, 불법행위법 모두 동일한 기준 즉 효율성 제고논리로 상호 '번역'이 가능하다. 따라서 권리의 충돌이나 불법행위로 인한 손해 모두 비슷하게 거래비용을 낮추는 방향으로 권리나 배상을 하도록 유도하는 원칙 또한 비슷하게 적용될 수 있다.

부차적인 문제점이다. 우선 '거래비용'이라는 개념 자체가 너무 느슨하고 모호하다는 점이다. 단순한 계약서 비용이나 변호사비용부터, 감시비용, 측정비용, 정보비용이나 조직비용까지 매우 이질적이고도 상이한 수준의 변인들 중에서 연구자(혹은 판사)가 입맛에 맞게 선택해서 ad hoc하게 갖다 붙일 수 있는 개념이 바로 거래비용이다. 그러나 본고에서 초점을 맞추고자 하는 건 거래비용 조건이 아니라 다른 측면에 있다. 코즈 공리는 어느 면에서는 보다 포괄적인 개념인 '부분균형(partial equilibrium)'의 한 버전으로 볼 수 있는데, 이는 자발적 교환을 통해 교환 당사자 간의 가능한 모든 이득기회(arbitrage)를 소진시킬 수 있다는, 자명하고도 좀 싱거운 명제를 되풀이하고 있다고 해석할 수 있다.[24] 따라서 무거래비용 조건 하에서, 코즈 공리는 거의 동어반복(truism)에 가깝고, 그렇기에 논박 또한 어려워진다.

그렇다면 거래비용을 감소시킨다는 측면을 제외하면 결국 코즈 공리가 함의하는 대로 법이나 규범은 원칙적으로 피상적인 것인가? 그렇지는 않다. 우선 부분균형의 한 버전으로서 코즈 공리는 정태적(static) 관점에서의 균형상태를 말하는데, 이제까지의 논의에서 보았듯이 규범은 '역동적' 관점에서의 균형을 말하고 있다는 점을 주목할 수 있다. 정태적 관점에서의 명제가 갖는 함의들이 역동적 관점에서 볼 때 달라질 수 있는 것은 사실 그다지 이상한 일이 아니다. 보다 중요하게는, 관례 등의 '최선'적 균형과 달리 법이나 사회규범 등의 '규범적' 성격의 균형은 '차선'적인 성격을 띤다는 점, 즉 하부최적적이 된다는 점에서 코즈 공리의 최적성 주장에서 벗어나고 있다는 것이다. 연장된 시간축에서 규범이 '차선'의 최적점이라는 말은 개인 동인의 문제를 해결하기 위한 '준칙'의 시간 일관성(time consistency)을 얻는 대신 '재량'을 통한 단기적 최적성의 일부를 희생한다는 의미

24_ 코즈 공리의 다음 버전은 부분균형으로서의 측면을 조금 더 잘 나타내고 있다: "Consider a bilateral contracting situation in which the parties are rational with respect to their individual self-interests, and in which the parties can agree on any contract without incurring transaction costs. Then the allocation of real goods after contracting will maximize total welfare regardless of the initial allocation of real goods." Benjamin Hermalin, Avery Katz, and Richard Craswell, "Contract Law," pp.3-138 in M. Polisky and S. Shavell(eds), *Handbook of law and Economics* (Amsterdam: North-Holland, 2007), 24면.

가 된다. 다시 말하여, 규범의 유무 혹은 그 정도에 따라 이러한 최적성의 가감(trade-off) 정도가 달라지며, 따라서 규범의 성립이나 효력 여부(혹은 법제도의 효력 여부)에 따라 사회적 행동이나 재화의 효율성 정도 자체가 달라지게 된다는 점이다. 이런 면에서 볼 때 규범의 유무나 성격에 상관없이 사적 협상을 통해 사회최적점에 도달된다는 코즈 공리의 함의는 맞지 않게 된다. 그리고 이는 거래비용 가정과는 상관없이 성립하는 이야기라는 점에 주의를 환기할 필요가 있다.

앞서 언급했듯이, 기존의 논의들에서는 코즈 공리가 함의하는 거래비용 측면이 다소 과장되어 있다. 왜 거래비용 측면이 다소 부차적인 논점인지는 우리가 역사적 지평을 조금 넓혀서 생각해 보면 간단하게 드러난다. 근대의 제도화된 법이 들어서기 전까지 대부분의 규범적 준칙들은 사회규범 혹은 일명 '원시법(primitive law)'의 형태였다. 근대 공식법이 보통 '이방인들(strangers)' 간의 관계를 보편적으로 규정하려는 데에 초점을 맞추고 있다면, 전근대의 규범체제는 통상적으로 작고도 폐쇄적인 공동체 내에서의 '친숙한' 개인들 사이의 행위에 초점이 맞추어져 있었다. 효규범이나 연장자 공경에 관한 규범 등을 생각해 보자. 가족이나 혈연 등은 말할 것도 없고 대부분의 사회관계는 이미 익숙하게 잘 아는 사람들끼리의 접촉 안에서 이루어진다. 여기서 '거래비용'은 어떤 의미를 지니는가? 상식적인 말이지만, "거래비용 때문에" 이들 혈연이나 부락민들 사이에 사적 거래 혹은 '계약'이 지장을 받지는 않는다. 그렇다면, 코즈 공리의 함의처럼, (거래비용은 문제가 안 되니까) 자유로운 사적 거래의 범주를 벗어나는 규범은 불필요하거나 피상적이 되는가? 물론 아니다. 규범은 (근대에서의 법제도와 똑같이) 부락 구성원 모두에게 강력한 행위규제와 조율기제로서 작동하며, 당연히 집단 수준에서의 자원의 효율성에도 영향을 미치게 된다. 간단한 예로, 공식적인 금융적/재정적 기제가 부실한 전근대 상태에서 효규범의 효과 유무는 세대 간의 효율적인 자원배분에 심대한 영향을 미치게 된다. 효규범을 통해 부모세대의 노후 봉양이 보장된다면 자식세대에 대한 보다 많은 투자가 유도될 수 있고, 이는 집단적으로 보다 효율적인 자원배분 상태를 가져오기 때문이다(Becker, 1991 참조). 효규범의 예에서 보듯이, 첫째 거래비용은 초점이 아니며(부모 자식 간의 '거래비용'?), 둘째 규범의 존재 여부는 자원 효율성 정도에 유효하게 영향을 미치고, 셋째, 그럼에도 부모공양에 대한 '강제' 즉 규범적 속박이 필요한 이유는 개인들의 동인을 부합시켜야 하기 때문인데, 넷째, 그렇기 때문에 규범을 통한 자원배분은 동인부합의 필요성만큼 '차선'적이 된다는 점이다. 다시 말하지만, 코즈 공리는 한편으로는(정태적 관점에서는) '자발적 교환'의 효과를 되풀이 한다는 면에서 거의 동어반복이거나, 다른 한편으로는(역동적 관점에서는) 동인부합의 문제를 간과한다는 면에서 맞지 않는 명제가 된다. 코즈 공리에 기반해서 거래비용 측면을 중시하는 기존의 법경제학의 정책적 제안들도 그간 간과되고 있던 동인부합의 측면에서 다시 제고될 필요가 있다.

Ⅳ. 사회규범과 법규범의 관계

사회규범에 대한 법사회학적 RCT 접근이라는 본고의 취지를 완결하기 위해 우리는 사회규범과 법규범 간의 관련성에 대해 검토할 필요가 있다. 비록 이 주제는 별개의 원고에서 다루어야 할 복잡한 문제이지만,[25] 여기서는 간략하게 두 가지 논점만을 언급하려고 한다.

1. '사회적 통제'의 행위준칙 범주들

먼저, 우리는 보다 '사회학적' 관점을 동원해서, 공식 법이나 사회규범, 그리고 관례나 문화적 관행 등을 모두 사회적 행위들의 '사회적 통제'[26]라는 보다 포괄적 측면에서 바라볼 수 있다. 그렇다면, 법이나 규범, 관례 등은 모두 서로 다

25_ 법규범과 사회규범 간의 구분과 관계는 전문적으로 들어가면 매우 어려운 문제이다. 이와 관련한 비교적 최근의 논의로는 Eric Posner(ed), *Social Norms, Nonlegal Sanctions, and the Law* (Cheltenham, UK: Elgar Reference Collection, 2007)나 Michael Freeman(ed), *Law and Sociology*, (Oxford, UK: Oxford University press, 2006) 등에 수록된 논문들을 참조.

26_ 참고로, '사회적 통제(social control)'라는 관점을 명시적으로 내세우면서 법 현상을 "객관적으로" 분석하려 한 시도의 대표적인 사례로는 Donald Black, *The Behavior of Law* (New York: Academic press, 1976)을 들 수 있다. 이와 관련된 이론적 개관으로는 Mathieu Deflem, *Sociology of Law* (Cambridge, UK: Cambridge University press, 2008), Part II 참조.

른 행위 영역들의 특성과 통제 필요성에 따라 다르게 나눠진 행위준칙 범주들로서 이해될 수 있다. 나아가, 사회적 통제의 필요성에 대한 여러 논리 중에서, 특히 RCT 법사회학 관점에서 볼 때 우선적으로 초점이 되는 것은 행위의 외부성 문제이다. 행위규준들은 기본적으로 이러한 외부성을 내부화하려는, 상호제약의 기제라는 측면에서 해석될 수 있다. 모든 행위규준들은 크게 그것의 준수가 강제성을 띠느냐 혹은 자발적으로 준수할 동인이 많으냐에 따라 '규범적(normative)' 규준과 '관례적(coordiantive)' 규준으로 구분되며, 다시 각 규준들은 그것이 공식적으로 인지되고 집행되는 정도에 따라 비공식적 vs. 공식적 규준들로 구분할 수 있다(〈표 1〉 참조).

〈표 1〉 사회적 행위규준의 분류

준수동기 \ 공식성	규범적 강제력 (동인의 문제)	행위의 상호조정 (자발적 준수)
비공식적 규준	사회규범, 사적 권위관계	관례, 의례, 에티켓 등 문화관습
공식적 규준	법, 조직 내 준칙	표준적 도량형, 관례적 제도

우리는 이미 이전의 논의에서 PD게임 상황의 솔류션인 '규범적인 규준'들과 조정게임 상황의 솔류션인 '관행적인 규준'들을 구분해 보았다. RCT 법사회학 관점에서는, 법과 규범 그리고 관례 등은 모두 일종의 '사회적 균형(social equilibrium)' 상태를 반영하는 것으로 이해된다. 그러나 법과 규범이 '차선'적 균형이라면 관례나 의례 등은 '최선'적 균형에 가깝다는 면에서 구분된다. 이러한 최적성의 차이는 준칙준수에 있어 개인의 동인을 강제로 부합시켜야 하느냐('규범') 아니면 자발적으로 준수할 동인이 주도하느냐('관례')에 따라 나타난다. 물론 이것은 이념형(ideal-type)적인 구분이고, 실제로는 많은 사회적 규준들이 이 두 가지의 축을 사이로 양쪽의 성격을 어느 정도는 다 갖고 있다고 볼 수 있다. 또한 더 중요하게는, 많은 행위규준들의 경우 동일한 내용이라도 그것이 취하는 범주나 형식은 문화적 차이에 따라 달라지거나 혹은 역사적인 상황이 변하면서 계속 변화한다는 사실이다. (예를 들어, '안식일을 지키라'는 유대교의 규범적 준칙이 오늘

날 7일마다 쉬자는 '공휴일'의 관례로 변화한 것이나, 혹은 반대의 경우로, 자의적인 기준에서 시작된 식사절차상의 관례가 '식사 예절'이라는 구속력을 갖게 된 것 등.) 우리는 이러한 역사적인 변화의 차원이라는 측면에서, 법규범과 사회규범의 차이에 대해 간략히 논의해 보기로 한다.

2. 사회변화 맥락에서의 사회규범과 법규범

근대 법규범과 사회적 규범 모두 위에서 분류한 '규범적' 종류의 행위규준에 속한다는 점은 쉽게 알 수 있다. 둘 다 특정한 처벌적 기제를 갖고 있기 때문이다. 특히 공식 법은 '규범적' 성격의 규준 중에서 가장 명시적이고 강력한 것이라고 말할 수 있다. 그런데 양자의 차이는 우선적으로 그 처벌기제의 작동방식에서 찾아질 수 있다.[27] 사법부가 특화하여 전담하는 법집행과 처벌은 개인의 입장에서 보면, 개인들 간의 불법행위나 계약위반에 대해 '제3자'가 그 처벌을 전담하는 것이 된다. 사회 규범은 그 처벌이 구성원 본인들, 즉 제3자가 아닌 이해관계의 당사자들 수준에서 '자체적으로 집행'된다는 점에서 우선적으로 공식 법과 구분될 수 있다. 다음으로 우리는 법체계가 '공식적'이라는 말의 의미를 생각해 볼 필요가 있다. 사회적 규범이 자체집행적이고 비공식적이라는 말은 그것이 해당 공동체가 갖는 국부적인 특성이나 구체적인 사회관계의 성격이 달라지는 것에 따라 가변적으로 적용된다는 점을 의미한다. 반면에, 법규범은 그 규범적인 강제력을 적용함에 있어 사회규범에 비해 보다 추상적인 수준에서 일반화된 경우들을 가정하고 있다. 법규범의 조항들은 어떤 구체적이고 국부적인 사안들마다 별개로 적용되도록 쓰인 게 아니라, 모두 현실에서의 유사한 경우들에 대해 보편적으로 적용하려는 의도를 갖고 있고, 따라서 추상적인 수준에서 쓰일 수밖에 없다. 법규범이 사회규범에 비해 공식적이면서도 보다 추상적인 성격을 갖는다는 점은 좀 더 역사적이고 거시적인 사회변화의 측면과 밀접하게 관련되어 있다.

27_ 물론 애초에 법률의 '제정' 측면에서 규범과 공식법 혹은 'judge-made law'와 'legal legislation' 간에 차이를 먼저 지적할 수 있다. 나아가 근대적 시장상황에서 개인들 간에 맺는 사적인 계약은 어찌 보면 공식 법의 테두리 밖의 영역에서 이루어지는 사적 '입법' 행위로서 바라볼 수 있다. 지나치게 논의를 넓히지 않기 위해 이 측면의 논의는 생략하기로 한다.

근대 법규범이 보편적인 지향을 갖고 추상적인 성격이라는 말은 근대사회가 바로 그런 성격을 갖고 있다는 말이고, 사람들 간의 관계 또한 그러한 성격으로 변해 왔다는 점을 의미한다.[28] 이전의 비교적 정적이고 폐쇄적인 사회에서와는 달리 근대사회는 복잡하고 이질적이며 개방적인 사회이다. 근대사회에서의 사람들 간의 관계가 익명적이고 이질적이고 복잡하게 되었다는 점은 행위규준의 차원에도 중요한 함의를 갖는다. 우리는 앞서 소개한 PD게임 예에 연장선에서, 왜 일반적인 사회적 관계의 변화가 사회규범과 법규범 간의 상대적인 위상과 역할의 변화에 체계적으로 관련되는지 살펴보기로 한다.

일반적으로 작고 조밀한 사회연결망("strong tie"; Granovetter, 1983)에서 우리는 사회규범이 보다 효과적으로 수행된다고 예측할 수 있다. 앞서 언급했듯이, 높은 연결망적 완결도는 일탈행위에 대한 비공식적 처벌을 용이하고도 효과적으로 집행하게 만들기 때문이다. 그런데, 규범준수를 설명하기 위해서는 연결망의 이러한 '사회적 완결도'와 별개로 통시적 차원의 완결도를 함께 고려해야 한다. 우선 반복적인 PD게임의 상황에서 각 하부게임이 다음 시점에도 시행될 확률을 p라고 가정해 보자. 그렇다면 앞서의 〈그림 1〉에서,

○ 반복게임에서 {협조, 협조}가 양 행위자 간에 내시균형으로 유지될 가능성의 한 예:

가정) p = 게임이 다음 기간(next round)에도 반복될 확률

상호협조의 규범 준수시) $2 + 2p + 2p^2 + 2p^3 + \cdots = 2/(1-p)$ [a]

상호협조의 규범 일탈시) $3 + 1p + 1p^2 + 1p^3 + \cdots = 2 + 1/(1-p)$ [b]

만일 p가 1/2보다 크다면 [a] 〉 [b], 따라서 상호협조가 자발적으로 이루어짐

여기서 p는 행위자 간에 사회적 관계가 미래에도 계속 지속될 확률이라고 해석할 수 있는데, 우리는 이같이 시간적인 차원에서의 관계의 연속성을 일컬어 사회적 관계의 '시간완결도'(time closure)라 지칭할 수 있다.[29] 위 결과는 행위자

28_ 하이에크는 전근대와 비교하여 근대사회의 질서가 근본적으로 '추상적인' 성격이 될 수밖에 없음을 역설한다. 시장의 '보이지 않는 손'이 그 대표적인 예이며, 그를 포함하여 그가 '확장 질서'(extended order)라 칭하는 현대사회 전반의 질서는 불가피하게 추상적이다. Friedrich A. Hayek, *Fatal Conceit* (Chicago: University of Chicago press, 1991).

간 관계의 시간완결도가 높을수록 그들 사이의 자발적 협조가 쉽게 이루어짐을 나타낸다. 비공식적인 규준으로서의 사회규범의 자체집행적 속성은 근본적으로 행위자 간의 시간완결도 효과에서 기인하고 있다. 위의 반복PD게임이 상정하는 규범적 상황에서, 만일 p가 사회적 관계의 시간적 연속성을 의미한다면, 행위자는 사회관계에 대한 일반적인 투자를 통해 시간완결도를 크게 하는 데에 투자할 동인이 있음을 알 수 있다. 이는 사회규범의 효과적 유지가 행위자 간의 높은 사회적-시간적 완결도, 즉 정체적인 공동체의 구성과 함께 진행됨을 함의한다. 국가 등의 공식적 정치체제가 없었던 단순사회에서의 사회질서는 기본적으로 '호혜성의 규범'에 의해 유지되었음은 많은 인류학 연구들에서 확인되고 있다.[30] 위의 추론은 산업사회에서 지리적 이동성의 증가와 도시화의 추세는 도시뿐 아니라 기존의 농업지역의 정체성을 크게 낮춤으로써 사회 전반적으로 일상의 행위조정이 비공식적 '사회규범에 의거한(norm-based)' 양식에서 보다 공식적인 규준, 즉 '법에 의거한(law-based)' 것으로 이행되는 추세와 밀접한 연관이 있음을 설명하고 있다.

부락공동체와 근대도회의 삶의 대비를 통해 우리는 왜 '네 부모를 공경하라'의 규준이 근대에 와서 법적 강제가 아닌 사적 권면의 영역으로 바뀔 수밖에 없는지를 어느 정도 추측해 볼 수 있다. 근대사회로의 변화가 가져온 익명적, 이질적 그리고 복잡한 사회관계는 이제 개인들의 행위를 효과적으로 규제하고 조정하는 사회규준의 성격 자체가 상당 부분 추상적인 성격을 띠지 않을 수 없게 되었음을 말하고 있다. 또한 정적이고 폐쇄적인 단위로 경제생활과 사회생활을 운용하던 부락공동체에서는 비교적 쉽게 '우리'와 '이방인'을 구분할 수 있었고 규

29_ 대개의 경우 사회적 완결도가 높으면 시간완결도도 같이 높은 것이 일반적이나, 피상적이지만 늘 접하는 도시이웃 간의 관계 혹은 반대로 특정이슈를 위한 일시적 조직결성 등과 같이 오직 한 차원의 완결도만이 높은 경우들도 다수이다.

30_ 이 '호혜성의 규범'에는 앞서 논의한 '보복의 규범'과 더불어 그것의 기반이 되는 "분절적 가계(segmentary lineage)"를 통한 "교차적 관계망(cross-cutting ties; Evans-Pritchard, 1940)"의 친족구성도 포함된다. 인류학의 연구들로는 Mauss, Marcel. *The Gift* (New York: Norton & Company. 1967), Malinowski, Bronislaw. *Crime and Custom in Savage Society* (London: Kegan Paul. 1926), Evans-Pritchard, E. E., *Witchcraft*, *The Nuer* (Oxford, UK: Oxford University press, 1940), Bohannan, Paul. *Justice and Judgement among the Tiv* (Illinois: Waveland. 1989) 등을 참고.

범적 기준도 그에 따라 이중적으로 차별화되어 적용될 수 있었다. 그러나 근대세계에서 대규모의 개방적 시장경제와 국가단위의 정치적 관계로 사람들이 묶이면서 이전의 차별적인 도덕기준 대신 보다 보편적인 성격의 규범적 기준이 요구되게 되었다. 무수한 이질적인 사람들 간의 익명의 접촉과 거래는 이제 모두가 '이방인(Simmel, 1971)'의 위치에서 서로를 대하는 것이 주가 되었다는 것을 의미하며, 그러한 새로운 조건에 맞추어서 개인들 간의 조율과 규칙의 기준도 새롭게 요구된다는 것을 의미한다. 따라서 우리는 왜 근대세계로의 변화가 인간관계를 조율하고 규제하는 기준들의 성격을 보다 보편적이고 추상적인 성격의 공식 법체계로 변화시켰는지 이해할 수 있다.

Ⅴ. RCT 법사회학의 두 가지 이슈

논의를 마치면서, 마지막으로 필자가 생각하기에 앞으로 풀어야 할 RCT 법사회학의 근본적인 이슈 두 가지를 짧게 언급하고자 한다. RCT 법사회학은 법학, 사회학, 경제학 세 분야에 공통적으로 접해 있는 부분이다. 특히 법경제학과는 그 방법론적 측면에서 거의 구분이 어려울 정도로 밀접하게 연결되어 있다. 하지만 법경제학과 RCT 법사회학은 구분할 필요가 있다. 한 예로, '법과 사회' 운동의 대표적인 학자인 엘릭슨(Elickson, 1998)은 기존의 "법경제학 파라다임"의 맹점의 하나로서 사회규범의 간과를 들고 있다. 기존의 법경제학이 효율성 논리에 따르는 (법현상 영역에서의) 당위론적인 함의들에 보다 치중해 있다면 RCT 법사회학은 보다 가치중립적인 입장에서 법-규범 현상을 접근한다고 볼 수 있다. 이와 관련하여, 먼저 주의를 환기시키고 싶은 점은 전근대 사회맥락에서의 규범에 대한 연구이다. 사적 소유권이나 계약법 등은 모두 근대시기에 확립된 것들이고 역사적으로 볼 때 매우 최근의 일들이다. 그렇다면 근대 이전 시기의 법-규범적 현상들은 당연히 다른 전제에서 접근해야 한다. RCT 법사회학은 비록 소유권이나 계약 등의 제도적 맥락은 다르지만, 전근대 시기의 법-규범 현상에 대해서도 일관된 틀에서, 즉 '합리적'인 접근을 시도하려는 것이다. 특히, 단순사회에서 보편적으로 나타나는 '선물 수수'(gift exchange)와 관련된 여러 의례적 제도들은 단순히 문화적 혹은 경제적 의미나 효과들을 벗어나 바로 법-규범적 함의들을 강하게 내포하고 있다는 점을 주목해야 한다. 인류학의 고전인 『증여론』에서 모스(Mauss)가 내린 중요한 결론은 선물교환이 갖고 있는 법-계약적 측면을 강조한 것이었다. 모스의 논지에 따르면, 마치 홉스의 '자연상태'를 연상시키듯 '전쟁이냐 교환이냐'의 단순 선택지로 압축될 수 있는 무국가적 상황에서 선물수수는 일종의 사회계약의 코드로서 중요하게 된다.[31] 여기서 우리는 모스가 왜 선물의 "주고, 받고, 되갚음" 각각에 대해 "의무적(obligatory)"이라고 설명했는지에 대한 근본적인 이유를 알 수 있다(Mauss, 1967: 10-11). 단순사회의 맥락에서 선물의 수수는, 현대와는 달리 단순한 집단 성원들 간의 가벼운 어울림의 문제가 아니라 보다 심각한, 바로 사회적이고 강제적 성격의 법-계약적 함의를 담고 있었기 때문이다. 전근대 사회에서 선물 교환제도가 어떻게 법적 질서를 만들어냈는지에 대한 합리적 접근은 현대의 소유권법, 계약법, 불법행위법 등을 이해함에 있어 그 자체로서 중요할 뿐 아니라, 부차적으로는 RCT 법사회학이 법경제학과 어떻게 다른지를 명확히 보여 주는 영역이기도 하다.

두 번째로 제기하고 싶은 이슈도 역사적인 성격의 것인데, 바로 '법적 합리성'과 '경제적 합리성' 간의 관계에 대한 것이다. 법사회학의 중요한 초석의 하나는 사회학자 베버의 작업이다. 이른바 '베버 테제'로 널리 알려져 있듯이, 베버(Weber, 1958)는 어떻게 서구의 개신교 윤리에서 근대의 합리성, 즉 자본주의와 관료제가 나오게 되었는지를 설명하고 있다. 베버에게 있어 경제영역에서의 자본주의 발흥과 정치행정 영역에서의 관료제는 모두 동일한 뿌리 즉 (서구 문명의 독특한) 역사적 '합리화(rationalization)' 내지 '탈주술화(disenchantment)' 과정에 놓여 있는 것이었다. 그런데 베버 자신의 '법사회학'(Weber, 1968, ch. VIII) 관점에서 보자면, 법적 합리성의 기준에서 따질 때("'gaplessness' of the legal system"; Weber, 1968: 658) 상대적으로 덜 완전하다 할 영국의 판례법 전통(정확하게는 17세기-18

31_ "단순사회나 고대사회에서는 완전한 신뢰나 무신뢰 딱 두 가지 길 말고 중간은 없다. 무기를 내려놓고 주술을 단념하며, 그리고 사소한 일상의 환대부터 자신의 아끼는 소유물이나 심지어 딸까지 모든 것을 던져 주는 것이다. 이러한 조건 속에서 부락민들은, 비록 껄끄러운 손실감에도 불구하고, 비로소 자신들의 것을 포기하는 법을 알게 되고 주고받음의 계약(contracts to give and repay)을 만드는 것이다." Marcel Mauss, *The Gift* (New York: Norton & Company, 1967), 79면.

세기의 판례법)에서 자본주의 혁명이 시작되었다는 다소 아이러니한 결과가 나온다['개신교 혁명'과 영국의 판례법 간의 관계에 대해서는 법제도학자 버만(Berman, 2003)의 연구가 주요하게 참고 될 수 있다]. 법학자 크론만(Kronman, 1983, ch.6)도 지적하듯이, '근대적 합리화' 과정에 대한 역사적 설명에 있어서 베버는 법적 합리성의 측면에 대해 양가적이고 모호한 태도를 취하고 있으며, 보다 일반적으로 말하자면 법적 합리성과 경제적 합리성 간의 관계가 불분명한 상태로 남아 있다는 점이다. 이 문제는 단지 개념사적 의미를 벗어나 보다 근본적인 차원에서의 정치경제학적 함의와 연결되어 있는 이슈이다. 하이에크의 논지에 따르면 자연발생적이고 즉흥적인 질서('extended order'; Hayek, 1991)를 만드는 '노모스'는 근대 실정법에서의 인위적 법('thesis'; Hayek, 1973, ch.6)과는 근본적으로 다른 것이다. 이 구분을 받아들인다면, 영미의 판례법 전통은 시민사회 영역에서 자연발생적으로 만들어진 경제적 합리성에 보다 가까운 것으로 해석할 수 있다. 결국 법형식적 합리성은, 최소한 '근대 태동'의 역사적 경험만을 놓고 보면, 경제적 합리성과 반드시 일치하지는 않는다는 것이고, 나아가 조금 과장하자면, 하버마스(Habermas, 1996)가 주장하는 대로 점증하는 일상의 법형식화('juridification'), 즉 '생활세계(life world)'에 대한 '시스템' 논리의 침투는 보다 자연발생적인 시민영역의 합리성을 왜소화하는 효과를 낳는다고 볼 수 있는 것이다. 정치경제학적으로 그리고 이데올로기적인 측면에까지 복잡하게 얽혀 있는 이 이슈에 대해 쉽사리 결론을 지울 수는 없다. 또한 비록 근본적이지만 다소 철학적인 논란에까지 빠져드는 것은 RCT 법사회학의 관점에서 그리 바람직하지는 않을 것이다. 단, 법합리성의 성격규명이 갖는 근본적인 이론적 중요성 외에도, 이 이슈를 제기하는 이유는 RCT 법사회학이 보다 '사회학적'인 관점, 즉 단순한 균형론적 분석틀의 응용을 넘어서 법-규범 현상에 대해 보다 '역사적'이고 성찰적인 안목을 잃지 않아야 한다는 점을 말하고 싶기 때문이다.

참고문헌

박세일, 1994, 『法經濟學』, 박영사.

이재혁, 2011, "선물의 *hau*: 증답경제의 정치경제학과 관계자본," 『한국사회학』 제45집 1호: 37-72.

_____, 2003, "합리적 선택론의 연구 전략: 행위 의도와 인과적 설명의 문제," 『사회와 이론』 2003년 1호: 13-77.

Ariely, Daniel, 2009, *Predictably Irrational: The Hidden Forces that Shape Our Decisions,* New York: Harper.

Arrow, Kenneth, 1986, "Rationality of Self and Others in an Economic System," pp.201-215 in R. Hogarth and M. Reder (eds). *Rational Choice.* Chicago: University of Chicago press.

_____________, 1971, "Political and Economic Evaluation of Social Effects and Externalities," pp.3-25 in M. Intriligator (ed). *Frontiers of quantitative economics.* Amsterdam: North-Holland.

Axelrod, Robert, 1984, *The Evolution of Cooperation,* New York: Basic Books.

Becker, Gary, 1991, *A Treatise on the Family.* Cambridge, MA: Harvard University press.

Berman, Harold, 2003, *Law and Revolution II.* Cambridge, MA: Belknap press.

Binmore, Ken, 1994, *Game Theory and the Social Contract: Volume 1: Playing Fair.* Cambridge: MIT press.

Black, Donald, 1976, *The Behavior of Law,* New York: Academic press.

Bohannan, Paul, 1989(1957), *Justice and Judgement among the Tiv.* Illinois: Waveland.

Coase, Ronald, 1960, "The Problem of Social Cost," *Journal of Law and Economics* 3, 1-44.

Coleman, James S., 1994, "Rational Choice Perspective on Economic Sociology," pp.166-180 in N. Smelser and R. Swedberg (eds). *The Handbook of Economic Sociology.* Princeton, NJ: Princeton University press.

_______________, 1990, *Foundations of Social Theory,* Cambridge, MA: Harvard

University press.

Coleman, Jules, 1988, *Markets, Morals and the Law,* Cambridge, UK: Cambridge University press.

Cook, Karen and Margaret Levi (eds)., 1990, *The Limits of Rationality,* Chicago: University of Chicago press.

Cooter, Robert, 1997, "Normative Failure Theory of Law," *Cornell Law Review* 82(5): 947-979.

Cotterrell, Roger, 1998, "What Must Legal Ideas Be Interpreted Sociologically?," *Journal of Law and Society* 25(2): 171-92.

Dawkins, Richard, 1976, *The Selfish Gene,* Oxford: Oxford University press.

Deflem, Mathieu, 2008, *Sociology of Law,* Cambridge, UK: Cambridge University press.

Durkheim, Emile, 1993, *Ethics and the Sociology of Morals*, translated by R. Hall. New York: Prometheus Books.

______________, 1984(1893), *The Division of Labor in Society*, translated by W. Halls. New York: Free press.

Ellickson, Robert C., 1998, "Law and Economics Discovers Social Norms," *The Journal of Legal Studies* 27(June): 537-552.

________________, 1991, *Order without Law,* Cambridge, MA: Harvard University press.

Elster, Jon, 1991, "Rationality and Social Norms," *Archives Europeennes de Sociologie* 32: 109-129.

________, 1990a, "When Rationality Fails," pp.19-51 in K. Cook and M. Levi (eds). *The Limits of Rationality.* Chicago: University of Chicago Press.

________, 1990b, "Norms of Revenge," *Ethics* 100: 862-885.

_______ (ed)., 1986, *Rational Choice,* New York: New York University Press.

Evans-Pritchard, E. E. 1976. *Witchcraft, Oracles, and Magic among the Azande.* Oxford, UK: Oxford University press.

_____________, 1940, *The Nuer,* Oxford, UK: Oxford University press.

Freeman, Michael (ed)., 2006, *Law and Sociology,* Oxford, UK: Oxford University press.

Friedman, Jeffrey (ed)., 1996, *The Rational Choice Controversy,* New Haven: Yale University press.

Gouldner, Alvin, 1960, "Norms of Reciprocity," *American Sociological Review* 25(2): 161-178.

Green, Donald and Ian Shapiro, 1994, *Pathologies of Rational Choice Theory: A Critique of Applications in Political Science*, New Haven: Yale University press.

Granovetta, Mark, 1983, "The Strength of Weak Ties: A Network Theory Revisited," *Sociological Theory* 1: 201-233.

Habermas, Jürgen, 1996, *Between Facts and Norms.* Cambridge, MA: MIT press.

Hayek, Friedrich A., 1991, *Fatal Conceit,* Chicago: University of Chicago press.

_________________, 1973, *Law, Legislation and Liberty,* Vol. I. Chicago: University of Chicago press.

Hechter, Michael and Karl-Dieter Opp. 2000, "Introduction," pp.xi-xx in M. Hechter and K. Opp (eds). *Social Norms.* New York: Russel Sage Foundation.

Hermalin, Benjamin, Avery Katz, and Richard Craswell. 2007, "Contract Law," pp.3-138 in M. Polisky and S. Shavell (eds). *Handbook of law and Economics.* Amsterdam: North-Holland.

Hiller, Brian, 1991, *The Macroeconomic Debate,* Oxford, UK: Basil Blackwell.

Hobbes, Thomas, 1991(1651), *Leviathan.* Cambridge, UK: Cambridge University press.

Hogarth, Robin and Melvin Reder (eds)., 1986, *Rational Choice,* Chicago: University of Chicago press.

Jolls, Christine, Cass Sunstein, and Richard Thaler, 1998, "A Behavioral Approach to Law and Economics," *Stanford Law Review* 50: 1471-1550.

Kahneman, D. and A. Tversky., 1974, "Judgment under Uncertainty: Heuristics and Biases," *Science* 185: 1124-1131.

Kauffman, Stuart, 2008, *Reinventing the Sacred,* New York: Basic Books.

Kronman, Anthony, 1983, *Max Weber,* Stanford, CA: Stanford University press.

Lessig, Lawrence, 1998, "The New Chicago School," *Journal of Legal Studies* 27: 661-691.

Lewis, David, 1969, *Convention,* Cambridge, MA: Harvard University press.

Lukes, Steven, 1991, "The Rationality of Norms," *Archives Europeennes de Sociologie* 32: 142-154.

Malinowski, Bronislaw, 1926, *Crime and Custom in Savage Society,* London: Kegan Paul.

Mauss, Marcel, 1967(1925), *The Gift,* New York: Norton & Company.

McAdam, Richard, 1997, "The Origin, Development, and Regulation of Norms," *Michigan Law Review* 96: 338-433.

Montesquieu, Charles de Secondat. 1989(1748). *The Spirit of the Laws*, translated by A. Cohler, B. Miller, and H. Stone. Cambridge, UK: Cambridge University press.

Murphy, James, 1996, "Rational Choice Theory as Social Physics," pp.155-174 in J. Friedman (ed). *The Rational Choice Controversy,* New Haven: Yale university press.

Olson, Mancur, 1965, *The Logic of Collective Action*, Cambridge: Harvard University press.

Parsons, Talcott, 1951, *The Social System,* New York: Free Press.

Pettit, Philip, 1990, "*Virtus Normativa*: Rational Choice Perspectives," *Ethics* 100: 725-887.

Plott, Charles, 1990, "Rational Choice in Experimental Markets," pp.117-143 in R. Hogarth and M. Reder (eds). *Rational Choice,* Chicago: University of Chicago press.

Posner, Eric. (ed), 2007, *Social Norms, Nonlegal Sanctions, and the Law,* Cheltenham, UK: Elgar Reference Collection.

__________, 2000, *Law and Social Norms,* Cambridge, MA: Harvard University press.

Posner, Richard, 2007, *Economic Analysis of Law* (7th edition), New York: Aspen Publishers.

______________, 1998. "Rational Choice, Behavioral Economics, and Law." *Stanford Law Review* 50: 1551-1575.

______________, 1983, *The Economics of Justice,* Cambridge, MA: Harvard University press.

Roughlin, Robert, 2005, *A Different Universe: Reinventing Physics from the Bottom Up,* New York: Basic Books.

Scheppele, Kim Lane, 1991, "Law without Accidents," pp.267-293 in P. Bourdieu and J.

Coleman (eds). *Social Theory for a Changing Society,* New York: Westview Press.

Selten, Reinhard, 1975, "Re-examination of the perfectness concept for equilibrium points in extensive games," *International Journal of Game Theory* 4: 25-55.

Simmel, Georg, 1971, "The Stranger," pp.143-149 in D. Levine (ed). *Georg Simmel.* Chicago: University of Chicago press.

Simon, Herbert, 1982, *Models of Bounded Rationality, Vols. 1 and 2.* Cambridge, MA: MIT press.

__________, 1976. *Administrative Behavior.* New York: Free Press.

Smith, Adam, 1976(1759), *The Theory of Moral Sentiments.* Oxford, UK: Clarenden press.

Smith, John Maynard, 1982, *Evolution and the Theory of Games,* Cambridge, UK: Cambridge University press.

Smith, Vernon. 1991. *Papers in Experimental Economics.* Cambridge, UK: Cambridge University press.

Sugden, Robert, 1989, "Spontaneous Order," *Journal of Economic Perspectives* 3(4): 85-97.

Sunstein, Cass, 1996, "Social Norms and Social Roles," *Columbian Law Review* 96(3): 903-968.

Taylor, Michael, 1987, *The Possibility of Cooperation.* Cambridge, UK: Cambridge University press.

Thaler, Richard and Cass Sunstein, 2009, *Nudge.* New York: Penguin Books.

Tversky, Amos and Daniel Kahneman, 1986, "Rational Choice and the Framing of Decisions," pp.67-94 in R. Hogarth and M. Reder (ed.), *Rational Choice.* Chicago: University of Chicago press.

Voltaire, 1996(1759), *Candid,* New York: W. W. Norton and Company.

Weber, Max, 1968, *Economy and Society, Vol. II,* translated and edited by G. Roth and C. Wittich. New York: Bedminster Press.

__________, 1958, *The Protestant Ethic and the Spirit of Capitalism*, translated by T. Parsons, New York: Charles Scribner's Sons.

__________, 1949(1904), "'Objectivity' in Social Science and Social Policy," pp.49-112 in E. Shils and H. Finch (eds). *The Methodology of the Social Sciences: Max Weber*. New York: Free Press.

Williamson, Oliver, 1985, *The Economic Institutions of Capitalism,* New York: Free Press.

Wilson, Bryan (ed). 1984, *Rationality*. London: Basil Blackwell.

Wippler, Reinhard and Siegwart Lindenberg, 1987, "Collective Phenomena and Rational Choice," pp.135-152 in J. Alexander et al. (eds). *The Micro-Macro Link*. Berkeley: University of California press.

Young, Peyton, 2008, "Social Norms," in S. Durlauf and L. Blume (eds). *New Palgrave Dictionary of Economics*. New York: Macmillan. [http://www.econ.jhu.edu/People/Young/PalgraveSocialNormsJuly07JHU.pdf]

제7장

민속방법론과 법*

이계일**

Ⅰ. 들어가며

법과 관련된 사회적 행위를 인과관계의 범주로 규명하고자 할 때 그간 통상 활용되던 방법은 가설적 인과관계에서 원인으로 설정된 단위와 그 행위결과의 인과성 여부를 객관화된 자료들을 기반으로 검증하고자 하는 형식이었다. 이때 통상 그 검증방법으로 통계, 설문, 자료분석 등에 입각한 소위 '양적 연구방법론(quantitative research methods)'이 투입되었다.[1] 이러한 방법론은 일정 숫자 이상의 자료를 정량적으로 확보하여 검증의 객관성을 높이는 것을 지향하게 된다. 그리고 연구자는 연구대상과 분리되어 탐구를 진행할 수 있어야 하는 것으로 전제

---

* 이 글은 필자의 "해석사회학의 관점에서 본 법실무의 구조"(『법철학연구』 제12권 제2호, 2009)의 V장을 보완, 발전시킨 것이다.

** 원광대학교 법학전문대학원 부교수, 법학박사.

1_ 양적 연구방법론에 대해서는 Earl R. Babbie(고성호 외 역), 『사회조사방법론』(서울, 2013), 36면 이하; 김구, 『사회과학 연구조사 방법론의 이해: 양적연구와 질적연구의 접근』(제2판, 비앤엠북스, 2011), 97면; 채선희, "사회과학 연구방법론의 재정립을 위한 개념적 접근: 질적, 양적 방법을 중심으로," 『교육학연구』 제34권 제5호, 282면 이하 등을 참조하라.

된다.

법과 관련된 사회적 행위에 대한 탐구에 있어 양적 연구방법은 법관의 판단에 영향을 미치는 법외적 단위로 법률 외에 어떠한 것들이 존재하는가에 대한 탐구로 구체화되었다. 사법판단에 계급/계층, 법문화, 법제도, 법관의 이념 등이 어떤 영향을 미치는지에 대한 행태 중심적 연구는 그 대표적 사례들이라고 할 수 있을 것이다. 이들 연구는 제반 가설적 원인요소로 설정되는 것들이 과연 사법판단에 영향을 미쳤다고 볼 수 있을 것인지 입증해 줄 수 있는 다수의 객관적 근거자료들을 마련하는 데 중점을 두었고, 이를 통해 일반화 가능성과 검증가능성을 확보하고자 했다. 예컨대, 법관의 이념적 성향을 확인할 수 있는 설문조사와 함께, 당해 법관이 노동관련 사건이나 임대차관련 사건 등에서 내린 판결 결과들을 분석하여 그 상관관계가 있는지 밝혀 보고자 한 연구들은 그 대표적 예시라고 할 수 있을 것이다.

이와 같은 연구들은 법사회학 영역뿐만 아니라, 동시에 법현실주의로 지칭되는 법이론의 영역에도 작지 않은 영향을 주었다. 법규범이 법관의 결정에 끼치는 힘이 생각보다 압도적이지 않고 법외적 단위들이 더 큰 영향을 준다는 회의주의적 시각의 이론적 토대로 기능하기도 한 것이다.[2]

하지만 양적 방법론에 의거한 법사회학 연구는 일정한 한계를 지닌다는 비판 역시 대두되었다. 특히 법문화나 법제도, 법관의 이념 등이 사법판단에 끼치는 영향에 대한 온전한 분석을 위해서는 그간 학문적 검증방법론으로 주로 투입되던 '양적 방법론'만으로는 충분치 않다는 비판에 직면한 것이다. 또한 법현실주의에 대한 전래의 비판, 즉 법관의 법관련 행위에 법규범 자체가 어떠한 영향을 미치는지에 대한 학문적 분석이 누락되어 있다는 비판 역시 기존의 양적 방법론을 통해서는 극복되기 힘든 부분이었다.[3] 이는 인과관계 가설을 검증하기 위한 정량적 자료들의 분석이 아닌, 특정 사회적 행위를 수행하는 주체가 어떠한 내면 메커니즘을 매개로 해서 해당 행위를 수행하게 되는지에 대한 해석적 탐구

2_ 법현실주의의 '규칙회의주의', '사실회의주의' 등에 대해서는 양현아 외, 『법사회학, 법과 사회의 대화』(다산출판사, 2013), 114면 이하를 참조하라.

3_ 이에 대한 비판의 예로, Th. Raiser, *Das lebende Recht: Rechtssoziologie in Deutschland* (3. Aufl., Baden-Baden, 1999), 379면 이하.

를 필요로 한다. 하지만, 이는 방법론의 전환을 요구하는 것이기도 하다. 정량적 탐구에 입각하여 가설의 견지가능성을 일반화할 수 있는 검증형식이 아닐지라도, 법관의 내면 메커니즘의 작동과 그 배면에 작용하는 요소들의 해석적 재구성을 뒷받침해 줄 수 있는 방법론의 투입이 요청되기 때문이다.

바로 이 부분에 대한 탐구를 위해, 현대 사회학은 이른바 '질적 연구방법론(qualitative research methods)'을 발전시켜 왔다.[4] 경험기술이나 심층인터뷰에 바탕한 사례분석(case analysis), 참여관찰이나 개별인터뷰, 문서 분석 등에 바탕한 근거이론(grounded theory), 담론분석이나 참여연구 등에 바탕한 실행연구(action research), 문화기술지적 연구(ethnography), 역사적 비교연구 등은 그 대표적 예라고 할 수 있다.[5] 숫자적으로는 많지 않을지라도, 인터뷰나 관찰, 실험설계 등의 방법을 통해 자료를 추출한 다음, 그 배면에 놓여 있는 메커니즘이나 의식기제 등에 대한 깊이 있는 定性적 분석을 시도하는 것이다. 물론 그러한 분석 자체는 샘플이 제한적인 한, 모든 사람들에게 동일한 방식으로 작동한다고 일반화하여 말하기란 쉽지 않다. 더욱이 그러한 재구성이 내면 메커니즘을 대상으로 이루어지는 한, 눈으로 확인가능한 것이 아니어서 일정한 추론과 추정을 동반할 수밖에 없고, 결국 어느 정도 이상의 명확성을 담보해 내기 쉽지 않은 것도 사실이다. 무엇보다 이러한 방법론의 투입에는 연구자 스스로가 연구대상과 거리를 두고 완전한 객관성을 확보하기 쉽지 않다는 특징이 있다. 연구자의 생각이 연구대상에 대한 해석과정에 일정한 영향을 줄 수 있으며, 더 나아가 연구자가 연구대상에 어느 정도 함입되어 있지 않으면 연구대상에 대한 온전한 분석이 어려운 부분들도 존재하게 되는 것이다. 그럼에도 이들 연구결과는 양적 연구방법론과는 다른 독자적 가치를 지니는데, 설령 그것이 완전한 일반화 가능성을 담보하지 못한다고 하더라도, 제한된 샘플일지언정 해당 사회적 행위가 지니는 맥락과 함의를 들여다 볼 수 있는 기회를 제공해 주기 때문이다. 따라서 질적 방법론을 동원한 탐

4_ 질적 연구방법론에 대한 개괄로는 U. Flick, *Qualitative Sozialforschung* (Reinbeck bei Hamburg, 2007), 22면 이하; 유기웅 외, 『질적연구방법의 이해』(박영사, 2012), 6면 이하; 조성남 외, 『질적연구방법과 실제』(그린, 2011), 13면 이하.

5_ 조성남 외, 앞의 책(주 4), 159면 이하; 유기웅 외, 앞의 책(주 4), 23면 이하; 김구, 앞의 책(주 1), 471면 이하; 권선필, "행정학에서의 과학적 연구 방법론의 진화와 질적 연구방법론" (2008년 한국행정학회 하계학술대회 발표문), 9면 이하 등을 참조하라.

구는 전래의 양적 방법론에 입각한 탐구와는 구분되는, 독자적 학문성을 지닌다는 점에 대한 인식이 서서히 받아들여지고 있다.

법관들의 사법판결에 대하여 질적 방법론에 입각한 탐구를 수행할 때 그간 양적 방법론으로는 포착하기 쉽지 않았던 부분, 즉 눈에 보이지 않던 제반 요소들이 어떤 내면적 메커니즘을 거쳐 법관에 작용하는지를 포착할 수 있게 된다.[6] 더 나아가 법규범이 법관들의 판결과정에 끼치는 영향을 사회학적으로 재구성하는 것 역시 가능해진다. 이는 법이론적으로 보았을 때 기존의 법현실주의에 대한 새로운 재구성의 계기를 마련해 주는 것이기도 하다.[7] 법규범이 법관에게 끼치는 영향을 도외시하지 않으면서도 동시에 법과 사안들이 법관에 의해 혹은 법담론 속에서 사회적으로 구성되어가는 과정을 포착할 수 있게 해 주기 때문이다. 바로 이를 통해 규범성을 고려하되 법실증주의에로 빠지지 않을 수 있는, 그리고 현실성을 고려하되 주체의 자의성에로도 빠지지 않는 그야말로 법관의 자기의식 그리고 그 내면 작동을 고려한 '신현실주의'가 확립될 수 있게 되는 것이다.[8]

물론 이러한 질적 방법론의 투입은 스스로 갑자기 만들어진 것이 아니고 일정한 사회이론의 발전 과정 속에 서서히 틀을 갖추어 온 것이라고 할 수 있다. 특히 그 중요한 계기로 작용한 것이 바로 '해석사회학(interpretive sociology)'이다. 해석사회학 중 무엇보다 '현상학적 사회이론(Phänomenologische Sozialtheorie)'이라고 불리우는 알프레드 슈츠(A. Schütz)의 이론이 그에 중요한 기여를 했다고 볼 수 있는데, 이는 그 제자인 버거(P. Berger)/루크만(Th. Luckmann)에 이어지면서 한층 구체적 내용을 획득하게 되었고, 가핑켈(H. Garfinkel)의 민속방법론

6_ 질적 연구방법론에 입각한 국내 법사회학 연구 수행의 예로 김정오, 『한국의 법문화: 인식, 구조, 변화』(나남, 2006), 205면 이하; 김두식, 『불멸의 신성가족: 대한민국 사법 패밀리가 사는 법』(창작과 비평사, 2009).

7_ 기존 법현실주의의 제반 양태와 그 현대적 전개에 대해서는 이계일, "'실제 속의 법'관념을 중심으로 본 현실주의 법이론의 변천," 『법학연구』 제20권 제1호(2010), 연세대학교 법학연구원, 149면 이하.

8_ '신현실주의'의 정립 시도는 비록 그것이 상이한 이론적 기반에 입각한 것일지라도 이미 여러 학자들에 의해 이루어진 바 있다. 예컨대, D. Trubek, "Complexity and Contradiction in the Legal Order: Balbus and the Challenge of Critical Legal Thought about Law," *Law & Society Review* 11(1977), 529면 이하. 신현실주의 법이론에 대한 개괄적 소개로는 이계일, 앞의 글(주 7), 158, 166면 이하를 참조하라.

(ethnomethodology)으로 발전되면서 사회과학방법론으로서의 발판을 갖추게 되었다. 물론 질적방법론의 발전을 가능하게 해 준 이론적 토대는 이들 외에도 상징적 상호작용론, 구성주의, 문화인류학, 비판이론, 후기구조주의 등이 존재한다. 이들이 복합적으로 최근 질적 방법론의 이론적 발전에 기여해 왔다고 볼 수 있는 것이다.[9] 따라서 질적 방법론에 대한 보다 온전한 이해를 위해서는 이들 이론적 기반에 대한 개괄적 이해가 무엇보다 필요해진다.

바로 이러한 문제의식 속에 본고는 특히 질적 방법론의 중요한 부분을 형성하는 민속방법론에 집중하여 논의를 진행시켜 보고자 한다. 민속방법론의 주요 내용과 그것이 법사회학 연구에 주는 함의를 천착해 보고자 하는 것이다. 이를 위해 우선, 민속방법론이 그 이론적 기반에 해당하는 현상학적 사회이론, 해석사회학 등과 어떠한 관련을 맺고 있는지 간단히 개괄해 볼 것이며(II), 다음으로 핵심 개념들에 대한 소개 형식으로 민속방법론의 주요 이론적 틀을 살펴보게 될 것이다(III). 이는 '해석의 서지적 방법', '수행적 현실', '탈지표화', '구성적 규칙' 등의 개념들에 대한 탐구를 포괄한다. 다음으로 이들 분석에 기반하여, 법관의 사법판단을 민속방법론적으로 탐구하고자 할 경우 부각되는 연구대상을 범주화시켜 보고자 하는데(IV), 이때 민속방법론에 입각해 이루어진 국외의 연구결과 역시 필요한 한도 내에서 참조하게 될 것이다.

II. 민속방법론과 현상학적 사회이론, 그리고 해석사회학

민속방법론은 현상학적 사회학의 한 지류를 형성한다. 현상학적 사회이론은 알프레드 슈츠에 의해 그 이론적 토대가 형성되고, 그의 제자인 버거, 루크만에 의해 구체화되었다. 이들은 그 연구의 초점을 자연적 태도(naturale Einstellung)가 어떻게 형성되는지, 그리고 사회적 현실성(soziale Wirklichkeit)이 어떻게 구성되는지에 관한 이론적 설명에 두었다.[10]

9_ 질적 방법론의 다층적 이론적 기반에 대한 개괄적 소개로는 유혜령, "'포스트'시대 질적 연구방법론의 경향과 논리: 해체와 생성의 패러다임," 『유아교육연구』 제31권 제6호(2011), 518면 이하를 참조하라.

자연적 태도란 무엇인가? 인간에게 자신의 일상세계, 그가 일상세계 안에서 하는 경험, 그리고 일상세계 안의 사물들이 가지는 의미들은 통상 자명한 것으로 전제되어 있다. 살아가는 과정에서 자신의 일상적 기대에 어긋나는 특수한 경험이 도래하지 않는 한 그는 예전처럼 그대로(und-so-weiter) 생활해 나가는 것이다. 이처럼 전제되어 있는 바, 통상 받아들여지고 있는 바들에 대해 캐묻지 않고 그대로 삶을 영위하는 통상적 삶의 태도를 우리는 '자연적 태도'라고 지칭할 수 있다. 생활세계의 구조는 이러한 자연적 태도에 의해 깊이 각인되어 있다. 그리고 타인들 또한 나와 같은 의식을 가지고서 존재한다는 점 역시 그러한 자연적 태도 속에 당연한 것으로 전제되어 있으며, 이로써 우리의 생활세계는 처음부터 나의 사적 세계로서가 아니라 상호주관적으로 공유되어 있는 세계로 구성되는 것이다.[11]

물론 그러한 구성의 구체적 메커니즘에 대한 설명은 현상학적 사회이론의 주요 연구영역을 형성한다. 하지만 자연적 태도나 사회적 현실성이 구성되는 과정에 대한 현상학적 사회이론의 설명은 아직 사회연구를 위한 방법론의 제시에까지 나아가지는 못했다. 바로 이 부분, 즉 사회현상학이 구체적인 사회학적 연구에로 나아갈 수 있는 방법론을 제시한 것이 '민속방법론'이다.[12] 그리고 이에

10_ 슈츠와 버거, 그리고 루크만의 현상학적 사회이론에 대해서는 다음의 문헌을 참조하라. A. Schütz/Th. Luckmann, *Strukturen der Lebenswelt* (Konstanz, 2003); P. L. Berger/Th. Luckmann, *Die gesellschaftliche Konstruktion der Wirklichkeit. Eine Theorie der Wissenssoziologie* (20. deutsche Aufl., Frankfurt am Main 2004, Original 1966). 현상학적 사회이론 일반에 대해서는 W. L. Bühl, *Phänomenologische Soziologie* (Konstanz, 2002)를 참조하라.

11_ Schütz/Luckmann, 위의 책(주 10), 24면 이하; Schütz, *Der sinhafte Aufbau der sozialen Welt: Eine Einleitung in die verstehende Soziologie* (Konstanz, 2004).

12_ '민속방법론'은 ethnomethodology에 대한 번역이다. '민간방법론', '민생방법론' 등으로 번역되기도 한다. 여기서 'ethno'는 한 집단의 구성원과 이들의 지식을, 'methodologie'는 이들 구성원이 국부적 일상 상황에서 그러한 지식을 구성, 활용하는 방식을 지칭한다. 물론 '민속방법론'이라는 번역어가 아주 만족스러운 것은 아니다. 우리말에서 '민속'이라는 단어가 주는 어감이 올바른 이해를 방해하는 측면이 있기 때문이다. '민간방법론'이라는 표현 역시 민간적인 방법론이 아닌, 정식적이고 체계적인 방법론이 존재한다는 어감을 준다는 한계가 있다. 따라서 일각에서는 ethnomethodology라는 원어를 그대로 쓰고자 하는 학자도 없지 않다. 본고는 법사회학의 주요 이론적 흐름을 소개하는 개론서적 성격을 갖고 있기 때문에 불만족스럽긴 하더라도 학계에서 번역어로 통상 사용되는 '민속방법론'이라는

큰 기여를 한 학자가 바로 헤럴드 가핑켈인데,[13] 그는 파슨스의 제자이면서 동시에 슈츠에게서 강한 영향을 받은 인물이었다. 민속방법론이 기본적으로 연구하고자 하는 대상은 사회적 현실성이 국부적 상황맥락에서 사회구성원들에 의해 산출되는 일상실천적 행위기제, 그리고 그러한 현실 구성이 그 원칙적 주관성에도 불구하고 상호주관성을 유지해 가는 메커니즘이다. 그리고 이에 대한 연구를 위해서 위반실험(krisenexperiment)이라든지 인터뷰, 대화분석, 참여적 관찰 등의 방법을 투입한다. 이렇듯 사회적 현실의 상호주관적 구성에 대한 천착이라는 점에서 민속방법론은 사회현상학과 기본적 인식관심을 공유한다. 따라서 사회현상학의 이론적 전제에 대한 이해는 민속방법론의 이해에 있어서 작지 않은 의미를 지닐 수 있게 되는 것이다.

사회현상학은 기본적으로 후설 현상학의 토대에서 출발한 까닭에 외부에 객관적으로 놓여진 세상에 대한 탐구가 아니라 세상을 범주에 따라 구성해 가는 인지 주체의 적극적 활동을 연구의 중심에 놓는다. 다만 후설이 그와 같은 구성행위에 있어서 우연적이고 경험적인 자연적 태도(naturale Einstellung)가 아니라 이를 범주적으로 획정하고 구성하는 초월적 자아의 본질적 구조에 대하여 논의를 집중한 반면,[14] 슈츠나 버거, 루크만의 사회현상학은 방향을 거꾸로 돌려 그러한

표현을 쓰기로 한다. 다만, 명확히 해 둘 부분은 민속방법론이 결코 아직 근대화를 경험하지 못한 어떤 공동체의 특유한 문화 등을 탐구하는 그런 학문방법론으로 오해되어서는 안 된다는 것이다. 민속방법론은 특정 공동체의 어떤 고유한 문화적 현상을 탐구하고자 하는 것이라기보다는 어떤 공동체든 그에 속하는 구성원들이 외견상 자명해 보이는 사물과 지식들을 일상적이고 통상적 상호작용 속에서 각기 어떻게 구성하고 또 이를 활용해 가는지에 대한 미시사회학적 탐구를 하고자 하는 것이기 때문이다. 그동안 이러한 미시적 과정에 대한 분석은 실증주의적 사회학에 의해 포착되어 오지 못했다는 점에서 그 중요한 연구의 의가 존재한다.

13_ 민속방법론에 대해서는 H. Garfinkel, *Studies in Ethnomethodology* (Englewood Cliffs: Prentive-Hall, 1967); W. J. Patzelt, *Grundlagen der Ethnomethodologie: Theorie, Empirie und politikwissenschaftlicher Nutzen einer Soziologie des Alltags* (München, 1987); N. C. Mullins, "Ethnomethodologie: Das Spezielgebiet, das aus der Költe kam," in: W. Lepenies (Hrsg.), *Geschichte der Soziologie* (Bd. 2, Frankfurt am Main, 1981); 손민호/조현영, 『민속방법론—현상학적 사회학과 질적연구』(학지사, 2014); 양종회, "사회학에 있어서 실증주의적 조망의 대안으로서 현상학적 조망—민생방법론을 중심으로," 『철학과 현상학 연구』 제3집(1988), 399-444면; 박동섭, "'Ethnomethodology'의 원류와 의미에 대한 탐구," 『교육인류학연구』 제16권 제1호(2013), 1면 이하 등의 문헌을 참조하라.

우연적이고 경험적인 자연태도가 어떻게 형성되는지를 살펴보고자 한다는 데 특수성이 있다.[15] 물론 후설의 기본적인 인식론적 전제가 수용되고 그에 입각한 사회이론이 전개되고 있기 때문에 '현상학적'이라고 이름붙이는 것이 가능하다. 즉, 사회현상학의 기본적 관심은 자연적 태도의 구성과정, 다시 말해 사회적 현실을 각 행위주체가 어떻게 구성해 가는지에 놓여 있다. 현재 사회현상학을 법실무의 탐구에 적용하고자 하는 이들의 연구 역시 각 법적 행위주체가 법적 현실성을 구성하는 방식으로부터 출발하여 그러한 구성이 사회적으로 안정적으로 유지될 수 있는 기제가 무엇인지, 특히 그 기제의 하나로서 중요하게 작동하는 사회적 상호작용, 특히 구체적 법적 실무가 어떻게 진행되는지에 자신들의 연구관심을 집중한다.[16]

여기에서 베버의 고전적인 해석사회학과 슈츠와 그의 제자들이 정립한 사회현상학 혹은 가핑켈 등의 민속방법론 사이에 존재하는 기본적 차이점에 대해서도 간단히 살펴볼 필요가 있다. 이들 모두가 큰 범위에서 해석사회학의 한 부분들을 형성한다는 데에는 이론이 없다. 하지만 슈츠나 가핑켈 등의 연구가 베버의 해석사회학과 구분되는 점은 그 연구대상의 측면에서이다. 베버는 사회학의 대

14_ 에드문트 후설(이종훈 역), 『유럽학문의 위기와 선험적 현상학』(한길사, 1997).

15_ 이러한 관점의 전환에 대해서는 양종회, 위의 글(주 13), 413면 이하를 참조하라.

16_ 예컨대, M. Travers/J. F. Manzo, *Law in Action: ethnomethodological and conversation analytic approaches to law* (Aldershot, Hants [u.a.], 1997); P. Stegmaier, *Wissen, was Recht ist: Richterliche Rechtspraxis aus wissenssoziologisch-ethnografischer Sicht* (Wiesbaden, 2008); Th. Berndt, *Richterbilder: Dimensionen richterlicher Selbst-typisierungen* (Wiesbaden, 2010); H.-G. Soeffner, "Strukturanalytische Überlegungen zur gerichtlichen Interaktion." in: ders./E. Cremers (Hrsg.), *Interaktionstyp Recht-Sprechen* (Kurseinheit 1 und 2, Hagen, 1988), 7-51면; Th. Scheffer, "Die Karriere rechtswirksamer Argumente. Ansatzpunkte einer historiographischen Diskursanalyse der Gerichtsverhandlung," *Zeitschrift für Rechtssoziologie* 24 (2003), 151면 이하. 슈츠로부터 본격화된 사회현상학은 독일의 경우 콘스탄츠 대학에 자리 잡은 루크만, 그리고 그 제자인 크노블라우흐(H. Knoblauch), 히츨러(R. Hitzler) 및 쇠프너(H.-G. Soeffner) 등에 의해 계승되는데, 히츨러의 제자인 슈테그마이어(P. Stegmaier)와 쇠프너의 제자인 베른트(Th. Berndt)가 뒤셀도르프의 법이론가인 몰록(M. Morlok) 및 뮌헨의 쾰벨(R. Kölbel)과 공동연구그룹을 결성하고 노르트라인-베스트팔렌의 주 고등법원이 위치한 뒤셀도르프에 그 중심연구장소를 둠으로써 소위 사회현상학의 법사회학적 발전을 위한 학제 간 연구가 본격화될 수 있었다.

상으로서 '사회적 행위'를 개념 규정할 때, 이를 '행위자가 의도한 의미에 입각하여 볼 때 타인들의 행위들과 관련되며 그 진행에 있어서 이를 정향하는 행위'로 파악한다.[17] 여기서 베버가 '의미'라고 하는 것을 하나의 행위가 사회적인지 아닌지의 구별시에 이미 확인 가능한 것으로 전제하고 있음을 알 수 있다. 베버는 그와 같은 의미가 어떻게 구성되는지에 대해서는 더 이상 캐묻지 않는다. 이러한 관점 하에 베버는 특정한 사회적 현상이 관련 행위자들의 어떤 동기구조와 행위 속에서 비롯되었는지를 탐구할 수 있었던 것이다. 청교도 윤리와 자본주의 발생의 관계에 대한 베버의 해석사회학적 설명은 그 대표적 예이다.[18] 하지만 슈츠나 가핑켈 등의 연구는 특정한 사회현상이 아니라, 사회적 일상 속에서 행위자에게 다가오는 통상적 경험들이 어떻게 (당연한 듯) 정돈되면서 사회적 현실로서 구성되는지를 탐구하고자 한다. 법사회학의 영역에서 민속방법론을 적용하는 학자들 역시 어떤 특정한 법적 현상이 인과관계의 측면에서 행위자들의 어떠한 동기구조로부터 비롯되는 지에 대한 탐구보다 법적 경험들의 통상적 일상에서 법적 행위자에게 전제되는 법의 이해, 법적 현실의 구성 자체가 도대체 어떻게 이루어지는지를 탐구하고자 한다. 베버사회학과 슈츠나 가핑켈 등의 이론적 차이는 이미 슈츠의 초기저작에서 수행된 베버 비판에서 잘 드러난다.[19] 물론 슈츠의 베버 비판은 베버의 해석사회학에 대한 거부가 아니라 베버의 입장의 발전적 계승이라고 보아야 할 것이다.

Ⅲ. 민속방법론의 중심 개념들

이제 일상에서 개개인이 현실을 어떻게 구성하고 그에 대한 지식을 어떻게 활용하는지에 대한 민속방법론의 기본 설명들을 몇 가지 항목으로 나누어 살펴보고자 한다. 이는 민속방법론이 법적 실무를 어떻게 이해하는지에 대한 추후의

17_ M. Weber, *Wirtschaft und Gesellschaft* (5. Aufl., Tübingen, 1976), Erster Halbband, Kapitel I, §1.

18_ 막스 베버(김성수 역), 『프로테스탄티즘과 자본주의 정신』(문예출판사, 1998).

19_ 이에 대해서는 Schütz, *Der sinnhafte Aufbau der sozialen Welt* (주 11), 5면 이하.

검토에 있어 중요한 이론적 기반이 되어 줄 것이다.

1. 전형론

각 개인이 국부적 상황 속에서 자신의 지식을 구성하고 활용해 가는 것에 대한 민속방법론의 중요 설명들에 있어 '전형론'은 필수적 부분을 차지한다. 전형론은 사회현상학적 이론들에 전반적으로 전제되는 바이기도 한데, 이에 대한 슈츠/루크만의 설명을 살펴보면 다음과 같다. 각 주체에 의해서 정돈되기 전에 사회세계의 자료들은 매우 복합적이며 정서되지 않은 상태로 머물러 있다. 그러한 자료들이 그 자체 어떻게 존재하건 간에 이들의 이해는 각 행위주체가 이들에 질서를 부여하고 이들을 어떠한 대상으로 구성함으로써만 가능해질 수 있다. 사회세계의 자료들을 이렇듯이 이해가능하게 정돈시키는 역할, 그러나 상호주관적으로 공유가능하게 정서시키는 역할을 슈츠/루크만은 '전형(Typus)'에 부과한다.[20] 기존의 경험들이 소위 각 개인의 '지식저장소(Wissensvorrat, Stock of Knowledge)'에 축적되어 일종의 '도식'을 이루고 새로운 경험들이 이들 도식들과 관련되어 이해되면서 '전형성'이 드러나게 된다는 것이다.[21] 지각된 자료들의 포착은 이러한 전형에 입각해 이루어지며, 비전형적인 것들은 해석을 통하여 전형화(Typisierung)되어야 이해될 수 있다. 즉, 전형은 경험들을 통상화(Normalisierung)시킨다. 새로운 것들은 그 자체로서는 이해될 수 없으며, 이미 알려진 것들과의 관계 속으로 변형되어야 이해될 수 있다. 이렇듯 전형은 인식과정의 향도를 통해 우리의 대상이해를 규정짓는다. 슈츠/루크만은 전형이 일전에 경험했던, 그리하여 기대된 결과를 가져오는 한에 있어서 기대안정성을 형성하게 되고, 그러한 가운데 사회세계의 안정성이 창출된다고 본다. 전형에 입각한 이러한 대상이해가 사회현상학의 전통에 따라 지속성과 반복가능성의 기대를 낳게 된다는 것이다.[22] 물론 전형과 도

20_ Schütz/Luckmann, 위의 책(주 10), 313면 이하.

21_ Schütz/Luckmann, 위의 책(주 10), 149면 이하.

22_ 즉 전형에 입각한 이해는 이해대상이 전형에 합당하지 않는 새로운 것, 놀라움을 산출하지 않는 한에 있어서, 원칙적으로 모든 것이 이미 우리에게 알려져 있는 그대로 진행될 것이라는 기대를 낳으며, 그리고 우리의 지금까지의 경험으로부터 형성된 그리고 다른 사람들로부터 건네받은 지식저장소는 자신의 원칙적 유효성을 유지할 것이라는 기대를 낳는다고

식은 순전히 개인적 차원의 것이 아니라 사회적으로 형성되고 발전되면서, 개인에게 내면화되는 것인데, 사회적 차원에서 다양한 지식형태로 존재하는 이러한 전형과 도식들은 그 특성에 따라 어떤 지식들은 모든 사회구성원들에게 일반적으로, 어떤 지식들은 구성원들의 사회적 위치와 지위에 상응하여 각기 특수한 형태로 배분된다.[23] 물론 이러한 내면화는 수동적인, 문자 그대로의 수용이 아니라 각 주체가 나름의 인지도식에 의거해서 무의식적일지라도 자기 고유한 방식으로 수행하게 되는 것이라고 설명된다.[24]

이러한 전형론은 민속방법론의 주요 개념 중 하나인 '해석의 서지적 방법' 및 '수행적 현실'을 이해하는 기반이 된다. 민속방법론자들에 따르면 이들 개념은 각 개인의 대상 이해와 현실 구성이 갖는 주관성에도 불구하고 사회구성원들의 안정적인 현실구성, 그리고 상호주관적으로 공유가능한 이해가 어떻게 가능한지를 설명해 주는 중요한 기제이다.

2. 해석의 서지적 방법과 수행적 현실

해석의 서지적 방법(dokumentarische Methode der Interpretation)은 현재의 경험을 이전의 경험들을 토대로 구축된 주형(Muster)의 전형적 사례로 이해하는 것을 말한다.[25] 과거의 경험들은 각개 특정한 진행과 결과를 내포하는데, 이러한 경

한다. 즉 '지속성'에 대한 기대이다. 이를 슈츠는 "'그렇게 계속'의 이상화(Idealisierung des 'und so weiter')"라고 표현한다. 그리고 모든 것이 지금까지 그대로 앞으로도 진행되고, 자신의 지식저장소의 지식이 여전히 유효하다면, 이는 추가적으로 내가 지금까지 행위해 온 방식대로, 즉 이런저런 방식으로 세상에 영향을 주어 왔던 방식대로 계속 행위할 수 있는 능력이 원칙적으로 내게 유지될 수 있을 것이라는 기대로 나아가게 된다고 한다. 즉 '반복가능성'의 기대이다. 이를 슈츠는 "'항상 다시 그렇게 할 수 있다'의 이상화(die Idealisierung des 'ich kann immer wieder')"로 표현한다. Schütz/Luckmann, 위의 책(주 10), 72-73면, 327-328면; H. Abels, *Interaktion, Identität, Präsentation: Kleine Einführung in interpretative Theorien der Soziologie* (4.Aufl., Wiesbaden, 2007), 77면 이하, 121-122면.

23_ 일반지식(Allgemeinwissen)과 특수지식(Sonderwissen)의 구분에 대하여는 Schütz/Luckmann, 위의 책(주 10), 418면을 참조하라.

24_ Berger/Luckmann, 위의 책(주 10), 139면 이하.

25_ Garfinkel, "Das Alltagswissen über soziale und innerhalb sozialer Strukture," in:

험들이 특정한 표지를 중심으로 전형화됨으로써, 전형적 표지에 해당하는 현재의 경험이 해당 주체에게 과거의 경험들과의 연관관계 속에서 이해되는 것을 가능하게 해 주는 것이다. 경험의 전형화를 바탕으로 도식 형성이 이루어지는 것이다. 이들 도식들은 그 자체 복잡다단하고 각개 고유성들을 내재하는 현실세계 속에서 경험들을 의미 있게 질서화 하고 또 이들을 정상화, 통상화(Norminalisierung)하는 기능을 수반하게 된다.[26] 경험을 이해하고자 하는 주체는 해당 경험을 기존의 의미도식 안에 위치지으려는 시도를 하고, 다양한 경험들은 이러한 도식과의 연관 관계 속에서 자신의 의미를 획득하게 되는 것이다. 이러한 관점에서 민속방법론은 현실을 선재하여 고정된 현실이 아니라 구성원들이 자신들의 의미도식과의 연관관계 속에서 구성해 가는 '수행적 현실(ongoing accomplishment, Vollzugswirklichkeit)'[27]이라고 이해한다. 동시에 주체가 가지고 있는 이러한 의미도식은 자신의 의미를 오직 구체적 사안에서만 현재화(aktualisieren)할 수 있다. 의미도식의 구성과 존재현실성은 구성원들의 상호작용 속에서 그것의 지속적인 입증(Bewährung)에 의해서만 획득 가능하기 때문이다. 즉, 의미도식은 선재하여 존재하는 것이 아니라 구체적 경험들과의 변증적 관계를 통해 과정적으로 창발한다(도식과 경험의 변증적 관계).

Arbeitsgruppe Bielefelder Soziologen (Hrsg.), *Alltagswissen, Interaktion und gesellschaftliche Wirklichkeit. Symbolischer Interaktionismus und Ethnomethodologie* (Bd. I., Hamburg, 1973), 199면.

26_ 일상의 사물들을 질서지우고자 하는 인간의 기본적 경향성에 대해서는 Garfinkel, 위의 책(주 13), 79면 이하.

27_ E. Livingston, *Making sense of ethnomethodology* (London: Routledge, 1987), 13면; S. Wolff, "Ethnomethodologie," in: G. Reinhold, S. Lamnek und H. Recker (Hrsg.), *Soziologie-Lexikon* (München/Wien 1997), 157면. 현실이 이렇게 구성적인 것임에도 불구하고 현실이 외견상 저항력 있는 안정성을 획득하는 것은 개인들이 자신들의 행위 속에서 분명 현실을 창출하지만 다른 한편 그러한 행위들 속에서 다시 이러한 현실을 정향하고 그로써 이들을 재산출하는 '순환적 작용' 하에 들어가기 때문이다. Morlok, "Recht als soziale Praxis—Von den Rechtsmethoden des Alltags zu einer Rechtsmethodik für den Alltag" (Antragspapier auf Gewährung einer Sachbeihilfe an die DFG, 1999), 22면. 또한, 각 개인들은 스스로 현실을 창출하지만, 상호작용 속에서 자신의 행위와 대상에 대하여 사회질서의 의미를 부과하고, 그렇게 사회적으로 질서 지어진 가운데 자신의 행위를 해 나가게 된다. 그와 더불어 상호작용 속에서 자신의 의미부여가 사회적으로 통용가능한지 계속적으로 조율하는 과정을 거치게 되는 것이다.

의미도식은 각 행위주체의 경험, 준칙, 규범 등을 포괄한다. 이에 따라 해석의 서지적 방법은 의미이해의 일반적 방식으로 기능하게 된다.[28] 이는 법적 판단에 있어서도 예외가 아니다. 법적 판단에 있어서는 사안의 의미가 정서되어야 하는데, 그러한 의미의 정서에 법규범이 일반적 의미도식으로 기능하게 된다. 법규범은 법적 상호작용에 있어서 구체적인 경험을 질서 짓고 그에 의미를 부여하는 일반적 틀, 즉 일종의 의미도식으로 기능하는 것이다.[29] 의미도식에 의거한 경험의 이해가 일반적으로 해당 경험의 탈맥락화와 의미도식에 의한 재조직을 의미하는 것처럼, 법적 사안에서 법적 의미도식에 의거한 생활사태의 이해는 그것의 구체적 생활상황으로부터의 탈맥락화와 법적 재구성을 야기한다.[30]

동시에 법적 의미도식의 내용과 의미는 선재하여 고정되어 있는 것이 아니라, 구체적 사안 속에서의 상호조정과 협상을 통해 창발하고 지속적으로 재구성, 변형되는 것이라는 점에도 유의할 필요가 있다. 이미 법해석학 연구(Juristische Hermeneutik)가 선취하였던 것처럼,[31] 법적 의미는 오직 구체적 이해의 과정에서 구성되는 것이지, 선재하여 고정되어 있는 실체가 아닌 것이다.[32] 하지만 '해석의 서지적 방법'이 던져주는 독자적 시사점은 의미구성이 단지 일회적, 일시적으로 이루어지지 않고 의미구성을 향도하는 의미도식과의 변증적 관계를 통해 구성된다는 점을 환기시킨다는 데에 있다. 즉 사안을 경험하면서 그에 부여되어야 하는 의미를 조정하게 되는 법적 의미도식 역시 미시적으로 끊임없이 재구성되고, 상호적으로 조율되는 것이다. 물론 법적 의미도식의 구성과 변형은 각 행위주체에 의해 자의적으로 행해지지만은 않는다. 사회적 행위로서 법적 의미귀속은 각 개인의 독아적(solipsistisch) 차원에 머무를 수 없고, 상호작용 속에서 상호주관적

28_ Morlok, 위의 글(주 27), 24면; Abels, 위의 책(주 22), 130면.

29_ Morlok, 위의 글(주 27), 24면.

30_ M. Morlok/R. Kölbel/A. Launhardt, "Recht als soziale Praxis: Eine soziologische Perspektive in der Methodenlehre," Rechtstheorie 31 (2000), 34-35면.

31_ 예컨대 J. Esser, *Vorverständnis und Methodenwahl in der Rechtsfindung* (2. Aufl., Kronberg/Ts., 1972), 136면 이하; A. Kaufmann, "über den Zirkelschluß in der Rechtsfindung," Festschrift für Wilhelm Gallas (Berlin [u.a.], 1973), 7면 이하.

32_ Morlok/Kölbel, "Zur Herstellung von Recht: Forschungsstand und rechtstheoretische Implikationen ethnomethodologischer (Straf-)Rechtssoziologie," Zeitschrift für Rechtssoziologie, 21 (2000), 389면; Morlok, 위의 글(주 27), 24면.

의미귀속으로서 인정받을 수 있어야 하며, 실제 우리의 생활세계는 각 개인의 의미구성이 사회적 차원에서 공유되고 안정될 수 있게 하기 위한 다양한 미시적 도구들을 준비하고 있다. 특히 민속방법론은 미시적 상호작용 속에서 그 구성원들의 현실구성이 상호조정되고 조율되는 메커니즘에 관심을 주목한다.

3. 민속방법론적 규범관념

바로 이 지점에서 기존의 실증주의적 규범 관념과 구별되는 민속방법론적 규범관념의 독자성이 드러난다.[33] 기존의 실증주의는 규범을 그 내용이 이미 선재하고 고정된 것으로 파악하고, 각 주체는 규범이 전제하는 상황이 확인되면 규범을 적용하면 족한 것으로 가정한다. 구성원들이 규범이나 가치를 통해 통합되어 감으로써 사회구조가 형성된다고 보는 파슨스 역시 사회적 행위를 각 구성원이 상징질서의 내면화를 통해서 사회 내면에 선재하는 규범이나 가치를 의식/무의식적으로 적용해 가는 과정으로 이해했다.[34] 이와 같은 실증주의적 규범관념과 달리 민속방법론은 규범의 구체적 내용이 구체적 적용맥락에서 행위자의 의미귀속과 행위자들 간의 상호조율을 통해서 창발하는 것으로 이해한다. 규범은 그를 둘러싼 기존의 의미귀속과 상호조율들을 바탕으로 가능한 의미부여의 방향을 제시해 준다. 즉, 사안의 법적 의미부여에 있어서 사안을 이해가능하게 하는 의미도식의 역할을 담당하는 것이다.[35] 하지만 규범은 구체적 상호작용 속에서의 의미부여에 앞서 객관적 실체를 가지고 있지 않다. 즉 규범은 잠재적 행위연쇄를 가리키지만, 그 구체적 의미는 오직 적용상황에서 규명될 수 있는 것이다(규범의 의미가 가지는 상황개방성).[36] 행위자들은 구체적 상황에서 규범들과의 연

33_ 민속방법론적 규범모형에 대해서는 A. Cicourel, *Methode and measurement in sociology* (New York, 1964), 282면 이하; Morlok/Kölbel/Launhardt, 위의 글(주 30), 30면 이하; Morlok/Kölbel, 위의 글(주 32), 388면.

34_ 예컨대, T. Parsons, *The Social System* (repr. London, 1970), 33면. 민속방법론적 관점에서 실증주의적 규범관념에 대한 비판으로 Morlok/Kölbel/Launhardt, 위의 글(주 30), 16면.

35_ Morlok, 위의 글(주 27), 24면.

36_ Morlok, 위의 글(주 27), 22면.

계 속에 자신의 행위를 정당화하고 의미부여할 수 있으며, 타인 역시 규범과의 관련 속에 그러한 행위에 비판을 가하고 자신의 행위로 대응할 수 있다.[37] 이와 같이 규범을 의미부여의 도구로 활용해 가는 가운데 규범은 자신의 현존성을 갖게 되고 외적으로 보아서 "그러한 의미부여와 그에 기초한 반응들은 선재하는 규범사태에 대한 적응으로서 보여지게 된다." 그로써 규범은 "의미부여의 도구로서 재귀적으로 행위장의 형성에 영향을 미치고 그러한 규범관련적 행위 속에서 현존성을 획득한다."[38] 그리고 그러한 소통적 현존 속에서 규범은 지속적으로, 하지만 캐물을 수 없는 방식으로 자신을 갱신시켜 간다. 물론 규범에의 의미부여는 자의적으로 행사될 수 없다. 분과공동체는 규범텍스트에 대한 공유된 선지식으로의 연결능력을 요구할 수 있으며,[39] 또한 규범적 의미귀속은 상호적 행위조율 속에서 비로소 등장하는 것이기 때문이다.[40]

현실이 그 자체 주어진 객관적 현실이 아니라 구성원에 의해서 구성되는 현실임을, 동시에 그렇게 구성되는 현실이 구성원 상호 간에 계속적으로 조율되고 협상되어 가는 현실('수행적 현실')임을 주장하는 민속방법론은 규범의 의미내용 역시 객관적으로 선재하는 것이 아니라 구성원들의 의미부여와 상호 조율 속에서 그와 같은 내용을 가진 것으로 드러나고 입증되는 것으로 이해하는 것이다.[41] 이러한 관점에 따르면 사회구조 역시 사회적 의미구성이 지속적으로 활용되고 변경되는 소통적 과정 속에서 창발, 유지되는 것으로 이해된다. 민속방법론과 사회현상학은 '구조와 행위의 상호변증법'을 전제하고 있는 것이다.[42] 물론 현실이나 규범들의 수행적 구성과정은 사회구성원들에 의해서 인식되지 못하고 오직

37_ Morlok/Kölbel, 위의 글(주 32), 408면; Morlok, 위의 글(주 27), 22면.

38_ Morlok, 위의 면.

39_ 이에 대해서는 아래 '일상지식'의 역할에 대한 민속방법론적 설명을 다룬 장에서 자세히 언급하게 될 것이다.

40_ 이는 바로 다음 장에서 다룬다.

41_ Morlok/Kölbel/Launhardt, 위의 글(주 30), 30면 이하; Morlok, 위의 글(주 27), 21-22면.

42_ Berger/Luckmann, 위의 책(주 10), 49면 이하, 139면 이하; D. Boden, *The Business of Talk* (Cambridge, 1994), 11면. 규칙을 해석수단에 의거해 상호적으로 이해하는 과정 속에서 실제적인 합규칙성이 산출된다고 볼 경우, 법규범은 "상호적 규칙사용의 실천과 일치하는 사회구조"로 이해될 수 있다고 한다. 즉 법적 실무에 있어서도 '구조와 행위의 상호변증법'이 확인된다는 것이다. Morlok, 위의 글(주 27), 23면.

그 결과물만이 대상화되어서 현실이나 규범은 외관상 객관적이고 고정적인 양 보여질 수 있다. 개인들이 일반적 의미도식을 정향하면서 미시적 의미구성을 해 나가는 과정이 재차 의미도식을 실제 형성해 간다는 점, 즉 '순환적 작용성'이 인식되지 않을 수 있는 것이다.[43]

사회구조와 규범에 대한 파슨스의 관념과 대조해 보면, 민속방법론자들의 문제의식이 지니는 특수성이 확인된다. 파슨스는 미시적으로 사회구성원들이 실제 현실과 규범을 구성해 가는 과정에 대한 분석을 생략하고, 미시적 구성과정이 거시적으로 드러내 주는 외적 규범의 객관성에만 천착하였다. 그러한 바탕 위에서 사회구조가 어떻게 생성되는지에 관심을 기울일 수 있었던 것이다. 그 과정에서 사회구성원이 우리가 자명한 듯 전제하는 일상을 어떻게 구성해 가는지에 대한 미시적 분석은 도외시될 수밖에 없었다.[44] 여타 사회학자들 역시 사회구성원들이 일상을 구성해 가는 진부한 과정에 별 관심을 두지 않았다. 그러한 일상을 다만 전제한 상황 하에서, 두드러진 사회현상 그리고 특정 사회구조가 어떤 사회 구성원들에 의해, 그리고 어떤 동기 구조 하에서 일어나는지를 탐색하는 경향을 보였던 것이다. 이 지점에 있어 베버 역시 크게 다르지 않았다.[45] 물론 기존 사회학자들의 진영에서, 민속방법론자들이 사회현상에 대하여 새로운 설명과 해석들을 내놓을 수 있을지에 대해서 회의적 비판이 제기되기도 한다. 일상의 사회적 현실성이 구성되는 형식만 드러내 놓을 뿐, 그 이상의 구체적 내용을 제공하지 못한다는 것이다. 또 일부 비판사회학자들 사이에는 그러한 사회적 현실의 구성에 대한 해명을 기초로 민속방법론자들이 도대체 무엇을 하자는 것인지 명확치 않다는 비판 역시 제기되기도 한다.

43_ Morlok, 위의 글(주 27), 22면.

44_ H. Garfinkel, *Ethnomethodology's Program: Working Out Durkheim's Aphorism* (Lanham: Rowman & Littlefield Publishers, 2002), 91면 이하.

45_ 이에 대해서는 이미 II장에서 언급한 바 있다.

4. 의미구성에 있어서 상호간 행위조율의 역할과 탈지표화

민속방법론적 규범관념에 입각할 경우, 이제 의미도식에 동반되는 '미시적 상호작용'이 규범내용을 구성하는 중요한 부분으로 기능하게 된다.[46] 규범의 의미구성과정이란 그것이 '상호주관적'인 것으로 조율되고 입증되어 가는 과정이기도 하는 한에서, 구성원 간 상호작용은 법적 의미도식의 내용 이해를 위한 중요한 구성부분으로 자리 잡게 되는 것이다. 이로써 법실무 내 다층적 상호작용 분석의 중요성이 부각될 수 있게 된다. 이제 법실무는 단지 공유된 의미체계를 기반으로, 누가 구성원인지에 큰 상관없이 고정적으로 수행될 수 있는 것으로 더 이상 설정되지 않고, 유사한 실무 내에서도 상황과 주체에 따라 미세하게 다른 방식으로 수행될 수 있는 것으로 이해되는 것이다.

통상의 상호작용 속에서 각 개인은 서로 간의 행위를 이해하기 위한 방법으로 타인의 행위에 대한 자신의 이해가 상대방의 계속된 행위 속에서 유지가능한지 지켜보고 그에 따라 자신의 이해를 교정해 가는 방식을 사용한다. 물론 그러한 과정에서도 소통의 저해상황은 발생할 수 있다.[47] 상호작용 중에 등장하는 소통의 저해상황은 각개 상황이 지니는 '지표성(Indexikalität, indexicality)'[48]에 기인한다. 지표성이라는 개념의 이해를 위해서 'Index(색인)'개념을 상기하는 것이 도움이 된다. 색인은 흔히 '손가락지시, ☞'를 통해 표현되기도 한다. 민속방법론에 따르면 의미주형과의 연관관계 속에서 이해되어야 하는 각개의 상황은 의미주형 형성에 기여한 과거경험들과 똑같지 않아 대체될 수 없는 자신의 고유성을 가지고 있다고 한다. 이러한 고유한 상황을 설명하기 위해서 동원되는 술어들은 해당 맥락의 고유성 때문에 재차 해명될 것을 요구하고 이는 설명들의 연쇄, 달리 표현해서 색인의 계속된 연결을 야기한다는 것이다. 또한 자신의 고유성을 안고 있

46_ Morlok/Kölbel/Launhardt, 위의 글(주 30), 33면; Morlok, 위의 글(주 27), 23면.

47_ Abels, 위의 책(주 22), 135면.

48_ Garfinkel/Sacks, "Zum Phänomen der Indexikalität," Anhang zu: Garfinkel, 위의 책(주 44), 210면 이하; Y. Bar-Hillel, *Indexical expression* (Mind, 1954), 359면 이하; Abels, 위의 책(주 22), 131면. 혹자는 이를 '맥락지시성'이라고 번역하기도 한다. 손민호/문성숙, "구성원들의 실천지에 관한 이해로서의 민속방법론 활용 탐색," 『교육과정연구』 제29권 제2호(2011), 53면 이하.

는 해당 경험을 기존의 의미주형의 한 사례로 포착하고자 할 때, 기존의 의미주형은 새 경험과의 상호작용 속에서 다시 변화하게 된다.[49] 이렇듯 각 상황은 기존의 일반적 의미주형이나 설명들로는 대체될 수 없는 각개의 고유성을 가지고 있어서, 이러한 상황 속에서 투입되는 언어는 소위 '지표적 표현'[50]들로 가득 차 있을 수밖에 없다. 언어적 표현의 이러한 맥락특수성에도 불구하고 각 개인이 가지고 있는 의미주형은 서로 완전히 같을 수 없기 때문에 상황에 대한 설명이 충분히 이해되기 힘든 상황이 등장할 수 있는 것이다.

이러한 지표성에도 불구하고 상호작용과 이해가 가능한 것은 이러한 지표성을 극복하는 다양한 방식이 동원될 수 있기 때문이다. 이는 '탈지표화(Entindexikalisierung)'라고 불릴 수 있는데,[51] 이에는 우선, 상황설명의 언어를 구성원 모두에게 공유가능한 객관적 언어로 대체시키는 방법이 있을 수 있다. 그와 같은 설명이 구성원 모두에게 공유될 필요까지는 없는 경우 해당 대화참여자들 간에만 탈지표화를 확립하기 위한 수단을 공유할 수도 있을 것이다. 이를 위한 방법으로 앞서 언급한 설명, 코멘트, 정당화 등의 기제가 투입될 수 있다. 하지만 사회구성원 상호간에 모든 언명이나 상황이 항상 그대로 공유되도록 노력해야 할 필요는 없다. 따라서 많은 경우 '애매한' 단어들이 사용된다. 이 경우 각 개인은 해석의 서지적 방법을 사용하여 해당표현의 이해에 자신의 지식상황을 어떻게든 결부시켜 상황을 이해하고자 하게 된다.[52]

여기에서 민속방법론자들이 '행위'를 일종의 상호적 상황규정과 지속적 의미해석, 그리고 명시적/묵시적인 '실천적 설명들(Praktische Erklärungen)'을 통해 구성되는 과정으로 이해한다는 점에 유의할 필요가 있다. 상호작용 시에 일방당사자의 행위는 대개 해당 사회에서 상호주관적으로 공유된 배경지식의 맥락들에 맞

49_ Morlok/Kölbel/Launhardt, 위의 글(주 30), 31면. 문제는 모든 상황과 맥락에 내재하는 고유한 지표성에도 불구하고 공유된 의미이해가 어떻게 가능한지의 물음이다.

50_ 언어적 상호작용의 많은 부분에서 투입되는, 특정 상황과 관련해 이해되는 대명사들(예컨대, 이것, 그것, 저것, 등등), 혹은 다의적 맥락 개념들이 그 예라고 할 수 있다.

51_ Garfinkel/Sacks는 이를 '지표성에 대한 치료'라고 표현한다. Garfinkel/Sacks, 위의 글(주 48), 214면.

52_ Abels, 위의 책(주 22), 136면 이하. 지표성의 극복에 있어 언어의 애매성이 수행하는 역할을 가핑켈은 이른바 '위반실험'을 통해서 규명한 바 있다. Garfinkel, 위의 책(주 44), 44면 이하.

추어 수행되고 또 그에 맞게 해석된다.[53] 하지만 상대방의 행위가 이해되지 않거나 통상적 기대지평에 어울리지 않게 진행되는 경우, 상호작용이 계속될 수 있기 위해서는 그에 대한 '설명'이 제공되어야 한다.[54] 하지만 이러한 설명은 반드시 명시적으로 제공될 필요가 없이 해당 행위를 이해가능하게 통상화(Nomalisierung)시킬 수 있는 여타의 방식으로도 이루어질 수 있다. 이는 앞서의 '설명'을 설명가능하게 하는 '추가적 행위'를 통해서도 가능할 수 있고, 사회구성원의 기대에—해석의 서지적 방법을 매개로—연결 가능한 애매한 설명을 다시 투입하거나, 경우에 따라서 설명을 암시하는 방식으로도 가능하다. 즉, 앞서의 행위에 대한 실제적 이유나 동기의 제시를 반드시 필요로 하지는 않는 것이다. 물론, 행위의 평가가 문제된 경우에는 '정당화'나 '양해' 등의 방식이 투입될 수도 있다.[55] 이러한 기술들에서 확인되는 바는 '설명'들이 그 투입 과정에서 일종의 '행위'적 성격을 가지며, '행위'들의 이해는 바로 그러한 상호적 상황규정과 지속적 의미이해의 과정, 그리고 그에 투입되는 설명들의 과정에서 생성된다는 점이다. 즉, '행위'와 '행위에 대한 설명'은 동시적인 것으로 설정되는 것이다.[56] 바로 여기에 상호작용의 통상적 흐름이 차단될 때 제공되는 '설명'을 민속방법론자들이 '실천적 설명(account, Praktische Erklärung)'이라고 개념 규정하는 이유가 존재하는 것이다.[57]

53_ M. B. Scott/M. S. Lyman, "Praktische Erklärungen," in: Auwärter u. a. (Hrsg.), *Seminar: Kommunikation, Interaktion, Identität* (Frankfurt am Main, 1976), 106면.

54_ Abels, 위의 책(주 22), 144면.

55_ Scott/Lyman, 위의 글(주 53), 75면.

56_ Garfinkel, 위의 책(주 13), 1면; Abels, 위의 책(주 22), 140면. 가핑켈은 이러한 동시성을 다음과 같이 설명한다: "구성원들이 조직화된 일상사의 환경(Settings)을 조직하고 관리하는 행위는 구성원들이 이들을 '설명가능하게 하기 위한(accountable)' 절차와 동일하다." Garfinkel, 위의 면. 민속방법론자들의 경우, '행위'와 '행위에 대한 설명'이 동시적으로 수행되는 것으로 설정함으로써, 소통과정 중에 이루어지는 행위의 수행적 구성에 대한 규명이 가능해진다. 이에 대하여, 행위는 동기와 결부되어 이해되기 때문에 행위(의 동기)에 대한 '설명'은 시간적으로 '행위'보다 추후적일 수밖에 없다는 반론이 있을 수 있다. 하지만 민속방법론적 관점에 따르면, 동기는 행위자에 의해 행위 시 획정되는 것으로서, 즉 주관적 차원의 것으로서가 아니라, 사회적으로 수인 가능한 행위결과에 대한 기대로서, 즉 사회적 차원의 것으로서 이해된다. 이에 따라 행위와 그 동기 설명의 동시성이 가능해지고, 그로써 행위에 대한 이해가 과정적으로 조율될 수 있게 된다. 사회적으로 수인 가능한 행위결과기대에 어긋나는 상황이 상호작용 중에 발생할 경우 이제 자신의 행위에 대한 설명 필요성이 대두될 것이다.

이렇듯 의미의 이해, 혹은 의미의 구성은 민속방법론에 따르면 구체적 맥락 속에서 이루어진다. 그리고 상황의 '지표성'은—위의 '실천적 설명'에 대한 해명에서 보여지듯이—구체적 상호작용 속에서 자신의 의미귀속이 상호간 조율되는 방식으로 극복된다. 이는 법적 의미구성에 있어서도 다르지 않다. 따라서 각개 고유한 사안의 의미를 법적으로 구성해 가는 과정인 법실무를 이해하고자 할 경우, 이는 소송참여 구성원 상호 간에 사안에 대한 의미귀속을 상호 조율하기 위해 진행되는 구체적 상호작용과정에 대한 분석을 필요로 하게 된다.[58] 이러한 구체적 상호작용으로부터 얻어지는 행위기대에 대한 표상이 소송참여구성원 각자가 해석의 서지적 방법을 동원하여 사안의 법적 의미를 구성해 가는 데에 영향을 미치게 되는 것이다.

5. 의미구성에 있어서 퍼스낼리티(Personalität)와 법 외적 합리성의 개입

또한 해석의 서지적 방법을 활용 시 단지 규범이해에 관한 기존의 법적 지식만이 투입되는 것은 아니라는 데에 유의할 필요가 있다. 사태에 대한 이해, 그 전개과정에 대한 이해, 사안의 내용을 이루는 행위 동기에 대한 이해, 여타 소송당사자들과의 상호작용 시에 이루어지는 서로간의 이해과정에는 행위자가 가지고 있는 법외적 지식이 투입되지 않을 수 없다.[59] 몰록/쾰벨은 사법판단의 과정에서 소송당사자들 간의 상호작용, 그리고 서로 간의 의미이해 시도가 상당 부분 법률가들의 퍼스낼리티 혹은 사회적으로 공유된 경험들에 근거하여 수행되지 않을 수 없으며, 또한 생활사태의 이해에도 역시 구성원 간 상당한 정도로 공유된, 관

57_ Garfinkel, 위의 책(주 13), 1면; Abels, 위의 책(주 22), 143-144면.

58_ Morlok/Kölbel/Launhardt, 위의 글(주 30), 33면; Morlok, 위의 글(주 27), 23면. 법관이 법실무에서 수행하는 상호 간 조율의 과정을 질적 연구방법론을 투입해 연구한 일군의 학자들은 이를 정보획득적 협의(informierendes Aushandeln), 조정적 협의(koordinierendes Aushandeln), 입장정립적 협의(positionierendes Aushandeln) 등으로 유형화해 낸 바 있다. 이에 대해서는 Morlok, *Anhang III im integrierten Abschlussbericht an die Deutsche Forschungsgemeinschaft zu den Forschungsprojekten: Recht als soziale Praxis (Lehrstuhl für Öffentliches Recht, Rechtstheorie und Rechts- soziologie*, Heinrich-Heine-Universität Düsseldorf, 2004), 235면 이하.

59_ Morlok/Kölbel/Launhardt, 위의 글(주 30), 22-23면.

행적 의미주형이 활용될 수밖에 없기 때문에, 법외적 합리성(außerjuristische Rationalität)의 개입은 불가피하다고 지적한 바 있다.[60] 기존의 법학방법론은 법외적 요소가 사법판단에 개입하는 것을 일종의 '오염'으로 인식하고 가능한 한 배제시키고자 노력하였다.[61] 그러나 사법판단의 과정을 민속방법론의 관점에 따라 이해할 경우, 이러한 법외적 요소의 개입은 '잘못된' 것이 아니라 해석의 서지적 방법의 투입에 따른 불가피한 것, 즉 이해에 필수적으로 동반되는 '통상적인' 것이 아닐 수 없게 된다. 그리고 법외적 지식이 (사회과학이나 자연과학에 입각한) 전문적 감정서의 형식으로 법원에 제출될 때 이는 사회과학적 합리성, 혹은 자연과학적 합리성의 영역과 결부되기도 한다.[62]

민속방법론적 측면에서 보았을 때—서지적 방법론의 적용이라고 할—법적 의미도식에 입각한 사안이해는 사태의 전개과정의 이해에 대한, 그리고 그 원인/결과 파악에 필요한 제반지식의 작동을 포함하지 않을 수 없다. 법적 의미도식의 한정성과 생활사태의 무한성의 괴리에 직면하여, 이는 법률가에게 다음의 요구, 즉 사안별로 여러 지식영역을 효과적으로 통합, 구현하여 법과 사안 사이의 괴리를 극복할 수 있는 역량 습득에 대한 요구로 드러난다.[63] 상황에 적절하게 일반적 의미도식을 구체적 사안에 적용시킬 수 있는 통합적 역량은 법률전문직뿐만 아니라 의료직, 심리치료직 등 여타 전문직종이라고 불리는 곳에서도 요구되는데, 이에 대한 연구의 독자성이 '전문직 사회학(Professionssoziologie)'이라는 연구분과를 산출시키고 있기까지 하다.[64] 따라서 법실무의 합리성은 단지 법도그마

60_ Morlok/Kölbel, "Rechtspraxis und Habitus," Rechtstheorie 32 (2001), 294면.

61_ 예컨대, 라렌츠는 사회적 환경, 출신 또는 교육 등에 기반하여 해석자의 시각을 형성하고 해석자의 판결에 영향을 주게 되는 요소를 '선입견(Vorurteil)'으로 개념규정하고, 생애에 걸친 자기검토를 통해 이러한 선입견을 극복해 낼 것을 주문하고 있다. 그리고 이를 법률텍스트 이해 시에 최초의 정향점으로 기능하고 이해과정을 추동해 내는, 즉 이해의 전제조건으로서의 '선이해(Vorverständnis)'와 구별 짓는다. Larenz, *Methodenlehre der Rechtswissenschaft* (2.Aufl., Berlin [u. a.], 1992), 99면.

62_ Morlok/Kölbel, 위의 글(주 60), 295면.

63_ Morlok/Kölbel, 위의 글(주 60), 290-291면.

64_ 전문직 사회학에 대해서는 U. Oevermann, "Theoretische Skizze einer revidierten Theorie professionalisierten Handelns," in: A. Combe/W. Helsper (Hrsg.), *Pädagogische Professionalität* (Weinheim/München, 1996), 70면 이하; 법적 맥락에서는 Morlok/Kölbel, 위의 글(주 60), 290면 이하; T. Roethe, *Strukturprinzipien professionalisierten*

틱 등 법적 의미체계의 합리성에 제한되지 않고,—법실무에 개입하여 고유한 형태로 변형 · 작동하는—여타 영역의 합리성을 포괄하는 것으로 이해되어야 한다. 바로 이 지점에서 이러한 다양한 영역의 지식을 사안 적합적으로 통합시키고 법적 지식에 연결시켜 가는 법적 행위자의 독특한 능력에 대한 연구 필요성이 확인된다. 특히 이러한 능력이 법적 영역에서 어떠한 방식으로 습득되고 작동되는지에 대한 연구가 실무정향적 법학교육이란 어떻게 이루어져야 하는지의 연구를 수행하는 이들에게 필수적으로 보인다. 민속방법론에 따른 법실무의 연구는 바로 이 지점, 즉 법외적 요소들이 법률가들의 역량을 통해서 법적 지식에 통합되어 가고, 법적 행위능력이 산출되어 가는 독특한 과정에 대한 분석을 가능케 해준다는 점에 강점이 있다고 할 것이다.[65]

6. 구성적 규칙의 존재

민속방법론이 상정하는 해석의 서지적 방법론에 따라 사안의 법적 구성이 시도될 시에 그러한 구성이 상호주관적으로 조율되는 방식은 명시적 상호작용에 한하지 않는다. 명시적으로 씌어지지 않았지만, 어떤 의미귀속과 사건해결이 보다 적절하게 받아들여지는지에 관한 묵시적 규칙이 사안의 법적 구성과 그에 동반되는 상호작용을 지도할 수도 있다.[66] 어떠한 영역이건, 이러한 규칙에 대한 지식습득은 해당 행위 영역에서 역량 있는 행위자로서의 자격을 갖추기 위한 전제조건인데, 민속방법론자들은 그러한 지식을 '암묵지(tacit knowledge)'라고 부른다. 암묵지는 일반사회화 혹은 직업사회화 과정(예컨대, 수습이나 직업초년생 시절의 학습과정)의 실무(practice)를 통해 습득된다. 이는 일상의 혹은 구체적 실무의 상호작용을 묵시적으로 지도하는 일상규칙(praktische Alltagsregeln)[67]이라고 할

anwaltlichen Handelns (Baden-Baden, 1994), 22면 이하; A. Wernet, *Professioneller Habitus im Recht* (Berlin, 1997).

65_ 이는 법률가들이 사안의 이해 시에 생겨나는 정보의 흠결이나 언어적 표현의 다의성을 극복하는 방법에 대한 탐구, 그리고 상호작용 중 누구 그리고 무엇을 믿을 수 있을 것인지에 대한 판단을 수행할 때 투입하는 관행적 의미주형에 대한 탐구를 포함한다. 이러한 탐구는 흔히 대화분석이나 집단토론, 인터뷰 등의 방식을 통해 이루어진다.

66_ Morlok/Kölbel/Launhardt, 위의 글(주 30), 24면 이하.

수 있는데, 민속방법론은 그 존재를 일찍이 '위반실험'을 통해 규명한 바 있다. 예컨대, 심야 지하철에서 승객이 한 명뿐인데, 새로 탄 승객이 그 사람 바로 옆에 앉는다면, 이는 무언가의 내재적 규칙을 어긴 것이다. 해당 승객은 일어나서 자리를 바꾸거나 방향을 틂으로써 암묵적 규칙위반에 대응할 것이다.[68]

이와 같이 사회적 상호작용을 암묵적으로 규정하는 규칙은 법적 상호작용이나 의미구성에도 존재한다. 예컨대, 특정한 판결형태에로 나아가게 되는 사회적으로 공유된 해석전략, 국부적 형태 속에서 법획득에 영향을 미치고 이를 동질화시키는 다수의 조직화된 경로들이 그것이다. 이들은 형식적 규범이 주어진 상황에 해당하는지를 규정하고 사태를 조종하면서 판결산출에 영향을 미친다. 뒤셀도르프 그룹은 이를 '적용규칙(Anwendungsregeln)'이라고 명명한 바 있다.[69]

법실무에서 법관이 서지적 방법에 의한 사안 구성 시, '여러 가능한 대안들 중 보다 쉽고 논란이 없을 사태구성과 법규를 선택하는 게 좋다든지', '가능한 한 최고법원의 판결에 연결 가능한 사안 구성을 택해야 한다든지' 혹은 '판결에 이르지 않고 소송상 화해에 의해 해결하는 방식을 택하는 것이 좋다든지' 하는 내적 규칙이 확인된다는 연구가 있다.[70] 구성적 규칙의 존재는 흔히 법원의 내부조직이나 소송법상

67_ Abels, 위의 책(주 22), 138-139면.

68_ Abels, 위의 책(주 22), 139면. 가핑켈의 조사 실례로 '학생들로 하여금 집에 가서 부모들에게 정중한 손님처럼 행동하게 한 경우 부모들이 어떠한 반응을 보이는지'에 관한 조사를 들 수 있다. 이 경우 부모들은 대개 당황하거나 불쾌감을 표시한다고 한다. 이는 암묵적으로 공유된 일상의 규칙이 침해된 데에서 유래한다. Garfinkel, 위의 책(주 13), 47-48면.

69_ Morlok/Kölbel/Launhardt, 위의 글(주 30), 25면. 몰록은 여기에서 "씌어지지 않은, 그러나 직업사회화과정에서 습득되는 '코드'의 존재"를 상정한다.

70_ 해당 연구가 수행된 독일의 경우 우리보다 '소송상 화해를 선호하는 비율'이 더 높은 것으로 보인다. Morlok/Kölbel/Launhardt, 위의 글(주 30), 25-26면. 물론 이러한 적용규칙의 정당성 자체에 대해 다시 의문을 제기하는 것도 가능할 것이다. 사회화 과정 중에 이루어지는 이러한 규칙의 내면화는 일종의 사회적 권력에 대한 적응과정으로 이해될 수도 있기 때문이다. 이를 개념적으로 포착하는 데에 있어서 부르디외의 '아비투스' 개념이 유용하다. 이에 대해서는 P. Bourdieu, "The Force of Law: Towards a Sociology of the Juridical Field," The Hastings Law Journal 38 (1987), 814면 이하를 참조하라. 따라서 이러한 내재적 규칙에 대한 민속방법론적 설명을 이들 규칙에 대한 내용적 정당화로 이해하지 않는 것이 중요하다. 기술(Deskription)의 층위와 규범(Präskription)의 층위를 혼돈하지 않는 것이 요구되는 것이다.

규칙들의 구조와 밀접하게 연계되어 법적 의미구성과 법적 상호작용을 틀 지은다.

최근의 법사회학 연구는 실무에 존재하는 다양한 양태의 '지침들(Linien)'의 확인을 통해서 실무에 내재하는 구성적 규칙이 법실무에서 수행하는 역할에 대한 분석을 넓혀가고 있다. 법규범과 사안 사이의 간극을 좁히는 데에 기존의 법도그마틱 등 법적 의미체계만으로 충분하지 않은 경우가 많다. 사안에 직면한 법관이 그러한 간극을 법원이라는 제도적 공간 안에서 매번 새로이 시간과 노력을 많이 들여 극복하기도 쉽지 않다. 따라서 사안의 축적과 더불어 합의부나 해당 법원 혹은 전체 법원들 안에 판결방향을 내재적으로 지도하고 통일화하는 '상호매개적 규범(intermediale Norm)' 혹은 '행위경로(Handlungsroutines)'들이 점차 확립된다는 것이다. 뒤셀도르프 연구 그룹은 이를 '지침(Linie)'이라고 표현한다.[71]

> 이러한 지침에는 최고법원의 판결에서 표현되는 해석상의 지도지침(Richtlinie)뿐만 아니라, 각 하급법원이나 합의부 내에서 자체적으로 확립된, 특정 사안그룹의 판결방향과 관련된 암묵적 규칙 같은 것들도 존재한다. 세부적이고 기술적인 지침으로 위자료나 부양비 지급에 관련된 도표들 같은 경우 역시 포함될 수 있을 것이다. 신입법관들은 합의부 내 선배법관들 틈에서 직업사회화 과정을 거치며 이러한 지침 등을 받아들이고 그에 적응하게 된다. 이들은 명시적으로 씌어진 규범은 아니지만 실무 내재적으로 법규범의 해석과 적용을 일정한 방향으로 향도한다는 점에서 '씌어지지 않은 규범'의 역할을 수행한다고 볼 수 있다.

법실무에서의 상호작용을 규율하는 또다른 내적 구성 규칙으로, 소송 진행시 소송참여자들의 상호관계를 암묵적으로 규율하는 규칙들 역시 언급될 수 있다.[72] 예컨대, 법관의 비당파적 중립성 원칙은 소송당사자들이 법관을 그와 같이 비당파적이고 중립적인 존재로 대하고 그렇게 표현하라는 암묵적 규칙과 결부되어 있다.[73] 물론 판결 과정은 끊임없이 법관에게 특정한 입장을 표명하도록 요구

71_ Morlok, 위의 책(주 58), 145면 이하. 지침의 양태와 기능에 대한 보다 자세한 기술은 Stegmaier, 위의 책(주 16), 406면 이하를 참조하라.

72_ Th.-M. Seibert, *Gerichtsrede* (Berlin, 2004), 191면 이하.

하고 '판결거부금지(Entscheidungsverweigerungsverbot)'[74]라는 원칙은 법관이 한 쪽의 손을 들어줄 수밖에 없는 상황을 낳는다. 하지만 법관은 이러한 모든 과정에서 그 중립적 위치로 말미암아 소송당사자들과 달리 설득력 있는 반대증거나 진술이 있을 시 자신의 앞선 견해나 입장을 교정할 수 있는 존재로 위치되어진다.[75] 이러한 중립성을 소송당사자나 대리인들도 존중할 것을 요구받게 되는데, 설령 법관이 특정입장을 가지고 누구 편을 선호하는 것 같다는 내적 판단이 있더라도 이는 가급적 표현되어서는 안 된다. 따라서 소송과정에서 모든 발언이나 표현들은 주관성을 담지하는 형식이 아닌, 객관적이고 사물적인(sachlich) 방식으로 수행되어야 한다.[76] 물론 이러한 규칙에 대한 명시적 침해가 감행될 수 있다. 그리고 이는 경우에 따라 전략적으로 수행된다. 법관기피신청을 하는 경우, 이는 법관을 특정 당사자의 일면적 우호자로 낙인찍으면서 위의 규칙을 위반하는 것이라고 할 수 있는데, 이는 반드시 꼭 나쁘지만은 않은 결과를 낳을 수도 있는 것이다. 하지만 섣부른 규칙침해는 통상적으로 불리한 결과를 가져온다. 중립적 위치에 놓인 이로 대우하라는 요청은 또한 감정인(Sachverständige)이나 전문심리위원에게도 해당한다.[77] 기본적으로 소송 중에 이들 전문가들의 진술에 대한 존중이 요청되며, 설령 자신들에게 불리한 감정이 이루어지더라도, 그러한 표현은 객관적이고 사물적인 언어로, 그리고 객관적 질문의 형태로 제시되지, 전문가들을

73_ Seibert, 위의 책(주 72), 192-193면.

74_ 법관의 판결거부금지는 현대법치국가에서 자명한 원칙으로 받아들여지고 있으며, 이는 권리보호 원칙, 그리고 자력구제 금지의 원칙 등에서 표현되고 있기도 하다. 이는 기각이나 각하와 같은 결정을 금지하는 것이 아니라, 예컨대 해당 법률이 미비하다거나 애매하다거나 하는 이유로 인용이든 기각이든 각하든 간에, 여하한 종류의 결정 자체를 아예 거부하는 것에 대한 금지를 의미한다. 혁명과정에서 프랑스는 해당 법률조항이 애매하거나 명확하지 않을 경우 법관은 스스로 판단하지 말고, 입법부에 문의할 것을 제도화하기도 하였다. 그러나 다양한 생활사태의 존재, 그에 대비되는 법률규범의 일반성, 그로 인한 법률해석의 불가피성은 그러한 입법조회 제도의 비실효성을 초래하였다. 곧 이 제도는 폐기되었고 프랑스 민법전 제4조는 법관의 판결거부금지를 명문화하였다. 법관의 판결거부금지의 내용과 기능, 결과에 대해서는 니클라스 루만(윤재왕 역), 『사회의 법』(새물결, 2013), 416면 이하를 참조하라.

75_ Seibert, 위의 책(주 72), 192면.

76_ Seibert, 위의 책(주 72), 194-195면.

77_ Seibert, 위의 책(주 72), 195면.

한쪽 당사자 편으로 몰아붙이는 것은 암묵적으로 피해진다. 이러한 규칙은 물론 절대적 규칙은 아니어서 당사자들의 전략적 판단이 선 경우 앞서 법관의 경우에서처럼 의도적 침해가 감행될 수도 있을 것이다. 하지만 이는 그러한 규칙침해로부터 야기하는 불이익에 대한 감수를 전제하는 것이기도 하다.

중립성과 관련된 암묵적 규칙 외에 "소송의 원활한 진행을 위해 상호 협조하라"거나 "자신이 도움이 되는 한도 내에서만 증거나 증인관련 수단들을 사용하라" 등과 같은 암묵적 규칙 역시 있을 수 있다.[78] 예컨대, 증거신청(Beweisantrag)이나 증인신문의 신청 등은 그것이 자신의 소송진행에 도움이 되는 정도만으로 수행할 것을 요청하는 것이다. 그러한 규칙을 어기고 소송자체의 원활한 진행 자체를 막으려는 의도에서 30~40개의 증거신청을 한다든지, 소송일정을 계속 비협조적으로 운영한다면, 이는 명시적인 소송법상의 규칙을 어기는 것은 아닐지라도, '소송진행의 상호협조에 대한 암묵적 규칙'이나 '자신에게 도움이 되는 한도 내에서만 소송기제들을 운영하여야 한다는 암묵적 규칙'을 침해하는 것이 될 것이다.[79] 그러한 침해는 그것이 전략적 이점을 가져오기 위해 의도적으로 감행된 것이 아니라, 소송 중 상대방당사자나 법원과의 불화로 소송 자체의 원활한 진행을 막기 위한 의도로 수행될 경우 결코 유리한 결과를 가져오지 않는다.

이 외에도 명시적으로 규정되어 있지 않지만, 법률가들 사이에 공유된 규칙들이 있을 수 있다. 예컨대, "소송과정에서 실제 등장하는 증거방법(Beweismittel)들을 존중하라"와 같은 규칙이 그것이다. 전문가에 대한 질의가 가능할 경우, 질의를 하지 않아야 자신에게 유리한 경우가 아니라면 질의를 수행하여 조금이라도 도움이 되는 방향의 진술을 얻고자 노력하는 것이 기대된다. 자신에게 불리한 상황임에도 불구하고, 그가 전문가가 아니라고 생각한다는 사실을 의도적으로 알리려는 목적으로 질의를 거부한다면, 이는 그와 같은 규칙을 침해하는 것이다.[80] 그와 같은 규칙은 질의를 받는 자에 대한 명시적 거부를 드러내려는 의도적 목표를 지니고 있지 않다면 통상 지켜진다.[81]

78_ Seibert, 위의 책(주 72), 199면.
79_ 위의 면.
80_ Seibert, 위의 책(주 72), 196면.
81_ Seibert, 위의 책(주 72), 198면.

지금까지 살펴본, 법실무 내의 구성적 규칙은 기존의 실증주의 사회학에 의거해서 적절히 포착되기 힘들었다는 점에서 민속방법론적 법사회학 연구의 장점을 확인해 주는 것이라고 볼 수 있을 것이다.

7. 공유된 일상지식

가핑켈에 따르면, 주체의 현실구성이 상호주관적으로 공유되는 데에는 슈츠가 언급한 '관점의 상호전환가능성'이나 '관련체계의 일치성'과 아울러 '일상지식이 모두에게 공유되고 있다는 전제'가 큰 역할을 담당한다고 한다.[82]

우선, '관점의 상호전환가능성(Vertauschbarkeit der Standpunkte)'이란 내가 타자의 위치에 서더라도 타자와 유사하게 대상을 바라볼 것이라는 가정, 거꾸로 타자가 나의 위치에 서더라도 유사하게 대상을 바라볼 것이라는 가정을 의미한다.[83] 그리고 '관련체계의 일치성(Kongruenz der Relevanzszsteme)'이란 각 주체가 나름의 연대기적 특수성을 갖고 상호 구별되는 관련체계를 가지고 있다고 하더라도 이들의 독자성이 현재 서로 간에 바라보고 있는 현실과 대상 이해에는 큰 영향을 미치지 않을 것이고 그 결과 어느 정도 대상에 대한 유사한 인식이 가능할 것이라는 전제를 말한다.[84] 가핑켈은 우리가 각자 고유한 방식으로 대상을 구성함에도 불구하고 이러한 전제들이 상호의사소통과 공동의 현실 구축이 가능한 기반이 된다고 한다.

여기에 추가되는 것이 바로 '일상지식(Alltagswissen, commonsens-konwledge)'의 존재이다.[85] 가핑켈은 이를 "모든 능력 있고 신뢰감 있는 사회구성원이 알고 있는 사회적으로 용인된 생활 사실"을 지칭한다고 설명한다.[86] 사회구성원들은

82_ Garfinkel, 위의 글(주 25), 221면; ders., "A conception of, and experiments with 'trust' as a condition of stable concerted actions," in: Harvey (Hrsg.), *Motivation and Social Interaction* (New York, 1963), 188-189면.

83_ Schütz/Luckmann, 위의 책(주 10), 99면.

84_ 위의 면. 슈츠에 따르면, '관점의 교환가능성'과 '관련체계의 일치성'의 이상화(Idealisierung)가 '상호적 관점들의 일반테제(Generalthese der wechselseitigen Perspektiven)'를 형성하게 된다고 한다. 이에 대해서는 Schütz/Luckmann, 위의 책(주 10), 99-100면을 참조하라.

85_ Garfinkel, 위의 글(주 25), 221면; Abels, 위의 책(주 22), 124-125면.

86_ Garfinkel, 위의 글(주 25), 189면.

구성원 상호 간의 상호작용을 둘러싼 지식들이 모두에게 수용되고 있다는 사실에 터 잡아, 그리고 우리가 모두 알고 있는 바가 동시에 사회세계에서 행위의 올바른 기초를 형성하고 있다는 기대에 암묵적으로 터 잡아 현실을 구성하고 상호작용을 하게 되는데, 이러한 지식들이 바로 '일상지식'을 구성한다는 것이다.[87] 이는 (슈츠가 언급한 바 있듯) 사회구성원들이 사회화 과정 속에서 내면화하게 되는 사회적 지식저장소(gesellschaftliches Wissensvorrat) 내의 지식들과 상응한다.[88] 그리고 이러한 일상지식은 일상지식을 다루고 조직하는 방식에 대한 지식 역시 포함한다. 물론 일상지식은 각 주체의 고유한 경험사에 따라 미묘하게 다양한 방식으로 내면화되지만 이러한 지식을 상호 전제하고 있다는 점 자체가 각 주체 고유의 현실 구성을 일정한 방향으로 수렴시켜 가는 기능을 수행한다는 점에 중요한 의의가 있다.

이와 같은 민속방법론적 설명은 법실무에서 법산출을 일정한 방향으로 수렴시키는 공유된 지식의 존재를 인식할 수 있게 해 주는 이론적 틀이 된다. 그렇다면 법실무에서 작동하는 일상지식들로는 무엇을 들 수 있을까? 일차적으로 사태의 파악에 있어서 작동하는 '법외적 일반지식'들을 들 수 있을 것이다. 사회구성원들은 현재의 사안에서 무엇이 일어났는지, 그 원인이 무엇이고 어떠한 결과로 나아갈 것인지 그리고 현재 어떤 분쟁이 존재하고 있는지에 대해 서로 크게 어긋나지 않는 현실구성을 하리라고 상호기대하며 또 실제 그렇게 구성해 간다. 이는 한 사회 구성원들이 사회화 과정에서 받아들이는 일상지식의 공유에 기인한 것이다.[89]

그러나 법실무에서 법관의 법적 지식산출을 상호주관적 방향으로 이끌어 가는 데 영향을 주는 일상지식은 법외적 일반지식에 한정되지 않는다. 보다 중요한

87_ 미드는 이를 '보편적 기호상징들의 일반적 체계(allgemeines System universal signifikanter Symbol)'라고 명명한 바 있다. G. H. Mead, *Geist, Identität und Gesellschaft* (Frankfurt am Main, 1973, Original 1934), 320면.

88_ 사회적 지식저장소(gesellschaftliches Wissensvorrat)에 관한 슈츠의 설명으로는 Schütz/Luckmann, 위의 책(주 10), 348면 이하.

89_ 물론 여기서 주의해야 하는 것은 이러한 일상지식들 역시 객관적으로 선재해 있는 존재가 아니라 미시적 상호작용 속에서 끊임없이 재구성되고 조율되고 확인되는 존재라고 하는 점이다. 또한 이들 지식의 내면화 역시 정보의 전송이 아니라 지식의 내적 구성 과정을 통해 이루어진다고 하는 점 역시 유의해야 할 것이다.

것은 '법구성원들에게 공유된 법적 지식'의 존재이다. 과거의 법적 사안들에 대한 경험, 그리고 그를 둘러싼 법적 논의 등이 법이해를 둘러싼 일정한 틀을 형성한다.[90] 선례들이나 지도적 판결들, 도그마틱의 구성 등은 그 중요한 예들이다. 물론 민속방법론적 관점에서 보았을 때, 이러한 지식들 역시 그 의미가 선재적으로 획정되어 관련 사안에 포섭적으로 적용될 수 있는 것이 아니라, 그 의미구성이 해당 사안에서 항상 상호 간에 조율되고 현재화되어야 하는 것들이긴 하지만 말이다. 그러나 법적 구성원들이 이들 법지식들과의 결부 속에 자신의 법적 구성을 수행함으로써 사회적으로 공유 가능한 방향으로 법구성의 수렴이 이루어질 수 있다는 점에 이들의 중요한 역할이 존재한다. 이들의 역할이 보여 주는 바는 사안의 법적 이해가 해석의 서지적 방법에 의해 수행된다고 하였을 때, 사안을 자신의 고유한 사례로 포착하는 일반적 의미도식이 일반적 법규범에 한정되지 않고, 법규범을 둘러싸고 수행된 직간접적 경험들, 그리고 이들의 일정한 도식화를 포괄한다고 하는 점이다.[91] 지금까지 법사회학 연구는 주로 법관의 사법판단에 영향을 미치는 법 외적 요인들의 분석에 치중하거나, 설령 해석사회학적 연구라도 법적 사안에서 '법규범'이 아닌 '사태'가 어떻게 구성되어 가는지의 분석에 중점을 두었다.[92] 그러나 우리가 민속방법론적 관점에서, 법현실의 상호주관적 구성에 영향을 주는 법지식의 존재에 관심을 돌리게 될 경우, 선례나 도그마틱의 형성/변천 등 규범적 내용에 대한 분석 역시 법사회학 연구의 범위 안에 포괄할 수 있게 되는 이점을 얻을 수 있게 되는 것이다.

지금까지의 고찰에 의하면, 민속방법론은 현실의 구성을 서지적 방법에 따

90_ Morlok/Kölbel, 위의 글(주 32), 405-406면은 이에 대해 시사적이다.

91_ 이러한 이해를 기반으로 해석의 서지적 방법 투입 시에 선례와 도그마틱이 의미도식의 한 구성부분을 형성하게 된다는 점을 유의한다면, 현재의 구체적 사안과 도그마틱/선례 등의 의미 사이에 존재하는 항상적 상호관계에 대한 파악이 가능해진다. 도그마틱과 선례 등의 의미도식은 정적으로 선재하는 것이 아니라 그 의미가 항상 지금의 사안에서 현재화되어야 하며, 그 현재화된 의미는 다시 도그마틱과 선례 등의 의미구성에 영향을 미친다. 법실무의 중요성이 다시금 확인되는 것이다. 이러한 상호관계에 대한 지적으로는 이미 J. Esser, *Grundsatz und Norm in der richterlichen Fortbildung des Privatrechts: Rechtsvergleichende Beiträge zur Rechtsquellen- und Interpretationslehre* (4.Aufl., 1990), 314면 이하.

92_ 동일한 지적으로 Morlok/Kölbel, 위의 글(주 32), 405면 이하.

라 수행되는 것으로 이해함으로써, 의미도식에 따라 수행되는 현실구성이 사회적으로 수용되고 상호주관성을 획득하게 해 주는 구체적 상호작용맥락 역시 포괄시켜 파악할 수 있게 해 주는 이점을 지니는 것으로 확인되었다. 법적 맥락에서 보았을 때, 법적 의미구성이 상호 조율되어 구체적 의미에로 이르게 되는 場인 법실무에 대한 고찰 필요성과 그 고찰방법론 구체화의 계기가 마련된 것이다.

Ⅳ. 민속방법론에 입각한 법실무 연구의 대상영역 범주화

지금까지 민속방법론의 주요 이론적 틀과 이들이 법에 있어 가지는 함의를 개괄적으로 살펴보았다. 이에 대한 분석을 기반으로 이제 우리가 사법판단의 내적 동학을 현실주의적으로 탐구하고자 할 때 향후 분석대상으로 삼아야 할 법실무의 내적 범주들은 무엇인가에 대한 포괄적 범주화를 시도해 보고자 한다.

(1) 우선, 해석사회학 및 민속방법론에 의거해 법사회학적 탐구를 진행한 이들이 그간 '법적 의미도식'이라고 부른 단위에 대한 분석이 필요하다. 법적 의미도식은 각 사안의 지표성으로 말미암아 구체적 사안에서 비로소 그 현재적 내용을 획득하지만 동시에 각 사안의 의미이해는 이러한 의미도식으로부터 영향을 받아 이루어지게 된다고 하였다. 이렇듯 의미도식은 사안의 의미이해와 변증적 관계 속에 놓여 있기 때문에 전래의 법도그마틱이 흔히 전제하듯 (사회적 실무 속에서 발생하는 구체적인 법적 의미귀속 행위와 별개로 존재하는) 일종의 객관적 의미체계로 단순히 이해될 수는 없다. 민속방법론자들이 말했듯이, 의미체계의 현실화는 각개 사안의 특수성과 그 속에서의 현실화에 의존하는 것이기 때문에, 법텍스트의 의미구조 역시 구체적인 법적 실무 행위와 결부될 수밖에 없으며, 그러한 한에서 법적 실무의 역사적 전개의 특수성으로부터 일정한 영향을 받게 된다. 따라서 법텍스트의 의미구조 이해는 동일한 텍스트 문자가 사회생활의 다른 영역에서 획득하는 것과는 다른 독자적 구조를 가지게 되고 바로 여기에 법적 의미체계의 독자적 "시간성"이 확인되는 것이다.[93] 바로 여기에 "법적 의미체계"가 (단순히 법률 텍스트 이해로서의 법도그마틱이 아닌) 법과 사회연구의 독립적 단위로서

분석적으로 탐구될 필요성이 존재하는 것이다.

지금까지 통상적으로 법사회학은 법도그마틱과 구분되는 것으로 설정되고 법사회학은 법의 사회적 현실성에 대한 탐구로, 법도그마틱은 법의 규범적 이해에 대한 학문분과로 이해되는 경향이 있었다. 그러나 법실무가 이제 해석사회학적으로 탐구되기 시작하면서, (법실무와의 변증적 관계 속에서 자신의 의미지평을 현재화하고 그 속에서 자신의 구조를 창발 · 변경시켜 가는) '법도그마틱의 내적 동학'이 법사회학 연구의 차원에서 다루어질 수 있는 가능성이 생기게 된 것이다.[94] 법률가들의 법실무 진행과정을 해석적 방식으로 이해하고자 한다면, 법률가들이—법적 의미귀속을 위한 내적 프레임으로 삼는—도그마틱 연구를 타 학문분과에 넘겨버릴 수만은 없게 되는 것이다. 이러한 시도는 전혀 새로운 것으로 이해될 수만은 없는데, 이미 법도그마틱을 문화학(Kulturwissenschaft)의 일부로서 이해하고자 하는 여러 시도들이 존재하는 까닭이다.[95] 그리고 법실무의 함의를 중시했던 일부 법해석학자들은 이미 법도그마틱을 법원의 판결과의 역동적 상호관계에 놓여 있는 것으로서 설명한 바 있다.[96] 그러한 관계에 대한 인식 속에 에써(J. Esser)는 법원칙(Rechtsgrundsatz)을 법실무 속에서 징후적으로 드러나는 바가 지도적 판결 및 법학 도그마틱을 통해 포착, 공식화되고 다시금 법실무에서 구체화되고 발전/변경되어 가는 것이라고 설명한 바 있다. 법사회학 연구는 그것이 관찰자적이고 사회학적 관점을 취함으로 말미암아 법도그마틱에 대한 관찰을 규범적 관점뿐만 아니라 타 체계와의 상호관계 속에서 분석적으로 기술하는 것 역시 가능케 한다. 따라서 법학방법론에 있어 개념법학에서 이익법학, 그리고 평가법학으로의 진행,[97] 그리고 형식주의 법리학에서 현실주의 법리학으로의 전개[98] 역시 그러한 변화가 위치한 사회구조와의 상호관계 속에서 이해할 수 있게 해 주

93_ 법체계와 시간의 관계에 대해서는 Luhmann, 위의 책(주 74), 177면 이하를 참조하라.

94_ 법도그마틱을 법사회학적 연구의 대상으로 삼아야 할 필요성에 대한 포괄적 분석으로 I. Schulz-Schaeffer, "Rechtsdogmatik als Gegenstand der Rechtssoziologie," Zeitschrift für Rechtssoziologie 25(2), 2004, 141-174면을 참조하라.

95_ 대표적으로 P. Häberle, *Verfassungslehre als Kulturwissenschaft* (2. Aufl., Berlin, 1998).

96_ 각주 91에 언급된 Esser의 저서를 참조하라.

97_ 이에 대해서는 H.-M. Pawlowski, *Einführung in die juristische Methodenlehre* (Heidelberg, 1986), 76면을 참조하라.

98_ 최봉철, 『현대영미법철학』(법문사, 2007), 421면 이하를 참조하라.

며, 각개 구체적 법원 판결들이 이러한 사회구조 속에 배태되는 맥락 역시 규명할 수 있게 해 주는 것이다. 니클라스 루만(N. Luhmann)은 법체계의 중심에 법원(Gericht)을 위치시키고, 법적 소통의 자기준거성(Selbstreferenz)에 대하여 이야기하며, 법효력을 포스트구조주의적으로 설명한 바 있는데,[99] 이는 법적 의미체계의 실무 관련적 속성과 그 독자적 시간성을 적절히 포착한 것이라고 볼 수 있다.[100] 이와 같이 법도그마틱을 법사회학 연구의 대상으로 부각시킨다는 점에 민속방법론자들의 '의미도식' 설명의 의의가 있는 것이다.

(2) 다음으로 구체적 법적 상호작용에 대한 분석이 필요하다. 구체적 법적 상호작용은 민속방법론적 시각에서 보았을 때 각 주체에 의해 구성된 법적 내용이 상호적으로 조율되고 그로써 상호주관적 의미를 획득케 하는 역할을 수행한다. 그리고 이는 법실무에서 다양한 양태로, 그러나 어느 정도 전형화 가능한 양태로 이루어진다. 법적 현실이 주체에 의해 구성되고 상호주관적으로 확인, 조율되어 간다는 시각을 갖지 않을 경우 법실무에 대한 탐구는 기껏해야 각개 실무영역 고유의 목적에 따라 이루어지는 상호작용의 특수성을 확인하는 데에 그칠 수밖에 없게 된다. 검사의 기소 목적, 변호사의 변론 목적, 법관의 판결 목적에 따라 수

99_ Luhmann, 위의 책(주 74), 397면 이하, 특히 415면. 루만의 법효력에 대한 견해를 포스트구조주의적 입장으로 위치지을 수 있는지와 관련하여, 비판적 평가도 있을 수 있다. 루만이 탈역설화(Entparadoxisierung), 그리고 역설의 사회학화(Soziologisierung des Paradox)를 매개로 데리다의 해체론을 극복하고자 시도하였다고 볼 수도 있을 것이기 때문이다. 이에 대한 분석으로 G. Teubner, "Der Umgang mit Rechtsparadoxien: Derrida, Luhmann, Wiethölter," in: Ch. Joerges/G. Teubner (Hrsg.), *Rechtsverfassungsrecht* (Baden-Baden 2003), 25면 이하. 하지만 효력을 도덕이론이나 자연법에 의거한 메타규범, 혹은 실증주의식의 근본규범이나 승인의 규칙 등에 회귀시키지 않고, "인접적으로 작동하는 체계 내에서 순수 내재적이고, 순수 순환적으로 자기 산출"되는 것, 즉, "법적 작동들의 연결이 소통적으로 수행되는 과정"(Th. Vesting, *Rechtstheorie* [München], 2008, 92-93면)에서 산출되는 것으로 설정함으로써('순환적 상징으로서 효력') 소위 '구유럽적' 효력개념을 벗어나고 있다고 볼 수 있는 여지가 있기 때문에 루만의 효력관을 넓은 의미의 포스트구조주의적 효력관에 위치시키는 것도 무리는 아니라고 판단된다. 이러한 위치지음에 대해서는 R. Christensen/A. Fischer-Leskano, *Das Ganze des Rechts: Vom hierarchischen zum reflexiven Verständnis deutscher und europäischer Grundrechte* (Berlin, 2007), 232면 이하.

100_ 각주 93의 문헌을 참조하라.

행되는 상호작용의 특수성이 그것이다. 이는 특정 목적을 가진 실무 내에서조차 다양한 상호작용양태가 존재하며, 그러한 미시적 상호작용이 공동의 법현실구성에 있어서 가지는 역할을 간과한다. 따라서 법실무를 이해하고자 한다면 법실무의 미시적 상호작용양태에 대한 다층적 분석을 필요로 하게 되는 것이다.

몰록을 비롯한 뒤셀도르프 연구그룹은 법관의 사법판단과정에 대한 민속방법론적 분석에 의거해서 이러한 상호작용과정을 '정보획득적 협의', '상호조정적 협의', '입장정립적 협의'로 전형화한 바 있다. 그리고 정보획득적 협의를 다시 '숙고(Ausloten)', '적응(Aneignen)'의 양태로 분류하였다. '숙고'란 사안이 배당되었을 때 법관이 규범의 해석방향과 사안의 해결방향에 대하여 법원 내에서 다양한 방식으로, 예컨대 카페테리아에서의 의견교류나 복도에서의 대화, 혹은 합의부 내의 공식적 협의 등의 방식을 통해 타인들과 의견을 교류함으로써, 자신의 의견이 적절해 보이는지, 그리고 기존 법원 내 판결방향이나 지침들과 조화가능한지, 혹은 자신이 생각했던 바와 다른 새로운 관점들은 없을지에 대해서 정보를 획득하는 과정을 말한다. '적응'은 새로운 법원이나 합의부에 배속된 판사가 이미 그곳에서 일하던 법관들과의 상호작용을 통해서 그곳의 기존 지침이나 사건해결방향, 혹은 해당 영역의 기존 판결방향에 익숙해지고 그에 입각해 사건에의 접근방향을 획득하는 상호작용 형식을 말한다. 그리고 상호조정적 협의는 다시 '절차적 상호조정(prozessuale Koordination)', '의사탐색적 상호조정(Sondirende Koordination)', '매개적 상호조정(mediale Koordination)' 등으로 재분류되고 있으며, 입장정립적 협의는 약속을 잡아 행해지는 '정식적 협의(Terminberatung)', 판결문초안을 부장판사나 배석판사들 사이에 회람하는 가운데 이루어지는 '회전식 협의(Umlauf-beratung)' 등으로 재분류되고 있다. 뒤셀도르프 연구그룹은 이러한 상호작용 형식을 법규범이나 사실확정의 부수적 요소, 혹은 사법판단에서의 비본질적 요소로 바라보지 않고, 법관이 사안과 법규범에 의미를 부여하고 그러한 의미부여가 상호주관성을 획득하는 과정에서의 중추적 요소로 설정하고 있다.[101]

101_ 이에 대해서는 Morlok, 위의 책(주 58), 223면 이하; Stegmaier, 위의 책(주 16), 327면 이하를 참조하라.

법실무에서 자신의 역할을 수행할 수 있는 역량을 갖추고 있다는 것은 이러한 상호작용을 미시적으로 수행하면서 자신의 의미구성을 조율할 수 있는 능력을 가지고 있음을 전제하는 것이다. 신입 법률가들은 이를 각 필드 내부의 사회화 과정을 통해 획득하게 된다.[102]

(3) 다음으로 '실무 내재적 규칙'에 대한 분석이 필요하다. 이는 뒤셀도르프 연구그룹의 표현대로 '적용규칙'이라고 일컬을 수도 있을 것이다. 이는 명시적으로 씌어 있지 않더라도 사안해결에 있어서 어떤 법규를 선택하고, 어떤 의미 선별을 할 것인지, 그리고 사안과의 관계 속에서 어떤 적용을 할 것인지에 대한 방향을 내재한다.[103] 앞서 언급했듯이, 최근의 법사회학 연구는 실무에 존재하는 다양한 양태의 '지침들(Linien)'을 드러냄으로써 실무 내재적 규칙이 법실무에서 가지는 역할을 확인해 주고 있다. 각 합의부 내의 특정한 판결지침, 혹은 합의부들 사이에 조정된 판결방향, 위자료나 여타 손해배상 가액 산정과 관련해 법원 내에 존재하는 내부 지침표들, 그리고 여타 확인가능한 제반 행위방식들—예컨대, 사안의 용이한 해결에 적합한 규범과 사안 구성방식의 선택, 최고법원의 판결에 연결 가능한 사법판결 선택, 판결보다는 소송상 화해나 조정의 선호 등—이 법실무의 내재적 규칙으로 기능한다. 또한 위에서 살펴본 바 있는 '법관 중립성에 대한 존중'이나 '소송과정의 원활한 진행을 위한 상호협조', '비감정적이고 객관적 형식의 표현에 대한 요청' 등 역시 법실무의 내재적 규칙으로 작동한다. 이

102_ 물론 이러한 사회화과정은 기존에 이미 확립된 의미부여 관행에 대한 적응이자, 그러한 관행의 암묵적 수용과정으로 기능할 수 있다는 점에서 사회권력이 법적 의미산출과정에 개입하는 통로의 하나로 위치 짓는 것도 가능할 것이다. 이를 '아비투스' 개념을 매개로 하여 해명하는 문헌으로 P. Bourdieu, 위의 글(주 70), 814면 이하; Morlok/ Kölbel, 위의 글(주 60), 289면 이하를 참조하라. 부르디외 아비투스 개념의 법이론적 함의에 관하여는 R. J. Coombe, "Room for Manoeuvre: Towards a Theory of Practice in Critical Legal Studies," Law & Soc. Inquiry 14(1989), 100-111면을 참조하라. 문제는 이러한 사회권력의 작용을 법적 판단과는 별도로 존재하는, 그 오염형식으로 분석하는 것보다, 법적 판단의 한 부분을 형성하는 법적 상호작용의 불가피한 부산물로 이해하면서, 이를 합리적으로 통제하고, 또 그 의식적 재구성 가능성을 열어 놓는 방향으로의 제도적 배치를 고민하는 것이다. 이러한 고민이 사회화과정이나 법적 상호작용형식에 대한 엄밀한 분석적 구명에서 시작될 것임은 물론이다.

103_ 실무에 내재적인 구성적 규칙의 존재와 기능에 대해서는 위 III. 6절의 서술을 참조하라.

러한 내재적 규칙들은 대체로 법실무 내에서의 2차적 사회화 과정 속에서 획득된다.

(4) 다음으로 사법판결의 고유한 현실구조나 법원 조직이 법실무에서 야기하는 특정한 행위 방향성 역시 간과할 수 없다. 전자의 예로 소송이 놓여 있는 시간적 제약이나 사안처리강제(Erledigungszwang), 정당화강제(Begründungszwang) 등이 언급될 수 있는데,[104] 이들은 일견 당연해 보일지 모르지만, 대학에서 사례를 푸는 과정과는 제도적으로 구분되는 의미구성이 법실무에서 이루어질 수밖에 없게 되는 조건이 된다. 후자의 예로는 법원 안에서 여러 가지 모습으로 구체화되는 미시조직 구성, 합의부 내의 인적 구성이나 심급제의 영향 등이 언급될 수 있는데, 이들은 사법적 의미구성의 내적 통제를 야기하면서 법적 상호작용의 양태를 일정한 방향으로 틀 짓는 역할을 수행한다.

> 법관이 법규범의 의미를 산출하고 사안을 이해하는 과정에 법원조직이 끼치는 역할에 대해서는 지금까지의 법과 사회연구가 충분한 관심을 기울이지 못하였다.[105] 민속방법론에 입각한 몰록의 법실무 연구는 법관이 자신이 속한 부서에 통상 배치되는 사안들의 특징으로부터 사안들의 잠재적 방향성과 관련 법규범들에 대한 일정한 기대를 갖게 된다고 하며, 이러한 기대는 자신에게 도달하는 문서철

104_ 한정된 시간 속에 판결을 효율적으로 진행시켜야 한다는 것은 법관이 법원이라는 제도적 공간 속에 위치해 있어서 해당 제도의 '제도적 합리성'에 적응해야 함으로 인해 발생하는 불가피한 결과이다. 이에 반해 '법학자'들이 통상 수행하는 법해석은 법원제도에서 수행되는 사법판단과는 본질적으로 상이한 제도, 즉 '학문체계' 속에서 수행된다. 따라서 양자에 영향을 미치는 '제도적 합리성'의 양태는 다를 수밖에 없는 것이다. 지금까지의 법과 사회이론은 이 부분에 대한 충분한 연구를 제공하지 못하였다. 앞으로 더 연구가 수행되어야 할 대목으로 보인다. 또한, 사안을 어떻게든 처리해야 한다는 '사안처리강제'나 이를 법규범과의 관계 속에서 정당화시켜야 한다는 '정당화강제' 역시 사법판단에 영향을 미치는 구조적 요소에 속한다. 이러한 구조적 요소에 대한 전형적 탐구로 분석적 수사학자들의 연구를 꼽을 수 있다. 이에 대해서는 대표적으로 O. Ballweg, "Analytische Rhetorik als juristische Grundlagenforschung," ARSP Beiheft 44 (1991), 45면 이하; K. G. von Schlieffen, "Rhetorik und rechtsmethodologische Aufklärung," Rechtstheorie 32 (2001), 175면 이하를 참조하라.

105_ 이에 대한 해외의 연구로는 Morlok, 위의 책(주 58), 44면 이하를 참조하라.

의 종류나 색깔 등을 통하여 보다 구체적 내용을 갖게 되고, 자신에게 도달하는 변호사의 논거나 하급심 법원의 판결논거를 통해서 다시금 세부적 방향성(즉, 사안에 대한 일정한 '선이해')을 획득하게 된다고 분석한 바 있다. 즉, 법해석학이 '선이해'라고 부른 것은 법규범과 사안에 관련하여 각 개인이 지닌 주관적 배경 맥락으로부터만 형성되는 것이 아니라, 법원의 제도적/조직적 조건하에서도 형성되고 있음에 주의를 환기할 필요가 있다는 것이다. 또한 신입법관일수록 합의부 내 여타 법관들, 특히 부장판사의 사건처리 방향에 큰 영향을 받을 수밖에 없음을 고려한다면, 이 또한 사법판단의 산출에 영향을 미치는 제도적 조건의 하나로 설정해 볼 수 있을 것이다. 물론 이는 앞서 언급한 아비투스의 작동통로로 기능할 수 있음은 물론이다. 그리고 하급심 판결은 향후 상급심에서 뒤집어질 수 있기 때문에 법관은 항상 기존의 상급심 판결방향에 유의하지 않을 수 없다. 이에 대한 고려는 법관들이 빈번히 상급심 법관들과의 직간접적 소통통로를 활용케 하는 데에로 나아가기도 함이 보고된다.[106]

(5) 법실무에서 법적 의미구성에 영향을 끼치는 추가적으로 요소로서 법관의 법 외적 지식요소에 대한 분석 역시 요구된다.

앞서 언급했듯이 법관에 의한 법적 의미구성은 해석의 서지적 방법에 의해 수행되며, 법적 구성에 있어 요구되는 '사태의 원인과 전개, 결과에 대한 파악', '법적용의 가능한 결과 고려' 등은 구성 주체의 '법적 의미도식'뿐만 아니라 '법 외적 의미도식'의 투입 역시 불가피하게 한다.[107] 이들은 법해석학에서 언급한 바대로 법관의 '선이해'를 구성하면서[108] 법실무의 법적 의미구성에 일정한 영향력을 행사하게 된다. 법적 의미구성에 영향을 미치는 이러한 단위들에 대한 재구성은 양적 연구방법론에 의거해서는 수행되기 힘들다. 이는 제반 질적 연구방법론의 투입에 의해서 법적 행위자의 의미도식과 그에 의거한 현실구성을 전형화하는 방법을 통해서만 이루어질 수 있다. 이러한 연구는 법관의 이념, 신분, 성별

106_ 이에 대해서는 Morlok, 위의 책(주 58), 164면 이하를 참조하라.

107_ 법관의 퍼스낼리티를 매개로 한 다양한 법외적 지식의 개입에 대해서는 위 III. 5절을 참조하라.

108_ 법해석학이 상정하는 '선이해'에 대해서는 각주 61의 문헌을 참조하라.

등 특정 법외적 요소들이 법관의 사법판단에 작용하는 특정한 영향력을 확인하고자 했던 기존의 비판 법사회학과 달리, 법적 의미 구성의 내적 기제로 작동하는 법관의 법 외적 의미도식을 해석적으로(deutend) 재구성하고자 한다는 점에 특징이 있다. 또한 이는 그 자신 시민이기도 한 법관의 제반 의미도식을 매개로 전문법률가적 법지식이 (사회영역에서 수행되는) 법에 대한 시민들의 비전문적 의미귀속과 결합되는 지점을 드러내는 연구이기도 하다.[109] 이러한 점에서 법실무에 대한 탐구는 순수히 법률전문가의 법적 상호작용에 대한 탐구에로 제한될 수만은 없는 것이다. 일상 공간 에서 이루어지는 보통 시민들의 법을 둘러싼 말놀이들은 법실무의 말놀이들과 상호 접속을 이루게 되기 때문이다.[110]

Ⅴ. 민속방법론의 법이론적 함의

위에서 언급된 요소들은 민속방법론적 관점에서 법실무를 분석하고자 할 때 규명되어야 할 주요 (법사회학적) 연구대상이라고 할 수 있다. 하지만, 법실무에 대한 민속방법론적 연구들이 가지는 함의는 반드시 법사회학 연구에 한정되지 않는다. 사법판결이 실제 어떻게 수행되어야 하는지를 방법론적으로 규율하고자 하는 '규범적 법이론'은 그 근저에 사법판결이 실제 수행되는 과정에 대한 나름의 관점을 전제한다. 따라서 실제의 사법판결과정에 대한 민속방법론의 분석은 법이론이 바라보는 사법판결론의 구성에도 영향을 미치지 않을 수 없다. 일단, 민속방법론적 규범관은 규범의 객관적 선재성을 전제하는 실증주의적 법이론과는 양립하기 힘들다. 또한 선재하는 사회적 가치나 규범들의 존재를 기반으로 사법판결의 불확정성을 극복하고자 하는 윤리적 법이론[111]의 지류들과도 (일정한 교

109_ 이에 대해서는 법이론적 관점에서 P. Häberle, 위의 책(주 95), 121면 이하의 논의를 참조하라.

110_ 바로 이 점은 법사회학 연구에 있어 해석사회학을 집중적으로 활용하고자 시도했던 암허스트 연구그룹에 의해 조명된 바 있다. 이에 대해서는 김정오, "미국의 법과 사회연구의 최근 동향: Amherst Seminar Group을 중심으로," 『연세행정논총』 제20집 제1호(1995)를 참조하라.

111_ 여기에서 '윤리적 법이론'이라 함은 '해당 공동체의 정치도덕성'이나 '논의윤리' 등을 매개

정을 전제하지 않고서는) 서로 조화되기 힘들다. 특히 규범의 현재적 내용이 구체적 실무 과정에서 창발되고 조율된다는 민속방법론의 관점은 기존의 주류 법이론이 전제하는 법률구속에 대한 이해와 양립하기 힘들다. 법실무의 구체적 판결과정에서 법규범이 창발한다는 관점을 전제하면서도 법률구속을 새로운 시각에서 설명하고자 하는 입장에 의할 때만이 민속방법론에서 전제되는 규범관과 조화 가능한 법이론이 가능해 보인다. 후자는 최근 후기분석철학이나 신실용주의 혹은 포스트구조주의적 언어관을 사법판단과 법률구속에 대한 이해에 새로이 접목하고자 하는 소위 '포스트실증주의'적 법이론에 의해 시도되고 있다.[112] 그러한 점에서 민속방법론적 규범관은 '포스트실증주의적 법이론'을 사회학적 관점에서 뒷받침해 주는 이론적 원천으로 기능할 수 있을 것이다. 그러나 이에 대한 상세한 분석은 민속방법론적 시각에서 사법판단의 구조를 규명하고 그 가능한 연구대상을 범주화하고자 하는 본고의 범위를 넘어서므로 추후의 연구과제로 남기고자 한다. 다만, 한 가지만 보충적으로 지적할 수 있는 것은 행위주체의 법적 의미구성을 해석적으로(deutend) 재구성하고자 할 때에만 법사회학 연구는 법이론의 주요 연구대상인 법관의 법적 추론에 대한 분석을 자신의 연구영역으로 포괄할 수 있게 된다는 점이다.

민속방법론이 법관의 의미구성방법으로서 설정한 서지적 방법론은 (대전제로서 법규범과 소전제로서 사태가 주어져 있음을 전제로 작동하게 되는 법적 삼단논법 이전에) 법관이 사안에 직면하여 적용가능한 법규범을 찾고 그와 관련하여 사태와 법률의 의미를 구성해 나가는 과정, 즉 규범과 사태 자체가 어떻게 선별되고 구성되는지의 과정을 구체화해 내고 있다. 이는 법적용 이전에 존재하는, 법관의

로 사법판단의 수렴가능성을 상정하는 법이론을 통칭한다. 예컨대, 드워킨의 '통합성으로서의 법이론'이나 하버마스의 '논의이론적 법이론'이 그것이다. 이러한 위치지움에 대해서는 A. Somek/N. Forgó, *Nachpositivistisches Rechtsdenken* (Wien, 1996), 160-161면을 참조하라.

112_ 자신을 '포스트실증주의적'이라고 칭하는 법이론가들로는 우선 뮐러/크리스텐센, 그리고 소멕/포고 등을 꼽을 수 있다. F. Müller/R. Christensen, *Juristische Methodik* (8.Aufl., 2002, Berlin), 164-165면, 290면; N. Forgó/A. Somek, "Nachpositivistisches Rechtsdenken," in: S. Buckel et al. (Hrsg.), *Neue Theorien des Rechts* (Stuttgart, 2006), 263면, 265면. 포스트실증주의 법이론에 대한 개괄적 연구로는 이계일, "포스트실증주의 법사고와 법효력론," 『법철학연구』 제13권 제2호(2010), 7면 이하.

창조적 구성 과정에 대한 것으로서 기존의 법적 추론이론들이 아직 충분히 이론적으로 포착하고 있지 못한 부분이라고 할 수 있다. 다만, '포스트실증주의'적 법이론은 법규범의 내용이 사법판단에 앞서 주어져 있지 않고 사법판단의 과정에서 창발됨을 '가설유도추론(abduction)'이라는 개념을 통해 설명하고자 시도한 바 있다.[113] 가설유도추론이라는 추론 방식은 그 내용에 있어서 민속방법론이 전제하는 '해석의 서지적 방법'과 대단히 접근하는 듯 보인다.[114] 그 때문에 사안을 기존에 가지고 있던 의미도식의 전형적 예로 구성하고자 하는 서지적 방법은 가설유도추론이라는 형식을 사회학적 관점에서 지지해 줄 수 있는 토대가 되고, 거꾸로 가설유도추론은 서지적 방법을 논리와 추론의 용어로 재구성하고자 할 때 그 이론적 토대가 되어 줄 수 있을 듯하다. 즉, 양자는 상호보완적 관계를 형성하고 있는 것이다.

기존의 사회학적 법이론은 법적 추론에 개입되는 제반 법외적 요소들에 대한 분석과 구조화를 통해 법적 추론을 현실주의적 측면에서 '개선'하고자 시도하였다. 하지만 민속방법론에 의해서 재구성되는 법이론은 법 외적 요인이 법적 판단에 어떤 결과를 낳는지에 대한 분석을 통해 사법판단의 가능한 방향을 현실주의적으로 '교정'하고자 하는 방식을 택하지 않는다. 오히려 사법판단 과정 자체를 민속방법론적 방식으로 재구성함으로써 실제의 법적 추론과정에 대한 '현실근접적 이해'를 시도하는 것이다. 이로써 또 다른 유형의 사회학적 법이론이 들어서게 되는 것이다. 이제 법에 관한 민속방법론적 접근은 기존 사회학적 법이론

113_ 예컨대, Somek/Forgó, 위의 책(주 111), 101면 이하; 이계일, 앞의 글(주 112), 19면 이하. 협의의 의미의 포스트실증주의 법이론에 속하지 않더라도, 법적 추론 영역에 있어서 가설유도추론이 가지는 함의를 기술하는 포괄적 연구로는 L. Schulz, *Das rechtliche Moment der pragmatischen Philosophie von Charles Sanders Peirce* (Ebelsbach, 1988), 244면 이하; ders., *Normiertes Misstrauen* (Frankfurt am Main, 2001), 310면 이하; A. Kaufmann, *Das Verfahren der Rechtsgewinnung: Eine rationale Analyse* (München, 1999), 57면 이하; J. Lege, *Pragmatismus und Jurisprudenz* (Tübingen, 1999), 437면 이하를 참조하라. abduction의 번역어로 '가설유도추론'을 택한 것은 아르투어 카우프만(김영환 역), 『법철학』 (나남, 2007), 186면, 192면 이하의 번역에 따른 것이다.

114_ Kölbel/Berndt/Stegmaier, "Abduktion in der justiziellen Entscheidungspraxis," Rechtstheorie 37 (2006), 85면 이하. 질적 연구에 있어 가설유도추론의 함의를 적극적으로 탐구하고 있는 문헌으로 J. Reichertz, *Die Abduktion in der qualitativen Sozialforschung* (2. Aufl., Wiesbaden, 2013)을 참조하라.

이 전제했던 '현실 속의 법과 법전 속의 법의 분리'가 아니라, '법전 속의 법의 내용이 실제 현실 속에서 어떻게 창발하는지'를 분석함으로써, 법이론의 규범성과 현실성을 동일한 과정 속에서 이해하게 된다.[115] 이러한 접근은—규범의 효력과 규범의 실효성의 구분에 근거하여—법이론과 법사회학의 분리를 전제하였던 기존의 시각과 달리,—효력을 실효성의 전개 속에서 이해하는 방식을 통해 효력과 실효성의 관계를 새로이 정립함으로써—법이론과 법사회학의 분리를 새로운 방식으로 지양해 나가고 있는 것이다.[116]

VI. 나가며

우리는 지금까지 법사회학이 연구방법론으로 통상 취해 왔던 양적 방법론이 아닌, 질적 방법론에 입각해 법과 관련된 사회적 행위를 탐구하고자 할 때, 그 중요한 이론적 기반이 될 수 있는 민속방법론에 대하여 살펴보았다. 그리고 현상학적 사회이론에 기반을 둔 민속방법론이 법탐구에 적용될 때 어떠한 부분들에 대한 새로운 포착이 가능해지고 그 함의가 무엇인지에 대하여 고찰해 보았으며, 아울러 그에 입각한 분석대상의 범주화를 시도해 보았다.

민속방법론적 시각에서 법을 바라본다는 것은 결코 법을 주관적 혹은 자의적 구성에로 해소시켜 버림을 의미하지 않는다. 이는 법의 구성성을 인정하면서도 동시에 그러한 구성이 상호주관성을 획득해 가는 사회적 과정에 대한 관심을 놓치지 않기 때문이다. 즉, 우리가 통상 자명한 것으로 여기는 (법)현실이 실제 구성되는 미시적 과정으로부터 출발하여 사회의 거시적 법구조와 객관적(으로 보이는) 법적 내용이 드러나는 과정을 추적하는 것이다. 위에서 우리는 공유된 법적 의미체계, 미시적 상호작용, 제도화된 소송절차 등의 작동이 주체에 의한 법의 구성을 자의적이지 않고, 상호주관적 방향으로 수행될 수 있도록 규율하는 기

115_ '법전 속의 법'과 '실제 속의 법'의 관계설정을 중심으로 법현실주의의 변천에 대해 상세히 분석하면서 민속방법론에 입각한 법탐구를 '신현실주의'에 위치시키고 있는 문헌으로 이계일, 앞의 글 (주 7), 171면 이하.

116_ Morlok/Kölbel/Launhardt, 위의 글(주 30), 36면; 이계일, 앞의 글(주 112), 52면 이하.

반이 되어 준다는 점을 확인할 수 있었다. 객관적으로 선재하는 법이 외부적으로 우리의 행위를 규제한다는 관점으로부터, 우리가 법의 가능한 내용을 정향하면서, 자신의 구성행위를 그에 연결시켜 정당화하고 이를 상호주관적으로 조율하려는 과정 속에서 법의 내용이 창발한다는 관점으로 전환할 때, 기존의 법현실주의가 포착하지 못했던 법의 규범성 역시 법사회학 연구에 포착될 수 있는 장점이 확보된다고 하였다. 많은 사회학자들은 민속방법론을 비롯한 해석사회학 연구들에 대하여 "과연 이들이 무슨 새로운 설명을 내놓을 수 있을 것인지", "이들의 연구는 단지 현실 구성에 대한 형식적 구조 설명 이상으로 나아가지는 못하지 않는지"라는 의문을 제기해 왔다. 하지만 민속방법론이 제공해 주는 위와 같은 독자적 함의는 기존의 실증주의적 사회학으로는 포착할 수 없었던, 민속방법론 연구 프레임의 유용성을 표본적으로 보여 주고 있다고 할 것이다.

물론 민속방법론이 법에 있어 가지는 함의에 관한 본고의 서술이 다분히 이론적 고찰에 머물고 있으며, 그를 위해 원용된 연구례 역시 상당부분 외국의 성과들에 제한되어 있다는 점은 본고의 한계라 하지 않을 수 없다. 이는 아직 우리나라에 경험적 법사회학 연구가 충분히 쌓여 있지 않을 뿐더러, 질적 연구 방법론에 입각한 연구는 더더욱 희소하다고 하는 점에 기인한다. 그러한 한에서 본고는 사법판단에 관한 민속방법론적 탐구가 걸어야 할 긴 도정에 있어 하나의 출발점에 해당하는 의미를 가질 뿐이다. 발걸음을 막 뗀 이 길을 발전적으로 이어나가는 것은 우리 법사회학계가 같이 짊어지고 나아가야 할 과제라고 하지 않을 수 없을 것이다. 본 연구가 민속방법론에 입각한 그와 같은 연구도정에 있어 하나의 조그만 디딤돌로 기록될 수 있기를 기원해 보며, 이만 짧은 글을 마무리 짓고자 한다.

제8장

사회과학의 실증적 조사와 법적 판단

양현아*

Ⅰ. 서 론

흔히 법학과 사회과학을 구분함에 있어서 전자는 규범에 관한 연구라면 후자는 사회 실재에 관한 연구라고 이해한다.[1] 법학이 있어야 할 질서를 추구하는 규범적 판단을 주로 하는 분야라면 사회과학은 정치, 경제, 사회, 문화의 모든 영역에 있어서 실재하는 현상에 관한 연구 분야라는 것이다. 그리하여 법적 판단이 노동, 자본, 거래, 가족, 인간관계 등 사회과학과 마찬가지의 대상을 다룬다고 할지라도 사회과학과는 다른 지적 계보를 가지며, 그 목표와 방법도 같지 않다. 하지만 법사회학 내지 법과 사회의 관점에서 보면 두 분야가 그렇게 다르고 분리되어 있는 것만은 아니다.[2]

---

* 서울대학교 법학전문대학원 교수.

1_ 양건, 『법사회학』, 아르케, 2001, 특히 15-28면.

2_ 법학과 사회과학의 관계에 관해서는 예컨대 Edward Rubin, "Law and and Methodology of Law," *Wisconsin Law Review*, 1997, pp.521-565; 이철우, "사회과학으로서의 법학인가, 법에 대한 사회과학적 분석인가," 『법철학연구』 제9권 1호, 2006을 참고할 수 있다.

법사회(과)학의 연구대상은 사회적 실재로서의 법 혹은 사회현상으로서의 법현상을 다룬다는 점에서, 법해석학과 구별된다.[3] 법에 관한 사회과학적 연구라고 정의되는 법사회(과)학적 견지에서 본다면 입법, 사법, 행정작용 그리고 제도적이고 일상생활의 차원에서 법 적용의 결과 및 효과의 분석에 사회과학적 연구방법이 적용될 수 있다. 법적 판결에서 다루는 사실의 확정, 불법행위나 범죄와 같은 행위양태, 나아가 법률이 기초한 사회적 가치들은 모두 사회과학적 연구대상과 중첩이 되기에 법적 판결에 사회과학이 활용되고 개입할 여지는 산재해 있으며, 오늘도 그 발굴을 기다리고 있다.[4] 법학에 대한 사회과학의 활용뿐만 아니라 법현상을 통해 사회에 대한 이해를 심화시킬 수 있다는 점에서 법현상은 사회연구를 위한 탁월한 자원이 될 수 있다는 점에서 법과 사회과학은 선순환적으로 상호작용할 여지가 많다.[5]

다른 한편, 사회과학은 법학에서 흔히 규정하듯이 실제를 다루는 경험과학이기만 한 것이 아니라 그 안에 다양한 가치론을 담고 있는 분야라고 보인다. 사회과학은 법학과는 다른 의미의 또 다른 규범학문이라고 할 수 있다. 예컨대 마르크시즘의 법에 대한 이해는 계급론과 사회변혁론, 이데올로기론과 부르주아 국가론 등은 전혀 현실에 대한 중립적 기술에 머물러 있지 않다. 마르크시즘뿐 아니라 비판이론, 기능주의 이론, 구조주의 이론과 포스트구조주의 이론 등은 모

3_ 양건, 『법사회학』, 아르케, 2002, 24-25면. 계속해서 양건교수는 법해석학은 논리적 연역과 가치판단을 결합한 추론의 방법을 사용하지만, 법사회학은 경험적 방법을 주로 사용한다고 서술한다. 그런데 법사회학에 있어 경험적 방법이 중요하지만, 그렇다고 법해석학적 방법을 배제하는 것이 아니라고 말하는 것이 보다 적합하다고 생각한다.

4_ 법학에 있어 사회과학의 활동에 관한 국내연구로는 예컨대 崔大權, "法的決定과 社會科學: 課外禁止措置違憲決定을 중심으로, 『法學』, 제41권 제3호, 서울대학교 법학연구소, 2000; 한상희, "헌법재판에서의 사회과학적 변론—Brown사건과 생계보호기준사건의 비교를 중심으로," 法學, 제41권 제3호; 졸고, "사회과학적 사고와 법해석의 교감을 위해," 『법학』 제47권 3호, 서울대학교 법학연구소, 2006; 권민지 · 배정훈 · 장윤호 · 조선제 · 하보람, "헌법재판과 사회과학적 연구의 활용: 소수자 인권의 관점에서," 『공익과 인권』 제13호, 2013, 207-256면 등을 참고할 수 있다.

5_ 관련하여 이국운(1999)은 법사회과학의 역할을 개별적인 '문제해결 중심'의 접근과 사회 속의 법에 대한 '일반이론에의 요청'으로 구분하고 있다. 요컨대, 실천지향적인 법사회과학의 필요성을 인식하면서도 사회속의 법현상을 '통해서' 사회의 이론화를 지향하는 법사회과학의 지평을 지향하고 있다(이국운, "미국 법사회과학의 최근 동향—'법과 사회' 운동의 진로 설정에 관한 시사," 『법과 사회』 제16, 17호, 1999).

두 일정하게 사회를 바라보는 가치론을 내장하고 있다고 할 수 있다. 우리가 사회과학의 이론이라고 부르는 사상 체계는 때론 많고 때론 적게 일정한 이념적 사유를 가지고 있다. 사회과학의 이론적 사유로 법현상을 조명한다면, 그것은 법을 통한 사회에 대한 해석이자 이해가 될 것이다. 이 같은 특성을 생각할 때, 사회(과)학을 가치중립적 경험과학이라고 하는 것은 그것을 너무 좁게 이해하는 것이라고 보인다.

이 글에서는 사회과학의 무기라고도 할 수 있는 실증적 조사가 법적 판단에서 가지는 의미의 일단을 논의하고자 한다. 사회과학을 과학이게끔 하는 것이 '실증성(positivity)'라는 언명에서도 나타나듯이 실증적 경험주의 연구 없는 사회과학은 생각하기 어렵다. 법적 판단에서도 정확한 증거 확보는 판단 절차의 첫 단추이자 그 기반이 될 것이다. 물론 앞서 언급하였듯이 실증적 조사연구를 사회과학의 '대표선수'로 취급하여 실용적인 목적에서 사회과학을 이해하는 것은 부분적인 이해이지만, 사회과학의 실증적 조사연구를 통로로 삼아 '법과 사회'의 대화를 할 수 있다면 바람직한 일이라고 생각한다. 실증주의 조사연구는 법연구와 법원에서 1차적으로 필요로 하는 사실 확정 내지 증거와 관련되기에 이는 법학에서 가장 먼저 그리고 널리 수용할 수 있는 사회과학의 장점이 아닐까 한다.

이 글에서는 주로 미국과 한국의 법원에서 다루어졌던 젠더(gender)관련[6] 사건들에 적용되었던 실증주의 조사 및 그것을 다루는 태도에 대해 살펴보고자 한다. 노동현장에서의 성차별에 관련된 사안으로 주로 진정직업자격(BFOQ) 및 성희롱 여부를 다투었던 사건을 중심으로 논의하고자 한다. 흔히 젠더평등의 실현은 사회에 편만해 있는 남성중심주의를 문제시하고 넘어서야만 한다고 본다는 점에서 관련 법적 판단에서 중립적 법적 판단보다는 당파적 시각을 요청한다고

6_ 주지하다시피, 젠더란 사회적으로 구성된 성별을 뜻하며, 생물학적 성인 섹스(sex) 그리고 성적인 욕망을 유발하는 개인적이고 사회적인 성향을 뜻하는 섹슈얼리티(sexuality)와 구분된다. 젠더는 여성과 남성에 대해 사회가 부과하는 정체성, 역할 등을 포함하는 사회적 기대이자 행위코드이며 규범체계이자 권력구조이다. 그런데 이 글에서 다룰 1970년대, 1980년대 판례에서 보면 젠더와 섹스, 그리고 섹슈얼리티를 구분하지 않은 채 'sexual'이라는 표현이 왕왕 등장하고 있다. 이 글에서는 문맥에 따라 성별성을 의미할 때는 '젠더(혹은 성별)'로, 섹슈얼리티를 의미할 때는 '성적'으로 번역하였고, 그 의미가 불분명하거나 혼성적일 때는 '성'이라는 표현을 사용했다.

일견 말할 수도 있을 것이다. 이 글에서는 젠더평등의 목적을 위해서도 실증적 조사방법이 유용성이 있다는 점을 살펴보려 한다. 그것은 성차별 사건에서 실증적 연구가 가지는 의의에 대해 조명할 뿐 아니라 실증적 조사가 당파적이라 여겨지는 여성과 소수자 관련 사건에서조차 유용하다면 여타의 법적 분쟁에서도 의의를 가진다는 것을 역설적으로 말해 주리라 보기 때문이다. 또한 젠더문제는 법적 판단에서 실증적 연구가 가지는 한계에 대해서도 성찰하기에 좋은 주제라고 보인다.[7]

II. 방법론적 배경

판례 분석에 들어가기 전, 본 장에서는 사회과학의 실증적 조사연구와 법적 판결의 관련성을 실증주의, 사회학적 법학, 여성주의 법학 등의 접점들을 통해 먼저 논의해 본다.

1. 실증주의, 사회학적 법학

실증주의(positivism)는 인간세계 및 사회세계의 연구가 자연세계의 연구와 마찬가지의 원칙으로 조직되어야 한다는 입장을 가진 사조(思潮)이다. 오늘날 과학으로서의 '사회과학'의 정립의 밑거름인 실증주의 정신의 뿌리는 흔히 18세기 계몽주의의 산물이다. Positivism이란 용어 자체가 프랑스 사회학자 꽁뜨(August Comte, 1798-1857)에 의해 주조(鑄造)되었다. 20세기에 들어와서 비엔나 학파라고 하는 철학, 과학, 수학자 그룹에서 실증주의에 대한 관심이 고조되었는데, 이들의 목표는 "과학과 경험주의(empiricism)의 통일"이라고 할 수 있다. 이들은 과학이란 도덕적으로 중립적인 것이라고 믿었으며, 이는 경험에 기초한 지식을 요청

7_ 이 글에서는 실증주의 방법에 국한하여 논의하지만, 사회학적 법학자의 방법이 실증주의 방법에 국한하지 않음은 물론이다. 사회학적 법학자는 실증주의 방법 이외에도 미시사회학적인 행위의 의미해석, 담론분석, 나아가 특정한 사회이론을 활용하는 이론적 접근도 할 수 있을 것이다.

하는 것으로 받아들였다. 과학은 자연과 사회세계에 관한 경험적 명제(empirical statement)로 구성되어 있고, 경험적 명제 간에는 논리적 가설이 존재한다는 생각이다. 이렇게 실증주의는 경험주의를 끌어안았고, 이후 사회과학의 조사연구의 신조가 되었지만 경험주의 자체라고 할 수는 없다.

오히려 실증주의의 핵심은 추론하는 데 만족하지 않고, 끊임없이 '사실'에 접근하고자 하는 정신, 그래서 기존의 기대 혹은 가설을 의심하고 파기하는 원리에 있는 것이 아닌가 한다. 칼 포퍼(Karl Popper, 1902-1993)가 사유했듯이 인간의 지식이란 언제나 잠정적이고 가설인 성격을 가지고 있고 과학적 이론은 그 함의에 비추어 오로지 간접적으로만 '틀렸음'을 테스트할 수 있다. 과학적 이론은 '틀렸다'가 아니라 틀렸음을 '보여 줄 수 있다'는 것이다. 이렇게 과학적 사유란 시행착오를 통해 앞으로 나아간다. 이런 견지에서 보면, 과학적 사실들이란 항상적 진실일 수 없으며, 늘 경험적 테스트의 대상이 된다.[8]

하지만 이런 실증주의 철학은 다양한 각도에서 비판받게 되는데, 예컨대 헤겔주의-마르크시스트들은 과학적 지식이란 가치중립적일 수 없고, 오히려 사회의 특정 부문의 이해관심에 복무하는 것이라는 주장을 폈다. 무엇보다도, 자연세계와 달리 인간행위가 가지는 의미(meaning) 문제에서 한계를 노정하였고, 사회과학의 과학성과 관련하여 현상학, 비판이론가 등과 긴 논쟁의 역사를 가지고 있다. 그 한계에도 불구하고, 실증주의가 사회과학의 '과학됨'에 미친 영향은 부정하기 어렵다. 과학적으로 지향된 조사연구의 태도는 인간행위의 의미문제를 배제하는 것이 아니라 의미조차 합리적으로 다룰 수 있는 다양한 양적(quantitative), 질적(qualitative) 방법론의 계발을 이끌어 왔다. 사실을 규명하려는 태도, '틀릴 수 있음'의 가정은 사회과학자 모두에게 널리 공유되어 왔고 이런 정신은 법률을 제정하고 해석하는 법학자들에게도 널리 공유될 수 있을 것이다. 정확하고 객관적인 사실 판단이 법적 사건에서 가지는 중요성은 아무리 강조해도 지나침이 없을 것이다.

다른 한편, 법학과 사회과학의 실증주의 간의 친화력은 법학 내에서는 미국에서의 법현실주의(legal realism) 및 사회학적 법학(sociological jurisprudence)[9]에

8_ 전반적으로 포퍼에 대해서는, 브라이언 메기(Bryan Magee), 이명현 역, 『칼 포퍼』, 문학과 지성사, 1982.

서 찾을 수 있다. 법현실주의는 미국에서 주로 1920-30년대에 발흥한 조류로서, 새로운 사회학적 법학교육방법론이자 법정에서 활용될 수 있는 법이론이자 실용주의 법적 접근이라고 할 수 있다. 법현실주의의 대표적 인물로는 르웰린(K. Llewellyn)과 프랭크(J. Frank) 등을 들 수 있고, 이들의 법학이 전통적 법학과 구별되는 점은 여러 가지로 말해진다. 법현실주의자들은 어떤 판결을 삼단논법에 의한 연역적 귀결로 보는 것에 대해 반박하고, 법규는 법원이 특정한 사건에서 특정한 결론을 내도록 지침을 주지 못하며, 오히려 재판에 영향을 미치는 사회적 힘을 인식해야 한다고 말한다. 그리하여 법의 해석과 사실의 확정이 실제로 무엇에 의해 결정되는가를 탐구하여 과학적 결론을 내린다는 것이다.

법현실주의의 선구자라 할 수 있는 홈스(Holmes) 대법관은[10] 법학자들에게 사회현실에 대해 편향되지 않은 경험적 연구, 특히 사회학적 연구에 기댈 필요가 있다는 점을 강조하였다.[11] "시대에 따라 변화되어 온 지배적 이념의 궁극적 표현 형태야말로 법이므로 건전한 법학(sound jurisprudence)이 사회 이념이 무엇인지를 발견하고자 하는 것은 적합한 일"이라고 하였다. 그리고 "건전한 법의 첫 번째 요청은 그것이 실제의 감정과 커뮤니티의 요구에 상응해야 한다. 이러한 홈스 대법관의 입장은 "법의 생명은 논리가 아니라, 경험이다"라는 유명한 명제를 끌어낸다. 그리고 이때의 경험은 외부적 관찰 자료, 행위에 대한 자료뿐 아니라 사회 행위를 촉발하는 상징과 영적인 의미까지를 포함한다"고 하였다.[12]

이후 미국의 법현실주의는 실증주의와 행태주의에 강한 영향을 받는데, 본

9_ 사회학적 법학이라는 용어는 로스코 파운드(Roscoe Pound: 1870-1964)에 의해 처음 사용되었다. 사회학적 법학은 카르도조 대법관, 브랜다이스 대법관과 같은 법률가들에게도 깊은 영향을 남김으로써 미국 법원에서 사회과학의 방법론을 도입하는 데 크게 기여하였다.

10_ Oliver Wendell Holmes, Jr. (1841-1935). 홈스는 보스톤에서 변호사직을 수행하는 것으로 커리어를 시작하였고, 이후 하버드 대학 로스쿨에서 가르쳤다. 1881년에 출간된 저서 *Common Law*를 통해 국제적 평가를 받게 되었고, 곧이어 매사추세츠 주대법원 판사로 활동하였고 1902년에는 미연방대법원의 대법관으로 임명되었다. 그의 저술을 담은 *Collected Papers* (Harold Laski 편)가 1920년에 출간되었고, 이후 여러 저서를 남겼다.

11_ Georges Gurvich, *Sociology of Law* (New Brunswick: Transaction Publisher), 2001, pp.156-157.

12_ Oliver Holmes, "The Path of Law," *Harvard Law Review* 10, 1897, reprinted in *Cohen and Cohen's Reading in Jurisprudence and Legal Philosophy*, Philip Shuchman (ed.), (Boston: Little Brown Company), 1979.

고와 관련해 연관성이 높아 보이는 프랑크(Jerome Frank)와 블랙(Donald Black)을 통해 법현실주의를 일별해 본다. '사실 회의주의자'라고도 불린 프랑크는 사실심에서의 사실확정(fact finding)에 대해 문제시하였다.[13] 프랑크는 어떤 두 사람간의 거래에 관하여 '다툼이 발생했다면,' 법원의 판결은 이 거래가 어떠했을 것이라는 추측에 의존할 것이라고 한다. 그런데 이 추측이 '실제로 일어난 일'과 동일하다고 확신할 근거는 없다. 솔직한 판사와 대화해 보면, 판사는 공식적인 법정의견이 어떻게 서술되건 간에, 또 그가 왜 그런 결정을 내리게 되었는지를 설명하기도 전에, 자주 그 결정에 도달하곤 한다는 것을 쉽게 알 수 있다. 즉, 법 혹은 사실에 대한 명확한 진술에 대해 거의 혹은 전적으로 주의를 기울이지 않고도 판사들은 그들의 판단을 직관적으로 정할 수 있다는 것이다. 공개되는 판사들의 법정의견은 자주 사후적인 사실이며, 검열받는 해설이다. 프랑크는 사실심에서의 사실확정 과정이 재판에서의 아킬레스 건(腱)이라고 말하면서, 이 과정 속에 무수한 오류의 원천이 있다고 지적하였다.[14] 이와 같은 프랑크의 주장은 법원에서 사실확정을 위한 과학적 방법을 도입한다는 것의 중요성을 부각시키고 있다.

다른 한편 철저한 실증주의적 접근을 지향했던 도날드 블랙(Donald Black)의 '사회학적 법학'에 따르면,[15] 순수법사회학의 연구대상은 관찰 가능한 법적 행위이며 이는 마치 사물(a thing)과 같이 다루어져야 한다고 주장했다. 그는 법원(법률적 판단)에 법률외적 현상이 어떻게 어떤 양상으로 영향을 미치며 그것을 어떻게 다룰 것인가 등에 대해 연구하였다.[16] 블랙은 법을 양적 변수로서 다룰 수 있다고 하며, 법정에 존재하는 사회관계들을 변수 간 상호작용으로 분석하였다. 예컨대, 적대 관계(원고-피고) 효과를 살펴보면 피고 자체의 사회 계층이 말해 주는 것이 별반 없는 반면, 피고와 원고 간의 관계를 동시에 고려하면 사건이 어떻게 다루어질지

13_ Jerome Frank(1889-1957)는 시카고 대학에서 수학하였고, 법률가로 활동하다가 예일대 로스쿨에서 연구하게 된다. 그는 뉴딜 정책 하에서 여러 정부 직역을 맡았으며 1941년에는 미연방 항소법원 제2순회구의 판사로 임명되었다. 여기서는 주로 다음의 글을 참조함 ["What Courts Do in Fact?" *Illinois Law Review*, 26, 1932, Philip Shuchman(ed.), *Cohen and Cohen's Reading*(1979)에 재수록],

14_ 양건, 『법사회학』, 109면.

15_ Donald Black(1941-): 버지니아 대학의 사회과학 교수를 역임하고 이후 예일대와 하버드대학 로스쿨에서 법사회학을 가르쳤다.

16_ Donald Black, *Sociological Justice*, (New York: Oxford University Press), 1989.

에 관해 예측할 수 있다는 것이다.[17] 법은 사회계층 변수에 따라 직접적으로 영향을 받기 때문이다. 사회적으로 자신보다 높은 지위에 있는 사람에 대해 범행을 한 피고인은 자신보다 낮은 지위의 사람을 범한 피고인에 비해 훨씬 더 엄하게 다루어진다.[18] 후자의 경우가 가장 관대한 법의 처벌을 받는다.[19] 이렇게 블랙은 이른바 새로운 법의 모델을 만들고자 하였는데, 전통적 의미에서 법은 규칙에 관한 것이라면, 사회학적 모델에서 법은 '법적 사건의 사회구조'—누가 그 사건에 개입되었는지—에 관심을 가지게 하고, 이에 따라 그 사건이 어떻게 처리될 지가 설명된다. 규칙은 법의 언어를 제공하지만, 사건의 사회구조는 그 언어가 표현되게끔 하는 문법을 제공한다. 법학적 모델에서는 사건의 사회구조란 아무 적합성이 없고 모든 사건은 사회적 진공 상태 속에서처럼 분석되어 왔다고 지적한다.[20]

이러한 흐름 속에서 미국의 법원에서 실증적 조사연구가 법적 사건에 적용된 경우는 이미 상당히 축적되어 있다. 유명한 뮬러(Muller 대 Oregon)사건에서[21] 제출되었던 브렌다이스 변호사의 보고서(Brendeis Brief) 이후 미국 법원에서 사회과학적 증거와 증빙자료의 제출은 상당히 일반화되어 있는 듯하다. Brown 사건에서 흑인과 백인의 분리교육,[22] Bakke 사건에서와[23] 같이 대학 입학에서의 소수인종에 대한 적극적 조치와 같이 사회정책과 관련된 판결에서 사회과학적 연구결과가 중요하게 고려되었고 이 외에도 차별사건, 음란물, 상표법 등 다양한 판례에서 사회과학적 조사결과가 활용되었다.[24] 방법론에 대한 논의도 많아서

17_ Black, *Sociological Justice*, pp.9-13.

18_ 미국에서 흑인이 백인을 살해했을 때 받은 극형(Capital punishment)은 흑인이 흑인을 살해했을 때보다 15배가량(오하이오 주), 30배(조지아 주), 40배(플로리다 주)가량 받았다. 배심원들의 판단도 유사한 패턴을 보여 준다.

19_ 오하이오에서는 연구 5년 기간 동안 흑인을 살해한 47명의 백인 중 극형을 받은 백인은 1명도 없었고, 조지아 주에서는 71명 중 2명, 플로리다 주에서는 80명 중 없었고, 텍사스 주에서는 143명 중 1명이었다.

20_ Black, *Sociological Justice*, pp.19-22.

21_ 208 U.S. 412. 1908

22_ Brown v. Board of Education, 347 U.S. 483(1954)

23_ Regents of the University of California v. Bakke, 438 U.S. 265 (1978)

24_ 사회과학적 조사가 사용된 판례를 보기 위해서는 다음을 참고할 수 있다. John Monahan & Laurens Walker, *An Introduction of Social Science in Law*, New York: Foundation Press, 2006; Deborah Johns Merritt, "The Future of Bakke: Will Social Science Matter?"

앞서의 뮬러 재판에서와 같이 사회복지입법의 합헌성을 밝히는 데 도움이 된 연구조사를 사용하였던 것처럼 법원이 법이나 정책에 대한 포괄적이고 일반적인 문제에 대해 결정하는 데 유용한 사실을 가리키는 '입법적 사실(legislative fact)'이 있고, 특정 신호등이 빨간색인지 초록색인지를 구별하는 것처럼 당해 소송에만 적용되는 이해관계의 문제를 결정하는 데 쓰이는 사실을 '사법적 사실(adjudicative facts)'로 구분한 바 있다.[25] 즉 해당 사건의 '사실'에 관한 사회과학적 조사결과를 채택하는 경우도 있지만, 해당 사건과 관련된 사회적 통계나 경향 등에 대한 사회과학적 사실도 있을 수 있다. 또한 해당 사건의 맥락이 되는 사실에 관한 조사도 가능하다. 이와 같이 법원에서 다루는 사회과학적 '사실'에는 여러 차원이 있고 이는 증거법의 측면에서도 여러 논쟁을 불러일으켜 왔다. 모나한(Monahan)과 워커(Walker)는 사회과학 조사에 대하여 빈번하게 제기되는 문제, 즉 사회과학적 조사나 전문가 의견이라도 다양할 수 있고 때로는 상반되는 연구결과가 있을 때 어떻게 할 것인가의 문제에 대하여 법률가는 '사회적 권위'라는 기준에서 사회과학적 조가결과를 평가할 것을 제안한다.[26] 법률가들은 "관련 연구가 그 학계에서 얼마나 권위 있는 연구로 언급되고 있는지, 다른 연구들과 불일치하지는 않는지, 활용정도는 어떠한지" 등을 살펴보아 채택 여부를 결정할 수 있다고 한다. 이 글에서 볼 것처럼 사회과학적 연구 결과를 투명한 사실의 발견이라고 보기 어렵거니와, 법원은 여전히 헌법과 법률에 기초하여 사회과학적 사실에 관해 규범적 판단을 내려야 할 임무를 안고 있다. 이 점에서도 법률가들이 사회과학적 조사를 해석하고 의미부여할 수 있는 능력이 요청된다고 하겠다.

2. 여성주의 법학과 입장성(positionality)

실증주의 사회과학에 대한 비판 중 하나가 밝혀진 사실이 과연 누구에게나 동일한 '객관적 사실인가'라는 질문이 끊임없이 제기되어 왔다. 사회현실이란 사

Ohio State Law Journal, 59, 1998, pp.1055-1067.

25_ Kenneth Culp Davis, "An Approach to Problems of Evidence in the Administrative Process," *55 Harvard L. Rev. 364-402* (1942).

26_ John Monahan & Laurens Walker, "Judicial Use of Social Science Research," *Law and Human Behavior*, 15, 1991, pp.571-584.

실로 구성된 투명한 실재라기보다는 인간의 의미와 가치들로 구성된 세계라는 점에서 사회적 의미망 속에서만 인간들은 사실을 인식할 수 있기 때문이다. 게다가 사회는 계급, 성별, 인종 등과 같이 차이를 가진 집단으로 구조화되어 있다. 이에 따라, 하나의 진실도 보는 입장에 따라 달리 해석될 수 있고, 더 나아가 사실의 수집 자체가 통념 등에 입각한 행위일 수 있다는 문제점이 제기되었다. 중립적 사실성을 추구하는 사실판단의 한계는 법학에서도 왕왕 나타난다. 예컨대, 성폭력과 같이 주로 남성에 의한 여성에 대한 폭력 행위에 대해 여성과 남성의 시각이 체계적으로 다른 소지가 많다. 젠더에 따라 성에 대한 사회화가 같지 않으며, 성행위가 갖는 의미도 성별에 따라 같지 않기 때문이다. 젠더에 따라 상이한 성규범이 존재한다고 할 때, 성폭력의 사실을 '누구의 관점으로 볼 것인가'는 매우 민감하고도 중요한 문제가 된다. 성폭력 및 성희롱 사건 등에서 피해자가 처한 '입장'을 고려해야 한다면, 이때의 방법론적 정당화는 어떻게 할 것인가.[27] 그런데 관점과 입장의 차이 문제를 고려한다는 것은 사법적 판단이 추구하는 '불편부당성'과 어떻게 맞물린 것인지 고민이 되는 지점이다.

여성주의 법학(feminist jurisprudence)은 비판법학의 한 흐름으로서 기존의 법적 판단에서 사실을 확정하고 해석하는 데 채용되기 쉬운 가치관을 문제시해 왔다. 특히 젠더 관념은 학교와 같은 공식 교육보다는 가족이나 이웃, 방송과 같은 '자연스런' 문화 속에서 학습되고 성, 사랑, 가족 등을 매개로 계승되는 관행적 성격을 가진다. 법적으로 제기된 어떤 사건이 기성의 성역할, 여성성, 성도덕 등에 관한 여성에 대한 차별적 관행과 인식을 포함하고 있다면, 사회적으로 '당연시된' 시각으로 그 사안의 차별을 제대로 판단하기는 어렵다는 역설에 처할 것이다. 남녀 간 권력관계를 사회적 권력이 아니라 자연스러운 현상으로 받아들인다면, 양성 간 불평등 역시 합리성을 가진 것으로 판단하기 쉬울 것이다. 이런 견지에서, 여성주의 법학은 관련사실과 법을 해석하는 데 녹아들기 쉬운 '상식적 관념'을 의문시하고 여성의 입장에서 새로운 전망을 구성하려고 한다. 특히 젠더관계의 다기한 문제를 깊이 고민할 기회를 별로 가지기 어려운 대다수 남성 법률가

27_ 예컨대, 우리 법에 마련된 성폭력 피해자의 수사 및 재판과정에서의 피해자권리의 보호조항들은 이들 사건의 사실확정 절차에서 피해자의 '입장'이 고려되어야 할 필요성에 입각한 조치라고 할 수 있다.

들의 입장에서 법적 판단을 내림에 있어서 관성적인 인식에 대해 어떻게 개입할 것인가의 문제를 고민할 필요가 있다. 이런 목적을 위해서 법원은 성별에 관한 통념(stereotype)을 파기할 수 있는 방법을 구성할 필요가 있다.

이러한 점에서 볼 때, 여성주의 법학에서 말하는 입장성이란 실증주의적 방법과는 거리가 있다는 것을 알 수 있다. 여성주의 법학이야말로 '편견 없는 사실'의 존재를 의심하고 이해관계 없는 '제3자적' 관찰자 입장의 법률가의 존재에 의문을 제기하는 분야라고 할 수 있기 때문이다. 대신, 그동안 숨겨진 여성의 경험, 혹은 입장 혹은 목소리를 드러낼 수 있는 방법론에 몰두했던 것으로 보인다. 이를 위해 바틀렛(K. Bartlett)[28]과 웨스트(R. West)[29]의 방법론에 관해 간단히 살펴본다. 이를 통해 이런 여성주의 법학이 실증주의 방법과 어떻게 만나고 헤어지는지를 성찰해 보려 한다.

바틀렛은 여성의 법학의 추론방법을 여성 문제를 묻기(공론화하기), 여성주의 실용적 추론(feminist practical reasoning), 의식고양으로 들고 있다.[30] 여기서 여성문제를 묻기란 많은 경우 묻혀져 있는 여성문제를 드러내고 제기한다는 것이고, 실질적 추론이라 함은 "'배제된 자의 관점을 찾아내고 설명하는 데 초점을 둔다"는 것을 뜻한다. 이로써, 여성주의자의 실용적 추론은 '이성적/합리적'이라고 부를 수 있는 하나의 추론이 아니라 여럿임을 강조한다. 바틀렛은 법적 판단(무엇이 옳은가)의 방법을 (i) 합리적/경험적 방법, (ii) 전망적 인식론(standpoint epistemology), (iii) 포스트모더니즘, (iv) 위치성(positionality)으로 들고 있다.[31] 바틀렛이 최종적으로 강조하는 위치성 개념을 살펴본다. 위치성이란, 전망적 인식론과 마찬가지로 경험에 근거한 지식의 개념을 지지하며, 이는 기존의 '보편성' 개념과 대비되는 진실의 정당화 근거라고 할 수 있다.[32] 예컨대 여성은 배제의

28_ Dujke University, School of Law 교수 & 前 학장.

29_ Georgetown University, School of Law 교수.

30_ Katharine T. Bartlett, "Feminist Legal Methods," *Feminist Legal Theory—Readings in Law and Gender* (Boulder: Westview Press), 1991, pp.370-403.

31_ 하지만 바틀렛 교수의 이러한 분류에서 전망적 인식론, 포스트모더니즘, 위치성이 실질적으로 어떤 차이를 가지는지는 의문스럽다. 위치성의 방법은 이미 포스트모더니즘과 전망적 인식론을 함축하고 있다고 평가한다.

32_ 이때 위치성이란 '해당 사건에 있어서 여성의 위치'의 성격을 말하며 그 위치를 동심원적으로 넓혀 본다면, 비슷한 처지에 놓인 여성 집단으로 확장될 수 있다. 여성주의 연구에서 위

경험을 통해 배제라는 것이 무엇인지를 알게 되고 상황 변화의 필요성을 느끼게 된다. 배제라는 것의 미묘한 측면, 객관성에 의한 은폐, 고통에 대해 알게 되고 그것을 '드러낼 수' 있는 언어와 논리를 필요로 하게 된다. 이 점에서 위치성이란 진리가 상황적이고 부분적이라는 인식을 바탕에 깔고 있다고 보인다. 그래서 서로 다른 관점들을 찾아내고 조사할 것을 요구한다. 하지만 위치성의 방법은 경쟁적 관계에 있는 모든 이해들을 화해시키려고 하는 것이 아니라 오히려 현재의 진실과 가치들에 근거해 일정한 구속(commitment)을 만들어 내고 아직 드러나지 않은 관점에 대해서도 개방적 태도를 취한다고 한다. 방법론으로서의 위치성 개념은 진실의 '상대주의' 문제를 쉽사리 불러일으킬 것이지만, 필자가 보기에 위치성은 오히려 이제까지 숨겨져 있던 보편성에 대한 비판 방법으로 활용될 수 있다. 여성주의 과학 방법론에 관한 연구자인 하딩(Harding)의 논설처럼, 주로 지배를 받아 온 여성이 연구자와 연구대상이 동시에 될 때 오히려 그간에 왜곡된 '객관성'을 바로잡을 수 있는 가능성이 열린다.[33] 즉, 여성의 위치에서 밝히는 진실은 진리의 상대주의 혹은 주관주의가 아니라 기존의 객관성과는 다른 객관성을 추구한다고 말할 수 있다. 한편, 웨스트는 여성의 위치성의 '내용'을 채워 갈 것을 강조하고 있다고 보인다. 웨스트는 현상학적 법여성학을 주창하면서, 남성과 여성의 고통의 차이에 관심을 기울인다.[34] 데이트 강간, 성적 괴롭힘은 하나의 공통 현실이 성별에 따라 다르게 경험된다는 것을 나타내는 좋은 사례가 된다. 그럼에도 여성이 겪는 상해(injuries)는 법문화에서 자주 인식되지 않거나 손해배상이 잘 이루어지지 않는다. 웨스트는 여성의 고통이 이런저런 이유로 법적 조치의 범위의 바깥에 놓이게 되는 것을 다음과 같이 예시한다. 여성들에게만 고유한, 특히 젠더체계에서 파생되는 고통은 사소한 것이거나(거리에서의 성적 괴롭힘), 동

치성이라는 개념의 연원은 다음을 참조할 수 있다[Adrienne Rich, "Blood, Bread, and Poetry: The Location of the Poet," in *Blood, Bread, and Poetry: Selected Prose, 1979-1985* (New York: W.W.Norton), 1986].

33_ Sandra Harding, *The Science Question in Feminism* (Ithaca: Cornell University Press), 1986, 특히 155-157.

34_ Robin West, "The Difference in Women's Hedonic Lives: A Phenomenological Critique of Feminist Legal Theory (여성의 쾌락적 삶에 있어서의 차이: 페미니즘 법이론에 대한 현상학적 비판," *Wisconsin Women's Law Journal* 3, 1987, 박가현, 권진아, 양현아 번역, 『젠더법학』 제12호, 2015, 157-200면.

의에 기반한 것이거나(직장에서의 성적 괴롭힘), 재밌는 것이거나(폭력적이지 않은 아내강간), 무의식적으로 원하거나 자신이 유도한 것(父女 근친상간), 자연스럽고 생물학적이고 따라서 자신이 불가피한 것이거나(출산), 그렇게 당해 마땅하거나 사적인 일이며(가정폭력, 가족 내 불평등, 성별분업), 여성들이 너무 민감하거나 허구적인 것(포르노그래피)으로 간주된다는 것이다.[35]

그런데 여성의 고통에 대한 법의 무지와 무관심은 "여성이 느끼는 고통이 잘 이해되지 않고 있기 때문"이라는 웨스트의 지적은 매우 중요하다. 여성의 고통이 남성의 그것과 다를 뿐 아니라, 그 고통이 남성들과의 관계에 기인할 경우 남성들은 그 고통을 공감하려 하지 않을 것이 분명하다. 웨스트는 "성이 법문화의 협력을 끌어내기 위해서는 여성에게 특정한 고통의 느낌을 서술하는 것"이 매우 중요하다고 강조한다. 소수자의 고통은 가해자뿐 아니라 피해자에게도 대체로 그 이름, 역사, 언어적 현실을 가지지 못한다. 그래서 피해자 스스로도 그 고통을 응분의 벌을 받는 것이 아니라 '자랑스러운 것(남성의 관심)', 무의식적 쾌락 등 "무언가 다른 것"으로 변형시켜서 사고하는 경향이 있다. 어떤 상해가 사소한 것이라고 여겨진다면 그러한 위협 또는 상해에 대한 피해자의 반응 역시 변화하게 되며, 과거의 고통이 자신이 무의식적으로 유도한 것이라고 한다면, 그러한 해석에 맞게 과거 체험은 재구성된다. 이렇게 웨스트는 여성의 고통에 대해 '외부적인' 해석이 여성의 자기 인식을 구성하는 과정에 주목하면서 어떻게 고통의 경험이 주체성(subjectivity)의 구성으로 나아가는지를 조명한다. 웨스트는 여기서 여성들은 상처받는 자아를 존중하고 스스로에게 '목소리'를 주어야 한다고 주장한다. 필자가 보기에 웨스트 방법론의 핵심은 여성의 체험을 비판하고 평가하기에 앞서 그것을 '기록하는 작업'에 있다고 보인다. 그런데 여성의 목소리 찾기를 여성 스스로의 언어 찾기 노력으로 이해한다면 그것은 너무 소박하다. 오히려 앞서의 바틀렛의 방법론에서 강조되는 여성의 '입장성'과 웨스트의 여성의 주관적 체험 기록이 서로 결합될 때 보다 흥미로운 결과를 낳을 수 있을 것이다. 여성의 목소리를 기록하되, 여성의 위치성에 관한 사회구조적 전망에 입각한 연구와 결합되어야 한다. 즉 목소리의 기록이란 단지 있는 그대로의 생생한 목소리를 밝히는 데 있는 것이

35_ West, 상게논문, p.123.

아니라 이미 있는 목소리에 '의미를 부여하는' 차원의 것이 되어야 한다.

여성주의 법학이 그동안 묻혀져 있는 여성들의 체험, 주체성, 고통에 의미를 드러내어 풍부한 자료를 생산하는 것은 말할 나위도 없이 중요할 것이다. 하지만, 여기서 나아가 그 목소리가 사법부에 들릴 수 있는 방식으로 '의미가 통하도록(make sense)' 과학적 방법을 제시하고 논변을 구성하라는 요청 또한 매우 중요하다고 생각한다.

이상과 같이 볼 때, 이 글에서 다루는 사회과학의 실증적 조사방법은 여성주의 방법론의 스펙트럼에서 볼 때 어쩌면 '가장 낮은 수준의 객관성'을 달성할 수 있는 방법론이라고 말할 수 있겠다. 마찬가지로, 젠더관련 사건이 아닌 여타의 사건에서도 실증적 조사의 객관성을 훨씬 넘어서는 의미와 규범, 가치관의 문제를 직면하고 있으리라 예상되기에 여성주의 법학은 사회과학의 가치문제에 관한 하나의 시험대가 될 수 있을 것이다. 이상의 논의에 입각해서 사회과학의 실증적 조사에 대하여 가질 수 있는 법학의 태도를 세 종류로 분류해 보면 위 〈표 1〉과 같다.

〈표 1〉 실증적 조사에 대한 법학의 태도 분류

분 류	사실조사에 대한 태도	법률가에게 적용	방법론
법실증주의[36]	사실조사에서 입장과 편향성을 최대한 배제함	외적 여론이나 정치적 영향이 없는 것처럼 판단 내리고자 함	엄격한 법률주의
사회과학적 법학	사실조사 및 법적 판단에서 사회적 영향력을 인정함	많은 법적 사건에서 경험적 조사를 더욱 활성화하고, 가치연관성 문제도 함께 다루고자 함	사회과학적 조사에 우호적
여성주의 법학	사실조사 및 법적 판단에 서 입장에 따른 해석 차이를 심각하게 다룸	사실조사 및 법적 해석에서 배제되어 온 소수자의 관점을 도입하고자 함	경험주의적 조사와 함께 입장성에 대한 인식론적 탐구 병행; 소수자의 입장을 합리화할 논리 모색

Ⅲ. 판례에서 본 실증주의 조사의 의의

1. 성별 고정관념(stereotype)이 파기된 경우

이제 노동 관련 판례를 통하여 실증주의적 조사가 법적 판단에 미친 영향에 관해 살펴보기로 한다. 주로 미국의 판례들, 그것도 젠더와 관련해서 진정직업자격을[37] 다루었던 사건들을 중심으로 살펴볼 것이다.[38] 이 절에서는 해당 판결에 있어서 사실을 확정하고 사안을 판단하는 데 실증적 조사가 어떤 영향을 주었는가에 초점을 맞추게 될 것이다. 아래 판례들은 실증적 조사를 통해 기존의 법령, 정책 등의 전제가 사실에 반한다는 것을 입증할 수 있었던 경우이다. 즉, 적절한 조사를 실시하고 그 결과의 해석을 통해서 젠더에 따른 고정관념을 드러낼 수 있었다.[39]

36_ 법실증주의(legal positivism)는 본고가 다루는 실증주의 방법론과는 별도의 조류이며 본고의 연구범위를 넘어선다. 이 글에서는 엄격한 법률주의를 추구하고 법 적용에 있어서 사회적 영향으로부터 독립적일 것을 추구하는 사회과학적 법학자를 법실증주의자와 대비시키기 위하여 본 항목을 만들었다.

37_ 진정직업자격(BFOQ: Bona fide Occupational Qualification)이란 고용주에 의해 특정 젠더, 종교, 출신국(national origin)이 어떤 직무를 수행하는 데 실질적 자격이 된다는 것이 입증된 경우의 직무수행자격을 의미하고, 입증책임은 고용주가 진다. 진정직업자격으로 인정되면, 특정 젠더, 종교 또는 출신국의 사람에게 특정 직무가 제한되는 것이 차별의 예외 사유가 되기에 법원은 진정직업자격을 최대한 좁고 신중하게 적용한다.

38_ 이 절에 인용된 판례를 선별하는 데 다음을 참고: 오정진, 여성노동현안에 관한 국내외 판례의 동향과 과제, 한국여성개발원, 2003 연구보고서; Katharine Bartlett, Angela Harris & Debora Rhode, *Gender and Law—Theory, Doctrine, Commentary*, (New York: Aspen Law & Business), 2002.

39_ 고정관념(stereo type)은 단지 비과학적인 통념이 아니라 많은 경우에 그것이 현실에 '부합하는' 것으로 보인다는 점에 강력한 효과를 남긴다. 오랜 시간동안 형성된 성별에 대한 고정관념은 매우 끈질긴 성격을 가지면 '자기 충족적 예언(self-fulfilling prophecy)'의 효과를 남긴다. 여성에 대한 고정관념과 다른 특성을 가진 여성들을 숱하게 경험한다고 해도 그것으로 인해 고정관념이 잘 파기되지 않으며, 성별 고정관념은 계속 '여성 일반'에 관한 인식틀로 기능한다는 것이다. 스테레오 타입과 양성 평등기준의 관련성에 관해서는 다음을 참고할 수 있다(Bartlett, Harris & Rhode, *Gender and Law*, pp.117-264).

(1) Weeks v. Southern Bell Telephone and Telegraph (1969)[40]

1960년대 말, AT&T사는 미국 최대 규모의 사기업 전화통신사로 종업원 수만 무려 80만여 명이었고, 50%가 여성이었다. 40만여 명의 여성을 고용하면서도 성차별적인 고용관행에 관심을 두지 않았던 기업은 여성노동자로부터 도전받기 시작했다. 윅스(Lorena Weeks)는 1948년에 입사해서 교환원으로 일을 하다가 38세에 고임 직종인 스위치맨(switch man)으로 전환하겠다고 지원을 했으나 기업으로부터 거절당했다. 스위치맨 직종은 숙련직종으로 윅스는 교환원으로 일해오면서 그 일을 보아 왔고 친숙해 있었다. 하지만 윅스의 서류는 검토되지 않은 상태로 되돌아왔다. 여성이기 때문에 그 일을 할 수 없다는 이유에서였다. 그 자리는 남성 지원자에게 돌아갔고 그 남성의 경력(seniority)은 윅스보다 적었다. 윅스는 고용상 성차별이 있었다는 것을 이유로 조지아 주의 지방법원에 제소했으나 1967년에 원고 패소 판결을 받았다. 당시에 조지아 주의 주법에서는 여성노동자를 보호한다는 이유로 30파운드 이상의 무게가 나가는 장비를 들어야 하는 직종에 여성이 취업하지 못하도록 금했다. 기업은 윅스의 요구를 받아들일 경우, 주법에서 정해진 여성보호조항을 위반하게 된다고 주장했다. 윅스 측에서는 해당 보호조항이 민권법 제7편에 위배한다고 반박했다. 그러나 기업 측에서는 민권법 제7편의 성 조항이 진정직업자격(BFOQ)에 해당하며 여성이 남성과 다르기 때문에 위헌이 아니라고 맞섰다.

윅스는 세 아이를 홀로 키우며 가족의 생계를 책임져 왔다. 자녀가 성장하면서 전화교환직의 임금으로는 생활을 꾸려 나가기 어려워서 고임 직종을 찾았으나 고임의 직종은 모두 남성들이 일해 온 직종이었다. 윅스는 전형적인 가족과는 다른 한 부모 가족의 가장이었는데 주법의 여성보호 조항이 한 부모 가족의 실제 삶과는 전혀 맞지 않는 허구적인 것이며, 기업 측의 항변은 여성을 고임 직종에 고용하지 않으려는 술책이라고 윅스 측은 반박했다. **여성이 나약한 존재라는 이미지를 전달하는 주의 보호입법은[41] 현실을 전혀 반영하지 않았다. 윅스는 전화교**

40_ 408 F.2d. 228 (5th Cir. 1969).

41_ 미국에서 여성노동에 관한 보호입법의 논거를 정립한 선도적 판례는 Muller v. Oregon (208 U.S. 412. 1908) 판결을 들 수 있다. 이 사건에서 오리건 주정부를 대리한 브랜다이스(Brandeis) 변호사는 장시간의 근로가 여성 건강에 미치는 효과에 관한 실증주의적 규명방

환직의 일을 하면서 3교대 직무를 하도록 되어 있었고 야간근로를 이미 하고 있었다. 또한 아이 셋을 키우면서 30파운드 이상의 무게가 나가는 것을 들어 올리는 일을 수차례 해 왔다. 30파운드는 2살 된 아이의 몸무게보다 가벼운 것이었다.[42]

윅스를 1심에서 패소하게 했던 법적 근거는 주로 민권법 제7편의 진정직업자격조항이었다. 당시의 고용기회평등위원회(EEOC)의 위원들은 민권법 제7편에 성 평등 조항이 포함된 것을 못마땅하게 여겼고 주법에서 정한 여성 보호규정을 지지하는 편이었다. 성별 직무분리는 여성의 생물학적 특징과 성차이의 결과로 받아들여졌고 진정직업자격에 해당되는 사항이라고 여겨졌다. 하지만 이 사건에서 여성의 완력에 대한 실증적 자료를 통해 이른바 보호입법이 가진 허구적 전제가 드러났다. 보호의 대상이라는 나약한 여성노동자에 대한 '구성된 사실'은 더 이상 지탱되기 어려운 것이 되었다. 이 외에 여성단체의 고용평등 지원활동이 활발해지면서 원고에게 유리한 방향으로 변론이 전개되었고. 마침내 1969년 항소법원은 윅스에 대한 승소판결을 내렸다. 유사한 논리의 구조를 아래와 같은 사건에서도 찾아볼 수 있다.

(2) Cheatwood v. So. Cent Bell Tel & Tel Co. (1969)[43]

이 소송은 여성노동자가 여성이라는 이유로 고용차별을 당했다는 것을 이유로 제기되었다. 회사 측은 여성을 고용하지 않은 사실을 인정하지만, 문제된 판매대행업의 업무가 여성에게 부적합하기 때문에 진정직업자격에 해당된다고 주장하였다. 회사측은 해당 직무의 여러 측면이 여성이 수행하기에는 부적절하다고 주장하였는데 그 이유로, "지방에 가서 고객유치를 할 경우 타이어도 교체해야 하고, 휴게실도 자주 이용할 수 없는 불편을 감수해야 하기 때문에 여성에게

법으로도 널리 알려져 있다. 당시 세탁업소 업주들의 여성노동자에 대한 착취를 방지하기 위해 정당성을 가졌던 여성노동자의 보호입법은 현재의 관점에서 보았을 때는 반드시 바람직하지만은 않다. 현재 한국의 근로기준법 제5장은 '여성과 소년' 장을 두고 여성의 야간근로, 시간외근로, 갱내근로, 생리휴가, 임산부의 보호 등에 관한 조항을 규정하고 있는데, 2001년의 개정 이후 임산부 및 18세 미만 여성을 제외한 여타 여성에 대한 '보호' 조항은 삭제되거나 줄어드는 추세이다.

42_ 본 판결 및 이후 판결에서 볼드 강조는 모두 필자에 의한 것임.

43_ 303 F. supp. 754(1969).

위험하다. 또 공중전화 교체과정에서 동전상자가 무겁기 때문에 여성이 들기에는 부적합하다는 것" 등을 들었다.

이러한 회사 측의 주장에 대해 법원은 술집에서 성추행을 당할 가능성 등을 회사가 주장하지만 이 직무가 기능적으로 젠더와 연관되어 있다는 흔적을 발견할 수 없고, 지방업무에서 일어나는 불편정도는 직무를 수행하는 데 있어 부수적인 것으로서 그것으로 여성이 직무를 수행할 수 없다는 것이 입증되지 않았다는 판결을 내렸다. 또한 동전상자를 나르는 데 힘이 필요하다는 회사 측의 주장에 대해서는 다음과 같이 판단하였다.

> "업무수행자는 하루에 대략 45개의 동전 케이스를 나르는데 이것들은 금속으로 되어 있으나 비교적 다루기 쉽게 되어 있고, 9개가 한 상자로 포장된다. 비어 있을 때 케이스의 무게는 6파운드인데 동전이 가득 차면 45-80파운드 정도가 된다. **무작위 추출을 통한 조사에 따르면, 이 지역에서의 평균적 상자무게는 60 3/4파운드이다. 주어진 시간에 5개에서 9개의 동전상자를 다루어야 하고, 각각의 상자들은 수금트럭에 실려 하루에 4번 운송되고 있다** … 이것이 진정직업자격에 해당되는지를 판단함에 있어 우리는 Weeks 판례를 참고로 한다. Weeks 판례에서 법원은 특정 업무를 모든 또는 관련된 여성들이 모두 안전하고 효율적으로 수행할 수 없음을 사용자가 입증하여야만 진정직업자격을 인정한다고 하였는데, 이 사건에서 사용자는 이 사실을 입증하지 못했기 때문에 진정직업자격을 인정할 수 없다."

이와 같이 웍스 판결이 '여성에게 적합한 일'이라는 고용관행에 쐐기를 박는 선례가 되고 있다. 법원은 사용자의 진정직업자격 항변에 대해 엄격한 기준을 가지고 사안을 판단하였다.

(3) EEOC v. Brown & Root, Inc. (1982)[44]

사라(Sarah John Boyes)는 브라운 건설회사에서 일하였는데, 그녀는 머리보다 위에 있는 높이의 철제빔에서 일하도록 업무배치를 받았다. 그러나 그녀는 높

44_ 688 F.2d 338 (1982).

은 위치에서 공포로 마비될 지경이었고 다른 사람의 도움을 받아서야 비로소 아래로 내려올 수 있었다. 이에 대해 회사 측은 그녀가 배정받은 업무를 수행하는데 적당하지 않다는 이유로 해고 통보하였다.

여기서 문제가 된 사안은 사라와 똑같이 고소 공포증이 있는 남성 노동자도 해고되었느냐는 것이었다. **EEOC(고용기회평등위원회)는 회사 내의 조사를 통해, 마찬가지 조건에서 일했던 네 명의 남성노동자의 진술이 제출되었는데, 이 남성들은 자신을 포함한 몇몇의 남성노동자들 역시 이 작업조건에서 공포로 마비된 적이 있었고, 다른 사람의 도움을 받지 않고서는 내려올 수 없었다고 진술하였다.** 그럼에도 불구하고 그들은 해고되지 않았으며 이들 중 한 노동자는 자신은 높은 곳이 무섭기 때문에 땅에서만 일하도록 배정되었다고 진술하였다. EEOC는 이러한 조사를 근거로 남성도 공포를 느낄 수 있는데 여성만 해고한 것은 성차별이라고 주장하였다.

이 사건에 있어서 쟁점은 해당 노동자가 작업 시 느끼는 공포를 이유로 회사 측이 해고한 것이 여성에 대한 고정관념에 기인한 것인지 여부를 가리는 것이었다. EEOC는 이 사건에 있어서 '같은 노동조건에' 있었던 남성노동자들에 대한 조사를 통하여 남성이라도 같은 조건에서 두려움을 느낀다는 것을 밝혀냈다. 따라서 이 공포는 성별에 기인한 것이 아니라 작업조건에 기인한 것이고 여성에 대한 고정관념이 특정 노동자에게 차별적 효과를 미친 경우라고 주장하였고 법원이 이를 받아들였다. 동일한 작업조건에서 일반적인 남성노동자도 공포를 느꼈으므로 해당 작업을 수행하지 못한 여성에 대한 해고는 여성에 대한 통념에 입각한 차별이라고 판단했던 것이다.

만약 이전에 동일한 조건에서 일했던 남성 근로자가 없었던 경우라면 어떻게 조사할 수 있었을까. 일정한 모집단을 추출하여 같은 조건 속에서 작업하도록 설계하는 실험방법이 가능했을 것이다. 피험자들의 반응 결과에서 표준편차를 구하여, 이때의 공포가 대다수 사람들이 느끼는 합리적 공포인지, 특정인의 공포증에 기인한 것인지를 판단할 수 있었을 것이다. 또한 공포증과 성별 간의 상관관계도 밝혀낼 수 있었을 것이다. 이 공포가 합리적 공포의 성격이 우월하고, 공포와 성별 간의 상관관계가 유의미하지 않다면, 해당 해고조치는 여성에 대한 고정관념에 기초한 성차별로 판단할 수 있을 것이다. 다른 한편, 조사와 실험 결과,

여성들이 공포를 느끼는 정도가 더 심한 것으로 나타났지만 남성들도 상당한 정도로 공포를 느끼는 작업환경으로 나타날 수도 있을 것이다. 이런 경우, 이 직종을 남성만이 수행할 수 있는 진정직업자격을 인정할지 아니면 대부분의 사람이 공포를 느끼는 직종으로 규정할지가 문제될 것이다. 이런 문제는 실증주의 방법으로 사실을 규명했다고 할지라도 이에 대한 법원의 규범적 판단의 몫이 남아 있음을 나타낸다.

이상과 같이, 본 사건에서는 '여성이기 때문에 같은 고공에 떠 있는 작업조건에서 더 많이 공포를 느낄 것'이라는 것은 통념은 실증적 조사에 의해 유지되지가 어렵게 되었다. 하지만 이 사건은 기존의 작업조건이 여성이 일하기 적합한가의 쟁점을 넘어서서 작업조건 자체를 여성에게 혹은 남성에게 부합하게 변화시켜야 한다는 과제를 시사한다. 남성노동자를 중심으로 하여 설계된 작업조건에 여성을 포함시키는 것을 넘어서서 여성을 중심으로 작업조건을 재설계할 수는 없을까. 이러한 과제는 다음의 판례에서도 등장하였다.

2. 성별배제의 합리성이 다투어진 경우

(1) Thodard v. Rawlinson (1977)[45]

로린슨(Rawlinson)은 교정심리학을 전공한 대학 졸업생으로서, 앨라배마 주 교정청(Alabama Board of Correction)에 교도관으로 지원했으나, 교정청이 세운 최소체중 기준에 미달하여 뜻을 이루지 못했다. 로린슨은 민권법 제7편 위반을 이유로 EEOC에 고발하였고 이어서 지방법원에 집단소송을 제기했다. 소송 진행 중, 앨라배마 교정청은 최고보안시설(maximum security institution)의 '접촉업무(contact position)'에서 여성을 배제하는 규칙 204조를 만들었고 로린슨은 이에 대해서도 민권법 제7편 위반을 주장했다. 지방법원에서는 최소체중 기준과 규칙 204조 모두 민권법 제7편을 위반한다고 판결하였다. 이에 대해 피고 측이 항소했다.

미연방 대법원에서 다루어진 이 사건은 신장과 체중조건이 여성에 대한 불

45_ 433 U.S. 321 (1977).

평등효과(disparate impact)를 조성한다는 점은 인정하였지만,[46] 여성교도관을 최고보안시설의 접촉업무에서 제한하는 것은 위헌이 아니라고 판단하였다. 이 판결에서 사회과학적 조사 부분과 관련된 것을 살펴보면 먼저, 신장과 체중조건이 가지는 여성에 대한 불평등효과에 대해서는 지방법원은 아래와 같은 통계적 논거를 제시한 바 있다.[47] 14세 이상 여성은 앨라배마 인구의 52.75%를 차지하고, 노동인구의 36.89%를 차지하지만, 여성은 교정청 직위에서는 12.9%를 차지한다. 또한 5피이트 2인치라는 교도관 신장의 요청은 미국의 18-79세 여성의 33.29%를 배제하지만, 같은 연령대 남성의 1.28%만을 배제한다. 120파운드라는 체중 조건은 동일 연령대 여성의 22.29%만을 배제하지만, 남성의 경우에는 2.35%만을 배제한다. 이러한 근거 위에 해당 지방법원은 이 사건이 성차별의 일응추정사건(prima facie case)이 된다고 보았다. 이에 대해 항소인은 이런 차별효과만으로 일응추정사건이 될 수 없다고 주장하면서, 앨라배마에서 교정직에의 '실제 응모자'에 입각한 비교 통계치를 보아야 한다고 주장하였다. 이에 대해 대법원은 응시과정 자체가 실제의 잠재적 응시자 풀(pool)을 반영할 수 없으므로 그럴 필요가 없다고 판단하였다. 그 이유는, 교정청의 기준을 충족하기 어렵다고 평가하여 잠재적 응시자들이 응시하지 않도록 만드는 것 자체가 '차별'이라고 보았기 때문이다.

둘째, 신장, 체중이 '완력(strength)'과 관련된다는 항소인의 주장이 있었으나, 업무에 필요한 완력 자체가 얼마인지 특정하지 못했고, 신장 및 체중 조건과 완

46_ 불평등효과론은 사업장에서의 어떤 기준이나 정책이 여성과 남성, 혹은 백인과 흑인에게 동등하게 적용된다고 하더라도 그 효과는 어떤 집단에게 다른 집단에 비해 더 불리한 효과를 발생하는 것을 의미하고, 이 경우에는 간접차별(indirect discrimination)의 의심을 지게 된다. 불평등효과론은 불평등대우(disparate treatment)와 달리 차별의 '의도'를 입증할 필요가 없이 그 효과의 입증만으로 충분하다. 법원이나 변호인은 어떤 사업장의 제도나 관행 속에서 행해진 간접차별을 입증하기 위해 '체계적 불평등 효과론(systematic disparate impact)' 기준을 채용할 경우, 차별의 추정 단계에서 각종 통계증거를 제시해 왔다. 이에 관한 해설과 판례를 살펴보려면 다음을 참고할 것[Herma Hill Kay & Martha S. West, *Sex-Based Discrimination—Text, Cases and Materials,* 5th ed. (St.Paul: West Group), 2002, pp.641-657].

47_ 지방법원은 전체 인구 대비 교정청 직위자의 성별 통계 수치를 비교함으로써 교정청의 채용기준의 성차별적 효과를 추정하는 논리를 전개하였다.

력 간의 상관관계를 입증하지 못했다. 만약 특정 신장과 체중 조건이 이 직종의 BFOQ라고 주장하려면 응시자의 완력에 대한 적절한 검증(test)을 함으로써 달성할 수 있을 것이나 교정청은 그런 노력을 한 적도 없었다.

셋째, 대법원은 앨라배마 교정청이 어떤 성별(whatever sex)에게도 불유쾌한 환경이며, 연방 지방법원이 "과격한 폭력(rampant violence)", 또는 "정글 분위기(jungle atmosphere)"라고 표현했던 이 환경은 헌법적으로 관용되기 어렵다는 사실에 주목하였다. 또 남자 수형자의 20%는 성관련 범죄자(sex offender)인데 이들은 각 방에 흩어져서 수감되어 있다. 따라서 여성 교도관을 배제하는 규칙 204호를 그저 '낭만적 가부장주의'라고 하는 것은 너무 소박하다. 이런 상황에서 여성 교도관이 수형자들과 접촉하는 업무를 담당하게 된다면, 이 성범죄자들을 자극하게 될 것이고, 기숙시설이라는 특성상 여성교도관에 대해서뿐 아니라 수감자들과 다른 교도관들에 대해서도 심각한 위험성을 가지게 되므로 여성이라는 사실 자체가 교도관이 책임지는 업무의 본질인 보안확보 능력을 훼손하게 된다고 다수의견은 보았다.

이러한 다수의견에 대해 마샬(Marshall) 대법관과 브레난(Brennan) 대법관은 아래와 같은 반대의견을 냈다.

> "BFOQ란 특정 사업이나 직무의 '정상적(normal)' 수행에 합리적으로 필요한 자격을 요청하는 것이어서, 정부는 헌법에 위반할 정도로 '야만적이고 비인간적인' 앨라배마 교정청의 환경을 '정상적 직무수행' 조건으로 삼지는 않을 것이다. 만약 이것이 사실이라면 그러한 환경은 헌법적 조건에 맞게 긴급하게 교정되어야 할 일이다. 따라서 그러한 헌법 위반을 정상적 환경이라고 정당화해서는 안 되며, 법원이 그러한 직무 환경을 실정법이 금지하는 차별의 정당화 사유로 받아들여서는 더더욱 안 된다. Pugh v. Locke 판결을[48] 볼 때, 남성교도관도 안전문제에 있어 저항불가능 상황에 처할 수 있다. 전문가의 의견에 비추어 보더라도, 교도소의 공동수용형태는 폐쇄수용보다 비효율적이다. 기존의 수용형태를 유지함으로써 여성교도관의 고용기회를 배제하고 교도소의 비효율을 유지하기보다는 교도소 내의 관리형

48_ 406F. Supp. 318 (M.D. Ala.1976).

태를 변경시키는 것이 안전한 질서유지라는 교도소의 목적에 더 적합한 처리이다. 하지만 이보다 더 큰 문제는 다수의견이 여성교도관이 성범죄를 야기할 수 있다는 통념에 입각해 있다는 점이다. 법원은 여성교도관에게 미칠 '위해 가능성(possible harm)'이라는 비합리적 근거로 여성에게 교도관 자격을 부여하지 않았고 여성 교도관의 성성(sexuality)에 의해 교도소 훈육에 위협이 있을 것이라는 것도 마찬가지로 추측에 입각해 있다. 여성교도관이 앨라배마 교도소 내에 이미 존재하고 있는 안전문제 이상의 문제를 일으켰다는 어떤 기록이 없음에도 불구하고 여성은 그 존재 자체로 위험을 야기한다고 법원은 본 것이다. 즉 민권법 제7편이 불법화하고자 한 바로 그 '일반화된 편견'에 의존한 것이다.[49] 요컨대, 본 결정의 근본적 추론은 교도관으로서의 여성은 성적 공격을 유발할 것이라는 것이다. 선의를 가지고 있다고 할지라도, 이 결정의 효과는 여성은 그 존재 자체로 성적 공격을 야기할 수 있다는 점을 이유로 여성을 차별한 것이다."

이렇게 반대의견에서는 여성 젠더라는 조건이 교정청 환경에 안전한지 여부를 묻는 태도로부터 교정청의 일반적 환경이 여성뿐 아니라 남성에게 안전한지를 묻는 태도로 변화해야 한다고 촉구하고 있다. 또한 여성 교도관의 성적 공격 가능성에 대한 증명된 자료 없이 여성을 교도관으로부터 배제하는 것은 여성성에 대한 고정관념이며 이런 고정관념을 불법화한 것이 바로 민권법 제7편의 정신이라는 점을 강조한다. 여성의 공격 가능성에 대한 법원의 수용이 '추측적 위협'에 입각해 있다고 한 언급에서 해당 판사의 실증주의적 태도가 드러난다 하겠

49_ 반대의견에서는 다음과 같은 교정청 측의 증언을 예로 들었다.

질문: 키가 5피이트 6인치, 몸무게 140파운드의 남자라면 전원 남성 수감자인 교정청 교도관(Correctional Counsellor) 역할을 수행할 수 있겠습니까?

답: 다른 조건이 충족한다면, 그렇습니다.

질문: 그러나 여성이 5피이트 6인치, 몸무게 140파운드라면 그런 의무를 수행할 수 없을까요?

답: 없습니다.

질문: 그런 의견의 근거는 무엇인가요?

답: 남성과 여성의 내적 성향(innate intention)입니다. 육체적 능력, 여성의 심리적 구성과 남성의 그것과 관계되는 감정이지요. … 역사적으로 남성이 가지고 있는 여성에 대한 우월감이지요 (Kay & West, *Sex-Based Discrimination*, p.715에서 재인용).

다. 하지만 반대의견 역시 사회과학적 견지에서 좀 더 논의해야 할 점이 있다고 보인다. 여성교도관이 특별히 더 성적 공격을 받았다는 것을 증명하는 자료가 없다는 것은 성적 공격에 대한 자료가 부재 내지 부족한 것이지 이런 믿음이 과학적으로 '근거 없다'는 것이 규명된 상태라고는 할 수 없기 때문이다. 그런데, 어떤 사회적 인식이 편견임을 규명하는 근거를 선례(先例)에서 찾기도 어렵다. 왜냐하면 어떤 편견(예컨대 여성에 대한 편견)으로 인해 특정 분야에 선례(여성교도관이 성폭력을 당했던 사례)조차 없다고 할 때, 그 편견을 선례를 통해 규명하기가 어렵기 때문이다. 이러한 난점은 실증적 사실만으로 지배적인 관행이나 인식을 변화시키기가 어렵다는 것을 깨닫게 한다. 이렇게 사실에 대한 실증적 조사결과가 나왔다거나 혹은 나오지 못하였다 할지라도 그것에 대한 법률적 · 규범적 판단은 여전히 법률가의 몫으로 남게 된다는 것을 알 수 있다.

(2) Diaz v. Pan Am World of Airway Inc. (1971)[50]

디아즈는 남성으로서 팬암 항공사의 객실승무원에 지원했으나 회사 측이 객실승무원은 여성만 뽑는다는 이유로 그의 고용을 거부하였다. 디아즈는 이것을 성별에 의한 차별이라고 법원에 소송을 제기하였으나 회사 측은 객실승무원의 직무가 여성에게 적합한 진정직업자격에 해당된다고 반론을 제기하였다. 회사 측은 비행기 객실에서는 승객의 심리상태를 고려해야 하는데, 심리학자의 자료에 의해서도 객실 내 여성승무원이 고객에게 심리적 편안함을 주고 친절한 서비스를 제공한다는 것이 밝혀졌음을 그 근거로 제시하였다.[51]

이 문제에 대해 먼저, 법원은 민권법상 진정직업자격 규정(700-e)에서 '필요(necessary)'라는 조항은 '사업상의 필요(business necessity)'를 평가하기 위함이지 '사업상의 편의(business convenience)'를 평가하기 위함이 아니라고 판시하였다.

50_ 442 F. 2d 385, cert. Denied, 404 U.S.905.

51_ Wilson v. Southwest Airlines Co.(517 F. Supp. 292) 사건에서도 유사한 쟁점이 다루어졌다. 항공사 측은 '기업의 이미지'를 이유로 기내승무원의 여성 한정을 사업의 본질적 부분이라고 주장하였다. 한편 EEOC는 특정 성별의 배제는 진정성(authenticity)이 필수적으로 요구되는 경우에만 허용된다는 기준을 제시하고 있다. 진정직업자격 예외조항에 대한 법원의 판결들은 문제되는 자격요건이 사업의 '본질적 부분'에 필수적인 경우에만 위법하지 않다고 판단한다.

또 법원은 사업상 필요를 본질적 업무에 국한하여 살펴보았는데, 법원은 항공사의 본질적 업무를 안전수송에 있다고 보고, 비록 여성 객실승무원에 의해 쾌적한 환경이 만들어지고 남성보다 여성이 이러한 일을 더 잘 수행한다고 할지라도 기내 서비스는 항공사의 부수적(tangential) 업무라고 보았다. 둘째, 법원은 고객의 선호라는 자료에 대해서도 다음과 같이 평가한다. 사실상 팬암사의 고용정책이 남성 객실승무원을 제한하고 있기에 고객들은 남성으로부터 서비스를 받는 기회를 거의 제공받지 못하는 상태에서 고객이 여성 객실승무원으로부터의 서비스만을 전적으로 선호하고 있다는 것을 지적한다. 셋째, 법원은 진정직업자격이 성별 고정관념을 정당화하거나 지속시켜서는 안 된다고 보았다. 여성 객실승무원에 대한 고객의 선호가 성별고정관념에 근거한 것이 아니라 단지 여성 객실승무원이 친절한 업무를 잘 수행하는 데서 오는 선호일지라도 그것이 성차별을 야기하는 경우에는 정당화될 수 없다고 판시하였다.

이 판결에서 법원의 사실 판단과 법적 판단이 서로 교차되면서 사건의 결론에 이르는 논증구조를 발견할 수 있다. 먼저, (i) 여성 객실승무원에 대한 고객의 선호가 실증주의적으로 입증되었으나(사실 판단), (ii) 객실 승무원의 여성으로의 제한은 사업상의 본질적 업무의 필요성이라는 요건을 충족치 못한다고 판단했고(법적 판단), (iii) 여성 객실승무원에 대한 고객의 선호는 남성에 대한 고객의 경험 부족에 기인할 수 있으며(사실 판단), (iv) 설사 여성에 대한 고객의 선호가 진정한 것이라도 그러한 선호가 성차별을 야기한다면 그것은 정당화될 수 없다는 점을 들어 진정직업자격으로 인정하지 않았다(법적 판단). 이러한 논증구조에서 볼 때, 사실과 법적 판단이 서로 교차되면서 법적 정의를 실현하는 판결을 이끌어 내고 있다고 할 수 있다. 즉, 사실 조사결과가 나왔다고 해도 법률가는 그것을 무조건 신뢰하는 것이 아니라 다시 법적 기준에서 판단하였던 것이다. 나아가 '차별금지'와 같은 법적 기준도 실증적 조사결과를 통해 확인하고 판단하는 상호작용을 발견할 수 있다. 이렇게 이제까지 살펴본 사건들을 사실 판단과 법적 판단의 측면으로 나누어 분류하면 〈표 2〉와 같다.

〈표 2〉 사실확정과 법적 판단의 관련성

분 류	다투어진 사실	사실 확정	법적 판단
Weeks 사건	여성이 들어 올릴 수 있는 무게	여성의 완력에 대한 경험적 조사	진정직업자격 불인정
EEOC 사건	여성의 높은 곳에서의 공포증	동일 조건에서 일했던 남성노동자 조사	진정직업자격 불인정
Thodard 사건	a. 교정직 지원자의 신장/체중과 완력 b. 여성 존재의 성적 욕구 유발	a. 인구통계를 통해 간접차별 인정 b. 신장/체중과 완력 간 관계 입증 못함	진정직업자격으로 인정
Diaz 사건	a. 고객의 선호 b. 본질적 업무의 필요성	a. 승객의 선호 입증 b. 본질적 직무 연관성 없음	진정직업자격 불인정

그런데 이제까지의 판례들과는 달리 남성과 여성이 젠더에 따라 사실판단에 있어 체계적으로 인식의 차이가 나타나는 사안들도 있다. '누구나의 위치'에서 마찬가지의 사실판단을 해야 할 사안이 있는 반면, 사실판단에서 성별에 따라 상이한 인식을 나타내는 사안도 있다. 이때 법원은 어떻게 관련 사실을 확정하여야 하는가. 피해자라고 주장하는 여성의 사실 인식을 따를 것인가. 아니면 남녀 인식의 '평균적 인식'을 산출해야 하는가. 이때 젠더 없는(genderless) 건전한 상식을 가진 '평균인'이라는 개념은 가능한가. 성희롱 사건은 차별 사건이면서 동시에 성별 간의 성성(sexuality)에 대한 인식 차이와 관련되는 사안이라는 점에서 이와 같은 방법론적 문제들을 제기해 왔다.

IV. '합리적 여성 기준(Reasonable Woman Standard)'과 실증주의 방법론

앞서 여성주의 법학에서는 여성의 입장을 논리적으로 항변할 수 있는 '위치성(postionality)'의 방법론을 추구한다고 하였다. 남성지배적인 법과 사회의 역사에서 묻혀 왔던 여성의 체험, 감각, 고통과 그 주체성을 드러낼 수 있도록 목소리를 복원하되 그것이 사법부에서 수긍할 수 있는 합리성을 가지도록 구성하는 것은 쉽지 않은 과제이다. 역으로, 여성의 목소리가 말하는 '새로운' 합리성을 들을 수 있는 사법부의 자세 변화도 필요했던 것이다. 미국 법원에서 성희롱 및 가정폭력 사건에 있어서 고려되어 온 '합리적 여성 기준'은 위에서 제기한 여성주의의 문제제기에 부응한 방법론이라고 할 수 있다. 또한 이러한 문제제기는 사회과학의 경험적 방법론이 중립적 조사 이상의 이론적, 정치적 문제를 가지고 있음을 말한다. 요컨대, 실증주의 방법론이 보다 어려운 '입장성'의 문제와 맞닥트리게 된다.

본 장에서는 이런 문제를 '합리적 여성 기준'을 통해 논의하고, 그 논거를 한국 법원의 논거와 비교해 보고자 한다. 구체적으로, 미국에서 환경형 성희롱의 선도적 판례로 여겨지는 판결(Elison v. Brady)과 한국의 '서울대 성희롱 사건'을 통해 성희롱에 대한 사실판단과 해석에 대해 논의하기로 한다.

1. 미국 판례

(1) Ellison v. Brady(1991)[52]

1970년대 초기에 미국에서 제기된 일련의 성희롱 사건들은 법원에서 계속 기각당했으나 1976년 마침내 법원은 성희롱을 성차별의 한 형태로 인정하기에 이르렀다.[53] 1980년 EEOC는 대가형 성희롱과 환경형 성희롱이라는 이론을[54] 구체화할 사법부의 판결을 위하여 지침을 마련하였다.[55] 그런데 성희롱 행위는 피

52_ 924 F.2d 872(1991).

53_ Williams v. Saxbe, 413 F. Supp. 654 (D.D.C. 1976).

54_ 널리 알려진 대로, 성희롱은 다음 두 종류로 대별된다. (1) 대가형 성희롱(혹은 조건적 성희롱; quid pro quo SH): 이는 개인의 고용, 해고, 승진 혹은 고용상의 편익을 조건으로 성적 접근에 응한 경우에 해당함. (2) 적대적 환경형 성희롱(hostile environment SH): 이는 성적 언행이 개인의 업무성과를 떨어뜨리거나 위협적이고 적대적이며 불쾌한 업무환경을 조성하는 경우에 해당함.

55_ EEOC 지침에 따르면 (1) 성에 기반한 희롱은 민권법 제7편 730조를 위반한 것이다. 아래와 같은 조건을 만족시킬 때, 성적 접근, 성적 호의 요구, 기타 성적인 언행은 성희롱이 된다: (a) 명시적이든 묵시적이든 간에 개인의 고용을 전제로 한 경우; (b) 이런 행동을 받아들이

해자가 '원치 않는(unwelcome)' 성적 접근, 성적 제의 및 행위를 구성요건으로 한다는 점에서 피해자의 '원치 않음'이라는 주관성에 대한 판단을 요청한다. 동시에 이런 주관성은 외면적으로 표출된 행위(언어와 행동)가 아니고서는 판단할 수 없기에 보다 면밀한 행위 조사가 요청된다. 대가형 성희롱을 조사하기 위해서는 승진, 배치에 있어서의 변화, 그리고 작업장의 환경에 대한 객관적 조사가 필요하다. 또한 환경형 성희롱을 판단하려면 성희롱 행위 자체와 이에 대한 피해자의 거부 내지 저항행위가 적대적(hostile) 혹은 침해적(abusive) 환경을 조성했는가를 판단해야 한다.[56] 이렇게 성희롱 행위를 판단함에 있어서는 주관적 평가뿐 아니라 객관적 상황에 대한 조사도 필요하다. 여기서, 발생했다고 주장되는 성희롱 행위와 그것의 효과를 평가함에 있어 누구의 관점을 채용할 것인가라는 문제가 제기된다. 이에 따라 법원은 '합리적 여성 관점' 혹은 '합리적 인간 관점'의 적합성을 고려하게 되었는데, 아래에서는 전자의 관점을 채용한 판결과 후자의 관점을 채용한 판결을 각각 살펴본다.

브래디(Brady)라는 남성 직장동료는 엘리슨(Ellison)에게 여러 차례 구애편지를 보냈는데, 이런 행동은 피해자로부터 떨어지라는 조언을 들은 후에도 계속되었다. 이 사건을 다룬 항소법정은 합리적 여성 기준(reasonable woman standard) 및 피해자 시각(the perspective of victim)을 채택할 것을 선호한다는 것을 밝혔다.

거나 거절한 것이 개인에게 영향을 주는 고용에 대한 근거로 작용한 경우; (c) 그런 행동이 개인의 작업성과를 부당하게 침해하거나 위협적이고 적대적이며 불쾌한 업무환경을 낳은 경우. (2) 어떤 행동이 성희롱인지 여부를 결정함에 있어, 위원회는 제기된 사건이 어떤 맥락에서 발생했고 성적 접근의 성격은 어떤 것인지 등에 관한 기록을 전반적으로 살펴보고 작업환경을 총체적으로 조사해야 한다. 특정 행동의 적법성 여부는 개개의 사례에 따라 각 사실들을 놓고 판단해야 할 것이다.

56_ 피해자에게 가시적인 손해(tangible loss)가 없는 경우 성희롱으로 인정하지 않던 초기 판결과 달리, 피해자에게 심각한 금전적 손실이 없을지라도 피해자의 고용조건에 지속적인 영향을 미칠 정도로 심각한 경우 적대적 환경형 성희롱에 해당한다는 선도적 판결은 Meritor Savings Bank v. Vinson(미연방대법원 1986, 477 U.S. 57). 미연방대법원은 성희롱 행위는 제7편에서 금지한 성차별의 한 형태라고 명시한 가이드라인을 따르며, 민권법 제7편의 내용은 경제적, 물질적 차별에 국한하는 것이 아니라는 입장을 취했다. 환경형 성희롱에서 비가시적 손해에 대한 법원의 인정은 성희롱 행위가 피해자의 복지와 작업 환경에 미친 미묘한 영향까지 조사해야 할 필요성을 나타낸다.

동 법원은 판결문에서 다음과 같은 새로운 논거를 제시하면서 판결을 내렸다.

"성희롱의 심도와 만연성을 평가함에 있어, 피해자의 시각에 초점을 맞추어야 한다고 [우리는] 믿는다. 만약 우리가 어떤 합리적 인간(a reasonable man)이라면 문제된 성희롱 행위를 희롱으로 체험할 것인가만을 판단하고자 한다면, 이미 만연해 있는 차별의 수준을 강화시킬 위험에 처한다. 만약 어떤 차별행위가 일상적인 것(common)이고, 피해자에 대한 [법의] 구제방법이 없다는 것을 이유로 한다면 가해자는 성희롱을 계속할 수 있게 된다. 그러므로 우리는 희롱을 피해자의 관점에서 분석할 것을 선호한다. 피해자의 관점에 대한 완전한 이해를 위해서는 남성과 여성 간의 '다른 관점'에 대한 분석이 필요하다. 다수의 남성에게는 '용인될 수 있는(unobjectionable)' 행위가 다수의 여성에게는 공격적인 것일 수 있다.
물론 집단으로서의 여성 간에도 상당히 넓은 견해 차이가 있을 것이지만, 우리는 다수의 여성은 남성들은 가지고 있지 않을 공통된 우려(common concern)을 가지고 있다고 믿는다. 예를 들면, 강간과 성적 공격에 있어서 비대칭적으로 희생자가 되기 때문에, 여성들은 성적 행위에 대한 우려를 하게 될 동기가 매우 높다. 대단치 않은 정도의 성희롱을 당한 여성들이 성희롱 행위가 성적 공격의 전조(a prelude)가 아닌지 우려하는 것은 이해할 만한 것이다. 하지만 거의 성적 공격의 피해자가 되지 않는 남성들은 사회상황에 대한 고려 없이, 혹은 여성이라면 인지할 수 있는 그 상황 안에 내재한 폭력 행사의 위협에 대한 충분한 이해 없이 성적 행위를 진공상태에서 판단할 것이다."

이와 같이 해당 법원은 여성과 남성 간에는 인식 차이, 특히 성적 공격에 대한 인식 차이가 있음을 인정하고 성희롱과 같이 주로 여성이 피해자가 되는 행위에 대해 일반적 인식을 근거로 했을 때 처할 수 있는 문제점을 적시하고 있다. 여기서, 일반적 인식이란 피해를 당했다고 주장하는 바로 그 여성의 인식과는 상이하고 여성의 인식을 체계적으로 배제하는 남성적 인식을 채용할 가능성이 높기 때문에 일반적 인식이라는 잣대로는 성희롱 사건의 본질에 접근할 수 없다는 것이다.[57] 하지만 이러한 합리적 여성기준이 늘 법원에서 채용되는 기준이 아니며, 이에 대한 평가는 여성주의자뿐 아니라 법원에 따라서도 상이한 것으로 보인다.

아래에서 환경형 성희롱 여부를 판단한 미연방대법원 판례인 다음 사건을 살펴본다.

(2) Harris v. Folklift, Inc.(1993)[58]

이 소송의 원고인 테레사 하리스(Teresa Harris)는 장비대여업체인 Forklift Systems에서 1985년 4월부터 1987년 10월까지 매니저로 일했다. 하디(Hardy)는 당사의 사장으로서 테레사가 당사에서 일하는 동안 그녀의 성별을 이유로 모욕했으며 그녀를 대상으로 성적으로 비꼬는 언행(sexual innuendos)을 일삼았다. 1987년 8월 중순, 테레사가 하디의 행동을 문제 삼자 하디는 테레사가 불쾌했다는 사실에 놀라면서 단지 농담이었다고 사과하고 다시는 그러지 않겠다는 약속했다. 그러나 9월 초, 하디의 행동이 다시 되풀이되자 테레사는 10월 1일에 직장을 그만두었다. 그 후 테레사는 하디의 행동이 침해적(abusive) 근무환경을 조성했다고 주장하며 당 회사를 상대로 제소했다.

지방법원은 하디의 행위는 모욕적 환경을 조성하지 않았다고 판단했다. 법원은 하디의 언급은 "[테레사]를 공격하였고, 합리적인 여성이라면 공격받았을 것이다." 그렇지만 그 언급은 "[테레사]의 심리적 복지에 심각하게 영향 미칠 만큼 심하지는 않았다. 마찬가지 환경 하에 놓인 합리적 여성 관리자라면 하디에 의해 공격받았을 것이지만, 그의 행위는 그의 작업 성취를 방해할 만한 수준에까지 미치지는 않았다"고 보았다.

이렇게 지방법원은 심리적 차원과 작업 성취의 차원을 나누어 보면서 하디의 행동이 전자에게는 영향을 미쳤겠지만, 후자에 이르지는 못했다는 논리를 전개하였다. 필자가 보기에 이러한 분류는 자의적이고 '이르지 못했다' 는 판단은 누구의 관점인지도 불분명하다. 또한 심리적 복지에 영향은 미쳤지만, 작업 성취를 방해할 정도는 아니었다면 여성 노동자는 심리적 스트레스와 불쾌감에도 불구하고 작업성취를 해야 한다고 은근히 주문하는 효과도 있어서 문제가 있다. 이

57_ 이와 같은 법원의 논리에서 젠더 간 '차이'에 대한 미국 법원의 수용을 엿볼 수 있다. 미국 법원의 젠더 평등론의 전개에 관해서는 졸고, "서구의 여성주의 법학: 차이와 평등의 논쟁사," 『법사학연구』 제26집, 2002, 229-267면을 참고할 수 있다.

58_ Harris v. Folklift System, Inc.(1993), 510 U.S. 17(1993).

에 대해 미연방 대법원은 지방법원에서 성희롱 행위가 있었는지의 여부를 원고의 심리적 복지 또는 "피해로 인한 고통"에만 의존한 것은 오류라고 하면서, 이러한 관심이 불필요하게 피해자의 심리상태에 초점을 맞추었다고 판결하였다.

"물론 피해자의 심리상태에 심각하게 영향을 미치는 행위는 금지되어야 하지만 그런 행위에 국한하지 않는다. 그 환경이 적대적인지 혹은 침해적인지 합리적으로 인지된 것이라면 심리적 피해규명에 이를 필요는 없다. 물론 그것에 대해 수학적으로 정확한 테스트를 할 수는 없다. 그러나 우리는 그 환경의 적대성과 모욕성은 그 환경을 살펴봄으로써 알 수 있다고 말한다. 이것은 차별적 행위의 빈도, 그 심도(severity), 신체적으로 위협적 혹은 침해적인가, 혹은 단지 공격적인 발언인가, 그것이 피고용자의 작업 수행을 비합리적으로 방해하였는가 등이 될 것이다. 여기서 피고용인의 심리적 복지에 미친 영향은 고려되어야 할 여러 요소들 중의 하나이다."

이렇게 미연방 대법원은 환경형 성희롱 여부를 판단하기 위하여 피해자의 '주관적(심리적) 피해' 규명에 국한하지 않고 작업 환경에 대한 '객관적 상황' 파악의 중요성을 강조하고 있다. 이로써 해당 법원은 성희롱 판단에 개입되는 주관성 판단의 어려움을 어느 정도 극복하고, 성희롱 사건에 있어 합리적 인지의 중요성을 자리매김하였다고 평가한다. 그런데 합리적 인지가 차별적 행위의 내용, 빈도, 강도, 그것과 작업환경과의 관계를 중심으로 한 객관적 상황에 초점을 맞추었고, 그것은 '합리적 인간의 관점'을 채택했다고 보인다. 이렇게 이 사건에서 미연방 대법원은 성희롱 사건에 있어 객관적 사실판단의 중요성을 환기함으로써 성희롱의 사실판단에 있어 중요한 기준을 제시하고 있다. 하지만 성희롱의 구성요건인 피해자의 '원치 않음' 그리고 적대적 환경에 대한 피해자의 평가라는 피해자의 '주관성'이라는 문제는 여전히 풀리지 않고 있다고 생각한다.

다른 한편, 합리적 여성 관점에 관해서는 학자들 간에도 입장 차이가 나타난다. 먼저, 합리적 여성이란 이상적인 여성, 즉 논리적이고 공격적인 여성, 그래서 '남성과 같은 여성'을 의미하고, 피해 여성들과 동떨어진 판단을 하기 쉽다는 비판이 있다.[59] 블랙우드(Blackwood)[60] 역시 합리적 여성이란 궁극적으로 기존의 남성 견해에 의존하는 여성일 것이라고 비판적으로 바라본다. 합리적 여성이란 아마도 매일의 일상에서 남성적 기존 질서(male status quo)를 관용하며, 적절하게 여성적 감각을 보여 주면서 함께해 온 아내와 다름없을 것이라는 것이다. 그러면서도, 블랙우드는 결국 성희롱 체험에 있어서 '주관적 효과'가 성희롱 판단에 있어 가장 중요한 기준이 된다는 주장을 펼친다. 다른 한편, 합리적 여성기준에 대한 긍정적인 입장도 있다. 이들에 따르면 합리적 여성이란 추론하는 여성(reasoning woman)이라고 한다.[61] 즉 합리적 여성이란 작업장에서 젠더 억압이 어떻게 발생하는지 믿을 만한 설명을 제공할 수 있는 여성이다. 합리적 여성 기준이란 고정된 것이 아니라 피해자 원고가 자신의 커뮤니티와 작업환경에 대해 대응할 수 있는 기준이다. 하지만 합리적 여성기준에 만족하지 않고 다른 법률적 조치의 마련을 제안하는 경우도 있다.[62] 예컨대, 아브람스(K. Abrams)는 피고의 행동이 여성들에게 차별적, 침해적으로 느끼지 않았을 것에 대한 입증 책임을 피고에게로 전환하라고 요청하기도 한다. 이럴 경우, 원고가 아니라 피고의 행동에 대한 조사가 보다 정확하고 면밀하게 진행될 수 있다는 것이다.

이러한 이견들에도 불구하고 '합리적 여성 기준'은 성희롱 여부의 판단에 있어서의 '객관적 시각'이라는 기준 내지 믿음이 가진 '성맹적(gender-blindness) 합리성'의 한계를 효과적으로 보여 주고 있다. 합리적 여성기준은 앞서 웨스트가 말했던 여성의 목소리가 들리게 하는 것, 그리고 바틀렛이 논했던 여성의 전망인식론이나 위치성이라는 방법론과도 맥이 닿아 있다. 성희롱 및 성폭력 행위는 남성 젠더에 속한 사람(들)에 의해 여성 젠더에 속한 사람(들)에게 행해질 확률이 압도적으로 높기 때문에, 달리 말해 사회 구조인 젠더관계가 체계적으로 작동하는 성격을 가지고 있기에, 성희롱 사안에 관한 남녀의 인식차이 역시 체계적으로 나타날 가능성이 높다. 합리적 여성기준은 법원으로 하여금 성별간 '차이'를 받아들이게 하는 한편, 주로 피해자가 되는 여성의 인식을 경청할 수 있도록 한다

59_ Susan Estrich, "Sex at Work," 43 *Stanford Law Review*, 1991.

60_ Ellen M. Blackwood, "The Reasonable Woman in Sexual Harassment Law and the Case of Subjectivity," 16 *Vermont Law Review*, 1992.

61_ Martha Chamallas, "Feminist Constructions of Objectivity: Multiple Perspectives in Sexual and Racial Harassment Litigation," 1 *Texas Journal of Women and Law*, 1992.

62_ Kathryn Abrams, "Gender Discrimination and the Transformation of Work-place Norms," 42 *Vanderbilt Law Review*, 1989.

는 점에서 유의미하다고 본다. 합리적 여성기준의 의의에 대해서는 다음 판례를 살펴본 후 계속 논의하기로 한다.

2. 한국 판례

(1) 서울대 성희롱 사건(1999)[63]

한국에서 최초로 제기된 성희롱 사건이었던 이 사건은 그동안 '존재하지 않았던' 성희롱 문제를 가시화시켰다는 점에서 커다란 사회적 반향을 불러일으켰을 뿐만 아니라 성희롱 관련 법령의 제정을 선도하였다. 1994년 선고된 서울지방법원(이하 제1심)에서는 당시로서는 거액인 3,000만 원의 위자료 청구를 인정하는 등 원고 일부 승소판결을 내렸으나, 1995년 서울고등법원의 항소심(이하 제2심)에서는 원고 패소 판결을 선고하였다. 1998년 대법원에서는 원고에게 부분승소 판결을 내림으로써 한국에서 최초로 성희롱의 사법적 구제가 이루어졌다는 점에서 한국의 사법사에 있어서 매우 중요한 판결로 여겨진다.[64]

주지하다시피, 성희롱 행위는 양성평등기본법(구 여성발전기본법), 국가인권위원회법, 「남녀고용평등과 일 · 가정양립지원에 관한 법률」(구 '남녀고용평등법')에 따라 "상대방에게 성적 굴욕감이나 혐오감을 느끼게 하는 행위, 상대방이 성적 언동이나 그 밖의 요구 등에 따르지 아니하였다는 이유로 고용상의 불이익을 주는 행위"를 그 구성요건으로 하는 불법행위이다.[65] 하지만 성희롱이라는 법적 개념은 그 법적 정의만으로는 명확하지 않다고 보인다. 무엇보다 성희롱이라는 불법행위는 일반적으로 통용되어 온 언어라기보다는 본 서울대 사건을 계기로 하여 법에 규정된 법언어라는 점이다. 이에 따라 법언어가 일반적인 사회 언어를 '선도한' 사례이며 법이 먼저 '성희롱이란 어떤 행위인지'를 제시하였다 할 수 있다. 예를 들어, 성희롱 관련법인 「남녀고용평등과 일 · 가정양립지원에 관한 법

63_ 제1심: 1994.4.18. 선고 서울민사지방법원, 93가합77804 (원고일부승소).
제2심: 1995.7.25. 선고 서울고등법원, 94나15358 (원고패소).
제3심: 1998.2.10. 대법원 95다39533 (원고일부승소, 파기환송).
환송심: 1999.6.25. 서울고등법원, 98나12180 (원고일부승소).

64_ 이석태 · 한인섭 편, 『한국의 공익인권 소송』, 경인문화사. 2010.

65_ 김엘림, 『남녀평등과 법』, 한국방송대학교 출판부, 252면.

률」의 시행규칙에서는 직장 내 성희롱을 판단하기 위한 기준의 예시라는 〈별표 1〉의 규정을 두고 있다.[66] 이와 함께, 사회적으로 성희롱이 무엇을 의미하는지 공유되지 않은 상태에서 그것이 '불법한 행위'라는 규범적 인식은 더더욱 확립되지 않았다는 점이 중요하다. 이 점에서 성희롱을 어떤 측면에서, 누구의 관점에서 불법하다고 말할 것인지 모두 어려운 사안이었다고 평가한다. 이런 인식을 가지고 아래에서는 본 사건의 1심과 2심 그리고 대법원 판결을 사실판단과 법적 판단의 측면으로 나누어서 살펴보기로 한다.

먼저, 사실관계에 있어 제1심과 제2심에서 인정된 사실 중 상이한 부분이 있었는데, 대법원은 2심에서 "원고의 주장사실 중 일부만을 인용하고 나머지 주장사실을 배척한 조치는 모두 수긍이 가고" 거기에 "논리칙, 경험칙, 체증법칙위배, 심리미진 등의 위법이 있다고 할 수 없다"고 판시하여 제2심의 사실인정을 받아들였다. 따라서 대법원의 심리를 보기 전 지방법원과 고등법원에서의 사실판단을 비교해 본다(〈표 3〉).

〈표 3〉 지방법원과 고등법원에서의 서울대 성희롱 사건의 사실판단

기기교육 과정에서의 신체 접촉	피고 신OO는 1992년 6월 5일경부터 약 2내지 3주간 … 엔엠알 기기실에서 원고에게 엔엠알 기기의 사용방법을 교육하는 과정에서 20 내지 30차례에 걸쳐서 원고가 컴퓨터 키보드 앞에 앉아 있으면 원고의 등 뒤에서 피고의 가슴을 원고의 등에 가까이 대고 포옹하는 듯한 자세를 한 채로 원고의 앞에 있는 컴퓨터 키보드를 자신이 치기도 하고, 원고의 어깨나 등에 피고의 손을 올려놓거나 원고의 등을 쓰다듬기도 하고, 원고가 기기를 작동하고 있을 때 옆에 있다가 교육을 한다는	피고는 기기전담조교의 교육을 비롯하여 기기가 정상적으로 작동하도록 관리할 책임이 있었으므로 자주 기기실에 들러 원고와 기타 대학원생들이 작동 시에 미숙한 점이 있으면 교정하고 교육하는 일이 있었다. 기기가 소재한 장소는 비좁았고 기기를 조작하려면 키보드에 명령어를 입력하거나 40여 개에 이르는 조정버튼을 조작하여야 하므로 **기기조작을 가르치거나 교정하기 위해서는 기기에 접근하지 않을 수 없었고, 그 과정에서 피고는 컴퓨터 앞에 있는 기기작동자의**

66_ 본 시행규칙 제2조 관련 별표 1에서는 성희롱에 해당하는 성적 언동의 예시로서 육체적 행위, 언어적 행위, 시각적 행위, 기타 행위를 '사실적으로' 예시하고 있다. 예컨대, 육체적 행위에는 입맞춤이나 포옹, 뒤에서 껴안는 등의 신체적 접촉 행위; 가슴·엉덩이 등 특정 신체부위를 만지는 행위, 안마나 애무를 강요하는 행위 등이 규정되어 있다.

	명목으로 원고의 팔을 손으로 잡기도 하고 때로는 원고의 옆에서 위 기기를 조작하면서 **의도적으로 피고의 몸의 일부분을 원고에게 접촉시키는 등의 행위를 지속적으로 해 왔다.**	**몸에 접촉하게 되는 일이 빈번하였다.** 피고는 기기관리 감독차 자주 공동기기실에 들렀는데, 그중 수차례에 걸쳐 엔엠알 기기조작을 위하여 컴퓨터 앞에 앉아 있는 원고의 의자 옆 또는 뒤에 접근하여 잘못을 시정해 주기 위하여 … 원고의 어깨, 등, 손에 피고의 손이나 팔이 접촉하게 되었다. **위 피고의 이러한 행동들이 원고로서는 불쾌하고 곤혹스러운 것이었으나 이에 대하여 명시적으로 거부의 의사를 표시한 바는 없었고…**
기타 성희롱 판단	1992년 6월경부터 8월경까지 피고 신OO는 사무실 복도에서 원고를 마주치면 함께 걸으면서 원고의 등에 손을 대거나 어깨를 잡는 경우가 종종 있었으며, 한 번은 대학원생들이 사용하는 실험실에서 원고의 땋은 머리를 만지면서 "요즘 누가 시골처녀처럼 이렇게 머리를 땋고 다니느냐"는 얘기를 한 사실이 있고, **심부름 기타 명목으로 원고를 자신의 연구실로 자주 불러, 들어오는 원고를 위아래로 훑어보며 몸매를 감상하는 듯한 태도를 취한 경우도 종종 있었다.** 피고 신OO는 원고가 엔엠알 기기담당조교로 들어온 후 얼마 안 있어 실험실 학생들과 입방식을 한 이후에 원고에게 자신과 따로 입방식을 하자는 취지의 발언을 하고, 1992년 8월경에는 원고에게 "날씨가 좀 서늘해지면 실험실 사람들 모르게 자신과 단둘이서만 넥타이 메고 가는 곳에서 입방식을 하자"는 얘기를 했다.	원고는 피고 신OO가 1992년 6월경부터 8월경 사이에 서울대학교 23동 108호 앞 복도 등에서 원고와 마주칠 때면 의도적으로 원고의 등에 손을 대거나 어깨를 잡는 경우가 많았고, 같은 해 8월경에는 22동 309호실 실험실에서 "요즘 누가 시골처녀처럼 이렇게 머리를 땋고 다니느냐"고 말하면서 원고의 머리를 만지기도 하고, 원고가 정식 임용된 동년 8월10일경 단둘이서 입방식을 하자고 제의하기도 하고, 같은 무렵 23동 4층 교수 연구실에서 원고를 **심부름 기타 명목으로 수시로 불러들여 위아래로 훑어보면서 몸매를 감상하는 듯한 태도를 취하기도 하였다고 주장한다. 살피건대 뒤에서 당원이 채용하는 증거와 변론의 전 취지를 종합하면 대체로 원고 주장과 같은 피고의 언동이 인정되나, 그 언동은 뒤에서 보는 바와 같이 성적 괴롭힘에까지 이르는 심하고 철저한 것은 아니었다.**
기기 고장 방치	**(산책제의 거절 이후) 피고 신OO는 원고의 업무수행이나 업무상 보고 등에 대하여 무관심 또는 부정적인 태도를 취하였**	

	는데 1993년 2월경 원고가 피고에게 엔엠알 기기의 이상상태를 수차례 보고하였으나 피고는 원고의 이러한 보고를 계속 무시한 채 방치하다가 결국 소외 류OO이 피고에게 기기이상을 재차 보고하여 이를 수리하게 되었다.	
근무환경	종래부터 학생들이 위 엔엠알 기기를 사용하여 시료측정을 하는 것은 제한되어 있고 원칙적으로 위 기기담당 조교가 학생들의 신청을 받아 시료측정을 하여 주도록 되어 있으나 피고 신OO의 실험실 대학원생들만은 예외적으로 위 기기담당조교를 거치지 않고 직접 위 기기를 사용하는 것이 관행으로써 허용되어 왔고, 피고 신OO는 원고가 근무를 시작한 지 얼마 되지 않았을 때에 원고에게 다른 학생들이 신청한 시료측정보다는 피고의 실험실 소속 대학원생들의 위 기기사용에 우선권을 주도록 지시하였고, … 시료측정을 하지 말라고 지시를 한 사실이 있기에 원고는 위 지시에 따라 업무에 임하였었는데 … 소외 류OO이 실험 때문에 하루 2, 3시간 이상씩 위 기기를 독점하여 사용하기도 하고, 또 같은 실험실 소속 **대학원생인 소외 채OO은 미리 위 기기사용 시간을 알려달라는 원고의 협조부탁에도 불구하고 예고없이 임의로 장시간 위 기기를 사용하기도 하여 원고와 소외 채OO과의 사이에 말다툼이 있었던 경우도 있는 등 피고 신OO가 원고에게 지시한 자신의 실험실 소속 대학원생들에게 위 기기 사용의 우선권을 주고, 외부로부터 의뢰된 시료측정을 하루에 10개를 초과하여 측정하지 말라는 지시사항의 준수로 인하여 원고의 업무에 지장**	원고가 담당하는 엔엠알기기는 종래부터 학생들이 위 기기를 직접 사용하여 시료측정을 하는 것은 제한되어 왔고 원칙적으로 위 기기담당조교가 학생들의 신청을 받아 시료측정을 하여 주도록 하되, **다만 피고 신00 실험실 소속 학생들의 경우에는 예외적으로 위 기기담당조교를 거치지 않고 직접 위 기기를 사용하여 시료측정을 하는 것이 허용되어 왔다. 원고가 위 엔엠알 기기담당조교로서 근무를 시작한 이래 변리사 시험을 준비중이었던 원고의 근무태도와 관련하여 위 기기를 이용하는 대학원생들로부터 원고가 평소에 제자리를 잘 지키지 않으며 측정의뢰를 해도 제때에 스펙트럼을 찍어주지 않는다는 등의 불만이 있어 왔다.** 원고가 정상 근무한 1992년 10월부터 1993년 5월까지 시료처리량은 106개 내지 200개였는데 가장 많은 작업을 한 달에도 하루 처리량은 8개에 불과하여 **실질적 근무시간은 3시간 가량에 불과하였음에도 학과에서 의뢰된 시료처리를 원고가 2~3일간 지체시켜서 대학원생들로부터 불만을 사게 되었다. 특히 원고와 위 기기를 공동으로 사용하는 대학원생들과의 사이에는 위 기기의 사용시간 등의 문제로 충돌이 잦았고 실험실 전임자와 기기사용 문제로 언쟁을 벌리는 등 인화관계 문제를 드러내었고** 화학과에서 피고

	이 오거나 의뢰받은 시료측정이 자꾸 지연되는 등의 애로사항이 발생하게 되어 원고가 위 피고에게 이에 대한 조절을 부탁하였으나, 위 피고는 원고에게 "그것은 조교와 학생간에 해결할 문제이고, 방샘플이 최우선인데 다른 의뢰 샘플이 아무리 늦어져도 그것은 조교가 상관할 바가 아니다"라는 얘기를 하면서 화내기도 하였다.	의 지도 아래 박사과정을 이수한 소외 류OO과 한패가 되어 소외 채OO을 위시한 **대학원생들과 대립하였기 때문에 이들의 감정대립으로 인하여 실험실의 연구 분위기는 저해되었다.**

〈표 3〉과 같이 심급에 따라 인정된 사실이 다음과 같이 달랐다. 첫째, 기기 조작 과정에서 피고의 원고에 대한 신체 접촉이라는 행위 사실에 대해서는 제1심과 제2심 법원이 모두 인정했음에도 그것의 의미에 대한 해석이 같지 않았다. 1심의 지방법원에서는 신체 접촉을 고의적인 행위로 판단한 데 비해, 고등법원에서는 업무상 불가피하게 요청되는 것으로 보았다. 이렇게 객관적인 사실의 유무도 중요하지만 인간 행위가 가지는 '의미'에 대한 해석도 중요하다. 사회학의 현상학적 전통에서 볼 때 인간 행위의 의미해석은 간주관적(intersubjective) 공간에서 이루어진다.[67] 즉 해석자의 주체성이 상대 주체성에 자신을 이입하고 투사하고 상상적으로 교류하는 그곳에서 해석이 이루어진다는 것이다. 이에 따라 사회과학에서 행위에 대한 해석을 구한다는 것은 실증적인 작업이라기보다는 해석적인 작업이라고 하는 것이 타당할 것이다. 달리 말해 해석하는 주체성에 따라 이입과 투사의 내용이 상이해질 수밖에 없다는 주관성이 개입한다는 것이다. 하지만, 기기 작업에 대한 실험연구로도 어느 정도 증명 가능할 것이라고 사료된다. 즉, 문제된 엔엠알 기기의 작동방법을 가르치는 데 있어서 신체 접촉이 불가

67_ 사회과학이 다루는 세계가 '의미'의 문제를 다룬다는 점에서 그 '과학성' 그리고 정당성이 자연과학과 동일하다고 할 수 없다. 예컨대 하버마스(J. Habermas)는 (자연세계와 같은) 객관적 세계, (인간관계로 구성된) 사회세계, 그리고 (개개인의) 주관적 세계에 관한 화용론(speech act)의 차이에 대해 이론화하였고, 이를 통해 '의사소통적 합리성'은 '목적적 합리성'과 달리 '언어적 상호이해'에 도달하는 것이라는 테제를 제시한 바 있다[J. Habermas, *The Theory of Communicative Action*, Thomas MaCarthy (trans.), Beacon Press, 특히 vol.2, 113-197면].

피한 것인지, 접촉을 하였다면 접촉의 부위 및 정도가 어떠했는지 등에 관해서는 실험을 통해 어느 정도 규명될 수 있을 것이다. 변호사나 재판부가 그런 노력을 기울였다면, 심급에 따른 사실 해석의 차이를 줄일 수 있었을 것이다.

둘째, 고등법원에서는 성희롱적인 언동에 대한 사실을 인정하면서도, "그런 언동은 … 성적 괴롭힘에까지 이르는 심하고 철저한 것은 아니었다"고 판단하였다. 대법원에서 이 판단은 법리 오해로 지적하였지만, 이 사안은 '괴롭힘(희롱)' 행위에 대한 사실 판단에도 해당된다고 생각한다. 과연 누구를 기준으로 하여 그와 같은 행위에 대해 '심하고 철저한 것이 아니다' 혹은 '그렇다'를 판단할 수 있을까. 앞서 본 Ellison v. Brady 판결에서처럼 남성과 여성의 사회화의 차이로 인하여 '성적 행위'에 대한 해석이 체계적으로 차이가 난다고 할 때, 누구의 시각에서 어떤 행위가 심하고 철저한 것(성희롱)에 해당하는지를 분명히 하는 것은 성희롱 사건 판결에서 매우 중요한 사안이다. 특히 성희롱은 '원치 않음'이라는 주관적 감정을 구성요건으로 하기에 누구의 입장에 서느냐는 매우 중요한 문제이다. 분명치는 않지만 서울고등법원의 해당 재판부는 "자유롭고 아름다운 남녀관계"를 염두에 둔 '합리적 일반인의 관점'을 취했다고 할 수 있다. 하지만 뒤에서 볼 대학원 학생의 증언 채용이나 피고용자의 수인의무 강조에서 볼 때, 해당 법원은 '합리적 일반인의 관점'이라기보다는 피고 대학교수 내지 엘리트 남성의 관점을 택한 것이 아닌가 한다.

셋째, 원고 여성의 근무환경에 관해서도 1심과 2심 간에 사실인정에서도 큰 차이가 나타난다. 제1심에서는 주로 피고 신OO 실험실 소속 학생들의 기기 사용으로 말미암아 원고가 처했던 곤경과 애로사항들을 적시한 반면, 2심에서는 피고인 신OO 교수의 실험실에 소속된 학생들의 증언을 인용하면서, 오히려 원고가 "인화관계에 문제"가 있었으며 "연구실 분위기를 저해"했던 것으로 판단하였다. 즉 성희롱의 중요한 양상인 적대적 근무환경의 문제를 원고의 근무태도로 도치시켜 버린 것이다. 또한 피고 실험실 소속 대학원생과 피고 간의 관계가 가지는 권력과 원고 조교와 대학원생 간의 관계의 권력 차이는 누구라도 쉽게 판단할 수 있는 사항이었음에도 불구하고, 증거채집에 있어서 이런 사회적 권력의 차이를 고려하지 않은 조사란 문제가 많다고 보인다.

넷째, 이 외에도 2심 판결문에서는 성희롱이 방치됨으로써 여성 및 근로자들이 겪는 고통이나 부당함이 아니라 "성희롱 법규 도입에 따른 부작용을 최소화해야 한다"고 하고, 직장에서 근무하는 근로자가 가지는 "수인의무"도 언급하고 있다. 또한 "경미하고 사소한 사항을 불법행위로 인정하는 경우에는 그와 함께 활동하는 자의 행동의 자유를 부당히 제한하게 될 것"이라고 적시하였다. 여성의 성적 자유문제에 대해서는 논외로 하더라도, 성희롱을 '경미하고 사소한 사항'으로 판단하는 관점은 누구의 것인지도 의문스럽다. 이러한 사실 판단도 법적 판단도 아닌 '판단'은 법학과 사회과학에도 근거하지 않는 판사 개인의 주관적인 것이라고 밖에는 보이지 않는다.

이상에서 지적한 1심과 2심의 사실 인정의 상이성은 보다 철저한 실증적 조사연구를 행했다면 그 불일치가 상당부분 줄어들 수도 있었을 것이다. 하지만 2심의 사실판단에 판사의 남성적 입장성이 강하게 개입되었다면 그것은 '사실'로도 쉽게 교정되지 못할 것이라고 해석한다. 오히려 그러한 입장성으로 '사실'을 구성한 측면도 발견할 수 있다. 그럼에도 대법원이 2심의 사실인정을 그대로 받아들였다는 것은 대법원이 실증적이고 과학적인 증거 채집의 문제에 크게 주의를 기울이지 않았다는 점을 나타내고, 나아가 '누구의 관점에서 성희롱을 판단할 것인가'와 같은 질문을 제기하지 않았다는 것을 나타낸다고 생각한다. 다만 대법원은 법리적 오해라는 차원에서 원심의 판결을 파기하고 다음과 같이 판시하였다.

> "**이른바 성희롱의 위법성 문제는 새로운 유형의 불법행위이기는 하나, 이를 논함에 있어서는 위에서 본 바와 같이 이를 일반 불법행위의 한 유형으로 파악하여 행위의 위법성 여부에 따라 불법행위의 성부를 가리면 족한 것이지**, 원심이 설시하는 바와 같은 불법행위를 구성하는 성희롱을 고용관계에 한정하여 … 그 성희롱의 태양이 중대하고 철저한 정도에 이르러야 하며, 불법행위가 성립하기 위하여는 가해자의 성적언동 자체가 피해자의 업무수행을 부당히 간섭하고 적대적 굴욕적 근무환경을 조성함으로써 실제상 피해자가 업무능력을 저해당하였다거나 정신적인 안정에 중대한 영향을 입을 것을 요건으로 하는 것이므로, 불법행위에 기한 손해배상을 청구하는 피해자로서는 가해자의 성희롱으로 말미암아 단순한 분노, 슬픔, 울화, 놀람을 초과하는 정신적 고통을 받았다는 점을 주장, 입증하여야 한다는 견해는 이를 채택할 수 없는 것이다."

이러한 인식 위에, 대법원은 국내에서 최초로 제기된 성희롱 사건에 대해 아래와 같은 판단기준을 제시하였다. (i) 성희롱은 상대방의 인격권을 침해하여 인간으로서의 존엄성을 훼손하고 정신적 고통을 주는 정도에 이르는 불법행위로 간주하고 행위의 위법성 여부로 성희롱 행위의 존부를 가리는 것으로 족하다. (ii) 보복해고 또는 근로환경에 대한 부당한 간섭 여부는 위자료 등의 산정에 참작사유가 될 뿐이므로 이에 따라 위법성 여부가 달라지지 않는다. (iii) 성희롱을 조건적(대가형) 성희롱과 환경형 성희롱으로 구분하는 것을 반대하고 이에 따라 위법성 여부가 달라지지 않는다. 이와 같은 해석은 불법행위로서의 성희롱 판단에 유연성을 가진 기준이 될 수 있을 것이다. 하지만 이러한 기준은 성희롱의 구체적인 폐해와 그 젠더적 효과 등을 단지 '인격권'을 훼손하는 불법행위라는 하나의 잣대, 그것도 너무도 포괄적인 기준으로 얼버무린 것과 같은 한계를 남겼다고 평가한다.

대법원의 이런 성희롱 인식은 누구의 관점에서 성희롱을 판단할 것인가라는 관점의 문제와도 긴밀히 연관된다고 생각한다. 대법원에서는 성희롱이라는 불법행위를 "사회공동체의 건전한 상식과 관행"이라는 지극히 일반적인 관점에서 판단하고 있었던바, 이것이 무엇을 의미하는지 해당 판결문을 통해서 살펴보도록 하자.

> "특히 남녀관계에서 일방의 상대방에 대한 성적 관심을 표현하는 행위는 자연스러운 것으로 허용되어야 하지만, 그것이 상대방의 인격권을 침해하여 인간으로서의 존엄성을 훼손하고 정신적 고통을 주는 정도에 이르는 것은 위법하여 허용될 수 없는 것이다 … **그것이 사회공동체의 건전한 상식과 관행에 비추어 볼 때 용인될 수 있는지의 여부, 즉 선량한 풍속 또는 사회질서에 위반되는 것인지 여부에 따라 결정되어야 할 것이다. 그리고 상대방의 성적 표현행위로 인하여 인격권의 침해를 당한 자가 정신적 고통을 입는다는 것은 경험칙상 명백하다 할 것이다.**"

> "피고 신OO의 위와 같은 언동은 분명한 성적인 동기와 의도를 가진 것으로 보여지고, 그러한 성적인 언동은 비록 일정기간 동안에 한하는 것이지만 그 기간동안 만큼은 집요하고 계속적인 까닭에 **사회통념상 일상생활에서 허용되는 단순한 농**

담 또는 호의적이고 권유적인 언동으로 볼 수 없고 오히려 원고로 하여금 성적 굴욕감이나 혐오감을 느끼게 하는 것으로서 원고의 인격권을 침해하였다고 할 것이고, 이러한 침해행위는 선량한 풍속 또는 사회질서에 위반하는 위법한 행위이고, 이로써 원고가 정신적으로 고통을 입었음은 경험칙상 명백하다고 할 것이다."

먼저, 주목되는 것은 "경험칙상 명백하다"는 판결문의 언어이다. 주지하다시피, 본 성희롱 사건은 한국사회에서 이제까지 제기되지도 처벌되지도 않은 초유의 사건이었다. 따라서 성희롱이라는 행위의 성격, 그것이 피해자의 인권 및 작업장에 미치는 영향이 어떤 것인지에 대한 새로운 관심을 가진 조사 및 이에 대한 논리 구성이 필요하다 할 것이다. 하지만 대법원은 원심의 사실 파악이 위법하지 않다고 하여, 보다 철저하고 충분하게 사실관계를 심사할 의지를 가지고 있지 않았던 것으로 보인다. 피해자의 고통이 경험칙상 그리도 명백한 것인지 의심스럽다.

둘째, 한국사회의 '풍속과 사회질서의 선량함'이 성희롱을 방지하거나 판단하는 데 부족함이 없는 기준이 될 수 있는지도 의문이다. 여성 근로자들의 대다수는 조직의 위계질서에서 하위직급에 집중되어 있고, 통상적으로 '여성은 직장의 꽃'이라고 여겨지고, 예컨대 남성중심적 회식문화가 유지되어 온 상황이라면, 성희롱 행위는 직장문화의 자연스런 일부로 녹아들어 있기 쉽다는 것이다. 그렇다면 사회질서의 선량함을 기준으로 할 것이 아니라 그 선량함 속에 내재해 있는 성차별성과 여성 억압성을 분석하는 것이 성희롱 법리 구성의 중심 과제라고 할 수 있을 것이다.[68]

셋째, 사회의 풍속과 선량함이라는 '사회 통합적 판단 기준'에 따르면 합리적 여성과 합리적 남성 간의 관점의 차이를 고려하기 어려울 것이다. 일반적으로 성희롱 행위는 남녀 간의 위계질서라는 사회적 관계에서 파생하는 것으로 이해되

68_ 1993년 11월 한국여성민우회가 서울지역 사무직 여성노동자들을 대상으로 실시한 '직장 내 성희롱에 관한 실태조사'에 따르면, 어떤 형태로든 성희롱을 경험한 사람은 전체 응답자 458명 중 401명으로 답변하여 87.6%이며, 동료 여직원에게 성희롱이 일어난 것을 보거나 들었다고 답한 비율은 전체 응답자 중 64.8%였다. 또한 지난 2004년 9월 여성부가 발표한 자료에 따르면 성희롱 사건의 30% 이상이 직장 회식 자리에서 발생하며 육체적 성희롱(56.2%)이 언어적 성희롱(36.3%)을 앞지른 것으로 나타났다.

는데, 법원이 사회통합적인 관점만을 견지한다면, 성희롱에 대한 적절한 법적 조치를 제공해 줄 수 있을지 의문이다.[69]

인격권에 대한 훼손이라면 굳이 성희롱이 아니라고 해도 다양한 행위태양들이 있을 것이다. 성희롱은 특히 성성(sexuality)을 매개로 하여 작업장에서 벌어지는 여성에 대한 체계적 억압 내지 차별의 성격을 지니는 행위라는 점에서 새로운 문제거리인 성성에 대한 진지한 학습과 이해가 선행되어야 하는데 그저 인격권의 문제로 일반화해 버린 경향이 있다. 성성과 젠더 그리고 직급 등의 차이를 매개로 한 남녀가 가지는 권력의 차이라는 문제에 대해 아무런 법적 이론을 발달시키지 못하였다. 오히려 우리 법원은 젠더적 시각을 도입하는 것을 최대한 꺼리면서 어떻게 기존의 헌법과 법적 논리 속에서 이 문제를 다룰까를 모색한 경향이 나타난다.

이상과 같이 볼 때, 미국의 Ellison v. Brady 판결 등에서 제시한 합리적 피해자 기준 내지 합리적 여성기준이 채택될 여지는 없었던 것으로 보인다. 앞서 본 '합리적 피해자 관점'은 사법부가 합리적 여성의 관점이 어떤 것인지 알아보고자 하는 동기 내지 여성이 합리적으로 설명할 기회를 부여한다는 점에 가치가 있다고 생각한다. 심층 면접 혹은 설문지 조사방법 등을 통하여 '피해 여성(들)과 유사한 체험을 할 수 있는 위치에 놓은 사람들의 집합 체험'을 조사 연구한다면, 보다 신뢰성을 가진 자료를 산출할 수 있을 것이다.[70] 앞으로 심리학자, 사회학자 등에 의해 마련된 성희롱 및 성폭력에 처한 여성들의 증언자료 및 사례분석을

69_ 롯데호텔 성희롱 사건(2000가합57462)에 관한 서울지방법원 판결문에서는 "성적인 언동이 일상생활에서 허용되는 단순한 농담 또는 호의적인 언동의 범주를 넘어 위법한 것인지 여부를 판단함에 있어서는 사회통념상 합리적인 사람이 피해자의 입장이라면 문제가 되는 행동에 대하여 어떻게 판단하고 대응하였을 것인가를 기준으로 하여야 할 것이지만, 피해자의 주관적인 사정도 충분히 고려하여 결과적으로 위협적, 적대적인 고용환경을 형성하여 업무능률을 저해하게 되었는지를 검토하여야 할 것"이라고 하고 있어서 성희롱 행위를 판단함에 있어 '합리적 피해자의 관점'을 중심으로 하되, 피해자의 주관적 사정을 고려해야 한다고 판시하였다. '서울대 성희롱 사건'에 비하면 성희롱 행위의 불법성 판단의 기준 문제가 보다 진지하게 다루어지고 있지만, 합리적 사람과 피해자의 입장 간의 관계가 분명하게 제시되지 않았다.

70_ 이 경우 '합리적 여성기준'을 찾는 노력은 실증주의 연구와 배치되지 않는다. 다만, 전통적 실증주의에서 생각하듯이, '입장 없는 제3자'가 아니라 '특정한 입장에 놓인 사람'이 조사 대상이 될 수 있다는 점에서 실증주의 철학과는 일정한 거리가 있을 것이다.

축적한다면 여성의 합리성에 대한 공감대를 형성하는 데 기여할 것이다.[71] 이와 같은 조사와 논증을 통하여 법원이 양성(兩性)에 대해서 마찬가지의 주체성 이입과 상상력을 가질 수 있을 때, 비로소 법원은 성별관계에 관하여 편견 없는 지위에 설 수 있을 것이다. 이때에 비로소 법원의 성별은 남성이 아닌, 양성적인 것이 될 수 있을 것이다.

Ⅴ. 결 론

이상과 같이 사회과학의 실증적 조사연구가 법적 판결에 가지는 의의를 살펴보았다. 먼저 실증주의, 법현실주의, 사회학적 법학에 대해 논의하였고, 여성주의 법학의 '입장성'의 관점에서 실증주의 방법론이 드리우는 명암에 대해서도 검토하였다. 본론에서는 주로 진정직업자격과 관련된 노동판례를 살펴봄으로써 사실확정에서 실증주의 조사연구가 가지는 다음과 같은 의의와 한계를 살펴보았다. 그 내용을 간략히 요약하면 다음과 같다.

먼저, 살펴본 판례에 따르면 법적 판단에서 실증주의적 조사연구는 고정관념 내지 사회적 편견을 파기하는 데 매우 유용한 도구라는 점을 알 수 있다. 여성에 대한 고정관념이란 여성성에 관한 지배적이고 차별적인 인식이라고 정의할 수 있는데, 이는 인구의 불특정 다수가 관성적으로 유지하고 있고 그런 인식 자체가 일종의 예언력을 갖는다는 점에서 그 차별적 효과가 크다. 사회적 고정관념은 과학적으로 뒷받침되지 않는 경우가 많고, 여성의 특성이란 개인별로 편차가

71_ 예컨대 강간 행위에 관하여 합리적인 피해자 여성이 취할 행동과 한국 법원이 가지고 있는 예상 간에 큰 차이가 있는지 여부는 합리적 여성의 행위에 관한 경험조사에 입각하여 마련된 여성의 공통적 인식틀을 통해 밝혀질 수 있다. 대다수 합리적 여성들은 (i) 신체의 상해 혹은 생명의 위험을 느낀다면 이를 방지하기 위해 극렬하게 저항하지 않을 것이고 (ii) 자신이 통제할 수 없는 상황에서 강간이 벌어지게 되면 피해를 최소화하고자 할 것이고 (iii) 사건을 신고하거나 사회에 알리는 것이 가져올 이익에 대해서 측정할 것이다. 이런 '합리성'이라면 강간행위 시 최협의의 폭행, 협박을 불러오지 않을 확률이 높고, 신체에 아무런 상해를 남기지 않을 가능성도 높다. 이런 '합리적 여성'이라면, 우리 법원에서 강간으로 인정받기는 상당히 어려울 것이다. 즉, 형사법원의 대다수 강간죄의 판단은 합리적 여성을 예정하지도 고무하지도 않는다.

크게 존재하기에, 실증주의적 조사연구는 지배적 고정관념을 깨고 특정 사안에 놓여 있는 여성의 현실을 파악하는 데 있어 매우 유용한 도구가 아닐 수 없다.

둘째, 노동 판례에서 볼 때 실증주의 조사연구가 용이한 사실의 영역이 있고 그렇지 않은 영역이 있다는 점도 흥미롭다. 예컨대, 여성이 들어 올릴 수 있는 무게, 여성의 신장과 몸무게와 같은 사실은 보다 용이하게 증명 가능할 것이다. 하지만 Thodard 사건과 Diaz 사건에서와 같이 '여성이란 존재 자체로 성적 욕망을 자극한다'든지 '여성은 고객들을 편안하게 해 주는 존재'와 같은 인식에 대하여 실증주의 조사방법은 일정한 한계를 나타내기도 한다. 이러한 경우에 있어서 타당성 있는 인식조사를 진행하기 어렵고 설사 인식조사가 이루어진다 해도 어떤 가치관과 입장에서 그 사실을 해석할 것인지가 문제된다. 특히 문화적 인식이 개입되는 사실의 판단이 사건의 쟁점이 될 경우, 헌법과 법률에 따라 규범적 판단을 내려야 하는 법률가의 역할이 보다 커질 것이다.

셋째, 사법적 판단에 실증주의적 연구가 가지는 의의는 큰 것이지만 동시에 그 한계도 충분히 인식되어야 한다. 예컨대, 동성애 파트너십에 관한 일반인의 의식에 관한 연구 결과가 부정적인 것이라고 할지라도 그것이 동성애 파트너십을 인권법의 관점에서 보호하는 것을 금지할 사유가 될 수는 없다. 마찬가지로, 젠더관계에 관한 지배적 인식이 법이 지향하는 입법목적, 나아가 기본권에 반할 때, 실증주의 연구결과라고 해서 법적 판단에 적용할 수는 없다.

이 글에서 살펴본 대로, 성희롱 사건의 경우가 실증적 조사의 한계를 드러내는 하나의 사례라고 보인다. 성희롱 행위 여부에 있어 '원치 않음' 그리고 '괴롭힘'이라는 주관적 요소가 판단되어야 하는데, 이는 실증주의적 조사로는 다 접근하기가 어려운 영역이기 때문이고, 성적인 행동을 둘러싸고 여성과 남성 간의 평가가 일관되게 다른 경향을 나타낸다고 할 때, 누구의 관점에 입각할 것인가의 문제가 매우 중요해진다. 또한 체력, 신장, 공포증, 고객의 선호 등과는 달리 '성희롱'이라는 행위 자체를 법에 '예시해야' 할 정도로 일반 언어를 법률이 선도한 경우라는 점도 고려해야 할 것이다.[72]

72_ 여기서, 법률 개념에 기초한 사실과 그렇지 않은 사실 간을 구분하는 것이 사실판단의 여러 차원을 이해하는 데 유익하다고 생각한다. 예컨대, '동일노동'을 해석하기 위한 '직무분석'과 같은 기준은 법적 개념이 아닌 사실적 기준이고, 이 경우 법적 구속을 받지 않는 실증주

이상과 같이 본 연구에서는 법적 판결과 병행하여 행해진 실증적 연구조사에 대해 다음과 같은 경향을 발견할 수 있다. 먼저, 여성의 체력, 신장, 공포증 등의 객관적으로 측정가능한 사실을 '외재적 사실(external facts)'이라고 할 때 이들이 다툼의 대상이 될 경우에는, 잘 설계된 실증주의적 조사로 문제가 해소될 가능성이 높다. 하지만 고객의 선호, 남성의 성욕 유발과 같이 사회구성원의 인식을 다루는 것을 '주관적 사실(subjective facts)'이라고 한다면 이들에 대한 조사는 실증적 조사만으로는 판단하는 데 한계가 있다는 점을 알 수 있었다. 이러한 경우에는 조사자 및 판단자의 주관성이 개입될 여지가 크기 때문이다. 하지만 후자의 경우에도 규범적이고 법률적 판단을 통해 실증적 사실을 해석하려는 노력을 경주할 때, 여전히 실증적 조사연구의 의의는 크다고 할 것이다.

다른 한편, 성희롱의 경우처럼 문제되는 행위 자체가 일상적 개념이라기보다 1차적으로 법적 개념일 경우, 이를 '내재적 사실(internal facts)'이라고 부르고자 한다. 이 경우에는 경험적 사실조사는 법적 개념의 구속을 강하게 받게 될 것이다. 즉 성희롱이 있었는가를 판단하기 위해서는 동시에 성희롱 행위의 구성요건에 따라 사실조사를 해야 하기 때문에, 사실 판단 자체가 법적 판단으로 직결되게 될 것이다. 앞서 여성의 체중이나 완력과 같은 요소 자체가 진정직업자격을 이룬다기보다는 진정직업자격을 주장하기 위한 '사업상 필요성' 등에 의한 요소 평가를 행한다는 점을 상기할 때 이해할 수 있을 것이다. 나아가 이 내재적 사실은 직장의 환경 등과 같은 객관적 사실뿐 아니라 어떻게 느꼈는가와 같은 주관적 사실이 모두 포함된다. 게다가 성성(sexuality)이 매개되는 사건의 경우 성별 간의 체계적 인식 차이를 해석할 수 있는 메타기준—예컨대 '합리적 여성기준' 내지 '합리적 피해자 기준'과 같은 규범을 필요로 할 것이다. 요컨대, 다투어지는 '사실'의 성격에 따라 실증주의 조사연구의 용이함이나 효과성이 달라진다. 이상의 내용을 도표화하면 〈표 4〉와 같다.

의적 조사의 필요성과 가능성이 보다 커진다. 하지만, 성희롱과 같은 법 개념의 경우에는 타당한 사실영역이 법률적 요건에 의해 구속될 수밖에 없다.

〈표 4〉 다투어진 사실의 성격과 법적 판단

다투어진 사실	사실의 차원	법적 판단
들어 올릴 수 있는 무게 (Weeks 사건)	외재적 사실	진정직업자격 불인정
높은 곳에서의 공포증 (EEOC 사건)	외재적 사실	진정직업자격 불인정
a. 신장/체중 조건 b. 남성 죄수들의 성적 욕구 유발(Thodard 사건)	a. 외재적 사실 b. 주관적 사실	진정직업자격으로 인정
승객의 선호—업무 본질성 (Diaz 사건)	주관적 사실	직무의 본질적 부분과의 연관성, 진정직업자격 불인정
성희롱 행위 (서울대 성희롱 사건)	내재적 사실 (주관적 사실 & 객관적 사실)	법률 해석을 통한 사실확정

본고에서 다룬 다양한 판례에서 볼 때, 조사의 용이성이나 주관성의 개입 정도라는 차이에도 불구하고 사회과학적인 실증적 조사연구는 사실관계를 다루어야 하는 모든 종류의 법적 판단에 있어서 그 효과가 광범하게 유익하다고 결론짓는다. 실증적 조사는 무엇보다도 사회통념과 추정을 파기하는 데 기여하였고 어떤 사건이 발생하는 사회적 실태를 이해하게 해 주며 사회적 맥락에 부합하는 법적 해석을 가능하게 해 준다는 점 등 그 유익함은 다 열거하기 어렵다. 법의 입법목적과 인권에 비추어 사실관계를 확정하며 동시에 파악된 사실에 입각하여 법률을 적용하고 재해석하는, 사실과 법적/규범적 판단 간의 상호 대화는 영구히 계속될 것이다. 앞으로 사법부는 사실 판단에 있어 보다 적극적으로 실증적 조사결과를 채택하기를 기대한다. 나아가 변화하는 사회현실에 부합하고 법의 실체적 진실과 정의를 실현하기 위해서 앞으로의 법학교육에서 사회과학의 조사연구 및 이론에 대한 교육이 보다 활발하게 이루어지고 사회과학의 교육과 연구에서도 법연구 영역이 확대되기를 기대한다.

제9장

미국의 사회적 법연구의 흐름과 쟁점*

김정오**

Ⅰ. 머리말

20세기 초 '살아 있는 법'(living law)의 개념을 처음으로 제시한 유진 에를리히 이후, 법학자들 혹은 사회과학자들은 사회 속에서 법이 어떻게 작동하는가에 관해서 탐구의 영역을 확대해 왔다. 이 영역에 속하는 가장 대표적인 학문분과를 우리는 일반적으로 법사회학이라고 불러왔다. 그러나 이제 법사회학이라는 명칭이 무색해질 정도로 그 연구영역(field)과 연구방법이 매우 다양해져 왔다. 이러한 탐구에 대해서 최근에는 법사회학이라는 용어 대신에 사회적 법연구(sociolegal studies)라는 용어를 사용하고 있다.[1] 미국의 법과 사회학회의 회원들

* 이 글은 2007년 7월 한양대학교 법학연구소에서 발간한 『법학논총』 제24집 제2호에 실린 논문 "미국의 사회적 법연구의 전개와 동향—법과 사회학회를 중심으로"를 수정한 것이다.

** 연세대학교 법학전문대학원 교수.

1_ 이 용어를 이철우 교수는 '사회적 법학'으로 번역하고 있는데, 그 이유는 한국에 소개된 미국의 비판법학(critical legal study)과 대비적인 관점에서 그 번역어를 사용하고 있는 것처럼 보인다. 그러나 필자는 '법학'이라는 말을 붙이기보다는 연구라는 좀 느슨한 용어가 더 적절하지 않나 생각한다. 비판법학도 어떻게 보면 비판적 법연구라고 할 수 있겠으나, 비판법학은 보다 좁은 범주의 학자군으로 형성된 학파와 같은 것이고, 방법론이나 인식론에

역시 이제는 법사회학이라는 용어보다는 사회적 법연구라는 용어를 사용하고 있다. 이들이 이 용어를 사용하게 된 가장 중요한 이유는 법과 사회연구가 이제는 단지 사회학적 관점에서의 법현상 분석만이 아니라 심리학, 인류학, 역사학, 범죄학 등 다양한 사회과학 학문분과들과의 학제적 연구로 확산되어 왔기 때문이다. 레빈은 이 용어에 대해서 법, 법적 과정, 법체계, 규범질서, 법관련 행동, 그리고 사회 속에서 법적이라 할 수 있는 대상들에 대한 사회적 연구를 의미한다고 지적하고 있다.[2]

이 글의 주된 관심은 사회적 법연구의 구체적인 이론이나 방법론을 탐구하는 것이 아니라, 과연 "사회적 법연구" 혹은 "법과 사회연구"라는 명칭으로 어떠한 연구가 진행되고 있는가를 밝히는 것이다. 그리고 미국 내에서도 다양한 저널들을 통해서 법사회학 또는 사회적 법연구의 결과들이 발표되고 있지만,[3] 이 글에서 다루고자 하는 주요대상은 1960년대 중반 설립된 미국의 법과 사회학회에 속한 학자들의 연구활동이다.

첫째, 미국의 법과 사회학회가 형성된 과정을 간략하게 살펴보고자 한다. 한 학문이 발전하는 것은 단지 몇몇 대가들의 거대이론에 의한 것이기보다는 다양한 학자들의 공통된 관심과 노력을 통해서 형성된다는 사실을 법과 사회학회의 형성과정이 잘 보여 주고 있다는 점에서 우리에게 시사하는 바가 클 것으로 보인다. 둘째, 이들이 어떠한 관점에서 법현상들을 탐구하는가를 다루게 될 것이다. 해석법학의 영역을 벗어나 사회 속에서 작동하고 있는 법의 현상을 탐구한다는

있어서 매우 다양한 유파들이 있기는 하지만, 그들의 연구가 지향하는 목표는 나름대로 공통된 양상을 보이고 있다. 그리고 이 논문에서 다루는 법과 사회학회의 소속 학자들을 보면, 어느 한 분파로 규정한다는 것이 거의 불가능해 보인다. 따라서 이 글에서는 사회적 법연구, 법과 사회연구라는 용어를 혼용해서 사용하고자 한다. 이철우, "사회과학으로서의 법학인가, 법에 대한 사회과학적 분석인가,"『법철학연구』제9권 1호(2006), 73면; 양건,『법사회학』(아르케, 2000), 28면.

2_ F. J. Levine, "Goose Bumps and 'The Search for Signs of Intelligent Life' in Sociolegal Studies: After Twenty-Five Years," *Law & Society Review*, Vol. 24 (1990), 8면.

3_ 미국에서 법에 관한 경험과학적 탐구를 지향하는 저널들을 보면 다음과 같다. American Law and Economics Review; Behavioral Sciences & the Law; Journal of Law, Economics & Organization; Journal of Empirical Legal Studies; Judicature, Justice System Journal; Law & Human Behavior; Law & Policy; Law & Society Review; Supreme Court Economic Review; The Journal of Law & Economics; The Journal of Legal Studies.

것이 과연 어떠한 것인가를 파악하기 위해서는 법과 사회학자들이 초기에 설정했고, 지속적으로 유지하고자 하는 기본적인 전제나 입장을 살펴보는 것이 사회적 법연구를 이해하는 출발점이 될 것이다. 셋째, 법과 사회학회에서 발표된 논문들을 시대별로 구분해서 살펴보고자 한다. 과연 미국 학계에서 행해지고 있는 사회적 법연구가 어떻게 변해 왔는가를 살펴봄으로써 우리들은 이들이 갖고 있는 문제의식을 파악하게 될 것이다. 1960년대와 1970년대의 초기 법과 사회학자들의 연구, 1980년대의 연구를 살펴보고, 1990년대의 경우는 당시 법과 사회학회가 직면했던 지적 도전들을 중심으로 살펴보고자 한다. 페미니즘, 포스트모더니즘, 비판법학 등 새로운 학술적 조류의 등장에 대해서 법과 사회학자들이 어떻게 대응했는가를 살펴봄으로써 우리는 사회적 법연구의 변화의 흐름들을 파악할 수 있을 것이다. 그러고 나서 21세기에 이들이 제기하는 새로운 문제의식을 살펴보고자 한다.

II. 법과 사회학회의 형성과 발전

1. 법과 사회학회의 형성

법과 사회학회가 형성된 것은 1964년이었다. 미국 사회학회(American Sociology of Association)가 몬트리올에서 학술대회를 개최하기로 되어 있었는데, 6월 15일 위스콘신 대학교에서 '사회학 및 법 프로그램'의 간사를 맡고 있었던 해리 볼(Harry Ball)이 사회학회 회원들에게 서신을 보냈다. 학회 기간 중 법사회학에 관심이 있는 회원들은 조찬 모임에 참석해 달라는 것이었다. 이 모임에 90여 명의 사회학자들이 참석하였다. 그 자리에서 다양한 학술기관들에서 진행되고 있는 활동들에 관해서 논의가 있었고, 이 영역에서 사회학자들이 무엇을 할 수 있는가에 관해서 토론이 이루어졌다. 당시 러셀 세이지 재단의 사무총장을 맡고 있던 레오나드 코트렐(Leonard Cottrell)이 앞으로 이 분야에 대한 연구와 훈련에 재정지원을 하겠다는 약속을 하였다.[4]

조찬모임을 전후해서 로버트 예게(Robert Yegge), 해리 볼, 리처드 슈워츠

(Richard Schwartz), 셀던 메신저(Sheldon Messinger), 제롬 스콜닉(Jerome Skolnick)이 임시 위원회를 구성하여 주도적인 역할을 하였다. 이들은 소식지를 발간할 것에 동의하였으나, 논문을 포함하는 것에 대해서는 주저하였다. 그런데 1965년 1월에 러셀 세이지 재단에서 저널 발간 비용을 부담하겠다고 약속하였고, 이후 초기 3년 동안 법과 사회학회는 5만 4천 달러(현재의 가치로 약 20만 달러에 해당)의 기금을 지원받았다. 1964년 11월 17일 로버트 예게, 슈워츠, 볼이 서명한 협회 등록 서류를 제출함으로써 법과 사회학회가 법적 지위를 획득하였다.

1964년 6월부터 1965년 여름 사이에 학회 창립을 위한 실질적인 작업이 이루어졌다. 알포드(Alford)와 메신저는 볼의 초대에 응했던 650명의 연구 관심과 배경을 조사했고, 허버트 제이콥(Herbert Jacob)과 로라 네이더(Laura Nader)는 정치학자들과 인류학자들과의 모임을 주선했다. 메신저는 스탠튼 윌러(Stanton Wheeler)에게 법과 사회학회와 사회문제연구 소사이어티와 공동으로 법과 사회에 관한 특별 이슈를 계획하도록 요청하였다. 1965년 8월 29일에서 9월 1일 사이에 세 세션을 위한 논문들이 준비되었다. 이 세션에서 제롬 스콜닉은 그의 논문[5]에서 법현실주의나 인류학과 같은 다른 학문분과들에 대해서 빚을 지고 있음을 인정하였다. 그러나 그는 1950년대부터 새롭게 성장하기 시작한 법과 사회 운동과 법현실주의 운동을 구별하였다. 이 논문은 명쾌하고 미래지향적인 관점에서 사회학적 법연구의 근본적인 연구의 속성을 잘 표명하였다. 가장 주목할 점은 스콜닉이 장기적인 관점과 맥락을 가로지르는 법과 사회통제체제에 대한 기본적인 연구의 중요성을 강조하였다. 다른 한편 해리 존스(Harry Jones)는 법적용이 아닌 사회과학적 의미에서 추진되는 법관련 현상에 대한 기본적인 탐구를 촉구하였고,[6] 펠리스 레빈(Felice Levine)은 이러한 법과 사회학회의 기획이 출발점부터 탐험, 실험 그리고 다양한 양심 위에 토대를 두었다고 평가한다.[7]

4_ Levine, 위의 글(주 2), 10-13면.

5_ J. Skolnick, "The Sociology of Law in America: Overview and Trends," *Social Problems*, vol. 12 (1965), 4면.

6_ H. Jones, "A View from the Bridge," *Social Problems*, vol. 12(1965), 39면.

7_ 「법과 사회 리뷰」의 첫 호에서 편집자는 그 분야의 포용력과 광범위한 폭을 보여 주었을 뿐만 아니라, 조사의 대안적 방향에 관한 불확실성과 자기성찰을 보여 주었다. 슈워츠는 법에 관한 지식과 법정책의 가치에 관한 정보에 관해서 다양한 학문분과의 전망들로부터

2. 법과 사회 연구센터들의 설립

법과 사회 센터가 버클리, 위스콘신, 노스웨스턴, 덴버 그리고 얼마 후 예일에 세워졌으며, 이 센터들에서는 법과 사회과학을 통합하는 학제 간 훈련과 연계를 강조하였다. 하계 훈련프로그램들을 통해 법률적 훈련을 받은 학자들을 끌어들였다. 특히 덴버에 있었던 법학교육연구소의 사회과학방법은 법학계를 겨냥하였으며, 법과 사회학회 및 미국 로스쿨협회의 지원을 받았다. 법과 사회 운동의 초기에는 로스쿨이 주도하지 않았으나, 법학훈련을 받은 사람들이 사회적 법연구의 영역으로 유입되었고 중요한 참여자가 되었다.

이러한 연구소들 가운데, 사립대학교 로스쿨에 세워진 연구소들보다 주립대학교에 세워진 연구소가 훨씬 성공적이었으며, 특히 버클리와 위스콘신에 세워진 연구소는 법과 사회 연구의 활성화에 지대한 공헌을 했다. 두 대학 간에 경쟁과 긴장이 있었는데, 그것은 두 대학에 세워진 법과 사회 연구소의 성격과 위상에 있어서의 현격한 차이에서 비롯되었다. 버클리 연구센터를 주도했던 사람은 필립 셀즈닉(Philip Selznick)을 위시한 사회학자들에 의해서 주도되었던 반면, 위스콘신의 연구센터는 윌라드 허스트(Willard Hurst)를 비롯하여 법학자들에 의해서 주도되었다. 위스콘신의 법학교수들은 법은 종속변수라는 기치를 내걸고, 법체제와 싸우면서 자신들의 접근방법을 개발해 나갔다. 이들은 맥락 속의 법 대신에 법적 형식주의와 법적 주류들을 공격하기 위해 사회과학자들의 연구성과와 사회과학적 도구들을 사용하였다.[8] 이들은 맥락이 법을 보다 효과적으로 만드는데 필요하며, 사회문제들을 더 잘 해결할 수 있다고 생각했다. 이들은 법에서 출발하였으며, 사회적·경제적 맥락들을 제공하기 위해서 사회과학을 끌어들였다.

이러한 위스콘신의 전략과 달리 버클리의 셀즈닉과 그의 동료들은 법철학과 법리학을 강조하였다. 특히 양적 분석에 몰두해 있는 사회학에 대해서 실망을 하

관심이 높아지고 있다고 언급하면서, 중요한 과제는 사회질서의 일부로서 법에 관한 이론적 인식을 획득하는 것이라고 강조하였다. 그리고 이후 몇 년 동안 학회의 폭을 확대시키디 위한 제안이 표출되었다. 하지만 최우선적인 과제는 법과 사회학회를 학회로 발전시키는 것이었다.

8_ B. Garth & J. Sterling, "From Legal Realism to Law and Society: Reshaping Law for the Last Stages of the Social Activist State," *Law & Society Review*, vol. 32(1998), 458-459면.

고 있었던 셀즈닉은 보다 거대한 사회이론을 지향하였다. 뿐만 아니라 이들은 법학자들이 자신들이 추구하는 사회이론의 구성에 큰 기여를 할 수 없을 것으로 여겼다. 이들에게 중요한 것은 사회문제를 해결하는 데 필요한 이론을 구성하는 데 역점을 두었으며, 이러한 이론들은 사회과학 그 자체를 위해서도 필수적이라고 판단하였다. 따라서 이들이 구상하는 법과 사회연구의 방향이 법철학과 법이론을 지향하게 된 것은 자연스러운 결과였다. 예를 들어 셀즈닉은 노사관계를 둘러싼 제도적 환경들을 검토하고서 새롭게 등장하는 법이 어떻게 산업적 정의(industrial justice)를 실현할 수 있는가를 묻는다. 다시 말해서 셀즈닉과 버클리의 동료들에게 법과 사회연구는 사회가 지향해야 할 규범적 관심사(normative concern)에 강조점을 두고 있었다.[9]

1966년 법과 사회리뷰 첫 호에서 버클리와 위스콘신의 갈등이 표면화되었다. 위스콘신의 입장에 동조적이었던 아우어바흐(Carl Auerbach)는 스콜닉, 셀즈닉, 칼린(Carlin) 등 버클리 학자들이 강조하는 규범적 관심사에 대해 비판하였다. 또한 그는 법과 사회학자들의 사명은 법적 발전과 잠재적인 법적 주도력을 위해 맥락들을 제공해야 한다고 주장하였다. 이러한 아우어바흐의 주장에 대해서 스콜닉은 법과 사회연구가 법률가들이 유용하다고 생각하는 응용적인 연구에 한정되어서는 안 된다고 반박하였으며, 법사회학은 단지 현실 속의 법을 기술하는 데 그쳐서는 안 된다고 주장하면서 규범적 관심사에 대한 강조를 옹호하였다.[10]

이러한 긴장과 갈등 속에서 1970년대 법과 사회학회는 법학교수들이 주류를 이루게 되었으며, 이들은 주로 위스콘신과 관련된 학자들이었다. 이러한 현상에 대해서 가쓰(Garth)와 스털링(Sterling)은 다음과 같이 평가한다. 첫째, 법과 사회학회가 설립되었을 때, 대부분의 학회 지도자들은 그 학문의 성격을 법과 다르며 사회과학의 학문들과 구별되는 영역으로 규정하려는 경향이 있었다. 둘째, 법과 사회학회의 핵심이 사회과학보다는 법에 더 가깝게 놓여 있었다. 셋째, 법과 사회학회의 창립과 1960년대의 진보적인 정치 간의 연계로 인하여 법과 사회학회가 진보적인 정치적 성격을 띠는 데 기여하였다.[11]

9_ 위의 글, 445면.

10_ 위의 글, 459-462면.

3. 법과 사회학회의 제도화와 지평의 확대

법과 사회학회는 1966년부터 「법과 사회 리뷰」(Law & Society Review)를 발간하기 시작하였다. 1975년에는 콜로키움을 뉴욕 버펄로 로스쿨에서 처음으로 개최하였으며, 1978년 미니애폴리스에서 두 번째 콜로키움을 개최하였다. 그러다가 1979년 샌프란시스코에서 전국 단위의 학술대회를 처음으로 개최하였으며, 23개의 세션이 마련되었다.

1987년부터는 학문 후속세대들의 연구와 발표를 독려하기 위해서 대학원생들을 위한 워크숍이 열리기 시작하였고, 이후 사회과학과 법 분야에서 매년 40명 정도의 학생들이 참가하였다. 1960년대 혹은 1970년대 초반부터 하계 프로그램과 러셀 세이지 재단의 펠로우십이 법과 사회학회의 훈련에 투입되었으며, 필드 개발에 주안점이 주어졌다. 1988년 학회 이사회에서는 이 활동을 최소 5년간 더 연장하기로 하였다.[12] 이처럼 법과 사회학회는 기성학자들의 참여뿐만 아니라 젊은 신진학자들의 양성에 기회를 주고 재정적 지원을 함으로써 법과 사회연구의 지속적인 활력을 유지해왔다. 또한 1980년대 중반부터 외국의 학자들이 적극적으로 참여하고, 이사회 등에 여성 학자 및 소수인종의 학자들을 대거 영입함으로써 회원의 다원화와 국제화에 능동적으로 대처하고 있다. 연례 학술대회에 참석한 인원수의 증가폭을 보면, 1975년 150명, 1985년 350명, 1995년 800명, 2005년 1000명 이상이 참석하고 있어, 미국 법학계의 어느 학회보다 급성장하고 있는 외관을 보여 주고 있다. 또한 미국 밖에서 열리는 국제학술대회에 1980년에는 외국학자들이 15%였었는데, 2002년에는 26%에 달하고 있다.

Ⅲ. 사회적 법연구의 기본적인 전제와 방향

미국의 법학계에서 법사회학과 사회적 법연구의 뿌리는 20세기 초에 강력하게 형성되었던 법현실주의, 로스코 파운드 등의 학자들로부터 법과 사회학회

11_ 위의 글, 466면.

12_ Levine, 위의 글(주 2).

의 활동에 이르기까지 그 범위가 매우 광범위하며,[13] 학자들마다 가지고 있는 관심에 따라 그 방향에 있어서도 매우 다양하다. 그렇다면 과연 법과 사회학자들은 어떠한 관점에서 법과 법제도 그리고 법절차에 관해서 접근하고 탐구하는 것인가? 그리고 이들이 초기에 설정했던 연구의 패러다임은 얼마나 변해 왔는가?

로렌스 프리드만(Lawrence Friedman)은 법과 사회학자들의 주된 관심이 법현상을 사회적 용어로 설명하고 기술하려는 것이라고 정의한다.[14] 물론 법과 사회학자들의 방법이나 이론들은 매우 다양하지만, 이들이 공유하고 있는 바는 법학의 외부로터 가져온 비전과 방법을 가지고서 법에 접근하는 것이며, 법현상을 사회환경과 관련지어 설명한다는 사명을 공유하고 있다는 것이다. 다시 말해서 이들의 탐구의 대상은 살아 있는 법이며, 법체계가 실제 사회 속에서 어떻게 작동하는가를 탐구하는 것이다.

이러한 프리드만의 포괄적인 정의에 비해서 레빈이 규정한 법과 사회연구의 특징은 보다 구체적이다. 레빈은 사회적 법연구의 특징을 다음과 같이 정리하고 있다. 첫째, 사회적 법연구는 일상생활에서 나타나는 소문자 'l'을 지닌 법을 탐구하는 것이다. 사회적 법연구에서 항상 긴장을 야기시키는 문제가 법의 중심성이라고 레빈은 지적하고 있다. 실베이와 새럿의 주장처럼 법과 사회학자들은 국가법의 경계를 넘어서 가족, 일터 또는 공동체와 같은 사회 영역들로 공간과 장소를 확장할 것을 주장해 왔다. 법을 이해하기 위해서 사회적 법연구는 법으로부터 이탈하는 패턴들을 분리시키고 설명하는 데 초점을 맞춰야 할 뿐만 아니라, 다른 현장에서 법을 바라보아야 한다는 것이다. 예를 들어, 준 탭(June Tapp)과 로렌스 콜버그(Lawrence Kohlberg)가 지적하고 있는 것처럼 국가법을 넘어서 다양한 권위적인 규범체계들과 다양한 환경들의 상호작용을 관찰해야 하는 것이다.[15]

13_ 법현실주의에 관해서는 양건, 위의 책(주 1), 104-117면. 최봉철, "법현실주의의 이해를 위하여,"『현대법철학의 흐름』(법문사, 1996); 최봉철, "법현실주의," 미국학연구소 편,『미국사회의 지적 흐름: 법』(서울대학교출판부, 1999); 양현아, "미국 법현실주의의 현재적 함의"(2006.6.17. 한국법사회학회 정기세미나 발표문) 참조.

14_ L. Friedman, The Law and Society Movement, *Stanford Law Review*, vol. 38(1986), pp.763-764.

15_ J. Tapp & L. Kohlberg, "Developing Senses of Law and Legal Justice," *Journal of Social Issues*, vol. 27(1971), p.65.

사회적 법탐구가 안고 있는 두 번째 특징이자 딜레마로 레빈은 정치의 문제를 제기한다.[16] 연구 기획 그 자체가 내적 · 외적 정치로부터 자유로울 수 없다는 것이다. 모든 사회과정은 가치 위계질서를 갖고 있으며, 비록 이론, 방법 또는 맥락에 대한 선호가 시대마다 다르고 변화하지만, 학문세계에서의 정치가 학자들의 연구에 미묘한 영향을 미치기 때문이다. 레빈은 학문적 탐구가 광범위한 사회과정들의 일부이기 때문에 지식의 생산 그 자체는 정치적일 수밖에 없다고 지적한다. 따라서 사회적 법탐구를 수행하는 학자들은 자신들이 의도하지 않았던 정치적 결과를 초래하기도 한다는 것이다. 예를 들어 트루벡과 갈란터가 저개발국의 발전 프로젝트에 가담했던 학자들이 정부의 정책에 의해서 기만당하거나 협력을 한 결과를 가져왔다고 비판한 것처럼, 학자들이 순진한 생각을 갖고서 정책과정에 참여하였지만, 그러한 참여가 결국 정부의 숨겨진 의도에 봉사하는 결과를 가져오기도 하는 것이다.[17] 다시 말해서 법과 사회학자들은 정치나 정책과 자신의 탐구와의 관련성으로부터 자유로울 수 없다는 것이다.[18] 이러한 딜레마에 대해서 레빈은 과거에도 일치된 목소리가 없었으며, 현재에도 어떤 단일한 메시지도 존재하지 않는다고 지적하면서 미래에도 이에 대한 권위적인 해결책을 기대하거나 찾을 이유가 없다고 지적한다.

세 번째로 법과 사회학자들이 직면하는 딜레마는 과학의 가치라는 것이다. 레빈은 이 문제가 두 번째 문제인 정치와 밀접한 관련성을 갖고 있다고 지적한다.[19] 우리가 무엇을 수행하는가 또는 수행해야 하는가 하는 물음의 저변에 놓인 정치의 문제는 과학적 탐구의 가치에 관한 관심과 연계되어 있다는 것이다. 작업의 한 양식으로서의 과학은 삶의 경험적 현실들을 관찰하고, 수집하고, 집적하고, 조사하고, 때로는 변경시키는 과정에 대해서 검토하고 또한 이를 토대로 아이디어들을 개발함으로써 지식을 구축해 나가는 과정이다. 따라서 사회적 법연구 내부에서 제기되는 학문의 가치중립성, 지식의 결정론적 성격, 연구자와 연구

16_ Levine, 위의 글(주 2), 22면.

17_ D. Trubek & M. Galanter, "Scholars in Self-Estrangement: Some Reflections on the Crisis in Law and Development Studies in the United States," *Wisconsin Law Review*, issue 4, vol. 1974 (1974), 1062면.

18_ Levine, 위의 글(주 2), 23면.

19_ 위의 글.

대상 간의 상호적 효과 등에 대한 비판은 건설적인 자기성찰의 중요한 요소라는 것이다. 따라서 가치관련성이 과학과 분리되거나 떨어져 있지 않으며, 오히려 과학 그 자체의 활동에 내포되어 있으며 본래의 모습이라고 지적한다. 과학은 사회적 과정이며, 모든 사회과정들처럼 그것은 역동적이며, 때로는 불규칙적이지만, 변화시킬 수 있는 것이다.

따라서 사회적 법탐구를 과학으로 본다고 해서 반드시 보편적인 이론이나 보편적인 법칙에 대한 신념을 필요로 하지 않는다는 것이다. 다른 사회과학들과 마찬가지로 법과 사회 연구는 종합적이고 유연해야 하며, 이를 잘 수행하기 위해서 학자들은 미시적·거시적 이론을 수행하는 데에서 혜택을 얻어야 한다는 것이다. 상이한 시대와 장소로부터 획득한 데이터와 분석단위들을 조사하고, 구체적인 맥락에서 설명을 이끌어 내고, 다양한 방법들과 비교적 관점을 통해서 오랜 기간을 관통하는 일관된 결과들을 추구하는 것이 사회적 법학자들의 기본적인 태도라는 것이다.[20]

IV. 법과 사회연구의 성과와 흐름

앞 장에서 살펴본 사회적 법연구의 전제들이나 방향은 구체적이기보다는 추상적이고 일반적이다. 따라서 이들의 연구작업이 어떤 주제들에 대해서, 어떤 대상들에 대해서 그리고 그 연구의 결과들이 무엇인지를 살펴봄으로써 법과 사회연구의 학문적 흐름을 파악할 수 있을 것이다. 여기에서는 이들의 연구성과를 시대별로 구분해서 각 시대별로 특징이 있는 연구성과나 쟁점들을 중심으로 살펴보고자 한다. 법과 사회 리뷰에는 매년 학회장의 연설을 싣는데, 그들의 연설을 그냥 싣는 경우도 있지만, 논쟁을 유발할 수 있는 내용의 경우에는 다른 학자들의 코멘트를 같이 싣는 경우도 있다. 이러한 회장의 연설을 둘러싼 논쟁이 사회적 법연구의 흐름을 파악하는 중요한 자료가 되기도 한다. 따라서 여기에서는 시기별로 정리해 놓은 논문들과 특집호에 실린 학회장들의 연설과 토론문들을 중

20_ 위의 글, 24면.

심으로 1960년대부터 2000년대 초반에 이르기까지 그 연구의 성과들을 정리해 보고자 한다.

1. 1960~1970년대의 연구성과들

1960년대 가장 기념비적인 연구로 손꼽히는 논문은 1963년 스튜어트 맥콜리(Stewart Macaulay)가 발표한 자동차 제조업자와 딜러들에 관한 연구였다.[21] 맥콜리는 이 논문에서 산업현장에서 실제 이루어지고 있는 계약관계가 로스쿨에서 가르치고 있는 계약의 법적 구성요건이나 절차와는 다른 방식으로 이루어지고 있음을 명쾌하게 밝혀내었다. 맥콜리의 탐구는 법과 사회학자들이 "law in books"(법전 속의 법)으로부터 "law in action"(실제 속의 법)으로 관심을 전환하는 시발점이 되었다. 물론 이전에 법현실주의자들에 의해서 이러한 주장이 강조되었지만, 로스쿨의 강의실에서 가르쳐지고 있는 법원리와 다르게 작동하고 있는 법현실을 구체적으로 탐구하고 기술함으로써 초기 법과 사회연구의 주류를 이룬 갭연구(gap study)의 촉매제가 되었다. 1968년 레온 매이휴(Leon Mayhew)의 차별금지에 관한 매사추세츠 위원회에 관한 연구[22]와 1971년 알버트 라이스(Albert Reiss)의 경찰에 관한 연구[23]는 시민의 불만을 활성화시키고 일정한 방향으로 이끄는 데 있어서 주도적인 집단의 중요성을 인식하게 해주었다.

1970년의 로렌스 로스(Lawrence Ross)의 북아메리카 보험회사에 관한 연구는 일상적인 보상청구절차의 조직적 수요가 어떻게 불법행위책임의 추상적 규범을 변화시키는가를 보여 주었으며,[24] 1974년 갈란터의 논문은 다양한 자원을 가진 자와 이것들을 갖지 못한 자 사이에 소송의 패턴이 어떻게 다른지를 구체적으로 보여 주고 있으며, 이러한 소송들에서 법원은 어떠한 경제적 이익을 선호하는

21_ S. Macaulay, "Non-Contractual Relations in Business: A Preliminary Study," *American Society Review*, vol. 28 (1963), 55면.

22_ L. Mayhew, *Law and Equal Opportunity: A Study of the Massachusetts Commission Against Discrimination* (Cambridge, Harvard University Press, 1968).

23_ A. Reiss, *The Police and the Public* (New Haven, Yale University Press, 1971).

24_ L. Ross, *Settled Out of Court: The Social Process of Insurance Claims Adjustments* (New York, Aldine, 1970).

가를 실증적으로 입증해 주었다.[25] 1978년 로라 네이더(Laura Nader)와 해리 토드(Harry Todd)의 연구는 분쟁과정에 관한 공동연구와 비교 연구의 장점을 잘 보여 주고 있으며, 유력한 학자가 멘토로 서비스를 하는 것이 얼마나 중요한가를 잘 보여 주고 있다.[26] 또한 분쟁들과 분쟁 스타일을 지속적이고 역동적인 과정으로 탐구해야 할 필요성을 보여 주고 있다. 이러한 과정들은 당사자들 간에 그리고 당사자와 보상대리인들 간에 형성되는 사회적 관계들에 의해서 특징지어진다는 사실을 밝혀냈다.

2. 1980년대의 연구성과들과 쟁점들

1980년대 들어오면서 법과 사회학자들은 더욱 체계화된 방법론을 가지고서 탐구 영역을 확대하기 시작하였다. 1970년대의 연구들이 주로 갭연구에 머물러 있었다면, 1980년대부터는 보다 새로운 관점을 가지고 사회적 법연구를 시도하기 시작하였다.

1982년 존 하인즈(John Heinz)와 에드워드 로만(Edward Laumann)의 시카고 변호사들에 관한 연구는 변호사들 사이에 부, 권한, 명성의 엄청난 차이점들을 문서화하는 데 복잡한 조사방법이 어떻게 사용될 수 있는가를 보여 주였다.[27] 물론 이 연구를 통해서 구체적으로 부, 권한, 명성이 변호사들에게 어떠한 영향을 미치는지 실질적인 내용까지 밝히지는 못했지만, 변호사들의 사적 영역이 사회적 법연구의 탐구 대상이 된다는 사실을 분명히 해 주었다. 1984년 키쓰 호킨스

25_ M. Galanter, "Why the 'Haves' Come Out Ahead: Speculations on the Limits of Legal Change," *Law & Society Review*, vol. 9, 95면. 이 논문은 맥콜리 교수의 1963년 논문과 함께 법과 사회연구의 기념비적인 연구로 손꼽히는데, 볼킨과 레빈슨의 조사에 의하면, 갈란터 교수의 논문은 전체 인용 순위에서 13위, 맥콜리 교수의 논문은 15위를 차지하고 있다. J. Balkin & S. Levinson, "How to Win Cites and Influence People," *Chicago-Kent Law Review*, vol. 71 (1996), 843면. 갈란터 교수의 연구에 대해서는 1990년대의 연구를 설명하는 절에서 보다 구체적으로 논의할 것이다.

26_ L. Nader & H. Todd, *The Disputing Process: Law in Ten Societies* (New York, Columbia Univ. Press, 1978).

27_ J. Heinz & E. Laumann, *Chicago Lawyers: The Social Structure of the Bar* (New York, Russell Sage Foundation, 1988).

(Keith Hawkins)는 영국의 수질오염규제에 관한 연구를 통해서 의도적 혹은 부주의한 법규위반자들에 대해서 감독관의 권위를 보호하기 위해서 취해진 선택적 기소가 갖고 있는 상징적인 메시지를 어떻게 해석해야 하는가를 잘 보여 주었다.[28]

1988년 앨런 린드(Allan Lind)와 톰 타일러(Tom Tyler)의 연구는 절차적 정의가 정의의 구성요소에 관한 새로운 사고방식을 제공해 주며, 사회과정 및 결과에 대한 판단과 법정의 정당성이 어떻게 연계되는가를 보여 주고 있다.[29] 1988년 프랭크 문저(Frank Munger)의 연구[30]와 1989년 프리드만의 연구[31]는 사회적, 경제적 맥락 속에서 법제도들을 관찰해야 할 중요성과 장기간에 걸쳐서 그것들을 관찰해야 할 필요성을 잘 보여 주고 있다. 1988년 로렌 에델만(Lauren Edelman)은 일터에서의 법적 변화 그리고 법과 법적 수행을 매개하는 제도로서 조직들의 역할에 주목하였다.[32] 그녀의 작업은 일터에서의 법제화와 사회적 통제 및 규제 체제로서의 조직들의 기능에 관해서 탐구하였다. 한편 버지니아 드라흐만(Virginia Drachman)은 현대 미국사회에서 여성 변호사들의 역할에 관해서 탐구하였다. 드라흐만은 자신의 연구에서 여성 변호사들의 세대별 집단을 재구성하였으며, 남성 지배적인 직업영역으로 여성들이 어떻게 진출하는가를 조사하였으며, 그들의 직업적 삶과 개인적 삶 간의 관계를 조망하였다.[33] 또한 이 연구는 장기적인 관점에서 법률전문직에서의 사회변화를 분석하였다.

28_ K. Hawkins, *Environment and Enforcement: Regulation and the Social Definition of Pollution* (Oxford: Clarendon Press, 1984).

29_ A. Lind & T. Tyler, *The Social Psychology of Procedural Justice* (New York: Plenum Press, 1988).

30_ F. Munger, "Law, Change, and Litigation: A Critical Examination of an Empirical Research Tradition," *Law & Society Review*, vol. 22 (1988), 57면.

31_ L. Friedman, "Litigation and Society," *Annual Review of Sociology*, vol. 15(1989), 17면.

32_ L. Edelman, "Organizational Response to Legal Change," Grant Proposal, National Science Foundation, SES, 88-14070 (1988).

33_ V. Drachman, "Organizational Response to Legal Change," Grant Proposal, National Science Foundation, SES, 88-10678 (1988).

3. 1990년대의 연구성과와 쟁점들

1980년대 중반 미국의 법학계에 새로 등장한 비판법학, 페미니즘, 포스트모더니즘은 학문적으로뿐만 아니라 정치적으로도 엄청난 파장을 일으켰으며, 미국의 사상적 지형을 뒤바꾸는 결과를 가져왔다. 어떻게 보면 모더니즘의 핵심적인 전제 위에서 출발한 사회적 법연구가 그 근거를 뒤흔드는 포스트모더니즘 계열의 사상들에 의해서 상당한 위협을 받게 되었다. 또한 법과 사회연구와 유사한 전제 위에서 형성되었던 법경제학의 급속한 성장은 법과 사회학자들에게 직접적인 위협이 되기도 하였다. 또한 매사추세츠 주의 앰허스트(Amherst)에서 문화인류학자들을 중심으로 형성되기 시작한 새로운 사회적 법연구의 시도[34] 등은 법과 사회학회가 내·외적으로 직면하게 된 엄청난 도전이었다.

이러한 새로운 학문의 도전이 거세지면서 법과 사회학자들은 초기에 상당한 위협을 느꼈으며, 그 도전의 파고가 워낙에 거셌기 때문에 적극적인 대응을 하지 못하고 있었다. 그러다가 1990년대에 접어들면서 법과 사회학회 내부에서 새로운 흐름들에 대해서 차분하게 대응하기 시작하였다.

(1) 페미니즘과 사회적 법연구와의 관계

1990년대에 법과 사회학자들이 직면한 이슈들 중 가장 첨예한 것은 젠더의 문제였다. 젠더의 문제는 단지 서구사회에서만의 문제가 아니라 전 지구적인 문제로 대두되기 시작하였으며, 사회과학 전 영역에 걸쳐서 그 파급효과가 매우 깊고 넓게 퍼져나갔다. 법과 사회학자들 역시 예외가 아니었으며, 이 문제에 대해서 이들은 진지하게 접근하기 시작하였다. 특히 이들은 젠더와 사회적 법연구가 어떻게 연결되는가를 적극적으로 고민하였다.

1991년 「법과 사회 리뷰」는 젠더에 관한 특집호를 편집하였고, 이 특집호에서 젠더의 관점이 기존의 사회적 법탐구에 어떠한 변화를 가져오는가를 진지하게 밝히고 있다. 이 특집호의 서문을 작성한 캐리 멩켈-미도우(Carrie Menkel-Meadow)와 샤리 다이아몬드(Shari Seidman Diamond)에 의하면, 젠더에 대한 관심은 단지

34_ 앰허스트 그룹에 관해서는 김정오, 『한국의 법문화: 인식, 구조, 변화』(나남, 2006), 75-102면 참조.

법과 법제도에 관한 경험적 탐구에 변수를 더하는 것이 아니라, 사회적 법 현상에 관한 기존의 지식을 새롭게 인식하게 해 주며, 사회적 법연구의 이론적 구성틀과 전제들을 새롭게 생각하는 계기를 제공해 준다고 지적하였다.[35]

젠더의 관점에서 법조직역을 분석한 연구결과에 의하면, 법조직업의 구조상에 변화가 나타나며, 그 변화는 여성과 남성에게 상이한 영향을 미친다는 것이었다.[36] 이 연구는 법실무가 소유계층으로부터 점점 멀어지게 될 것이라는 일반론을 뒷받침해 주었을 뿐만 아니라, 젠더가 어떻게 그 자체의 계층을 형성하는가를 보여 주었다. 최근 들어 남성 지배적인 직역에 진출한 여성들은 남성들과 대등한 위치를 차지하기보다는 고용인의 계층을 채우는 데 활용될 것이라는 점을 지적하였다. 다시 말해서 작은 로펌에서 여성들은 파트너십을 얻는 데 더욱 어려워지게 된다는 것이다.

또 다른 공동연구는 불법살인에 대한 배상에 관한 연구를 통해서 일반인들이 젠더에 대해서 갖고 있는 이중성을 밝히고 있다.[37] 비록 남성과 여성 배심원들은 남성과 여성의 생명에 대해서 다르게 평가하지는 않지만, 사망자가 거의 비슷한 수입을 갖고 있다 하더라도 여성 사망자의 생명의 가치를 낮게 평가하는 경향이 있다는 사실을 밝혀냈다. 이 연구자들은 배심원 행동에 관한 연구를 통해서 미국 사회에는 인간의 가치에 관하여 매우 젠더 편향적인 전제가 놓여 있음을 보여 주고 있으며, 일에 대한 여성의 가치에 대해서 미국 사회의 신념과 전제들, 즉 여성들은 경제적으로 의존적이라고 전제하고 있음을 잘 보여 주었다.

멩켈-미도우와 다이아몬드는 이러한 연구들은 법과 사회 연구자들로 하여금 이론이나 경험적 전제들을 두 방향에서 수정할 것을 요구한다고 지적한다. 첫째, 사회과학에서의 일반화가 이제는 젠더 차이를 설명할 수 있도록 수정되어야 한다는 것이다. 로즈매리 가트너(Rosemary Gartner)와 빌 매카시(Bill McCarthy)의 연구[38]에서 볼 수 있는 것처럼 여성 살인과 남성 살인의 증가율이 비슷한 것처럼

35_ C. Menkel-Meadow & S. S. Diamond, "The Content, Method, and Epistemology of Gender in Sociolegal Studies," *Law & Society Review*, vol. 25 (1991), 221면.

36_ J. Hagan et al., "Cultural Capital, Gender, and the Structural Transformation of Legal Practice," *Law & Society Review*, vol. 25 (1991), 239면.

37_ E. Rapaport, "The Death Penalty and Gender Discrimination," *Law & Society Review*, vol. 25 (1991), 367면.

보이지만, 여성들은 사적 공간, 즉 가내에서 더 큰 위험에 놓여 있다는 것이다. 따라서 살인이론은 남성과 여성이 살인의 희생자가 되는 방식의 차이점을 설명할 수 있어야 한다고 지적하고 있다. 둘째, 사회이론에서 정립된 일련의 일반화나 전제들이 젠더의 관계를 설명할 수 있도록 획기적으로 변경되어야 한다는 것이다. 대부분의 사람들이 일반적으로 여성들이 사형선고를 받는 비율이 낮다고 믿고 있는데, 이것은 사실이 아니라는 것이다. 사형선고의 빈도수는 여성들이 사형선고를 받을 만한 범죄를 저지르는 비율과 거의 일치한다는 것이다. 사형선고와 젠더 차별과의 관계에 관한 엘리자베스 라파포트(Elizabeth Rapaport)의 연구에 의하면 여성들이 사형선고를 적게 받는 이유는 그들이 가내에서 범죄를 저지르는 비율이 높기 때문이라는 것이다.[39] 이러한 현상은 오히려 가내에서 살인을 저지르는 남성들에게 더욱 유리하게 작용하는 암묵적 전제라는 것이다. 왜냐하면 여성들이 가내에서 살인을 당하는 경우가 더욱 많기 때문이다. 이러한 패턴은 가내의 살인보다 경제적 이유에 의한 살인이나 이방인의 살인을 더욱 엄격하게 처벌하는 미국 사회의 가부장적 편견을 여실히 드러낸다는 것이다.

(2) 포스트모더니즘과 사회적 법연구

1992년 조엘 핸들러(Joel Handler)는 회장 취임강연에서 포스트모더니즘이 법과 사회 연구에 대해서 미치는 영향을 심도 있게 검토하는 연설을 하였다.[40] 핸들러는 소수인종, 여성, 빈곤자들을 위한 정의 실현에 참여할 것을 강조하면서, 최근의 정치적, 사회적 변화를 위한 연구의 가치가 포스트모더니즘에 의해서 심각할 정도로 약화되어 왔다고 비판하였다.

포스트모더니즘에 대한 핸들러의 비판은 법과 사회 영역에서의 변화의 배경과 사회과학 전반에 걸쳐서 이루어진 것이었다. 비판법학과 문화인류학이 많은 법과 사회학자들에게 영향을 미쳐 왔다. 이들의 결합된 영향력은 법제도들에 관

38_ R. Gartner & B. McCarthy, "The Social Distribution of Femicide in Urban Canada, 1921-1988," *Law & Society Review*, vol. 25 (1991), 287면.

39_ Rapaport, 위의 글(주 37).

40_ J. Handler, "Postmodernism, Protest, and the New Social Movements," *Law & Society Review*, vol. 26 (1992), 697-731면.

한 연구를 탈중심화하였다. 다시 말해서 법과 사회연구자들로 하여금 공식적인 법제도들로부터 법원 바깥의 문화연구로, 그리고 사회구조들의 영향력으로부터 개인들이 문화적 역할들을 획득하고 변화시키는 과정으로 관심을 돌리게 했다. 문화인류학자들은 현대사회의 분쟁해결 문화의 다원적인 성격을 강력하게 주장하였으며, 이들은 법과 사회연구에서 '법 중심주의'(legal centrism)에 강력하게 이의를 제기하였다.[41] 다른 한편, 비판법학운동은 유럽의 사회이론과 철학의 파이프라인 역할을 하였으며, 이 이론들은 가치 위계질서의 필연성에 대해서 이의를 제기하였으며, 결과적으로 사회구조를 그 핵심에 놓아 온 기존의 사회이론에 대해서 도전을 하였다. 이러한 포스트모던 이론의 영향력 하에서, 특히 해체주의적 전회 이후, 법과 사회연구는 이전에 주목받지 못했던 문화의 의미들을 검토하기 시작하였으며, 이들은 기존의 사회적 법연구가 사회질서, 특히 법질서에 대해서 잘못된 필연성을 귀속시켜 왔다고 비판하였다.

이처럼 다양한 형태의 포스트모더니즘에 대해서 핸들러는 그러한 조류가 심층적이고 바람직하지 못한 영향을 미친다고 비판하였다. 진보적인 해방을 추구하는 데 있어서 포스트모더니즘이 개인의 아이덴티티 개념을 너무 비결정적으로 만들기 때문에 젠더, 인종 혹은 계급과 같이 신분에 근거한 공통된 관심사들을 무용하게 만든다는 것이다. 또한 포스트모더니즘이 학자들이나 억압에 대해서 저항하는 이들을 가이드하는 변혁적인 정치를 상상하는 메타 서사를 창출해 내지 못하고 있다고 비판하였다.[42]

어떠한 대서사(grand narrative)도 존재하지 않는다는 주장에 대해 핸들러는 그러한 주장은 반대를 위한 반대인 것처럼 보인다고 지적하면서 현실 속에서 모든 사람들은 마치 대서사가 존재하는 것처럼 행동하며, 이를 통해서 권력을 획득한다고 반박한다. 특히 자유주의적 자본주의라는 대서사가 지속적으로 제도화된 인종주의의 토대를 덧씌우고 있으며, 다양한 형태의 억압들을 은폐하고 있다고 비판한다.

포스트모더니즘에 대한 심층적인 분석과 비판을 한 뒤에, 핸들러는 법과 사회연구의 전통인 정의에 대한 진보적인 관심과 참여를 회복해야 한다고 주장하

41_ 김정오, 위의 책(주 34).
42_ Handler, 위의 글(주 40), 697-698면.

였다. 법과 사회연구의 정치적 의미는 진보적인 학문을 성숙시켜 왔으며, 동시에 작은 영역이었던 것을 보다 폭넓은 지적 흐름으로 열어놓았다는 데 있다. 특히 법과 사회연구자들 사이에 공유되어 온 것은 젠더, 인종 그리고 계급적 억압의 정치와 권력에 대한 지속적인 관심이었다는 것이다.[43]

포스트모더니즘에 대한 핸들러의 비판에 관해서 여러 학자들이 논평을 통해서 다른 입장을 밝히기도 했는데, 이들은 포스트모더니즘 이론이 오히려 개인행동과 집단행동의 한계와 가능성에 관해서 기존의 관점들과는 다른 통찰을 제시해 주며, 권력이 집행되고 저지되는 조건들에 관해서 새로운 아이디어를 제공한다는 점을 핸들러가 간과하고 있다고 지적하였다.[44] 비록 이 논쟁은 결론을 이끌어 내지는 못했지만, 1980년대 후반부터 법과 사회학자들이 직면했던 지적 침체로부터 벗어나게 되는 계기를 마련하였으며, 오히려 새로운 지적 흐름들인 비판법학과 포스트모더니즘에 대해서 사회적 법연구가 정면으로 대응할 수 있는 계기를 제공하였다.

(3) 사회적 법연구와 사회개혁과의 관계

포스트모더니즘에 대한 핸들러의 평가가 부정적이었고, 어떤 측면에서는 법과 사회학회의 전통을 복원시키려는 시도였다고도 할 수 있다. 이러한 핸들러의 입장과는 달리 법과 사회학회가 직면하고 있는 딜레마에 대한 해결점을 새로운 관점에서 모색해 보고자 하는 시도가 나타났다.

샐리 메리(Sally Merry)는 1990년대 들어 「법과 사회 리뷰」에 실리는 논문들에 대해서 핸들러와 유사한 우려를 표명하였다. 그것은 바로 법과 사회학회에서 발표되는 논문들이 사회정의에 대한 관심으로부터 점점 멀어져 가는 현상을 보인다는 것이다.

> 최근의 법과 사회연구는 사회정의와 진보정치에 대한 역사적 관심을 포기했는가? 그리고 세속적이고 불가해하고, 정치적으로 관련이 없는 주제들에 대한 이론적 ·

43_ 위의 글.

44_ 핸들러의 취임연설에 관한 다양한 코멘트에 대해서는 *Law & Society Review*, Vol. 29 (1995), 733-830면 참조.

경험적 작업으로 대체해 왔는가? 법과 사회학회가 설립된 이후 지난 30년 동안 법이 사회정의에 어떻게 기여하는가에 대한 인식 방식에서 변화가 있었던 것은 분명하다. 1960년대와 1970년대의 개혁시기에 우리들은 정의에 대한 접근을 증진시키고 권리의 활성화를 통해서 평등을 확장하기 위한 다양한 방법들을 모색해 왔다. 법은 보다 정의로운 사회를 상상하는 데 있어서 창공의 중심이었으며, 민권은 미국의 오래되고 고통스러운 인종주의의 역사적 상처들을 회복하겠다고 약속하였다.[45]

그러나 메리는 자신이 최근 참여한 법과 사회학회에서 이러한 전통을 의식하지 못하는 사람들이 많이 있다는 사실을 발견하였다고 토로하였다. 법과 사회학자들이 여전히 인권, 법정에서의 이야기들, 이민정책, 사형제도 등과 같은 다양한 주제들에 관해서 작업을 하고 있고, 페미니즘이 주요 관심사로 되었으며, 학회의 지도부도 다양한 젠더로 구성되었다는 사실을 인정하였다. 그럼에도 불구하고 메리는 법과 사회학회에서 법의 진보적 가능성에 대한 신념이 흔들리고 있다고 지적하고 있다. 법이 보다 정의로운 사회를 생산할 수 있다는 사실이 더 이상 분명하지 않다는 것이다. 민족주의, 인종주의, 경제적 불균형, 환경적 파괴에 의해서 찢겨져 점점 더 파편화되고 있는 세계 속에서 법의 가능성에 대해서 의구심을 갖지 않을 수 없다는 것이다. 이러한 상황에 대해서 메리는 보다 핵심적인 물음들을 던지고 있다. "과연 새롭게 등장하고 있는 질서 속에서 법은 어떤 역할을 할 수 있는가? 종속된 집단들의 해방에, 힘이 적은 사람들의 존엄성과 자존심의 보호에 어떻게 기여할 수 있는가? 그리고 법과 사회학자로서 우리들은 이처럼 불안정한 세계를 이해하고 재구성하는 데 어떤 기여를 할 수 있는가?"[46]

법과 사회학회가 당면한 과제에 대해서 메리는 핸들러와는 달리 1980년대와 1990년대 새롭게 나타난 사회적 법연구의 성과를 재평가하면서 그러한 연구가 자신이 제기한 물음들에 대해서 어떠한 의미가 있는지 그리고 그러한 딜레마들을 어떻게 헤쳐 나갈 수 있는가에 대해서 진단을 하고 있다. 특히 메리가 사례

45_ S. Merry, "Resistance and the Cultural Power of Law," *Law & Society Review*, vol. 29 (1995), 13면.

46_ 위의 글, 12면.

로 들고 있는 것들은 자신이 속한 앰허스트 그룹의 연구들이며, 이러한 문화인류학적 탐구가 새로운 돌파구를 제시하고 있음을 분명히 하고 있다.

메리는 몇몇 연구 사례들을 언급하면서 법이 문화적 재정의의 과정을 통해서 종속된 사람들의 권한을 높이는 데 기여하는 방식을 설명한다.[47] 어떤 것은 법에 대한 저항이고, 어떤 것은 법적 수단에 의한 저항이며, 어떤 것은 법의 의미를 재정의하는 저항이다. 이들은 의미에 있어서 다양하다. 어떤 것은 거대한 사회운동을 대변하고, 어떤 것들은 일반인들의 일상생활에서의 특정한 계기들을 나타낸다. 한 사례는 법에 대한 어떤 사람의 저항을 묘사하는데, 그것은 아이덴티티의 범주를 재정의하는 데 기여하며, 그러한 범주를 통해서 법이 작동하며, 권력을 행사하는 것이다. 다른 사례들은 새로운 문화적 의미를 산출하고, 권력관계들을 재편성하기 위해서 법을 활용하는 사회운동을 나타낸다.

메리는 이러한 사례들을 검토하면서 최근의 법과 사회연구의 흐름에 관해서 다음과 같이 평가하고 진단한다. 법의 구성적 힘과 그것의 문화적 효과 및 대표권의 포괄적인 정의에 대해 집중적으로 고찰함으로써 우리들은 일상생활의 습관적이고 혹은 저항적인 관행들 속에서 법과 대규모의 사회운동에 의해서 만들어지는 문화적 의미에 대한 탐구의 중요성을 알 수 있다는 것이다. 법제도들, 경계를 확정하고 유지하는 시스템들, 시민권의 규제들, 국적의 창출과 탈영토화되는 공동체들, 젠더와 인종의 아이덴티티에 관한 법적 정의들, 문화적 차이들에 더욱 민감하게 반응하는 법적 제도들을 만들어 내는 방법들에 대한 민족지적 탐구들이야말로 21세기로 넘어가는 시점에서 매우 중요하다는 것이다. 메리는 이러한 탐구들이 지난 30여 년 동안 법과 사회연구를 통해서 확립되어 온 전통에 새로운 전기를 마련할 것으로 평가하고 있다.[48]

(4) 후속연구를 통한 임팩트 평가

1998년 위스콘신 로스쿨은 그동안 법과 사회 영역에서 가장 폭넓게 인용되

47_ 메리가 사용하는 사례에 관해서는 P. Ewick, "Postmodern Melancholia," *Law & Society Review*, vol. 26 (1992), 755면; H. K. Trask, *From a Native Daughter: Colonialism and Sovereignty in Hawaii* (Monre, Common Courage Press, 1993) 참조.

48_ Merry, 위의 글 (주 45), 25면.

고 영향력이 큰 논문인 마크 갈란터 교수의 "Why the 'Haves' Come Out Ahead: Speculations on the Limits of Legal Change"[49]의 임팩트를 평가하기 위한 학술회의를 개최하였다.[50] 그 논문에서 갈란터 교수는 1심 법정소송의 결과를 구조적인 관점에서 설명하려고 시도하였다. 그는 법체계의 기본적인 구조가 재분배의 변화를 위해서 어떻게 활용되고 동시에 제한되는가를 검토하였다.

갈란터는 당사자들을 두 그룹, 일회적 이용자(one shotter)와 반복적 플레이어(repeat player)로 구분하였다. 일회적 이용자는 법체계를 드물게 이용하는 개인, 기업 혹은 기관을 말하며, 일회적 이용자가 제기하는 소송의 특징은 그 규모가 상대적으로 지나치게 크거나 배상액이 너무 작기 때문에 반복적이고도 합리적으로 관리할 수 없지만, 이들은 당해 소송에서 승소에 대한 관심이 매우 높다.[51]

반면, 반복적 플레이어는 자주 소송을 하며, 앞으로도 그와 유사한 소송을 하게 될 것이라고 예상된다. 이들은 당해 소송의 결과에 대한 기대치가 낮지만, 장기적인 이익을 추구하는 수단들을 갖고 있다. 이들은 법적 쟁점들을 예상할 수 있으며, 거래내역들을 구조화할 수 있으며, 자신들의 행동을 정당화하는 기록을 집적하기도 한다. 이들은 전문적인 기술을 개발하고, 당해 소송이나 이슈들을 다루는 데 익숙한 전문가들을 활용한다. 예를 들어, 자동차 제조업자는 특정 부분이나 시스템에 대한 항의를 예상할 수 있으며, 이에 대비하여 법적 전략을 수립하고, 자신들을 방어할 수 있는 조사에 투자할 수도 있다. 이들은 하나의 사안이나 일련의 사안들을 통해 법률적 전략들을 수정하고 개발한다. 또한 반복적인 플레이어들은 기관의 종사자들, 판사, 청문조사자들이나 법원의 서기들과 같은 현직 공무원들과 비공식적인 관계로부터 혜택을 얻을 수도 있다.

어떤 사안의 경우, 일회적 이용자가 협상을 원하더라도 반복적 플레이어들은 이에 응하지 않는 경우도 있다. 만일 자신들이 그 사안에서 너무 쉽게 협상에

49_ Galanter, 위의 글 (주 25).

50_ 위스콘신대학교에서 열린 학술대회의 논문들 중 일부가 *Law & Society Review* Vol. 33 (1999)에 특집으로 실렸다.

51_ 갈란터 교수의 논문에 대한 요약은 J. Grossman et al., "Do the 'Haves' Still Come Out Ahead?," *Law & Society Review*, vol. 33 (1999), 803-810면 참조.

응하면, 그와 유사한 다음 사안에 영향을 미칠 수 있기 때문이다. 따라서 반복적 플레이어들은 어떤 사안에서는 자신들이 감수해야 할 비용이 아무리 높더라도, 차후에 발생하게 될 일련의 소송들을 고려하여 완강한 태도를 보이기도 한다. 결과적으로 이들은 장기적인 관점에서 선례의 문제를 고려하며, 규칙을 만들기 위한 플레이를 하는 것이다. 또한 반복적 플레이어들은 자신들에게 불리한 판결이나 규칙이 만들어질 것으로 예상되는 사안들의 경우에는 협상을 하기도 한다. 따라서 반복적 플레이어들은 장기적인 이익을 중시하는 데 비해 일회적 이용자들은 단기적인 이익에 더 큰 관심을 갖는다.

이렇게 분쟁의 당사자를 두 집단으로 구분한 뒤에 갈란터는 이들 간의 소송 양상을 분석하였다: 일회적 이용자 vs. 일회적 이용자, 일회적 이용자 vs. 반복적 플레이어, 반복적 플레이어 vs. 반복적 플레이어, 반복적 플레이어 vs. 일회적 이용자.

먼저 일회적 이용자가 일회적 이용자에 대해서 소송을 제기하는 경우는 대개 지속적인 관계를 갖는 당사자들이거나 분리할 수 없는 재화에 대해서 분쟁이 발생했을 때이다. 갈란터 교수는 이러한 종류의 분쟁에서는 비용의 장벽이 법체계에 대한 접근을 제한하게 된다고 지적한다. 반복적 플레이어들이 상호 간에 소송을 하는 경우도 있는데, 두 당사자 간에 장기간의 지속적인 관계들이 있다면, 이들 간에는 소송을 최소화하는 경향이 있다. 이러한 경우에는 중재, 조정, 화해 등이 자주 활용된다.

반복적 플레이어들이 일회적 이용자들에 대해서 소송을 제기하는 경우가 있는데, 이 경우는 대개 한꺼번에 처리하는 형태를 취하며, 완전한 형태의 대립적인 소송은 별로 없다. 이러한 소송들은 대개 채권을 회수하기 위한 재판으로 궐석 재판, 임금 압류, 재산 압류 등에 적용된다. 갈란터 교수는 이러한 사안들에 대해서 법원은 행정공무원처럼 처리한다고 지적한다.

마지막으로 일회적 이용자들이 반복적 플레이어들에 대해서 소송을 제기하는 경우인데, 일회적 이용자가 거대한 권력과 수단을 갖고 있는 기업체나 기관에 대항하기 위해서 외부의 도움을 요청하는 것이다. 예를 들어 소비자가 자동차의 수리에 대해서 불만을 갖게 되는 경우, 고용인이 해로운 노동조건에 대한 구제를 구하거나 고용 해약을 다투는 경우, 임대인이 거주지에 대한 수리를 임대인에게 요청하는 경우 등이다. 갈란터 교수에 의하면, 이러한 사안들에서 반복적 플레이어들의 혜택이 최대화된다는 것이다. 비록 일회적 이용자가 소비자단체, 임대인단체 혹은 노동단체 등과 같은 제3자의 도움을 받아서 승소하더라도, 당사자들의 구성과 이들의 불균형적인 자원으로 인해 반복적 플레이어들이 대부분 우세하게 될 것이라는 것이다.

그렇다면 이러한 소송패턴에서 미국의 법체계는 누구에게 더 우호적으로 작용하는가? 이에 대해 갈란터 교수는 미국의 법적 제도들의 속성으로 인하여 반복적 플레이어들에게 더욱 유리하게 작용한다고 결론을 내리고 있다. 원고든 피고든 제소 당사자들은 법정에 접근하는 데 필요한 비용을 부담해야 한다. 물론 이러한 장애물들 중 일부는 비용의 전환이나 비용의 분담과 같은 장치들에 의해서 감소될 수도 있지만, 여전히 법원을 이용하는 데 대한 부담은 남아 있다. 미국의 재판시스템은 여전히 당사자들이 경제적 자원, 조사기회나 법적 능력에 있어서 동등하다고 전제하고 있지만, 그러한 경우는 매우 드물다는 것이다. 더욱이 두 유형에 대해서 편향적으로 작용하게 되는 가장 큰 이유 중의 하나는 미국의 법원들이 안고 있는 소송의 과중한 부담에 있다고 갈란터 교수는 지적하고 있다. 법원의 과중한 부담이 자원을 갖고 있는 당사자들(반복적 플레이어)에게 우호적인 태도를 갖게 한다는 것이다. 과중한 부담은 때로는 소송 지체를 초래하며, 그러한 지체는 시간 낭비와 구제의 가치를 과소평가하게 한다. 또한 과중한 부담은 법원공무원들로 하여금 공정한 소송이나 피해자에 대한 구제보다는 소송인 명부를 줄이는 데 더 높은 가치를 부여하게 한다. 결국 이러한 현상으로 인하여 법원은 반복적 플레이어들에게 보다 유리한 우호적인 협상, 거래, 화해, 관행적인 절차 등을 선호하게 되며, 당사자의 공방을 통해서 진실을 발견하는 완전한 형태의 사법재판을 회피하도록 한다. 더욱이 이러한 과중한 부담 현상은 판사, 행정관, 입법자들로 하여금 소송을 억제하는 규칙들을 채택하도록 부추긴다는 것이다.

갈란터는 그의 논문에서 계급이나 권력 엘리트에 대한 분석을 하지는 않는다. 비록 그가 그러한 분석을 했다고 자주 잘못 인용되지만,[52] 갈란터는 지배계층의 구성원들이나 거대한 부를 가진 조직체들이 항상 소송에서 이긴다고 주장

52_ 이러한 이유는 그가 논문의 제목에서 'haves'라는 단어를 사용함으로써, 이 말이 마치 유산자와 무산자를 의미하는 것으로 오해되기 때문이다.

하지 않는다. 그러한 분석보다는 법원의 구조와 소송의 구조 그리고 이러한 구조들이 반복적 플레이어들에게 어떻게 유리하게 작용하는가를 분석한 것이다. 오히려 권력이 없는 일회적 이용자들도 반복적 플레이어들이 누리는 많은 혜택을 획득할 수도 있다고 인정한다. 만일 일회적 이용자들이 유사한 사안들을 다루는 변호사 단체의 도움을 얻거나, 성공사례금, 징벌적 배상, 전문가의 활용, 그리고 특정한 형태의 소송을 다루는 단체의 네트워크를 끌어들인다면 이들도 반복적 플레이어들이 소유하고 있는 강점들을 획득할 수 있다는 것이다.

이러한 갈란터의 연구는 미국의 법과 사회학회뿐만 아니라 일반 법학교수들에게 상당한 영향력을 미쳐 온 것이 사실이다. 그의 연구발표 25주년을 기념하여 과연 1970년대 조사된 미국의 사법구조가 1990년대에는 어떻게 변화하였는가를 후속연구를 통해서 검토하는 학술대회가 열린 것이다. 이 학술회의에서 발표된 논문들 중에서 갈란터 교수의 기본적인 개념을 토대로 미국의 항소법원의 판결들을 연구한 결과에 의하면, 실질적인 조직적 힘을 지닌 반복적 플레이어들(haves)이 보다 적은 자원을 가진 일회적 이용자들보다 연방 항소심에서 승소할 확률이 훨씬 더 높다는 것이다. 반복적 플레이어들은 판결이 공개되는 사안에서 이길 확률이 더 높으며, 그들이 누리는 항소소송에서의 이점은 장기간에 걸쳐서 확연할 정도로 안정적이라는 것이다.

이 특집호에 실린 또 하나의 흥미 있는 논문은 러시아에서 반복적 플레이어들의 이점이 어떻게 소송에 반영되는가를 탐구한 것이었다.[53] 연구자들은 328개의 러시아 기업들로부터 획득한 자료들을 분석하고 있는데, 러시아의 반복적 플레이어들은 갈란터 교수의 반복적 플레이어와는 다르다는 결론을 내리고 있다. 이들은 덜 공격적이고, 덜 혁신적이며, 오히려 다른 반복적 플레이어들을 상대로 소송을 제기한다. 이 논문은 반복적 플레이어의 특징들 이외에 다른 요소들을 검토한 결과 법과 관련된 활동을 결정하는 데 있어서 변호사가 있느냐의 여부가 매우 중요하며, 따라서 러시아에서는 미국의 반복적 플레이어들이 갖는 이점이 크게 작용하지 않았다고 결론내리고 있다.

53_ K. Hendley et al., "Do Repeat Players Behave Differently in Russia? Contractual and Litigation Behavior of Russian Enterprises," *Law & Society Review*, vol. 33 (1999), 833면.

4. 2000년대 나타난 쟁점들

2000년대로 들어서면서 법과 사회학회 내부에서 들리는 두 가지 주장이 관심을 끌고 있다. 하나는 법과 사회학회의 국제화에 관한 것이고, 다른 하나는 법과 사회 영역의 확장에 관한 것이다.

2002년 회장에 취임한 린 마더(Lynn Mather)는 법과 사회학회의 활동이 미국 바깥의 세계에 대해서 더 많은 관심을 가질 것을 촉구하는 연설을 하였고,[54] 트루벡 교수가 이를 적극 지지하는 글을 발표함으로써 글로벌 시대에 법과 사회학회가 나아가야 할 방향을 제시하였다.[55] 트루벡 교수는 1980년대와 2000년대 미국 바깥에서 열리는 학술대회에 참석하는 외국학자들의 숫자가 15%에서 26%로 늘어났다고 해서 법과 사회학회가 진정으로 국제화되었고, 미래를 향한 긍정적인 흐름이라고 생각해서는 안 된다고 주의를 환기시키고 있다. 미국 이외의 국가들에서 사회적 법탐구가 확산되고 있는 흐름에 비추어 볼 때, 11%의 증가는 그렇게 괄목할 만한 것이 아니라는 것이다. 법과 사회 학술대회에 한 나라에서 4분의 3이 참석하는 현실을 볼 때, 진정으로 국제화되었다고 평가할 수 없다는 것이다.

트루벡 교수는 법과 사회학회가 진정 국제화에 성공하려면, 전 세계적으로 "사회 속에서의 법"에 관하여 탐구하는 학자들의 국제적 네트워크를 구축하고, 비교학적인 관점에서 법현상을 탐구하고, 국내 영역뿐만 아니라 국제적 영역까지도 다루는 학자들의 네트워크를 구축해야 하며, 비교연구의 가치, 초국적 영역들의 확장, 점증하는 국제규범들의 임팩트 등을 포함해야 한다고 지적한다. 비록 미국학자들의 작업이 한 나라에 집중되지만, 그것은 항상 다른 나라들에서 이와 유사한 규범들과 절차들의 이해로부터 혜택을 얻을 수 있다는 것이다.

초국가적 법의 영역과 행위자들의 숫자와 중요성이 급격하게 증가하는 이 시대에 환경을 보호하고, 인권을 신장시키고, 교역관계에 관한 규칙들을 부과하고, 지역발전을 촉진시키는 국제기구들의 중요성이 커질 뿐만 아니라, 이러한 기

54_ L. Mather, "Reflections on the Reach of Law (and Society) Post 9/11: An American Superhero?," *Law & Society Review*, vol. 37 (2003), 259면.

55_ D. Trubek, "Cracking the 'Red, White, and Blue' Ceiling: Toward a New International Role for the Law and Society," *Law & Society Review*, vol. 37 (2003), 296면.

구들에 영향을 미치도록 고안된 초국가적 네트워크의 확산 등은 그동안 미국의 법과 사회학자들이 무시해 온 중요한 탐구영역을 산출해 내고 있다는 것이다. 그리고 이 영역들에 대한 탐구는 세계의 많은 영역에 종사하는 학자들과의 협력을 요구한다는 것이다. 이러한 시대적 상황에서 미국의 법과 사회학회가 수행해야 할 과제에 대해서 트루벡 교수는 다음과 같이 지적하고 있다.

> 나는 법과 사회학회가 사회적 법연구의 국제적 세계를 지배하려고 해서는 안 된다고 생각하지만, 협력을 위한 대화와 수단들을 위해 보다 나은 장을 창출해 내야 하며 그 영역의 확장에 선도적인 역할을 해야 한다. 그러한 임무는 많은 제도들과 협회들을 결속시키는 네트워크를 구축하고, 그들 각각의 능력과 상대적인 강점을 이용해야 한다. 법과 사회학회는 그러한 네트워크에 실질적인 기여를 할 수 있을 것이다. 그것은 전 세계의 사회적 법연구 학회 중에서 가장 잘 조직되어 있고, 기금이 풍부할 뿐만 아니라 가장 크고 오래되었다. 지금까지 법과 사회학회 내에서 국제적 전환의 한계가 무엇이었든 간에 다른 국가들로부터 실질적인 참여가 있으며, 우리들은 다른 협회와 협력하는 전통을 갖고 있다. 만일 (미국의) 법과 사회학회가 사회적 법연구를 지지하는 글로벌 네트워크를 형성하고 그 주제에 대한 보편적인 접근을 창출하는 역할을 하지 못한다면, 누가 할 수 있겠는가?[56]

1999년 회장 취임연설을 한 오스틴 새럿(Austin Sarat) 교수는 1980년대 후반 맥콜리가 회장 취임연설[57]에서 행한 내용을 상기시키면서 법과 사회연구가 포섭해야 할 새로운 영역으로 "이미지로서의 법"영역을 제시하였다.[58] 이것은 "법전 속의 법", "실제 속의 법"에 또 하나의 영역을 보태는 것이었다. 새럿 교수는 지난 30여 년에 걸쳐서 사회적 법연구가 다양한 형태의 "실제 속의 법"영역을 확장시켜 왔는데, 우리들에게 가장 가까이 있는 텔레비전, 비디오 등과 같은 매체 속에

56_ 위의 글, 299면.

57_ S. Macaulay, "Images of Law in Everyday Life: The Lessons of School, Entertainment, and Spectator Sports," *Law & Society Review*, vol. 21 (1987), 185면.

58_ A. Sarat, "Imagining the Law of the Father: Loss, Dread, and Mourning in *The Sweet Hereafter*," *Law & Society Review*, vol. 34 (2000), 3면.

서 작용하고 있는 "이미지 속의 법"영역을 추가하지 않을 이유가 어디에 있느냐고 반문하면서, 이 영역에 대한 관심을 촉구하였다.[59]

새럿 교수는 매개된 이미지에 대해서 어떤 입장을 취하든 혹은 어떤 연구방법을 택하든 그동안 법과 사회학자들이 해 온 작업은 끊임없는 활동이었으며, 인습적으로 규정되어 온 법학의 경계를 지속적으로 확장시켜 온 것이 바로 법과 사회학자들의 활력의 핵심이었다는 것이다. 법과 사회학회의 임무는 무엇이 탐구할 만한 가치가 있는 것인지, 사용하는 이론들과 방법들, 그리고 사회적 법연구로 여겨지는 것들에 대하여 법학 자체의 인습적인 전제들에 대하여 도전하는 것이다. 새럿은 이러한 법과 사회의 전통 위에서 새로운 필드의 개척이 이루어져야 한다고 강조하였다.

Ⅴ. 맺음말

지금까지 미국의 법과 사회학회를 중심으로 사회적 법연구가 전개되어 온 과정을 살펴보았다. 초기에 법과 사회학회에 참여한 학자들의 수도 적었고, 그들이 법과 사회와의 관계에 대해서 천착했던 주제들도 매우 단순했다. 그러나 반세기 만에 이들은 세계의 법학계에서 어느 학회보다 그 규모나 조직에 있어서 가장 성공적인 학회로 성장하고 있는 모습을 보여 주고 있다. 그렇다면 이러한 학술단체의 성공은 어디에 기인하는 것일까?

우리는 법과 사회학회가 갖고 있는 몇 가지 특징에서 그 원인을 찾을 수 있을 것 같다. 첫째, 법과 사회학회가 하나의 학술단체로서의 제도적 장치를 마련했다는 데에서 찾을 수 있다. 20세기 초 강력한 풍조로 대두했던 법현실주의, 후반의 비판법학이 보여 주었던 열정과 영향력은 법과 사회학회와는 비교가 안 될

59_ 이 주제에 대한 한국 학계의 연구에 관해서는 김정오, "한국의 TV 법정 텍스트와 시민들의 수용태도에 관한 연구,"「법과 사회」제38권(2010); 이재협, "한국의 법률직 TV 드라마에 나타난 법의식과 법률가의 이미지—애드버킷에서 검사 프린세스까지,"「서울대학교 법학」제51권 제3호(2010); 이희은, "TV 법정 프로그램에 나타난 법 이미지와 현실구성: 〈실화극장—죄와 벌〉을 중심으로,"「한국언론정보학보」제50호(2010) 참조.

정도였다. 그러나 이들이 지속적인 학맥을 이어갈 수 없었던 가장 커다란 이유는 법과 사회학회와 같은 제도적 장치를 마련하지 못했기 때문이다. 이에 비해 법과 사회학회는 출발 당시부터 제도적인 학회로 정착을 하고 학술대회와 저널을 통해서 지속적인 학술활동을 해 왔다는 점에서 그 성공의 원인을 찾을 수 있을 것이다.

둘째, 법과 사회학회에 참여하는 학자들의 열정과 헌신에서 그 원인을 찾을 수 있다. 이 논문에서는 그러한 활동들을 충분히 밝히지는 못했지만, 이 글을 준비하면서 접하게 된 이들의 내부적인 이야기들을 통해서 알 수 있었던 점은 학회가 형성되는 초기에 지도적인 위치에 있었던 학자들의 헌신적인 노력이 대단하였다. 그것은 이들이 법과 사회연구의 중요성에 대해서 공감을 하였고, 이를 실천하기 위해 자신들의 많은 시간과 노력을 투자한 데에서 찾을 수 있다. 초창기 멤버로서 아직도 왕성한 집필활동과 학술대회 발표 등을 하고 있는 맥콜리, 갈란터 등의 학자들의 학문적 열정을 통해서 그 원천을 발견할 수 있다. 물론 이들뿐만 아니라 이후에 법과 사회학회에 참여한 학자들의 사회적 법연구에 대한 열정은 회장 취임연설을 통해서 잘 전달된다. 이러한 학문적 열정을 하나의 전통으로 확립한 것이 법과 사회학회의 또 하나의 특징이라고 할 수 있을 것이다.

셋째, 어떻게 보면 앞의 두 원인보다도 더 중요한 것은 법과 사회학회의 개방적이고 포용적인 태도를 들 수 있다. 법과 사회학회가 다른 학회들보다 빠르게 성장하고, 그 외연을 미국 내외로 확장할 수 있었던 것은 법과 사회학회가 성장하면서 지적으로 직면하게 되는 중대한 도전들에 대해서 정면으로 대응하고 수용하는 태도를 유지했다는 점이다. 앞에서 살펴본 것처럼 1980 · 90년대 부딪쳤던 포스트모더니즘, 비판법학, 페미니즘 등의 거센 도전에 대해서 법과 사회학회는 회피 전략보다는 이들과 대응하고 새로운 조류를 적극 수용함으로써 자신들이 초기에 설정했던 문제의식이나 연구의 방향을 전환시켰다. 이러한 태도가 법과 사회학회 자체를 21세기에도 더욱 활력적인 학술단체로 자리매김하는 원동력이 되었다. 더욱이 이들의 끊임없는 자기성찰의 전통이 그 밑거름이 되었다고 볼 수 있다. 뿐만 아니라 이들이 갖고 있는 개방적인 태도는 많은 외국학자들의 참여를 확보할 수 있었다.

넷째, 다른 학회들과 달리 법과 사회학회가 갖고 있는 특징은 사회참여적인 성격이라고 할 수 있다. 물론 이들이 직접적으로 정책결정이나 제도 설립에 관여하는 것은 아니지만, 지속적인 연구활동을 통해서 법제도와 이를 둘러싼 각종 제도들이 안고 있는 문제점들을 밝혀냄으로써 개혁의 방향을 제시해 왔다. 앞에서도 지적한 바와 같이 법과 사회학회가 과학으로서의 사회적 법연구를 추구하지만, 동시에 사회정의의 실천에 대한 관심도 꾸준히 유지해 온 전통에서 찾을 수 있다. 바로 이러한 실천에 대한 관심이 순수학문으로서의 사회적 법연구가 안게 될 한계를 넘어가게 하는 것이다. 어떻게 보면 법과 사회학자들의 실천에 대한 관심이 외국학자들과의 교류를 더욱 활발하게 해 주는 원천인 것이다.

제10장

법의 가부장성에 관한 고찰: 미국의 페미니스트 법이론을 중심으로

윤진숙*

Ⅰ. 서 설

여성에 대한 억압은 문명의 시작 내지 그 이전까지 거슬러 올라갈 수 있을 정도로 오랜 역사를 가지고 있다. 역사가 시작된 이후 오랜 시간 동안 권력의 중심은 남성에게 있었으며, 여성은 그 자체로 낮은 지위에 놓여 있었다. 여성이라는 생물학적인 성[1]으로 태어났다는 이유로 여성은 한 인간으로서의 존엄과 권리를 누리는 것조차 쉽지 않았다.

인간으로서의 존엄과 권리는 우리나라 헌법 제10조에서도 규정되어 있듯이 천부적인 자연권으로서의 성격을 지닌다. 그러나 현대 법학에서 당연히 존중의 대상으로 여기는 여성의 권리가 명문의 법전에 규정된 것은 20세기 전후에 와서야 가능했다.

법여성학(Feminist Jurisprudence)은 법의 정치학과 깊은 관련이 있다. 법여성

* 숭실대학교 법학과 부교수.

1_ Deborah L. Rhode, "Beginning at Birth", *Frug's Women and the Law* (Foundation Press, 4th ed., 2007), 제1장 참조.

학은 여성의 구체적인 경험을 바탕으로 하는데, 이러한 경험이 페미니즘의 중요한 근거이자 분석방법이 된다. 특히 "개인적인 것이 정치적인 것이다(The personal is political)"[2]라는 강력한 모토는 여성이 놓인 정치적 상황 속에서의 고민과 '의식고양'의 방법을 반영한다. 이 글에서는 페미니스트 법이론의 전개와 그 의미를 알아보고, 특히 그 과정에서 주요한 문제점으로 지적된 법의 가부장성과 지금도 남아 있는 법의 가부장적 정치성을 비판적으로 고찰하기로 한다.

II. 페미니스트 법이론의 전개

페미니스트 운동은 몇 세기 전부터 있어 왔지만, 19세기 후반부터 법적인 개혁과 결합되어 본격화되었다. 이후 보다 구체적으로 정립된 페미니스트 법이론은 성차별에 대하여 철학적으로 고찰하는 법이론이다. 페미니스트 법이론은 학자에 따라 차이가 있지만, 사회가 남성에 의해 형성되고 지배되고 있는 가부장적 사회라고 믿는다는 점에서는 일치한다.

초기 페미니스트 법이론은 미국의 역사를 토대로 하면 크게 두 단계로 구분된다.[3] 이 입장에서는 19세기 후반에 미국에서 여성들의 투표권, 재산권, 자녀에 대한 양육권이나 그 이외의 법적인 투쟁이 본격화되기 시작한 시기, 즉 여성 참정권이 인정된 1920년까지가 여성운동의 첫 번째 단계(the first wave)라고 한다. 미국 페미니즘의 두 번째 단계(the second wave)는 1960년대 후반과 1970년대 초반부터 여성의 법적 권리에 대한 관심이 다시 강화되는 시기를 말한다. 여성의 법적 권리에 대한 재조명은 자유주의 페미니즘을 따라 본격화되기 시작하였다. 이후 여성 문제에 대한 저술들이 심리학, 철학, 신학, 과학, 문학 등에서 본격화되기 시작한다. 법적 영역에서의 페미니즘은 1960년대 이후 임금차별, 강간과 성희롱과 같은 성폭력, 가정폭력, 임신과 관련된 소송을 통해서 논쟁을 일으키게 되었다. 특히 평등과 차별의 논의는 임신한 여성에 대한 고용자의 차별에 관한

2_ Carol Hanisch, "The Personal is Political", *Radical Feminism: A Documentary Reader* (NYU Press, 2000), 113면.

3_ D. Kelly Weisberg(ed.), *Feminist Legal Theory* (Temple University Press, 1993), xv면.

특정 이슈와 관련하여 시작하였다.

여성의 참정권 획득 이후가 한참 지난 후에도 임금차별, 강간과 성희롱과 같은 성폭력, 가정폭력, 임신과 육아와 관련된 차별 등 여성에 대한 차별은 여전히 해결되지 않고 있었다. 이러한 시기부터 여성들이 로스쿨에 본격적으로 입학하여 많은 여성 법률가와 법학자들이 활동하기 시작하였다.

그리고 페미니스트 법이론을 평등의 시대, 차이의 시대, 다양성의 시대로 나누는 견해도 있다.[4] 첫째로 1970년대를 '평등의 시대'로 평가하는데, 이는 그 당시 페미니즘의 주된 관심사가 법적 평등에 있었기 때문이다. 법적 평등을 위해 차별취급에 대한 소송을 많이 제기하였는데, 이 시대에는 양성의 '평등'이라는 헌법적 가치에 의해 많은 차별적인 법들이 위헌으로 결정되었다.

둘째로, 1980년대를 '차이의 시대'로 평가하는데, 이 시대에는 남성과 다른 여성의 심리적 특성을 존중하자는 캐롤 길리건(Carol Gilligan)[5]의 이론을 바탕으로 한 문화적 페미니즘과 여성은 남성과 달리 법과 국가에서 피지배자로 분류되어 취급된다는 캐서린 맥키넌(Catharine MacKinnon)[6]의 급진적 페미니즘이 전개된 시대이다.

그 다음으로, 1990년대를 '다양성의 시대'로 구분하는데, 이 시대에는 포스트모던 페미니즘,[7] 다양한 인종 간의 여성들의 권력관계, 성적 소수자인 레즈비언 등 평등과 차이의 시대를 넘어선 다양성에 대한 고찰을 시도하는 시기다. 2000년대 이후는 평등과 차이의 다양성이 혼재된 시대라고 할 수 있다.

학자에 따라서는 페미니스트 법이론을 평등 이론, 문화적 페미니즘, 지배 이론, 비판인종이론, 레즈비언 페미니즘, 에코 페미니즘, 실용주의 페미니즘 등으로 나누기도 한다.[8] 이러한 페미니스트 이론들이 주목하는 평등과 차이의 논쟁

4_ Martha Chamallas, *Introduction to Feminist Legal Theory* (Aspen Law & Business, 3rd ed., 2013), 33-159면.

5_ Carol Gilligan, *In a Different Voice: Psychological Theory and Women's Development* (Harvard University Press, 1982).

6_ Catharine A. MacKinnon, *Toward a Feminist Theory of the State* (Harvard University Press, 1991).

7_ Mary Joe Frug, *Postmodern Legal Feminism* (Routledge, 1991).

8_ Robert Verchick, Nancy Levit and Martha Minow, *Feminist Legal Theory: A Primer* (NYU Press, 2006).

은 그 의미가 조금씩 다르다. 특히 차이와 유사성의 문제에 있어서도 그 의미가 다르므로 이에 대한 논의가 필요하다.

페미니스트 학자들은 페미니스트 법이론과 함께, 헌법상 '평등'의 개념에 대해 본격적으로 논의하고 여성에 대한 폭력, 재생산권, 여성 노동과 임금의 문제, 아동과 여성의 관계, 법조인으로서의 여성, 그리고 국가권력과 여성의 관계에 대해 논의한다.[9] 페미니스트 법이론은 여성에 대한 차별에 대해 다양한 방법으로 접근하는데,[10] 특히 법의 가부장성과 관련한 접근은 '평등'이라는 법적 이상을 추구하기 위하여 주목할 필요가 있다.

예컨대 헤더 휘식(Heather Ruth Wishik)은 여성과 관련된 모든 것에 대해 의문을 제기해야 하며, 구체적으로 가부장적인 법의 위험성을 지적하고 분석하는 것을 넘어서서 가부장적인 성격이 배제된 법의 가능성을 탐색한다. 그녀는 법학계에서 페미니즘은 크게 네 단계로 발전해 왔다고 한다.

첫째로 여성을 일단 포함(add-women-and-stir)시키는 보상적인 접근방식, 둘째로 여성을 억압하기 위해서 가부장적인 편견을 적용하고 여성을 배제하는 법에 대한 비판들, 셋째로 여성의 시각에서 여성의 법적 경험에 대한 정보들의 집합, 넷째로 법을 이해하고 검토하기 위한 페미니스트적 방법의 개념화이다.[11] 보상적 접근방식은 전통적으로 남성의 시각에서 만들어진 카테고리 내에 '숨겨진'

9_ Cynthia Grant Bowman, Laura A. Rosenbury, Deborah Tuerkheimer & Kimbery A. Yurako, *Feministt Jurisprudence: Cases and Materials* (West Publishing, 5th ed., 2011).

10_ Katharine T. Bartlett & Deborah L., Rhode, *Gender and Law, Theory, Doctrine, Commentary* (Aspen, 5th ed., 2010); Herma Hill Kay & Marth S. West, *Sex-Based Discrimination* (Foundation Press, 6th ed., 2007); Robert H. Mnookin and D. Kelly Weisberg, *Child Family and State: Problems and Materials on Children and the Law* (Aspen Casebook Series, 7th ed., 2014); Tracy A. Thomas, Tracey Jean Boisseau (ed.), *Feminist Legal History: Essays on Women and Law* (NYU Press, 2011); Catharine A. Mackinnon, *Sex Equality* (Foundation Press, 2nd ed., 2007); D. Kelly Weisberg, *Domestic Violence: Legal and Social Reality* (Aspen Publishers, 2012).

11_ Heather Ruth Wishik, "To Question Everything: The Inquiries of Feminist Jurisprudence," 1 *Berkeley Women's L.J.* 64, 67면(1985); Beverley Baines, Daphne Barak-Erez, Tsvi Kahana (ed.), *Feminist Constitutionalism: Global Perspectives* (Cambridge University Press, 2012), 95면; Katharine T. Bartlett, "Feminist Legal Method," 203 *Harv. L. Rev.* 829, 837(1990).

여성의 경험을 조명하는데, 이는 페미니스트 이론의 중대한 출발점이라고 휘식은 말한다. 이러한 초기 접근방법은 여성을 대상이 된 문화 속에 포함시키는 것이다.[12] 법은 외관상 일견 중립적인 성격을 가진 것처럼 보이지만, 실제로는 이러한 중립성 아래에 남성적 제도를 용이하게 하는 가부장적 성격을 가진 것이다.[13] 즉 법은 정치적이며[14] 여성의 시각을 포함하지 않으므로 그 자체로 가부장적이라는 것이다.

한편 여성 차별의 근대적 기원에 대해 근본적인 고찰을 하고 있는 입장은 '공/사 이원론'과 '법의 가부장적 성격의 재생산에 대한 고찰'이다. 페미니스트 법이론 중 공/사 이원론은 근현대 여성차별의 기원을 사회과학적으로 논증한다는 점에서 설득력 있는 이론이다. 또한 가부장적 체계로서의 법으로 구분하는 견해 역시 법이 원칙적으로 지향해야 하는 '공정'과 '중립'의 이념과는 달리 법이 지향하는 가부장적 성격을 비판적으로 고찰한다.

이러한 법에 대한 접근방식은 중요한 의미를 지니는데, 첫째로 공/사 구분을 통해서 기존에 여성의 영역으로 당연시되어 왔던 분야에서 여성을 부당하게 소외시킨 후 여성들을 시대에 뒤떨어지거나 적대적인 집단으로 취급하였고 그 영역을 남성의 영역으로 대체했다는 점과, 그 이후에도 여전히 공적인 영역에 있어서 남성의 우월적 지위를 보장한다는 문제를 지적했다는 의미가 있다.

둘째로, 법의 가부장적 성격은 21세기 현재에도 큰 의미를 지닌다. 법은 남성성을 지닐 뿐만 아니라, 많은 여성이 피해를 당하는 가정폭력과 같은 영역에 대해서 무관심하거나 형식적인 처벌에 그칠 뿐이다. 즉 사회 경제적 변화와 결합하여 강화된 법의 가부장적 성격은 현재도 중립성이라는 이름으로 법을 통한 여성의 착취에 기여하고 있는 것이다.

다음 장에서는 공/사 이원론과 법의 가부장적 성격 강화를 통해 본 법의 남성성, 특히 가부장성에 대해 고찰하기로 한다.

12_ Heather Ruth Wishik, 위의 글, 68면.

13_ Wishik, 위의 글, 68면.

14_ Wishik, 위의 글, 69면.

Ⅲ. 법의 가부장성에 대한 고찰

1. 공적 영역과 사적 영역

전통적으로 정치, 사회, 경제 등의 공적인 영역은 남성의 영역으로 여겨져 왔다. 여성들은 가정이라는 사적인 영역에 한정되어서 생활하는 것이 당연시되어 왔고, 공적인 영역에서 활동은 제약되어서 공적 영역과 사적 영역에서의 활동이 구분되는 것으로 여겨져 왔다. 심지어 교육, 스포츠 등에서도 양성의 구분은 당연한 것으로 여겨져 왔다.[15]

법적으로도 여성의 사적인 영역을 배제하여 왔고, 법적 평등권이 보장된 이후에도 여전히 공적인 영역은 남성의 영역으로 인식되어 오고 있다. 또한 남성은 공적인 영역을 지배할 뿐만 아니라, 사적인 영역에서도 여성에 대한 우월한 지위가 인정됨으로써 공적인 영역과 사적인 영역 모두 지배하는 역할을 해 왔다.

사회에서 평등이라는 가치를 지향함에도 불구하고, 여성은 사회 각 영역에서 그들의 기본적인 시민의 권리를 누리지 못하였고 그에 따른 권력과 인간의 존엄 및 존중을 누리지 못한 점에 대해서 나딘 타우브와 엘리자베스 쉬나이더(Nadine Taub and Elizabeth M. Schneider)는 문제를 제기한다.[16]

특히 법의 두 가지 측면 중, 첫째로 법은 여성을 공적인 영역에서 배제하고 여성들의 주된 활동 공간인 가정이라는 사적인 영역에 대한 규제를 약화하여 남성 지배를 강화했다고 그들은 강조한다. 즉 법은 법적인 수단을 통해서 남성의 공적인 영역에 대한 지배뿐만 아니라, 사적인 영역에 대한 지배를 공고히 한다. 사회와 정치라는 공적인 영역에서 남성 위주로 법이 제정되고 적용될 뿐만 아니라, 가정이라는 사적인 영역에 대한 법 적용을 의도적으로 배제하면서 법의 부재라는 그 자체로 남성들의 사적인 영역에 대한 지배와 여성의 종속을 조장하게 되

15_ Libby S. Adler, Lisa Crooms, Judith G. Greenberg(ed.), *Frug's Women and the Law* (Foundation Press, 4th ed., 2007), 제1장 참조.

16_ Nadine Taub and Elizabeth M. Schneider, "Women's Subordination and the Role of Law," The Politics of Law, David Kairys (Basic Books, 3rd ed., 1998), 328면.

는 것이다. 이에 대한 예로서, 역사적으로 정치, 재산권, 병역 의무, 직장, 자녀 양육 등에서 여성이 배제되어 왔음을 제시한다.

영미에서 여성의 재산권은 19세기 중반 이후에 인정되었던 사실과 더불어, 미국에서 여성은 수정헌법 제19조에 의해 흑인보다 늦게 투표권을 획득하여 1920년 이후에야 합법적으로 투표권을 행사할 수 있었다. 직장에서도 특정 영역에 대해 여성을 배제하고, 여성은 높은 임금을 받는 직장에 고용되기 어렵도록 법제화되었다.[17] 예컨대 여성은 뿌리 깊은 인종차별의 대상이었던 흑인보다도 정치적 권리를 늦게 인정받았고, 유망한 직종에서 여성이라는 사실만으로 소외당하는 경험을 오랫동안 해 왔다.

여성의 임신가능성 여부도 공적인 영역에서 여성을 배제하는 기준이 되었다. 타우브와 쉬나이더는 피임기구 사용을 금지하는 콤스톡 법(Comstock law)이 1938년에 와서야 폐지되었고, 형법상 금지되었던 낙태가 1973년 미연방대법원 판결 이후에서야 형법 적용대상에서 제외되었다. 그들은 이외에도 많은 영역에서 법이 기술적이고도 효율적으로 여성을 배제하는 법을 승인해 왔음을 비판한다.[18]

공적인 영역에서 여성을 배제하는 것은 또한 여성을 사적인 영역에 보다 집중하게 했지만, 동시에 사적인 영역에서의 법의 부재 또한 여성의 남성에 대한 종속을 강화하는 역할을 해 왔다.[19] 특히 타우브와 쉬나이더는 남성에 의한 여성의 가정 내 폭력에 대한 법의 부재 내지 실질적 부적용은 혼인관계 내에서 여성을 무시할 수 있다는 중요한 이데올로기적 메시지를 사회에 보내는 것이라고 비판한다. 심지어 가정폭력에 대한 무관심은 여성이 가정 내에서 남성의 소유물로 취급되는 것이며 남성의 뜻대로 여성을 좌우할 수 있다는 뜻을 함유한다고 비판한다. 또한 여성의 가사노동에 대한 가치를 부인하는 것도 여성의 종속을 유지하는 데 중요한 이데올로기적 메시지일 수 있다고 주장한다.[20]

17_ Nadine Taub and Elizabeth M. Schneider, 위의 글, 330면; Weinberg v. Wiesenfeld, 420 U.S. 636(1975); Califano v. Goldfarb, 430 U.S. 199(1977); Califano v. Westcott, 443 U.S. 76(1979).

18_ Nadine Taub and Elizabeth M. Schneider, 위의 글, 335면.

19_ Nadine Taub and Elizabeth M. Schneider, 위의 글, 332면.

20_ Nadine Taub and Elizabeth M. Schneider, 위의 글, 332면.

이와 같이 여성의 상황을 고려하지 않은 공적 영역에서의 형식적 평등은 평등의 이상에 부합하지 않을 뿐만 아니라, 사적인 영역에서의 법의 부재 내지 의식적인 부적용 또한 평등과는 거리가 멀다.

공적인 영역과 사적인 영역을 나누어 사적인 영역을 차별하거나, 사적인 영역을 공적인 영역으로 편입시키면서 사적인 영역에서의 보호와 가치를 인정하지 않고 차별하는 경우도 공적인 이데올로기의 심화다. 다이앤 폴란(Diane Polan)은 공사구분을 통해서 공/사 이데올로기가 더욱 심화되었고, 이러한 공/사 이데올로기는 가정 밖인 공장에서 대량생산을 가능하게 한 자본주의 탄생으로 더 강화될 수 있게 되었다고 주장한다.[21] 즉 공/사 이데올로기를 통해서 여성들이 사적인 영역인 집에 있는 것을 당연시하게 되었고, 동시에 여성들이 공적인 영역인 직장에서 일하는 것을 금지하게 되었다는 것이다.

"사적인 공간인 가족"에 대한 불개입 입장은 가족 내에서 남성들이 여성들을 착취하는 것을 방조하는 것이며, 본질적으로 사적인 영역에서 의도적인 법의 부재 내지 철수를 통해서 법체계는 남성들이 가족생활을 완전히 지배하고 통제할 수 있게 만드는 것이라고 폴란은 비판한다.[22] 이러한 의도적인 법의 부재를 관철한다면 법원조차도 "가정 내 프라이버시"라는 이유로 가정폭력에 개입하기 힘들다.[23] 미국 역시 가정폭력방지법(Family Violence Prevention and Services Act)은 가정폭력을 겪는 여성과 아동에 대한 보호와 방지를 위한 법으로 규정되어 있다. 여성폭력 규제법(Violence Against Women Act)은 가정폭력을 포함한 여성에 대해 광범위한 제재를 규정하고 있지만 법적용의 실제에서는 그 범위가 제한되고 있는 실정이다. 이와 같이 가정에서 일어나는 폭력과 같이 사적인 영역에서의 범죄적 행위에 대한 구체적인 법이 있다고 하더라고 법의 개입은 제한되어 있다. 사적인 영역에 대한 차별구조에서는 우리나라에서처럼 가정폭력방지 및 피해자보호 등에 관한 법률 및 가정폭력범죄의 처벌 등에 관한 특례법과 같이 가정폭력에 관한 법이 제정되더라도 가정폭력에 대해서 되도록 개입하지 않고 보호, 재발방

21_ Diane Polan, "Toward a Theory of Law and Patriarchy," *Feminist Legal Theory* (Temple University Press, 1993), 328면.

22_ Diane Polan, 위의 글, 422면.

23_ Diane Polan, 위의 글, 422면.

지, 그리고 보호처분에 중점을 두고 있어서, 실질적으로는 법의 효력이 크지 않다는 것도 차별의 시각에서 이해될 수 있다.

2. 가부장적 체계로서의 법

가부장제는 한 사회에 자리 잡은 보다 사적인 영역인 가정과 관련된 제도라는 점에서 법과는 별개의 성격을 지녔다고 사람들은 생각할 수도 있다. 그러나 가정을 중심으로 한 가부장제는 국가와 사회에 잠재적이면서도 강력한 영향을 미친다. 일찍이 아리스토텔레스(Aristotle)가 『정치학』에서 정치에 있어서 가장을 중심으로 한 가부장적 가정을[24] 가정의 형태로 상정한 것도 가족 내에서의 정치적 성격을 주목했기 때문일 것이다.

페미니스트 중 가부장제와 법의 연관관계를 연구하면서, 법의 가부장성을 주장한 학자들도 있다. 자넷 리프킨(Janet Rifkin)은 법은 남성성의 패러다임이며 법과 법이데올로기는 자본주의 하에서 더욱 견고해졌으며, 신생 부르조아와 상호 이해관계를 위해 역사적으로 존재해 왔던 가부장제의 형식이 자본주의에 맞게 변형되었다고 주장한다. 그리고 이후 여성을 위한 법적 개혁이 있었음에도 불구하고 이러한 개혁이 왜 사회 속의 변화를 동일한 수준으로 이끌어 내지 못했는가를 고찰했다.

법은 남성의 권위를 위한 강력한 상징이자 도구이며, 이러한 권력은 법의 이데올로기와 법에 의해 지지된다고 비판하는 리프킨의 견해도 법의 실제와 작용에 비추어 본다면 설득력이 있다. 판결을 통해서 차별받는 자들을 위한 권리의 확인 및 신장도 가능하지만, 법이 오히려 법적 판단에 의해 차별받는 사람들의 목소리를 무마시키고 사회적 안정을 도모하는 강력한 힘을 가지는[25] 점도 부인할 수 없다. 또한 보수적이고 안정적인 법률 용어는 강한 논의의 타당성과 설득력 및 권위를 갖는 효과가 있어서 '합리성'[26]이라는 사회적 설득의 형식을 갖추게

24_ 아리스토텔레스, 『정치학』, 천병희 옮김(숲, 2009), 54-55면.

25_ Janet Rifkin, "Toward a Theory of Law and Patriarchy," *Feminist Legal Theory* (Temple University Press, 1993), 413면.

26_ Janet Rifkin, 위의 글.

된다. 그러나 이러한 합리성이 전제되는 형식적 법체계 하에서는 상대방에 대한 여성들의 배려심이나 공감이나 보살핌 등은 고려되지 않는 경우가 많아서 오히려 불리하게 작용될 수 있는 측면도 있다.[27]

소송에 대한 의존은 법이 사회변혁의 근원이 될 수 있다는 믿음을 반영하였고, 이러한 소송들을 통해서 '여성에 관한 이슈'들이 중요하게 여겨지고 때로는 새로운 권리들이 창설되는 결과를 낳았지만, 기본적인 성의 위계질서는 변하지 않았다는 점에 대해 리프킨은 비판한다.[28] 법은 사회통제의 수단으로도 그 역할을 하였지만, 동시에 차별받은 여성의 지위를 바꾸고자 하는 수많은 노력들이 소송을 통해 어느 정도 인정되는 등 권리를 보호하고 신장하는 역할도 하였다. 그러나 동시에 기득권자들의 권리를 평등하게 보호하게 해 주는 힘의 위계질서에서는 오히려 가진 자의 권리가 확실히 보장되는 역할도 하는 것이다. 이러한 힘의 역설은 21세기 현재까지도 법과 법의 적용과정 및 결과를 통해서 계속되고 있다. 즉 차별받는 여성들은 법원에서의 조정이나 다른 분쟁해결 과정에서 오히려 법의 가부장적 성격 때문에 불리한 대우를 받게 되는 경우가 현재까지 계속되고 있다.[29]

이러한 법과 권력의 역설은 두 가지 예에서도 확인된다. 첫째로 낙태와 피임을 여성의 사생활에 대한 권리의 확장과 재생산의 자유라는 측면에서 의미 깊게 볼 수 있겠지만, 경합하는 권리를 동시에 고려해 줘야 한다는 또 다른 고려사항이 있을 수 있다. 예컨대, 미국에서 Roe v. Wade 사건[30] 이후 낙태를 할 수 있는 권리가 인정되기 시작했지만, 동시에 아버지의 권리가 침해될 수 있고 또한 태아의 낙태권을 의식한다면 부모가 될 수 있는 권리가 침해될 수 있기 때문에, 낙태를 한 의사들은 여러 법적 문제와 제약들에 의해 위협 당했다고 한다.[31] 차별받는 여성에 대한 권리를 인정한다는 점은 동시에 이에 상응하는 다른 권리를 인정하게 되어, 경우에 따라서는 차별받는 사람에 대한 권리보장의 효과가 적을 수도

27_ Margo Culley and Catherine Portugues(eds.), *Gendered Subjects(RLE Feminist Theory): The Dynamics of Feminist Teaching* (Routledge, 2014), 101면.

28_ Janet Rifkin, 위의 글(주 25), 413면.

29_ Margo Culley and Catherine Portugues, 위의 책(주 27), 99면.

30_ 410 U.S. 113(1973).

31_ Janet Rifkin, 위의 글(주 25), 414면.

있다는 점도 동시에 고려해야 한다. 자유주의 법체계 하에서 평등권을 근거로 한 남성들의 소송도 오히려 증가했다는 사실도 확인할 수 있다.

둘째로 적극적 평등화 조치(affirmative action)에 대한 법적 대응에 있어서도 이러한 패턴이 반복된다고 한다. 적극적 평등화조치를 통해 소외받아 왔던 소수자들이 법적 보호를 받게 될 수 있었다. 그러나 한편으로는 많은 개인들이 소수자들을 우대하는 것은 다수자들을 차별하는 것이라고 주장하는 소송을 제기해 오면서, 직업과 교육에 대한 경쟁상대로서 개인 간에 갈등이 생기게 된다는 점을 지적한다. 즉 이러한 적극적 평등화 조치에 따른 또 다른 문제들은 이러한 소송의 배경이 되는 기본적인 사회적 · 정치적 권력의 문제를 무시하고 모호하게 하는 것이라고 비판한다.[32]

리프킨은 법의 이데올로기는 실제 사회와 정치적 문제의 은폐를 촉진하며, 남성적 권위의 상징이었던 법의 패러다임은 단순히 도전받지 않는 것이 아니라 오히려 사회갈등의 합법적 메커니즘으로 강화하는 역할을 한다는 점을 강조하면서 비판한다.[33] 즉 법은 이러한 이슈들을 저변에 있는 불만족이나 분노로부터 개인의 법적 문제, 개인의 권리보호, 헌법상 해석의 문제로 전환하여 공공의 의식을 분산시키는 역할을 한다는 것이다. 이러한 법의 형식주의적 성격으로 인한 불평등은 조정을 비롯한 현대 법체계에서 계속된다.[34]

법의 남성적 패러다임이 변화하지 않는다면 권력과 사회질서로서의 가부장제는 없어지지 않을 것이라고 리프킨은 강조한다.[35] 그리고 법의 남성적 패러다임을 없애기 위해서는 남성권위와 권력의 형태로서의 법의 기원이 보다 철저하게 밝혀지고 검토하여 법이 권력, 특히 가부장적 권력과 결합하여 작용한다고 역설한다. 초기 자본주의 사회에서 법의 역할은 교환경제를 위한 환경을 만들도록 도와주는 것이었는데, 교환경제라는 보편적이고 단일한 원칙의 영향으로 가족과 개인의 상호의존관계가 해체되었고, 이러한 과정에서 법은 여성과 남성을 더욱 분리하여 경쟁관계를 조장하고 시장경제사회에 여성의 참여를 상당히 제한하여

32_ Janet Rifkin, 위의 글, 414면.
33_ Janet Rifkin, 위의 글, 414면.
34_ Margo Culley and Catherine Portugues, 위의 책, 101면.
35_ Janet Rifkin, 위의 글, 414, 417면.

왔다.[36]

법은 과거의 남성권위의 계속과 새로운 자본주의적 이해관계를 위한 변화에 따라 재정립되었고, 이러한 새로운 법은 사회의 정확한 비전으로 정당화되고 수용되었다.[37] 법은 다양한 방법으로 가부장적 권위를 상징하도록 발현되어 왔는데, 특히 자본주의 사회의 등장으로 법은 새롭게 등장한 자본주의적 이해관계의 필요를 충족시키기 위해 기존의 가부장적 사회질서를 견고히 하는 중대하고 실질적이면서도 이데올로기적 메커니즘이 되었다.[38] 즉 법은 근대 이후 여성을 가정과 가족이라는 사적인 세계에 귀속하게 하고, '교환'이라는 공적인 세계로부터 축출하는 역할을 하였다.

소송에 관해 살펴본다면, 많은 법적 소송들을 통해서 사회에서 차별받는 사람들 특히 여성의 지위를 변화시키는 긍정적인 측면들이 분명히 있었고 중요한 역할을 해 왔다는 사실을 부인할 수는 없다. 하지만 남성의 우위와 권위를 받아들이고 지지하는 성격을 전반적으로 없애지는 않았으며 여전히 법에는 그러한 성격이 내재해 있다.

실제로 남성권위의 상징으로서의 법은 오히려 소송을 통한 법의 패러다임을 합법적 메커니즘으로 작용하게 하여 그러한 신뢰를 바탕으로 법이 중요한 사회변화의 원천이라는 확신을 심어 주고 강화하는 역할을 함으로써 진정한 사회변화는 의도했던 것만큼 일어나지 않는다는 점을 지적할 수도 있다. 이러한 점에 대해 리프킨은 법의 남성지배 권력의 패러다임이 도전받지 않고 남아 있는 한, 기본적인 사회적 위계질서는 변화하지 않는다고 강변하면서, 양성평등을 위한 시도는 남성위주의 패러다임을 구체화하기보다는 도전할 때에만 성공적일 수 있을 것이라고 주장한다.[39] 예컨대 조정과정에서는 특히 중립적인 조정자를 전제하지만, 조정자도 한 인간으로서 남성 중심적 권력에 영향을 받을 가능성이 높고 이러한 사회정치적 측면에 대한 고려가 없는 법체계 하에서는[40] 여성은 결국 구

36_ Janet Rifkin, 위의 글, 416면.
37_ Janet Rifkin, 위의 글, 416면.
38_ Janet Rifkin, 위의 글, 416면.
39_ Janet Rifkin, 위의 글, 417면.
40_ Lieh Wing, "Whither Neutrality?," *Re-Centering Culture and Knowledge in Conflict Resolution Practice*, Mary Adams Trujillo(ed.), (Syracuse University Press, 2008), 94-95

체적인 법의 실재에서도 차별적인 대우를 받게 된다.

자본주의가 비교적 최근에 생겨난 경제체계이고, 가부장제가 오랜 역사를 가졌다는 사실을 비교하면 자본주의와 가부장제가 서로 결합하여 비판적 논의의 대상이 된다는 이론에 대해서는 다소 의외일 수 있다. 그러나 이러한 차이에 대해서 주의 깊게 주목을 하지 않더라도, 근대 이후 자본주의가 여성의 사회적 고립과 복종과 긴밀히 연관되어 있고 두 지배의 시스템이 서로 상호작용하고 있다는 점은 확인할 수 있다. 이에 대해 폴란은 자본주의는 특정한 역사적 순간에 발전되었고 이런 과정에서 법이 변형되어 발전되어 온 반면에 가부장제는 그 이전부터 있어 왔고 현대 법학체계보다 앞서서 존재해 왔으므로 차이가 있지만, 가부장적 문화에서 만들어지는 법은 가부장적 성격을 지니게 된다고 해석한다.[41] 더 나아가서 비록 가부장적 이데올로기가 여러 시대를 통해 변화를 겪었지만 자본주의와 법을 통한 남성우위의 합법화라는 기능은, 외관에 있어서는 변형되었지만, 현재도 동일하게 남아 있다고 비판한다.[42]

그러나 20세기 전후로 여러 사회운동과 함께 여성운동이 활발해지고 지속적으로 그 영향력을 발휘하게 되어서 법도 점진적으로 여성의 목소리를 반영하여 법과 소송을 통해 구체적인 여성의 권리를 인정하게 되었다. 그러나 폴란은 이러한 법적 변화를 과거의 차별을 폐지하기 위해서 약간의 단계가 필요한 범위 내에서 법은 자율적인 역할을 어느 정도 할 수 있었다고 주장하며 그 성과에 대해 세심히 고찰할 것을 요구한다. 즉 이러한 상대적인 자율성은 차별받은 여성들이 법에 더 의존하게 하는 역할을 하게 하였다. 폴란은 차별받는 사람들의 요구에 대한 법체계의 점차적인 수용은 한편으로는 보다 급진적인 방법을 찾지 못하도록 방지하는 하나의 해결책 역할을 하였다고 법적 성과의 이면을 비판적으로 평가한다.[43]

법은 여성에게 권리신장과 보장을 약속하지만, 다른 한편으로는 법적 수단

면, 106-107면.

41_ Diane Polan, "Toward a Theory of Law and Patriarchy," *Feminist Legal Theory* (Temple University Press, 1993), 420면.

42_ Diane Polan, 위의 글, 421면.

43_ Diane Polan, 위의 글, 424면.

에 대한 여성들의 신뢰를 통해 법의 정치적 의미를 간과하게 되는 문제점도 있다. 법을 통해서 점차로 여성의 권리가 확장된 예로서 폴란은 미국에서 원래 부부에게만 인정된 피임약 사용이[44] 모든 독신 여성의 재생산권에 대한 헌법상의 권리로 인정된 사례,[45] 최초의 낙태허용 사례[46]를 예로 들고 있지만, 이 또한 재정적인 여유가 있는 여성들만의 재생산권이 헌법적으로 보호받을 수 있음을 지적한다.[47]

또한 법적 권리 확대를 향유하기 위해서는 단순히 법에 대한 신뢰와 수많은 사회적, 경제적, 정치적 상황들에 대한 이해를 항상 의식해야 할 것이다. 여성운동의 힘, 자본주의 사회에서 여성의 권리를 인정함으로써 가부장제를 어느 정도 타협하면서도 사회가 얻게 되는 일련의 이익들 등의 여러 상황에 따른 필요성 때문에 여성의 권리가 법적으로 인정될 수 있었음을 인정하고 여성들이 전략적으로 행동할 것을 촉구한다.[48] 그러나 우리는 법 지향적 전략의 실질적인 한계를 무시할 수 없다.[49] 즉 여성은 차별받는 지위에 있는 사람들로서 법을 전적인 신뢰의 대상으로 하기보다는 주요한 한 방법으로서 고려하고, 다른 상황들을 통합적으로 고려해야만 자신에게 보장된 권리를 더 확실히 누릴 수 있을 것이다.

3. 법과 남성 지배

법을 통해서 여성들은 형식적이고도 실증적인 권리를 확인받을 수 있었다는 점은 부인할 수 없을 것이다. 그러나 여전히 법적 권리를 누리기 위해서는 남성적인 법문화와 법 배후에 있는 권력의 힘을 결코 간과할 수 없다. 캐서린 맥키넌(Catharine MacKinnon)이 법은 남성성을 가졌다고 주장하는 것도 이러한 문제점

44_ Griswold v. Connecticut, 381 U.S. 381(1961).

45_ Eisenstadt v. Baird, 405 U.S. 438(1972).

46_ Roe v. Wade, 410 U.S. 113(1973); Maher v. Roe, 432 U.S. 464(1977); Harris v. McRae, 448 U.S. 297(1980).

47_ Janet Rifkin, 위의 글, 425면.

48_ Janet Rifkin, 위의 글, 425면; David Kairys, *The Politics of Law* (Basic Books, 3rd ed., 1998), 700면.

49_ Janet Rifkin, 위의 글, 425면.

에 기반을 두고 있을 것이다. 그녀는 페미니즘은 단지 더 나은 삶이나 위험이 없는 확신이 아니라 적대적인 실재에 존재하는 엄격한 규율(discipline)이라고 강변한다.[50] 즉 "개인적인 것이 정치적이다"라는 명제는 매일의 삶 자체에 정치적 성격이 있음을 의미하며, 이러한 삶 속에서의 정치적 투쟁을 시사한다. 그리고 이 변혁의 과정에는 언어, 공동체, 정신과 육체, 권력의 본질과 외관이 포함되며, 법의 성격에도 특히 주목해야 한다고 주장한다.

미국에서 헌법상 양성의 평등권 조항(the Equal Rights Amendment: ERA)을 위한 운동을 전개했지만, 실제로 법이 근본적으로 양성평등을 위해 진정으로 변화시키지는 못한다는 것을 맥키넌은 강조한다. 헌법상 평등권 보장은 성차별적인 법을 폐지시키고 '중립적'인 법으로 개정하면서, 법이 여성을 남성과 동등하게 다루는 더 나은 방향으로 변경되었다고 믿게 만든다. 이러한 법적 변화와 전략은 실제로 싸워야 할 남성 우위(male supremacy)를 언급하지 않고 있다고 맥키넌은 비판한다.

예컨대 여성의 프라이버시를 근거로 낙태를 최초로 허용한 Roe v. Wade 사건은 여성이 실제로 남성이 누리는 프라이버시를 가지지 못했고, 오히려 사생활이라는 이름하에 낙태를 할 수밖에 없는 여성의 사회, 경제적 상황을 간과하고 있다는 것이다. 이러한 논리는 공/사 이분법의 연장선에 있는 것으로서, 공적인 정부와 기관은 사적인 영역에서 일어나는 양성의 불평등에는 개입하지 않겠다는 의사를 표명한 것이라고 비판이 가능하다.[51]

낙태금지와 허용 과정에서 나타나는 여성의 육체에 대한 지나친 법적 개입 내지 실제 여성의 사회적, 경제적 삶에 대한 법의 무관심은 그 자체로 큰 문제가 있고, 매춘과 포르노그래피에 대한 법의 중립적 태도 역시 '여성의 종속적 상황'이라는 문제점을 간과하게 된다. 특히 매춘에는 여성이 관련된 경우가 많기 때문에 매춘에 대해서는 신중한 접근이 필요하다.

매춘은 남성과 여성, 연령, 폭력, 돈, 알선업자와의 다양한 권력관계의 한가운데에 놓여 있으며, 나아가 매춘에 내재하는 다양한 형태의 강제와 취약성은 미

50_ Catharine MacKinnon, *Women's Lives and Men's Laws* (The Belknap Press of Harvard University Press, 2005), 261면.

51_ 위의 책.

국 수정헌법 제13조[52]가 금지하는 노예제도에 해당하는 요소들을 담고 있다고 맥키넌은 지적한다.[53] 즉 음식이나 수면 부족, 돈, 폭력, 성폭행이 매춘에서 일상적으로 일어나며, 여성의 경제적 수입뿐만 아니라 자유 또한 대부분 알선업자의 통제 내지 지배하에 놓이게 한다. 이러한 과정 속에서 여성은 성폭행에 대해 저항할 수 있는 정신적 힘과 자신에 대한 존중감(self-respect)과 존중받고자 하는 능력, 자기방어력이 약해지는 것도 큰 문제라는 것이다.

매춘에 대한 법적 강제는 매춘근절이라는 목적 자체로는 중요하지만, 한편으로는 매춘하는 여성들이 또 다른 형태의 종속적 상황에 놓이게 될 수 있다. 즉 매춘을 시작하는 단계부터 이미 많은 비인권적인 과정을 겪었고 이미 노예적인 상태에 있는 여성을 범죄자로 만들어 매춘 알선업자에 대한 또 다른 형태의 비자발적인 종속화에 일조하게 되어서, 실제로 미국 수정헌법 제14조에서 금지된 성차별 조항에 대치된다고 맥키넌은 역설한다.[54]

아동, 인신매매, 사회경제적 권력관계 때문에 여성이 매춘하게 되는 경우가 대부분이라는 점에서 본다면, 이러한 상황에 놓인 여성에 대한 실제적 고려가 없는 형식적인 매춘에 대한 입법과 법집행은 오히려 여성에 대한 또 다른 억압으로 작용할 가능성도 있을 수 있다. 그러므로 매춘에 관한 법과 제도는 실제 여성의 인권과 시민권을 존중하는 방향으로 제정되고 개정되어 나가야 할 것이다.[55]

그리고 성을 통한 여성의 종속의 핵심이 그대로 나타나는 분야로 맥키넌은 포르노그래피를 주목한다. 그녀는 포르노그래피는 여성에 대한 명예훼손(defamation)일 뿐만 아니라 차별(discrimination)이라고 강조한다. 포르노그래피가 여성에 대한 명예훼손인 이유는 포르노그래피에서 나타나는 비인간적, 공격적, 잔혹한 행위가 한 집단에 대한 명예훼손의 경험이 될 수도 있다는 점에 있다. 즉 잔혹한 대우가 금지됨에 반해서 여성이 비인간적이고 잔혹한 대우를 받는 포르노그래피는

52_ 미국 수정헌법 제13조

제1항: 범죄자로서 유죄선고를 받은 형벌을 제외하고는, 어떠한 노예 제도나 비자발적 예속도 미국 내와 그 법이 미치는 장소에서 허용되어서는 안 된다.

제2항: 의회는 입법을 통해서 이 조항을 시행할 권한을 가진다.

53_ Catharine MacKinnon, 위의 책(주 50), 157면.

54_ Catharine MacKinnon, 위의 책.

55_ Catharine MacKinnon, 위의 책, 161면.

사회에서 상품화되어 유통되고 있고, 이는 여성이라는 집단에 대한 비하라는 것이다.[56]

포르노그래피는 여성에 대한 공격적 태도와 성폭행의 용이성을 조장하며, 필연적으로 성 차별로 연관된다. 여성이 비하, 학대, 증오나 폭력 등을 통해 성적으로나 가혹한 대우를 받는 장면의 상업적 유통은 여성이라는 집단 전체에 대한 차별로 작용하게 할 수 있기 때문이다.[57]

여성이라는 '성' 자체로부터 태어날 때부터 겪게 되는 불평등은 성년 전후를 막론하고 각 삶의 과정에서 외면적으로나 내면적으로 계속되고 있다. 특히 맥키넌이 고찰한 바와 같이 매춘, 포르노그래피와 같이 여성의 실제와 각종 매체에 대한 법의 형식성은, 그 자체만으로도 남성지배와 권력의 공조자가 될 수 있음을 간과하여서는 안 된다.

Ⅳ. 양성평등의 역사와 그 함의: 결어를 대신하여

페미니스트 법이론은 크게 두 방향으로 전개된다. 첫째로 다양한 페미니스트 법이론의 전개이고, 둘째로 실제 구체적으로 양성평등을 위한 법적 개혁과 변화를 고찰하는 법이론의 입장이다. 이 장에서는 특히 페미니스트 법이론을 바탕으로 여성의 정치적 권리, 경제적 권리, 낙태와 피임, 여성에 대한 폭력의 상징적 함의에 대해서 간략히 다룬다.

법적 평등에 대한 열망이 페미니즘의 시작이었고, 한 인간으로서 남성과 평등하고자 하는 열망은 여성으로서 법적인 권리를 보장받고자 하는 운동과 함께 본격적으로 시작되었다. 평등권 쟁취의 대표적인 예는 헌법상 여성의 투표권, 가족법상의 권리, 형법상의 동등한 취급 등일 것이다.

오늘날 모든 성인 국민에게 주어진 권리로 여겨지는 투표권이 최초로 여성들에게 보편적으로 주어진 나라는 뉴질랜드였다. 뉴질랜드는 현존하는 독립국으로서는 최초인 1893년에 여성이 투표할 수 있는 권리가 보장되었다. 뉴질랜드에

56_ Catharine MacKinnon, 위의 책, 311면.

57_ Catharine MacKinnon, 위의 책, 318면.

서는 지속적으로 국민서명서를 의회에 제출 한 뒤에야 비로소 피선거권이 포함된 온전한 참정권은 아니었지만 여성이 투표할 수 있는 법적인 권리를 획득할 수 있었다.

미국에서도 여성의 투표권은 흑인의 투표권보다 늦은 20세기 초반에서야 주어졌다. 1920년 미국 수정헌법 제19조 제1조에서 "합중국 시민의 투표권은 성별에 따라 합중국이나 주에 의해 거부 또는 제한되지 아니한다"라고 적시하여 여성의 투표권을 보장하였다. 1908년 3월 8일 여성노동자들의 참정권 요구 대규모 시위 이후로부터 본격화된 여성운동을 통해 비로소 의회에서 이 법안이 통과될 수 있었던 것인데, 이는 노예해방 이후 흑인들에게 인정되었던 투표권보다 50년이나 늦은 것이었다.

재산을 소유할 수 있는 권리 역시 서구 대부분의 여성에게는 인정되지 않았다. 서구에서 대부분의 여성은 19세기 후반까지 재산을 소유할 수 없었다.[58] 즉 여성은 혼인 전에는 아버지의 재산권에 종속되어 있었고, 혼인 후에는 자신이 이후 상속하는 재산마저도 남편 내지 친족인 남성의 소유로서 인정받을 수 있을 뿐이었다. 미국에서는 1875년경에 대부분의 주들이 여성의 소유권을 인정하는 법을 통과시켰다.[59] 이것은 남성의 법적인 소유권을 통한 여성의 종속 고착화를 의미하는 것이다.

이와 같이 정치적 권리뿐만 아니라 인간 생존의 기본적 조건인 재산권은 입법을 통한 여성의 '평등권'이라는 기본적인 권리를 달성하는 데 중요한 역할을 하였고, 이러한 입법은 오랜 동안 여성들이 투쟁하고 싸워 온 과정의 중대한 결실이라고 할 수 있다. 그러나 정치와 경제에 내재한 지배적 권력관계에 의한 영향은 여전히 고려되고 있지 않다.

낙태에 관해서 법은 그 자체의 효력과 영향에도 불구하고, 중립성과 평등의 관점에서 많은 논란의 대상이 되었다. 1973년 Roe v. Wade 사건[60]에서 낙태를

58_ Stephen B. Presser, Jamil S. Zainaldin, *Law and Jurisprudence in American History* (West, 7th ed., 2009), 661면.

59_ Olive M. Stone, "The Status of Women in Great Britain," *The American Journal of Comparative Law* 20 (4)(1972), 592면; Stephen B. Presser, 위의 책, 637-638면.

60_ 410 U.S. 113(1973); Planned Parenthood v. Casey, 505 U.S. 833(1992).

허용하는 결정적인 판결이 내려졌다. 이 사건에서 법원은 여성 또한 미국 수정헌법 제14조[61]의 적법절차 조항 하의 프라이버시권을 가지므로 이를 근거로 낙태도 허용할 수 있다고 판시하였다.[62] 그러나 이러한 권리는 완전히 인정된 것은 아니고, 태아의 생명과 모의 건강이라는 주의 이해관계(compelling state interest)에 의해서 제약될 수 있고 임신 제2기, 제3기로 나누어서 임신 제1기 3개월 동안에만 국가의 낙태에 대한 개입이 금지될 뿐, 그 이후인 제2기에는 모의 건강을 위해서 주가 일정한 제한을 할 수 있고, 임신 7개월 이후인 제3기에는 낙태에 대한 규제나 금지가 가능하다고 판시하였다.

Roe 사건에 대한 판결은 이전에 불법적이고도 위험한 낙태를 할 수밖에 없었던 여성의 자율적인 선택권의 범위를 넓혀서 자신의 자유와 권리를 확실히 할 수 있는 계기가 되었다는 점에서 의미 있고도 중대한 판결이다. 그러나 이 판결에서 여성의 자율권 인정이라는 일련의 성과 이면에는 법의 가부장적 성격이 감추어져 있다. 즉 여성의 신체에 대한 법의 주권적 개입의 가능성을 '주의 이해관계'라는 이유로 인정하고 있고, 여성의 육체에 대한 개인적, 사회적, 경제적 이해가 없는 개입을 허용하고 있다는 점에서 낙태에 대한 법의 가부장적 성격을 내재하고 있다.

법의 가부장적 성격은 폭력에 대한 법의 중립성을 통해서 드러난다. 폭력에 대한 법적 보호와 동시에 법의 형식성과 중립성을 강하게 보여 주는 예는 미 연방 차원에서 적용 가능한 여성폭력규제법(Violence Against Women Acts) 제정이라고 할 수 있다. 1994년 클린턴 대통령이 이 법에 서명하기까지 여성운동가

61_ 수정헌법 제14조 제1항: 미국에서 태어나거나, 귀화한 자 및 그 사법권에 속하는 사람 모두가 미국 시민이며 해당 주의 시민이다. 어떤 주도 미국 시민의 특권 또는 면제권을 제한하는 법을 제정하거나 강제해서는 안 된다. 또한 어떤 주도 법의 적법절차 없이 개인의 생명, 자유 또는 재산을 빼앗아서는 안 된다. 그리고 그 사법권 범위 내에서 개인에 대한 법의 평등한 보호를 부정해서는 안 된다.

62_ Roe 사건에서 주목받은 프라이버시에 관한 권리는 이전 사건에서도 조명받은 바 있다. Griswold v. Connecticut, 381 U.S. 479(1965)에서 그리스월드(Griswold)는 코네티컷 주 피임법을 위반한 죄로 유죄선고를 받았다. 이 사건은 코네티컷 주 항소법원과 대법원에서도 유죄로 확정되었으나, 그리스월드는 피임약 사용을 금하는 법이 미국 수정헌법 제14조에 반한다는 소송을 제기하였다. 미 연방대법원 더글라스 대법관은 피임약 사용을 금지하는 코네티컷 주의 법이 위헌적으로 프라이버시권을 제약한다고 판시하였다.

들은 이 법안 통과를 위해 굉장한 노력을 해야 했다. 이 법은 여성에 대하여 폭력에 대한 광범위한 규제를 하고 있는 최초의 법이라고 할 수 있다.[63] 그러나 이 법이 가정폭력을 포함한 광범위한 적용가능성 때문에 각 주는 실제 이 법을 적용함에 있어서 성차별적인 기준을 방조하거나 그대로 실현하고 있다. 성폭력 피해자가 각 주법원이 아니라 여성폭력규제법에 의해 연방법원에 소송할 권리는 없다고 해당 조항의 연방차원의 집행가능성을 부정한 Morrision 사건[64]에서와 같이, 구체적 법적용에 있어서 법원은 성차별적인 적용을 완전히 배제하지는 못하고 있다.[65]

여성폭력규제법은 여성을 대상으로 하는 폭력에 대한 강한 처벌의지를 표명하고 있으므로 이 법이 여성에게 주는 의미는 굉장히 크다. 실제로 그동안 폭력에 대해 침묵했던 많은 여성들이 자신이 겪은 폭력을 폭로하고 법적 보호를 추구할 수 있다는 점에서 더더욱 그러하다. 그럼에도 불구하고 이 법은 연방차원의 법으로서 각 주에 실제 적용되는 데 한계가 있다. 그리고 이 법이 광범위하게 적용될 가능성이 높다고 하더라도, 여성이 자신을 성폭력 내지 폭력의 피해자로 당당히 드러낼 수 있을지도 의문이다. 성폭력 피해자 내지 폭력의 피해자로서의 자신을 드러내기까지는 상당한 용기가 필요하며, 사회적 평판과 관련된 자신의 사회적 명예와 평가에도 큰 영향을 미칠 것이기 때문이다.[66]

위에서 살펴본 바와 같이 정치적, 경제적 권리, 낙태에 대한 권리, 폭력에 대한 보호 등에 관한 중대한 권리도 지속적인 페미니스트 운동을 통해 성취한 법적 개혁으로 인해 가능할 수 있었다. 즉 법과 여성의 권리는 긴밀하게 연관되어 있고 중요한 의미를 가진다. 그러나 사회에서의 여성의 실제적 지위와 사회 속의 내재적 권력의 힘을 간과한다면, 입법을 통한 권리와 보호도 일정한 한계가 있음

63_ Catharine A. MacKinnon, "Disputing Male Sovereignty: On United States v. Morrison," 114 *Harv. L. Rev.* 135, 137(2000).

64_ United States v. Morrison, 529 U.S. 598(2000).

65_ Cynthia Grant Bowman, Laura A. Rosenbury, Deborah Tuerkheimer & Kimbery A. Yurako, *Feministt Jurisprudence: Cases and Materials* (West Publishing, 4th ed., 2011), 283면.

66_ Catharine MacKinnon, *Women's Lives and Men's Laws* (The Belknap Press of Harvard University Press, 2005), 351면.

을 낙태에 관한 사례와 여성에 대한 폭력 등의 예에서 확인할 수 있다. 따라서 법을 통한 자유와 평등의 추구와 함께, 법과 국가 및 사회에 내재해 있는 권력의 실제, 사회경제적 차별의 실제를 고려하지 못한다면 진정한 인권 보장이 이루어질 수 없을 것이다.

제11장

‘사회체계의 기능적 분화’와 ‘기능적 특화로서 복지체계’*

고봉진**

필자는 ‘자본주의’가 문제가 아니라 ‘총체화된 자본주의’가 문제이며, 자본주의의 총체성은 자본의 세계화와 더불어 강력해지고 있다고 본다. 특히 오늘날 자본주의의 ‘총체성’으로 말미암아 사회 부분체계의 기능적 분화가 제대로 이루어지지 않고 있다. 신자유주의 경제체계는 정치, 학문, 예술을 지배하며, 다른 기능체계의 자율성(자기준거성)을 파괴하고, 자율성을 형성하려는 시도마저 무너뜨린다. 이에 필자는 자본주의의 총체성(총체화된 자본주의)에 대한 해답으로 ‘규범적 개념으로의 기능적 분화’를 제시한다. 체계이론을 비판이론의 관점에서 활용하면서, 루만(Niklas Luhmann)의 자기준거성 개념을 사실적 개념이 아닌 규범적 개념으로 주장한다. 루만은 기능적으로 분화된 사회체계를 체계이론의 근간으로 사용한다. 그에 따르면, 사회체계가 기능적으로 분화되었다면 이를 피할 수 있는 체계는 없다. 루만의 자기준거성 개념을 규범적 개념으로 환치하는 것이 과연 가

---

* 다음 2개의 논문이 이 글의 기초가 되었음을 밝힙니다. “자기준거적 체계로서 복지체계—예비적 고찰”(법철학연구, 제12권 제1호, 2009); “‘자본주의의 총체성’과 ‘사회체계의 기능적 분화’”(법철학연구, 제17권 제1호, 2014)

** 제주대학교 법학전문대학원 교수.

능한지에 대한 의문은 필자의 의문이기도 하고, 아직 해결되지 못한 숙제이다. 다만 이제까지 떠오르는 필자의 대답은 '자연법', '공공선', '인간존엄', '인권', '복지' 등의 규범적 언어로는 자본주의의 총체성에 대한 '실효적인' 해결책이 될 수 없다는 점이다(이는 '인간존엄', '인권', '복지' 등의 규범적 언어가 불필요하다는 점을 뜻하지 않는다. '복지체계'와 관련하여 '인간존엄', '인권', '복지' 등의 규범적 언어는 새로운 맥락에서 주장될 수 있다). 무엇보다도 '사회체계의 기능적 분화'라는 해결책이 불충분해 보이지만, 불충분하다 하더라도 실효적이라는 점이 필자에게는 큰 매력으로 다가왔다.

또한 필자는 '복지체계' 이론을 루만 체계이론의 도움을 받아 서술한다. 핵심은 '복지체계'를 '자기준거적 체계'로 구상하는 데 있다. 복지체계는 경제체계의 영향에 자극받기도 하지만, '인권' 주장에 자극받기도 한다. 복지체계는 외부로부터 자극을 받지만, 외부자극을 수동적으로 따라가지는 않는다. '자기준거적 체계'로서 외부자극을 능동적으로 활용하고, 체계의 작동을 스스로 결정하고(외부자극을 인지하는 데는 열려 있지만, 그 자신의 작동에는 닫혀 있다). 복지체계의 '작동폐쇄성'은 다른 체계와의 '구조적 연결'의 전제가 되며, 이는 '효율적인 복지'를 가능케 한다. 하지만 필자가 주장하는 '복지체계'는 루만이 기획하는 '체계'와는 다른 면이 있다. 인권과 겹치는 한도 내에서 규범성을 띨 뿐만 아니라, 잃어버린 도덕의 기능을 체계의 자기준거로 수행한다는 점에서 다른 체계와 다르다.

Ⅰ. 자본주의의 총체성(總體性)

부의 창출에 있어 자본주의 체계만큼 효율적인 체계는 이제껏 없었다. 이 때문에 오늘날 시장 메커니즘은 지배적인 것이 되었고, 신자유주의는 대세를 이루었다.[1] 신자유주의는 '시장의 성공'과 '정부의 실패'에 기초하여, 정부의 간섭 없이 가격 매커니즘을 통해 최적의 결과가 달성된다고 주장한다.[2] 하지만 시장은 수요와 공급의 지배를 받는 냉혹한 곳이기도 하다. 시장의 효율성 원리는 공공서

1_ Kurt W. Rothschild(이윤호 역), 윤리와 경제학의 딜레마(이학사, 2012), 73면.

2_ Colin Crouch(유강은 역), 왜 신자유주의는 죽지 않는가(책 읽는 수요일, 2011), 34면.

비스를 비효율적이라는 이유로 축소하거나 폐지해 버리곤 한다. 그러는 사이 부자는 더 부자가 되고 가난한 자는 더 가난한 자가 되어 빈부격차는 더 벌어지고 있다.[3] 하지만 역사를 돌아보면, 자본주의로 인해 빈곤 문제가 개선된 것도 사실이며, 자본주의 덕분에 오늘날 경제적 풍요를 누리는 것도 사실이다. 또한 성숙한 자본주의는 중산층을 증대시킴으로 인해 민주주의의 발전을 가져왔다. 하지만 총체화된 자본주의는 불평등을 심화시키고 민주주의를 다시 위기에 빠뜨린다. 오늘날 맘몬(Mammon)은 야누스의 얼굴을 가지고 있다(자본주의의 양면성).

1. 아웃소싱과 비정규직

스티글리츠(Joseph E. Stiglitz)는 『불평등의 대가』에서 필자가 보기에 재미있는 상상을 한다. "자본은 전혀 이동할 수 없고 노동력은 자유롭게 이동할 수 있다면 세계는 어떤 모습일까? 각국은 노동자들을 끌어들이려고 경쟁할 것이다. 그들은 노동자들에게 세금을 적게 거두겠으며 좋은 학교, 좋은 환경을 보장하겠다고 약속할 것이고 여기에 필요한 재원은 자본에게 높은 세금을 매겨서 거둔 수입으로 충당될 것이다."[4] 하지만 현실은 정반대의 모습이다. 자본은 세계를 자유롭게 돌아다니지만 노동력은 자유롭게 이동할 수 없다. 이러한 자본과 노동의 비대칭적 세계화는 제3세계로의 아웃소싱(outsourcing)을 가능하게 했다. 다국적 기업들은 제품의 생산을 직접 담당하지 않고(생산수단을 직접 소유하지 않고) 제3세계의 하청업체에 맡김으로써 핵심적인 부분에 집중적으로 투자하게 되었다. 글로벌 기업은 아웃소싱을 통해 자사 제품을 팔고 있지만 공장은 어디에도 없는 플랫폼 기업(Platform Companies)으로 전환하였다. 이제 기업의 핵심 경쟁력은 더 이상 '제조'에 있지 않다.

하지만 제3세계로의 아웃소싱은 경제 불안정 요소를 제3세계로 이전시킨다.[5] 기업들은 철수할 수도 있다고 위협하면서 임금과 근로조건을 볼모로 삼는다.[6] 노동자의 입장에서 보면 일자리가 창출된다는 점에서는 기회이지만, 대부

3_ 이종수, 정부는 공정한가?(대영문화사, 2012), 42-43면.

4_ Joseph E. Stiglitz(이순희 역), 불평등의 대가(열린책들, 2013), 161면.

5_ Anatole Kaletsky(위선주 역), 자본주의 4.0(컬처앤스토리, 2010), 101면, 103면.

분의 일자리가 자본이 노동에 대해 책임지지 않는 '간접고용'의 형태라는 점에서 불행이다.[7] 해외로 공장을 이전하는 방식으로 생산 부문이 해외로 빠져나가면서 제조업체가 자사 노동 인력을 책임진다는 전통적인 사고방식은 사라졌다.[8] 생산 부문을 해외의 하청업체에 맡기기 때문에 제조업체는 해외의 노동 인력을 책임지지도 않는다. 이제 품질과 빠른 납품, 저렴한 비용을 제공하는 하청업체를 찾는 것이 중요하지, 노동자의 임금과 근로조건에는 별 관심이 없다.[9]

세계화시대의 기업은 공장을 해외로 이전하여 국내 일자리를 줄일 뿐만 아니라, 국내에 남은 일자리마저도 정규직이 아닌 비정규직으로 채운다. 구직자들은 정규직을 원하지만, 경제의 가장 중요한 주체인 기업들이 비정규직 고용을 선호하는 만큼 비정규직이 더욱 보편화되리라는 것이 현실적인 전망이다.[10] 특히 생산 부문이 해외로 넘어가 서비스 부문이 노동시장에서 점점 더 중요해짐에도 서비스업계는 비정규직이나 임시직 자리를 계속 만들어 내고 있다.[11]

수량적 유연화와 비용 절감을 통해 '비정규직' 제도는 기업에게 이윤이 되지만, 노동자에게는 고용 불안정과 저임금을 안겨다 준다.[12] 오늘날 기업이 돈을 많이 벌더라도 그 돈은 임금을 많이 주고 일자리의 질을 높이는 데 쓰이지 않는다.[13] 이는 세계화시대의 기업은 전 세계의 수요자를 대상으로 하기 때문에, 예전처럼 국내 수요자의 유효수요에 신경을 쓸 필요가 없어졌기 때문이다.[14]

6_ Naomi Klein(이은진 역), 슈퍼 브랜드의 불편한 진실(살림Biz, 2000), 330면, 352면; Joseph E. Stiglitz(이순희 역), 불평등의 대가(열린책들, 2012), 161면.

7_ Rebecca Todd Peters(방연상/윤요한 역), 좋은 세계화 나쁜 세계화(새물결플러스, 2012), 101면.

8_ Naomi Klein(이은진 역), 슈퍼 브랜드의 불편한 진실(살림Biz, 2000), 314면, 400면.

9_ Naomi Klein(이은진 역), 슈퍼 브랜드의 불편한 진실(살림Biz, 2000), 313면, 320면, 356면.

10_ 장귀연, 비정규직(책세상, 2009), 41면.

11_ Naomi Klein(이은진 역), 슈퍼 브랜드의 불편한 진실(살림Biz, 2000), 374면,

12_ 장귀연, 비정규직(책세상, 2009), 10-11면, 58면, 64면; 우석훈/박권일, 88만원 세대(레디앙, 2008), 143면; 최태욱 엮음, 자유주의는 진보적일 수 있는가(폴리테이아, 2011), 250면.

13_ 장귀연, 비정규직(책세상, 2009), 85면.

14_ 장귀연, 비정규직(책세상, 2009), 47-48면.

2. 양극화와 '민주주의의 도전'

비정규직으로 고용 패러다임이 바뀌고, 비정규직이 계속 증가함에 따라 중산층은 점점 줄고, 소득 양극화는 심화되고 있다. 그리고 양극화의 끝에는 배제되는 사람들이 생겨난다.[15] 세계화된 자본주의는 인건비가 낮은 제3세계 노동인력을 이용하여(아웃소싱) 자본을 늘리는 구조이기 때문에 '고용 없는 성장'을 가능하게 했다. 특히 두드러진 변화는 중산층의 기반이 되었던 제조업 부문에서의 일자리 감소, 특히 정규직 일자리의 감소이다.[16] 더 큰 문제는 부의 양극화에 따른 계층 간 양극화는 교육 기회의 격차와 건강 격차, 사회적 이동성의 축소로 이어진다는 점이다.[17] 그리고 불평등의 심화는 민주 시민에게 요구되는 연대의식을 약화시킨다.[18]

총체화된 자본주의에서는 자본과 권력이 결탁하여 공동의 이익을 위한 민주주의에 심각한 도전을 초래하고 있다. 신자유주의 의제를 중심으로 경제와 정치의 힘은 강력하게 결합하여,[19] 그들만의 리그를 만든다.[20] 최근 월가점령시위가 일어난 것도 경제 시스템과 정치 시스템이 불공정하게 작동하고 있다는 인식 때문이었다.[21] 부유층은 경제 과정과 정치 과정을 자신들에게 유리한 방향으로 형성하여 자본에 기초해서 영향력을 행사하려 할 뿐, 법치주의를 절실히 요구하지 않는다. 실제로 규제의 대상이 되는 기업들은 규제기관에 상당한 영향력을 행사하여 규제기관을 장악하는 것이 발생한다.[22]

15_ Slavoj Zizek(김성호 역), 처음에는 비극으로 다음에는 희극으로(창비, 2010), 182-183면; Jeremy Seabrook(황성원 역), 세계의 빈곤, 누구의 책임인가?(이후, 2007), 18면.

16_ Joseph E. Stiglitz(이순희 역), 불평등의 대가(열린책들, 2013), 151면 이하.

17_ Joseph E. Stiglitz(이순희 역), 불평등의 대가(열린책들, 2013), 104.

18_ Michael Sandel(이창신 역), 정의란 무엇인가(김영사, 2010), 368면;

19_ Colin Crouch(유강은 역), 왜 신자유주의는 죽지 않는가(책 읽는 수요일, 2011), 244면, 262면.

20_ Joseph E. Stiglitz(이순희 역), 불평등의 대가(열린책들, 2013), 38면; Colin Crouch(유강은 역), 왜 신자유주의는 죽지 않는가(책 읽는 수요일, 2011), 107면; Robert A. Dahl(배관표 역), 경제 민주주의에 관하여(후마니타스, 2011), 60면, 258면.

21_ Joseph E. Stiglitz(이순희 역), 불평등의 대가(열린책들, 2013), 31면; Slavoj Zizek(주성우 역), 멈춰라, 생각하라—지금 여기, 내용 없는 민주주의, 실패한 자본주의(와이즈베리, 2012), 162-163면.

자본주의의 역할은 경제적인 파이를 키우는 것이기 때문에 엄밀하게 보자면 소득과 재산의 불평등 심화가 자본주의의 결함이 아니라, 파이를 나누는 민주주의가 제대로 기능하지 못하기 때문이라는 견해도 있다. 하지만 자본주의의 기능 확대와 민주주의의 기능 축소는 맞물려 있어, 자본주의의 기능을 적절히 조절하지 않고서는 민주주의의 기능 회복을 기대하기 어려울 것이다.[23]

3. 자유주의를 배반한 신자유주의

부의 불평등은 권력의 불평등으로 이어지며, 이것은 다시 집중되고 중앙화하는 방식으로 사회의 한 영역에서 다른 많은 영역으로 펴져 나간다.[24] 기업과 시장은 국가의 개입 없이 자신들에게 가장 유리하게 생산요소들을 배치하며,[25] 이를 통해 자신의 힘을 키우는 동시에 하위 노동력을 소외, 물화(物化), 불인정, 배제한다. 이러한 자본주의의 총체성에는 신자유주의가 중요한 역할을 하고 있다. "이 어려운 문제의 핵심에는 이데올로기적으로 순수한 신자유주의와 반대되는 의미의 현존하는 신자유주의는 흔히 주장하는 것과 달리 전혀 자유 시장에 충실하지 않다는 사실이 자리하고 있다. 현존하는 신자유주의는 오히려 거대 기업이 공공 생활을 지배하게 하는 데 몰두한다."[26] 총체화된 자본주의에서는 대중매체도 국민의 의사를 제대로 대변하지 못한다. 대중매체를 지원하는 대규모 자금이 글로벌 기업에서 오기 때문이다.[27] 신자유주의는 교육기관에도 손을 뻗치는데, 이는 세계화 개념을 좌우하는 이론을 포함하는 경제 이데올로기를 처음으로 배우는 곳이 고등교육기관이기 때문이다.[28]

자유 개념은 이사야 벌린(Isaiah Berlin)의 구분을 따라 '소극적 자유(-로부터

22_ Robert B. Reich(형선호 역), 슈퍼자본주의(김영사, 2008/2010), 39면.
23_ Robert B. Reich(형선호 역), 슈퍼자본주의(김영사, 2008/2010), 9-10면, 13면, 75면.
24_ Colin Crouch(유강은 역), 왜 신자유주의는 죽지 않는가(책 읽는 수요일, 2011), 248면.
25_ Andrew Jones(이가람 역), 세계는 어떻게 움직이는가(동녘, 2012), 171면.
26_ Colin Crouch(유강은 역), 왜 신자유주의는 죽지 않는가(책 읽는 수요일, 2011), 7-8면.
27_ Colin Crouch(유강은 역), 왜 신자유주의는 죽지 않는가(책 읽는 수요일, 2011), 242면.
28_ Rebecca Todd Peters(방연상/윤요한 역), 좋은 세계화 나쁜 세계화(새물결플러스, 2012), 74면.

의 자유)'와 '적극적 자유(-할 자유 / -를 향한 자유)'로 구분된다. 소극적 자유는 '타인에 의해 방해받지 않고 각자가 자기 뜻대로 행동할 수 있는 상태'인 반면에, 적극적 자유는 '합리적으로 결정하고 자율적으로 행동할 수 있는 개인의 상태나 능력'을 뜻한다.[29] 소극적 자유는 엄밀한 의미의 자유주의 정치 이념, 즉 개인의 행동이 타인의 자유를 방해하지 않는 한 그 개인이 원하는 것을 하도록 내버려 둔다는 것에 부합하는 반면에,[30] 적극적 자유는 개인이 능동적으로 자기실현하는 것을 자유로 보아 국가개입을 정당화한다.[31] 자유 개념이 하나로 통일되지 않고 2개로 세분화된 주된 이유는 '자유를 제약하는 것이 무엇인지'와 '자유가 무엇을 누리는 것인지'에 대한 생각이 서로 다르기 때문이다. 무엇보다도 2개의 자유 개념은 "자유를 제약하는 것이 무엇인가"에 대한 설명에서 확연한 차이를 드러낸다. 소극적 자유는 '타인의 간섭 또는 방해'를 자유의 제약으로 보는 반면에, 적극적 자유는 '빈곤 또는 자원의 결여'를 자유의 제약으로 본다.[32] 이에 따라 적극적 자유를 주장하는 견해는 '소극적 자유' 개념이 자유를 제약하는 요소를 너무 협소하게 설정하였다고 비판한다. 이와 반대로 소극적 자유를 주장하는 견해는 '적극적 자유'개념이 자유를 제약하는 요소를 잘못 설정하였다고 비판한다. '소극적 자유'만이 진정한 자유라고 주장하는 사람들은 "타인에게 간섭받지 않는 상태"를 자유로 보기 때문에, 최소국가나 자유방임적 시장경제가 자유 개념에 어울리는 국가체제가 된다.[33] 반면에 '적극적 자유' 개념을 주장하는 사람들은 "빈곤 또는 자원의 결여"를 자유의 제약 요소로 보기 때문에 복지국가나 '사회적 시장경제'가 자유 개념에 어울리는 국가체제가 된다. 이처럼 자유 개념을 어떻게 설정하는지는 바람직한 국가의 역할에도 직접적인 영향을 미친다.[34]

29_ 문지영, 자유(책세상, 2012), 70면.

30_ Michael Ignatieff(이화여대 통역번역연구소 역), 이사야 벌린(아산정책연구원, 2012), 381면.

31_ Anthony Giddens(박찬욱 外 역), 제3의 길과 그 비판자들(생각의 나무, 2002), 35면.

32_ Adam Swift(김비환 역), 정치의 생각(개마고원, 2011), 92면.

33_ Adam Swift(김비환 역), 정치의 생각(개마고원, 2011), 91면.

34_ '적극적 자유' 개념을 주장하는 사람들은 빈곤한 사람들의 '실질적인' 자유를 위해서는 국가의 적극적인 간섭이 필요하다고 주장하면서, '적극적 자유'의 이름으로 재분배를 정당화한다. 반면에 '소극적 자유' 개념을 주장하는 사람들은 '적극적 자유' 개념은 '자유의 이름'으로 전체주의 체제의 지배가 정당화된다고 반박한다. Adam Swift(김비환 역), 정치의 생각(개

타인의 자유를 방해하지 않고 그 개인이 원하는 것을 할 수 있다는 것이 소극적 자유론이 주장하는 자유주의 이념임에도 불구하고, 신자유주의는 소극적 자유론을 통해 시장의 능력을 과신하고 국가의 개입을 최소화하여 자본주의의 힘을 너무 크게 만들었다. 오늘날의 신자유주의는 '자유주의를 배반한 신자유주의'이다.[35] 신자유주의는 자유주의의 편이 아니라 자본주의의 편이다.

II. 사회체계의 기능적 분화

필자는 '자본주의'가 문제가 아니라 '총체화된 자본주의'가 문제이며, 자본주의의 총체성은 '자본의 세계화'와 더불어 강력해지고 있다고 본다. 오늘날 총체화된 자본주의는 시장의 원리를 시장 外의 영역에까지 확장한다. 하지만 시장의 원리는 시장 外의 영역에서는 비도덕적인 것이다.[36] 이는 사회적인 것과 경제적인 것이 맺는 관계를 역전시키기 때문이다.[37]

자본주의는 기본적으로 '시장에서의 경쟁'이고, '불평등'을 그 본질로 한다.[38] 이는 두 가지 점에서 주목해야 하는데, 첫째는 (앞에서 설명한 바대로) 자본주의가 야기하는 불평등의 대가가 '자본주의의 총체화'로 너무 커졌다는 점이다. 둘째는 자본주의가 심각한 불평등을 야기한다고 하더라도 자본주의를 대체하는 경제체제가 '지금 현재' 없다는 점이다. 자본주의에 적대적이었던 여러 공산주의 국가

마고원, 2011), 97면, 119면; Michael Ignatieff(이화여대 통역번역연구소 역), 이사야 벌린(아산정책연구원, 2012), 381면; 재분배정책을 통해 국가가 적극적으로 개입하는 스웨덴 등 스칸디나비아 국가들을 전체주의 국가라고 비판하는 사람은 거의 없다. 목욕물을 버릴 때 그 안에 든 아이까지 함께 버려서는 안 되듯(불필요한 것을 버리려다 정작 중요한 것까지 버린다는 영어 속담으로 "throw the baby out with the bathwater"라는 표현이 있다), 전체주의가 싫다고 해서 적극적 자유 개념을 함께 버릴 필요는 없다. Adam Swift(김비환 역), 정치의 생각(개마고원, 2011), 120면.

35_ Colin Crouch(유강은 역), 왜 신자유주의는 죽지 않는가(책 읽는 수요일, 2011), 11면.

36_ Colin Crouch(유강은 역), 왜 신자유주의는 죽지 않는가(책 읽는 수요일, 2011), 47면.

37_ '사회적인 것과 경제적인 것이 맺는 관계의 역전'에 대해서는 미셸 푸코(심세광/전혜리/조성은 역), 생명관리정치의 탄생(난장, 2012), 334면.

38_ Michel Foucault(심세광/전혜리/조성은 역), 생명관리정치의 탄생(난장, 2012), 184면.

에서 국가 주도형 경제질서를 만들어 보려고 하였지만 전부 실패하였다. 공산주의 체제의 착취적 경제제도와 착취적 정치제도는 공산주의 체제의 붕괴로 이어졌고,[39] 이는 자본주의와 시장이 유일한 길이라는 증거로 해석되었다.[40] 자본주의는 긴 역사를 두고 변형과 발전을 더해 왔으며, 이를 인간이나 국가가 의도적으로 폐지할 수는 없다. 따라서 우리가 할 수 있는 일은 자본주의를 적절하게 통제하여 자본주의의 순기능은 살리고 역기능은 줄이는 것이다. 이는 자본주의의 비합리적 합리성을 새로운 사회적 합리성의 형식으로 해결하는 것이 아니라, 자본주의의 비합리적 합리성에서 비합리성을 최대한 소거하는 방식으로 자본주의를 재규정하는 것이다.[41] 필자는 여기서 규범적 개념으로 '기능적 분화'를 제안한다.

1. 규범적 개념으로서 '기능적 분화'

기능주의 체계의 주요 모델은 유기체이며, 기능주의자들은 자신들의 목적을 위해 이용할 수 있는 개념적 저장소로서 '생물학'을 꾸준히 주목해 왔다.[42] 필자 또한 생물 유기체의 '기능적 분화에 따른 유기적 연대'를 사회체계에 적용해 보려 한다. 몸의 각 기관은 각각의 기능에 따라 분화되어 있고, 각각 자기조종에 따라 움직이면서 전체 몸이 제대로 기능하도록 한다. 몸의 각 기관은 독자적으로 작동하면서, 다른 기관과는 유기적으로 협력한다. 어느 기관이 다른 기관의 기능을 대신할 수 있는 것이 아니며, 뇌와 심장과 같은 중추 기관도 다른 기관의 기능을 침범하지는 않는다. 전체 몸이 건강하기 위해서는 각 기관이 제대로 작동해야 하며, 어느 기관이라도 제대로 작동하지 못하면 전체 몸은 건강을 잃게 된다.

몸의 각 요소가 자기준거성에 기초하여 스스로 움직이는 가운데 온몸이 최

39_ 포용적인 정치, 경제제도가 발전과 번영을 불러오고 지배계층만을 위한 수탈적이고 착취적인 제도는 정체와 빈곤을 낳는다고 주장하는 견해로는 Daron Acemoglu/James A. Robinson(최완규 역), 국가는 왜 실패하는가(시공사, 2012), 120면, 220면, 566면.

40_ Ian Bremer(차백만 역), 국가는 무엇을 해야 하는가(다산북스, 2011), 13면.

41_ Michel Foucault(심세광/전혜리/조성은 역), 생명관리정치의 탄생(난장, 2012), 163-164면.

42_ Anthony Giddens(윤병철/박병래 역), 사회이론의 주요쟁점(문예출판사, 1991/2003), 19면.

적의 상태를 유지하듯이, 사회도 마찬가지이다. 각 체계가 자기준거성을 띠고 돌아갈 때 사회는 건강한 모습을 띤다. 현대 사회는 정치, 경제, 법, 학문, 예술, 복지 등의 기능에 따라 정치체계, 경제체계, 법체계, 학문체계, 예술체계, 복지체계 등의 부분체계로 분화되었다. 루만(Niklas Luhmann)에 따르면, 사회는 계층적인 분화에서 기능적인 분화로 넘어갔다.[43] 그러나 사회체계가 기능적 분화의 형태를 띠고 있는 것은 사실이지만, 완전한 기능적 분화라고 보기는 어렵다. 사회체계의 기능적 분화는 미완(未完)의 기능적 분화에 지나지 않는데, 그 주된 이유는 자본주의의 총체성으로 인해 경제체계가 다른 기능체계의 자율성을 침범하기 때문이다. 따라서 사회체계의 기능적 분화는 사회의 발전에 따라 자연스럽게 이루어지는 것이 아니라, 자본주의의 총체성을 제대로 해결해야만 이루어진다. 이것이 필자가 '규범적 개념'으로서 기능적 분화를 주장하는 주된 이유이다.

우선 루만 체계이론에서 주장하는 '기능적 분화'의 모습을 살펴볼 필요가 있다. 이는 루만 체계이론이 주장하는 '기능적 분화'는 "사실적 개념"으로, '완성된' 기능적 분화의 모습이며, 동시에 (필자가 주장하는) '규범적 개념'인 기능적 분화의 내용이 될 수 있기 때문이다. 루만은 사회의 기능체계들이 작동상의 폐쇄성에 의존하며, 이를 통해 기능적으로 분화되었다고 판단한다. "그것은 1) 전체체계가 커뮤니케이션에 기초하여 작동적 폐쇄성을 가진다는 테제와 2) 사회에서 형성되는 기능체계들이 작동적 폐쇄성에 의존하고, 이 원칙을 스스로 실현시켜야 하며, 그리고 바로 그 이유 때문에 매우 상이한 사안에서도 유사한 구조들이 드러난다는 테제를 말한다."[44]

체계이론에서 가장 중요한 핵심은 '자기준거성' 개념에 있다. 자기준거성에 기초한 체계가 완성되어야만 체계의 '기능적 분화'는 완성되었다고 할 수 있다.[45] 체계의 '기능적 분화'는 곧 기능체계의 '자기준거성'을 뜻하고, 기능체계의 '작동상의 폐쇄'를 뜻한다.[46] 자기준거적 체계는 그 자신의 자기생산(Autopoiesis)에 따

43_ Niklas Luhmann(장춘익 역), 사회의 사회 2(새물결, 2012), 853면 이하; Niklas Luhmann(김종길 역), 복지국가의 정치이론(일신사, 2001), 53면.

44_ Niklas Luhmann(박여성/이철 역), 예술체계이론(한길사, 2014), 41면.

45_ Niklas Luhmann(장춘익 역), 사회의 사회 2(새물결, 2012), 857-858면.

46_ Niklas Luhmann(장춘익 역), 사회의 사회 1(새물결, 2012), 163면.

라 자신과의 관련성 하에서(다른 말로는 그 자신의 의미기준에 의해서만) 작동한다. 이를 체계의 '작동상의 폐쇄성'(operative Geschlossenheit)이라고 한다.[47] 체계의 의미기준은 차이(Differenz)를 낳으며, 이 차이를 토대로 선택(Selektion)이 이루어지고, 이 선택을 통해 체계는 보전한다.[48] 체계의 '작동상의 폐쇄성'은 곧 체계의 자기생산(Autopoiesis)을 뜻한다. 체계는 그 자신의 고유한 작동을 통해 구조를 생산하며, 이렇게 생산된 구조는 연이은 작동을 가능케 한다.[49] 환경의 종속하에서 작동하거나, 환경이 작동을 주도하게 되면, '자기준거적 체계'라고 할 수 없다. 하지만 이는 체계가 환경으로부터의 기여가 없이 스스로의 힘으로 존재할 수 있다는 것을 뜻하지 않는다. 환경은 체계의 '작동상의 폐쇄성'에 '외부자극'으로 그 역할을 수행하지만, 체계의 구성요소와 구조를 생산하는 것은 자기준거적 체계이지 결코 환경이 아닌 것이다. 체계는 환경에 개방적인 동시에 작동상 폐쇄적인 것이다.[50]

체계의 자기준거(Selbstreferenz)는 폐쇄성을 특징으로 하지만, 이는 완전히 닫혀 있음을 뜻하는 것은 아니다. '작동상의 폐쇄성'에서 폐쇄(Geschlossenheit)는 꽉 막힌 절연(Abgeschlossenheit)을 뜻하지는 않는다.[51] 오히려 폐쇄성은 개방성의 전제조건이 된다. 폐쇄되어 있기 때문에 무엇에 개방될 수 있는 것이다. 체계의 작동폐쇄성 때문에 그 체계는 다른 체계와 구조적으로 연결될 수 있다. 즉 체계의 작동폐쇄성은 체계 간의 구조적 연결(struktuell Kopplung)의 전제가 된다. 다른 말로 말하면 '투입에 의한 연결'은 존재하지 않으며, 다만 '폐쇄에 의한 연결'만이 존재한다.[52] 루만의 주장에 따르면, 기능적 분화를 중심으로 하는 사회체계로 전환하기 위해서는 기능체계 간의 관계에서 새로운 종류의 구조적 연결, 즉 기능체계의 자율성과 '작동상의 폐쇄성'을 고려한 연결이 요구된다.[53] 자기생산

47_ Niklas Luhmann(장춘익 역), 사회의 사회 1(새물결, 2012), 52면, 62면, 64면, 89면 이하; Niklas Luhmann(윤재왕 역), 사회의 법(새물결, 2014), 70면 이하, 583면; Georg Kneer/Armin Nassehi(정성훈 역), 니클라스 루만으로의 초대(갈무리, 2008), 89면 이하.

48_ Niklas Luhmann(박여성 역), 사회체계이론 1(한길사, 2007), 89면.

49_ Niklas Luhmann(장춘익 역), 사회의 사회 1(새물결, 2012), 516면.

50_ Margot Berghaus(이철 역), 쉽게 읽는 루만(한울, 2012), 75-76면.

51_ Niklas Luhmann(윤재왕 역), 사회의 법(새물결, 2014), 70면.

52_ Niklas Luhmann(이남복 역), 현대사회는 생태학적 위협에 대처할 수 있는가(백의, 2002), 55면.

적 체계의 작동상의 폐쇄성을 강조하면 할수록, 체계가 자신의 작동상의 폐쇄성 하에서 다른 체계(하지만 체계에게 '다른 체계'는 '환경'이 된다)와 어떻게 관계를 형성하는가에 대한 물음은 더 절실하게 제기된다.[54] '작동상의 폐쇄성'은 체계와 환경과의 관계에서 체계의 작동방식을 말하는 반면에, '구조적 연결'은 체계와 체계 간의 연결방식을 말한다. '작동상의 폐쇄성(자기생산)'과 '구조적 연결'은 체계이론이 말하는 기능적 분화에 맞는 통합의 형식인 것이다.[55]

(위에서 간략하게 언급한) 루만의 체계이론은 생물학적 개념인 '자기준거성' 개념을 사회에 적용하려고 하였지만, 필자가 보기에는 맞지 않는 면이 있다. 루만에 따르면, 기능적으로 분화된 사회에서 '자기준거성'을 중심한 자율성을 피할 수 있는 체계는 없다. 하지만 마투라나(Humberto R. Maturana)가 루만에게 다음과 같이 말했다는 점에 주목할 필요가 있다. "나를 독일에서 유명하게 만들어 줘서 고맙습니다. 하지만 나는 당신이 내 생각들을 그런 식으로 활용하는 것에는 동의하지 않습니다. 나는 우리의 사회현상들의 특징들에 대한 문제에서부터 출발하기를 제안하는 바입니다. 사회라는 개념은 역사적으로 볼 때 생명체계들의 자기생산이라는 생각보다 선행합니다. 사회는 논쟁의 제1차적인 주제였습니다. 자기생산과 사회체계들은 훨씬 나중에 나타납니다. 따라서 우리는 사회를 분석하는 데에서 나타난 모든 연관된 현상들을 먼저 다루고, 오직 그 다음에 그것들이 자기생산 개념에 의해 보다 자세하게 밝혀질 수 있는지 자문해 보아야 합니다."[56] "문제는 단순합니다. 니클라스 루만이 자기생산 개념을 사회현상들을 설명하는 원리로 사용한다는 것입니다. 이것은 서술되어야 할 과정들도 사회현상들도 밝히지 못하고 그것들을 모호하게 하는 경향이 있습니다."[57]

오늘날 자본주의의 '총체성'으로 말미암아 사회 부분체계의 기능적 분화가 제대로 이루어지지 않고 있다. 신자유주의의 영향 아래 있는 자본주의에서 경제는 사회의 다른 기능을 빨아들이는 블랙홀과 같다. 신자유주의 경제체계는 정치,

53_ Niklas Luhmann(윤재왕 역), 사회의 법(새물결, 2014), 633면.
54_ Niklas Luhmann(윤재왕 역), 사회의 법(새물결, 2014), 583면.
55_ Niklas Luhmann(장춘익 역), 사회의 사회 2(새물결, 2012), 891-892면.
56_ Humberto R. Maturana(서창현 역), 있음에서 함으로(갈무리, 2006), 170-171면.
57_ Humberto R. Maturana(서창현 역), 있음에서 함으로(갈무리, 2006), 171면.

학문, 예술을 지배하며, 다른 기능체계의 자율성(자기준거성)을 파괴하고, 자율성을 형성하려는 시도마저 무너뜨린다.[58]

이제 '기능적 분화'가 이미 존재하는 사실적 개념이 아니라 존재하여야 할 규범적 개념이라고 주장해 보자. 이는 현재 신자유주의에 의해 경제체계가 상위 체계로서 정치, 학문, 예술체계를 모두 포섭하고 있는 단계에서, 경제체계는 하나의 기능체계로 남아야 하며, 정치체계, 학문체계, 예술체계 등이 경제체계의 영향에서 떨어져 있는 하나의 기능체계가 되어야 한다는 규범적 주장을 할 수 있게 된다. '생물 유기체'에서 자기준거성은 규범개념이 아닌 사실개념이지만, '사회체계'에서 자기준거성은 규범개념의 성격을 띤다.

마르크스(Karl Marx)에 따르면, 물질적 생활방식이 사회적 · 정치적 · 정신적 생활과정 일체를 제약하기 때문에, 자본주의에 의한 '사회적인 것과 경제적인 것이 맺는 관계의 역전'은 당연한 것이 된다. 마르크스에게는 '자본주의의 총체성'은 당연한 것이다. 하지만 베른슈타인(Eduard Berstein)은 "사람들은 경제적인 요인들에 점점 더 주의를 기울이기 때문에 오늘날 경제적인 요인이 과거에 비해 더 큰 역할을 수행한다고 보기 쉽다. 그러나 이것은 그렇지 않다. 이런 착각이 생겨나는 것은 단지 경제적인 동인이 과거에는 온갖 종류의 지배관계와 이데올로기에 의해 은폐되어 있었으나 오늘날에는 자유로워졌기 때문이다. … 과학이나 예술, 그리고 많은 사회적 관계들은 오늘날 과거 어느 때보다 경제에 덜 종속되어 있다"고 본다.[59] 베른슈타인은 마르크스와 엥겔스(Friedrich Engels)의 사적(史的) 유물론('역사의 강철 같은 필연성')에 기초한 계급투쟁론에 반대하면서,[60] 자본가 계급의 숫자가 상대적으로 계속 감소하고 프롤레타리아의 생활상태가 개선되고 동시에 중간 계급의 숫자가 늘어나는 것이 생산의 지속적인 증가를 가능하게 하는 유일한 대안이라고 주장한다.[61] 마르크스의 문제점 제기와 베른슈타인의 해법 제기에 귀 기울일 필요가 있다.

58_ 이정전, 시장은 정의로운가(김영사, 2012), 288면.

59_ Eduard Berstein(강신준 역), 사민주의의 전제와 사민당의 과제(한길사, 1999/2012), 77면.

60_ Eduard Berstein(강신준 역), 사민주의의 전제와 사민당의 과제(한길사, 1999/2012), 역자해제, 42면.

61_ Eduard Berstein(강신준 역), 사민주의의 전제와 사민당의 과제(한길사, 1999/2012), 138면.

2. 기능적 분화에 의한 유기적 연대

뒤르켐(Emile Durkheim)은 『사회분업론』에서 '기능적 분화에 기초한 유기적 연대'를 주장하였다. 뒤르켐은 '어떻게 개인이 더 개인적이면서 동시에 서로 더 많은 연대감을 가질 수 있는가?'라는 명백한 이율배반을 '증가하는 분업에서 비롯된 사회적 연대의 변화'로 해결하고자 하였다.[62] 뒤르켐에 따르면, 사회의 전 영역에서 분업의 영향력이 커지고 있고, 정치, 행정, 법률의 기능은 점점 더 전문화되고 있다.[63] 뒤르켐은 오늘날의 도덕의식이 내리는 지상명령의 한 가지 특성을 "이미 확정된 기능에 적합한 역할을 수행할 수 있도록 당신 자신을 준비하라"라는 것으로 보았다.[64] 뒤르켐은 기계적 연대의 사회와 유기적 연대의 사회를 구별하면서, 두 유형의 사회에 대한 역사는 우리에게 전자 유형의 사회조직이 사라져야만 후자 유형의 또 다른 사회조직이 발전할 수 있다고 말한다.[65] 기계적 연대가 지배하는 사회는 이미 결정된 사회구조의 특징을 가지며, 동질적이면서 서로 간에 유사한 분절적 조직들로 이루어진 체계라는 특징을 가진다.[66] 이에 반해 유기적 연대가 지배하는 사회는 기계적 연대가 지배하는 사회와 전혀 다른데, 유사하고 동질적인 분절적 조직이 아니라 서로 분화된 부분들의 하위체계로 구성된다.[67] 여기서 개인의 지위를 특징짓는 것은, 더 이상 혈연관계가 아니라 그가 수행하는 기능이다.[68]

그런데 뒤르켐이 분업에 따른 기능적 분화에서 유기적 연대를 주장하는 점이 필자에게는 특이하다. 뒤르켐은 분업의 진정한 기능은 두 사람 이상의 사이에 연대감을 창조하는 것이며,[69] 분업의 가장 주목할 만한 효과는 분업이 가져다준 생산성이 아니라,[70] 각 기능 간에 연대감을 만들어 준다는 데에 있다.[71] 뒤르켐에

62_ Emile Durkheim(민문홍 역), 사회분업론(아카넷, 2012), 69면.
63_ Emile Durkheim(민문홍 역), 사회분업론(아카넷, 2012), 72면, 74면.
64_ Emile Durkheim(민문홍 역), 사회분업론(아카넷, 2012), 77-78면.
65_ Emile Durkheim(민문홍 역), 사회분업론(아카넷, 2012), 272면.
66_ Emile Durkheim(민문홍 역), 사회분업론(아카넷, 2012), 269면.
67_ Emile Durkheim(민문홍 역), 사회분업론(아카넷, 2012), 270면.
68_ Emile Durkheim(민문홍 역), 사회분업론(아카넷, 2012), 271면.
69_ Emile Durkheim(민문홍 역), 사회분업론(아카넷, 2012), 96면.
70_ Emile Durkheim(민문홍 역), 사회분업론(아카넷, 2012), 86면.

따르면, 분업이 개인들을 더 분화시킬수록 사회구성원들은 기능상 서로 보완적이 되며, 이는 사회적 연대와 결속력의 원천이 된다.[72] 이에 따르면, 유기적 연대는 공통의 신념과 감정을 받아들이는 데서가 아니라, 분업 속에서 이루어지는 기능적 상호의존성에서 생겨나며, 개인들 사이의 신념과 행위의 동일성이 아니라 '차이'를 전제한다.[73]

하지만 필자는 사회체계의 경우 기능적 분화에 따른 유기적 연대가 제대로 발생할지에 대해서는 의문을 갖고 있다. 기능적으로 분화되면 될수록 사회와 개인은 더 파편화되어 자동적으로 연대의식이 생성되지는 않는다. 총체화된 자본주의는 사회체계를 총체화하면서 동시에 개인을 파편화시킬 뿐이다. 이는 (뒤르켐이 주장하는 맥락과는 다르겠지만) "사회체계의 경우에도" 마찬가지인데, 사회체계가 기능적으로 분화된다고 하여 자연스럽게 유기적 연대가 이루어지지는 않는다. 사회체계와 생물 유기체는 같지 않다. 생물 유기체의 경우는 기능적으로 분화된 기관들이 각기 자신의 기능을 수행함을 통해 유기적으로 활동할 수 있지만, 사회체계의 경우는 그렇지 않다. 이는 사회체계에서 기능적 분화는 생물 유기체와는 달리 사실적 개념이 아닌 규범적 개념이기 때문이다. 현재까지 '기능적 분화에 따른 유기적 연대'를 확인할 수 있는 것은 '사회적 시장경제'라는 형태이다. 사회체계가 '기능적 분화에 따른 유기적 연대'를 이루기 위해서는 제대로 된 '복지체계'를 수립하는 것뿐 아니라, 자본주의의 총체성에 대항하여 자본주의 경제체계와 정치, 예술, 교육, 법 등의 다른 기능체계와의 부정한 연결고리를 끊는 것

71_ Emile Durkheim(민문홍 역), 사회분업론(아카넷, 2012), 102면.

72_ Emile Durkheim(민문홍 역), 사회분업론(아카넷, 2012), 옮긴이 해제, 609면.

73_ Anthony Giddens(박노영/임영일 역), 자본주의와 현대사회이론(한길사, 2008/1010), 171-172면; "뒤르켐에 따르면, 다윈과 그 밖의 생물학자들은 생존경쟁이 동종 유기체들 사이에서 가장 치열하게 나타난다는 사실을 밝혔다. 그런 갈등의 존재는 유기체들이 서로 상대방의 생존을 방해함이 없이 공존할 수 있게끔 상호보완적인 전문화를 낳는 경향이 있다. 기능의 분화는 여러 종류의 유기체들이 생존할 수 있도록 해준다. 뒤르켐은 비슷한 원리가 인간사회에도 적용될 수 있다고 결론짓는다. '인간들은 같은 법칙의 지배를 받는다. 한 도시 속에서 서로 다른 직업들이 서로가 서로를 파괴해야 할 운명에 빠지지 않고 공존할 수 있다. 이는 그것들이 서로 다른 목표들을 추구하기 때문이다. 병사는 군인으로서의 영예를 추구하며, 성직자는 도덕적 권위를, 정치인은 권력을, 사업가는 부를, 학자는 학문적 명성을 추구한다.'" Anthony Giddens(박노영/임영일 역), 자본주의와 현대사회이론(한길사, 2008/1010), 175면.

이 동시에 진행되어야 한다. 이 때문에 자본주의와 민주주의의 적절한 경계선을 긋고, 자본주의가 민주주의에 흘러들어오지 못하게 하는 것이 무엇보다 중요하다.[74] 활기찬 자본주의와 함께 활기찬 민주주의도 누리려면, 무엇보다도 경제와 정치 두 영역을 분명히 구분해야 한다.[75]

Ⅲ. 자기준거적 체계로서 복지체계

1. 전체 사회를 조종하는 개념의 한계

우선 언급해야 할 점은 전체 사회를 조종하는 개념으로서의 복지'국가' 개념은 타당하지 않다는 것이다.[76] 왜냐하면 전체 사회를 조종하는 개념으로서 '복지' 개념을 상정하면, 복지국가는 기술적으로는 그 능력의 한계 지점에, 그리고 도덕적으로는 국가 개입의 정당성 문제에 봉착하기 때문이다.[77] 전체 사회를 조종하는 개념으로서 복지개념은 기능적으로 분화된 현대사회의 새로운 조건을 무시한다. 복지국가의 작용수단으로는 '법'과 '화폐'가 있는데,[78] 복지국가는 고도로 복잡화되고 기능적으로 분화된 현대사회의 특징을 알지 못하고 분화된 세계를 중앙에서 통제하려다 보니 역효과가 발생한다.[79] 전체 사회를 조종하는 개념으로서의 경제개념을 상정하는 것 역시 타당하지 않다. '신자유주의'에 따라 경제가 모든 것을 결정하며, 보이지 않는 손이 복지를 자동적으로 이룰 것이라는 또 다른 유토피아는 현실과는 거리가 멀다. 전체 사회를 조종하는 복지국가가 '逆효과'를 낳는 반면에, 전체 사회를 조종하는 신자유주의의 경제는 '反효과'를 낳는다. 이처럼 전체 사회를 조종하는 '총체적인' 개념도구는 적절하지 않다. 전체 사

74_ Robert B. Reich(형선호 역), 슈퍼자본주의(김영사, 2008/2010), 22-23면.

75_ Robert B. Reich(형선호 역), 슈퍼자본주의(김영사, 2008/2010), 47면, 322면; Colin Crouch (유강은 역), 왜 신자유주의는 죽지 않는가(책 읽는 수요일, 2011), 262면.

76_ Niklas Luhmann(김종길 역), 복지국가의 정치이론(일신사, 2006), 28면.

77_ Niklas Luhmann(김종길 역), 복지국가의 정치이론(일신사, 2006), 14면.

78_ Niklas Luhmann(김종길 역), 복지국가의 정치이론(일신사, 2006), 109면 이하.

79_ Niklas Luhmann(김종길 역), 복지국가의 정치이론(일신사, 2006), 111면.

회를 조종하는 개념도구는 개념도구가 표방하는 기능(예컨대 '복지국가에서 복지'나 '신자유주의에서 경제')과 이를 담당하는 기관(예컨대 국가나 시장)이 하나의 기능과 하나의 기관에 집중된다. 이는 무엇보다도 현대사회가 자기준거적으로 작동하는 여러 기능체계로 분화되었다는 점을 무시한다. 현대사회에서 중앙통제식 해결방식은 역효과나 반효과를 가져오며(이는 '시장의 실패'나 '정부의 실패' 개념으로 설명된다), 기능적으로 분화된 사회의 여건에 알맞은 해결방식을 찾는 것이 중요하다.

여기서는 복지'국가' 개념 대신에 복지'체계' 개념을 기능적으로 분화된 현대사회의 여건에 알맞은 해결방식으로 제안한다. 전체사회를 조종하는 '복지국가' 개념은 능력의 한계를 드러내지만, 사회의 부분체계를 조종하는 '복지체계' 개념은 능력의 한계를 오히려 그 개념요소로 한다. 복지체계는 자신의 의미기준에 따라 스스로 작동하고, 자기생산을 하게 된다. 따라서 무엇보다도 '경제를 규율하는 복지'나 '경제에 종속되는 복지'가 아닌 '스스로를 중심으로 작동하는 복지체계'를 갖추는 것이 중요할 것이다. 복잡하고 기능적으로 분화된 현대사회에서 전체사회를 조종하는 규범적 이념으로서 '복지'는 정의나 추상적인 원리로 정당성을 부여받을 수 있을지는 몰라도 실효성을 확보할 수는 없다. 반면에 현대사회에서 자기준거적 체계로서 복지체계는 기능적으로 분화되지 않은 도덕의 기능을 어느 정도 받아들이지만, 체계가 갖는 한계를 고려하며, 자신의 한계를 인식하는 데에서 실효성이 나온다.

2. 복지체계의 자기준거와 구조적 연결

복지'체계'는 사회의 중요한 한 기능을 담당한다. 현대사회의 법체계, 경제체계, 교육체계, 정치체계, 종교체계처럼 복지체계 또한 특화된 기능을 수행한다. '복지국가' 개념은 이 개념이 가지는 한계에도 불구하고 복지가 현대사회에서 가지는 기능의 중요성을 역설적으로 보여준다. 현대사회의 부분'체계'로서 복지체계는 인간으로서의 최저생활을 보장하는 기능뿐만 아니라(이 부분에서 '인권'의 기능과 겹치며, 복지체계의 최소한의 정당성이 확보된다), '개인이 자기실현을 할 수 있는 최소한의 조건'을 보장해주는 기능을 담당한다. 전자의 기능은 복지체계의 '존부'와 관계하며, 후자의 기능은 복지체계의 '존속'과 관련된다. 전자의 기능은 복지체계의 최소요건이지만, 후자의 기능은 복지체계의 작동요건이다. 체계로서 복지체계는 후자의 기능에 무게중심을 둔다. 복지체계는 후자의 기능을 중심으로 작동한다.

여기서 필자는 루만의 체계이론의 도움을 받아 기능적으로 분화된 사회에서 복지체계가 수행하는 기능을 중심으로 '체계'로서의 복지체계를 구상한다.[80] 루만에 따르면 기능적으로 분화된 사회에서는 '자기준거'를 중심한 자율성을 피할 수 있는 체계는 없다.[81] 따라서 체계의 자기준거적 작동방식의 개념을 복지에 도입하는 것이 그 핵심이다. "여기서 개략적으로 제시된 이론은 그 단초를 자기준거성이 실행되는 방식 속에서 찾고 있다. 이러한 체계과정을 어느 정도 현실적으로 포착할 수 있을 때라야 비로소 체계가 이와 같은 조건들하에서 환경에 적합하게 작동할 수 있는지, 바꿔 말해, 정치적 해결책이 요구될 때 그리고 요구되는 한, 체계가 사회의 다른 체계들(특히 경제나 교육) 내의 문제들과 사회체계 내 여타 환경의 문제들을 인지하고 수용할 수 있는지 하는 물음을 다시금 제기할 수 있다."[82] 자기준거적 체계는 정보처리를 체계와 환경의 차이를 통해 실행하며, 따라서 앞서 언급한 전체 사회를 구속하는 개념으로서의 복지국가와는 달리 지속적으로 자신의 가능성의 한계에 주의를 기울인다.[83]

자기준거적 체계로서 복지체계는 그 자신의 자동생산(Autopoiesis)에 따라 자신의 의미기준을 따라 자신과의 관련성하에서만 작동하게 된다. 복지개념을 전체 사회를 구속하는 개념이 아닌, 체계로서 복지체계를 구상함을 통해, 사회현실에 더 접근하는 동시에, 복지체계가 '환경'으로 축소될 수 없는 독립된 '체계' 임이 드러낸다. '자기준거적 체계'로서 복지체계에서는, 외부 환경요소가 복지체계의 작동에 '외부자극'으로 영향을 미치지만, 그 외부 환경요소에 어떻게 대응할

80_ 루만은 '자기준거적 체계로서 정치'와 관련하여 '자기준거성과 복지이념'을 통합하며, '자기준거적 체계'로서 복지체계를 주장하지는 않는다. 이에 대해서는 Niklas Luhmann(김종길 역), 복지국가의 정치이론(일신사, 2006), 42면 이하.

81_ Niklas Luhmann, "The Self-Reproduction of Law and its Limits," in: Gunther Teubner, *Dilemmas of Law in the Welfare State* (Walter de Gruyter, 1986), 112면.

82_ Niklas Luhmann(김종길 역), 복지국가의 정치이론(일신사, 2006), 79면.

83_ Niklas Luhmann(김종길 역), 복지국가의 정치이론(일신사, 2006), 147면.

것인가를 결정하는 것은 복지체계 그 자체이다. 복지체계는 외부의 환경요인에 개방되어 있지만, 그 작동을 결정하는 것은 복지체계 그 자체이다. 복지체계는 인지적으로는 개방적으로 작동하지만, 동시에 규범적으로는 폐쇄적으로 작동한다. 복지체계는 그 작동폐쇄성으로 인해, 그 자신에게 고유한 '복잡성'을 유지한다. 예컨대 경제체계의 영향을 받기는 하지만 '복지체계'의 작동에 있어서는 경제체계는 '환경'에 불과하다. 경제체계로부터의 영향은 '외부자극'에 지나지 않으며, 이에 선별적으로 선택하고 대응하는 주체는 자기준거적 체계로서의 '복지체계'이다.

복지체계는 다른 체계와의 관계에서는 구조적으로 연결된다. 경제체계와 복지체계를 예로 들면 다음과 같이 설명할 수 있다. 경제체계도 자기준거적으로 작동하는 부분 체계이며, 복지체계도 기능적으로 분화된 체계로서 동등한 지위를 갖는다. 따라서 '구조적 연결'의 측면에서는 양자는 체계와 환경의 관계에 있지 않으며, '체계 대 체계'의 관계를 갖는다. 복지체계는 경제체계에 종속되어 있지 않으며, 반대로 경제체계 또한 복지체계에 종속되어 있지 않다. 양자 모두 자기준거를 기준하여 자신의 의미 기준에 따라 작동하는 체계이며, 양자는 각자의 작동폐쇄성을 기초로 한 연결점을 찾게 된다. 복지체계의 작동에서는 경제체계는 환경에 지나지 않지만, 경제체계의 작동에 있어서는 복지체계는 환경이 된다. 반면에 '구조적 연결'의 측면에 있어서는 자기준거적 체계 간의 연결 문제가 발생한다. '구조적 연결'을 통해 자기준거적 체계로서 복지체계는 여러 다른 체계와의 연결을 선별적으로 할 수 있는 위치에 놓인다. 예컨대 경제체계와의 구조적 연결이 제대로 안 될 경우, 복지체계는 정치체계와의 구조적 연결에 더 집중할 수도 있다. 이처럼 복지체계는 다른 체계와의 '반응성'에 초점을 맞춘다.

경제의 효율성과 복지의 비효율성을 대비하여 복지부분을 대폭 축소하려는 시도는 복지가 수행하는 기능, 즉 인간으로서의 필요를 충족시키는 기능을 무시하게 될 여지가 많다. 복지의 기능을 고려한다면, 복지체계의 자기준거성을 유지한 채 그 체계 안에서 효율성을 높이는 방안을 모색하는 것이 타당한 해결책이 될 것이다. 이 해결책은 '복지체계의 구조적 연결' 개념으로 나타난다. 다만 복지체계의 구조적 연결은 효율성을 직접적으로 겨냥하지는 않으며, 다른 체계와의 '반응성'에 초점을 맞추어 복지체계의 효율성을 증진시킨다.

(헌법에 규정된 기본권을 포함한) 인권과 복지체계는 서로 겹치는 부분이 있으면서도, 겹치지 않는 부분이 있다는 것이 필자의 생각이다. '인간으로서의 최저생활 보장'은 인권에 중심이 있으나, '개인이 자기실현을 할 수 있는 최소조건 보장'은 '복지'에 중점이 있다. 서로 겹치는 부분에 있어서는 보편적 인권 주장을, 서로 겹치지 않는 부분에서는 인권의 보편적 효력이 아닌, 자기준거적 체계로서 복지체계를 주장하는 것이 더 타당하지 않을까 생각된다. 자기준거적 체계로서 복지체계는 양자가 겹치는 부분에 대해서는 '보편적 인권'과 함께 협력해야 한다. 체계의 '자기준거'는 존속의 원리이지 합리성의 원리는 아니기 때문이다.[84] 자기준거적 체계에서는 자기의 의미기준을 중심으로 계속되는 '작동'에 그 중점이 있으며, 그것의 정당성 여부에 중점이 있는 것은 아니다. 정당성 부여를 위해서는 '인권'의 도움이 필요하다. '인권'으로 복지체계 모두를 근거지을 수는 없지만, 복지체계의 근간만은 '인권'으로 정당성을 확보해야 하기 때문이다. 루만에 따르면 기능적으로 분화된 세계에서 도덕은 특정한 기능을 지니지 않은 규범성을 지녔기 때문에 그 힘을 잃는다.[85] 필자는 잃어버린 도덕의 기능을 오늘날 구체화된 '보편적 인권'과 '복지체계'가 대체하고 있다고 생각한다. '복지체계'는 루만의 기획하는 '체계'와는 다른 면이 있다. 보편적 인권과 겹치는 한도 내에서 규범성을 띨 뿐만 아니라, 잃어버린 도덕의 기능을 체계의 자기준거로 수행한다는 점에서 다른 체계와 다르다.

정의로운 사회를 설계하기 위한 노력은 계속되어야 한다. 이를 위해 전문규범으로서 '복지법'과 보편규범으로서 '인권법'을 아울러 보는 시각이 필요하다. 이는 이론연구가에게 매우 매력적인데, "전문규범과 보편규범의 근거지음으로서 법학"에 '현대 법학의 학문성'이 자리 잡고 있기 때문이다. 전문규범으로서 '복지법'과 보편규범으로서 '인권법'에 필자의 관심이 쏠리는 이유이기도 하다. (루만의 자기준거적 체계개념으로 풀어내는 '복지체계'는 필자가 '근본이익과 정체성'을 중심으로 풀려고 하는 '인권'과 병행할 때 의미가 있다.)[86]

84_ Niklas Luhmann(김종길 역), 복지국가의 정치이론(일신사, 2006), 130면.

85_ Otfried Höffe(박종대 역), 정의(이제이북스, 2004), 55면.

86_ 고봉진, "근본이익, 정체성과 인권—예비적 고찰," 법철학연구 제10권 제1호(2007), 259면 이하.

3. 현실적 전망 … 그리고 규범적 대안으로 '인정투쟁'

하지만 현실적 전망은 그리 밝지 않다. '세계화'와 관련하여 국민국가의 위기와 복지국가의 위기가 초래되기 때문이다.[87] "가장 커다란 문제는 세계화라고 봅니다. 규모가 큰 나라는 비효율성을 상당히 감당할 수 있습니다. 하지만 세계화가 진행되면 그럴 여유가 사라지지요. 세계화가 확대되면서 불가피하게 불평등과 불안도 증가하고 있습니다."[88] 세계화된 자본주의의 등장으로 인해 복지국

87_ 세계화에 따른 국민국가의 위기와 복지국가의 위기에 대해 사회과학자들은 다음과 같이 말한다[아래의 내용은 Armin Pongs 엮음(김희봉, 이홍균 역), 당신은 어떤 세계에 살고 있는가? 1편(한울, 2003)과 Armin Pongs 엮음(윤도현 역), 당신은 어떤 세계에 살고 있는가? 2편(한울, 2010)에 있는 내용이다]. "국민국가는 삶의 큰 문제를 다루기에는 너무 작고 삶의 작은 문제를 다루기에는 너무 크다"(Daniel Bell, 1편 38면). "정책과 국가는 전 지구적 연결에 직면하여, 그로 말미암아 발생하는 과제와 문제들에 의해 과부하 상태가 된다. 이것이 바로 고전적인 정치의 종말인 것이다"(Helmut Willke, 1편 275면). "우리가 분명히 알아두어야 할 것은 국가 개입적 사회, 복지국가는 19세기 후반부에 분명하게 정의되었던 사회공동체를 만들었다는 것입니다. 그 국가의 형태는 초기 자본주의가 만들어 놓았던 파괴와 빈곤에 대한 대응이었습니다. 지체부자유자와 노인, 질환자에 대한 강제적 연대공동체가 만들어졌는데, 그것은 국가의 강제 의료보험체계의 형태로 개인이 담당할 수 없는 위험을 조직화하는 것이었습니다. 오늘날 우리들은 큰 문제에 봉착하고 있습니다. 국민국가적 경제와 지역적으로 규정된 연대공동체가 지구화의 역동성에 의해서 해체되고 있는 것이 그것입니다. 정치와 국민국가는 점차 사회공동체를 위한 규제적인 행동을 점점 더 할 수 없게 되어가고 있습니다. 왜냐하면 다른 형태의 공동체가 이러한 일을 맡아야 하거나 고유한 개인적인 연대공동체로 정의되어야 합니다"(Helmut Willke, 1편 289-290면). "국민국가적 경계의 해체에 대한 반응으로서 복지국가의 파괴가 그것입니다. 복지국가는 이제 더 이상 유지되기 어렵습니다. 거대한 통치집단으로서 국가들이 서로 경쟁을 하고 있었던 구도는 전지구화의 역동성에 의해 대체되었습니다. 이러한 상황은 복지국가에 수정을 가하고 있습니다"(Helmut Willke, 1편 291면). "오늘날 큰 문제는 광범위한 복지국가의 집행을 충당해야 하는 재정문제입니다. … 그러나 한 가지 분명한 사실이 있는데, 그것은 어느 정도 세계화와 직접적으로 관련이 있습니다. 그 사실은 복지국가를 유지하기에는 너무 많은 비용이 들기 때문에 불가피하게 단계적으로 감축한다는 것입니다"(Amitai Etzioni, 2편 60면). "세계화의 결과 중의 하나는 국민국가가 그 실체와 주권을 상당부분 포기하게 된다는 것입니다"(Anthony Giddens, 2편 83면). "또 한 가지 예견할 수 있는 것은 불평등이 더욱 확대되고 생활이 더 불안해질 것이라는 사실입니다. 왜냐하면 국민국가적 복지국가는 국제적, 유럽차원의 시장경쟁으로 인한 부정적 영향을 더 이상 완화시켜 주기 힘들기 때문입니다"(Karl Ulrich Mayer, 2편 255면). "세계화의 핵심적 사실은 국민국가의 시민이 처한 경제적 상황이 그 국가의 법률의 범위를 넘어선다는 것이다"(Richard Rorty). Zygmunt Bauman(함규진 역), 유동하는 공포(산책자, 2009), 238면.

가는 점점 힘을 잃고 있다. 세계화된 자본주의는 자본과 노동의 비대칭적 세계화를 통해 자본과 노동에 대한 왜곡된 인정을 구조화한다.[89] 세계화된 자본주의 시스템은 상위 계층에 돈이 집중되게 하여 부의 극대에 있어서는 가장 효율적이지만 부의 적절한 분배에 있어서 비효율적이다.[90] 낙수효과(trickle-down effect)를 주장하는 이들은 사회적 약자들이 역동적이고 생산적인 요소가 아니기 때문에 그들을 직접 돕는 것은 역효과를 낸다고 주장하지만,[91] 그들이 주장하는 낙수효과는 실제로 그리 크지 않다.[92] 오히려 제기능을 발휘하지 못하는 낙수효과는 자신의 노동력밖에 팔 것이 없는 사람들에게 노동일수의 증가와 실질 임금의 삭감을 가져왔다.[93]

'자본'은 국가보다 더 거대하고 무서운 괴물이 되어 버렸다. 더 큰 괴물이 되어 버린 '자본'을 작은 리바이어던을 통해 통제할 수 있을지부터 의문이다. 실질적으로 필요한 것은 새로운 '규제 권력의 설립'인 것 같은데, 오늘날 세계화된 자본주의를 규제할 수 있는 정치와 규범은 부재하며, 규제 권력은 사실상 없다. 세계가 점점 하나로 되어 가는 세계화의 시대에 한 지역과 한 나라에 타당한 정치와 법규범은 세계화된 자본주의의 문제점을 해결하는 데 한계를 드러낸다.[94] 필자는 자본주의의 총체성에 대해 규범적 개념인 '기능적 분화'를 주장하지만, 현실적인 가능성으로 본다면 세계화된 자본주의에 의해 자본주의의 총체성이 강화될 여지가 더 많다. 이는 여전히 '인정투쟁'이 규범적 대안이 될 수밖에 없는 이유이

88_ Karen Ilse Horn(안기순, 김미란, 최다인 역), 지식의 탄생[노벨 경제학상 수상자 10인과의 인터뷰](와이즈베리, 2012), 90면.

89_ Rebecca Todd Peters(방연상/윤요한 역), 좋은 세계화 나쁜 세계화(새물결플러스, 2012), 66면; John Baylis/Steve Smith/Patricia Owens(하영선 外 역), 세계정치론(을유문화사, 2011), 38-39면.

90_ Joseph E. Stiglitz(이순희 역), 불평등의 대가(열린책들, 2013), 41면.

91_ Slavoj Zizek(김성호 역), 처음에는 비극으로 다음에는 희극으로(창비, 2010), 32-33면.

92_ Joseph E. Stiglitz(이순희 역), 불평등의 대가(열린책들, 2013) 88면; Joseph E. Stiglitz(이순희 역), 불평등의 대가(열린책들, 2013) 89면.

93_ Rebecca Todd Peters(방연상/윤요한 역), 좋은 세계화 나쁜 세계화(새물결플러스, 2012), 79면.

94_ "지역적으로 구체화된 정치는 그러나 글로벌화된 기능체계의 문제와 점점 더 통약불가능하게 되고 있다." Norbert Bolz(윤종석 역), 세계를 만드는 커뮤니케이션(한울아카데미, 2009), 54면.

다. 인정투쟁은 '무시의 사회적 동학'과 '인정의 병리학'에 기초한다.[95] '인정투쟁'은 체제를 전복시키려는 투쟁이 아니라 자본과 노동에 대한 왜곡된 인정구조를 바꾸어 보려는 투쟁이다. 이는 (간접적으로나마!) 사회체계의 기능적 분화에도 힘을 실어 주는 투쟁이다. 자본과 노동의 비대칭적 세계화에 의해 왜곡된 인정구조를 바꾸려고 하는 동시에, 자본주의의 총체성에 반대하기 때문이다.

95_ '무시의 사회적 동학'과 '인정의 병리학'에 대해서는 Axel Honneth(문성훈/이현재 역), 인정투쟁(사월의책, 2011), 295면 이하; Axel Honneth(문성훈/이현재/장은주/하주영 역), 정의의 타자(나남, 2009), 109면 이하; 고봉진, "현대 인권론에서 '정체성'의 의미―차이, 정체성, 인권," 법철학연구 제14권 제1호(2011), 160면 이하.

제12장

법이 부착한 '부랑인' 기표와 사회적 기억의 구성
—형제복지원 사건의 예에서—*

이소영**

"미학적이건 정치적이건 한 사람이 지닌 감수성의 질은 그 사람의 현재가 얼마나 두터우냐에 따라 가름될 것만 같다."[1]

Ⅰ. 들어가며

항상 그러한 것은 아니겠지만,[2] 많은 경우 기억에 대한 법의 개입은 진실의 규명과 정의의 회복을 목적으로 이루어진다. 과거청산의 이름으로 수행되는 이러한 개입은 공식기억의 흠결을 드러내어 교정하고 개인적·사회적 트라우마를 치

* 이 글은 『법철학연구』(제17권 제2호)에 게재한 논문 "법이 부착한 '부랑인' 기표와 그 효과"를 수정·보완한 것이다.

** 제주대학교 사범대학 사회교육과 조교수.

1_ 황현산, 밤은 선생이다(난다, 2013), 12면.

2_ '기억과 법(memory and law)' 관련 연구들은 과거청산 문제만이 아니라 증거능력이나 증언의 효력 문제, 특히 아동 성폭력피해자의 기억 재현과 관련하여서도 이루어지고 있다. 그때의 '기억에 대한 법의 개입'은 규명과 회복이 아닌 실체적 진실 확보의 기술 차원에서 논의된다.

유하는 공적 과정으로 이해된다. 이 공적 과정을 추동하는 사회적 동인이 되는 것이 인권 감수성에서 발로하는 공감(empathy)이다. 공감은 우리로 하여금 과거로 다시 들어가, 어두운 시간 안에 묻혀 있던 문제들에 닿아 분노하고 연민하여 '진상을 규명하고 가해자를 처벌하며 피해자에게 배상'하도록 요청하게 할 것이다. 이는 과거와의 조우를 가능하게 하는 사회적 기억의 "두터운 현재"를 구성한다.

이 글의 문제의식은, 본 연구자가 그러한 공감의 장력으로 1987년 부산 형제복지원 사건에 대한 당시의 보도자료들을 조우하려던 과정에서 형성되었다. 부랑인 보호시설에서 12년 동안 발생하였던 감금과 폭력, 노동착취와 국가보조금 착복 등이 문제시된 이 사건에 관한 기사들에서 문제의 초점은 '부랑인 아닌 이들도 억울하게 수용'에 일관되게 맞추어져 있었다. 여기서 '민간인', '정상인', '멀쩡한 사람' 등으로 호명되는 이들과 반대쪽에 놓인 부랑인은, 그렇다면 무엇을 표상하는가? 이것이 일차적인 연구질문이었다.

아울러 자활을 통하여 노동시장으로 편입되어야 할 대상인 동시에 공적 공간 바깥으로 배제되어야 할 대상[3]으로 부랑인을 주체화하는 매커니즘이 형제복지원 사건 이전과 이후를 관통하며 어떻게 부랑인이라는 기표에 각인되었으며, 어떠한 문화적 · 정치적 · 사법적 효과를 만들어 내었고, 그 기억이 어떻게 재현되었는지에 대하여 관심을 발전시키게 되었다. 또한 형제복지원 기억이 과거사 진실규명과 피해해결의 대상으로 다시금 소환된 오늘날, 피해자의 목소리와 기억의 재현에 그와 같은 기표(의 효과)가 각인되어 있는 양상을 읽어 내고자 하였다. 부랑인 시설수용의 법적 근거와 구별짓기의 정치를 다룬 연구들은 다소 찾아볼 수 있지만,[4] 내무부훈령 제410호의 법적 규제가 어떻게 부랑인에 대한 당대의

3_ 정수남, "'잉여인간', 통치성, 감정아비투스," 『한국사회학회 2013 전기 사회학대회 논문집』(2013), 140면.

4_ 예지숙, "일제 하 부랑자의 탄생과 그 특징", 한국사연구(제164호, 2014); 유선영, "식민지의 스티그마 정치," 사회와 역사(제89집, 2011); 김아람, "5 · 16군정기 사회정책—아동복지와 '부랑아'대책의 성격," 역사와 현실(제82호, 2011), 신권철, "시설수용과 감금의 모호한 경계," 사회보장법연구(제3권 제1호, 2014) 참조; 또한 2013년 11월 22일 한국방송통신대학교에서 개최되었던 "감금의 역사, 수용의 시간과 형제복지원" 학술토론회에서 발표된 "'새로운 시설'의 탄생. 형제복지원 사건의 배경"(임덕영 · 박숙경)과 "형제복지원, 혹은 문화적 과정으로서 야만"(정정훈)에서도 70-80년대 부랑인 수용정책에서의 배제와 구별짓기의 정치사회학이 논의되었다.

지배적 재현을 구성하였으며 그 지배적 재현이 어떻게 다시금 피해자의 목소리와 사회적 기억에 각인되는가는 이 글이 제기하는 고유한 문제의식이다.

아래에서는 먼저 법을 통한 과거청산에서 기억의 재현이 수행하는 역할에 대한 본 연구자의 이해를 밝히고[II], 형제복지원이 '사건'화된 1987년 당시 관련 법제에서 부랑인의 기표가 무엇을 표상했었고 그것이 언론보도나 사건조사보고서, 또는 판결문 안에서 어떻게 재현되었는지 들여다본 다음[III], 형제복지원이 사회적 기억의 문제로 소환된 지금, 과거청산과 특별법 제정 논의에서 부랑인의 기표가 주체의 기억에 어떻게 각인되어 내러티브화되는지 살펴봄으로써[IV] "두터운 현재"를 구성하는 분노와 연민의 감수성을 다르게 고민하는 실마리를 마련해보려 하였다[V].

부랑인에 대한 1970-1980년대의 지배적 재현을 다루면서 주된 분석대상으로 택하였던 보도자료는 디지털 아카이브가 구축되어 있는 동아일보와 경향신문이었으며, 형제복지원이 사회적으로 이슈화되었던 1987년 2월의 경우에는 조선일보, 한국일보, 중앙일보 등 여타 신문보도자료 및 KBS뉴스, MBC뉴스데스크 등 영상보도자료, 그리고 「말」, 「월간조선」, 「월간 엔터프라이즈」 등 주간 · 월간지 기사 또한 참조하였음을 밝힌다. 아울러 이 글은 관계자들 다수가 생존해 있는 비교적 근래의 사건을 다루고 있으므로 관계자 이름을 김○○, 이○○ 형식으로 표기하였음을 알려 둔다. 인용문헌이나 언론보도에 실명으로 기재된 경우에도 그렇게 바꾸어 표기하였다. 다만 관계자가 증언이나 수기, 인터뷰 등을 통하여 자신의 존재와 주장을 명시적으로 드러낸 경우에는 실명을 밝히는 것이 본인 의사에 반하지 않는다고 추정하여 실명을 적도록 하였다.

본격적인 논의에 앞서, 이 글은 본 연구자의 직접적인 구술수집 작업이 아닌 증언대회 녹화자료, 증언자료집, 수기, 기자회견, 인터뷰 컷 등 재현자료들에 의거하여 피해자 목소리를 다루었음에 양해를 구한다. 흙 속에 묻혀 있는 이들이 아닌 '지금 여기'서 살아가는 피해생존자들이 갓 사회적으로 발화하기 시작한 현 시점에, 그 상처의 발화를 분석대상으로 다루고자 하는 시도는 대단히 조심스러워야 함을 알고 있다. 따라서 여기서는 1987년 당시 지배적 재현에 등장하였던 '정상인도 억울하게 갇혔다'는 문제의식 배후에 놓인 부랑인/정상인의 구별짓기를 문제화하고, 그 구별짓기가 행위자로 하여금 무엇을 말하지 않게 혹은 못하게 하는가의 문제에만 일단 초점을 맞추어 다루었다. 피해자 목소리가 내러티브화되는 과정과 과거청산 특별법 제정의 법담론에서 그것이 수행하는 역할에 대한 총체적인 분석은, 좀 더 시간을 두고 피해생존자들과 라포를 형성해 가며 진행해 갈 후속작업으로 남겨 두기로 하였다.

II. '법을 통한 과거청산'과 기억의 재현

1. 기억에 개입하는 법

과거청산은 보통 과거 (공)권력에 의해 행해진 부정의가 인정되거나 해결되지 않은 채 지속되는 상태에서 역사적 진실을 복원하고, 과거의 상흔들을 치유하여 '다시' '올바른' 역사로 이행해 가기 위한 노력이라 규정된다.[5] 그리고 그 노력은 가해자 처벌과 피해자 배상, 기념의 제도화, 역사왜곡 처벌 등 사법적 장치들의 도움을 받아 행하여진다. 법은 청산의 이름으로 기억을 교정하고, 교정된 기억을 공고화하는 한편, 공고화한 기억의 왜곡을 규제하는 데 개입하는 것이다.[6] 식민경험과 전쟁, 독재의 집단기억을 가진 한국 사회에서도 i) 식민지 시기 강제동원, 강제이주, 군위안부, ii) 한국전쟁 전후의 민간인학살과 강간, 그리고 iii) 군사정권 하에서의 간첩조작사건, 고문, 의문사, 민주화항쟁 등이 그 대상이 되어 왔다.

누구의 어떤 기억이 어떻게 강조되었으며 그 과정에서 무엇이 망각 · 왜곡되었는지를 둘러싸고, 과거청산의 장치들이 만들어지는 인식틀을 구성하면서 동시에 이것이 올바로 작동하는지 평가하는 잣대들을 이행기 정의(transitional justice)[7]

5_ 이재승, "과거청산과 인권," 민주법학(제24호, 2003), 16면; 양현아, "피해 증언의 생산과 '과거청산': '수지 김' 유족 증언을 중심으로," 민주법학(제33호, 2007), 136면.

6_ 이소영, "기억의 규제와 '규제를 통한 기억하기'?: 홀로코스트 부정 규제 법제와 사회적 기억의 구성," 법학연구(제21권 제4호, 2013), 406면.

7_ 이에 대해 자세히는 D. Shelton, *The Encyclopedia of Genocide and Crimes against Humanity Volume III* (Macmillan Reference USA, 2004), 1045-1047면; 이 개념을 소개한 국내연구로는 이재승, "이행기의 정의," 법과 사회(제22호, 2002) 참조.

라 부른다.[8] 여기서 기억은 단순히 과거 사건들의 저장고가 아니라 구성적 상상력의 진행과정이며,[9] 사회적 기억이란 잊혔거나 희미해진 사실관계를 그대로 복원하는 기억력만이 아닌 집단기억[10]이 선별 혹은 배제되고 억압 · 왜곡되는 과정에 개입하는 정치적 이해들의 역학관계들을 반영하기도 한다. 그러한 정치적 역학관계는 공식기억이 대항기억들을 은폐하는 층위에서도 작동하지만, 다른 한편으로 새로운 대항기억을 다시금 정상화하여 공식역사의 내부로 호명하는 층위, 요컨대 그 이행기 정의가 수행되는 과정에서도 작동한다는 것이 이 글이 '법을 통한 과거청산'에 대하여 갖는 전제이다.[11] 그리고 이때 피해자의 목소리와 기억의 재현은 재판과정과 법제정 운동에서 중요한 수행적(performative) 역할을 한다.

사실 기억의 재현은 피해자/피의자 증언과 증거능력, 심문과 수사 등 법조영역에 다양한 접점을 가져왔지만, 재판에서 기억의 재현에 대해 가져온 일반적인 관심은 사실을 정확히 전달하는 증거자료의 확보와 "재판부를 감동시킬 수 있는 생생한 언어의 채집" 차원에 머물러 있다고 평가된다.[12] 구술의 진정성이 '사실인가 아닌가'에 의해서만 평가되며 구술자료가 갖는 증거능력만이 강조되면 '언어라는 수면 아래에 있는 언어'의 풍부함은 가려지기 쉽다.[13] 이는 법언어의

8_ 이 글에서는 더욱 정의로운 공식역사로 '이행'해 간다는 차원이 아니라, 기억은 과거의 복원이 아닌 현재적인 재현의 '과정'이라는 측면에서 이행기 정의의 개념을 이해하고자 한다. 한편 과거청산은 과거의 빚을 청산함으로써 종결되는 채무관계 성질의 것이 아니라 그 과제들이 경합 중인 상태라는 점에서 "경합중인 과거"라는 용어가 사용되기도 한다. 김현숙, "경합중인 과거와 열린 미래," 사회와 역사(제61집, 2002) 참조.

9_ R. Bernstein, "The Culture of Memory", *History and Theory* (제43권 제4호), 167-168면.

10_ 이 개념은 알박스(Halbwachs)의 저작("기억의 사회적 맥락"; 1925)에서 처음 사용되었지만, 역사학에서 집단기억연구가 활성화된 것은 전후 제3세대 및 제4세대 아날학파 연구자들에 의해서였다. J. Nerone, "Professional History and Social Memory", *Communication* (제11권, 1989), 92면 아래 참조.

11_ 이에 대해 자세히는 이소영, "기억의 정치와 '법을 통한 과거청산' 담론 비판," 외법논집(제35권 제2호, 2011), 272-273면 참조.

12_ 양현아, "피해 증언의 생산과 '과거청산': '수지 김' 유족 증언을 중심으로," 민주법학(제33호, 2007), 138면.

13_ D. Laub, "On Holocaust Testimony and its 'Reception' within its Own Frame as a Process of its Own Rights", *History and Memory* (제21권 제1호, 2009), 142면; R. Kennedy, "Stolen Generations of Testimony: Trauma, Historiography and the Question of 'Truth'", R. Perks(편), *The Oral History Reader* (Routeledge, 2006), 513면.

"관성과 객관성의 오만을 부지불식간에 찢고 들어오는 목소리"[14]라기보다는 사실관계를 규명하기 위해 규격화된 증언, 다시 말해 일상적인 경험과 고통, 상실, 좌절과 분노의 감정을 취사선택하여 배열해 놓은 목소리가 되기 쉽다.[15]

2. 기억의 재현이 법에서 갖는 수행성

한편, 피해자의 목소리와 기억의 재현은 재판 증거로서만이 아니라 감정의 진폭을 자극하여 법의 조속한 집행을 촉진하고 법제정 운동에 불붙이는 인권 구제의 방안으로도 사용된다. 즉 시민사회의 인권 감수성에 닿아 i) 이미 '실정화된 인권'의 구제를 촉진하거나, ii) 여전히 '실정화되지 않은 인권'을 실정화하거나, 혹은 iii) 아직 '생성 중인 인권'을 새롭게 발견한다는 것이다.[16]

그런데 이러한 수행성은 한편으로는—특히 i)과 ii)의 경우—정형화(stereotype)된 피해자와 가해자 상을 그려 내고, 제도적 · 공동체적 서사 안에서 단선적으로만 상처와 치유를 이해하고 논하게 만들 위험을 갖기도 한다. 가령 기억연구자 골드버그(Goldberg)는 이른바 '유럽적 주체'의 자기반성에 골몰한 홀로코스트 기억연구들에서 유태인 행위자를 "악 앞의 무력한 피해자"로만 그리는 반면, 이스라엘 민족주의 사학의 기억연구들에서는 유태인의 자발성과 저항을 강조하려는 데 경도된 나머지 "*그들*이 *우리*를 인간 이하로 보려 할수록 *우리*의 내면적 자긍심이 높아졌다" 식의 공동체적 정체성에 개별 행위자들의 목소리가 묻어 버리기도 함을 지적한 바 있었다.[17] 그럴 때 피해자의 목소리들은 멜로드라마적인 미학적 서사구조로써 재현된다고 골드버그는 분석한다.[18]

또한 그는 멜로드라마적 내러티브는 증상(symptom)보다는 페티시(fetisch)에

14_ S. Friedländer, *The Years of Extermination* (HarperCollins, 2009), 16면.

15_ 김무용, "과거청산 작업에서 진실말하기와 대항 내러티브 주체의 형성," 한국사연구(제153권, 2011), 198-199면.

16_ 인권에 대한 이러한 범주화는 이상돈, 인권법(세창출판사, 2005), 231면 참조; 또한 이준일은 '생성 중인 인권'과 유사한 의미에서 '발굴되지 않은 소수자'라는 개념을 사용하기도 하였다. 이에 대해 자세히는 이준일, 인권법: 사회적 이슈와 인권(홍문사, 2007), 433면 참조.

17_ A. Goldberg, "The Victim's Voice and Melodramatic Aesthetics in History," *History and Theory* (제48권, 2009), 221-227면.

18_ A. Goldberg, 위의 글(주17), 229-230면.

더 가깝다고 설명한다.[19] 억압되어 있던 타자가 불시에 출몰하여 거짓의 표면을 교란시키는 예외성을 '증상'이라 설명할 수 있다면 이에 반해 '페티시'란 감내할 수 없는 고통을 견디어 내기 위해 허구적 내러티브를 자기 내면에 장착하는 것인데, 기억의 멜로드라마적 재현은 페티시의 경우처럼 실재하는 고통을 보편적 인권 감수성에 기인한 내러티브 미학으로 환원하여 구현하기 때문이다.[20] 피해자 증언에서 '순결한 우리 누이' '연약하고 무구한 민족의 아이들,' '고결한 정신이 무자비하게 짓밟힌 사람들'처럼 순수화/희생화 담론이 극대화되고 저항담론이 주변화된 내러티브 구성이나,[21] 혹은 열사나 투사의 저항담론을 낭만화하면서 순수화/희생자화 담론으로 그 배경을 꾸미는 내러티브 구성이 그러할 것이다.

여기서 더 나아가, 바로 그러한 고착화된 멜로드라마적 내러티브 안에서 행위자들이 무엇을 강조하는지 혹은 지우고 싶어하는지, 또 무엇을 말하지 '않'고 말하지 '못'하는지 읽어 낼 수도 있으리라는 것이 이 글의 가정이다. 사적 기억은 '우리' 역사와 전통에 관한 드라마를 연출하는 공적 무대와 청중들로부터 분리될 수 없으며, 종종 내밀하고 형언불가능한 기억들이 사유되어지는 바로 그 언어의 발원지가 공적 재현의 언어들이기도 하다는 점에서 더욱 그러하다.[22] 기억의 재현에서 강조된 혹은 지워진 기표들을 포착하고, 그 표상이 당시와 이후에 어떻게 재현되는지 추적함으로써 그러한 내러티브 미학 안에 숨겨진 인권 감수성의 균열과 빈틈을 찾아낼 수 있다면, 기억과 그 문화적 재현은 재판 증거제공이나 법제정을 추동해내는 감수성의 땔감 그 이상의 역할을 과거와의 조우를 통해 구성되는 "두터운 현재"에서 수행하게 될 것이다. 아래에서는 이러한 문제의식과 기대를 갖고서 1987년 형제복지원 사건의 담론화와 그 기억의 재현을 읽어 보고자 한다.

19_ A. Goldberg, 위의 글(주17), 231면.

20_ 지젝(Zizek)은 증상과 패티시의 차이를 사랑하는 사람의 죽음을 예로 들어 설명하기도 한다. 가령 그런 상황에서 '증상'의 경우는 그 죽음의 기억을 억누르고 최대한 떠올리지 않으려 애쓰는 가운데 부지불식간에 억압된 트라우마가 증상으로 나타나는 것인 반면, '패티시'의 경우에는 그 죽음을 이성적으로는 온전히 받아들이면서도 죽음의 부정(disavowal)을 구현할 만한 어떤 패티시에 매달린다는 것이다.; S. Zizek, *On Belief* (Routeledge, 2001), 13-14면.

21_ 김무용, 위의 글(주 15), 207-208면.

22_ Popular Memory Group, "대중기억의 이론, 정치학과 방법론(Popular Memory: Theory, Politics, Method)," 윤택림(편역), 구술사, 기억으로 쓰는 역사(아르케, 2010), 183-184면.

Ⅲ. 형제복지원 담론화에서 '부랑인'의 기표

1. 내무부훈령 제410호와 부랑인 강제수용정책

형제복지원은 1987년 당시 국내 최대 수용인원의 사회복지시설로, 1975년 12월 제정된 내무부훈령 제410호에 의거하여 설치되었다. 내무부훈령 제410호는 "걸인, 껌팔이 등 건전한 도시질서를 저해하는 부랑인을 신고, 단속, 수용, 보호하고 귀향 조치 및 사후관리"하여 "도시생활의 명랑화를 기하고 범법자 등 불순분자의 활동을 봉쇄하는 데 만전을 기하"(제1장 제1절)는 것을 목적으로 한 업무처리지침이다. 법률이 아닌 행정규칙의 성격을 갖기는 하였지만, 포괄적 인구를 잠재적 부랑인으로 간주하고 이들에 대한 신고를 의무화한 점에서[23] 부랑인 강제수용에 적극적으로 개입하는 국가권력의 경찰법적인 근거규정이었다고 할 수 있다.

1980년대에 들어서면서 "부랑인 없는 거리"라는 기치 아래 단속과 분리 정책은 더욱 강화되었다. 1981년 4월 "근간 신체장애자 구걸행각이 늘어나고 있다는바 실태파악을 하여 관계부처 협조 하에 일제 단속하고 대책과 결과를 보고하라"는 대통령 특별훈령이, 또 같은 해 10월 "구걸행위자 수용보호에 있어서 심신장애자와 일반 구걸행위자를 구분 보호하되 …(중략)… 읍 · 면 · 동 지소와 파출소 등에 구걸행위자 신고창구를 상설하여 신속한 단속과 수용조치를 할 수 있도록 조치하라"는 별도의 훈령이 반포된 것이 이를 반영한다.[24] 아울러 86아시안게임과 88올림픽을 대비한 거리정화프로그램[25]과 생활올림픽추진단[26] 활동 홍보

23_ 동령 제2장 제2절에서 "부랑인의 배회가 예상되는 역, 터미널, 지하도, 육교 등의 우범지역에 지역관리 책임자 또는 인접한 상점주인 등을 지정하여 부랑자들을 신고하도록 의무화"하고 있다.

24_ 국무총리 국무조정실, 국무조정실 30년사(2003), 84면.

25_ "88올림픽 등에 대비, 우리나라를 찾는 관광객들에게 깨끗한 인상을 주고 국민들의 불쾌감을 없애기 위해 …(중략)… 재활 사업을 강력히 추진할 방침이다."("보사부, 도시의 부랑인이 없어진다," 매일경제, 1981.11.21)

26_ 생활올림픽추진단은 식품위생반, 환경위생반 등 5개 반으로 구성되는 생활올림픽 지원사업본부를 두고, 부랑인보호 등을 점검함으로써 "양 대회를 명랑한 분위기 속에서 치를 수

에서 확인할 수 있듯이 부랑인 시설 격리는 이른바 국가의 경사를 앞두고 환경미화 국민 캠페인과 연계되어 담론화되었다.

이러한 맥락에서 설립되어 '성장'한 전국 36개의 부랑인 보호시설들 가운데 하나가 형제복지원이었다.[27] 1965년 7월 부산시로부터 아동복지시설 인가를 받아 국가 지원으로 보육원을 운영하던 설립자 박○○은 내무부훈령 제410호가 발령되던 해, 부산시와 '부랑인 일시보호 위탁계약'[28]을 맺고 부지를 매입하여 건물을 증축하였다. 위의 특별훈령에 의거하여 1982년부터 개인이 경영하는 부랑인 선도사업 복지법인에 대규모의 정부지원금이 지급되기 시작하면서[29] 형제복지원은 적게는 1700여 명에서 많게는 3900여 명의 부랑인들을 수용하여 매해 18~20억 원대의 국고지원을 받았다.[30]

형제복지원을 소재로 한 TV 드라마가 1982년에 소위 현지취재를 바탕으로 제작·방영되기도 했었던 걸 미루어 보면[31] 당시 형제복지원이라는 시설에 대한 사회적 인지도가 없지는 않았을 것인데도, 1987년 이전까지는 관련 언론보도 기록을—원장의 훈장표창에 관한 단신기사 외에는[32]—거의 찾아볼 수 없었다. 형제복지원이 사건화되어 세간에 알려지게 된 것은 1987년 1월 울산지청의 한 검사가 우연히 울주 야산에서 형제복지원 소속 수용자들이 강제노역을 하던 작업장을 목격하고 수사에 착수하면서부터였다.[33] 수사 과정에서 원장의 개인 초지

있도록" 한다.; 이에 대해 자세히는 "생활올림픽추진단 구성," 매일경제, 1986.2.17. 및 "88 생활올림픽 추진", 경향신문, 1986.4.24. 참조.

27_ 이 중 시립시설이 5개, 종교단체시설이 10개(천주교 8, 기독교 1, 불교 1)이며, 나머지 21개소는 사회복지법인(기독교계 2, 원불교계 1 포함)이다; "부랑인시설 현황," 경향신문, 1987. 2.17.

28_ 이에 대해서는 내무부훈령 제410호 제4장 제7절 제2항 "위탁경영에 관한 규정" 참조.

29_ "인권말살의 현장, 부랑인수용소", 월간 말(3월호, 1987), 23면.

30_ "국민훈장 받은 평통위원 형제복지원장 박○○은 누구인가," 동아일보, 1987.2.4.

31_ "MBC TV가 의욕적으로 기획한 수요드라마 「탄생」"은 부산시 북구 주례동에 있는 형제복지원부설 부랑아임시보호소를 무대로 "탈출을 끊임없이 시도하며 인간애를 거부하는 비뚤어진 밑바닥 인생의 실상을" "현장취재를 통해 실감있게 구성한" 작품으로, 연출자와 배우가 "리얼리티를 살리기 위해 그곳 원생들과 이틀 밤을 함께 생활하기도 했다."고 보도되었다.; "수요드라마 새로방영 M-TV서 3일부터," 경향신문, 1982.10.30.

32_ "장애인의 날 포상자 명단," 경향신문, 1981.4.20; "3명에 훈장수여," 경향신문, 1984.5.11; "새마을지도자에 훈장," 매일경제, 1984.5.11.

33_ "나는 울산에 와서 알게 된 어느 사냥꾼의 지프를 타고 꿩이나 한 마리 잡아보려고 산 속을

조성사업에 원생 180여 명이 강제 취역되었던 사실과 강도 높은 노동과 폭행이 자행되는 과정에서 구타당해 숨진 원생을 병사로 위장한 채 불법 매장한 사실도 밝혀지게 되었다.[34] 이어진 검찰 압수수색과 형제복지원사건 진상조사단[35]의 현장조사를 통해 원장 개인금고에 보관된 거액의 국가보조금을 비롯하여 복지원의 수용실태와 운영실태가 수면 위로 드러나면서 형제복지원 '사건'은 언론에 대대적으로 보도되었다. 내무반, 소대장, 중대장 등 군대식 조직편성과 상습적인 구타 · 기합, 형제복지원 공식 기관지에 의거해서만도 12년 동안 513명에 달했던 사망자들의 사망 경위, 사체 처리과정에 대한 의혹,[36] 경찰 · 공무원의 공모[37] 등이 터져 나왔다.

2. 언론보도에서 '부랑인'의 기표

"이○○(32)씨는 '연고가 있고 부랑인이 아닌데도 귀가조치 되지 않고 있었다'고 말하며…" [중앙일보, 1987.2.1.]

"이중으로 된 철제문이 있는 정문 위에 '자립으로 국민에게 보답하자'는 글이 커다랗게 씌어져있다. 이곳은 설립취지와는 달리 연고가 있는 사람과 능력이 있는 사

헤매고 다녔다 …(중략)…그 사냥꾼이 지나가는 말투로 몇 마디 했다. 여기서 멀지 않은 산속에 이상한 작업장이 있다. 인부들이 산을 깎는 작업을 하는데 경비원들이 몽둥이를 들고 지킨다. 경비원들이 인부들을 개 패듯이 패는 것을 몇 번 보았다. 커다란 개 여러 마리가 인부들을 지킨다. 대충 이런 내용이었다. …(중략)… 나는 사냥꾼을 재촉하여 그 작업장으로 달려갔다. 작업장이 시야에 들어온 순간 사냥꾼의 말이 사실임을 내 눈으로 확인할 수 있었다."; 김용원, 브레이크 없는 벤츠(예하, 1993), 13면.

34_ 관련된 최초 언론보도는 "복지원 수용자 180명에 강제노동," 중앙일보, 1987.1.17.이었다.

35_ 당시 야당인 신민당은 6명의 의원으로 '형제복지원사건 진상조사단'을 꾸려 1월 29일부터 2월 1일까지 현장조사를 한 다음 1차보고서를 당에 제출하였다.

36_ 형제복지원사건 조사단에서는 "사체 중 상당수는 1구당 3백만~5백만 원씩 의과대학 실험용으로 팔려갔다는 정보도 있어 이에 대한 진상을 추가조사 중"이라 밝혔다; "12년 동안 513명 숨졌다," 동아일보, 1987.2.2.

37_ 경찰의 경우 단속기간 혹은 특별단속기간에 근무 평점을 올리기 위해(구류자 2-3점, 부랑인시설 입소자 5점) 강제 수용절차를 임의로 자행하였을 것이 의심되고, 특히 형제복지원 측에서는 사람수에 따라 국가보조금을 받기에 경찰에게 사례비를 지급하는 식의 공모가 이루어졌을 것이라는 게 형제복지원 사건 조사단의 예상이다.; "부산 형제복지원사건 신민당 진상조사 보고서," 제1차 보고서(1987), 16면(출처: 국가기록원 자료실).

람까지 임의적으로 강제수용을 자행했다." [조선일보 1987.2.2.]

"이곳은 복지원이 아니라 민간인을 포로처럼 수용하면서 정부지원금을 착취하는 사설교도소입니다. 거리를 방황하는 진짜 보호받아야할 사람은 몇 명만 데려다 놓았을 뿐 나머지 사람들은…" [동아일보 1987.2.2.]

"수용자의 70% 이상이 정상인으로 수용부적격자였다." [경향신문 1987.2.3.]

(강조 표시: 인용자)

위에 발췌하여 인용한 기사들은 형제복지원 사건과 관련된 각 언론사의 보도이다. 주지하듯, 이 기사들은 서두에서 매한가지로 '부랑인 아닌 사람들도 수용되었다'는 점을 언급하고 있다. '연고가 있는 이'(중앙일보, 조선일보), '능력 있는 사람'(조선일보), '민간인'(동아일보), '정상인'(경향신문) 등으로 호명되는 이들까지 그곳에 섞여 들어가 있었다는 사실이 당시 큰 사회적 충격과 공포로 작용하였던 것으로 보인다. 이는 형제복지원 사건관련기사가 신문의 정치면과 사회면을 채우고 TV 뉴스 프로그램의 첫 꼭지로 보도되던 연일동안 반복적으로 나타났던 서술이다.

가령 동아일보의 경우 2월 2일자 3면("부랑인선도 악용한 생지옥"), 11면("12년 동안 513명 숨졌다", "나는 끌려왔다", "연기군 부랑아수용소서도 한명 맞아 숨져")에서, 2월 3일자 1면("복지원 실태조사", "복지원사건 국회에서 다뤄야"), 2면("살상원이 된 복지원"), 5면("꽁보리밥 먹고 12시간 노동"), 10면("근신소대 뒤 무자비한 체벌", "부랑자 수용시설 5백명 내로 규제"), 11면("작년만 95명 숨져 시체 상당수", "형제복지원 부설 정신요양원 국고 등 2억 7천만원 지원")에서, 그리고 2월 4일자 1면("정부인권특위 신설", "복지원 다룰 국회소집 국정조사권 발동 촉구"), 5면("행정감독부재의 비인간지대"), 10면("국민훈장 받은 평통위원 형제복지원 박ㅇㅇ은 누구인가"), 11면("부랑인 내무부규정 모호", "연기군 수용소 백명 불법수용")에서 "'나는 걸인이 아니다'고 설명했으나 부랑아로 몰려 형제복지원에 끌려가 생지옥 같은 강제노역을 당하"[38]는 경우처럼 '멀쩡한 사람'[39]이 부랑인들과 함께 수용되었음을 강조하여 재현하고 있다. MBC 뉴스데스크 2월 4일자 방송도 "사회에 복귀해서 정상적인 독립생활을

38_ "꽁보리밥 먹고 12시간 노동," 동아일보, 1987.2.3.

39_ "근신소대 뒤 무자비한 체벌," 동아일보, 1987.2.3.

할 수 있는 사람은 사회로 환원"이라는 표현을 사용한다.

이처럼 언론보도에서 정부보조금 횡령 및 국가의 관리감독 미비와 더불어 경악스러운 문제로 그려졌던 것은 강제수용 자체가 아니라 부랑인 수용기준의 포괄성과 임의성이었다. "일정한 주거가 없이 관광업소, 접객업소, 역, 버스정류소 등 많은 사람들이 모이거나 통행하는 곳과 주택가를 배회하거나 좌정하여 구걸 또는 물품을 강매함으로써 통행인을 괴롭히는 걸인, 껌팔이, 앵벌이 등"을 "건전한 사회 및 도시질서를 저해하는 모든 부랑인"으로 규정하는 내무부훈령 제410호 제2장 제2절에 대해서도 "부랑인과 부랑인에 준하는 자의 범위가 넓고 애매할 뿐 아니라 수용자에 대한 강제격리수용의 판정을 행정기관 또는 경찰, 심지어는 수용소경영주가 임의로 내릴 수 있게 되어 있"[40]는 점이 비판되거나, "껌팔이 등이 행인들에게 치근거리거나 강매를 할 때는 경범죄처벌법으로 단속해야 하는데 부랑아의 범주에 넣어 수용까지 하는 것은 지나치다"는 배제/포섭의 범주, 혹은 "껌팔이를 부랑아로 간주, 수용한다면 암표장수도 마찬가지로 수용할 수 있다"는 규정의 유추해석이 문제되었던 것이다.[41] 아래의 기사발췌에서 확인되듯이, 당시 대책논의도 규문해석과 행정 효율성 차원에서 이루어지는 양상을 보인다. 대상수용인원이 지나치게 많다는 점과 부랑인의 정의가 애매모호하다는 점이 주된 문제로 지적된 것이다.

> "보사부는 4일 정상적인 사람이 부랑인으로 취급돼 부랑인수용시설에 수용되는 것을 막기 위해 수용시설 입퇴소여부를 심사하는 '분류심사위원회'를 설치하고 수용규모도 500명 이하로 제한하기로 했다. …(중략)… 전국 53개 각종 복지시설에 대해 직접 정밀감사를 실시, 수용자들에 대한 기술 및 정신교육을 강화해나가기로 했다." [동아일보, 1987.2.5.]

이처럼 부랑인을 격리하여 시설에 수용하는 자체가 아니라 억울하게 수용되는 경우가 문제의 핵심이라고 한다면, 억울하지 않은 수용자의 표지는 무엇인가? '연고가 있는 이', '능력 있는 사람', '민간인', '정상인', '멀쩡한 사람' 등으로 호명

40_ "인권말살의 현장 부랑인 수용소," 월간 말(3월호, 1987), 24면.
41_ "부랑인 내무부 규정 모호," 동아일보, 1987.2.4.

되는 이들과 반대쪽에 놓인 부랑인은 어떠한 사회적 정체성을 갖는가? 여기서 '부랑인'이라는 기표의 표상은 무엇으로 채워지는가?

3. 비/부랑인으로 '피해자를 새겨 넣기(marking the victim)'[42]

한국 사회에서 부랑인 표상의 계보는 식민지시기로 거슬러 올라간다. 조선총독부는 1912년부터 '노동할 능력이 있지만 노동하지 않는 자라고 간주된 자', '일정한 직업과 주거가 없는 자들'을 경찰범처벌규칙에 따라 검거·단속했는데, 이 단속을 통하여 '부랑자'라는 하나의 범주로 엮어진 집단이 탄생하였다.[43] 초기의 부랑자 표상은 가난이 아닌 도박과 매음, 유흥과 태만 등 조선 부호가 자제들의 도덕적 타락과 풍기문란에 방점이 찍혀 있었고 거리 기숙이라는 표지는 포함되지 않았었다. 그러다 20년대 중반 이후 걸식아동, 유랑아동, 신원미상의 프롤레타리아트와 도시로 유입된 거주지 없는 이촌민 등이 사회문제로 부상하면서 부랑자는 급증하는 빈민층을 가리키는 용어로 의미 변환을 하게 되었다.[44] 사회통제 및 인구통치 목적으로 부랑인들을 분리 수용하는 시설이 경성에 들어서게 된 것도 이 시기였다.

해방 후 50년대 부랑인 담론은 고아, 기아, 혼혈아와 더불어 '부랑아' 수용보호와 '방랑아' 발본색원에 맞추어졌다.[45] 또한 "겨울철의 동사자 예방과 우범자들의 선도 및 올림피크 관광객 유치를 위한 가두정비"[46] 등의 문구가 시사하듯 60년대 이후 부랑인 주체는 보호·선도의 객체로, 공적 공간에로부터 격리시설로 배제되어 관리될 존재로 대상화되었다.[47] 특히 박정희 시기 부랑아정착사업과

42_ 이 표현은 골드버그가 자신의 논문에서 '피해자를 특정한 기표에다 아로새겨 넣어 궁극적으로는 주체와 그 기표 사이의 간극을 없애려는 기획'을 설명하면서 사용한 "marking the victim as…"에서 착안한 것이다. 이에 관해서는 A. Goldberg, "Trauma, Narrative, and Two Forms of Death", *Literature and Medicine* (제25권 제1호, 2006), 124면 참조.

43_ 예지숙, "일제 하 부랑자의 탄생과 그 특징," 한국사연구(제164호, 2014), 29-31면.

44_ 유선영, "식민지의 스티그마 정치," 사회와 역사(제89집, 2011), 65면.

45_ 김아람, "5·16군정기 사회정책—아동복지와 '부랑아'대책의 성격," 역사와 현실(제82호, 2011), 334-336면.

46_ "모두 736명," 경향신문, 1964.10.8.

47_ 정근식, "노숙인 담론과 제도의 역사적 변동," 구인회(편), 한국의 노숙인(서울대학교 출판

산업전사 만들기의 기획으로 부랑인은 사회에서 청소해 내야 할 대상인 동시에 국토개발에 동원될 산업일꾼으로 개조되어야 할 중간적인 몸이 되었다.[48]

이처럼 1975년 내무부훈령 제410호가 제정되기 이전과 이후를 관통하는 '부랑인'의 표상은 질병-범죄-치안의 계열체로 짜여졌으며, 건전사회 기표와 대립되는 지저분하고 위험한, 치워져야 할 존재로 각인되어 왔었다. 88서울올림픽을 앞두고 해외관광객을 위한 도시 이미지 정화사업을 추진하던 중 부랑인 단속이 '주요지역의 악취제거'와 동일한 층위에서 논의되었던 것이 이를 방증한다.[49] 건전-안전-명랑사회의 기표와 부랑인 기표 사이의 이러한 명징한 이항대립은 특히 80년대 국가권력 언어의 정수에 닿아 있으며, 그 개념적 스펙트럼을 구성하였다. 여기서 부랑인범주는 사회 내의 다수 구성원들과 변별되는 자질 및 행동양식을 지닌 일부에게 낙인처럼 부여된 사회적 스티그마(stigma)이다.[50] 이는 사회 구성원 중 특정한 일부에게 낙인처럼 부여된 사회적 정체성으로서, 서열적인 사회체제의 유지를 위하여 특정 집단을 차별하고 배제하는 데 동원되는 정체성 관리기술이라 할 수 있다.

그럴 때 비부랑인 수용자들은 '부랑인으로 몰린 억울한 존재'로서의 피해자로, 부랑인 수용자들은 적절한 교화와 보살핌을 받지 못한 '애처로운 존재'로서의 피해자로 각각 새겨질(marked) 것이다. 이러한 구도 안에서는 정상인/비정상인을 가르고 부랑인을 사회에서 추방하여 벌거벗은 생명(bare life)으로 기입하는 권력의 폭력적 본성은 잘 드러나지 않고, 다만 비부랑인을 부랑인 범주에 임의적으로 우겨 넣는 권력 현현으로서의 폭력에 방점이 찍히게 된다. 아래에 발췌한 좌담과 사설이 이를 재현해 보여 주고 있다.

> "일부 부랑인 수용시설은 수용자를 학대하며 오히려 운영자의 치부수단으로 이용하고 있다는 것이 이번 기회에 드러났지만 사실 부랑인을 수용해 선도기능을 하는

문화원, 2012), 384-385면.

48_ 김아림, 위의 글(주 45), 360면.

49_ "생활올림픽추진단 구성," 매일경제, 1986.2.17; "'올림픽 환경' 밝고 깨끗하게," 동아일보, 1998.9.13.

50_ E. Goffman, *Stigma: Notes on the Management of Spoiled Identity* (Prentice Hall, 1963), 12면 아래.

이런 시설은 복지측면이나 사회 안정의 측면에서도 꼭 필요한 시설임엔 틀림없어요. 일정한 주거 없이 거리를 배회하는 우범자나 또는 집에서 온갖 말썽을 일으켜 가족들로부터 버림받거나 술만 마시면 말썽을 부리는 알코올중독자 각종 질환 등에 시달리는 폐인들을 사회로부터 일정기간 격리해 선도하는 사회복지시설의 기능은 꼭 필요한 것입니다." [동아일보, 1987.2.6. 좌담]

"이에 제대로 적응하지 못하는 사람들도 적지 않게 발생하기 마련이다. 아직 어린 나이임에도 부모형제로부터 버림을 받은 고아나 아무 곳에도 의지할 곳 없는 무의무탁의 노인들이 그 예이고 그것 외에도 정신질환자 행동장애자 알콜약물중독자, 난폭비행자 그리고 일부 범죄자도 그 범주에 속한다 하겠다. 정부는 그들 부적응자 및 무능력자들을 보호하고 나아가서 그들을 교육시키고 선도하는 재활교육을 통해 정상인으로 사회에 복귀토록 해야 할 당연한 복지정책을 마련해야 한다." [매일경제, 1987.2.7. 사설]

(강조 표시: 인용자)

형제복지원에 파견된 조사단의 보고서에서도 내무부훈령 제410호 제4장 수용 및 보호 제2절(신상기록 카드 작성 비치)에 따른 신원자 색상별 분류표—신원특이자: 적색, 우범자: 청색, 환자: 황색, 기타: 백색—에서 신원특이자에 관하여 "소위 대공관계 위반자로서 관계기관은 이들의 신상을 밝힐 수 없다"고 되어 있는 부분에 주목하여, 형제복지원 내 11명 이상의 신원특이자가 시국사범 행방불명과 관련 있을 것이라고 수차례 지적하고 있다.[51] 여기서 또한 부랑인 기표가 부당하게 부착된 '비'부랑인으로서의 정치적 피해자에 초점을 맞추면서, 수용자의 색상별 분류 자체가 갖는 각인의 폭력성을 문제화하는 데까지는 나아가지 않고 있다. 형제복지원 사건 수사와 재판과정에서 역시 그러했다.

4. 배제적 포섭의 인권

앞서 언급한 대로, 수사에 착수했던 울산지청은 부산지방검찰청의 동의를

51_ 부산 형제복지원사건 신민당 진상조사 보고서(제1차 보고서), 1987, 12, 15, 16면(출처: 국가기록원 자료실).

받아 형제복지원 압수수색과 원장 및 간부들의 연행조사를 이어 갔다. 그러나 상부의 지시로 구형을 낮추는 쪽으로 공소장을 작성하고 수사를 중단해야만 했다고 담당검사는 술회한다.[52] 1987년 6월 1심에서 징역 10년과 벌금 6억 8,178만 원을 선고받았던 원장은 항소심과 상고심을 거치며 1988년 대법원 판결에서는 형량이 2년 6개월로 줄고 벌금형도 면하게 된다.[53] 이 대법원 판결에서는 특히 특수감금에 관한 원심을 파기하면서 "정당한 직무수행행위로서 위법성이 조각되어 감금죄가 성립되지 아니한다"고 판시하고 있는데, 이를 다음과 같이 근거 지운다.

> "이 사건 피해자들은 원심판시의 관계법령에 근거하여 부산직할시장으로부터 적법한 사회복지시설인 위 형제복지원에 위탁된 부랑인들이고, 동인들을 울주작업장의 기숙사에 밤 10시부터 익일 아침 6시까지 취침시킴에 있어서 그 취침 중에 피고인들이 위 부랑인들에 대하여 특별히 어떠한 가혹행위를 가하였다고 볼 사정이 엿보이지 아니하고 단지 취침 중 도주하지 못하도록 철창시설이 되어 있는 출입문을 안에서 시정하여 …(중략)… <u>사회적 상당성이 인정되는 행위라고 못 볼 바 아니어서</u>… (후략)"[54]

(강조 표시: 인용자)

위 대법원 판결은 최근의 형제복지원 사건 재규명 논의에서 부패한 재판부와 보수적 판결의 전형으로 기억되고 재현되기도 한다. 여기서도 주지할 것은, 그러한 정치적 배후와 더불어 법관의 선이해(Vorverständnis)[55] 내부에서 작동하였을 '부랑인'의 기표이다. "부랑아 수용시설의 불가결성은 백번 인정된다 할지라도"[56]와 같은 전제가 감금행위를 "사회적 상당성이 인정되는 행위라고 못 볼 바 아니어서"라 적시한 법관에게 역시 선이해로 자리 잡고 있었으리라는 것이 위의 판결문 내러티브에서 추정되기 때문이다. 그런 의미에서 "피수용자 중에는 별

52_ 김용원, "수사검사가 본 형제복지원 사건," 형제복지원 사건 진실규명 및 해결방안 모색을 위한 토론회 자료집(민주주의법학연구회 등 5개 단체 공동주관, 2013), 38면.

53_ 대법원 1988.11.8. 선고 88도1580.

54_ 대법원 1988.11.8. 선고 88도1580

55_ 이 개념에 대해서는 이상돈, (새로 쓴) 법이론(세창출판사, 2005), 31면 참조.

56_ "인권파괴의 교훈," 동아일보, 1987.2.17.

의별 사람들이 다 있어 어쩔 수 없는 모순을 안고 있"으니 "이들 피수용자를 모두 사회로 내보낼 수는 없으며 곧 정부 측에서 문제점에 대해 모두 털어놓고 알리는 동시에 운영상의 잘못을 고쳐나갈 것"[57]이라던 당시 여당 대표의 발언도 오로지 정치적 이해관계나 보수적 성향의 문제'만'은 아닐 것이다. 입장과 위치의 차이를 넘어 한 사회 구성원들이 공유하는 '부랑인' 표상과 그에 근거한 배제적 포섭(exclusive inclusion)의 논리가 함께 얽혀들어 있기 때문이다.

대전 성지원 사건과 충남 양지원 사건[58] 등이 연이어 담론화되자 정부는 부랑인 시설수용 정책의 법적 근거규정인 내무부훈령 제410호를 폐지하기로 결정하였다.[59] 그러나 곧이어 내무부훈령 제815호 경찰업무지침 제29절 "보안편"에 의거하여 걸인 부랑인을 단속, 각 시 도 및 시군구 사회과에 인계하거나 또는 경범죄처벌법에 의거하여 즉심에 회부할 수 있어 "전혀 문제가 없음"을 밝히고 있다.[60] 제도상 전혀 문제가 없이 '진정한' 부랑인을 격리수용할 수 있다는 것일 테다.

원장의 형사처벌과 더불어, 문제의 형제복지원은 수용자들을 개별심사한 후 다른 시설로 분산수용하거나 귀가 조치하도록 한 다음 폐쇄된다.[61] 형제복지원 사건 이후 다른 부랑인시설 수용소에서도 2개월 동안 수용자 가운데 1800여 명이 귀가 혹은 분산수용되었다.[62] 그리고 그해 가을과 이듬해 봄, 아래와 같은 기사가 각각 "민폐부랑인 보호조치", "대구 부랑아 급증 사회문제로"라는 제목으로 보도되었다.

57_ "주객이 전도돼서는 안 돼," 경향신문, 1987.2.3.

58_ "연기군 부랑아수용소서도 원생한명 맞아숨져," 동아일보 ,1987.2.2; "연기군 수용소 백명 불법수용," 동아일보, 1987.2.4; "신민 · 성지원 서로 고소 검찰철야조사," 경향신문, 1987.2.12; "성지원의 무차별 폭행," 동아일보, 1987.2.11.

59_ 그 근거로 i) 부랑인의 정의가 애매모호한데다 ii) 빈지껫군 거리행상 성인껌팔이 등 생활능력이 있는 자들까지 부랑인으로 취급, 단속하는 것은 인권침해의 요소가 많고, iii) 부랑인 단속 수용의 주무부서는 보사부인만큼 보사부가 훈령을 마련, 실시하는 것이 합당하다고 밝히고 있다; "부랑인규정 폐지키로," 동아일보, 1987.2.16.

60_ "복지원 개선 이때부터다," 동아일보, 1987.2.18.

61_ 보사부는 1월 16일 최종적으로 남은 원생 143명 중 병원에 입원한 4명을 제외한 139명을 전국7개 시설로 분산 수용시키도록 부산시에 지시하고 형제복지원을 사실상 폐쇄한다.; "부산 형제복지원 폐쇄," 경향신문, 1988.1.16.

62_ "부랑인 1800여명 귀가 · 분산수용," 동아일보, 1987.3.26.

서울시는 14일 최근 전환기를 틈타 떼지어 몰려다니며 민폐를 끼치고 있는 부랑인들을 특별 선도키로 했다. 오는 연말까지 계속될 이번 선도기간 중 시는 걸인, 껌팔이, 폐질환자와 구걸행위자와 노숙자들을 발견 즉시 시 산하 부랑인수용소에 보호조치키로 했다. 시는 경찰과 합동으로 지하도, 육교, 시장, 상가 등 번화가와 터미널, 지하철, 서울역 등 상습구걸지역에서 배회하는 부랑인들을 중점단속할 방침이다. [경향신문, 1987.11.14.]

"요즘 대구역 주변, 지하도 육교 등에서 구걸 신문팔이 껌팔이 등을 하는 부랑아(앵벌이)들을 많이 볼 수 있다. 지난 82년 사회복지사업법 제정 이후 부랑인 선도사업은 국가적 차원에서 실시돼왔다. 그러나 형제복지원, 성지원 사건 이후 거리에서 구걸, 신문팔이, 껌팔이 등을 하면서 떼 지어 다니는 부랑아들이 부쩍 늘어났다. …(중략)… 이들은 구걸을 한 돈으로 오락실 만화방 무허가여인숙 등에서 잠을 자고 있어 비행의 온상이 되고 있다. [동아일보, 1988.1.15.]

이렇듯 배제적 포섭의 인권담론 안에서 보도되고, 조사되고, 재판되고 이내 잊혀지게 된 형제복지원 사건은 26년여가 지나, 당시 비/부랑인으로 새겨진(marked) 피해자의 목소리를 통하여 사회적 기억으로 귀환하게 된다. 아래 단락에서 다루어 보고자 하는 내용이 그것이다.

IV. 형제복지원 기억의 재현과 '부랑인'의 기표

1. 피해자 목소리의 내러티브화

1987년 사건 당시, 신민당 조사단이 복지원에 도착하여 무작위로 고른 10명과 면담을 하는 동안 20여 명의 원생들이 잠긴 문을 박차고 회의실로 들어와 비인간적 처우와 입소경위 등을 폭로하는 모습이 언론에 보도된 바 있었다.[63] 그렇지만 수용자들의 목소리는 진상조사와 수사과정에서 사실관계 확인을 위해 제한

63_ "부랑인선도 악용한 생지옥," 동아일보, 1988.2.2.

적으로만 채택되어 들려지고 인용되었던 것으로 보인다. 컷 형식으로 재현된 목소리도 '억울하게 갇힌 명문대출신 회사원의 경위'라던가 '부모 · 형제 멀쩡히 있는 아이를 무사히 가족 품으로 돌려보낸 사연' 같은, 독자/시청자의 감수성에 닿아 정의로운 분노를 불 지피고 안타까움을 자아낼 에피소드에 부합하는 멜로드라마적 내러티브로 편집되어 있었다. 앞서 적었듯 이는 정확한 증거자료의 확보나 감수성에 닿는 "생생한 언어의 채집" 차원에만 구술의 쓰임이 머물러 있는 데서 기인하기도 했을 것이고, 어쩌면 이 문제가 당시 공적 관심의 범주 안에 계속 머물 만큼의 공감을 이끌어낼 '미학이 부족'해서일지도 모르겠다.[64]

어쨌든 증언과 사연 속의 이 토막난 목소리들 이후, 형제복지원 수용자의 목소리는 거의 들리지 않았던 것으로 확인된다. 한 수용자가 월간지에 투고한 고발수기와[65] 수용 기억을 담은 수기집[66] 및 시집[67]이 세간의 큰 주목을 받지 못한 채 출간된 정도가 전부였다.[68] 형지복지원 사건이 다시금 세상에 드러나게 된 것은 2012년 11월 형제복지원 수용자의 기억을 다룬 책 『살아남은 아이』가 출간되면서였다. 이 책은 1984년부터 9살의 나이로 누나와 함께 형제복지원에 수용되어 1987년에 '사건'이 터지기까지 그곳에 있었던 한종선의 증언집이면서, 국회 앞에서 일인시위를 하던 그의 이야기에 처음 귀 기울여 그에게 기억을 기록해볼 것을 제안했었던 교수 전규찬과 인권운동가 박래군의 글도 함께 수록하고 있다. 소셜네트워크(SNS)와 대안언론보도를 통해 이 책이 점차 화제가 되면서 이듬해 1월 형제복지원 사건의 재조명을 위한 첫모임이 진행되었고, 3월에는 「형제복지원사건 진실규명 및 해결방안 모색을 위한 토론회」[69]가 개최되기도 했다. 이 과

64_ 다소 거칠게 표현되기는 하였지만, 다음과 같은 지적도 주목할 만하다; "문제는 미학이다. 소년은, 그리고 그들은 한국의 진보세력에게 미학적인 쾌락을 제공하기에 부족했던 것이다. 헐벗고 남루하고 억울할지언정 그들에게는 '열사'의 미학이 없다."; 안영춘, "발문: 소년은 그들과 이어진 벼리이다," 한종선 · 전규찬 · 박래군(공저), 살아남은 아이(문주, 2012), 11면.

65_ 김영욱, "고발수기 형제복지원 25시", 월간 엔터프라이즈(9월호, 1988).

66_ 김영욱, 형제복지원: 생지옥의 낮과 밤(청사, 1988).

67_ 김영욱, 거지여행(참세상, 1988).

68_ 다만 한겨레의 신간 소개란에서 다음과 같은 한 단 소개를 찾아볼 수 있었다; "형제복지원, 인권유린의 현장인 부산형제복지원에 수감되었던 김영욱 씨의 체험고발수기, 청사 281면, 3500원"(한겨레, 1988.12.30).

정에서 진상조사를 통한 피해자 구제, 국가의 사과와 배상, 명예회복 등을 위한 특별법안 마련이 지속적으로 논의되다가 2014년 3월 "형제복지원사건 진실규명을 위한 대책위원회"(이하 형제복지원 대책위)에서 검토한 「형제복지원 피해사건 진상규명 및 피해자 지원에 관한 법률안」이 국회에서 최초로 발의되었다. 이후 부랑인 시설수용에 대한 국가책임을 전반적으로 물을 필요성이 제기됨에 따라 위 안을 철회하고 7월 15일 「내무부훈령에 의한 형제복지원 피해사건 등의 진상 및 국가책임 규명 등에 관한 법률안」이 재발의되었다. 법률안 발의 관련 기자회견문이 보여 주듯이, 충격적인 '그때 그 사건'으로서의 형제복지원은 이번에는 사건에 대한 사회적 기억과 과거청산의 문제로 다시금 소환되었다고 할 수 있다.

> "세상 사람들은 당시의 형제복지원 사건을 기억하고 있다. 하지만 진실이 아닌 왜곡된 거짓을 기억하고 있다. 원장이었던 박ㅇㅇ은 합당한 형을 받았을 것이고, 시설은 폐쇄되었고, 피해자들은 보상을 받아 깨끗이 처리된 역사 속의 사건으로 말이다. 하지만 그것은 거짓이다."[70]

형제복지원 사건에 대한 시민사회의 관심은 무엇보다 『MBC 시사매거진』[71]과 『SBS 그것이 알고 싶다』[72] 등 시사고발방송에서 형제복지원 사건을 집중적으로 다루면서 점화되었다. "형제복지원 사건의 올바른 해결과 언론의 역할 토론회"에서 지적되었고[73] 형제복지원 대책위에서도 지속적으로 문제제기하고 있듯

69_ 토론회는 2013년 3월 22일에 민주주의법학연구회, 언론개혁시민연대, 장애와인권발바닥행동, 전국장애인차별철폐연대, 탈시설정책위원회의 공동주관으로 방송통신대학교에서 개최되었다.

70_ "기자회견문: 한국의 아우슈비츠, 형제복지원 인권유린사건, 이제 국가가 나서야 한다," 87년 부산형제복지원 사건 진상규명과 피해생존자 · 실종자 · 유가족 생활지원 특별법 제정을 위한 기자회견, 2014.3.11.(http://www.youtube.com/watch?v= i-PMZTLceZY)

71_ "영문도 모른 채 끌려가 폭행 · 노역, 형제복지원 감금자들의 26년," MBC 시사매거진 2080, 2013.11.3 방영.

72_ "홀로코스트 그리고 27년—형제복지원의 진실," SBS 그것이 알고 싶다, 2014.3.22. 방영.

73_ 발제자 홍성일은 "인면수심의 복지원장과 그 가족들이 누린 호사호식과는 반대로 여전히 상처를 지니고 그 어떠한 사과도 피해보상도 받지 못한 희생자들을 극명하게 대비 …(중략)… 이처럼 역사적 인물을 신화의, 장르의 인물로 바꿈으로써 프로그램은 오히려 사태의 본질 자체를 왜곡하는 위험에 빠진다"고 지적하였다. (http://www.cowalknews.co.kr/

이,[74] 그러한 관심의 점화는, 그러나 일면 극악무도한 원장과 고통받는 희생자들을 대비하며 분노와 연민을 자극하도록 틀지어진 내러티브에 편향된 양상을 보였다는 지적을 받기도 하였다. 과거청산이 가해자의 죄값을 치르도록 하는 데로만 정향되어 국가폭력과 사회적 공모가 온전히 드러나지 않는 문제라 하겠다. 그렇지만 이 글의 지향은 형제복지원 기억의 이러한 멜로드라마적 재현에서 고착화된 가해자/피해자 상의 이항대립이나 '소비되는 트라우마'의 면면을 찾아내어 비판하는 데 있지는 않다. 그보다는 이제는 말할 수 있게 된 피해자 목소리의 내러티브화(narrativization)에 박혀 들어 있는 부랑인의 기표를 분석하는 데 있다. 그 기표가 형제복지원 기억의 재현에서 어디에 위치하고 어떻게 작용하는지, 과거청산과 특별법 제정 논의에서 여전히 무엇을 '말하지 않게' 혹은 '말하지 못하게' 하는지 들여다보려는 것이다.

2. 자기검열기제와 '말하지 않음'

피해자 증언에서 종종 피해자들은 기억을 말함에 수반될 결과에 대한 두려움으로 인해 말하기를 저어하거나, 혹은 자신의 기억을 표현할 맞갖은 언어를 갖고 있지 못하다. 전자가 공식기억과 사회적 공모에서 발로한 억압의 문제로 환원된다면, 후자는 서발턴(subaltern) 개념으로 설명될 수 있을 것이다. 이데올로기나 사회적 낙인에의 두려움 때문에 말하지 '않'는 경우도 있고, 자신의 상처를 무엇인가로 규정하여 말하고 싶지만 이를 표현할 만한 용어나 담론이 없어서 '못'하기도 하는 것이다.[75] 먼저 전자, 즉 형제복지원 기억의 문화적 재현에서의 '말하지 않음' 차원부터 짚어보도록 한다.

---

news/articleView.html?idxno=13369)

74_ 형제복지원 피해 생존자모임의 한종선과 박태길은 SBS "그것이 알고 싶다" 시청자게시판에 다음과 같은 글을 남겼다; "너무 박ㅇㅇ에게 초점이 맞춰진 것과 국가폭력과 국가범죄사실에 대해서 이야기가 많이 부족하여 방송을 지켜본 우리 형제복지원 피해 생존자모임으로써는 다소유감이었습니다 …(중략)… 그 피해생존자들이 어떤 마음으로 지금껏 말 못하고 살아왔었는지 그들이 왜 지금에서야 이야기 할 수밖에 없었는지. 그리고 이들이 어떻게 용기를 내어 이렇게 아프다고, 괴롭다고, 살려달라고, 세상에 외칠 수밖에 없었는지에 대한 부분이 빠져 있다는 것이 다소 아쉬웠습니다."(2014.3.23. 20:03:56 작성)

75_ 이소영, 위의 글(주 11), 277면.

법을 통한 과거청산의 대상이 되는 역사적 사건에 관한 주체의 개별적 인식과 경험을 고정된 피해자상으로 고착화할 때76 사회가 갖고 있는 공식기억과 당사자의 사적 기억이 균열을 일으키는 지점에서 개인의 기억은 금기의 기억이 되어 버릴 수 있다. 이는 해도 되는 말과 해서는 안 되는 말을 당사자에게 부지불식간에 선별하게끔 하는 자기검열기제로 작용하기도 한다.

가령 아래의 형제복지원 수용자 증언들에서 보듯, 거리에서 강제로 끌려온 사람들 외에도 부모나 친지에 의해 혹은 이웃의 신고로 부랑인 강제수용시설에 보내진 경우가 상당하였던 것으로 추정된다. 복지원 측의 연락을 받고도 찾지 않거나, 귀가조치 후 받아들여지지 않았던 기억들에 대한 진술도 있었다.

> "나는 아버지가 드디어 우리를 구해주러 오셨다고 알고, '아버지 어디 있어요?'라고 물었다. 그랬더니 그 아저씨는 '술 먹고 길에서 잠들었다 잡혀 왔다.'라고 말했다. …(중략)… 아버지가 죽도록 미웠다. 이제 이곳을 영영 벗어날 수 없다는 것이 나를 괴롭혔다."77
>
> "제가 마음을 잡지 못하고 가출을 하니까 아버지는 저에게 '거기가서 정신 차리고 오라'고 다시 형제복지원으로 보냈습니다. …(중략)… 저는 아버지가 금방 날 찾아올거라 생각했습니다. 헌데 기다려도 기다려도 오시지 않았습니다."78
>
> "왜 집에는 들어가지 않냐고 물으니 4년을 형제원에 있다가 나왔더니 집이 이사를 하고 없다고 하더군요. 그 친구처럼 형제원에서 나와서도 고아 아닌 고아가 된 사람들이 너무나 많다는…(후략)"79

하지만 이 목소리들은 "구두닦이 홀아버지 아래서 자랐지만 그래도 단란한

76_ 양현아, "증언을 통해 본 한국인 '군위안부'들의 포스트식민의 상흔(Trauma)," 한국여성학(제22권 3호, 2006), 141면; 심영희, "침묵에서 증언으로: '군위안부' 피해자들의 귀국 이후의 삶을 중심으로," 정신문화연구(제23권 2호, 2000), 133면.

77_ 한종선, "선아, 우리 연두다리 안 갈래," 한종선 · 전규찬 · 박래군(공저), 살아남은 아이(문주, 2012), 76면.

78_ 박태길, "형제복지원의 기억," 형제복지원 사건 진실규명 및 해결방안 모색을 위한 토론회 자료집(2013), 12면.

79_ 박태길, 위의 글(주 78), 16면.

가족이었습니다. 그런데 형제복지원이라는 곳에 들어간 이후, 이들의 삶은 완전히 풍비박산 났습니다"[80]와 같이 멜로드라마화된 내러티브와는 충돌하는 사적 기억이 된다. 시사고발 프로그램들에서 이러한 목소리들은 거의 반영되지 않았던 것도 그래서였을 것이다. 또한 피해자나 유족 입장에서는, 순수하거나 무고하거나 억울한 희생으로 재현되지 않을 경우 법적 진실규명과 피해배상의 대상에서 제외될 가능성을 생각하게 될 수밖에 없다. 피해자의 대항담론은 사회적 기억의 방향이 예정된 상태에서 거기에 부합하는 목소리들을 바탕으로 내러티브화되기도 한다.[81] 과거청산이라는 기억의 현재화 과정에서 피해자의 목소리를 '순수하게 희생된 국민'이라는 틀에 맞추면서 다른 상처의 기억들은 주변화될 수 있는 것이다.[82]

3. 상징죽음과 '말하지 못함': "나는 부랑인이 아닙니다."

한편 기억의 문화적 재현에 있어 이 글의 주된 관심은 후자, 즉 '말하지 못함'의 층위이다. 이는 흔히 탈식민주의에서 서발턴의 개념으로 논의되곤 한다. 고통스러운 기억을 가질 때, 우리는 이를 설명할 맞갖은 단어와 표현을 찾아 자신의 말로써 세계를 설명하고 자신의 존재와 위치를 확인해가려 한다. 여기서 이야기하기는 주체구성의 장소가 된다.[83] 그런데 스스로를 드러낼 언어를 갖지 못할 경

80_ "영문도 모른 채 끌려가 폭행 · 노역, 형제복지원 감금자들의 26년," MBC 시사매거진 2080, 2013.11.3.

81_ 가령 정점의 원장과 아래의 원생들을 연결하고 그 사이를 규율과 감시로 메우는 역할을 하였던 중대장/소대장/조장/감시원 등은 형제복지원의 가해자인 동시에 피해자였다. 형제복지원 안에서도["… 완장을 찬 중대장이 나타났다. 소대장이 고양이 앞에 쥐새끼처럼 벌벌 떨며 거수경례를 붙인다. 우리들 앞에 의기당당하게 군림하던 그도 중대장 앞에서는 새발의 피가 아니라 먼지였다"; 김영욱, 위의 책(주 66), 1988, 43면], 그리고 이후 사회에 나와서도["그곳에서 그렇게 막강한 힘을 과시하던 사람들을 사회에서 만나니 거지 아닌 거지가 되어 있는 사람들이 너무 많았습니다. 그래도 살아보려고 신문을 파는 사람도 있었습니다"; 박태길, "형제복지원의 기억," 형제복지원 사건 진실규명 및 해결방안 모색을 위한 토론회 자료집, 2013, 16면] 그러했지만, 이들의 기억은 문화적 재현에서 비껴나 있다.

82_ 김무용, 위의 글(주 15), 213-214면.

83_ N. Strejilevich, "Beyond the Language of Truth," Human Rights Quarterly(제28권, 2006), 706면.

우 그 고통스러운 기억은 의미화되어 들려지지 못한 채 침묵 안에 갇히게 된다. 이처럼 대변과 재현과정에 포섭되지 못하는 잉여가 '서발턴의 말하지 못함'일 것이다.[84] 그런데 이와 더불어, 자신에게 들러붙는 기표에 저항할 적합한 언어를 찾지 못하는 데서 오는 말하지 못함의 차원 또한 존재한다. 아래의 예들이 바로 그러한 범주에 속한다고 보인다.

"부랑자가 아닙니다. 저는 초등학교 다니는 학생이었습니다."[85]
"그렇게 되기 전 나 역시 아니 우리 가족 역시 당신들과 같은 가정이 있었던 일반 사람이었다."[86]
"온 국민에게 쟤들 부랑아다, 하는 낙인이 찍힌다면 현재 삶에서 자신을 드러내는 게 두려울 수밖에 없잖아요."[87]

골드버그(Goldberg)는 홀로코스트 피해자의 목소리와 그 재현에 관한 자신의 연구에서 주체에 부착된 기표로 인한 상징죽음(symbolic death)에서 벗어나려는 행위자의 몸부림을 분석한 바 있다.[88] 트라우마는 주체가 실재(the Real)와 가까이 마주하는 데서 기인하는데, 이 조우 안의 무언가가 주체에게는 과잉으로 경험된다. 트라우마 안에서 형성되었으나 의미구조내부로 통합되지 않은 이러한 과잉은 증상(symptom)으로 귀환하여 주체를 강박에 가두어둔다. 이러한 트라우마적 조우가 야기하는 가장 큰 문제는 의미의 총체적인 배전망(grid)의 잠재적 소멸이다.[89] 요컨대 주체가 트라우마를 극복할 수 있게 해 줄 문화적, 역사적, 혹은

84_ 가령 다음과 같은 문제의식이 그러할 것이다; "나는 그래도 이렇게 이야기라도 할 수 있으나 말 못하는 아버지와 누나는 누가 대변해서 말해줄 수 있을까" ("형제복지원 피해 생존자 모임 대표발언," 87년 부산형제복지원 사건 진상규명과 피해생존자 · 실종자 · 유가족 생활지원 특별법 제정을 위한 기자회견, 2014.3.11).

85_ 김○○, 형제복지원 피해자 증언대회, 2014.4.8.(http://www.youtube.com/watch?v=SIehW273EEg)

86_ 한종선, "선아, 우리 연두다리 안 갈래," 한종선 · 전규찬 · 박래군(공저), 살아남은 아이(문주, 2012), 76면.

87_ "홀로코스트 그리고 27년-형제복지원의 진실," SBS 그것이 알고 싶다, 2014.3.22. 방영.

88_ A, Goldberg, 위의 글(주 42), 133면.

89_ A, Goldberg, 위의 글(주 42), 134면.

개인적 맥락이 소거된다는 것이다. 이 지점에서 피해자는 말할 수 없거나 그의 발화는 의미를 갖지 못하게 되는데, 이것이 주체가 경험하는 상징죽음이다.[90] 이때 주체에게 각인되는 기표는 대단히 강력해서, 피해자 내러티브에 스며들고 때때로 이를 지배하기도 한다.[91] 형제복지원 수용자들에게 있어서는 '부랑인'이라는 기표가 그러할 수 있을 것이다. 이것이 피해자 목소리의 내러티브화에서 "나는 부랑인이 아닙니다"가 반복되는 여러 원인들 가운데 하나라고 추정해 볼 수 있다.

안전국가의 운용은 비균질적인 이단자로서의 범법자, 사상불순자, 사회적 문제아, 보균자, 정신병자, 그리고 부랑인의 발굴을 통한 인구분할을 수반한다.[92] 이것은 주체에 각인된 부랑인 기표와 그들의 몸 사이의 간극이 사라지게 함을 목적한다. 그 간극의 사라짐은 주체들이 대면하는 상징죽음의 위험이다. 한 형제복지원 수용자의 기억의 재현에서는 이러한 상징죽음이 다음과 같이 형상화되고 있다.

> "출근 좋아하네 …(중략)… 이곳에 들어오면 부랑인이지 사람으로 알아줄 사람이 어디 있어. 다 비렁뱅이 거지들만 모이는 곳이야."[93]
>
> "〈한마디로 딱 잘라 말해 여러분은 거지였던 것입니다. 아무 일자리 없이 사회를 배회하며 구걸을 일삼는 것으로 업을 삼아 민폐를 끼쳤던 존재란 말입니다. 즉, 좀 고상한 말로 하면 부랑자, 부랑인이라는 말입니다.〉 어처구니없는 노인의 말은 나에게 계속 충격적이었다. 민폐를 끼쳤던 거지로 취급받은 내가 큰 대역죄라도 지은 것 같은 수렁에 빠져들었다. …(중략)… 부랑아라는 말은 떠돌아다니는 것이고 결국 부랑자, 부랑인으로 되어 버린 우리들은…(후략)"[94]

90_ 이는 주체를 에워싼 상징질서가 뿌리 뽑힐 때, 혹은 사회적 상징체계가 근절될 때 주체의 내면에서 발생하는 증상을 설명하는 라캉(Lacan)의 개념이다. 라캉은 소포클레스의 비극 안티고네(Antigone)를 예로 들어 상징죽음을 설명하는데, 안티고네가 테베의 법을 고의적으로 어기고 상징질서 바깥의 동굴에 갇혔을 때, "자연적 죽음은 도래를 기다리고 있고 상징죽음은 이미 그녀에게 가 닿았다"는 것이다.; J. Lacan, *The Ethics of Psychoanalysis 1959-1960* (W.W.Norton, 1997), 270-291면 참조.

91_ A, Goldberg, 위의 글(주 42), 133면.

92_ 전규찬, "짐승들의 우리와 그 바깥 인간의 시간," 살아남은 아이(문주, 2012), 223면.

93_ 김영욱, 위의 책(주 66), 27-28면.

"먼지 하나 없이 잘 청소된 부식창고를 우리들에게 보여주는 이유가 무엇일까 … (중략)… 부랑인도 아닌 사람을 붙잡아다가 마치 우리들 자신이 거지인양 착각 속으로 빠지게 만들려는 속셈이 아니고 무엇이란 말인가. 오와 열을 맞추어 냉동된 고등어대가리 앞에서와 돼지대가리 앞에서 부동자세로 묵념을 올리기라도 하듯 당한 수모는 우리들 자신이 인간이 아님을 드러낸 참혹함이었다."[95]

여기서 우리는 부랑아의 기표가 자신에게 부착되었다는 사실이 당사자에게 폭행 등 가혹행위보다 더 깊은 트라우마로 남았음을 짐작할 수 있다. "국가유공자 상이군인도 코피 터지는 곳—형제복지원,"[96] "이 팔을 보십시오. 국가와 민족을 위해 군복무 중 상이군인으로 제대한 원호대상자인 국가유공자입니다,"[97] "대한민국 국가유공자 상이군인을/뜨내기 부랑자로 몰아 세워/몽둥이 찜질이 왠말인가"[98]와 같이 피해자의 내러티브에서는 상이군사와 국가유공자로서의 정체성이 강박적으로 반복 등장하는데, 국가와 사회의 공모 및 방조의 피해자였던 그의 내러티브에서 국가유공자 수사를 반복되는 모습은 "트라우마의 언어는 가해자들의 폭력에 의해 선임된 언어"[99]라는 부르크(Bourke)의 분석을 상기시킨다. '부랑인' 표상이 실제 몸에 점점 더 밀착되어 각인됨에 대한 두려움과 종국에 부랑자로 낙인찍히게 될 불안이 주체의 언어를 잠식해 들어가는 것이다.

이제 '부랑인'이라는 개념은 법률에서 더 이상 사용되지 않는다. 일상에서도 노숙자나 걸인이란 표현은 써도 부랑인이라는 표현의 사용은 거의 찾기 어렵다.[100] 그렇지만 '부랑인'의 기표가 기입되던 기억이, 그리고 그 기표가 가졌던 문

94_ 김영욱, 위의 책(주 66), 48면.

95_ 김영욱, 위의 책(주 66), 69면.

96_ 김영욱, 위의 책(주 66), 64면.

97_ 김영욱, 위의 책(주 66), 193면.

98_ 김영욱, "내 방황의 시작인 이곳," 거지여행(참세상, 1991), 93면.

99_ J. Bourke, "When the Torture Becomes Humdrum," *Times Higher Education Supplement* (제10호, 2006), 19면; D. Bell, "Introdction: Memory, Trauma and World Politics," D. Bell(편), *Memory, Trauma and World Politics* (Palgrave Macmillan, 2006), 9면.

100_ 박래군, "형제복지원 사건과 침묵의 카르텔," 한종선 · 전규찬 · 박래군(공저), 살아남은 아이(문주, 2012), 353면.

화적 표상에 대한 기억이 피해자들의 언어와 사유에 박혀 들어 있다. 이는 형제복지원 사건에 대한 사회적 기억의 구성 안에서 "주체와 그에 부여된 기표 사이의 차이를 없애는 상징적 실천들로써 주체의 상징죽음에 이르게 하는"[101] 규율권력의 작동을 찾아낼 수 있게 해준다.

Ⅴ. 나가며: "두터운 현재"의 (재)구성

이처럼 이 글에서는 형제복지원 기억의 재현과 과거청산 논의를 '부랑인'의 기표를 통하여 읽어 보고자 하였다. 형제복지원이 사건화된 1987년의 언론보도, 사설 · 논평 · 독자투고, 사건조사 보고서, 대법원 판결문 안에서 '부랑인'의 기표가 무엇을 표상하였으며, 그것이 어떻게 정상인/비정상인을 가르고 주체를 비/부랑인으로 분리하여 기입하였는지, 거기에 배제적 포섭의 인권담론이 어떻게 작용하였는지를 먼저 다루었다. 그리고 26년여가 지나, 당시 비/부랑인으로 기입된 피해자들의 기억의 재현에 그 기표가 어떻게 각인되어 있으며, 무엇을 말하지 않게 또는 못하게 하는지를 살펴보았다. 이것이 관련특별법 제정과 가해자 처벌 · 피해자 배상 · 기념의 제도화 · 기억의 규제의 '법을 통한 과거청산'에 있어 어떠한 참조점들을 제시할 것인가는 이 글에 이어 다루어져야 할 본격적인 연구과제로 남겨져 있다.

서두에서 언급한 대로, 인권 감수성에서 발로하는 공감은 과거청산의 사회적 동인이다. 가해자들에 대한 분노와 피해자들에 대한 연민을 공유하면서 우리는 과거의 진실을 '규명'하여 정의를 '회복'할 제도적인 틀 마련과 그 시행을 요청한다. 분노와 연민의 공유를 전제로 한 과거와의 조우는 그러나 "사회적 트라우마의 공유를 통한 우리-되기"[102]에 사용되기도 한다.[103] 또한 이러한 분노와 연민

101_ A, Goldberg, 위의 글(주 42), 135면.

102_ A. Young, "Posttraumatic Stress Disorder of the Virtual Kind: Trauma and Resilience in Post-9/11 America,", A.Sarat(편), *Trauma and Memory: Reading, Healing, and Making Law* (Stanford University Press, 2007).

103_ 가령 '홀로코스트에 대한 문화적 기억'을 감성적으로 공유함으로써 주체가 유럽적인 정체성을 부여받음을 기억 시민권(memory citizenship)이라는 개념으로 설명한 M. Mälksoo,

은, 이른바 〈도가니〉 사건이 여실히 보여 주었던 악마화된 가해자와 순수하고 연약한 희생자의 이항대립을 극대화하는 내러티브로 포섭되기 쉽다. 형제복지원 대책위도 지속적으로 지적하고 있듯이[104] 현재 형제복지원 기억의 재현에서도 그러한 가해자/피해자 이항대립과 '나쁜 저들과 전선을 그으며 하나 되는 우리'의 양상들이 포착되곤 한다.[105] 이처럼 '그들'에 대한 분노 혹은 연민의 감수성으로 구성되는 "두터운 현재"를, 이 글에서 살펴본 '부랑인'의 기표를 통하여 우리는 조금 다르게 고민해 볼 수 있을 것이다.

내무부훈령 제410호가 부착한 '건전한 도시질서를 저해하는 부랑인'의 기표는, 앞서 보았듯이 단지 법령과 이를 적극적으로 내면화한 이들의 사유 및 언어에만 각인되어 있었던 것이 아니었다. 형제복지원의 인권유린을 연일 폭로하던 언론보도에서, 비판적인 논조의 사설 · 칼럼에서, 야당의 사건진상 조사보고서에서, 그리고 판결문에서 모두 발견할 수 있었다. 여기에 전제된 '정상인이 부랑인으로 끌려가는 건 부정의하다'와 '부랑인이 마땅한 보호 대신 학대를 받는 것은 반인권적이다'라는, 정상인 피해자 대 부랑인 피해자의 정체성 분리는 사건화된 형제복지원의 이전과 이후를 넘나들며 기억의 재현 안에서 작동하고 있었다. 그

"The Memory Politics of Becoming European: The East European Subalterns and the Collective Memory of Europe," European Journal of International Relations (제15권, 2009) 참조.

104_ 사무국장 여준민은 언론과의 인터뷰에서 "원장에 대한 책임보다 당시의 국가정책과 우리 사회가 어떻게 이걸 용인했는가가 중요한 문제"(http://www.ilyoseoul.co.kr/news/articleView.html?idxno 93514)임을 지적하고 있고, 피해자대표 한종선도 "언론에 비친 우리들은 '피해자' '아픈 사람들'로만 치부되는 것이 현실이다. 진상규명을 위해서라도 형제복지원 사건을 다룰 때 피해자의 아픔만 부각되어서는 안 된다."(형제복지원 사건의 올바른 해결과 언론의 역할 토론회, 2014.3.17)고 이야기한다. 공동대표 강경선 또한 특별법 제정을 위한 기자회견에서 '형제복지원이 상징하고 있는 우리 속에 남아있는 야만성'을 들여다보아야 함을 강조한 바 있다(http://www.youtube.com/watch?v=i-PMZTLceZY).

105_ SBS "그것이 알고 싶다"의 형제복지원 편이 방영된 후 시청자게시판에 올라온 반응들의 대다수가 아래와 같은 가해자에 대한 분노였다; "형제복지원원장 당신은 개보다도 못한 인간인데 어디서 인권운운이야. 인권은 너 같은 개보다도 못한 너한테 주어지는 게 아니야"(이ㅇㅇ, 2014.3.23. 06:23:48 작성); "형제복지원 원장이라는 인간 3대까지 탈탈 털어서 못살게 해야지 …(중략)… 가족들까지 탈탈 털고 부당하게 수령한 거 다 빼앗아야 한다. 인간의 탈을 쓴 악마. 이제 나이 들어 힘없고 갈 때 되니까 아버지 인권 챙기는 아들도 뻔하다"(유ㅇㅇ, 2014.3.23. 06:23:06 작성).

때와 지금을 가로지르며 우리 안에 각인된 '부랑인'의 기표를 들여다보려 할 때, 그들에 대한 분노와 연민을 넘어 공모자이면서 피해자이기도 한 우리의 내면 또한 들여다보게 될 것이다. 이로써 "일반시민들에게 혐오감을 주는 부랑인 소굴"에 대한 대책을 요구하던 1988년의 어느 목소리[106]와 조우하는 '지역 노숙인 시설 설립을 둘러싸고 갈등하는 지금 여기의 우리'가, 사회적 기억의 "두터운 현재"를 다시금 다르게 구성해 갈 수 있으리라 생각해 본다.

106_ 이 독자투고문에서는 "복지원생들을 무더기로 석방함으로써 부산의 여러 지역이 부랑인들의 무법천지가 돼가고 있다"며, 정부가 "억울하게 복지원에 끌려간 사람은 석방하고 알콜중독 · 정신이상 · 가정파괴자 등 부랑인들을 수용할 시설을 마련하고 교화하여 재생할 수 있도록 도와"줄 것을 촉구하고 있다; "독자란: 부랑인 수용시설 없이 용두산공원에 모여 시민들 혐오감 … 새 삶 찾을 대책 마련을," 한겨레, 1988.7.28.

찾아보기

저자 약력

고봉진

독일 프랑크푸르트대학교 법학박사

제주대학교 법학전문대학원 교수

김성현

파리 사회과학 고등연구원(Ecole des Hautes Etudes en Sciences Sociales) 사회학박사

한양대학교 제3섹터 연구소 연구교수

김정오

미국 위스콘신대학교 법학박사

연세대학교 법학전문대학원 교수

양천수

독일 프랑크푸르트대학교 법학박사

영남대학교 법학전문대학원 교수

양현아

The New School for Social Research 사회학박사

서울대학교 법학전문대학원 교수

윤진숙

미국 워싱턴대학교 법학박사

숭실대학교 법과대학 교수

이계일

독일 뒤셀도르프대학교 법학박사

원광대학교 법학전문대학원 교수

이소영

고려대학교 법학박사

제주대학교 사회교육과 교수

이재혁

시카고대학(University of Chicago) 사회학박사

서강대학교 사회학과 교수

이철우

영국 런던정경대학교(LSE) 법학박사

연세대학교 법학전문대학원 교수

정성훈

서울대학교 철학박사

서울대학교 철학과 강사

홍성수

영국 런던정경대학교(LSE) 법학박사

숙명여자대학교 법학부 교수

현대 법사회학의 흐름

초판 인쇄 2017년 8월 17일
초판 발행 2017년 8월 25일

–

편 자 한국법사회학회

–

발행인 이방원
발행처 세창출판사

신고번호 제300-1990-63호
주소 03735 서울시 서대문구 경기대로 88 냉천빌딩 4층
전화 723-8660 팩스 720-4579
이메일 edit@sechangpub.co.kr
홈페이지 www.sechangpub.co.kr

–

값 30,000원

ISBN 978-89-8411-709-9 93360